MONDE PRIMITIF,
ANALYSÉ ET COMPARÉ
AVEC LE MONDE MODERNE,
CONSIDÉRÉ

Dans divers OBJETS *concernant l'Hiſtoire, le Blaſon, les Monnoies, les Jeux, les Voyages des Phéniciens autour du Monde, les* LANGUES AMÉRICAINES, *&c.*

OU

DISSERTATIONS MÊLÉES
TOME I,

REMPLIES DE DÉCOUVERTES INTÉRESSANTES;

Avec une CARTE*, des* PLANCHES*, & un* MONUMENT *d'Amérique.*

HUITIEME LIVRAISON.

MONDE PRIMITIF,

ANALYSÉ ET COMPARÉ

AVEC LE MONDE MODERNE,

CONSIDÉRÉ

Dans divers OBJETS concernant l'Hiſtoire, le Blaſon, les Monnoies, les Jeux, les Voyages des Phéniciens autour du Monde, les LANGUES AMÉRICAINES, &c.

OU

DISSERTATIONS MÊLÉES

TOME I,

REMPLIES DE DÉCOUVERTES INTÉRESSANTES;

Avec une CARTE, des PLANCHES, & un MONUMENT d'Amérique.

PAR M. COURT DE GEBELIN,

DE DIVERSES ACADÉMIES, CENSEUR ROYAL.

A PARIS;

Chez { L'Auteur, rue Poupée, Maiſon de M. Boucher, Secrétaire du Roi; VALLEYRE l'aîné, Imprimeur-Libraire, rue de la vieille Bouclerie, SORIN, Libraire, rue Saint Jacques.

M. DCC. LXXXI.

AVEC APPROBATION ET PRIVILÉGE DU ROI.

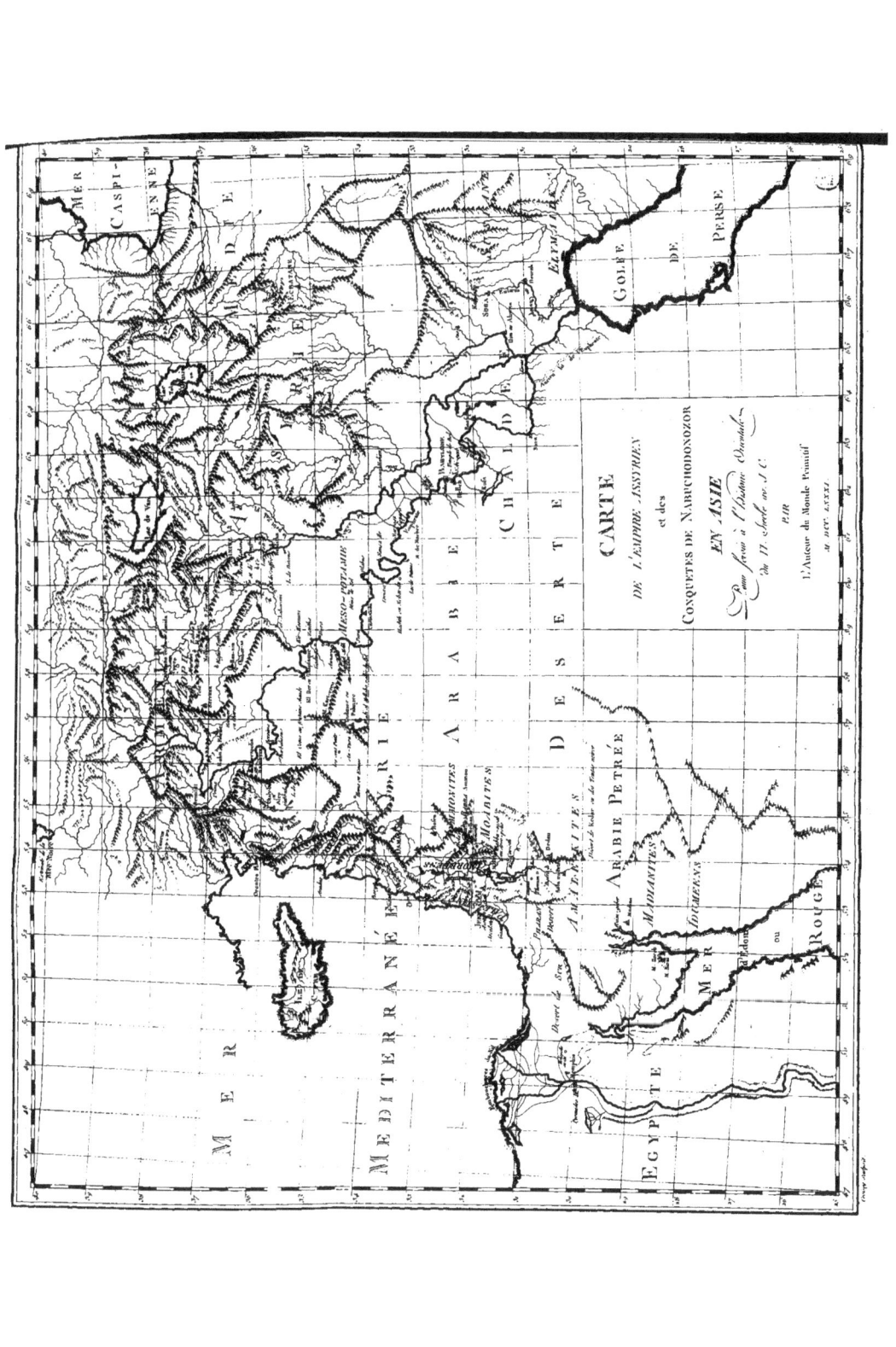

DISCOURS PRÉLIMINAIRE.

LE huitieme Printems qui succede aux premiers Essais du Monde Primitif, nous trouve à la fin du huitieme Volume. Nous osons nous flatter que le Public n'aura pas à se plaindre de notre diligence, sur-tout pour des Ouvrages aussi pénibles, dont les matériaux épars dans l'Univers, n'offrent à ceux qui les connoissent le mieux nuls rapports, nulle énergie, nulle liaison avec le grand Tout; où il faut non-seulement, en quelque façon, tout créer, mais le faire d'une maniere qui entraîne, qui convainque : donner à tous, en un mot, les mêmes yeux.

Jusques à présent, nous nous sommes occupés de grandes bases, de principes généraux, de Dictionnaires : laissant pour un moment ces grands objets de côté, nous commençons de mettre sous les yeux de nos Lecteurs une suite de Dissertations ou d'Essais variés sur diverses Questions Mythologiques, Allégoriques, Historiques, Chronologiques, Critiques, &c. Etroitement liées à nos Recherches & à nos Principes, leurs développemens deviendront autant de bases pour les objets qui nous restent à traiter; sur-tout, ils dégageront l'Histoire Primitive d'une multitude de questions qui en romproient continuellement le fil, qui en diminueroient par-là même l'intérêt & la force.

Ce Volume contient donc nombre de Dissertations détachées;

remplies de Recherches Historiques, Géographiques, Blasoniques, Numismatiques, de Langues, &c. curieuses par leur ensemble & par leur variété, riches en détails, piquantes par leur utilité, encore plus que par leur nouveauté & par les perspectives inattendues & agréables qu'elles ne cessent d'offrir.

En les parcourant, on s'assurera des lumieres qui résultent de nos grands Principes sur une foule prodigieuse d'objets qui sembloient ne tenir à rien, être l'effet du caprice ou du hazard, n'être d'aucune conséquence pour le Monde Primitif : on verra que rien n'est étranger à nos Recherches ; & que nos Principes sont un flambeau qui répand le plus grand jour sur les objets qu'on croyoit les plus obscurs, les moins explicables.

Tout n'est pas de nous dans ce Volume : nous avons été assez heureux pour recevoir de mains étrangeres & amies, quelques Morceaux intéressans & très-bien faits que nous avons pu insérer ici : nous y avons joint des Attaques & des Répliques, enfin l'Analyse d'un Ouvrage imprimé en Italie, & qui rentre absolument dans une partie de nos Principes.

Nous espérons donc que ce premier Volume de Dissertations ne paroîtra point inférieur aux autres Volumes du Monde Primitif : qu'il réveillera l'attention du Lecteur fatigué par les Dictionnaires qui ont déjà paru & satisfait de la variété qui regne ici : mais entrons dans quelque détail.

I.

Ce Volume s'ouvre par une revue générale du Monde Primitif. Ceux qui ont déjà quelque connoissance de nos Principes, en trouveront ici une récapitulation qui leur en fera mieux sentir la force. Ceux qui n'en ont aucune connoissance & qui voudront s'en former une idée, verront d'un coup-d'œil ce que nous avons déjà publié. Tous y trouveront ce qui nous a amené à la découverte

PRÉLIMINAIRE.

du Monde Primitif: les avantages que nous avons eus à cet égard; sur tout, comment des malheurs qui sembloient devoir nous en éloigner sont devenus la source de nos connoissances, & les ont dégagées de cette roideur qui n'est que trop l'appanage de ceux qui n'ont pas été éprouvés comme les cailloux dans les torrens.

Nous nous proposons de publier ainsi de tems en tems des résumés rapides des divers objets dont nous nous occupons, afin qu'on en puisse mieux saisir l'ensemble, & s'en former de plus justes idées.

II.

Dans l'Essai qui suit nous offrons le Tableau de la Population & des grands Travaux des Sociétés dans l'Asie Occidentale, au moment où parut Nabuchodonosor, le premier Conquérant connu. Nous suivons ce Prince dans ses diverses expéditions jusqu'en Espagne, où nous prouvons qu'il a été; nous faisons voir les motifs même qui l'y amenerent. Nous montrons quel fut le nom primitif de cette Contrée Européenne dans la Langue des Phéniciens & dont celui d'*Hesperie* ne fut que la traduction. Cette découverte, car ce nom avoit échappé à tous nos Savans, & ils n'avoient pas même cru à l'expédition de Nabuchodonosor en Espagne, nommément Bochart, qui par des raisons peu dignes de lui, la met au rang des Fables; cette découverte, disons-nous, nous conduit à d'autres, sur-tout à montrer que les Phéniciens faisoient le plus grand commerce autour de l'Afrique: qu'ils étoient eux-mêmes divisés en Iduméens qui naviguoient sur tout ce qu'on appelloit *Mer Rouge*, & qui embrassoit la Mer des Indes: & en Phéniciens qui naviguoient sur la Méditerranée & sur l'Océan. Nous montrons qu'ils connurent de bonne-heure & la Boussole & l'Amérique: ce en quoi nous nous trouvons encore fort opposés, comme nous nous en appercevons dans ce moment, à Bochart en particulier, dont toute la Critique est absolument en défaut à cet égard.

Revenant au Conquérant Babylonien, nous faisons voir comment ses succès devinrent la source de la ruine de ses Etats & de sa propre Famille; & par des moyens qui avoient échappé à tous les Chronologistes & les Historiens, nous démontrons l'harmonie qui regne entre l'Histoire Sacrée & la Profane, au sujet des derniers Rois de Babylone : & sur-tout, ce point capital, que le Belsasar de Daniel ne fut point le dernier de ces Princes, comme plusieurs Savans l'avoient soupçonné, & entr'autres Dom CALMET dans son Histoire du Vieux & du Nouveau Testament. Nous montrons qu'il eut même trois Successeurs avant que Cyrus se rendît Maître de Babylone.

III.

Dans l'Essai sur le Blason & sur les Symboles des Anciens, nous faisons voir, contre l'opinion commune, que notre Blason est antérieur aux Croisades : qu'il fut toujours relatif aux Tournois, & de la plus haute Antiquité : comment il fut pris dans la Nature, & nécessaire, comment il est lié à la félicité des Peuples : allant plus loin, nous prouvons que le nom même du *Blason* & ceux de ses couleurs, tels que *Gueule*, *Sinople*, &c. sont des mots Orientaux parfaitement assortis à leur nature : nous faisons voir à qui appartenoient & en quoi consistoient les droits d'Armoiries, [de Couleurs, de Généalogie, de Bouclier, d'Enseigne, de Monnoie.

Sur chacun de ces articles, nous avons occasion de dire des choses neuves & instructives, en particulier sur les Armes parlantes & sur les Symboles armoriaux de l'Antiquité, suivant qu'ils furent relatifs à l'Agriculture, aux Vignobles, au Commerce maritime, &c : aux trois grandes Divinités sur-tout Protectrices de l'Univers, &c : en particulier les Symboles des Villes de Sicile, de l'Egypte & des Villes sacrées.

PRELIMINAIRE.

Dans la deuxieme Partie, nous traitons des Couleurs du Blason, de leurs rapports avec les Saisons, les Planettes, la vie de l'Homme : du Droit ancien & primitif de colorer son corps, puis le bouclier, puis son habit & sa maison, puis son char doré, &c. Nous parcourons ensuite divers points relatifs aux Armoiries Nationales ; nous expliquons un passage de Nahum qu'on avoit absolument brouillé : nous traitons des Hérauts d'Armes : nous prouvons que les Hébreux en avoient, & sous quels noms ils les désignoient, ce qu'on n'avoit pas même soupçonné : nous traitons du Cri d'Armes & des Ordres de Chevalerie.

La troisieme Partie roule sur le droit de Monnoie & sur son origine : nous prouvons que l'antiquité de la Monnoie remonte au tems d'Abraham, à celui même des premiers Etats de l'Asie : qu'elle n'eut pendant long-tems d'autre marque que les Symboles des Nations qui la frappoient, & celui de leur Divinité-Patrone. Nous indiquons les premiers Mortels qui oserent se substituer ici à la place de la Divinité : & nous montrons qu'il existe encore des Médailles de l'ancienne Egypte, inconnues jusqu'à présent, parce qu'on y cherchoit des effigies de Rois qui ne pouvoient y être.

IV.

A la suite de l'Essai sur le Blason, marchent naturellement diverses recherches sur les Noms de Famille : nous en montrons l'origine & l'excellence : nous donnons l'étymologie des Prénoms Romains, les plus connus : nous prouvons qu'ils étoient relatifs à ce Peuple Agriculteur, & l'Antiquité de ceux-là dans l'Europe moderne ; nous avons ensuite rassemblé sous plus de vingt Chefs ou Titres, une multitude de Noms François, tous significatifs ; & nombre d'autres qui le sont dans des Langues plus anciennes, où ils prirent naissance. Ces Tableaux sont entierement neufs ; on n'avoit rien vu jusqu'à présent dans ce genre.

V.

Le Bouclier chanté par Homere, avoit toujours paru une énigme dont on ne pouvoit deviner le nœud, ni quel art secret en avoit lié tous les Tableaux : après avoir rapporté ce texte en Langue originale & l'avoir accompagné d'une Traduction à notre maniere, nous faisons voir que c'est la peinture de l'Année Grecque, mois par mois, en commençant avec les mois des Noces ou de Janvier : ce morceau devient ainsi un supplément à notre Histoire du Calendrier.

Nous en disons de même du Bouclier chanté par Hésiode. Il présente le Calendrier Grec, pourvu qu'on rétrograde d'un mois, & qu'on commence au Solstice d'Hiver. Nous prouvons en même tems que celui-ci est plus ancien que celui d'Homere ; & que ce dernier luttant avec son devancier, a su, en imitateur habile, l'emporter sur lui à tous égards.

VI.

Viennent ensuite quelques Morceaux non moins neufs, relatifs au Génie symbolique & allégorique de l'Antiquité. Le premier est l'Explication du *Jeu des Tarots*, jeu fort connu en Italie, en Provence, en Allemagne, &c.

Nous prouvons que c'est un Livre Egyptien dans lequel ce Peuple nous a transmis ses idées civiles, politiques, religieuses ; que c'est un emblême de la vie, & qu'il est devenu l'origine de nos Cartes à jouer, des Espagnoles premierement, pour remplacer celles-là qu'on défendoit séverement comme magie noire ; & des Françoises ensuite : qu'ainsi nos Cartes à jouer se traînent de loin sur les traces de ce Peuple savant & ingénieux ; ce qu'assurément qui que ce soit n'avoit soupçonné, tant on étoit convaincu que cette invention étoit moderne, & que l'Antiquité n'offroit rien de pareil.

VII.

Cette Explication est accompagnée d'une Dissertation très-intéressante, qu'on s'est fait un plaisir de nous fournir, sur la maniere dont les Sages ou Mages d'Egypte appliquoient ce jeu à la Divination, & comment cet usage s'est perpétué même dans nos Cartes à jouer, calquées sur celles-là.

VIII.

Nous faisons voir ensuite que l'Antiquité appliqua à la Législation la célebre Formule de SEPT, qui servoit de base à toutes les sciences : qu'il en résulta une Galerie de sept Rois, dont les attributs & les actions peignoient tout ce qui est nécessaire pour un Gouvernement bien constitué, & que cette Galerie s'évanouissoit par un grand coup de Théâtre dans lequel périssoit le dernier Prince, & s'éteignoit la Royauté : car il falloit bien un dénouement à cet ensemble de prétendus faits historiques. Cette suite de Tableaux que personne non plus n'avoit soupçonnée, nous la montrons chez les Japonois, les Egyptiens, les Troyens : nous démontrons par le fait, que les Romains la confondirent avec leurs sept Rois, & qu'ils en ont calqué l'histoire, les noms & les institutions exactement sur cette suite philosophique, sans qu'elle y soit jamais en défaut : nous prouvons même que la durée chronologique de ces sept Rois, & qu'on disoit être de 245 ans, ce qu'aucun Savant n'avoit pu admettre, est une durée mythologique formée des deux nombres sacrés cinq & sept, multipliés l'un par l'autre.

Cet accord de tous les Peuples devient un exemple frappant du Génie allégorique & symbolique des Anciens, & de leurs leçons ingénieuses sur les objets les plus relevés : il fait honneur à leurs Sages & à leurs Législateurs, & prouve que la science &

non l'ignorance dirigeoit alors les Etats : tandis que la maniere dont nos grands Principes fur le Monde Primitif fe développent & donnent l'intelligence d'une multitude d'objets qu'on avoit fous les yeux fans y rien voir, devient une démonftration de leur bonté, & de leur certitude.

IX.

Nous avons réuni ici trois Morceaux qui ne font point de nous, mais qui tiennent étroitement à notre Ouvrage.

1. La Critique de nos Vues allégoriques qui parut dans le dernier Mercure de Janvier 1780, fous le nom de F. Paul, Hermite; & qui eft de M. de la Br. Cet agréable Ecrivain trouvera par les Differtations que nous venons d'analyfer, que nous ne nous fommes guères corrigés.

2. La Réponfe que M. Pr. y fit dans le Journal de Paris peu de jours après.

3. Celle de M. de la D. fous le nom de F. *Pacôme*, Hermite de la Forêt de Sénars, & inférée dans un des Mercures du mois de Février même année.

Ces Morceaux font d'autant plus intéreffans qu'ils répandent un grand jour fur le Génie Symbolique des Anciens, & fur fa certitude. Le Critique croyoit qu'on pouvoit appliquer avec le même fuccès, à toute Hiftoire Nationale, la méthode que nous fuivons pour expliquer l'Hiftoire Mythologique, méthode qui feroit par-là même abfolument illufoire ; ce qui étoit peut-être la feule objection raifonnable à faire. Ceux qui nous ont fait l'honneur de prendre notre défenfe, ou plutôt celle de nos Principes, montrent parfaitement ce qui diftingue l'Hiftoire, de la Mythologie, hiftorique en apparence, & comment une méthode qui feroit très-agréable & très-bien vue pour expliquer la Mythologie, devient néceffairement abfurde, dès qu'on l'appliquera à l'Hiftoire.

X.

X.

Nous avons fait suivre ces réponses d'une autre que nous fîmes à la Critique d'un Journaliste qui attaqua notre Etymologie du mot VÉRITÉ, comme n'ayant aucun rapport au mot VAR, VER, eau; qui nie même que ce dernier mot ait présenté l'idée d'eau, & qui ajoûte qu'il l'avoit inutilement cherché dans la Langue Hongroise, où il ne signifie que Ville. L'espérance seule de faire goûter à ce Journaliste des Principes que notre réponse devoit lui rendre plus sensibles, nous engagea à cette discussion: nous n'y aurons point de regret si notre but est rempli.

Nous prouvons par une multitude d'exemples: 1°. que ce mot est le nom d'une multitude de rivieres.

2°. Qu'il a formé une Famille *Hongroise* très-remarquable avec l'idée d'eau: ce que le Critique auroit vu comme nous s'il avoit connu les principes de l'Etymologie & les loix sur lesquelles elle est fondée.

3°. Que *Var* n'a signifié Ville en Hongrois, que parce qu'il signifioit déjà eau: tous les lieux dans le nom desquels entre ce mot, étant sur des Eaux, certainement plus anciennes que les Villes.

Enfin, que l'Eau ou *Var* étoit le seul objet physique dont on pût dériver le nom métaphysique & figuré de la vérité: tous deux désignés par l'idée de *miroir*, par l'idée d'un miroir *fidele* & naïf, par celles de clarté, de pureté, de fraîcheur, d'évidence.

Nous pouvons dire que les Principes du Monde Primitif sont comme ces rocs contre lesquels viennent se briser les vagues de la mer: & qu'il est plus digne des Savans de s'en pénétrer & de travailler à les perfectionner, car la carriere est immense, que de chercher à les renverser: c'est parce que nous avons vu qu'avec eux nous serions invulnérables comme Achille, que nous n'avons pas craint de nous livrer à des recherches qui devoient naturellement mettre tout le monde contre nous, si nous n'avions pas, comme on dit, raison & demie.

XI.

Nous avons placé à la suite, la Famille du mot Pot, qui désigne tout ce qui est élevé & profond, puissant, &c. Famille riche en noms Mythologiques, en noms Sacrés, en noms de grands Fleuves, de grands Lacs, en noms de Montagnes, de Châteaux, de Ponts, &c. Et même en mots Américains répandus dans tout ce nouveau Monde.

On voit ici un exemple instructif & frappant de l'utilité dont seroit notre Dictionnaire Comparatif des Langues de l'Univers, distribué par grandes Familles : car il n'est aucun mot Primitif qui ne pût présenter les mêmes résultats & le même intérêt.

On y voit aussi la preuve de ce grand principe, que chaque mot radical prend toutes les voyelles successivement pour diversifier ses dérivés, & nommément les voyelles nasales : principe qu'on méconnoît trop, & que des Gens de Lettres ne devroient jamais contester pour leur propre gloire. Ne sait-on pas qu'en tout genre, il est des objections & des questions qu'il n'est pas honorable de faire, lorsqu'on est parvenu à un point où l'on est censé ne devoir pas ignorer ces choses ?

XII.

La Dissertation qui suit cette Famille n'est pas de nous : c'est une Lettre que nous reçûmes lorsque notre premier Volume eut paru : elle étoit relative à un très-grand Ouvrage que l'Auteur de ce Mémoire préparoit depuis long-tems sur l'Histoire physique de la Terre : étonné des rapports qu'il appercevoit entre les résultats de nos Recherches sur les Allégories & ceux où il étoit parvenu d'après la connoissance physique du Globe & de ses révolutions, il nous exhorte à continuer courageusement nos Recherches,

& à diriger de ce côté nos Etymologies Géographiques & notre Explication des Fables ; à réunir celles de tous les Peuples en un Dictionnaire raisonné, sans omettre aucun Dieu, aucun Héros, aucun Roi, aucune Nymphe, &c ; à accélérer le Dictionnaire de la **Langue Primitive**, &c. Ce Savant comprenoit parfaitement que sans la connoissance des mots, on ne peut avancer dans celle des choses.

Ce Morceau ne peut donc qu'intéresser ceux qui ont adopté nos Principes, & ceux qui s'appliquent à l'Histoire physique du Monde, & dont le nombre est déjà très-grand : il entre d'ailleurs dans notre Plan, puisque les Origines & les Développemens du Monde Primitif ne peuvent être complets sans renfermer les grandes découvertes relatives à cet objet, comme on l'a déjà vu dans nos Prospectus.

XIII.

Un Essai sur les Rapports de la Langue SUÉDOISE avec toutes les autres, paroît ensuite. Nous le composâmes, il y a quelques années, pour faire sentir à MM. les Savans du Nord, la beauté, la simplicité, la fécondité des Principes du Monde Primitif, & combien ils répandoient de jour sur leur propre Langue, ensorte qu'il falloit qu'ils renonçassent à tous leurs principes, ou qu'ils adoptassent les nôtres. Les résultats en sont en même tems de nature à être bien reçus de nos Lecteurs.

C'est ainsi que nous serions à même de faire paroître des morceaux pareils sur la Langue Angloise, sur l'Allemande, sur celle des Troubadours, sur les Esclavonnes, sur diverses Langues d'Asie, &c. qui existent déjà dans nos immenses matériaux. Celui sur la Langue Angloise en particulier fut fait également pour montrer aux Savans de cette Nation, la beauté des Principes Etymologiques du Monde Primitif, & pour leur ôter tout sujet d'objection, en prenant nos exemples dans leur propre Langue, sur laquelle il n'étoit pas possible de leur faire illusion.

XIV.

Passant les Mers, nous transportant dans le Nouveau Monde, nous donnons ici l'Analyse des grandes Langues qu'on y parle d'un Pôle à l'autre. Les Eskimaux, les Illinois, les Chipéways, les Naudewossies, les Abenaquis, les Virginiens, les Caraïbes, les Galibis, les Méxicains, les Péruviens, ceux du Chili & de la Californie, tous les habitans des Isles éparses dans la vaste Mer du Sud, se présentent successivement à nous ; tous nous offrent dans leur Syntaxe & dans leurs mots, des rapports immenses avec toutes les Langues connues de l'Ancien Monde : toutes viennent se réunir à la Langue du Monde Primitif, avec une simplicité, une énergie, une abondance prodigieuse. Les trois Mondes concourent ainsi pour attester la vérité de nos principes, & pour l'attester d'une maniere étonnante. On ne pourra assez admirer les rapports de mots & d'idées qu'offrent toutes ces Langues d'Amérique, avec les idées & les mots de nos Langues. C'étoit un spectacle à présenter à nos Lecteurs, d'autant plus beau qu'on n'en avoit aucune idée.

Le premier Essai que nous fîmes dans ce genre, il y a quelques années, fut à la réquisition d'un Savant Evêque, M. de N. de L. Nous l'étendîmes ensuite pour plaire à un de nos Amis. C'est delà que nous le reprenons, & que le quadruplant, nous en parlons pour la premiere fois dans le Monde Primitif.

Quelque étendus que soient ces rapports, nous aurions pu en ajouter un plus grand nombre ; mais nous nous sommes lassés de copier : & ce n'est pas un volume que nous voulions faire.

On y verra combien nous ont été utiles les dernieres découvertes faites dans cette Partie du Monde : on diroit que leurs illustres Auteurs ont été dans ces Contrées lointaines pour concourir à la formation de notre grand Ouvrage, qui a besoin de tout ce qui exifte afin de s'arrondir, & que fes diverfes parties puiffent fe développer de la maniere la plus fatisfaifante.

Ce Tableau devient une des plus grandes preuves de l'excellence de nos Principes, qu'aucune Langue ne peut s'y refufer, & qu'il faut, ou adopter ces principes, ou fe difpenfer d'en parler, non plus qu'un aveugle des couleurs.

On verra fur-tout dans cet Effai que l'Amérique s'eft peuplée par divers endroits ; la feptentrionale par la Tartarie : la méridionale par le midi de l'Afie & de l'Afrique : les Ifles du Golfe du Méxique, peut-être par le couchant de l'Europe.

On verra, non fans furprife, que les mêmes noms de chiffres en ufage dans prefque tout l'Ancien Monde, le font également dans toutes les Ifles au midi des deux Hémifpheres du Globe, dans ces Ifles qui font au midi de l'Afie, de l'Afrique & de l'Amérique: & diverfes preuves que les Phéniciens ont navigué dans ces mers.

On y admirera fur-tout une foule de noms relatifs aux Arts dans ces Ifles, dans le Pérou, &c. qui font abfolument Orientaux, quelle qu'en foit la caufe.

X V.

A la fuite de cet Effai, eft l'Explication d'un Monument unique qu'on a découvert fur un rocher de l'Amérique feptentrionale, au bord d'un beau fleuve, & qui nous a été fort heureufement envoyé d'Amérique par de Savans Correfpondans, depuis le commencement de l'impreffion de ce Volume : il femble arriver du Nouveau Monde tout exprès pour confirmer nos vues fur l'ancienne communication de l'Ancien & du Nouveau Monde. Nous l'avons fait graver avec la plus grande exactitude. On y verra de la maniere la plus vraifemblable, nous dirions prefqu'évidente, que c'eft un Monument Phénicien, & fans doute Carthaginois, divifé en trois Scènes, une paffée, une préfente, une future.

La préfente, fur le devant du Tableau, défigne une alliance

entre les Peuples Américains & la Nation Etrangere. La Scène paſſée, repréſente ces Etrangers comme venant d'un pays riche & induſtrieux, & comme ayant été amenés avec le plus grand ſuccès par un vent de Nord.

Les Symboles & les Caractères alphabétiques de ce Monument ſe réuniſſent pour prouver que ce ſont des Carthaginois : & puis en réfléchiſſant un peu, on n'eſt pas plus étonné de voir ce Peuple dans ces Contrées, que d'y trouver des Iſlandois & des Gallois aux Xe. & XIe. ſiècles, & Colomb au XVe.

XVI.

Nous terminons ce Volume par l'Analyſe d'un Ouvrage imprimé depuis peu à Milan ſur les Devoirs de l'homme envers lui-même & envers la Société comme Citoyen, comme Propriétaire, comme Notable, comme Souverain, &c. Cet Ouvrage que nous n'avons connu qu'après avoir compoſé les Vues Générales ſur le Monde Primitif qui ſont à la tête de ce Volume, rentre ſi parfaitement dans les prnicipes politiques & moraux du Monde Primitif, que nous nous ſommes fait un plaiſir de l'analyſer comme un Supplément à ce que nous avons dit ſur ces objets dans ce premier morceau, d'autant plus heureux, qu'il venoit d'une main étrangere. Il offre en même tems une idée de la nature & de l'utilité dont pourroit être la Bibliothéque Etymologique & raiſonnée que nous annonçâmes dans notre Proſpectus comme un Complément de nos Recherches.

Des Etymologies contenues dans ce Volume.

La Science Etymologique ſans laquelle nous croyons qu'aucune connoiſſance réelle ne peut exiſter complettement, nous accompagne par-tout dans ce Volume, pour mettre le ſceau aux vérités que nous y propoſons, pour en achever la démonſtration, pour faire voir comment les Noms même furent faits pour les

PRÉLIMINAIRE.

choses, & que ces deux objets marchent toujours d'accord & d'un pas égal : ce qui est incontestablement le complément de toute science.

Les Etymologies sont dans ce Volume aussi variées que les sujets qui y sont traités : sans parler de celles qu'offrent les Dissertations sur les Langues, les autres en contiennent un grand nombre que personne n'avoit jamais pensé à analyser. On trouvera donc ici la signification d'une multitude de *Noms* de Lieux, Fleuves, Montagnes, &c. de l'Asie : l'Etymologie du Nom du *Blason*, celles de ses *couleurs* telles que *gueule, sinople*, &c. sur lesquelles on n'avoit fait que balbutier : celles de nombre de mots relatifs aux *Monnoies*, aux noms des *Hérauts* : celles des *Prénoms* Romains dont personne ne s'étoit avisé de chercher l'origine; jusques aux noms des Rois de *Troie* : le Nom primitif & Oriental de l'*Espagne*, inconnu même à tous les Savans jusqu'aujourd'hui : d'autres Etymologies résultantes de celles-là : celle de *Lacinia*, surnom donné à Junon de Crotone : celui de *Lapithes* ennemis des Centaures : même des Noms Américains, tels que *Caraïbes, Apalaches, Incas, Taïti*, &c. Ce sont de vraies conquêtes faites sur l'ignorance & sur la barbarie.

OBJETS DIVERS.

Accoutumés à rendre compte au Public des divers événemens relatifs à nos recherches, & qui arrivent dans l'intervalle d'un volume à l'autre, nous ne saurions nous dispenser d'entrer aujourd'hui dans un détail aussi intéressant pour nous, & auquel le Public daigne applaudir.

L'ACADÉMIE FRANÇOISE nous a décerné une seconde fois le Legs annuel de feu M. le Comte de *Valbelle*. Le compte qui en a été rendu dans le Mercure, nous exempte d'entrer ici dans d'autres détails, mais non de témoigner publiquement notre reconnoissance à M. GARAT, qui par des motifs des plus flatteurs pour nous, s'eſt déſiſté de ce que l'ACADÉMIE venoit de lui décerner.

M. le GARDE des Sceaux, & M. de NEVILLE, Maître des Requêtes & Directeur général de la Librairie, nous ont honoré, de leur propre mouvement, du titre de CENSEUR ROYAL. Nous l'avons regardé comme une approbation flatteuſe que le Chef de la Magiſtrature donnoit à nos travaux. Ils nous ont fait en même tems mettre au nombre de ceux qui travaillent à un Dictionnaire des Sciences & Arts, diſtribué par matieres. Celles qu'on nous a aſſignées ſe rapportent à la nature de nos recherches; ce ſont les Antiquités, la Chronologie, les Médailles, les Inſcriptions, la Divination & ſes diverſes branches; l'Explication des Fables ou de la Mythologie, l'Etymologie relative à ces Objets. La plûpart de ces matieres ont juſques-ici preſque toujours manqué aux ouvrages de cette nature; elles méritent cependant d'autant plus l'attention des Gens de Lettres, que ces objets forment une des grandes baſes de toute connoiſſance : nous tâcherons de nous en acquitter d'une maniere qui réponde à ce qu'on veut bien attendre de nous à cet égard.

Une Société nombreuſe de Sciences, Lettres & Arts, nous a honoré pour l'année de la qualité de ſon Directeur. La Correſpondance vaſte & bien choiſie qu'elle commence d'établir dans tous les Pays où l'on a quelque goût pour les Lettres, ne peut qu'étendre le nombre de nos propres Correſpondans : & les lumieres qui en réſulteront devenant les nôtres, la maſſe de nos matériaux en ſera plus conſidérable, & nos Ouvrages plus utiles.

C'eſt au zèle de nos Correſpondans d'Amérique que le Public doit le Monument Phénicien que nous publions dans ce Volume.

D'autres nous ont envoyé divers Vocabulaires, en particulier le R. P. GAIGNARD de l'Oratoire; M. MURET, Doyen des Paſteurs à Vévay en Suiſſe; M. l'Abbé CLÉMENT, Curé dans le Valais.

M.

M. BIGNON nous a communiqué la Grammaire de la Langue du BENGALE, que les Anglois ont fait imprimer dans cette contrée des Indes : Ouvrage précieux, dont nous rendrons compte quelque jour.

M. le Comte de SARSFIELD, tout ce que sa Bibliothéque contient de livres rares sur les Langues & sur l'Histoire du Nord.

M. Le Marquis de SAINT-SIMON nous a fait divers envois trèsprécieux en livres rares sur les Langues & les Antiquités.

Ainsi s'augmente sans cesse la masse de nos livres & de nos manuscrits, nécessaires pour aggrandir nos recherches & accélérer nos travaux.

Dictionnaire des Racines Latines, in-8°.

Depuis notre dernier Volume, nous avons publié le Dictionnaire Etymologique des RACINES Latines *in*-8°. Ouvrage qui manquoit aux Lettres, & sur-tout aux Jeunes Gens.

Le Public, à la vérité, étoit déjà en possession de divers Ouvrages sur les Racines Latines : tels ceux de M. FOURMONT, de M. DANET, & en dernier lieu d'un R. P. de l'Oratoire.

On avoit donc vivement senti la nécessité de ramener les mots Latins à un certain nombre de mots simples & primitifs qui deviennent la clef de tous les autres. Cette Méthode est en effet la seule à suivre pour saisir l'ensemble des mots d'une Langue : mais outre que la plûpart de ces Recueils sont en vers, ils ne sont point Etymologiques, ce qui est un défaut ; 1°. parce que par-là on est forcé de multiplier beaucoup trop le nombre des radicaux, en sorte qu'on manque son but, du moins en grande partie : 2°. parce qu'on n'y voit point l'origine de ces mots radicaux, ni leur rapport avec la Nature & avec les autres Langues, ce qui les rend moins utiles & moins satisfaisans.

Notre Dictionnaire des Racines Latines réunit au contraire

tous ces avantages. D'un côté, le nombre des radicaux y est réduit au moindre nombre possible : de ceux-ci on en voit dériver d'autres qui deviennent à leur tour l'origine de tous les Dérivés Latins. D'un autre côté, on y apperçoit l'origine de chaque mot radical, ce qui est un grand avantage ; & on y trouve les rapports de ces mots avec les autres Langues, ce qui est aussi d'une très-grande utilité.

A la tête, nous avons mis un Discours Préliminaire sur la formation des mots ; sur les Initiales de la Langue Latine & sur ses Terminaisons. Nous distribuons celles-ci sous un certain nombre de classes qui se rapportent à autant de mots primitifs, dont elles empruntent toute leur force. Ce Discours renferme des détails qui ne sont pas dans notre grand Ouvrage.

Il n'y a donc point de doute que ce Dictionnaire des Racines ne soit insensiblement reçu comme Classique. Déjà l'Université de Paris, bon Juge sur ces matieres, a bien voulu en recommander l'usage à MM. les Professeurs de son Corps : un suffrage aussi glorieux ne peut que nous concilier tous ceux de la Nation.

Grammaires & Dictionnaires Grecs à publier.

Encouragés par ces succès, nous nous proposons de donner un Dictionnaire semblable *in*-8°. pour les Racines de la Langue Grecque : il paroîtra en même tems que le Dictionnaire Etymologique de cette Langue, que nous avons déjà annoncé par Souscription.

Ces Ouvrages seront précédés cependant des Grammaires Françoise, Latine & Grecque, auxquelles nous allons mettre la derniere main. Nous ne négligerons rien pour qu'elles soient véritablement utiles à la Jeunesse ; & qu'en réduisant les régles de ces Langues au plus petit nombre possible, on en connoisse beaucoup mieux le génie, & on en sente mieux la beauté : nous n'épargnerons ni soins, ni peines, ni avances pour répondre à ce qu'on attend de nous, & pour remplir tout ce qu'exige la carriere à laquelle la Providence femble nous avoir conduits elle-même.

De quelques Ouvrages relatifs aux nôtres.

Tel eft le Titre heureux de notre Ouvrage, tels font les fuccès de fes diverfes parties, que des Hommes de Lettres empruntent notre titre, que d'autres imitent nos vues au point de fe faire confondre avec nous : il eft donc jufte que nous donnions ici les éclairciffemens néceffaires, afin que chacun jouiffe du fruit de fon travail.

I.

Des Papiers publics nous ont attribué d'être au nombre des Gens de Lettres qui font l'Hiftoire des Hommes, & qui l'ont commencée par celle du *Monde Primitif* : on nous a même écrit de divers pays à ce fujet, afin de favoir à quoi s'en tenir. Les uns & les autres nous ont fait trop d'honneur : nous ne fommes pour rien dans cet Ouvrage ; notre plan nous occupe affez fans embraffer des objets étrangers : il eft vrai que nous avons annoncé une Hiftoire du Monde Primitif comme faifant une partie effentielle de nos Recherches, mais fur-tout comme devant terminer ces travaux, ceux-ci feuls en peuvent être la bafe ; fans cela, elle feroit prématurée, elle ne pourroit offrir que des objets ifolés, le vuide des déferts : auffi, celle-ci ne nous empêchera point, malgré le mérite qu'elle peut avoir, de publier la nôtre quand il en fera tems.

L'Hiftoire ne doit être en effet que le réfultat des documens, des connoiffances, des travaux des hommes ; fans cela, elle n'offre qu'un Roman, ou que des Fragmens incohérens : comment donc réuffir dans l'Hiftoire primitive, fi on ne s'eft pas donné le tems de raffembler auparavant toutes les connoiffances néceffaires pour la connoître & pour la développer ; fans avoir réuni tous les faits, toutes les traditions, tous les monumens, sans s'être mis en état de les entendre, de les comparer, de les éclaircir; sans avoir démêlé le vrai du faux, le figuré du propre, l'allégorique de l'historique; sans s'être armé de toutes les ressources d'une Critique sage & modérée qui d'un coup-d'œil fait distinguer le vrai du faux, & ne se faire que des principes lumineux qui ne puissent jamais tromper, sur-tout qui puissent concilier toutes les vérités ? Jusques alors, on n'aura rien de complet, rien qui réponde à la grandeur de'Annonce.

2.

Un de nos Correspondans, excellent Ami, dans les mains de qui est tombé le Prospectus d'un Ouvrage intitulé l'*Antropologie*, a trouvé de si grands rapports entre les objets qui y sont annoncés, & ce que nous avons déjà publié, qu'il a cru que c'étoit un Abrégé de notre Monde Primitif, & que c'étoit nous-mêmes qui présidions à cet Abrégé. Il nous a en conséquence adressé diverses Remarques relatives à cette Annonce: la plûpart sont très-fondées, très-lumineuses, & nous ont fait le plus grand plaisir; mais nous ne connoissons point cet Ouvrage, nous n'avons point vu ce Prospectus: nous doutons que des personnes honnêtes ayent voulu courir sur nos brisées, & donner des Abrégés prématurés de notre Ouvrage, qui nous ôtassent les moyens de continuer une entreprise aussi dispendieuse que pénible, & qui exige le concours le plus soutenu pour la Souscription. Si au contraire les Auteurs de cet Ouvrage n'ont fait qu'adopter nos Principes pour élever dessus un Edifice différent, alors leur travail nous devient fort honorable & rentre dans les vues qui nous porterent à publier ces Principes; & nous aimons mieux croire que telle est la marche que tiennent ces Auteurs.

Fin du Discours Préliminaire.

TABLE
DES OBJETS CONTENUS DANS CE VOLUME.

Vue Générale du Monde Primitif.	j
De l'Annonce du Monde Primitif.	iij
De nos premieres Etudes.	v
Nécessité de les refondre.	x
Analyse des Volumes qui ont déjà paru.	xxvij
De ce qui reste à publier sur les Langues.	lij
—Sur l'Antiquité Allégorique.	liv
—Sur l'Antiquité Historique.	lvj
Heureux effets de l'Ordre.	lxvj
Des Systêmes.	lxx

ESSAI D'HISTOIRE ORIENTALE
Pour les VIIe et VIe Siècles avant J. C.

Article I. Nabuchodonosor monte sur le Trône.	1
II. Description de l'Asie Occidentale.	2
Etat actuel de ces Contrées.	19
III. Princes Contemporains.	30
IV. Regne de Nabuchodonosor.	34
V. Sa conquête de l'Espagne.	40
Nom ancien de ce Pays.	41
—Connu d'Homère.	46
VI. Voyages des Phéniciens.	49
S'ils ont connu la boussole.	54
& l'Amérique.	57
Leur origine.	59

Art. VII. *Fin de Nabuchodonosor.*	62
Funestes effets de sa gloire.	65
VIII. *Des Scythes, Chinois, &c. à cette époque.*	70
IX. *Regne d'Evilmerodac.*	73
X. & XI. *De deux de ses Successeurs.*	74
XII. *Nitocris & Nabonadius.*	76
Bataille de Thymbrée.	79
XIII. *Histoire Sacrée & Histoire Profane, conciliées sur ces derniers Rois de Babylone.*	83
XIV. *Des Prophetes de cette époque.*	94
XV. *Explication des noms de Lieux, Fleuves, Montagnes, &c. compris dans la Carte de l'Asie Occidentale.*	108
Du Royaume de Juida, en addit.	116
Des Menins.	121
Conquête de la Médie par Cyrus, &c.	123

DES SYMBOLES, DES ARMOIRIES
ET DU BLASON DES ANCIENS.

Introduction.	125
Part. I. Des Symboles Armoriaux, & du Droit de Bouclier.	129
Article I. *Monumens antérieurs au XIe siècle,*	ib. 333
II. *Origine du Droit d'Armoiries.*	133
Du mot Gens, & de ses Priviléges.	ib.
Du Droit d'Insignia, chez les Romains & les anciens Peuples.	136
III. *Droit de Bouclier.*	143
Insignia & Arma, synonymes.	146
IV. *Origine des Armoiries, & sur-tout des Armes parlantes.*	150
	335
Symboles relatifs au Soleil.	162
—*Aux productions.*	167
—*A divers objets.*	171
V. *Aux Divinités protectrices de l'Agriculture.*	175
VI. & non VII. *Symboles des Colonies.*	178
VII & non VIII. *Villes de Sicile.*	182
VIII & non IX. *Villes d'Egypte.*	185

TABLE DES OBJETS, &c.

Art.	IX & non X. *Villes Sacrées.*	188
Part.	II. Des Couleurs et du Droit d'Enseignes.	196
Art.	I. *Des Couleurs.*	ib.
	II. *Du Droit d'Enseignes.*	207
	III. *Mots Armoriaux employés par Nahum.*	212
	IV. *Des Hérauts d'Armes & sur-tout chez les Hébreux.*	217
Part.	III. Du Droit des Monnoies.	229
Art.	I. *De la Monnoie en général.*	ib.
	II. *Antiquité de la Monnoie.*	232
	Des Systèmes élevés à ce sujet.	241
	III. *Nature des Symboles placés dès l'origine sur les Monnoies.*	247
	Medaille sous le nom de Phidon.	250
	De Léocedes, fils de Phidon, & des Tournois de Clisthenes.	253
	Tournois, quand établis en Allemagne.	256
	Noblesse héréditaire très-ancienne.	257
Art.	IV *Différences des Symboles placés sur les Monnoies des Rois & sur celles de divers Peuples.*	259
	Du surnom de Lacinia.	260
	Motifs qui purent déterminer les Empereurs à laisser les Villes libres à l'égard de leur effigie.	262
	Causes du scrupule de ces Villes.	263
	Premiere Monnoie d'argent avec le nom d'un Consul.	265
	V. *Monnoies de l'Orient.*	267
	—*De l'Ancienne Egypte, découvertes.*	268
	Des Animaux qui lui servoient de Symboles.	269
	Symboles des Peuples modernes comparés à ceux de l'Egypte.	276

Des Noms de Familles.

	Fausses idées qu'on se formoit à cet égard.	279
Art.	I. *Toute Famille eut un Nom.*	283
	Des Prénoms Romains, &c. &c.	290
	II. *Noms de Fiefs succedent a ceux de Familles.*	300
	Noms du moyen âge.	304
	Noms dérivés de l'ancienne Langue Romance.	307
	III. *Noms significatifs en François.*	310
	Et ailleurs.	330

TABLE DES OBJETS, &c.

Du Bouclier d'Achille. 349

Du Jeu des Tarots.

C'est un Livre Egyptien. 365
Recherches sur ce Jeu & sur la divination par ses Cartes, par M. le C. de M. 395
Art. I. *On y voit les trois siècles d'or, d'argent, de fer.* 396
II. *Ce Jeu appliqué à la Divination.* 400
III. *Noms de diverses Cartes conservés par les Espagnols.* 401
IV. *Attributs Mythologiques de plusieurs autres.* 402
V. *Comparaison de ces attributs avec les valeurs qu'on assigne aux Modernes pour la divination.* 403
VI. *Comment on s'en servoit pour consulter les sorts.* 404
VII. *C'étoit une portion de la sagesse ancienne.* ib.
VIII. *Cartes auxquelles les Diseurs de Bonne-Aventure attachent des pronostics.* 408
Des Sept Rois Administrateurs. 413
Lettre du F. Paul Hermite. 437
Réponse par M. Pr. 443
Autre Réponse par M. de la D. sous le nom de F. Pacôme. 445
—*Sur le mot* War, *à un Journaliste.* 449
Pot, *Famille primitive.* 461
Observations *sur l'interprétation des Fables Allégoriques relativement au Monde Primitif de M. de Gébelin, par M. B**.* 471
Vues *sur les rapports de la Langue Suédoise avec les autres Langues & sur-tout avec la Primive, adressées à M. le C. de Sch. en Suède.* 478
Essai *sur les rapports des mots entre les Langues du Nouveau Monde & celles de l'Ancien.* 489
Observations *sur un Monument Américain.* 561
Analyse *d'un Ouvrage sur les Devoirs.* 569

Fin de la Table des Objets.

VUE

VUE GÉNÉRALE DU MONDE PRIMITIF,

Qui comprend les Volumes déjà publiés; ceux qui doivent suivre, & ce qui a conduit à ces Recherches.

LES Volumes du Monde Primitif se multiplient; les objets qu'il annonçoit se développent, son terme s'éloigne à mesure que ces objets occupent une place plus étendue; mais ne sortons-nous pas de ce plan? L'avons-nous rempli sur chacune des Parties que nous en avons déjà fait paroître? Résulte-t-il de ces développemens quelqu'utilité sensible & intéressante? Et ce qui a déjà paru, peut-il faire désirer ce qui nous reste de découvertes & de recherches à publier pour completter nos promesses?

Il ne sera sans doute pas inutile de jetter un coup-d'œil sur ces questions : on saura mieux à quoi s'en tenir sur un Ouvrage aussi vaste, auquel on ne pouvoit croire, & que tant de personnes s'imaginent avoir jugé quand elles ont dit que ce n'est qu'un systême. Lorsqu'on a une longue carriere à parcourir, une vue rapide sur le chemin qu'on a déjà franchi, délasse agréablement le Voyageur, & lui donne une nouvelle force pour soutenir ce qui lui reste de peine & de travaux. On en aura d'ailleurs plus de confiance pour nous suivre dans les grandes choses qui doivent completter notre plan : & nous repliant ainsi sur nous-mêmes, rassemblant tous nos avantages, résumant nos grands résultats, nous puiserons dans cette révision de nouveaux secours & de nouvelles vues pour perfectionner nos découvertes, & pour tirer un plus grand parti de celles que nous avons encore à exposer, qui ne sont ni moins nombreuses, ni moins importantes que celles que nous avons déjà mises sous les yeux du Public.

Nous Lui devons en même tems une légère esquisse des vues qui nous ont conduit à la découverte du Monde Primitif & de ses diverses parties qui semblent si disparates, ainsi que l'exposition des moyens qui nous ont servi pour franchir des espaces qui paroissoient impossibles à parcourir : pour créer en quelque façon un Monde nouveau, en retirant le trésor Primitif des connoissances humaines, de dessous ces débris effroyables où il sembloit être enseveli à jamais ; comment sans aucune fortune, sans aucun appui, sans autre secours que ceux que nous avons pu trouver en nous-même, nous avons osé nous livrer à ces recherches d'abord fastidieuses & pénibles, malgré les exhortations tendres & amicales des personnes qui s'intéressoient à nous, & qui craignoient sans cesse que nous ne succombassions sous le poids, ou que nous ne sacrifiassions en vain notre tems, nos forces, notre existence même ; comment nous avons pû résister à des difficultés de toute espéce, & donner, en quelque sorte, la vie à des objets qui sembloient autant d'Etres de raison. On verra ce que peut le courage, la constance & l'audace; & si nous étions arrêtés dans ce qui nous reste à publier, par quelqu'un de ces accidens qui menacent sans cesse l'humanité, des chercheurs plus heureux pourroient du moins se saisir des mêmes moyens, remplir ce que nous n'aurions pu exécuter, & parvenir peut-être à des découvertes nouvelles, non moins agréables & non moins utiles que les premieres.

De l'Annonce du Monde Primitif.

Tout étonna dans l'annonce du Monde Primitif : la grandeur de l'entreprife, le gigantefque des promeffes : les difficultés terribles qu'on fentoit qu'il falloit avoir furmontées, l'ignorance des moyens qu'on pouvoit avoir employés, cette annonce fubite à laquelle rien n'avoit préparé.

Ce n'étoit point une entreprife de Rois ; ce n'étoit point le réfultat des travaux d'une Société Littéraire, nombreufe & favante; c'étoit un fimple Particulier, inconnu, qui annonçoit des découvertes regardées comme impoffibles, faites dans le filence d'un cabinet bien étroit, bien peu riche : & qui offroit au Public de lui en faire part s'il vouloit y contribuer par une foufcription modique, feule reffource qui lui reftât.

Il prit dans fon Annonce un ton ferme, parce qu'il étoit perfuadé de la vérité & de la bonté de fes découvertes : & s'il les détailla par une longue énumération, c'eft que tous ces objets faifoient réellement partie de fon travail : c'eft qu'ils étoient tous néceffaires pour affurer fa route & pour mettre dans fes découvertes cet enfemble qui feul pouvoit en faire la démonftration.

Que n'annonçions-nous pas en effet ? La Langue primitive, mere & clef de toutes les autres : les rapports intimes de celles-ci avec celle-là & entr'elles : l'origine du Langage & de l'Ecriture : les fources de l'Alphabet : l'Etymologie de tous les mots : la Grammaire univerfelle & les principes généraux du langage : la Langue Allégorique de l'Antiquité, clef de fa Mythologie; de fes Symboles, de fa Poéfie, de fes Cofmogonies, de fon Calendrier, de fes Fêtes : les Loix anciennes préfentées fous leur véritable face ; les fources du Droit Public éclaircies & mieux connues. L'Antiquité par-là même reftaurée ; fon Hiftoire & fes traditions, plus certaines : fes monumens plus intelligibles ; les caufes de la grandeur des anciens Peuples, découvertes & approfondies. Et ces découvertes répandant fur toutes les connoiffances modernes, un éclat abfolument nouveau, & leur donnant une confiftance précieufe par leur liaifon intime avec ces grands objets.

L'utilité & l'importance de ces découvertes étoient trop fenfibles pour qu'on pût s'y refufer ; mais il n'y avoit point de perfonne affez étrangere aux Lettres pour ignorer combien on s'en étoit occupé jufqu'ici ; que tous ceux qui avoient voulu travailler dans ce genre, entre autres nombre de Savans diftingués, avoient échoué ; & qu'il ne reftoit que le défefpoir d'y parvenir. Comment celui qui ofoit réveiller l'attention des hommes fur ces objets abandonnés, pouvoit-il avoir été plus heureux que les autres ? Pouvoit-il avoir découvert des monumens qui euffent échappés à tous ? avoir puifé quelque part des notions fur l'Antiquité, qui fe fuffent refufées à tous les efprits ? Lors même qu'à force de rêver il auroit pu trouver quelque principe plus lumineux, comment pafferoit-il à travers l'immenfité des tems, & renoueroit-il le fil tant de fois interrompu des fciences anciennes & modernes ?

Nous nous étions attendu à toutes ces difficultés ; nous les euffions faites peut-être nous-mêmes dans un tems, à quiconque eût promis de pareilles découvertes : auffi ne les annonçames-nous que lorfque nous fûmes bien fûrs d'avoir trouvé le vrai ; & nous ne pouvions en douter par la vive lumiere qui en réfultoit, & par la facilité avec laquelle s'applaniffoient tous les obftacles & fe diffipoient les difficultés les plus exafpérantes.

5 Aujourd'hui, que nous sommes si avancés dans notre carriere, que le Public est déjà en possession de sept Volumes, sans compter celui que nous faisons paroître dans ce moment, & dans lesquels nous lui avons offert une suite d'objets aussi neufs que variés, efforts auxquels il a daigné applaudir d'une maniere qui a excité toute notre reconnoissance, & qui nous a donné de nouveaux motifs d'encouragement, montrons par quels moyens nous sommes parvenus à des connoissances de cette nature, & ce qui a déterminé nos recherches sur ces objets abandonnés. Mais comme c'est l'Ouvrage de notre vie entiere, d'abord, pour apprendre ce qu'on en avoit dit avant nous, ensuite pour nous frayer à nous mêmes de nouvelles routes plus satisfaisantes, nous serons obligés de remonter un peu haut.

De nos premieres Etudes.

Nous eûmes l'avantage inestimable d'avoir pour PERE un homme rare, plein de génie & d'élévation, fait, par son éloquence naturelle, par son courage héroïque, par le coup-d'œil le plus sûr & le plus imposant, par la présence d'esprit la plus tranquille au milieu des périls les plus éminens, pour entraîner les Peuples, pour commander aux Nations; & qui très jeune avoit rendu des services assez importans à sa Patrie, pour que le Grand-Régent daignât lui faire des offres qu'il ne crut pas devoir accepter.

C'étoit au commencement du regne de Louis XV. Le Cardinal Alberoni, qui cherchoit à former un Parti dans le Royaume en faveur de Philippe V, avoit beaucoup espéré de la part des Protestans, dont il connoissoit toute l'étendue des maux. Le Grand-Régent apprenant les démarches du Cardinal, craignit tout à l'égard des Provinces Méridionales, remplies de Protestans, de ces hommes dont une ancienne politique vouloit faire croire l'existence contraire aux Gouvernemens Monarchiques : les craintes de ce Prince étoient d'autant plus vives, qu'il savoit, aussi-bien que le Cardinal, à quels excès étoient parvenus leurs maux, & ce qu'avoient couté au Royaume les troubles des Cevennes, à peine éteints. Il chercha donc quelqu'un en état de repousser au milieu d'eux les intrigues du Cardinal : il s'adressa pour cet effet au grand Basnage, avec qui il étoit en correspondance. Celui ci lui indiqua le jeune Court, comme la personne la plus capable d'opérer les effets qu'il desiroit. Le Prince dépêche un Gentilhomme auprès de lui : il en apprend, avec cet intérêt qui suit une grande crainte, qu'on a déja éconduit une partie des Emissaires du Cardinal, qu'on travaille à faire échouer les sollicitations des autres : que les Protestans ne cédent en rien aux Catholiques dans leur attachement à la Maison Royale : que l'excès de leurs maux est incapable de les faire manquer à leur devoir : que les troubles des Cevennes, qu'on venoit d'éteindre, ne furent que des représailles de quelques Villages, contre des personnes qui les avoient poussés, par leurs atrocités, au plus grand désespoir ; mais qu'ils n'avoient jamais pensé à se soustraire à l'autorité royale, & qu'il en seroit de même tandis qu'il couleroit une goutte de sang dans les veines des Protestans François : que telles étoient & avoient toujours été ses dispositions, celles de tous les Protestans, & celles qu'il inspiroit, au péril de sa vie, à ce petit nombre de Fanatiques qu'avoient égaré trente ans d'ignorance & de loix pénales. Le Prince, touché de ces sentimens, si différens de ce que la politique les faisoit croire, & n'ayant plus de crainte à cet égard, fit assurer le jeune homme de toute sa bienveuillance, & lui offrit une pension considérable, avec permission de vendre ses biens & de sortir du Royaume, pour fe fouftraire au funefte effet de ces loix. Celui-ci, pénétré de reconnoiffance, refufa tout, à caufe de l'expatriation qui en devenoit la bafe, & il donna lieu au Régent de réfléchir fur la bifarrerie des circonftances qui le mettoient dans l'impoffibilité d'être utile à d'excellens fujets, à moins qu'ils n'abandonnaffent leur Patrie, & qu'il ne pût plus fe fervir d'eux.

Ce qu'il ne crut pas devoir faire alors à des conditions auffi avantageufes, il fut obligé de le faire plus tard, en abandonnant tout, lorfque les loix pénales, qui furent renouvellées à la majorité du Roi, peferent avec une force fans égale fur lui & fur une famille qu'il ne pouvoit plus rendre heureufe dans le fein de fa Patrie.

Ayant tout facrifié au devoir, & ne pouvant nous laiffer du bien, il voulut du moins nous laiffer la SCIENCE, titre avec lequel on n'eft étranger nulle part ; avec lequel on peut fe rendre utile à tous en fe faifant du bien à foi-même. D'ailleurs nous étions demeuré feul d'une nombreufe famille, & nous en étions devenu plus précieux.

Il nous dévoua à l'étude, & il avoit à cet égard les plus grandes vues : il jugea fans doute à notre docilité, à notre patience, à notre taciturnité, telle qu'à huit ans, le Spectateur nous parut un homme étonnant, parce qu'il étoit accoutumé à ne parler que par geftes, que nous pourrions faire de grands progrès dans les fciences fpéculatives, & reculer les bornes des connoiffances humaines, fur lefquelles il lui paroiffoit qu'il y avoit encore prodigieufement à faire.

Il fut notre premier Maître dans un tems où à peine pouvions-nous bégayer : il nous donna enfuite tout ce qu'il put trouver de plus habiles Inftituteurs : il nous lia avec de Grands-Hommes ; l'amitié qu'on avoit pour lui rejailliffoit fur nous; il auroit voulu que nous eussions embrassé l'universalité des connoissances humaines. Ce qu'un homme a pu faire, nous disoit-il, un autre doit l'exécuter : il nous fit donc étudier diverses Langues, le Latin, le Grec, l'Anglois, l'Hébreu, &c.

Mais les Langues n'étoient considérées que comme moyen : il fallut donc étudier d'autres choses : l'Histoire ancienne & moderne, Sacrée, Ecclésiastique, Nationale ; la Géographie, la Chronologie, les Voyages, les Antiquités, la Théologie, les Belles-Lettres, la Mythologie : toutes les Religions du monde, pour connoître en quoi elles s'accordent, jusqu'à quel point elles sont la vérité : il fallut en même-tems acquérir des notions plus ou moins étendues des Mathématiques, de l'Astronomie, de la Physique, du Droit : sur-tout, posséder cette heureuse & sage Philosophie, qui sait suspendre son jugement sur tout, pour mettre tout au creuset de la raison ; & analysant tout, aller chercher la vérité au fond du puits.

Comme les idées nettes se rendent nettement par la parole, il voulut aussi que nous pussions les rendre nettement, librement, & très-couramment par l'Ecriture ; il nous fit faire même quelquefois, à cet égard, des tours de force uniques, & qui nous ont infiniment valu, pour nous faciliter cette immense quantité d'Extraits & d'Ecritures de toute espece que nous avons été obligés de faire, de Dictionnaires même entiers qu'il nous a souvent fallu copier : avantage sans lequel nous eussions succombés sous le poids des recherches.

Il nous fit aussi apprendre le dessin, connoissance qui paroît étrangere à un Homme de Lettres, & qui nous a été très-utile pour copier & pour nous rendre propres les monumens de tous les siecles, de même que pour composer les planches & les cartes du Monde Primitif. Nous saisissons même avec empressement

ment cette occasion de témoigner notre reconnoissance à un Prince de Westphalie, M. le Comte de la Lippe, qui nous associa aux leçons qu'il prenoit dans ce genre.

Notre excellent PERE, digne de tous nos regrets, & secondé par une Epouse d'une force d'ame peu commune, qui veilla sans cesse à notre éducation, & qui ne vivoit que pour sa famille, ménageoit en même tems nos forces & notre santé peu ferme, par des exercices modérés, afin que nous eussions dans un corps sain, un jugement sain : & dans la belle saison nous allions souvent passer quelques jours dans la campagne de M. Louis de Chefeaux, Gentilhomme aussi distingué par son esprit, ses connoissances & son mérite, que par son rang. Il avoit deux fils ; l'un devenu un des premiers Savans de l'Europe, peut-être le plus grand Astronome depuis Newton : l'autre plus jeune & de qui nous avions l'avantage d'être compagnon d'étude : tous élevés sous les yeux de leur mere, fille du célébre Philosophe de Crousaz ; & par son goût & ses lumieres, digne de son illustre Pere.

Tems heureux! Maison chérie! dont nous ne perdrons jamais le souvenir, & à laquelle nous saisissons, de même avec empressement, cette occasion de rendre nos hommages, de même qu'à l'Homme grand & respectable dans la maison de campagne de qui nous écrivons ceci : & qui depuis que nous avons le bonheur de le connoître, veut bien en quelque façon nous tenir lieu de tant de pertes ; l'AMI des HOMMES, pouvoit-il ne pas avoir quelqu'amitié pour l'Auteur du Monde Primitif ?

Mais pour en revenir à nos études, nous nous y prêtions de notre mieux, autant que pouvoient le permettre la dissipation de la jeunesse, une santé long-tems foible, une mémoire lente & cruelle qui se refusoit à tout ce qu'elle ne concevoit pas.

VUE GÉNÉRALE

Nécessité de refondre ces Etudes.

Parvenus à l'âge où l'on prend un état & où nos Camarades d'étude étoient déjà avantageusement placés, nous ne crumes pas devoir les imiter & suivre à cet égard les conseils sages & prudens d'une fortune au-dessous du médiocre ; nous renonçâmes courageusement à toute vue d'établissement ordinaire, pour revenir sur nos études, afin de les perfectionner d'après nous-mêmes ; & de parvenir s'il se pouvoit à la solution d'une foule de difficultés dont nous avions cherché en vain l'explication dans tout ce qui existoit, persuadés que si nous y parvenions, nous trouverions dans la chose même notre récompense & l'établissement le plus conforme à une personne dévouée aux Lettres & à la vérité.

En effet, nous ne pouvions nous dissimuler, qu'ayant examiné ou appris tout ce qu'on avoit dit & écrit sur ces objets, il n'en résultoit que longueur, obscurité & ignorance : nous avions vu qu'on ne savoit rien de positif sur l'origine des Peuples & sur celles des Sociétés : qu'on soutenoit à cet égard avec la même vraisemblance le pour & le contre : qu'on ne savoit pas un mot de l'origine des Langues ; qu'on déraisonnoit sur l'Etymologie ; qu'on avoit perdu toute idée du rapport intime des Langues d'Occident avec celles d'Orient ; qu'on avoit perdu jusques à la vraie maniere de lire celles-ci : que toutes les Grammaires n'étoient qu'imperfection : qu'on ne se doutoit pas même de l'origine de la Parole : encore moins de celle de l'Ecriture : qu'on ignoroit absolument la vraie maniere d'étudier les Langues ; les Méthodes qu'on employoit pour cela, étant en général longues, fastidieuses, livrées à une routine qui ne connoissoit guères que l'usage, & avec le secours de laquelle on ne pouvoit apprendre qu'un très-petit nombre de Langues, fans être en état d'en expliquer les procédés & de s'élever au-deſſus de leurs régles.

Que la plûpart des anciens monumens étoient muets, parce qu'on ne ſavoit ni les interroger, ni s'élever au-deſſus d'une lettre morte & ſans vie : qu'on les expliquoit, de même que les Langues, plutôt par routine que par une vraie & ſolide connoiſſance ; enſorte qu'on ne voyoit dans l'Antiquité que ruine & que décombres, là où on auroit dû voir ſcience, ſageſſe & ordre merveilleux.

Qu'on ne ſe doutoit pas des vraies limites de la Fable & de l'Hiſtoire : qu'on en faiſoit le plus malheureux mélange, changeant l'Hiſtoire en Fable & la Fable en Hiſtoire : que c'étoit ſur-tout à l'égard de la Mythologie qu'on s'étoit égaré : les explications qu'on en donnoit étant incapables de ſatisfaire un homme raiſonnable, parce qu'elles étoient preſque toujours contraires au ſens commun, & qu'elles n'offroient qu'un cahos qui donnoit lieu à toutes ſortes de difficultés : qu'on s'attachoit à des traditions qui n'amenoient à rien, tandis qu'on ne faiſoit nulle attention à des faits ou à des procédés importans, au point qu'il falloit ſouvent faire le plus grand cas de tel monument qu'on rejettoit comme indigne d'attention & négliger tel autre qu'on croyoit merveilleux.

Que ſi quelques vérités avoient eu aſſez de force pour percer à travers tant d'erreurs, tant d'inconſéquence, & un ſi grand deſordre, elles reſtoient ſans énergie & ſans ſuccès. On peut même dire que nous n'offrons peut-être aucune vérité qui n'ait été ſentie ou apperçue dans un tems ou dans un autre, & qui ne ſoit entrée dans quelque ſyſtême vrai ou faux : telle eſt en effet la vérité, qu'elle ne peut ſe laiſſer ſans témoignage, & qu'elle perce néceſſairement à travers le brouillard le plus épais; mais les hommes, offuſqués par les préjugés, méconnoiſſoient celles-ci, & elles

B ij

reſtoient confondues avec une foule d'erreurs & d'illuſions, entre leſquelles il étoit impoſſible de la démêler ſans des principes antérieurs & certains.

Moyens par leſquels on eſt parvenu à cette refonte, & découvertes qui en ont été la ſuite.

Il ne ſuffiſoit pas de connoître le mal & ſon étendue, il étoit ſur-tout queſtion des moyens d'y remédier, & premierement de la poſſibilité de faire mieux : car ſi cette multitude d'erreurs & de préjugés ſur l'antiquité & ſur l'origine de tout, provenoient du manque de monumens, de leur perte irréparable, ce qui n'eût pas été étonnant, puiſque les déſaſtres à cet égard ont été auſſi grands que multipliés, il falloit ſe réſoudre à vivre dans une ignorance qu'il n'étoit plus poſſible de diſſiper; mais ſi au contraire il reſtoit aſſez de monumens relatifs aux grands intérêts des hommes; ſi, en les rapprochant, ils formoient une maſſe immenſe & complette dans leur genre; ſi, en les comparant & en les interrogeant, ils s'expliquoient mutuellement, & s'il en réſultoit une vive lumiere; ſi c'étoient les hommes qui euſſent manqué aux monumens, & non les monumens aux hommes, on avoit tout à eſpérer avec de l'adreſſe, de la conſtance & du courage.

Nous avions d'autant plus lieu de le penſer, que nous avions les plus fortes raiſons de croire que ceux qui s'étoient exercés juſqu'ici ſur ces objets, avoient toujours poſé de fauſſes limites, des principes erronés : qu'ils ne s'étoient égarés que parce qu'ils s'étoient mis des entraves qui leur faiſoient manquer la vérité, & les réduiſoient à la néceſſité de lui tourner exactement le dos.

Nous fûmes dès-lors aſſurés qu'en les laiſſant, eux & leurs principes, & qu'en prenant le chemin oppoſé, en ſoutenant tou-

DU MONDE PRIMITIF.

jours la contradictoire des propofitions qu'ils avoient prifes pour bafe de leurs recherches, nous découvririons néceffairement de très-grandes chofes, précifément tout ce qu'ils avoient efpéré de découvrir, & dont ils avoient été forcés d'abandonner la recherche.

Ce chemin étoit d'autant plus fûr, que nous avions raffemblé une plus grande maffe de connoiffances, que nous embraffions un champ infiniment plus vafte, un beaucoup plus grand nombre de Langues, beaucoup plus de vues, une critique plus févere, enforte que nos conféquences devoient être plus lumineufes, plus fermes; & que non contens de les examiner en fimples érudits, comme on avoit toujours fait, nous étions en état, au moyen d'une bonne Philofophie analytique, de les foumettre au creufet de la raifon & du bon fens, & d'établir dans *le Monde Primitif analyfé & comparé avec le Monde moderne*, une fuite importante de belles vérités.

Que rien n'a été l'effet du hafard : que tout a fa caufe & fa raifon; & que rien ne fe fait de rien. Que l'homme n'a jamais été créateur en aucun genre; mais qu'il eft toujours parti d'élémens exiftans pour faire quelque chofe, & que ce qu'il a fait a toujours été afforti à ces élémens, qui, exiftans fans ceffe dans la Nature, antérieurs à l'homme, indépendans de lui, donnent la raifon de tout, en les combinant avec la nature de l'homme & avec fes befoins.

Que la Parole eft néceffaire : qu'elle naquit avec l'homme, qu'elle n'a jamais été la production de fes foins, qu'il n'a pu que les modifier : qu'elle eft une fuite indifpenfable de la raifon : qu'elle fe confond avec elle, enforte qu'il n'eft point étonnant que le même mot ait défigné la parole & la raifon éternelle : qu'elle n'eft que la peinture des idées données par la Nature immuable

& éternelle qui se peint dans l'esprit, comme elle se peint au physique dans le miroir des eaux.

Qu'ainsi il n'existe qu'une Langue, une Langue éternelle & immuable puisée dans la Nature raisonnable, & dont les hommes n'ont jamais pu se détourner : que par conséquent toutes les Langues existantes ne sont que des modifications de cette Langue universelle, à laquelle il est aisé de les ramener, en les comparant entr'elles & avec elle.

Qu'il existe par conséquent une science étymologique, certaine, utile, nécessaire, consolante, puisqu'elle donne la raison claire & intéressante de chaque mot, & qu'elle répand sur lui par ce moyen, une vie nouvelle, fort au-dessus de ce qu'il étoit, lorsqu'on ne voyoit en lui que l'effet du hasard, sans aucun rapport avec l'idée qu'il étoit destiné à peindre.

Qu'il existoit par conséquent des Principes nécessaires du langage, une Grammaire fondamentale & naturelle, qui présidoit à toutes les Langues, & dont toutes les Grammaires particulieres n'étoient que des modifications; & qu'on étoit d'autant plus assuré de trouver cette Grammaire, qu'elle étoit nécessairement la suite du rapport de la parole avec les idées & avec la Nature.

Que l'Ecriture & que notre Alphabet étant la peinture de ces mêmes idées & de cette même Grammaire, pour les yeux, comme la parole l'est pour les oreilles, l'Ecriture est aussi nécessaire que la parole, qu'elle est une comme elle, & qu'elle est assujettie aux mêmes loix.

Qu'il existe par conséquent une méthode vraie, simple & rapide pour étudier les Langues, autant au-dessus de la plupart des pratiques ordinaires, que la raison est au dessus de la routine, & qui embrasse l'universalité des Langues avec plus de certitude & de précision que les autres Méthodes n'en avoient pour l'explication d'une seule.

Que la nature phyſique & univerſelle n'étant que le lieu & l'emblême de la nature intelligente & raiſonnable, le langage qui peignoit celle-là peint également celle-ci, par le ſeul acte de prendre chaque mot dans un ſens figuré.

Que de-là réſultoit une nouvelle Langue ſublime & ſource d'une infinité de beautés & de richeſſes, le langage figuré & allégorique dont les loix n'étoient pas moins néceſſaires & immuables que celles du langage phyſique, & calquées exactement ſur les mêmes principes.

Que ce langage allégorique devient une clef eſſentielle de l'Antiquité; qu'il préſida à ſes Symboles, à ſes Fêtes, à ſes Fables, à ſa Mythologie entiere, qui paroît le comble de l'extravagance quand elle eſt ſéparée de l'intelligence qui l'anime, & qui prend une vie abſolument nouvelle lorſqu'on leve le voile qui l'enveloppe; qui ſe trouve ainſi un enſemble d'énigmes charmantes, dépôt ſacré de l'eſprit & de la ſageſſe des premiers hommes.

Que ces Principes ſur les Langues n'étoient pas moins eſſentiels pour la Langue Hébraïque, elle-même Langue deſcendue de la Primitive, & qui doit ſe lire de la même maniere que les Langues d'Occident; ce qu'on avoit totalement perdu de vue; d'où étoit réſulté un mur inſurmontable de ſéparation entre les Langues d'Orient & d'Occident, qui en faiſoit une vraie tour de Babel.

Que ceux même qui ramenoient toutes les Langues à la Langue Hébraïque, ne tenoient rien lorſqu'ils ne s'élevoient pas juſqu'à l'origine même de cette Langue, & qu'ils ne connoiſſoient pas la cauſe de ſes mots & leurs rapports avec la Nature elle-même.

Que du redreſſement de toutes ces choſes, il devoit réſulter une connoiſſance infiniment plus parfaite de l'Antiquité, & la ſolution d'une multitude de difficultés qu'il étoit impoſſible de réſoudre auparavant.

Qu'il en résultoit sur-tout que l'état des Nations sauvages & ignorantes, n'est pas l'état naturel de l'homme; mais un état désordonné, effet des déprédations, des invasions, de l'abandon de l'ordre, de la fuite de toute société, un état de brigands ou de frelons ennemis de tout travail.

Que les hommes sortis véritablement hommes des mains du Créateur, commencerent par vivre en familles & en sociétés, d'où se formerent avec le temps des Etats agricoles, source de la splendeur des anciens Empires, de leurs connoissances, de ces traditions qui subsistent encore parmi les Nations éclairées, & dont on ne pouvoit découvrir la cause.

Que les Arts, les Loix, la Navigation, le Commerce naquirent nécessairement par & pour l'Agriculture; que tous ces objets furent également l'effet immédiat de l'Ordre, & non celui du hasard ou d'un long & pénible tâtonnement : que tout a eu sa cause nécessaire, même la Poësie, nos chiffres, les danses sacrées.

Que l'Histoire ancienne & l'état primitif des hommes en seroient infiniment mieux connus, en montrant l'accord absolument nouveau de leurs traditions & de leurs connoissances primitives, en dégageant enfin l'Histoire des Fables allégoriques confondues sans cesse avec elle ; & en s'élevant jusques à ces principes qui font la base des Empires, & au moyen desquels on juge l'Histoire elle-même, qui n'est plus que le résultat de la maniere dont les hommes ont observé ces principes éternels & immuables; car si l'Histoire est le flambeau des Nations, ce n'est pas seulement en montrant que tels & tels Peuples ont été heureux ou malheureux, ont eu de l'éclat ou n'en ont point eu ; mais en comparant ces faits à une régle éternelle & invariable, en montrant que les Empires n'ont fleuri qu'autant qu'ils se sont con-

formés

formés à cette régle immuable, & qu'ils n'ont été effacés de dessus la terre, que pour avoir foulé aux pieds ces principes, cet ordre éternel & nécessaire sans lequel il ne peut exister de bien.

Qu'autrement, l'Histoire est sans nul effet, tout n'étant plus donné qu'au hasard, tout ne dépendant plus que de mille petites passions dont on ne peut calculer que ruine & que folie.

Mais qu'avec ce principe, on voit disparoître ce préjugé, triste consolation des malheureux, qu'il est impossible que les Empires subsistent à jamais ; qu'ils ont leurs périodes d'accroissement & de ruine, de prospérité & de décadence, comme toutes les choses humaines : maxime d'aveugles qui concluent, par ce qui est, de ce qui doit être, tandis que rien ici-bas n'est soumis au hasard : & que comme le soleil luit de tout tems en obéissant toujours à la même loi, ainsi les Empires subsisteroient à jamais, en ne s'écartant jamais de cet ordre éternel & immuable qui seul peut les maintenir, & sur qui seul ils doivent se régler.

Ayant ainsi montré dans le Monde Primitif que les Sociétés entieres, tous les Empires, sont dirigés par un seul ordre politique, par une seule Langue, par une seule écriture par une seule Grammaire au physique & au moral, on s'est engagé à faire voir de la même maniere que l'homme n'a pas été non plus livré au hasard relativement aux grandes vérités de la Religion & du Culte qui en est la suite.

Que l'homme tenant tout à la fois, à la Terre par le physique, & au Ciel par la reconnoissance, par ses désirs, par sa vie intellectuelle, & s'y trouvant sans cesse ramené par l'espérance & par la crainte, les deux grands mobiles naturels & inséparables de toute action raisonnée, les droits du Ciel sur lui, & ses devoirs envers le Ciel, ne sont ni moins forts ni moins immuables que les droits de la Terre sur lui & que ses devoirs envers elle.

Dissert. Tome I.

Qu'à cet égard, il existe une Religion éternelle & immuable qui fait la perfection de l'homme, qui accorde le Ciel & la Terre, qui est une, que tous les hommes ont connu, qu'aucun n'a pû méconnoître sans rompre cette admirable harmonie, sans manquer à sa dignité, sans descendre au-dessous de lui-même, sans se regarder comme un vil insecte qui n'est destiné qu'à brouter la terre, qu'à servir de pâture aux animaux, de la même maniere que ceux-ci lui en servent, sans qu'il ait sur eux de supériorité absolue.

Que les grands principes de cette Religion ont été enseignés dès l'origine des tems : qu'ils ont toujours été la régle de tous les hommes & de toutes les Sociétés, sans qu'il soit possible de les détruire ; qu'ils ne peuvent être abandonnés qu'en renversant l'harmonie entiere sur laquelle l'Univers est fondé, & en arrachant à l'homme la gloire de son existence.

Que la révélation a heureusement ramené les hommes à ces premiers principes oubliés & négligés : & que les vérités qu'elle a ajoutées à celles qui avoient été connues dès les premiers tems, étoient plutôt destinées à accomplir d'anciennes vérités, d'anciennes promesses, à leur donner une nouvelle Sanction, à les retirer de dessous ce monceau de ruines qui couvroient l'Univers, qu'à proposer aux hommes de nouvelles obligations, des devoirs qui ne fussent pas relatifs aux premiers ; à les ramener, en un mot, à l'Ordre ancien & éternel, plutôt qu'à leur en offrir un nouveau.

Enfin, que la Société ne pouvant prospérer que par les individus, chaque homme est également soumis à un Ordre éternel & immuable, au physique & au moral, tel qu'en s'y soumettant, il est véritablement heureux sur cette terre par le contentement d'esprit & par l'utilité dont il est à lui-même & aux autres : en sorte qu'il se manque à lui-même & aux autres non-seulement lorsqu'il

DU MONDE PRIMITIF.

viole cet Ordre, mais même lorsqu'il ne le remplit qu'en partie; & que négligeant, par exemple, son existence intellectuelle, il se borne aux devoirs physiques, à la vie des ALCINE & des CIRCÉ qui changent les hommes en animaux, & qu'il ne tient nul compte des devoirs moraux dont ceux-là sont le support, & dont ceux-ci sont le couronnement & la gloire.

Qu'en un mot, il existe un ORDRE éternel & immuable, qui unit le Ciel & la Terre, le corps & l'ame, la vie physique & la vie morale, les hommes, les Sociétés, les Empires, les Générations qui passent, celles qui existent, celles qui arrivent, qui se fait connoître par une seule parole, par un seul langage, par une seule espéce de Gouvernement, par une seule Religion, par un seul Culte, par une seule conduite, hors de laquelle, de droite & de gauche, n'est que désordre, confusion, anarchie & cahos, sans laquelle rien ne s'explique, & avec laquelle tous les tems, tous les langages, toutes les allégories, tous les faits se développent, se casent, s'expliquent avec une certitude & une évidence irrésistibles dignes de la lumiere éternelle; sans laquelle il n'y a point de vérité, & qui est elle-même la vérité faite pour tous les hommes, & sans laquelle point de salut.

§. II.
Du Plan général & raisonné.

C'est afin d'établir ces grandes vérités, & de faciliter l'acquisition des connoissances humaines, en assurant d'un pas égal les heureux effets qui en doivent être la suite, que nous annonçames les diverses parties dont seroit composé le MONDE PRIMITIF.

Nous dîmes qu'il réuniroit deux sortes d'objets généraux, les Mots & les Choses.

VUE GÉNÉRALE

Que la portion des Mots offriroit ces dix grandes Parties.

1. Les Principes du Langage, ou Recherches fur l'Origine des Langues & de l'Ecriture.
2. La Grammaire Univerfelle.
3. Le Dictionnaire de la Langue Primitive.
4. Le Dictionnaire Comparatif des Langues.
5. Le Dictionnaire Etymologique de la Langue Latine.
6, 7, 8. Ceux des Langues Françoife, Grecque & Hébraïque.
9. Le Dictionnaire Etymologique des Noms de lieux, fleuves, montagnes, &c.
10. La Bibliothéque Etymologique, ou la Notice des Auteurs qui ont traité de ces divers objets.

Nous ajoutâmes que la feconde portion, celle qui traite des Chofes, feroit fubdivifée en deux Parties : l'Antiquité Allégorique & l'Antiquité Hiftorique.

Que la premiere contiendroit :

1. Le Génie fymbolique & allégorique de l'Antiquité.
2. Sa Mythologie & fes Fables facrées.
3. Les Cofmogonies & Théogonies de tous les Peuples.
4. Les Peintures facrées de l'Antiquité, fes Emblêmes, fon Blafon, &c.
5. La Doctrine fymbolique des Nombres.
6. Le Dictionnaire Hiéroglyphique de l'Antiquité avec fes figures.

Que l'Antiquité Hiftorique renfermeroit ces huit objets :

1. La Géographie du Monde Primitif.
2. Sa Chronologie.
3. Ses Traditions & fon Hiftoire.
4. Ses Ufages & fes Mœurs.

5. Ses Dogmes.
6. Ses Loix Agricoles.
7. Son Calendrier, ses Fêtes, son Astronomie.
8. Ses Arts, tels que sa Poësie, &c.

C'étoient ainsi XXIV objets différens que nous nous engagions de mettre sous les yeux de nos Lecteurs ; & nous donnions en même tems une idée de la maniere dont nous les remplirions, & de nos moyens pour y parvenir, afin qu'on pût juger de ce qu'on devoit en attendre.

Nous n'avons pas encore rempli, il est vrai, l'étendue de ce Plan ; mais ce que nous en avons déjà publié peut faire juger de l'importance de nos vues, des avantages qui en résultent, de la certitude de notre marche ; & que nous sommes allés peut-être sur chacune de ses Parties, fort au-delà de ce que nous avions promis : d'autant que nous avons déjà fait paroître des Ouvrages sur les trois grandes divisions du Monde Primitif, & sur-tout ceux qui servent de base à l'édifice entier.

Ainsi, relativement aux mots, nous avons rempli ces objets.

Le premier, l'Origine du Langage & de l'Ecriture.

Le second, la Grammaire Universelle, qui est devenue en même temps une Grammaire critique & une Grammaire comparative.

Le cinquieme & le sixieme, les Dictionnaires Etymologiques de la Langue Françoise & de la Langue Latine.

Et nous avons sous presse le huitieme, ou le Dictionnaire Etymologique de la Langue Grecque, par rapport auquel, de même que sur la Langue Latine, nous allons fort au-delà de ce que nous avons promis, donnant des Dictionnaires complets de toutes ces Langues, tandis que nous n'en avions annoncé que les racines.

Ainſi cette portion de notre travail eſt d'autant plus avancée, que ces objets étoient les plus difficiles à traiter, & qu'ils ſont la baſe de tout ce qui nous reſte à faire à cet égard : & c'eſt à cauſe de leur importance, que nous avons fait un Précis ſéparé de l'Origine du Langage & de l'Ecriture, & de la Grammaire Univerſelle & Comparative.

Quant aux cinq autres objets que nous n'avons pas encore pu traiter expreſſément, on a pu s'aſſurer de ce qu'on a lieu d'attendre de nous à cet égard, par tout ce que nous avons ſemé dans les cinq Ouvrages déja annoncés, ſur la Langue primitive, ſur le Dictionnaire Comparatif des Langues, ſur la Langue Hébraïque, ſur les Origines des noms de lieux, dont on a vu des Eſſais très-étendus dans nos Diſcours Préliminaires ſur la Langue Françoiſe & ſur la Latine.

Relativement à l'Antiquité allégorique, nous avons développé le premier objet, le Génie ſymbolique & allégorique de l'Antiquité ; & nous avons peut-être ſurpaſſé de beaucoup, à cet égard, l'attente de nos Lecteurs.

Nous avons également développé une portion conſidérable du ſecond, en expliquant les trois grandes Fables Orientales de Saturne, de Mercure & d'Hercule, outre ce qui eſt répandu dans le volume du Calendrier & dans le Diſcours Préliminaire ſur la Langue Latine.

Quant à l'Antiquité Hiſtorique, qui ne peut ſe développer avec fruit que lorſque nous aurons publié la partie entiere des Langues, nous avons déja fait paroître cependant le ſeptième article, ſous le nom d'HISTOIRE Civile, Religieuſe & Allégorique du CALENDRIER, ſans compter les divers morceaux qui composent ce huitieme volume, & plusieurs autres qui paroîtront dans l'intervalle des Dictionnaires, pour en adoucir la monotonie & la sécheresse.

N'omettons pas les Observations que nous mîmes à la tête de notre Plan général & raisonné, pour démontrer que la route que nous prenions, & par laquelle les monumens ne devenoient pour nous que des conséquences & non des principes, étoit la seule qu'on dût suivre, & qu'elle conduisoit nécessairement à des résultats lumineux ; Observations de la bonté desquelles il sera maintenant fort aisé à nos Lecteurs de juger, d'après tout ce qu'ils ont déjà vu de notre marche.

» L'inspection & la comparaison exacte des monumens seuls, disions-nous, est un mauvais guide : ces monumens nous montrent, à la vérité, ce que les hommes des premiers siecles ont fait ; mais ils ne nous éclairent pas sur les motifs qui les porterent ou les déterminerent à le faire. Le défaut de lumiere sur ces motifs ne nous permet pas même d'entrevoir si les matériaux répondent à la destination qu'on leur a donnée, s'il ne nous en manque point, si ceux qui, dans un rapprochement systématique, nous paroissent les mieux assortis, ne laissent pas un vuide dans leur vraie place, d'où on les auroit éloignés : & comment se délivrer d'une multitude de doutes sur le choix de la place que chaque pièce doit occuper, lorsqu'on n'a pas sous les yeux le plan général de ce vaste monument, auquel tout ce qui existe sur la terre doit se rapporter avec la derniere précision ?

» De-là toutes les erreurs dans lesquelles on étoit tombé sur l'Antiquité, tous les faux principes qu'on s'étoit faits, & qui écartoient diamétralement de la vérité : ces opinions bisarres, que chaque mot étoit l'effet du hasard, qu'il n'existoit point de Langue primitive : que la Parole & la Grammaire n'étoient que l'effet du hasard, de la convention, du caprice : que vouloir en rendre raison, c'étoit un délire, une extravagance : que la Fable n'étoit qu'une altération de l'Histoire : que les arts de premier besoin n'avoient été découverts qu'après les efforts réitérés, les essais les plus pénibles & très-imparfaits de plusieurs milliers de siecles ; comme si l'homme avoit commencé par être un vrai sauvage dans toute l'étendue du terme.

» Ce cahos disparoît, ajoutâmes-nous, ces erreurs cédent forcément à l'ordre, à la clarté, à l'intérêt, lorsqu'on s'éleve à un principe antérieur à tout monument, qui les a tous amenés, qui les explique tous, qui les lie tous, le BESOIN.

» Par le besoin toujours pressant, toujours renaissant, l'homme fut conduit à tous les arts, à toutes les connoissances ; il y fut conduit par la route la plus prompte & la plus sûre. Comme ces besoins étoient physiques, ce fut dans la Nature même, observée par la sagacité & par l'intelligence, que les hommes puiserent tous les moyens de satisfaire à ces besoins. Et comme ces besoins furent les mêmes dans tous les tems, nous avons la plus grande certitude, une certitude de fait, que ce qui a existé autrefois existe aujourd'hui dans son intégrité, & n'a subi d'autre altération que des extensions & des développemens : que les Monumens de l'Antiquité ne sont que les témoins des moyens qu'on employa pour satisfaire aux besoins de l'humanité, comme nos monumens actuels ne sont que les témoins de nos besoins & de nos ressources : & qu'en confrontant ce qu'ils déposent à l'égard du présent & du passé, nous aurons non-seulement le vrai systême, mais l'Histoire de tous les tems, de tous les Monumens ».

Nous conclûmes que pour embrasser ce Tableau dans toute son étendue, il suffisoit de se transporter au moment où commença la chaîne, dont le siecle actuel forme le dernier anneau.

» Qu'eussions-

D'U MONDE PRIMITIF.

» Qu'eussions-nous fait alors ? Que feroient aujourd'hui ceux qui se trouveroient placés dans des circonstances pareilles ? Ce que nous supposons que nous ferions, est précisément ce qu'ils firent en effet, parce qu'ils le firent & que nous le ferions nécessairement.

» Les hommes liés en société sentirent la nécessité de connoître les besoins individuels & d'indiquer les moyens d'assistance qui pouvoient les contenter ou les faire cesser : de-là, une Langue primitive transmise nécessairement d'âge en âge ; de-là, l'invention & la conservation des Arts & des Loix, &c. »

» Ainsi, tout ce qui existe ne présente plus que des raïons partant d'un même centre & renfermés dans un cercle qui les lie tous, qui les classe tous, & qui indique, non-seulement les rapports, mais la raison & le motif de tous. »

« Enfin, disions-nous, la rapidité de notre marche, la multitude de nos découvertes, l'harmonie qui régne entr'elles, la maniere dont elles s'appuient mutuellement, la facilité avec laquelle le Lecteur nous suit à travers les recherches les plus capables d'effrayer, les attraits qu'elles lui présentent, le vif intérêt qu'il y trouve, tout doit persuader que nous sommes dans le bon chemin. Ce n'est pas ainsi, disions-nous encore, qu'on marche, lorsqu'on a manqué sa route ; les obstacles se multiplient : les prétendus principes deviennent stériles : la perspective est confuse, embrouillée, les fausses routes & les exceptions deviennent si fréquentes, que loin d'avancer, on est forcé de renoncer enfin à son entreprise. »

Tout ce que nous avons eu le bonheur de publier jusques-ici a paru marqué à cette empreinte : on n'y a point vu d'embarras, de tâtonnement, rien de louche ni de contradictoire : quelque différentes que soient entr'elles les diverses Parties de notre Plan que nous avons déjà remplies, on voit fans peine qu'elles font des portions d'un même tout, qu'elles fe fondent fur les mêmes principes, qu'elles s'appuient mutuellement, que ce font des chaînons d'une même chaîne dont l'enfemble fe développe fucceffivement : on y a même vu ce qu'on avoit peine à croire, que d'après ces grands principes, l'Antiquité eft mieux connue de notre tems que du tems des Grecs & des Romains : que nous entendons mieux que leurs profonds Jurifconfultes leurs Loix anciennes, celles entre les Loix des XII Tables, par exemple, que Ciceron convenoit n'être pas entendues de fon tems : que les livres de la plus haute antiquité font plus clairs aujourd'hui qu'ils ne l'étoient pour leurs anciens Interprètes : que nombre de queftions qui fembloient infolubles, ceffent de mériter ce nom ; on a vu même que les grandes découvertes faites depuis notre Annonce par d'illuftres Voyageurs ou par des Savans diftingués, font toutes venues à l'appui de nos Vues : on diroit que c'eft pour nous qu'elles ont été faites : & pouvoit-il en être autrement ? La vérité eft une, elle eft dans tout l'Univers, de tous les tems, de tous les lieux : on doit donc, lorfqu'on la poffède, la retrouver par-tout, & tout doit en devenir la preuve.

Comme l'aiman attire le fer de par-tout, de même un principe vrai doit attirer à lui toutes les vérités ; toutes doivent venir fe ranger en foule autour de lui. Ils le favent bien ceux qui élévent des hypothèfes plus brillantes que folides ; ceux qui ont embraffé des fyftêmes qui ne portent pas leur conviction avec eux : ils veulent les trouver par tout, & cherchent par-tout quelque vérité qu'ils puiffent ramener à leurs vues, ils les voyent ainfi par-tout ; mais malheureufement eux feuls ont cet avantage.

Il n'en eft pas ainfi de nous : nous ne les allons pas chercher ; elles naiffent de toutes parts : elles fortent en foule de quelques principes simples & lumineux : nous ne les épuisons pas même ; on trouve encore à glaner abondamment après nous : chaque jour des Savans distingués trouvent de nouvelles preuves de nos grands principes : & le tems n'est peut-être pas loin où on sera fort étonné que nous ayons été dans le cas de prouver la vérité de ces principes.

On a vu d'ailleurs que nous nous bornions toujours dans notre travail aux objets indispensables : nous eussions pu donner le double de Volumes, en suivant la trace des Critiques les plus illustres, en rapportant les paroles propres & en original des Auteurs que nous citons, & en transcrivant ce qu'on avoit déjà pensé sur les objets que nous traitons ; mais ceux qui n'ont le tems que de connoître la vérité, ne se soucient guères des erreurs dans lesquelles on a pu tomber : & ceux qui en sont curieux, peuvent se satisfaire en parcourant les Bibliothéques, ce vaste dépôt des pensées humaines.

Des Volumes qui ont déjà paru.

Une chose plus essentielle, c'est de justifier la maniere dont nous faisons paroître nos volumes, sans suivre l'ordre tracé dans notre Plan, comme si nous en voulions cacher les défauts, ou comme si nous n'étions pas assurés de notre ensemble.

Si nous eussions suivi l'ordre de notre Plan général, que nous eussions commencé par les principes du Langage, & par l'exposition du Dictionnaire Primitif, nous n'eussions point intéressé nos Lecteurs, & la séchereße de cette Méthode synthétique les auroit fait renoncer d'autant plus vîte à nos recherches qu'ils n'en auroient jamais vu la certitude.

La Méthode synthétique, excellente pour se rendre compte de ce qu'on sait déjà, est le comble du délire quand on s'en sert pour étudier des objets qu'on ne connoît pas encore : avec elle, on commence par poser l'exiftence de ce qui eft en queftion ; enfuite, on cherche à connoître les preuves de fon exiftence ; on commence par l'inconnu, pour aller de-là au connu : auffi n'eft-elle propre qu'à faire des perroquets. La Méthode analytique que nous fuivons, au contraire, dans le développement du Monde Primitif, procède d'une maniere directement oppofée : nous commençons par ce qui eft connu pour arriver de conféquence en conféquence à l'inconnu, qui fe trouve ainfi démontré au moment où on parvient jufqu'à lui. Quand on a tout découvert, qu'on employe à la bonne-heure la fynthèfe pour rendre compte de tout ce qu'on a vu, tout comme on a recours à une opération d'Arithmétique oppofée pour vérifier une opération déjà faite.

Voyons maintenant fur chaque partie de nos Recherches, les vérités nouvelles que nous avons fait connoître, ou les grandes maffes que nous avons déjà établies, & qui doivent être confidérées comme la bafe ferme & folide de ce que nous avons encore à développer, & comme une preuve de fa certitude & de fon utilité.

Des trois Allégories Orientales.

Nous ouvrîmes la Scène du Monde Primitif par un morceau propre à exciter la curiofité ; par trois Allégories relatives au plus grand intérêt phyfique des Etats Agricoles, l'Hiftoire de Saturne armé de la faulx & mangeur de fes enfans ; celle de Mercure armé du Caducée, Interprète des Dieux, Confeiller fidèle de Saturne ; celle d'Hercule armé de la maffue, couvert de la peau du Lion, Général de Saturne, & qui foutient douze travaux qui ne femblent bons qu'à amufer les enfans. A la tête, nous mîmes un Fragment de l'antiquité qui avoit fait le tourment de tous les

Critiques, qu'on défefpéroit d'entendre & qui lié étroitement à ces trois Fables, avoit l'air tout auffi ridicule, tout auffi extravagant, l'Hiftoire de Cronus ou de Saturne par Sanchoniaton.

Nous fîmes voir que cette Hiftoire devenoit très-belle, très-lumineufe, très-intéreffante prife dans le fens allégorique ; & que c'étoit la feule maniere de l'expliquer : que dès-lors, Elion ou le Très-Haut, chef de cette Famille, étoit la Divinité même ; Uranus & Ghé fes enfans, le Ciel & la Terre ; Berouth qui eft comme leur mere, la Création. Que du mariage du Ciel & de la Terre, naît Cronus-Saturne ; c'eft-à-dire, le laboureur armé de la faulx & qui venge la Terre des infidélités du Ciel, en faifant par fon travail qu'elle rapporte conftamment fon fruit : que cet événement arrive auprès des eaux, parce que fans eaux nulle agriculture : qu'il époufe cinq femmes dans le fens allégorique, & qui toutes lui font envoyées du Ciel. Rhéa, ou la Reine des jours, dont il a fept fils ; Aftarté, ou la Reine des nuits, dont il a fept filles, les fept jours & les fept nuits de la femaine : Dioné ou l'abondance : Eimarmené ou la Fortune : Hora ou la faifon favorable : & qu'il reconnoiffoit pour Rois ou Dieux de la Contrée, *Adod*, ou le Soleil, *Aftarté* au croiffant, ou la Lune, & Iou Demaroon, Jupiter, l'Etre par excellence, le grand difpenfateur de l'abondance.

A cette Famille, en étoit unie une autre non moins allégorique, celle du vieux Nerée pere de Pontus, grand-pere de Neptune & de Sidon, dont la voix étoit admirable & qui inventa le chant des Odes.

Tel eft le portrait du vieux Nérée ; il étoit toujours jufte & modéré, toujours vrai & ennemi du menfonge & de toute efpéce de déguifement : nous avons fait voir que ce portrait dont aucun Critique n'avoit pû trouver le motif, étoit parfaitement conforme à la propriété des eaux de peindre les objets, & de les peindre fidèlement ; c'est dans ce miroir que les Bergeres contemploient leurs graces ingénues, & qu'elles ornoient leurs têtes de fleurs, lorsque l'art n'en avoit pas encore imaginé de factices.

Nérée est le Dieu des eaux courantes ; Pontus est le pere des mers ou des grandes Eaux; Neptune est le Dieu de la Navigation.

Sidon est l'Emblême ou la Déesse de la pêche & des grandes Villes maritimes ; c'est-là qu'accourent les Arts & les richesses filles du Commerce & de l'Agriculture, & qui ménent à leur suite les beaux Arts, la Poësie la plus sublime, les chansons & les amusemens de toute espéce.

Si Saturne fonde des villes, c'est que sans Agriculture il n'existe ni villes, ni ports, ni abondance, ni navigation, ni commerce.

Dans ce tems-là, les descendans des Dioscures s'embarquent & élévent un Temple sur les frontieres du pays : ce qui est encore vrai dans le sens allégorique ; les Dioscures ou enfans du Ciel sont les grands propriétaires, les Maîtres de la Terre : leurs Descendans construisent des vaisseaux pour distribuer leurs productions dans tout l'Univers : & s'ils y élévent un Temple, c'est que dans l'Antiquité religieuse, tout lieu de Commerce sur les frontieres de deux ou de plusieurs Peuples, étoit toujours un Temple consacré à la Divinité protectrice du Commerce : que là, dans les tems marqués chaque année & à la fête du Dieu, se rassembloient tous ces Peuples pour leur Commerce : que c'étoit tout-à-la fois un tems de foire, de pelerinage, de fêtes & de danses ; les Marchands trafiquoient, les dévots alloient au Temple, la jeunesse dansoit, toutes les denrées se vendoient bien, & chacun s'en alloit gai, dispos & content : que telles sont encore nos foires & les fêtes de Paroisses toujours unies au Commerce & accompagnées de quelque foire, grande ou petite.

DU MONDE PRIMITIF.

Ce Dieu tutélaire tenoit une grenade à la main, symbole de la prospérité & de la multiplication des peuples, par l'agriculture.

Ainsi tout est allégorique dans ce beau fragment venu de la Phénicie; & on ne pouvoit mieux en peindre le Héros, qu'en l'armant de la faulx avec laquelle il moissonne ses champs, & qu'en lui faisant manger ses enfans, qui sont ses propres récoltes.

Et telle est la nature de ces explications allégoriques, qu'elles embrassent la totalité des traits & des noms renfermés dans les Fables à expliquer : que chacun de ces traits est un symbole plein de sens, qui peint parfaitement son objet : & que tout ce qui arrête le plus dans la Fable, les actions en apparence les plus cruelles & les plus abominables des Dieux, sont des allégories très-simples & très-justes d'événemens naturels.

Si cette histoire de Saturne est réellement une brillante allégorie, qui peint à grands traits l'invention de l'Agriculture & ses heureux effets, celle de Mercure en est une autre non moins brillante, qui peint l'invention du Calendrier ou de l'Almanach, sans lequel l'Agriculteur ne peut rien faire, & qu'il consulte toujours. On ne pouvoit en même tems donner à Mercure un titre plus juste que celui d'Interprète du Ciel, & un symbole plus sensible que le Caducée, qui n'est autre chose que la sphère ou la réunion de l'Equateur & de l'Ecliptique, qui peignent les révolutions du Soleil, base de tout Calendrier, de tout Almanach.

L'Histoire d'Hercule & de ses XII Travaux ne renferme également aucun trait, aucun symbole, aucun nom qui ne soit allégorique, & qui ne forme un ensemble parfaitement juste, qui peint, on ne peut mieux, tous les travaux champêtres pour les douze mois de l'année, en commençant par l'étranglement des deux Dragons, qui forment le caducée, & qui sont ensuite jettés au feu de la Saint-Jean, au Solstice d'Eté:

Nous avons fait voir également les rapports des VI grands Dieux & des VI grandes Déesses avec les mois de l'année qui en sont présidés : le rapport des neuf Muses & des trois Graces avec ces douze mois : & de quelle maniere ingénieuse on avoit mis en histoire les révolutions de la Lune & du Soleil, représentés toujours, celui-ci comme un grand Roi, comme le premier des Rois de chaque nation, presque toujours en guerre avec un autre, pour une belle Princesse : que Ménès en Egypte, Bélus en Assyrie & à Tyr, Minos en Crète, Ninus à Babylone, Pâris à Troye, Ménélas à Sparte, Cécrops à Athènes, Enée à Albe, Romulus à Rome, sont chez chaque Peuple un seul & même symbole, celui du Soleil, Roi suprême de la Nature physique & de l'Agriculture,

Que Sémiramis, Astarté, Europe, Hélene, Pasiphaé, leurs monstres, leurs fureurs, leurs adulteres, sont autant d'allégories brillantes relatives à la Lune & à ses rapports avec le Soleil d'Eté & le Soleil d'Hiver, l'un vieux & l'autre jeune ; qu'elle épouse successivement,

Quant à la cause de toutes ces allégories, nous avons fait voir que dans les premiers tems, où on étoit privé des moyens de communiquer promptement les idées par l'écriture, on crayonnoit à grands traits sur les murs des Temples, des personnages distingués, chacun par un symbole qui lui étoit propre ; pour représenter chaque saison, chaque mois, chaque travail du mois, chaque fête de la saison : l'Hiver sous la figure de Vesta ; le tems de la Moisson sous celle de Cérès ; la Chasse sous les traits de Diane ; le Soleil d'Hiver sous la forme d'un Roi accablé d'années, & pere de cinquante enfans ; le Soleil d'Eté sous la forme d'un jeune Prince rayonnant de gloire ; la Lune sous celle d'une Déesse ornée d'un croissant.

Ensuite

DU MONDE PRIMITIF. xxxiij

Enfuite on donna un nom à chacun de ces Perfonnages; on leur forma une généalogie; on leur forgea une hiftoire relative aux objets qu'ils étoient deftinés à peindre.

Lorfque dans la fuite des temps, on eut des Calendriers d'une toute autre efpèce, des Calendriers écrits, on oublia totalement le rapport de ces récits avec ces vieux Calendriers qui n'exiftoient plus, & dont on n'avoit nulle idée; & on prit tous ces récits pour autant de faits réels, & d'autant plus refpectables, qu'ils étoient étroitement liés avec le culte, qui étant agricole, étoit lui-même relatif à ce Calendrier ancien & primitif.

De-là l'erreur de tous les Mythologiftes qui cherchoient des faits hiftoriques fous tous ces fymboles & fous toutes ces Fables, & qui ne trouvoient rien, parce que ce n'étoient pas en effet des monumens hiftoriques; mais qui en anéantiffoient toute la beauté, parce qu'ils ne faifoient aucune attention à l'enfemble des fymboles, & qu'ils ne prenoient de tous ces traits, que ceux qui leur plaifoient, rejettant tous les autres au rang des fables : maniere de travailler très-commode, mais auffi qui ne mene à rien, parce qu'elle eft abfolument arbitraire & dénuée de tout fondement.

Quelque conviction que porte avec foi un enfemble auffi foutenu, auffi raifonnable, & qui offre un auffi grand intérêt, nous crumes devoir y mettre la derniere main, par notre Differtation fur le GÉNIE SYMBOLIQUE ET ALLÉGORIQUE des Anciens, où nous fîmes voir fur-tout que l'Antiquité eut néceffairement le Génie Allégorique, qu'elle en eft convenue, que la tradition ne s'en eft jamais effacée, & que ce Génie eft la véritable clef de l'Antiquité, fur les objets qui ne font point hiftoriques, ayant préfidé à fes Fables, à fa Poéfie, à fon Culte, à fes Fêtes, à fon Calendrier, à l'Agriculture entiere : tout ayant été perfonifié, & tout l'ayant été de la maniere la plus agréable & la plus intéreffante.

Telle eſt une des grandes vérités que nous nous propoſions de faire connoître aux hommes, & un des grands principes que nous déſirions de leur démontrer, & dont les conſéquences ſont ſi vaſtes, ſi nombreuſes, ſi belles, ſi diverſifiées : d'où réſulte ſur-tout que la Mythologie entiere eſt fondée ſur des caracteres allégoriques qu'on ne peut méconnoître, & ſur une langue formée de tous les noms & de tous les ſymboles qui en déſignent tous les Perſonnages, noms & ſymboles tous néceſſaires, tous puiſés dans la Nature, tous parfaitement d'accord entr'eux & avec la Nature : Langue très-belle, très-riche, très-poétique, dont on n'avoit cependant aucune idée, & dont nous tâcherons de réunir les membres épars, dans la ſuite de nos Recherches Mythologiques.

Hiſtoire du Calendrier.

Pluſieurs de ces vérités reparurent avec de nouveaux dévelop-pemens dans l'Hiſtoire Civile, Religieuſe & Allégorique du Calendrier.

Dans la premiere Partie nous fîmes voir que dans l'origine, les hommes connurent les principes de l'Aſtronomie & la vraie nature de l'année : que dès les premiers tems, l'année étoit com-poſée d'un nombre de jours, régulier & parfaitement géométrique, de trois cens ſoixante jours, diviſion exacte du cercle : que telle fut l'année du Déluge : que très-peu de tems après on fut obligé d'augmenter l'année de cinq jours, la Terre ne parcourant plus dans l'eſpace juſte de trois cens ſoixante jours, le cercle qu'elle décrit chaque année autour du Soleil, parce que ſon axe n'eſt plus parallele à celui de la Terre, comme avant le Déluge, ſoit que ce dérangement ait été la cauſe ou l'effet de ce terrible événement.

Nous fîmes voir enſuite que tous les noms relatifs, chez tous les Peuples connus, au calendrier, à l'année, aux mois & à leurs divisions, étoient tous significatifs, tous choisis & déterminés avec sagesse, aucun l'effet du hasard.

Et que toutes les Fêtes anciennes, celles des Egyptiens, des Grecs, des Romains, qui semblent toujours extravagantes, impies, ou l'effet de la vile superstition Payenne, étoient presque toujours des Fêtes de la plus haute Antiquité, fondées sur la raison, relatives à l'Agriculture, & dignes d'avoir servi de modèle à la plûpart de ces Fêtes du Christianisme, qu'une partie des Chrétiens n'ont rejettées que parce qu'ils les regardoient comme des imitations des Fêtes nées de la lie du Paganisme; & que les grandes Fêtes Chrétiennes sont aux grandes Fêtes Payennes, ce que l'allégorie est à la lettre, ce que le moral est au physique : le Soleil de justice ayant suivi les révolutions du Soleil physique, Roi de la Nature physique, & ayant brillé, une de ses révolutions complettes.

Dans cette seconde Partie du Calendrier, nous avons répandu une vive lumiere sur une grande partie des Fastes Romains chantés par Ovide, & sur lesquels les Romains eux-mêmes avoient entierement perdu la vérité de vue; nous avons développé en même tems l'existence allégorique d'une multitude de Personnages qui entroient dans le Calendrier, & qui n'offroient qu'un vrai cahos, lorsqu'on les considéroit comme des Personnages historiques; tels qu'Anna Perenna au mois de Mars, les Rois en fuite à la fin de Février, Remus & Romulus au mois de Mai, Janus le premier de Janvier. Nous avons aussi rassemblé sur les Saturnales, sur les Jeux Séculaires ou Jubilés Romains, sur les Mystères, &c. une multitude de faits peu connus, & éclairci nombre d'objets & d'allégories intéressantes.

Ainsi le système allégorique s'est développé de plus en plus &

est devenu d'autant plus intéressant qu'il porte sur des objets usuels communs aux Modernes comme aux Anciens, & liés aux trois grandes Allégories Orientales relatives à cette Agriculture sans laquelle il n'existe aucun Empire, aucune Société policée & éclairée.

Enfin, dans la troisiéme Partie, nous avons fait voir comment les Anciens avoient changé en autant de personnages, toutes les portions de l'année : & sur-tout la multitude de ceux qui sont nés, chez chaque Nation, du Soleil & de la Lune, Roi & Reine de l'Univers physique, Chefs de l'année, Directeurs des jours & des nuits, Dieux tutélaires de tous les travaux.

Origine du Langage & de l'Ecriture.

L'exécution de notre Plan est beaucoup plus avancée relativement aux Mots que par rapport aux choses : c'est que celles-ci tenant aux mots, ne peuvent être discutées avec utilité & avec un succès rapide, qu'autant qu'on a déja acquis la connoissance des mots dont elles dépendent : cette partie, base de toutes les autres, a donc exigé nos soins de préférence : ajoutons qu'elle est d'une utilité instante par la facilité qui en résulte pour l'étude des Langues, par conséquent pour accélérer les progrès des Jeunes Gens. Le Public lui-même a paru désirer que nous traitassions les Langues de préférence, soit qu'on ait cru qu'avec ce secours on pouvoit aller fort loin, où que notre travail à cet égard seroit plus sûr, moins systêmatique.

Mais avant de traiter des Langues en particulier, nous avons recherché l'Origine du Langage en général ou de la Parole & celle de l'Ecriture.

Ici, nous avons présenté des vérités aussi neuves que sur l'Allégorie & aussi étroitement liées avec la Nature.

Nous avons démontré que l'homme étant un Etre intelligent, il étoit nécessairement un Etre parlant, puisque la parole est le miroir de l'intelligence, son organe propre, son véhicule, celui par lequel elle se développe, elle se communique, s'instruit, & se perfectionne : qu'ainsi, la parole est un acte aussi naturel à l'homme que ces sensations qui le constituent Etre sensible & animal, & dont aucune ne dépend de lui.

Que la parole étant naturelle à l'homme, & par conséquent, tout ce qu'on disoit du langage comme l'effet de la convention & de longues recherches, étant une pure chimère, il en résulte que la parole est l'effet des organes de l'homme mis naturellement en jeu par son intelligence pour peindre ses idées ; & que de ces organes résultent des sons, & des tons naturels, élémens nécessaires de la parole, & dont l'étendue est telle, qu'elle se prête à tous les besoins de la parole ; parce que ces sons & ces tons ont entr'eux toutes les propriétés nécessaires pour peindre toute l'étendue des idées ; tous les objets physiques & moraux, sources de ces idées.

Que de-là résulta nécessairement une masse de mots primitifs, monosyllabiques, qui peignent la Nature entiere, & qui ne purent jamais varier, parce qu'on ne pouvoit pas employer pour chaque objet un mot plus propre, plus significatif, plus conforme à l'idée qu'on vouloit peindre.

Que ces mots formerent la Langue primitive dont aucun Peuple ne put s'écarter ; mais que chacun put étendre ces élémens, & les développa en effet de trois manieres, en en dérivant d'autres par l'addition de quelques terminaisons, en les associant deux à deux, trois à trois, ou en les modifiant par des Prépositions initiales.

Qu'il n'existe aucun mot dans aucune Langue qu'on ne puisse

ramener à l'une ou l'autre de ces quatre classes ; mots primitifs, dérivés, binomes & composés.

Que la vraie maniere d'étudier les mots d'une Langue, est de les réunir par Familles nombreuses, en rassemblant sous chaque mot primitif, tous ceux qui en sont descendus, parce qu'au moyen de cette Méthode on apperçoit à l'instant la raison d'une prodigieuse quantité de mots, & qu'il n'en est aucun qui ne fasse tableau, & qui ne soit d'autant plus satisfaisant qu'il a dès-lors une énergie qui est à lui, pleine de force & de vérité, fort supérieure à l'état inanimé qu'il offroit, lorsqu'on ne le considéroit que comme l'effet du hasard & de la convention, & comme ayant si peu de rapport à l'idée qu'il offroit, qu'on auroit pu l'employer pour en désigner d'opposées.

De-là résulte la facilité de ramener toutes les Langues à une, au moyen des mots primitifs communs à tous, combinés avec les divers *Modes* du Langage, ou avec les sons que chaque Peuple adopte de préférence, par la facilité avec laquelle ils se substituent les uns aux autres, phénomènes fondés sur la Nature, soumis au calcul & à des régles certaines & peu nombreuses.

Que de-là résulte enfin cet Art Étymologique, si long-tems & si inutilement cherché, parce qu'on se livroit à ces recherches au hasard, sans principes, sans aucune connoissance de cause: qu'on se bornoit sur-tout à remonter avec peine d'une Langue connue à une autre ; en passant des Langues modernes au Latin ou au Grec, & de celles-ci à l'Hébreu, sans penser à se rendre compte des Langues Orientales elles-mêmes : ce qui n'étoit rien faire.

Passant de-là à l'origine de l'Ecriture dont on ne pouvoit également se rendre raison faute de principes, nous avons démontré qu'elle a également sa source dans la Nature ; que de même qu'on avoit pris celle-ci pour guide dans l'Art de la parole, on avoit également été obligé de la prendre pour guide dans l'Ecriture : qu'on n'avoit eu qu'à peindre chacun des objets que repréſente chaque lettre, & que la Parole ſe trouva peinte par l'Ecriture : que de-là naquirent les lettres alphabétiques dont les voyelles peignent la Langue des ſenſations, tout ce qui eſt relatif aux ſens, à l'Ecriture & à la propriété; & dont les conſonnes peignent la langue des idées, tout ce qui eſt relatif aux qualités des objets & à leurs rapports.

Nous avons vû de plus que l'enſemble des objets peints par ces voyelles & par les conſonnes, eſt relatif à l'homme pour qui ſeul l'écriture fut inventée, & qui eſt d'ailleurs le centre de toutes les connoiſſances : qu'ainſi l'A peignit, premierement l'homme lui-même ; E, ſon viſage; O, ſon œil; OU, ſon oreille ; I, ſa main ; R, ſon nez; S, ſes dents; B, ſa maiſon ; P, la bouche entr'ouverte & la Parole ; K, la Langue & les lèvres ; AL, les aîles & les bras ; C & G, la gorge; M, la mere de famille ; N, ſon nourriſſon ; Th, le ſein qui le nourrit ; H, le champ cultivé des mains de l'homme ; Q, la force avec laquelle il agit, les inſtrumens tranchans, agens de cette force. Enfin T, la perfection, l'enſemble de tout; cette figure peignant l'homme, qui, les bras étendus, embraſſe l'Univers, & forme la figure de la Croix, l'Emblême conſtant de la perfection & de l'accompliſſement de tout.

Nous avons vu en même tems que cet Alphabet remontoit à la plus haute antiquité, & qu'antérieur à la diſperſion des Peuples, il ſe retrouvoit chez toutes les Nations qui ont écrit ou écrivent, & de qui il reſte quelque monument écrit ou gravé : qu'il n'exiſte, en un mot, aucune écriture qu'on ne puiſſe ramener avec quelque attention à celle-là ; même l'écriture des Indiens, même celle des Chinois, chez qui nous avons montré les mêmes caracteres avec la même valeur.

Ces principes une fois établis, il en est résulté une nouvelle force, en faveur de ce que nous avions dit des rapports intimes des Langues d'Occident avec celles d'Orient ; & pour confirmer nos vues sur la vraie & antique prononciation de celles-ci, altérées par le laps de tems & par la facilité qu'ont les sons de se substituer les uns aux autres, d'autant plus que les générations successives d'un même Peuple operent, dans une seule Langue, les mêmes altérations que la diversité des Peuples occasionne dans une même Langue, en un même espace de tems.

De l'Analyse des Langues.

Disons un mot de la maniere dont nous sommes parvenus à analyser cette multitude de Langues dont nous parlons dans le Monde Primitif, qui ne nous étoient pas toutes connues lorsque nous commençâmes d'y travailler, & qui nous ont été d'une si grande utilité pour parvenir à la démonstration de nos principes & à la découverte du Monde Primitif.

Nous n'eûmes pas de peine à sentir que les Langues que nous savions, & auxquelles on borne le nom de savantes, le Latin, le Grec & l'Hébreu, ne suffisoient pas pour nous dévoiler l'origine des Langues & celle des Nations ; qu'il falloit pousser nos recherches plus loin, afin de pouvoir consulter un plus grand nombre de monumens, & d'avoir le plus grand nombre possible d'objets de comparaison. Nous commençâmes donc à étudier l'Arabe, d'après la méthode que nous avions conçue, & en mettant à part les mots que nous connoissions pour les avoir vus dans les Langues que nous savions déjà : c'étoit autant de gagné, & un grand encouragement pour notre travail : nous vîmes, par ce moyen, que nous savions déjà beaucoup d'Arabe, sans l'avoir étudié. Nous passâmes à d'autres Langues, & nous fîmes la même épreuve avec le même succès; ce succès fut tout autre, lorsque d'après les rapports qui nous frappoient, nous nous fûmes fait une clef comparative des changemens que chaque lettre éprouvoit dans chaque Langue; car dès-lors les rapports furent infiniment plus nombreux & plus intéressans. Nous n'avions qu'à prendre un Primitif quelconque, ouvrir tous nos Dictionnaires, d'après cette clef, & en peu de tems nous rassemblions une Famille nombreuse, composée de mots de toutes les Langues, formés de ce primitif, & présentant les mêmes idées.

De-là, notre Alphabet primitif, notre Langue primitive, l'Origine du Langage & de l'Ecriture, la Grammaire Universelle, tout l'ensemble de nos Dictionnaires. Voyant dès-lors qu'aucune Langue ne pouvoit nous résister, nous jugeâmes que c'étoit le moment de nous livrer à d'autres Recherches, en y procédant d'après les mêmes principes, & en profitant de l'avance prodigieuse que nous donnoit la clef des Langues : sur tout, la connoissance du Langage figuré que nous trouvâmes toujours fondé sur la Nature & sur la valeur physique des mots : ce qui devint encore pour nous une seconde clef d'une ressource infinie pour le développement & l'intelligence des énigmes mythologiques, & pour redresser celle d'une multitude de monumens anciens qu'on avoit affreusement défigurés par la privation de ces deux admirables clefs.

Grammaire Universelle & Comparative.

Les mots sont les Élémens de la Parole, comme les couleurs sont les Élémens de la Peinture; mais afin que ces mots puissent se réunir en Tableaux & peindre les idées, il faut les assortir entr'eux de maniere qu'ils correspondent aux diverses parties de l'idée ; & les unir de façon qu'ils ne forment qu'un tout comme elle. De-là résulte la Grammaire ou l'Art de peindre les idées : elle nous apprend quelles espèces de mots répondent à chaque partie d'une idée, & les formes qu'il faut donner à chacun de ces mots, afin qu'ils se lient entr'eux & qu'ils ne présentent qu'un tout aussi net, aussi sensible, aussi brillant que l'idée qu'on vouloit peindre. Cet Art de peindre par la parole, est appellé *Grammaire*; elle doit son nom à un mot Grec qui embrasse ces diverses idées.

A cet égard, nous avons beaucoup ajouté à ce qu'on en avoit dit avant nous dans diverses Grammaires plus ou moins approfondies, plus ou moins parfaites. Et cela n'est pas étonnant : dès que nous avions établi que la parole étoit nécessaire, & qu'elle étoit la peinture des idées, il en est résulté que tout ce qui constitue la Grammaire a été également nécessaire, que rien n'y a dépendu de la convention humaine, & que pour la connoître on n'avoit qu'à analyser l'idée, en connoître les diverses parties & les rapports de chacune de ces parties.

Par ce moyen, nous avons répandu sur la Grammaire une simplicité & une certitude dont on la croyoit susceptible, qu'on cherchoit & qu'on n'avoit pu trouver, faute de base. Nous avons établi chaque partie du Discours sur des caractères absolument distincts les uns des autres : nous avons fait voir que les diverses formes qu'on leur donne & qui constituent la déclinaison, ou les Cas & les Verbes, ou les Tems, sont toutes données par la Nature, & qu'elles se trouvent dans toutes les Langues, ou exprimées par un seul mot, ou développées par plusieurs : & que le génie de toutes les Langues à cet égard est le même ; que le François, le Latin, le Grec, le Chinois, Langues qui semblent si disparates, reposent cependant sur les mêmes principes, ont les mêmes règles, la même Grammaire & qu'elles ne diffèrent que par des modifications particulieres qui ne contredisent aucun des principes fondamentaux & nécessaires du Langage ; qui les confirment au contraire.

Nous avons fait voir en particulier que les Cas étoient donnés par la Nature elle-même ; qu'ils se trouvoient dans la Langue Françoise comme dans la Latine & la Grecque ; que celles-ci n'avoient d'autre avantage sur celle-là que d'avoir assigné pour les noms une terminaison particuliere à chaque Cas, comme le François en a pour les Pronoms ; que de-là résulta l'avantage unique pour ces Langues de pouvoir changer à volonté la place des mots dans les Tableaux de la Parole, source pour ces Langues d'une richesse & d'une variété de Tableaux à laquelle ne peut atteindre la Langue Françoise ; & par ce moyen a été résolue d'une maniere très-simple la grande question de l'*inversion*, sur laquelle on soutenoit avec la même habileté le pour & le contre, & qui par-là même sembloit interminable ; car on demandoit quel étoit le plus naturel des deux arrangemens des mots du François ou du Latin : & on étoit porté à donner la préférence au François ; d'où résultoit que l'arrangement Latin étoit contre nature, ou moins naturel, ce qui ne pouvoit que répugner.

Mais ils sont aussi naturels l'un que l'autre : pourvu que nos idées se peignent d'une maniere exacte & intelligible, le vœu de la Nature est rempli : peu lui importe qu'un mot marche devant ou après un autre, dès que l'effet est le même.

Au contraire, la Nature riche & féconde, ne se plut jamais à suivre tristement une seule & même route ; sans cesse, elle varie ses formes, toujours nous la trouvons différente d'elle-même, lors même qu'elle est le plus semblable à elle-même.

Ne faisons pas, dimes-nous, l'affront à ces Génies créateurs & sensibles, qui apperçurent le chemin agréable que leur traçoit la Nature, en leur présentant la variété des cas, & qui, pliant leur Langue à ces vues, la rendirent capable d'imiter la Nature de la maniere la plus parfaite ; ne leur faisons pas l'affront de les regarder comme des perſonnes qui manquerent cette route, qui s'éloignerent de la Nature.

N'en concluons rien également contre ceux qui préſiderent à la formation de notre Langue. Livrés dans leurs forêts à une vie plus dure, voyant une Nature moins agréable, un Ciel moins beau, connoiſſant moins les charmes d'une Société perfectionnée par les beaux Arts, effet des plus heureux climats, il leur falloit une Langue moins variée, plus ſévere, plus grave, qui ſe rapprochât plus de la Nature qu'ils avoient ſous les yeux. Notre Langue fut donc auſſi naturelle que les autres; & ſi elle renferma moins de contraſtes, elle n'en eut pas moins ſes agrémens, ayant ſu, par les avantages qu'on admire en elle, compenſer ceux dont elle étoit privée.

Et c'eſt parce que les Langues Latine & Grecque ſont auſſi conformes à la Nature que la nôtre, que leur étude nous devient ſi précieuſe; tandis qu'elle nous feroit néceſſairement funeſte, ſi elle étoit contraire en quoi que ce ſoit à la Nature : on n'apperçoit entr'elles d'autre différence que celle qu'on trouve entre deux Rivaux, qui diſputent à qui peindra le mieux la Nature, qui la rendra avec plus de force & de graces : nous exerçant nous-mêmes dans l'un & l'autre genre, nous en deviendrons infiniment plus forts dans celui qui nous eſt propre : c'eſt-là un avantage de l'étude de ces Langues, qu'on ſentoit, quoiqu'on ne pût s'en rendre compte : & c'eſt-là une des grandes clefs Grammaticales qu'on cherchoit & dont la découverte eſt due au Monde Primitif, à l'attention de n'avoir pris pour guide que la Nature relativement à toutes les connoiſſances humaines.

Faiſant voir ainſi que l'enſemble des règles, en toute Langue, ſe borne aux fonctions des Cas, nous réduiſons preſqu'à rien cette immenſe quantité de règles dont ſont compoſées toutes les Grammaires.

DU MONDE PRIMITIF.

Et nous faisons disparoître toutes celles dont on ne savoit que faire, & qu'on réunissoit sous le nom absurde d'Exceptions, en faisant voir qu'elles sont l'effet nécessaire & admirable de l'Ellipse, qui consiste à supprimer dans une phrase tous les mots dont l'énonciation n'est pas nécessaire pour la clarté de la phrase, quoiqu'ils s'y trouvent en quelque sorte en esprit ou mentalement, parce que les mots conservés s'accordent avec eux, de la même maniere que s'ils étoient énoncés.

Nous avons aussi montré que l'Ellipse est d'un usage si agréable & si intéressant, qu'on a formé en toute Langue des mots elliptiques, qui renferment en eux la valeur de plusieurs parties différentes du discours.

Il est d'ailleurs peu de Parties du Discours, sur lesquelles nous n'ayons répandu quelque jour par des vues nouvelles : sur l'Article, en faisant voir ses différences d'avec le Nom ; sur le Pronom, en le définissant d'une maniere neuve, & en démontrant qu'il a des cas nécessairement, même en François, dans toute la rigueur du mot : sur les Participes, en faisant voir en quoi ils different du Verbe, & combien ils lui sont antérieurs : sur le Verbe, en montrant qu'il n'en existe qu'un, le Verbe *Etre*, & que tout ce que nous appellons *Verbes Actifs*, sont des formules elliptiques, composées du Verbe Etre. Enfin, nous avons fourni un moyen très-simple d'analyser tous les tableaux de la parole, en les rapportant à trois classes, sous les noms de Tableaux Enonciatif, Actif & Passif, entre lesquels se distribuent tous les Cas & toutes les règles du Discours, pour toutes les Langues : ce qui en facilite singuliérement l'intelligence & la comparaison, puisque rien n'aide plus l'instruction que des Principes très-simples, très-clairs, & puisés dans la nature même des choses.

VUE GÉNÉRALE
Origines Françoises.

Nous conformant toujours à la méthode analytique, où l'on passe du connu à l'inconnu, nous avons commencé notre travail, sur les Langues en particulier, par la Langue Françoise, pour remonter de cette Langue si connue, à celles qu'on connoît moins, & pour répandre par elle du jour sur celles-ci.

Nous avons vû qu'elle étoit fille de la Langue Celtique, de cette Langue parlée par les premiers habitans de l'Europe, & qui, suivant les Cantons où se fixerent ces Peuples, & entre lesquels ils se partagerent, forma la Langue Gauloise, conservée dans le Gallois, le Cornouaillien & le Bas-Breton, la Langue Runique, le Theuton, le Grec, le Latin, &c.

Nous avons établi ainsi le contraire de ce qu'on avoit toujours cru jusques à nous : car les Savans, fondés sur le rapport étonnant de ces Langues entr'elles, étoient persuadés qu'elles s'étoient formées sur la Langue Latine; ce qui, lors même qu'il eût été vrai, n'auroit levé la difficulté qu'à moitié ; car il restoit toujours à découvrir l'origine des mots subsistans dans ces Langues, qui n'avoient nul rapport à ceux de la Langue Latine ; mots cependant dont on ne se mettoit point en peine : tant étoient imparfaits tous les travaux dont on s'étoit occupé jusques ici sur les Langues & tant on étoit dénué de principes sur les objets les plus intéressans, tels que l'origine de sa propre Langue maternelle.

Comme la Nature est toujours riche en moyens, elle nous en a fourni plusieurs pour démontrer que la Langue Françoise, vint de la Langue Celtique ou Gauloise, & non de la Latine ; car nous l'avons prouvé, non-seulement par le fait, mais par la raison même, qui dit hautement qu'aucun Peuple ne put jamais renoncer à sa Langue : & par une preuve d'un genre peu connu & qui étoit tout-à-fait contestée, celle qui se tire de la valeur ou de la signification des noms de lieux : car dans les Principes du Monde Primitif, où tout a sa cause, les noms de lieux ont toujours eu une raison ; & cette raison, dans la haute antiquité, a toujours ou presque toujours été la nature même du local qu'on avoit à désigner. Ainsi nous avons fait voir, que la Langue Celtique subsistoit encore de nos jours dans la plûpart des noms de lieux du Royaume, même dans l'Isle-de-France, même à Paris ; & que ces noms étoient dérivés de mots également conservés dans la Langue Françoise.

Quant aux familles de mots, nous les avons divisées en quatre classes pour chaque lettre.

1°. Les mots formés par Onomatopées.

2°. Les mots relatifs à la valeur de la lettre même.

3°. Les mots où cette lettre a été substituée à une autre.

4°. Les mots empruntés manifestement d'une Langue étrangere.

Cette distribution simple, naturelle & neuve de tous les mots d'une Langue, est de la plus grande utilité, non-seulement pour se former une idée très-juste & très-nette de la masse entiere d'une Langue & de ses diverses distributions, mais aussi pour passer facilement d'une Langue à l'autre, & pour saisir l'ensemble des Langues.

D'ailleurs, par cette méthode il n'est aucun mot dont l'étymologie puisse échapper : & la facilité avec laquelle toutes les Langues se ramenent à ces quatre classes, en rend l'étude aussi aisée qu'agréable, & devient une démonstration complette par le fait, des Principes du Monde Primitif.

Origines Latines.

Ce que nous avions fait fur la Langue Françoife, nous l'avons éxécuté enfuite fur la Langue Latine : nous en avons claffé tous les mots fous les quatre grandes divifions dont nous venons de parler ; & nous avons vu la valeur de chaque lettre de l'alphabet fe répeter dans la Langue Latine, & y former une multitude de mots parfaitement conformes à cette valeur commune.

Ainfi fe confirment non-feulement les Principes du Monde Primitif, mais ils fatisfont agréablement l'efprit, qui voit qu'en paffant de Langue en Langue, il retrouve toujours les mêmes bafes, les mêmes valeurs, les mêmes idées ; & qu'il les faifit par conféquent avec beaucoup plus de facilité & d'intérêt.

Nous avons fait voir en même tems & par les mêmes moyens, que la Langue Latine defcendoit également de la Langue Celtique : comment les Celtes pafferent dans l'Italie pour la peupler : comment prefque tous les noms de ce Pays furent des dérivés de la Langue Celtique, & relatifs à ceux que nous avions déjà expliqués pour les Gaules : & allant plus loin, comment la Religion Primitive de fes habitans fut la même que celle de tous les peuples Celtes.

Nous avons fuivi en même tems ces Colonies Celtiques en Italie, dans leurs révolutions & dans leurs emplacemens : nous avons montré comment la divifion politique des anciens Peuples de cette Contrée étoit elle-même l'effet de la Nature, chacun d'eux s'étant placé dans une enceinte formée naturellement par les montagnes & par les fleuves ; & au moyen d'une Carte que nous avons éxécutée dans cette vue pour l'Italie, nous avons donné un effai de la maniere dont on pourroit faire les Cartes, afin que de leur feul afpect, on pût énumérer les divers Peuples, qui habitent l'étendue de terre comprife dans ces cartes.

Notre

Notre attention s'est ensuite portée sur les Romains, sur ce Peuple étonnant, qui ayant commencé par une simple Ville d'un territoire presque nul, fit insensiblement la conquête de l'Italie, & ensuite avec la plus grande rapidité celle de la plus grande partie de l'ancien Monde. Nous avons cherché à répandre quelque jour sur leur origine, sur celle de leurs Familles Patriciennes, sur les moyens par lesquels ils se mirent en état de conquérir peu à peu l'Italie, & d'anéantir la division politique que la Nature avoit établie entre ses Peuples.

Ces premiers tems de l'Italie nous ont fourni également de nouvelles preuves que l'Allégorie exerça son empire sur tous les Peuples, puisque nous en avons trouvé de nombreuses traces chez les Sabins, chez les Albains, chez les Romains eux-mêmes, & qu'on ne peut se refuser à ces développemens, quoique jusques-ici on ait toujours regardé comme historiques les récits qui nous ont transmis ces Allégories.

Nous sommes allés plus loin. Mettant sous les yeux de nos Lecteurs des fragmens de l'ancienne Langue Latine, nous avons fait voir qu'ils étoient plus clairs pour notre siècle, que pour celui des plus illustres Auteurs Romains, parce que nous sommes parvenus à des principes, & que nous avons rassemblé des objets de comparaison qui leur étoient inconnus, & dont nous serions également privés, si, à leur exemple, nous nous bornions à la connoissance des Langues Grecque & Latine, ou si nous n'apper-cevions jamais que les faits, sans remonter aux principes qui amenerent ces faits.

VUE GÉNÉRALE

Diſſertations ſur divers objets, & qui compoſent ce VIIIe. Volume.

Le Volume que nous publions aujourd'hui eſt dans un genre abſolument différent de tout ce que nous avons fait paroître juſqu'à préſent : il ne ſera pas moins propre cependant à prouver l'excellence des Principes du Monde Primitif, & le jour qui en réſulte ſur preſque toutes les connoiſſances, de quelque nature qu'elles ſoient : on peut le conſidérer comme un premier Recueil de Diſſertations ſur divers objets : il roule ſur ceux-ci :

Un Eſſai d'Hiſtoire Orientale pour le VIIe ſiècle avant Jeſus-Chriſt ; un autre ſur l'Origine du Blaſon, de ſes Symboles, de la Monnoie : l'Explication du célèbre Bouclier d'Achille ; celle du Jeu des Tarots ; l'origine des Chiffres Arabes ; celle des Chiffres Romains ; des rapprochemens ſur les VII Rois de pluſieurs Peuples.

Tous ces objets ſont traités d'une maniere neuve : ils contiennent diverſes choſes qu'on n'avoit pas même ſoupçonnées juſques à préſent ; & ils ne paroîtront ſans doute pas indignes d'attention.

Dans la premiere Diſſertation, par exemple, nous ſuivons le fameux NABUCHODONOSOR dans ſes conquêtes, nous l'accompagnons juſques en Eſpagne, & nous montrons les cauſes de cette expédition, dont on n'avoit pas même l'idée : nous faiſons voir quel de ſes Succeſſeurs fut le Beltſaſar de Daniel : nous démontrons les voyages des Phéniciens autour de l'Afrique & aux Indes : quels furent les lieux où voyagea Ménélas, ſelon Homere, après la guerre de Troie : les bévues de STRABON ſur la Géographie d'Homere & ſur les voyages d'Eudoxe ; & à quel point les connoiſſances Géographiques étoient déjà détériorées de ſon tems.

Nous prouvons enfuite que le BLASON fut pris dans la Nature elle-même; qu'il nous vient des anciens Peuples de l'Orient, & que fi les Modernes ont cru qu'il n'avoit été inventé qu'au tems des Croifades, c'eft qu'ils ont confondu fon établiffement en Europe, avec fon origine antique, erreur trop commune.

Un des morceaux les plus brillans de l'Iliade, eft la defcription du Bouclier d'Achille exécuté par Vulcain & divifé en XII Tableaux, très-intéreffans chacun en particulier; mais dont jufques à préfent on n'avoit pu appercevoir l'enfemble ni le but: nous faifons voir que c'eft un vrai Calendrier; & que fes XII Tableaux correfpondent parfaitement à l'état de l'année Grecque & à fes XII mois: on y verra même ces Affemblées du Printems de tous les anciens Peuples, que nos Ancêtres appelloient Champs de Mars, Mails ou Parlemens.

Le jeu des Tarots, jeu de Cartes fort connu en Italie, à Avignon, en Suiffe, en Allemagne, très-fingulier, compofé de figures bifarres, & dont le but ou l'objet étoit auffi inconnu que celui du Bouclier d'Achille, fe préfente ici comme un jeu venu lui-même des anciens Egyptiens, calqué fur leurs connoiffances politiques & Mythologiques; & comme ayant fervi de modèle aux Cartes Efpagnoles, qui ont donné lieu à leur tour aux Cartes Françoifes.

L'origine des Chiffres Romains & ceux des Arabes, devenus ceux de toute l'Europe, n'en eft pas mieux connue; ils parurent toujours l'effet du hazard; mais dans nos Principes, où tout eft pris dans la Nature, ils devoient avoir une origine certaine, & cette origine devoit être très-fimple & très-naturelle: nous faifons donc voir ici que leurs figures font une peinture réelle, très-fimple, très-légerement altérée, des nombres qu'ils expriment.

Ainsi le Monde Primitif s'élevant aux causes de tout ce qui existe, rend toujours plus intéressans les objets de l'usage le plus commun, qu'on croit connoître le mieux, & prouve de plus en plus que la Nature a tout fait, qu'elle a fourni aux hommes les élémens de tout, qu'ils n'ont eu qu'à se les rendre propres & à les combiner en toutes manieres sans pouvoir ni les altérer, ni les multiplier.

Quant à la maniere dont nous avons rempli ces diverses Parties, il paroît par les approbations & par les encouragemens infiniment flatteurs qu'on daigne nous donner de toutes parts, que nous l'avons fait à la satisfaction du Public, & qu'on trouve que nous ne sommes pas restés au-dessous de notre Plan.

Cet avantage inestimable, peut-être unique, & très-glorieux pour nous, nous affermit de plus en plus dans nos vues, & est un puissant motif pour que nous nous occupions sans relâche de ces grands objets, & que nous fassions suivre les autres parties de notre Plan avec la même célérité & avec le même intérêt pour l'Europe Savante, & le même fruit pour les Générations naissantes.

Appellés en quelque sorte par la Providence à ce travail instructif, nous nous croirions coupables envers elle, envers nos semblables, envers le grand Ordre, si nous regardions cet ouvrage comme n'étant pas de devoir pour nous, & si nous nous relâchions un instant dans l'exposition de ces grandes vérités.

§. III.

De ce qui nous reste à publier: & 1°. sur les Langues.

Les Objets qui nous restent à traiter pour remplir l'étendue de notre Plan, sont encore très-nombreux; mais d'après les divers principes que nous avons déjà établis, & d'après tout ce que nous avons mis fous les yeux du Public, on fent combien ce travail fera aifé, fûr & utile : & nous avons tout lieu d'efpérer qu'à mefure que nous avancerons dans cette carriere, elle paroîtra encore plus intéreffante.

Nous avons actuellement fous preffe le Dictionnaire Etymologique de la Langue Grecque, ouvrage unique en notre Langue, pour laquelle la Soufcription eft déjà ouverte, qui rajeunira fingulierement cette belle Langue, & où l'on trouvera les Racines mêmes des Mots Grecs qu'on regardoit comme radicaux, & leurs rapports avec les autres Langues.

Nous nous propofons de publier enfuite, le Dictionnaire Etymologique de ces Langues Orientales qu'on avoit toujours regardées fi mal-à-propos comme la Langue Primitive.

Le Dictionnaire de la Langue Primitive, réfultat de tous ceux qui auront précédé ; & dont l'exiftence & la certitude feront démontrées par cette multitude de bafes fur lefquelles il fera appuyé.

Nous pourrions ajouter à toutes ces maffes, un Dictionnaire Comparatif des autres Langues d'Europe & d'Afie.

Les rapports de ces diverfes Langues avec celles de l'Afrique & de l'Amérique.

Le Dictionnaire Etymologique des Noms de Lieux, Fleuves & Montagnes de l'ancien Continent.

Un Tableau hiftorique par Langues de toutes les Nations du Monde Ancien & Moderne ; Tableau qui ne feroit pas la portion la moins piquante de nos vaftes Recherches.

Le Dictionnaire Hiéroglyphique & Symbolique de l'Antiquité, avec les figures des objets phyfiques relatifs à ces fymboles.

Nous nous trompons fort, ou ces divers Ouvrages doivent paroître curieux & intéreffans ; ils completteroient du moins nos travaux fur les Langues & fur la Parole ; ils feroient voir également comment elle fe prêta fans peine à tous les befoins phyfiques & moraux des hommes, & comment elle eft devenue la bafe néceffaire de toute Société & de l'Humanité entiere.

2.

Objets qui nous reftent à publier fur les CHOSES *: &* 1°. *fur l'Antiquité Allégorique.*

On ne fera pas furpris fi nous difons que les objets qui nous reftent à traiter fur les Chofes, ne font ni moins nombreux, ni moins importans : la maffe des Vérités céderoit-elle en quelque chofe à celle des Mots ? & fi ceux-ci, malgré leur féchereffe, offrent des détails fi curieux, fi étendus, fi piquans, quels ne doivent pas être ceux qui conftituent l'enfemble de l'Antiquité Allégorique & de l'Antiquité Hiftorique, qui comprennent l'efpace de tant de fiécles, & qui embraffent la fageffe & les actions de l'Antiquité entiere, de cette Antiquité dont la longueur des tems n'a pu effacer entierement l'éclat, & qu'illuftrerent des Génies Créateurs, dignes d'une mémoire éternelle ? Nous nous eftimerons heureux, fi, animés de leur feu, de leur fageffe, nous pouvons, en expofant le fruit de leurs veilles & de leurs travaux, plaire à nos contemporains, & être de quelqu'utilité aux Générations futures.

Relativement à l'Antiquité Allégorique, nous devons achever l'explication de la Mythologie Grecque, & de celle des Egyptiens ; expofer celle des Celtes ou Scandinaves, contenue dans l'EDDA ; raffembler celle des Indiens fi célèbres dès les tems les plus reculés par leur profonde fageffe ; éclaircir les tems primitifs des Chinois, les débrouiller de la même maniere que nous avons développé ceux de notre Occident.

DU MONDE PRIMITIF.

Ce fera, nous pouvons le dire, une Collection unique qui montrera d'un côté avec quelle fageffe les Anciens inventerent tous ces Emblêmes, toutes ces Allégories ; & d'un autre, quels furent leurs Principes Philofophiques & Religieux ; & avec quel foin & quel empreffement affectueux ils s'appliquoient à éclairer la maffe entiere de la Société, les Habitans des Campagnes comme ceux des Villes ; c'eft qu'ils fentoient, qu'autant que les individus d'une Société, d'un Etat, d'un Empire, font parfaitement inftruits de leurs droits, de leurs devoirs & des moyens de les remplir, autant cette Société, cet Etat, cet Empire deviennent floriffans ; qu'ils ne peuvent profpérer que de cette maniere. Dans nos Etats modernes au contraire, les Villes & les Campagnes femblent former deux peuples différens, deux races d'hommes encore plus oppofées par leur langue & par l'inftruction, que par les manieres & par les mœurs. Cette inftruction s'y borne non-feulement aux Villes beaucoup moins étendues que les Campagnes, mais même à une très-petite partie des habitans des Villes : on diroit que la fcience n'eft que pour un certain nombre de perfonnes aifées & oifives, & que l'enfemble des hommes n'en a aucun befoin.

Sans contredit, tout objet de connoiffance n'eft pas propre pour tous les hommes ; & l'habitant des Villes peut favoir une multitude de chofes qui feroient très-inutiles au laborieux cultivateur; mais il exifte un genre d'inftruction indifpenfable pour celui-ci, & très-bon pour des Citadins ; & c'eft ce genre d'inftruction que connoiffoit fi bien l'Antiquité primitive ; pour elle, les champs étoient tout; & les villes rien qu'en fous-ordre; & elle auroit cru manquer le but de fes leçons, fi elles n'avoient embraffé l'enfemble des Peuples & des Citoyens.

3.

Antiquité Historique.

La portion d'Histoire ancienne que nous nous proposons d'éclaircir, est celle qui précéda les tems où les Grecs & les Romains commencerent d'écrire.

Ces Peuples, les Grecs sur-tout, nous ont transmis nombre de traditions relatives à ces tems anciens; mais ils vinrent malheureusement trop tard, & ils n'eurent ni assez de critique, ni assez de connoissance des Langues pour remplir cet objet d'une maniere conforme à la vérité & à son importance : ils ne nous ont laissé que des matériaux informes, comme on ne s'en assure que trop par la lecture de tout ce que d'infatigables Ecrivains ont rassemblé à cet égard, & par leurs vains efforts pour en faire un tout lumineux & sans vuides. Plus on les lit & moins on est satisfait; & comment le seroit-on ? tout y étonne l'imagination, & rien n'y parle à la raison. On voit de grands Empires sans origine, de grandes révolutions sans causes, de grandes connoissances sans principes, sans commencemens : des armées innombrables sans subsistance; des dépenses énormes sans finance. Comme dans les Romans faits pour amuser les Lecteurs, tout y est en scènes, en prestiges, & on ne voit jamais ce qui les amene : les hommes semblent sortir de dessous la terre, ou tomber du Ciel, sans que rien ait préparé cette population immense, ou ait amené leurs exploits, leurs vertus, leur sagesse ou leurs vices : pour rendre le renversement plus étrange, on leur refuse la connoissance de ces Arts sans lesquels ils ne pouvoient avoir exécuté ce qu'on leur attribue; & confondant restauration, perfectionnement & communication, avec invention, on place l'origine de ces Arts dans

des

des tems & dans des lieux fort poſtérieurs aux peuples qui en firent uſage.

Par un renverſement d'eſprit plus étrange encore, on flétrit les Princes pacifiques qui rendirent leurs Etats floriſſans, en ne diſant rien de leurs actions, ou en les faiſant paſſer pour imbécilles : & on n'a pas aſſez de termes pour exalter ces Incendiaires qui, ſemblables à des torrens débordés, ont ravagé la terre, renverſé les Empires, détruit les villes, exterminé les peuples, anéanti les connoiſſances, élevé ſur des baſes ruineuſes des Etats chancelans qui n'attendoient qu'un autre incendiaire pour éprouver à leur tour la même cataſtrophe. Tandis qu'on comble d'éloges les peuples qui mirent les Arts en mignature, & qui les bornerent à l'utilité perſonnelle, on garde le plus profond ſilence ſur les peuples qui les voyoient en grand, & qui rapportoient tout à l'utilité éternelle des hommes & des Etats : on s'extaſie ſur celui qui faiſoit paſſer des pois à travers le trou d'une aiguille, & on oublie le nom de ceux auxquels on doit ces orgueilleuſes Pyramides élevées dans le pays le plus renommé par ſa ſageſſe ; on oſe même les flétrir, en diſant qu'ils ne les deſtinoient qu'à leur ſervir de tombeaux, tandis qu'on nous aſſure que ces Princes étoient toujours dirigés par la Loi.

Tels ſont les tems dont nous entreprenons d'éclaircir l'Hiſtoire ; tel eſt l'objet pour lequel nous nous ſommes livrés aux recherches qu'offre le Monde Primitif. L'entrepriſe n'a pas paru facile, & elle ne pouvoit le paroître ; mais par ce que nous avons déjà fait, on peut juger de ce que nous pouvons faire à cet égard & de ſon utilité. On comprend ſans peine que l'Hiſtoire primitive prendra néceſſairement une nouvelle forme, en la ſéparant de ces Allégories & de ces Fables avec leſquelles on la confondoit ſans ceſſe ; en donnant l'intelligence d'une multitude de Monumens qu'on n'entendoit plus, ou qu'on entendoit mal : en rétablissant une infinité de rapports qui étoient anéantis : en jugeant par ce qui est, de ce qu'on a fait : en s'élevant ainsi au-dessus de ce cahos d'actions antiques dont on ne voyoit jamais la cause ; & en revivifiant l'Histoire primitive, comme nous en aurons revivifié la Langue.

Nous publierons plutôt l'Histoire de l'Humanité que celle des hommes : les fastes de l'Univers, plutôt que ceux des Nations isolées. Ce ne sera pas l'Histoire de tel peuple ou de tel siècle, ce qui importe peu, ou ne peut amuser que des oisifs ; ce sera l'Histoire de tous les Peuples, de tous les siècles, parce qu'on remontera aux principes même de l'Histoire ; qu'on fera voir que tout Empire eut sa cause, comme tout mot eut sa raison : que l'élévation, la durée, la gloire ou la ruine des Etats ne dépendent point, comme on l'a cru, de passions ou de circonstances locales & passageres ; que ces événemens furent toujours l'effet nécessaire & calculable de la bonne ou de la mauvaise application des grands principes de toute société ; & que ces petites passions ou ces circonstances ne firent que profiter de l'état des choses & ne l'amenerent jamais. Les vents peuvent bien renverser un édifice élevé sur des fondemens ruineux : celui qui est bien assis, se joue de leurs efforts.

Quoi ! les hommes réunis en société, les Etats, les Empires ne pourroient calculer leur durée ! ne pourroient pas fixer leur bonheur ! ils ne deviendroient pas stables comme leur sol ! & parce qu'on a vu des Empires passer comme une vapeur que le vent dissipe, on s'imagineroit que ce même sort attend inévitablement tout Etat, tout Empire !

Non ! rien qui n'ait sa cause, sa raison, son principe éternel & immuable : il en est une qui fait à jamais la prospérité des Nations & des Empires ; c'est l'observation de leurs devoirs : une feule peut amener leur ruine ; c'eſt la violation de ces devoirs ; le pervertiſſement des cauſes auxquelles ils durent leur élévation & leur proſpérité.

Nous ferons voir que tous les peuples qui ont proſpéré, que les Chinois, les Indiens, les Egyptiens, les Perſes, les Chaldéens & tout autre ancien Peuple, ne devinrent floriſſans qu'autant qu'ils furent attentifs à la voix de l'ordre & dociles à ſes leçons : qu'aucun Légiſlateur ne fut véritablement grand & utile à ſes contemporains & au monde, qu'autant qu'il connut l'ordre & qu'il ſut en rapprocher ſes loix : que toutes celles qui y furent contraires, ne purent jamais produire d'heureux effets ; qu'elles entraînerent toujours la ruine de ceux qui ne ſurent pas s'en préſerver.

Nous démontrerons cette grande & ſublime vérité, que le pervertiſſement de cet Ordre a preſque toujours fait mettre au rang des grands Hommes ceux qui n'étoient que de grands ſcélérats ou de grands inſenſés ; qui ne voyoient pas qu'en forçant tous les moyens, ils ne brilloient que d'une gloire paſſagere, & que cette fauſſe gloire entraîneroit la ruine entiere de cet Empire qu'ils s'imaginoient illuſtrer & aggrandir : que les Etats ont toujours trouvé leur tombeau dans ces fauſſes idées de grandeur.

Qu'une des grandes cauſes des malheurs de l'Humanité a été le préjugé excluſif de ſa propre excellence, qui a engagé chaque Peuple à ſe ſéqueſtrer, à s'iſoler, à ne voir que lui, à ne perfectionner que lui, & qui les a privés ſans ceſſe du ſecours & de l'appui qu'ils auroient trouvé dans tous les autres.

Qu'aucun Empire de la terre ne pourra être tout ce qu'il peut être, tandis que la terre ſera couverte de Peuplades barbares & ſauvages. Ce ſont ces fautes que vous expiez par les malheurs qui fondent de toutes parts ſur vous, Indiens, Perſans, Africains ; malheurs dont on ne voit pas la fin.

On y verra encore que les Empires commencerent à décliner lorsqu'ils fondirent les Campagnes dans les Villes, & les Villes dans une Capitale vaste & immense, gouffre des richesses de l'Etat, & Tombeau des Générations présentes & futures: que la vraie grandeur d'un Empire est d'être grand & puissant, non dans un point, mais par-tout, d'être tout force, tout nerf, tout ordre: qu'ainsi Rome fut grande tandis qu'elle ne vit que les Tribus de la Campagne; & qu'elle déclina dès que l'Univers fut dans Rome; qu'ainsi les Babyloniens s'anéantirent, dès que Babylone parut & qu'elle étonna les Peuples par sa fausse grandeur: & que si Constantinople n'eût pas existé, l'Empire d'Orient subsisteroit encore plein de force & d'éclat.

Ici, nous avons eu l'avantage d'être aidés par une Philosophie pleine de sens & de raison, que nous avons rencontrée heureusement sur notre chemin, tandis que nous cherchions quelles pouvoient avoir été les causes de ces Phénomènes, en apparence si bisarres, que nous présentoit l'Antiquité historique: pourquoi là des Déserts, ici des Sociétés : pourquoi là des Empires florissans, ici des Peuplades foibles & languissantes: pourquoi là de grands Conquérans ; ici des Peuples invincibles : pourquoi là de grandes lumiéres, ici ignorance, foiblesse & erreur: pourquoi là, sagesse exquise ; ici folie, fureurs, ou vains préjugés. Nous trouvâmes sur nos pas des Chercheurs de vérité, des Hérauts de l'Ordre, qui faisoient pour les Sociétés, pour les Empires, ce que nous faisions pour les Langues, ce que nous cherchions pour les Peuples: qui remontoient aux causes de la prospérité & de la décadence des Nations, qui disoient : » tout a sa cause immuable & éternelle; » les Empires comme le moindre grain de blé : les Sociétés sont » établies sur tels & tels principes: il en résultera tels & tels droits, » tels & tels devoirs. Que ces droits soient observés, que ces de-

» voirs foient remplis, & les Sociétés feront floriffantes, & les
» Empires feront à jamais inébranlables fur leur bafe, & l'ordre
» regnera à jamais «.

Le plus fimple énoncé de cette fublime Philofophie fut pour nous un flambeau divin, une fource raïonnante de vérité : le complément de nos recherches & de nos travaux : la bouffole qui alloit nous faire paffer à travers l'Antiquité Hiftorique, & nous aider à la rétablir avec la même certitude & la même utilité, qu'avec de principes pareils nous rétabliffions la Langue primitive, nous développions les rapports des Langues, nous découvrions l'Antiquité allégorique, nous cherchions à démêler l'Hiftoire primitive ; ici, du moins, nous trouvions de grandes avances, de grandes données, un Syftême admirable, tendant au même but & découvert par une toute autre route. Ce Syftême & le nôtre fe font donc unis comme deux moitiés en un tout ; nous l'avons regardé comme notre propre bien ; nous nous en fommes approprié tout ce qui nous convenoit, & nous avons laiffé le Syftême circuler dans l'Univers avec un fuccès plus ou moins favorable, fuivant que les Efprits étoient plus ou moins difpofés, que les petites paffions humaines étoient plus ou moins en jeu : à cet égard, nous n'avons été que Spectateurs : nous ne pouvions être Acteurs ou Agens : mais nos vœux ont toujours été pour fon plein & entier fuccès : lui feul peut fauver les Nations ; lui feul peut faire de l'Europe une Affemblée de Freres ; & de l'Univers, un Tout lié par les mêmes droits, foutenu par les mêmes devoirs, heureux par les mêmes jouiffances, ayant ainfi le même langage, celui de l'ordre, fans lequel rien ne peut fubfifter, & bafe effentielle de toute Légiflation.

Ces Amis de la vérité & du bien ont été méconnus : pouvoient-ils ne pas l'être ? Il faut du tems pour que la vérité triomphe des ténèbres, de l'erreur, des préjugés ; mais tôt ou tard elle se fera jour, & on fera étonné de n'avoir pas été plutôt frappé de son aspect: d'avoir pu si long-tems résister à ses charmes, à ses douces influences, à ses vastes avantages : les Chefs des Peuples, eux-mêmes, gémiront d'avoir été trop long-tems sourds à sa voix; ils regretteront ce tems comme un tems malheureusement perdu, ils le regarderont comme des siècles de barbarie & d'ignorance.

Quant à nous, nous saisissons avec empressement cette occasion de rendre nos hommages à ces excellentes vérités, & d'offrir nos vœux & le sentiment de notre reconnoissance à ceux qui se sont consacrés à ces grandes & sublimes connoissances.

C'est ainsi que ne nous refusant à aucune vérité, que n'embrassant aucun Systême exclusif, qu'ayant une conscience toujours large, toujours prompte à saisir tout ce qui est bien, & à en profiter, sans craindre de revenir sur nos pas, sans tenir à nos Opinions, sans rougir de devoir de grandes idées à d'autres, nous avons mis & nous mettons tous les Ouvrages, tous les hommes, toutes les découvertes à contribution. Nous regardons & nous avons toujours regardé comme travaillant pour nous, tous ceux qui ont inventé, recherché, découvert de nouveaux Monumens, de nouveaux Principes, de nouvelles Contrées, de nouvelles routes: c'est pour nous qu'on découvre de nouvelles Terres, de nouvelles Langues, de nouveaux Alphabets, de nouvelles Sciences : qu'on éclaircit les Loix, les Monumens, l'Histoire de tous les Peuples; qu'on sonde les entrailles de la Terre pour découvrir ses diverses révolutions & son antiquité: qu'on fixe les droits & les devoirs des Nations; qu'on s'occupe de ce qui peut assurer leur durée & leur gloire.

Notre Ouvrage peut être regardé comme celui de tous ceux qui se sont occupés de ces objets : comme celui sur-tout du siècle dans lequel nous avons l'avantage de vivre: siècle supérieur à beaucoup d'égards à tous ceux qui l'ont précédé, mais qui peut être suivi de siècles plus heureux qu'il aura amenés, & dont il aura la gloire d'avoir été la base & l'aurore. Aussi chacun pourra reclamer dans nos recherches ce qu'il nous aura fourni, sans qu'on puisse dire que nos nous soyons approprié le bien de personne, parce que nous n'avons profité que de ce qui s'unissoit si parfaitement à nos Principes, qu'il en devenoit une conséquence nécessaire, & qu'il arrondissoit notre travail en le fortifiant de faits intéressans, & de preuves d'autant plus satisfaisantes qu'on n'y étoit pas conduit par ce désir désordonné de fortifier des vues systêmatiques qui égare la plupart de ceux qui cherchent la vérité.

Dissertations sur l'Antiquité Historique.

Comme nos Recherches sur l'Histoire Primitive donnent nécessairement lieu à une multitude de Questions particulieres de Chronologie, de Géographie, de Mythologie, de Connoissances, d'Usages, &c. dont la solution est indispensable pour répandre du jour sur ces tems primitifs, & que ces discussions détourneroient beaucoup trop l'attention du Lecteur si elles étoient fondues avec l'Histoire même; nous les en détacherons, & les ferons paroître avant notre Corps d'Histoire.

Elles formeront un Corps considérable de Dissertations semblables à celles qui composent ce VIIIe Volume, & qui forme ainsi le premier Volume de Dissertations Historiques, Mythologiques, Chronologiques, Critiques, &c. remplies de Recherches neuves & utiles, qui rendront l'étude de l'Histoire ancienne plus simple, plus agréable, plus sûre, comme on en peut juger par les titres d'une partie de ces Dissertations que nous mettons sous les yeux de nos Lecteurs.

VUE GÉNÉRALE

Dissertations Chronologiques.

1°. La supériorité de la Chronologie des LXX sur celle du Texte Hébreu, tel qu'il existe aujourd'hui.

2°. Le rétablissement de la Chronologie Egyptienne, & la suite précise des anciens Monarques de cette Contrée, avec l'accord parfait de tout ce que les anciens Historiens nous ont transmis à cet égard.

3°. La certitude de la Chronologie Chinoise, l'explication de ses Traditions allégoriques, le développement de son Histoire Primitive qu'on a toujours & très-mal à propos regardée comme un tissu de Fables, indigne de toute créance.

4°. L'accord de l'Histoire des anciens Perses suivant les Orientaux, avec ce que nous en ont dit les Grecs; & comment Esope, le même que Locman, forme un des points intéressans de cette concorde.

Dissertations Historiques.

1°. L'accord de ce que nous apprennent les Grecs sur ION & ses Fils avec ce qu'en dit Moyse, & la vraie lecture du nom d'un de ces Fils que personne jusques à présent n'avoit pu fixer.

2°. Les Traditions de tous les Peuples, Chinois, Indiens, Scandinaves, Chaldéens, Grecs, Romains, &c. sur la Création du Monde, sur le Déluge, sur les dix Générations qu'on compte entre ces deux événemens mémorables: leur accord avec ceux des Hébreux, & l'explication des Constellations relatives à ces grandes révolutions.

3°. Divers Eclaircissemens sur plusieurs Passages du Texte Hébreu; entr'autres, la vraie Epoque de l'Histoire de JUDITH démontrée par les faits même & par la correction d'une erreur glissée dans une lettre prise pour une autre.

Dissertations

DU MONDE PRIMITIF.

Dissertations Mythologiques & Critiques.

1°. L'accord des Théogonies & Cosmogonies de tous les Peuples sur l'existence des Esprits célestes, sur la chûte des Anges, sur la Trinité, sur la Providence, sur l'immortalité de l'ame, sur la vie à venir.

2°. L'explication & l'origine des Fables sur lesquelles repose la Guerre de Troie.

3°. L'origine des Danses sacrées, & le rapport du MENUET avec ces anciennes Danses, avec la Nature & avec la Poësie héroïque.

4°. La vraie origine de la POESIE ancienne, une maniere plus exacte de scander les vers Grecs & Latins.

5°. La nature de la Poësie Hébraïque, modèle de celle des Grecs & des Latins.

Dissertations mêlées, Philologiques, &c.

1°. La cause physique des vertus & des vices de Celtes, tels que M. Pelloutier en a dressé le tableau; & pourquoi la plupart de ces Peuples sont devenus si tard des Nations agricoles & policées.

2°. Les travaux immenses des anciens Peuples pour couper la terre par des canaux qui portassent par-tout les eaux & la fertilité.

3°. L'origine auguste de l'autorité & des revenus Sacerdotaux dans l'Antiquité primitive, & les devoirs qui en étoient l'objet.

4°. Les travaux que soutinrent en conséquence les Corps des anciens Prêtres chez les Egyptiens, les Chaldéens, les Perses, les Indiens, &c. sous le nom de Hiérophantes, de Mages, de Gymno-sophistes, de Bramines, de Druides, &c.

5°. L'origine & la cause des Sacrifices, & comment le Culte des Payens n'étoit qu'une altération du Culte primitif.

VUE GÉNÉRALE

Dissertations sur les Loix, les Usages, &c.

1°. Jusques à quel point les **Loix Hébraïques** furent celles de tous les Peuples déjà subsistans ; question agitée par des Savans d'un grand mérite, mais sur de faux principes, tels que celui qui persuadoit qu'avant Moyse nul n'avoit possedé l'art d'écrire.

2°. Quelle fut la nature des **Législations Grecques** ; & pourquoi ce Peuple avec tant d'esprit eut si peu de sens, & ne fit que se tourmenter & accélérer sa ruine à pas précipités, quoiqu'Homere, leur Auteur Classique, leur eût montré à cet égard le vrai chemin.

3°. Quelle fut la premiere Autorité : son origine, ses droits, ses devoirs, source de la justice.

4°. Quelle fut l'origine diverse de l'esclavage, & des diverses classes de servitude qui existerent dans l'Antiquité.

5°. Quelle fut chez les Anciens l'étendue de l'autorité paternelle, & pourquoi elle n'est plus la même.

6°. Les causes & les avantages de la vertu si précieuse chez les Anciens sous le nom d'amour filial.

7°. Sur quoi fut fondé chez ces mêmes Peuples le respect & le culte des Ancêtres.

8°. Quels sont pour un Etat les avantages ou les désavantages de la distribution de tous les individus en grandes classes dont chacune a ses fonctions & ses travaux propres, sans qu'aucune puisse empieter sur l'autre.

Heureux effets de l'Ordre, & Conclusion.

La plupart de ces objets paroîtront sans doute neufs, & propres à répandre une vive lumiere sur les tems anciens : on sentira sans peine combien, d'après leur discussion, il nous sera aisé de tracer l'Histoire du Monde Primitif, & d'établir cette grande vérité que nous avons annoncée, qu'il fut entierement fondé fur la Nature & fur l'Ordre général qui gouverne toutes chofes, fans lequel rien ne peut fubfifter, & auquel devra néceffairement revenir tout Gouvernement qui voudra profpérer, maîtrifer les événemens phyfiques & moraux; bannir la barbarie de deffus la terre: voir ainfi la plus grande profpérité fe répandre dans fes Chefs & dans tous fes individus; dans fes Villes & dans fes Campagnes; & devenir infailliblement le modele, le lien & le modérateur de tous les Peuples & de tous les Empires, fans que fa gloire fubiffe jamais aucune interruption.

Que l'Humanité feroit heureufe! qu'on feroit fier d'être homme, lorfque cet Ordre fera rétabli & qu'il aura triomphé de la rouille des tems & des terribles préjugés fous lefquels elle gémit! Puiffe ma Patrie, puiffe l'Empire magnanime des Lys auquel cette haute deftinée femble avoir été réfervée, être cette heureufe Nation! Puiffe-t'il ramener cet Ordre dont les Anciens avoient un idée fi fublime qu'ils l'appellerent le fiècle d'or, l'Empire d'Aftrée ou de la Juftice; fiècle & Empire pendant la durée defquels les Nations fe multiplierent, les Sciences naquirent & fe propagerent; les Peuples furent heureux: fiècle & Empire dont les Anciens dirent avec tant de raifon qu'ils avoient été chaffés de deffus la terre par les défordres dans lefquels les hommes fe plongerent enfuite.

Qu'on rentre dans l'Ordre: la paix, l'abondance, la juftice, le bonheur reviendront confoler & réjouir l'Univers; ils feront les fuites néceffaires de ce nouvel ordre de chofes.

Heureux fi nous pouvons du moins ramener l'attention des Mortels fur les excellentes chofes qu'on leur a déjà dites à ce fujet, & contribuer à affoiblir les préjugés qui empêchent les Peuples d'être fenfibles à la voix des Hérauts eftimables de l'ordre & de la félicité publique!

Après avoir élevé un pareil Monument pour notre propre consolation & instruction, & pour celle de tous les hommes, nos Freres & nos Amis; nous nous endormirons avec confiance dans le sein de nos Peres, comme ayant rempli la tâche à laquelle nous avions été appellés par la Providence, quoique nous ne laissions après nous ni plantations, ni défrichemens, ni familles; une triste & fatale combinaison d'événemens barbares nous ayant privé des champs & des biens de nos Pere & Mere, & nous ayant réduits à tout tirer de notre propre fonds: heureuse nécessité! puisque d'elle est sortie notre instruction, & de-là ces travaux immenses & intéressans qui exigeoient nécessairement une main qui n'eût aucun autre devoir à remplir: plus heureux encore si nous nous trouvons les derniers de ceux qui auront été appellés à de pareilles épreuves, & si nous pouvons y contribuer par nos ouvrages!

Nous aurons du moins la satisfaction de ne nous être jamais proposé que le bonheur de tous, d'avoir été sans fiel, sans amertume, sans esprit de vengeance; d'avoir toujours trouvé que tout est bien dans les voies de la Providence, & qu'un des plus grands ennemis que les hommes aient à craindre, celui auquel ils ne doivent cesser de faire la guerre, c'est l'ignorance, non de ce qui n'intéresse que la curiosité, mais l'ignorance des droits & des devoirs de chaque homme, de ce qui constitue pour l'homme vérité & lumiere, sans laquelle il n'y a qu'erreurs, que désordres & que folie: ignorance infiniment funeste, non-seulement pour tout homme en particulier, mais pour tout Etat, pour tout Empire, lorsqu'elle se glisse dans ses Chefs & dans ses Membres; c'est alors la barque sans pilote, balotée au gré des vents, & que le moindre souffle coule à fond.

Patrie, qui me méconnus, où je fus toujours comme étranger, où j'ai du moins tant & de si excellens Amis, puisses-tu, sensible

DU MONDE PRIMITIF.

lxix

à la voix de l'Ordre, subsister à jamais; & remplie de gloire, de vérité, de lumiere, servir de modèle à tout l'Univers & ne créer que des heureux !

Ce tems n'est peut-être pas éloigné : déjà on en voit arriver l'aurore ; déjà des Amis de l'Ordre en font entendre la voix ; déjà l'Europe commence à se lasser de carnage, de querelles, de disputes ; déjà on sent combien ces erreurs étoient insensées, odieuses, contraires aux droits de l'humanité & de la raison. Avec Virgile, & peut-être avec plus de vérité, nous pouvons dire : » La perfection des tems arrive : la révolution des siècles ramene l'Ordre universel : la Vierge qui tient la balance dans ses mains, revient sur la terre, elle mene à sa suite le regne de Saturne : le Ciel dans ses profondes destinées fait naître une nouvelle Race... Quelle félicité ! quels charmes se répandent sur tout ce qui existe ! le Ciel, la Terre, la Mer, tout s'embellit & prend une face nouvelle ».

Nous pourrions ajouter avec lui : » Quelle satisfaction pour nous si la fin de nos jours voyoit arriver cette vie sans fin ! notre bonheur suprême seroit de réunir nos forces pour célébrer cet heureux tems ».

» Ultima Cumæi venit jam carminis ætas :
» Magnus ab integro seclorum nascitur ordo.
» Jam redit & Virgo, redeunt Saturnia regna.
» Jam nova progenies cœlo demittitur alto......
   » Aspice convexo nutantem pondere mundum
» Terrasque, tractusque maris, cœlumque profundum;
» Aspice ventuto lætentur ut omnia seclo.
» O mihi tam longæ maneat pars ultima vitæ
» Spiritus & quantum saterit tua dicere facta.

VUE GÉNÉRALE
DES SYSTÊMES.

Note pour la page 1.

Tous les jours on dit d'un ton d'oracle, que le Monde Primitif n'est qu'un SYSTEME : avec ce mot on croit avoir jugé irrévocablement cet Ouvrage; & on s'en applaudit d'autant plus que ce mot est saisi avidement par ceux qui sont bien-aises de s'éviter la peine de lire de gros volumes, qu'il faudroit parcourir afin de se former du moins une idée quelconque de leur objet & de leur maniere : au lieu qu'avec ce seul mot, un Ouvrage entier est coulé à fond sans examen.

Mais comment ceux qui s'en servent ne s'apperçoivent-ils pas que cette maniere de juger un Ouvrage quelconque, est d'autant plus mal vue qu'on pourroit le rétorquer, & objecter qu'elle est elle-même l'effet d'un Systême dont on ne veut pas se départir : & qu'on préfere des Systêmes auxquels on est accoutumé, à d'autres qu'il faudroit étudier.

Cependant cette façon de décider du vrai ne vaudroit rien : des épithètes n'ont nulle valeur, si elles ne sont pas accompagnées de leurs preuves : il ne sera donc pas hors de propos de poser ici quelques principes qui puissent faire juger du degré d'autorité que mérite l'objection que le Monde Primitif n'est qu'un Systême.

» Un SYSTÊME, selon les Auteurs d'un Dictionnaire célèbre, » n'est autre chose que la disposition des différentes parties d'un » Art ou d'une Science dans un état où elles se soutiennent tou- » tes mutuellement, & où les dernieres s'expliquent par les pre- » mieres. Celles qui rendent raison des autres s'appellent *Princi-* » *pes*, & le *Systême* est d'autant plus parfait, que les principes sont

» en plus petit nombre. Il est même à souhaiter qu'on les réduise
» à un seul : car de même que dans une horloge il y a un princi-
» pal ressort duquel tous les autres dépendent, il y a aussi dans
» tous les Systêmes un premier principe auquel sont subordon-
» nées les différentes parties qui le composent ».

Si donc on entend par l'accusation de *Systême*, que le Monde Primitif est un tout étroitement lié, posé sur des principes très-simples, dans le plus petit nombre possible, & dont toutes les parties se soutiennent mutuellement, l'objection devient un éloge, & nous en acceptons l'augure.

Mais si en attachant cette idée au mot Systême, on veut faire entendre que le Monde Primitif est un tout qui ne porte sur rien, qu'il est fantastique comme les Palais des Fées, que ses principes sont illusoires, les faits mal vus, les conséquences nulles, en sorte que l'Auteur s'est laissé séduire par une chimère, qu'il a cru voir ce qu'il ne voyoit pas, & prouver ce qu'il ne prouvoit point, alors il ne suffit pas de le dire, il faut faire voir en quoi ses principes sont illusoires ou insuffisans, & comment, malgré tous ses Volumes, la vérité reste encore à découvrir, comme s'il n'avoit rien fait. Jusqu'alors il y a bien moins de certitude du côté des Objectans que du côté de l'Ouvrage : & personne ne peut s'y tromper.

D'ailleurs, le Monde Primitif se divise en deux grandes Parties dont l'évidence & la démonstration ne peuvent marcher sur la même ligne : on ne peut donc les envelopper sous le même anathême. Tout ce qui est relatif aux Langues dans cet Ouvrage, porte sur un ensemble de faits au-delà desquels on ne peut aller ; sur la masse des Langues. A cet égard, le Systême est démontré si les principes sont clairs.

Si les Langues sont ramenées à des mots radicaux très-simples, si ces mots radicaux sont les mêmes dans toutes ; si par leur moyen on a infiniment moins de peine pour apprendre les Langues : si on peut acquérir la connoissance de plusieurs dans le même espace de tems qu'i lfalloit pour une seule : le Système alors est clair, démontré, nécessaire: eût-il d'ailleurs quelques défauts, quelques Etymologies mal-vues, elles ne pourroient valoir contre l'ensemble.

Il en est de même de la portion Grammaticale, qui jusqu'ici avoit été livrée aux discussions des Savans : les principes en sont si simples, les faits tellement déduits de ces principes, que cette partie du Monde Primitif a eu le plus grand succès.

La portion qui prêteroit le plus à la Critique est celle de la Fable ou Mythologie. Il est certain qu'en la ramenant à l'Allégorie, nous élevons un Système bien éloigné de tout ce qu'on avoit cru jusqu'à présent, & sur-tout de ceux qui l'expliquoient par l'Histoire : mais oseroit-on dire que leurs Ouvrages ne sont pas systématiques ? oseroit-on dire qu'ils sont démontrés, évidens, qu'ils sont les seuls systêmes qui puissent être vrais, relativement à l'explication de la Fable ?

Le Système Allégorique n'est-il pas, en comparaison de ceux-là, plus agréable, plus clair, plus complet? Et s'il est en même tems le mieux établi de tous ceux qu'on a imaginés jusqu'ici, le plus conforme à l'Antiquité, à la Nature, à la raison, le plus satisfaisant en un mot, quelle raison auroit-on de le rejetter pour s'attacher à de vieux Systêmes qui croulent de toutes parts ? ou pour les rejetter tous ?

Le Public d'ailleurs, placé entre le Monde Primitif & ceux qui le condamnent si à la légere, est le vrai Juge : c'est à lui à décider auxquels convient l'épithète de Systêmatiques, ou plutôt de quel côté il y a plus d'avantages.

Fin de la Vue Générale, &c.

ESSAI

ESSAI
D'HISTOIRE ORIENTALE,
Pour les VIIe et VIe Siecles avant J. C.

ARTICLE PREMIER.

Nabuchodonosor monte sur le Trone de Babylone.

L'Empire Assyrien qui avoit dominé si long-tems en Asie & dont le joug avoit pesé sur tous les peuples, n'étoit plus. Sa Capitale, la superbe Ninive avoit été détruite par le fer & par le feu : les Médes & les Babyloniens venoient de se partager ses dépouilles : ces derniers alloient succéder à la gloire dont avoit joui la Puissance qu'ils avoient contribué à anéantir. Un jeune Héros que sa naissance avoit mis à leur tête, se préparoit à s'en montrer digne par sa valeur, par son génie, par ses exploits. Déjà il s'ébranloit avec toutes ses forces, & avec une partie de celles des Médes pour la conquête du Midi, autrefois partage de l'Assyrien.

Ainsi, alloit s'élever un nouvel Empire dont l'étendue, la puissance & les vicissitudes méritent d'autant plus notre attention, que ses intérêts furent sans cesse mêlés avec ceux des Peuples, qui ont, à cette époque, les plus grands droits sur nous, par leurs vastes influences sur le Commerce, sur les Arts & les Sciences, sur la Religion même : influences dont les effets profondément enracinés s'étendent jusqu'à nous ; & dont il est très-important par-là même, de démêler les causes & les motifs.

Mais afin de suivre avec plus de succès dans ses expéditions lointaines Nabuchodonosor, ainsi s'appelloit le Héros Babylonien, jettons les yeux sur les Etats qu'il avoit hérités de ses Peres, & sur ceux qui devinrent le théâtre de ses exploits. La connoissance des Peuples qui les habitoient, des Princes qui les gouvernoient, des forces qui les constituoient jettera, nécessairement, le plus grand jour sur les objets que nous avons à discuter.

Dissert. Tom. I.   A

ESSAI D'HISTOIRE ORIENTALE.
ARTICLE II.
DESCRIPTION DE L'ASIE OCCIDENTALE.

Cette vaste étendue de terres qui est entre la Perse & la Méditerranée, qui se termine au Nord par l'Arménie & par le Mont Taurus, au midi par l'Arabie & par le Golphe de Perse, tint de la Nature une forme qui la rendit propre à devenir dès le commencement le partage de plusieurs Peuples. D'Orient en Occident elle est coupée en cinq grandes bandes qui descendent chacune du nord au midi & que forment deux grands Fleuves qui suivent la même direction, le Tigre & l'Euphrate; & deux chaînes de montagnes; l'une à l'Orient, le Mont Zagrus; l'autre à l'Occident, le Liban & l'anti-Liban : de-là de vastes divisions, qui donnerent lieu à autant de Peuples.

Entre le Zagrus & le Tigre fut l'Assyrie.

Entre le Tigre & l'Euphrate, la Mésopotamie.

Au Midi & à la réunion de ces Fleuves, la Babylonie.

Entre l'Euphrate & la Méditerranée, la Syrie.

Au Midi de la Syrie, entre la Méditerranée, le Liban & le Jourdain qui descend de ces Montagnes, la Phénicie, la Palestine, le pays de Canaan.

Entre le Jourdain & l'Euphrate, les Amorrhéens, les Ammonites, les Moabites.

Au Midi de ces Contrées & sur la Mer-Rouge, les Iduméens.

VUE GÉNÉRALE DE CES CONTRÉES.

Toutes ces Régions étoient de la plus grande fertilité; elles abondoient en palmiers, en oliviers, en vignobles, en fruits de toute espèce, en bled, en bestiaux. Le sol produisoit presque par-tout du sel & du bitume; celui là indispensable pour la santé de tous les êtres animés & pour la fécondation de la terre; celui-ci très-utile pour la construction des édifices, en le convertissant en brique.

Les Habitans de ces Contrées étoient industrieux, & actifs. Ceux des plaines les coupoient par une multitude de canaux qui y faisoient circuler par-tout les eaux des fleuves, & les fertilisoient ainsi jusques dans les lieux les plus éloignés. Ceux des côteaux en soutenoient les terres jusqu'au sommet, par des murs nombreux, & les couvroient de vignobles superbes. Ceux des vallées entretenoient d'immenses troupeaux, qu'ils conduisoient dans les vastes déserts de l'Arabie : tandis que les habitans des Villes exerçoient tous les Arts, fabriquoient des étoffes de toute espèce, donnoient mille façons aux matieres premieres; & que ceux qui demeuroient fur le bord des fleuves & fur les rives de la Mer, fe livroient à la navigation, & avec une hardieffe fans égale portoient jufqu'aux extrémités du monde les denrées & les marchandifes de leurs compatriotes ou de leurs voifins, & leur rapportoient en échange les richeffes de l'Univers.

Ces Contrées fe couvroient ainfi d'une population immenfe, qui paroît fabuleufe à ceux qui ne favent pas fe tranfporter à ces tems heureux, & qui ignorent que la population fuit fans ceffe les moyens de fubfiftance.

On y parloit une feule & même langue, l'Orientale, fille de la Primitive; ce qui facilitoit finguliérement les relations de ces Peuples entr'eux & la communication de leurs lumieres refpectives. A la longue, il eft vrai, cette langue commune prit chez chaque Peuple de légeres nuances, d'où réfulterent l'Hébreu, le Chaldéen, le Syriaque, le Samaritain, le Phénicien, l'Arabe, &c. mal à propos regardés comme autant de langues différentes, & qui ne font que des dialectes de cette langue commune, très-peu différentes les unes des autres; fur-tout lorfqu'on eft au fait de la maniere dont les fons fe fubftituent entr'eux : connoiffance qui forme une des principales clefs des langues.

Ces Peuples avoient auffi la même Religion : celle qui reconnoiffoit un Dieu fuprême, & qui l'honoroit dans le Soleil, dans la Lune, dans l'armée des Aftres, ainfi que dans les Elémens, fur-tout dans le feu & dans les eaux; fi néceffaires & fi rares dans ces Contrées brûlantes. C'eft cette Religion qui forma le SABÉISME, Religion pure dans fon origine, faine dans fa morale, qui s'altéra plus ou moins dans la fuite, & qui a laiffé des traces profondes dans l'Orient chez les Guèbres, defcendans des anciens Perfes; chez les Drufes, defcendans des premiers peuples de la Syrie; & dans la Babylonie où l'on voit encore de nos jours de grandes Peuplades de Sabéens.

L'état de ces belles régions a prodigieufement changé de fiècle en fiècle. Jufques au tems dont nous entreprenons de tracer l'efquiffe, ces Peuples s'étoient toujours élevés à un plus haut point de profpérité & de fplendeur; mais dès-lors, ils ne firent que décroître, parce qu'ils furent toujours foumis à des Princes étrangers, qui ne prirent aucun des moyens néceffaires pour faire fleurir ces Contrées. Elles pafferent fucceffivement d'une main tyrannique à une qui l'étoit encore plus : d'abord entre celles des Perfes, puis d'Alexandre & des Séleucides, Princes fans ceffe partagés entre les plaifirs les plus licencieux & les guerres les plus infenfées : ils devinrent enfuite la proie tour à tour des Romains & des Parthes : ils tomberent enfin fous la puiffance deftructive des Ottomans. Ainfi, les plus beaux pays de la Nature fe changent en déserts sous le génie malfaisant de Barbares plongés dans l'ignorance & ennemis de tout ordre.

Ajoutons que ces Peuples avoient à l'Orient les Elamites, habitans de la Susiane & de l'Elymaïde ; plus loin, les Perses ; & au Nord des Elamites, les Mèdes, Nation déjà puissante. Au Septentrion, les Arméniens, que leurs hautes montagnes n'ont jamais pu garantir d'une domination étrangere : à l'Occident, les nombreux habitans de l'Asie mineure, divisés en une foule de Nations entre lesquelles se distinguoit le Royaume de Lydie, qui en avoit déjà conquis la plus grande partie. Au Sud-Ouest, les Egyptiens, Peuple depuis long-tems célebre & florissant ; mais que des principes détériorés entraînoient vers sa ruine.

Des Noms de ces Contrées.

Les noms de ces Contrées n'ont pas éprouvé moins de changement que le pays même : on comprend sans peine que chacune des Nations qui les possederent successivement, en altérerent ou en changerent les dénominations.

L'Assyrie s'appelle aujourd'hui Curd-istan, pays des Curdes ou des Montagnards. Ils occupent en effet la chaîne du Zagrus, & en particulier les monts appellés Gordyens, ou Cordes, dont on a fait le Curdistan, mot qui remonte ainsi aux tems les plus reculés.

La Babylonie & la Chaldée portent le nom d'Irac-Arabe ; d'*Irac*, ancien nom des pays situés le long du Tigre ; & *Arabe*, parce que les Arabes se sont emparés depuis long-tems de ces belles Contrées.

La Mésopotamie & la Syrie furent connues toutes les deux dès l'origine sous le nom d'Aram, nom d'un fils de Sem ; mais on les distinguoit par diverses épithètes.

La Mésopotamie s'appelloit *Aram-Naharim*, Aram des Fleuves : Pad-Dan-Aram, l'Aram gras & fertile.

La Syrie étoit divisée en plusieurs Royaumes qui portoient le nom de leurs Capitales : ainsi il y avoit Aram-Damas, Aram-Hamath, Aram Zoba, Aram-Geshur.

Les Grecs substituerent à ces noms ceux de Mésopotamie & de Syrie. Le premier est de leur composition : il signifie *entre les Fleuves*.

Celui de Syrie a fort intrigué les Critiques ; mais si l'on considere que ce pays fut connu des Grecs par le moyen de Tyr, dont le nom se prononçoit également Syr, & qui en étoit la ville la plus distinguée, on comprendra sans peine que le nom de Syrie qui étoit celui de son territoire, devint naturellement celui de toute la contrée : ainsi que nous avons nous-mêmes étendu les noms d'Asie, de Russie, d'Amérique, fort au-delà des terres qu'ils désignoient primitivement.

Actuellement les Arabes, & nous après eux, appellons la Mésopotamie Diar-Bec, mot-à-mot, *séjour des Fleuves* : on voit qu'il n'est que la traduction de l'ancien nom.

Quant à celui de Syrie ou Surie, il s'est altéré légerement en Sourie, seuls restes de l'antique gloire de Tyr.

Le pays de Canaan avoit changé de nom & de maîtres. Le long de la côte étoient la Phénicie, la Palestine, ou pays des Philistins, le Royaume de Juda, car celui d'Israël n'éxistoit plus : peuples d'un territoire très-borné ; mais dont le nom atteignoit les extrémités du monde connu, & qui subsistera tandis qu'il y aura des ames sensibles aux grandes choses.

Au-delà du Jourdain étoient encore les Amorrhéens, les Moabites, les Ammonites, peuples nombreux, mais qui furent bientôt confondus avec les Arabes du désert, ainsi que ceux qui demeuroient à leur midi ; les Madianites, les Iduméens qui donnerent leur nom à la Mer-Rouge, & les habitans des Tentes de Kedar, peuples célèbres, quoiqu'il n'en existe de traces que dans l'Histoire.

LA BABYLONIE.

La Babylonie, ou Chaldée propre, avoit au Nord l'Assyrie & la Mésopotamie ; à l'Orient la Susiane & l'Elymaïde ; au Midi le golfe de Perse ; à l'Occident l'Arabie.

C'est une Contrée où il pleut rarement : elle étoit néanmoins d'une fertilité prodigieuse à cause de l'industrie de ses habitans, qui coupoient toutes leurs terres par de vastes canaux, en sorte qu'elles étoient continuellement arrosées par les eaux réunies de l'Euphrate & du Tigre.

Ces canaux étoient couverts de saules superbes ; ce qui faisoit donner aux environs de Babylone le nom de *Vallée des Saules* : aussi les Israëlites captifs disoient dans le beau Cantique relatif à leur malheur : « Nous avions suspendu » nos harpes aux saules de ce superbe Fleuve qui arrose Babel, lorsque le Vain» queur nous pria de chanter quelqu'une de nos hymnes ravissantes ».

Herodote dit que le rapport de la terre dans cette Contrée, étoit tel qu'il n'auroit pû le croire s'il n'en avoit été le témoin. Il assure que par l'abondance de ses productions, elle valoit un tiers de l'Empire des Perses ; de cet Empire qui renfermoit cependant des Contrées infiniment riches, telles que l'Egypte, la Syrie, l'Asie mineure : que dans les bonnes années un grain en rendoit trois cent, ce que confirme STRABON (Liv. XVI) , & dans les années ordinaires deux cent : ce qui fait deux cent cinquante, année moyenne, cette année qui sert à régler les baux & les fermes.

Mais ce rapport étonnant se réduiroit à de plus justes bornes , si au lieu de l'appliquer au froment, comme l'ont fait tous les Critiques, on l'applique à ce qu'on appelle *bled de Turquie*, ou *maïs* ; l'épi de ce bled porte jusqu'à huit rangs de grains, à trente grains par rang, ce qui fait 140 pour un. Il est des cantons dans les Indes, où ce rapport est même le double de celui-là, un même épi y produisant jusqu'à quatre & cinq cent grains rangés sur huit, dix & même douze rangs. Dès lors, cette plante ne seroit point venue d'Amérique, comme on le suppose ; elle seroit au contraire originaire de l'Orient, ainsi que toute autre chose.

Ce qui prouveroit encore que c'est du bled de Turquie dont il est question ici , c'est qu'Hérodote ajoute que le bled Babylonien s'éleve fort haut, & que ses feuilles avoient quatre doigts de large ; mais telle est la largeur des feuilles du maïs, comme l'observe fort bien une Personne qui écoute la lecture de ceci, & telle est la hauteur du maïs, qui s'éleve en Virginie de huit à dix pieds.

Strabon se sert sur-tout du mot *orge* en parlant de ce bled extraordinaire de l'Orient : & on observe également que le maïs a les plus grands rapports avec l'orge ; aussi les Mexicains en font des tisannes, comme nous en faisons avec l'orge.

Le millet & le sesame y parvenoient aussi à une grande hauteur : on tiroit de l'huile de cette derniere plante.

Les Palmiers y étoient très-abondans : on en tiroit alors comme aujourd'hui, à ce que nous apprend STRABON, du pain, du miel, du vin, du vinaigre, divers vases. Ce Géographe parle d'un Poëme Persan où l'on célébroit les trois cent soixante utilités du palmier : on voit par-là que les Poëmes d'Histoire Naturelle sont très-anciens.

N'omettons pas qu'une des grandes causes de la fertilité de cette Contrée, étoit le débordement de ses fleuves pendant les mois de l'été.

Les Babyloniens d'ailleurs étoient très-entendus dans la fonte des métaux, & dans la plupart des Arts : ils furent très-renommés par leurs Manufactures, leurs beaux ouvrages en broderie, leurs riches étoffes, leurs belles tapisseries, leurs toiles de lin qui leur servoient à faire du linge. Caton ayant eu en héritage un manteau Babylonien, il le vendit sur le champ, n'osant pas ou dédaignant de porter un habit de cette magnificence. Pline dit qu'une tapisserie

ESSAI D'HISTOIRE ORIENTALE.

de cette Contrée, pour une salle à manger, fut vendue à Rome une somme qui équivaut à peu près à cinquante mille écus : c'est de-là que vint aussi le mot *ricamare*, broder, conservé dans la Langue Italienne.

Nous ne dirons rien des merveilles de BABYLONE ; elles sont suffisamment connues : contentons-nous de dire que son enceinte étoit infiniment plus vaste que celle de Paris, dans la proportion au moins de cinq à deux ; & qu'elle renfermoit de grandes maisons de trois à quatre étages. Cette Ville pouvoit donc contenir le double d'habitans que Paris : & on n'en doit pas être étonné, vû l'étendue du vaste Empire dont elle étoit la capitale, sa haute antiquité & la destruction de Ninive.

Ce Pays renfermoit nombre de Villes ; nous n'indiquerons que celles-ci.

BORSIPPE, ville avec une forteresse où se renferma le dernier Roi Babylonien, & où il fut fait prisonnier par Cyrus. Strabon dit qu'on y voyoit deux Temples consacrés l'un au Soleil, l'autre à la Lune, & dans le langage des Grecs, à Apollon & à Diane. C'étoit une des Ecoles les plus illustres des Chaldéens. On l'appelloit aussi *Sema-vat*, passage du Ciel. L'Euphrate y porte le nom de *Wadi-us-Sema*, gué de Sema, ou du Ciel.

OPIS au nord de Babylone & sur le fleuve. XÉNOPHON en parle comme d'une très-grande ville, & l'abord le plus fréquenté de la Chaldée. Lorsque les Perses en furent maîtres, ils construisirent des digues pour interrompre, dit-on, la navigation du fleuve, afin d'en fermer l'entrée aux Etrangers. Alexandre fit détruire tous ces travaux pour rétablir cette navigation. Mais il est beaucoup plus apparent que ces digues furent élevées pour fournir de l'eau aux campagnes voisines ; l'eau étant pour les Perses une des choses les plus précieuses.

ORCHOÉ, ville qu'on a pris très-mal-à-propos pour la ville d'Ur, même le fameux HYDE. C'étoit aussi une Ecole illustre de Philosophes Chaldéens.

TEREDON, à l'embouchure de l'Euphrate.

A l'Orient de cette embouchure sont divers châteaux surnommés KOUT, mot semblable au *Kot* & *Kut* des Indiens, & qui revient à nos noms de *Cotte* & de *Hutte*, qui tous désignent des objets propres à couvrir.

DES PHILOSOPHES CHALDÉENS.

Les Babyloniens avoient des Lettrés, des Savans qui, semblables aux Mages Persans & aux Hiérophantes Egyptiens, étoient à la tête du culte religieux & de toutes les connoissances : ils sont célèbres sous le nom de Philosophes Chaldéens. Ils avoient des Ecoles ou des Académies illustres à Babylone, à Borsippe, à Sippara, à Orchoé, &c. L'Astronomie, sans laquelle il n'y a point d'agriculture & qui sert à régler les Fêtes, formoit une de leurs occupations essentielles: à cet égard, leurs connoissances étoient très-avancées, on peut dire étonnantes: car ils avoient déjà découvert la vraie figure de la Terre, son mouvement autour du Soleil, la précession des Equinoxes; ils calculoient les Eclipses, ils connoissoient le mouvement des Comètes; connoissances dont la découverte à fait tant d'honneur à nos Savans modernes, parce qu'elles s'étoient perdues comme tant d'autres choses, avec ces anciens Sages, qui peut-être les devoient eux-mêmes à un Peuple plus ancien, tige de tous les autres. Aussi lorsqu'Alexandre prit Babylone, Calisthene y trouva des Observations Astronomiques faites par ces Sages, & qui remontoient à dix neuf cent ans.

Ces Philosophes étoient Sabéens: aussi cette Contrée est encore de nos jours remplie de Sabéens, surnommés Chrétiens de saint Jean: Peuple dont il seroit très-intéressant de connoître les dogmes & les livres.

Ils présidoient à l'Almanach ou Calendrier; & ils le publioient sous le nom de *Kitab al Phalâhat*, Livre d'Agriculture. On y voyoit, comme dans nos vieux Almanachs, les saisons & les jours favorables pour les opérations du labourage, le tems propre pour la pêche, la chasse, &c. les recettes utiles, telle que pour exterminer les sauterelles, &c.

Strabon dit que plusieurs d'entr'eux prédisoient la destinée des hommes par l'état des Astres à leur naissance; mais que les autres les désapprouvoient en cela. L'on voit par-là que quoique l'Astrologie soit très-ancienne dans l'Orient, elle n'avoit pas encore à cette époque infecté tous les esprits; & que les Chaldéens étoient déjà divisés en diverses Sectes.

Ce Géographe nous a conservé les noms de quelques-uns de leurs plus grands Mathématiciens, Cidenas, Naburian, Soudin, Zeleucus: ce dernier, contemporain de Strabon, puisqu'il ajoute, *il est Chaldéen de Séleucie*. Mais que sont ces noms, séparés des objets par lesquels ils étoient devenus illustres?

Quelle fut l'origine de ces Savans? C'est ce que personne n'a recherché: essayons de répandre quelque lumière sur cet objet.

DU CHEF DES CHALDÉENS OU D'ARPHAXAD.

Le nom Primitif des Chaldéens est CASDIM ou *Chasdim*, mot qui se changea insensiblement en celui de Chaldéens. On a supposé en conséquence qu'ils

descendoient

cendoient de *Chefed*, neveu d'Abraham ; mais il faut remonter plus haut ; car à cette époque, les Chaldéens étoient déjà exiſtans & diſtingués. Neuf générations ou neuf ſiècles plutôt, nous rencontrons un perſonnage qui offre toutes les qualités requiſes pour le fondateur de ce peuple : c'eſt ARPHACHASD , en Oriental ארפ־בשד, fils de Sem & Chef des Peuples qui habiterent les rives du Tigre & de l'Euphrate, Chef de cette Famille établie dans la Chaldée & de laquelle ſortit Abraham. Mais ce nom qu'on a altéré en celui d'*Arphaxad* eſt certainement ſignificatif, puiſqu'il eſt compoſé de deux mots, dont chacun eſt très-remarquable, & puiſque c'eſt preſque le ſeul nom entre tous ces Patriarches qui ſoit compoſé.

Caſd, eſt un mot Oriental qui déſigne un Savant, celui qui connoît les choſes cachées, qui les voit, qui les devine : il ne pouvoit être mieux choiſi pour déſigner ces Sages de l'Orient.

Arphe, même nom que celui d'Orphée, déſigne un Savant, un fils de la lumiere, un Médecin qui guérit les maladies de l'ame comme celles du corps, un homme qui devine les choſes cachées, qui eſt prodigieux, comme nous l'avons déjà dit dans le Diſcours préliminaire de la Grammaire Univerſelle & Comparative (pag. XLVI).

Arpha-Caſd eſt donc mot à mot l'Inſtituteur, le Chef, l'Orphée des Caſdim ou Chaldéens.

Ce nom ſeroit donc une épithète. Mais quel ſeroit ſon vrai nom ? Peut-être exiſte-t-il & qu'on n'aura pas ſu le voir. De Sem juſqu'à Abraham, le Texte Hébreu compte dix Patriarches. Les LXX. en ont inſéré un de plus entre Arphaxad & Selah, qu'ils appellent CAÏNAN, & qui a extrêmement embarraſſé les Critiques; les uns croyant que ce nom s'eſt gliſſé mal-à-propos dans les LXX : les autres ſoutenant que ce Perſonnage a réellement exiſté. Mais ne pourroit-on pas concilier ces textes, ces opinions, en diſant que Caïnan & Arphacaſd déſignent le même Perſonnage : que le premier de ces noms eſt ſon nom propre : que le ſecond renferme ſes caracteres diſtinctifs : que c'eſt mot-à-mot *Caïnan l'Inſtituteur, l'Orphée des Caſdim* ou Chaldéens ?

Dans la ſuite des tems, on aura cru que ces deux noms déſignoient deux perſonnages différens : les Critiques Hébreux auront alors ſupprimé le premier nom, comme s'étant gliſſé mal-à-propos dans cette ſeconde ſérie de Patriarches, où il auroit été inſéré d'après la premiere ſerie des dix Patriarches avant le déluge : & les Critiques Grecs au lieu d'imiter cet exemple, & le prenant pour un XIe. perſonnage, l'auront conſervé.

Diſſert. Tom. I.   B

Ce n'est pas le seul exemple que fournira l'Histoire ancienne d'une pareille confusion.

ASSYRIE.

L'Assyrie étoit renfermée entre le mont Zagrus & le Tigre, ayant la Médie à l'Orient, l'Arménie au Nord, la Mésopotamie à l'Occident, la Babylonie au Midi. Nous avons déja vu que ses habitans s'appellent aujourd'hui Curdes, peuple agreste comme les montagnes qu'il habite, qui a conservé la Religion du feu ou des anciens Sabéens, & qui sait encore se rendre redoutable à ses voisins.

Ce Pays étoit abondant en bled, en vin, en oliviers, en miel, ainsi qu'on le voit par le discours des Généraux de Sennachérib à Ezéchias (II. Rois XVIII. 32) : il étoit arrosé par de grands fleuves, le Tigre, les deux Zab, l'un plus grand, l'autre moins considérable, le Gorgus, &c. Il n'est donc pas surprenant qu'il ait été peuplé de très-bonne-heure ; & qu'à cause de ses grandes ressources, il soit devenu un Empire renommé.

Il renfermoit un grand nombre de Villes florissantes, que les Grecs diviserent en sept ou huit districts, désignés presque tous par des noms de villes très-anciennes.

Un de ces districts arrosé par les deux Zab, qu'on prononçoit également *Dab* & *Diab*, en prit le nom d'ADIABENE. C'est-là qu'étoit Ninive, Arbele, Gaugamele, &c.

NINIVE, sur le Tigre, étoit plus grande que ne l'ait jamais été Babylone : on peut donc admettre le calcul des Hébreux, qui fait monter ses habitans au double de ceux que renferme Paris. Le compte en est fort aisé : JONAS dit qu'on y voyoit cent vingt mille enfans, qui ne savoient pas distinguer leur gauche de leur droite : ce nombre renferme tous les enfans depuis un jour jusqu'à trois ans. C'est donc quarante mille enfans qui y naissoient par an ; tandis qu'à Paris, la moitié moins peuplée, il en naît au moins vingt mille par an. Ajoutez à cela que depuis plusieurs siècles Ninive étoit la capitale d'un grand Empire, que ses Rois y avoient transporté des Colonies de toutes parts, & qu'elle étoit dans une si heureuse situation que son territoire n'a jamais cessé d'être habité. C'est sur une partie de son ancien terrain qu'on voit aujourd'hui la ville de MOSOUL.

CALACH, près des sources du Zab & capitale de la Calacene.

SITTACE, Capitale de la Sittacene, & que XÉNOPHON représente comme une Ville très-floriſſante, très grande, très-peuplée, avec un grand pont ſur le Tigre de trente-ſept bateaux.

CHALA, Capitale de la Chalonitide, province la plus méridionale.

MÉSOPOTAMIE.

La Mésopotamie eſt cette vaſte Contrée que renferment l'Euphrate & le Tigre; & qui eſt entre l'Arménie au Nord, l'Aſſyrie à l'Orient, la Babylonie & l'Arabie au Midi, la Syrie à l'Occid. Son nom moderne eſt *Diar-Bek*, *m.-à-m.* ſéjour des Fleuves: elle étoit ſi fertile qu'on l'appella Paddan-Aram, l'Aramée graſſe, fertile: on l'appelloit auſſi *Aram-Naharaïm*, Aram des Fleuves.

Les Arabes Nomades ou Bedouins s'emparerent de très-bonne-heure du Midi de cette Contrée. Xénophon les trouva déjà en poſſeſſion du pays: ils l'étoient encore du tems de Strabon. Leurs Emirs, peu riches, faiſoient payer, ajoute-t-il, des impôts exceſſifs aux Voyageurs & aux Marchands: ce qui gênoit, dit-il, prodigieuſement le commerce, & l'anéantiſſoit preſqu'entiérement. Que de Princes ſont encore Emirs en cela!

Les Géographes Grecs diviſent la Méſopotamie en pluſieurs Contrées, dont nous ne pouvons faire uſage, parce que les noms qu'ils leur donnent ſont poſtérieurs de beaucoup au tems dont nous parlons. Nous nous contenterons de parler de quelques-unes de ſes anciennes Villes.

Nous remarquerons ſur l'Euphrate:

BAR-BALISSE ou BELES, que traverſerent les Grecs qui accompagnoient Cyrus le jeune. Le Satrapé de la Contrée y avoit un Palais & un jardin planté d'arbres de toute eſpèce. On y voyoit la ſource du Daradax. Cette Ville eſt à l'Occident du fleuve.

BASILEIA ou la Ville Royale, avec un Temple de Diane ou plutôt de la Lune, attribué très-mal-à-propos à Darius: les Perſes n'avoient que des Pyrées; & ils détruiſoient tout autre Temple.

BIYNAU où eſt encore un Temple de Diane, ou de la Lune. Ce nom ſeroit-il une altération du nom de *Benoth* ou Vénus?

CIR-CESSE ſur le confluent de l'Aboras ou Chaboras avec l'Euphrate. On croit que c'eſt la fameuſe Carkemis, dont nous aurons occaſion de parler dans peu.

ZAITHA, *m.-à-m.* l'Olive; à cauſe de ſes campagnes abondantes en oliviers.

RAHABA, la *Grande*, & Gaditha, la *Haye*, ville en face de Zaitha, à l'Occident du fleuve. Benjamin de Tudele en parle comme d'une Ville grande & fort agréable : aujourd'hui elle n'offre que des ruines.

DURA, dans un territoire très-fertile, & qu'on difoit avoir été batie par les Macédoniens.

RAHABA-MELIK, *m. à m.* la grande Ville Royale.

CARMANDA, Ville grande & floriffante, où les Grecs fe fourniffoient de vivres en paffant le fleuve fur des radeaux. Obfervons que cette Ville & celles que nous avons indiquées à l'Occident de l'Euphrate, peuvent être confidérées comme appartenant à la Syrie.

NAHARDA, Ville très-forte, très-peuplée & dont les campagnes étoient très-étendues & très-fertiles.

POMBEDITHA ou Al-Jobar, où les Juifs eurent une Ecole célèbre après l'entiere ruine de Jérufalem.

BESECHANA, avec un Temple de la grande Déeffe de Syrie; on l'appelle aujourd'hui *Mesjid*, ou Mofquée.

SIPPARA, la même qu'on appelle *Hipparenum* ; les Chaldéens y avoient une Ecole illuftre: les Perfes en ruinerent les murs. Son nom fignifie Ville des Livres, & eft célèbre dans l'Hiftoire Chaldéenne du Déluge. C'eft-là que l'Euphrate fe divifoit en deux grandes branches.

Sur le Tigre.

SINGARA, au pied des montagnes qui portent le même nom.
BETus, ou BETufa, nom formé de *Beit*, *Bet*, maifon, habitation.
VIRTa, ou BIRTa, place très-forte & très-ancienne.

Dans les Terres.

EDESSE, dont le nom primitif fut RHOE, & en Grec CALLI-RHOE, à caufe de fes belles eaux: de-là encore le nom d'OSROENE donné à tout ce coté de la Méfopotamie & qui forma long-tems un Royaume féparé.

BATNE, près de l'Euphrate & où fe tenoit au mois de Septembre une Foire immenfe remplie de marchandifes des Indes & des Seres.

CARRES, l'ancienne Haran ou Charan, où Abraham féjourna quelque tems, en defcendant de la Ville d'Ur.

NISIBE, au Midi du mont Mafius : c'étoit une Ville très-grande, très-peuplée :

très-ancienne si elle est la même qu'ACHAD, comme le prétend S. Jérôme dans ses Questions sur la Genèse X. 10.

SYRIE.

La SYRIE étoit bornée à l'Orient par l'Euphrate & la Mésopotamie : au Nord, par le Mont Taurus ; au Midi, par le Liban qui la séparoit de la Phénicie, du pays de Canaan, de l'Arabie. Elle étoit divisée par les montagnes en trois grandes parties, la Syrie Septentrionale, la Syrie Maritime, & la Cœle-Syrie, ou Syrie creuse : celle-ci étoit une réunion de plusieurs vallées très-belles, très-fertiles, très-peuplées, & qui forment aujourd'hui l'habitation des DRUSES.

Deux vallées de Syrie produisent une grande abondance de sel ; l'une à quatre lieues d'Alep ; l'autre près de Palmyre. Quelques Savans ont cru que c'étoit dans cette derniere que David tailla en pièces dix-huit mille hommes en revenant de la conquête de Syrie ; mais ils ont attribué mal-à-propos à ce lieu un évenement qui regarde l'Idumée.

Cette Contrée qui a plus de cent vingt lieues de long, sur une centaine dans sa plus grande largeur, est aussi agréable que fertile : elle fournissoit aux Phéniciens grand nombre d'objets de commerce. Ses habitans en faisoient eux-mêmes un très-considérable sur l'Euphrate, & par caravanes avec les Babyloniens, les Assyriens, les Perses, les Indes. Des Marchands Syriens venoient même jusqu'à Paris sous la premiere Race de nos Rois : ils étoient attirés surtout par le grand commerce de Marseille avec le Levant.

GRÉGOIRE de TOURS (Liv. X.) rapporte qu'à la mort de Ragnemond, Evêque de Paris, un Marchand Syrien nommé Eusebe, parvint, à force de présens, à se faire nommer Evêque de cette Ville, & qu'il remplit sa maison & son Ecole d'Administrateurs Syriens. Il dit aussi (Liv. VIII) que lorsque le Roi Gontran fit son entrée à Orléans, tout le peuple vint au-devant de lui en chantant ses louanges, chacun dans sa langue, & il nomme entr'autres les Syriens.

Ainsi non-seulement, ils venoient dans le Royaume, mais ils s'y établissoient, ils y étoient en grand nombre : ils faisoient alors ce que nous faisons aujourd'hui à notre tour pour les Echelles du Levant. C'est qu'ils étoient encore des hommes : c'est qu'ils n'avoient pas encore été écrasés par une Puissance oppressive. Ils apportoient en France des étoffes de soie, du lin, du papier d'Egypte, des vins grecs, du vin de Gaza qui y étoit estimé, des racines d'Egypte, des huiles, des pierreries, &c.

1. CŒLE-SYRIE.

Dans la Cœle-Syrie, on comptoit avant l'époque dont nous parlons, divers Royaumes; ceux de Damas, Hamath, Gessur, Zoba, &c.

DAMAS, qui subsiste encore, fut toujours très-considérable par l'abondance de ses fontaines & de ses sources qui forment divers ruisseaux réunis ensuite sous le nom de *Chrysor-roas* ou riviere d'or, parce qu'elle en entraîne sans doute dans son cours. Le territoire de cette Ville est d'ailleurs très-fertile.

HAMATH, ville très-ancienne sur l'Oronte & au Nord de Damas: elle fut appellée Epiphanie par les Grecs, & n'est pas Emese comme on l'a cru; cette derniere étant plus bas & l'ancienne *Hems*. ABULFEDA, Auteur d'une Description très intéressante de la Syrie, étoit Prince d'Hamath.

Le surnom de *Rabbah* ou de Grande, sous lequel elle est désignée, a mis en défaut tous les Critiques & même les Auteurs de l'Histoire Universelle; ils en concluoient qu'il devoit exister une autre Hamath qu'on ne savoit où prendre: ils ne faisoient pas attention que cette épithète désigna constamment une Capitale: c'est ainsi qu'on est toujours trompé par les mots, lorsqu'on ne sait pas les ramener à leur juste valeur.

GESSUR ou GESHUR, ville au Midi de Damas & à l'Orient des sources du Jourdain: on en sait très-peu de chose. L'Histoire Sainte nous apprend qu'Isboseth, fils de Saül, régna sur cette ville; & que dans ce même tems David épousa Mahaca, fille d'Ammiud, que les Auteurs de l'Histoire Universelle regardent comme Roi de Gessur: du moins son fils *Tolomaï*, frere de Mahaca, en étoit Roi lorsque son neveu Absalom se réfugia chez lui. Nous aurions donc ici les noms de trois Rois de Geshur: *Isboseth*, fils de Saül: *Ammiud*, beaupere de David: *Tolomaï*, son fils. Il est assez étonnant que le premier ait échappé aux Auteurs de l'Histoire Universelle.

ZOBA: elle étoit Capitale de la Syrie Orientale sur les bords de l'Euphrate: aussi lorsque David en eut fait la conquête sur Adad-Esar qui en étoit Roi, son Royaume s'étendit jusques sur l'Euphrate & même au-delà, du moins si la ville de Zoba dont la situation est inconnue à tous nos Géographes, est la même que Nisibe de Mésopotamie. Le Savant MICHAELIS n'en doute pas: il a publié à ce sujet une Dissertation très-intéressante, où il veut prouver que cette ville s'est appellée successivement SOBA, SUBO, SIBA, enfin

NI-SIBE : il s'appuie fur-tout de quelques Verſions Orientales très-eſtimées, qui rendent conſtamment le nom de ZOBA par celui de NISIBE.

Outre ces anciennes Capitales, on voyoit dans la Cœle-Syrie nombre de villes remarquables.

APHACA, avec un Temple, un bocage & un lac conſacrés à Vénus. On contoit de ce lac que toutes les offrandes qu'on y jettoit & qui étoient agréables à la Déeſſe, deſcendoient au fond du lac, quelle que fût leur légereté : & que celles qui lui étoient déſagréables ſurnageoient, quelle que fût leur péſanteur ; mais SÉNEQUE (*Queſt. Nat. III.* 25.) explique ce Myſtère en diſant que tout y ſurnageoit, par un effet de la péſanteur de ces eaux. Nous voyons du moins ici deux uſages communs aux Celtes & dont nous avons parlé : celui d'honorer les lacs & les fontaines ; & celui d'y jetter des offrandes.

ABILA, Capitale d'un petit Etat appellé l'Abilene.

PARADISUS, ſur une des ſources de l'Oronte. Ce nom altéré de l'Oriental *Fer-dous*, qui ſignifie un Verger délicieux, donne l'idée la plus avantageuſe du ſite & de la beauté de ce lieu.

HELIO-POLIS ou ville du Soleil ; nom Grec d'une ville appellée en Oriental BAL-BEC, nom qu'elle conſerve de nos jours & qui ſignifie également *habitation du Soleil* ; c'étoit une ville ſuperbe ; les ruines dont elle eſt remplie ſont de la plus grande magnificence ; de Savans Anglois en ont donné une Deſcription auſſi curieuſe qu'étendue.

PALMIRE, en Oriental TADMOR, ou ville des Palmes, fut célèbre dans l'Antiquité par ſes richeſſes, & par les exploits de Zénobie, comme elle l'eſt aujourd'hui par la grande beauté de ſes ruines. Elle eſt ſituée dans le déſert qui eſt ſur la rive occidentale de l'Euphrate : Salomon en fut le fondateur, du moins il l'aggrandit & la fortifia pour aſſurer ſes nouvelles conquêtes ou celles de ſon pere, & pour faire proſpérer le Commerce. Sa ſituation favoriſoit parfaitement ces vues. De trois côtés, elle eſt renfermée par des montagnes eſcarpées ; mais du côté du Midi, la vue ſe perd dans une vaſte plaine, dont la portion la plus voiſine de Palmyre étoit abondante en palmiers, en oliviers, en fruits, en froment, en ſel, en ſources ; elle dut donc être habitée de bonne-heure : & ſes habitans furent toujours riches parce que leur ville ſervoit d'entrepôt pour le Commerce de l'Orient avec la Syrie & la Phénicie. Ses ruines ſont une preuve de leur puiſſance & de leur opulence : on y voit des inſcriptions en caractères Hébreux très-élégans : nous en avons rapporté quelques-uns dans l'Origine du Langage & de l'Ecriture.

THAPSAQUE, *mot à mot*, le paſſage. Cette Ville eſt à l'Orient de Palmyre ; & ſur l'Euphrate. C'étoit la grande route de Syrie dans l'Orient, de-là ſon

son nom ; ici TH est l'article, & PSAQ, même mot que PASQ, le nom même. On l'appelle aujourd'hui EL-DER, *la Porte*, nom qui offre la même signification.

2. SYRIE SEPTENTRIONALE.

Dans la Syrie Septentrionale, on voyoit diverses villes.

SAMOSATE ou SIMSAT sur l'Euphrate, patrie de Lucien.

ZEUGMA ou le Pont, sur l'Euphrate avec un pont.

CYRRUS, ville considérable dans les Terres.

HIERA-POLIS, ou Ville-Sacrée en Grec, sur le *Sin-Gas*, & sur les bords d'un lac sacré. On y adoroit la grande Déesse de Syrie avec une pompe sans égale & tout le faste d'un Souverain. Le Souverain Pontife étoit habillé de pourpre ; il portoit une Tiare d'or : il avoit sous lui une prodigieuse quantité de Prêtres dont 300 étoient sans cesse occupés aux sacrifices. On y venoit apporter des offrandes, entre lesquelles des pierreries du plus grand prix, de presque toute l'Asie, de Syrie, d'Assyrie, d'Arménie, de Médie, de Perse, des Indes même. Aussi le trésor de ce Temple étoit immense du tems de Crassus : il fallut un tems considérable pour en faire l'inventaire.

Les Auteurs de l'Histoire Universelle ont regardé comme *impossible de dire ce qu'on entendoit* par la grande Déesse de Syrie qu'on y adoroit : cet aveu est assez étonnant. Celui qui, sous le nom de Lucien, nous a donné un détail très-curieux sur ce Temple & sur cette Déesse, l'appelle *Junon l'Assyrienne* : ce qui auroit dû mettre sur la voie. La Lune étoit la grande Déesse de tout l'Orient, la Reine des Cieux ; elle seule a pu être cette grande Déesse ; aussi la ville s'appelloit-elle en Oriental MAM-BYCE, mot-à-mot, séjour de la Lune, ou de la Grande Mere. Ici *Byce* est le même mot que *bec* dans bal-bek : & *Ma, Man*, est la Lune dans toute Langue. On trouvoit donc dans cette belle partie du Monde la ville du *Soleil* & la ville de la *Lune*, toutes deux Sacrées, toutes deux Chefs de la Religion, toutes deux ayant eu leur nom traduit par les Grecs d'une maniere à faire disparoître l'ancien, si leur regne n'avoit pas passé de bonne-heure. N'omettrons pas que dans ce Traité de la grande Déesse, on parle d'un Temple de Sidon consacré à *Astarté*, dont un de ses Prêtres disoit à Lucien qu'elle étoit la même qu'*Europe*, & que celui-ci croyoit être la Lune. Et il avoit raison : la Lune & Europe ou l'Occidentale sont la même Divinité, adorée en Syrie sous le nom de Grande-Déesse, & en Phénicie sous celui d'*Astarté*, ou Reine des Cieux. Il y avoit dans cette ville & dans son Temple, des *Cicerone* qui gagnoient leur vie à en faire voir les curiosités aux Étrangers qui y abordoient de toutes parts.

3. SYRIE MARITIME.

Sur les Côtes de la Méditerranée, en descendant du Nord au Midi, on rencontroit nombre de lieux remarquables : nous nous bornerons à ceux-ci.

RHOSUS, sur un promontoire, & les Monts RHOSIENS.

DAPHNÉ, lieu délicieux par ses fontaines, par ses bocages, par sa charmante situation sur l'Oronte. On y adoroit dès l'origine la Déesse des eaux, ou Diane, usage Celtique aussi. Antiochus-Epiphane, Prince superstitieux à l'excès, & qui rendit par-là ses grandes qualités inutiles ou funestes à ses Sujets, éleva dans ce beau lieu un Temple à Apollon : en sorte qu'en peu de tems il devint le fauxbourg de cette ville si célebre sous le nom d'ANTIOCHE qui s'éleva de l'autre côté de l'Oronte. Le nom de *Daphné* signifie un laurier ; comme il est féminin en Grec, & que les lauriers sont la récompense chérie des Muses & d'Apollon leur Chef, *Daphné* fut présentée très-ingénieusement comme l'Amante chérie d'Apollon : aussi tandis qu'existera le bon goût & le génie, *Apollon* & *Daphné* seront inséparables.

Au Midi de Daphné étoient deux montagnes dont le nom est digne de remarque.

Le Mont CASIUS, *mot-à-mot*, la borne, le terme.

Le Mont BELUS, *mot-à-mot*, le Mont du Soleil, le Mont-beau ou Beaumont : nom si commun dans l'Occident.

PHÉNICIE.

La Phénicie, plus illustre par la gloire de ses Habitans que par son étendue, étoit placée entre la Méditerranée & les hautes montagnes du Liban couvert de neige ; elle avoit environ soixante lieues de long, sur une largeur peu considérable. C'est-là qu'en montant du Sud au Nord, on trouvoit Tyr, Sidon, Berite, Byblus, Tripoli, Aradus, &c. Elle étoit séparée de la Syrie au Nord par le fleuve *Eleuthere*, mot-à-mot, riviere des Tortues, parce qu'elles le remontoient, & qu'on y en prenoit beaucoup. Au Midi elle touchoit le pays de Canaan & la Palestine avec lesquels elle fut souvent confondue, & dont elle faisoit en quelque sorte partie.

TYR fut d'abord bâtie dans une Isle : là étoit le Temple du Soleil ou d'Hercule surnommé *Melicerte*, Roi de la Terre. C'est ici un exemple à ajouter à tous ceux que nous avons déjà indiqués d'Isles qui servoient de

Sanctuaires : & c'est à l'honneur du Dieu auquel ce Sanctuaire étoit consacré qu'on célébroit tous les quatre ans des Jeux solemnels dont il est parlé dans les Machabées, & qui servirent de modèle aux célebres Jeux Olympiques, fondés dans la même vue.

C'est cette Tyr insulaire qui fut assiégée par Salman-afar. Celle-ci étant devenue trop petite pour ses riches & fastueux habitans représentés comme autant de Princes, ils s'étendirent sur le Continent : alors, il se forma une seconde Tyr plus grande que l'ancienne, & c'est celle-ci qu'assiégea Nabuchodon-ofor.

Dans la suite, les habitans de ces deux villes se trouvant encore trop à l'étroit, ils éleverent des Chaussées au moyen desquelles l'Isle se joignit au continent, & l'entre-deux se couvrit d'édifices.

Les maisons de Tyr étoient très-élevées ; elles avoient en général plus d'étages qu'à Rome : ce qui devoit être dans une ville dont le terrain ne répondoit pas, pour l'étendue, aux richesses : il devoit donc s'y vendre au poids de l'or : & comme les habitans étoient très-nombreux, c'étoit à qui en pourroit loger un plus grand nombre, & avoir plus d'appartemens en sa disposition.

Dans le Temple d'Hercule à Tyr, ainsi que dans tous les Temples anciens, étoient deux colonnes qui représentoient le juste milieu, le *non plus ultrà*, la voie droite : l'une étoit d'or ; l'autre d'une espéce d'émeraude : celle-ci répandoit une grande lumiere la nuit. Hérodote en a parlé le premier, ensuite THÉOPHRASTE du tems de qui elle existoit encore. Lucien parle d'un globe pareil, placé sur la tête de la Statue de la Grande Déesse de Syrie & qui éclairoit également la nuit. Voilà donc deux monumens au moins de la même nature. La matiere de ces objets précieux auroit-elle consisté en verre peint, dans lequel on mettoit des lampes la nuit, afin que tout le lieu en fût éclairé ?

SIDON, ville déjà distinguée au tems de Moyse & de Josué, étoit une des plus grandes villes de la Phénicie : elle est encore habitée aujourd'hui, mais avec bien moins d'éclat & d'étendue. On y voit de vastes ruines, tristes témoins de son ancienne magnificence & de son antique grandeur.

BERITE & BYBLUS, deux anciennes Villes dont nous avons parlé dans les Allégories Orientales, au sujet de ce qu'en dit Sanchoniaton. Entre ces deux Villes est la riviere appellée par les Grecs *Lycus* ou le Loup, & aujourd'hui *Nar-Calb*, la riviere du Chien. Ce nom lui venoit d'une Idole qui avoit la figure d'un loup ou d'un chien, & qui étoit placée sur un rocher de la Mer, près de l'embouchure de cette riviere : on la voit encore dans la Mer, où elle est tombée, mais sans tête. On voit aussi, sur les rochers qui bordent le chemin, des figures d'hommes, de grandeur naturelle, qui y sont taillées, & qui étoient sans doute relatives à des personnages ensevelis dans ces lieux, d'autant plus qu'ils ont la forme des Momies, & qu'on voit à côté de chaque figure des tables taillées, qui devoient être chargées d'inscriptions, mais que le tems a entiérement effacées.

Entre Byblos & Palæo-Byblos, ou entre la vieille & la nouvelle Byblos, est une autre riviere appellée aujourd'hui *Nar-Ibrahim*, riviere d'Abraham, & autrefois *riviere d'Adonis*. Elle étoit d'autant plus célèbre, que lorsqu'on célébroit les fêtes de cette Divinité, les eaux du fleuve paroissoient teintes de sang. Le Lucien, dont nous avons déjà parlé, attribue ce phénomène aux vents violens qui souffloient alors, & qui détachoient des montagnes un sable rouge qui leur donnoit cette couleur : ce qui a été confirmé par MAUNDRELL, célèbre Voyageur Anglois.

TRIPOLI, ou les trois Villes, à l'embouchure du Chrysor-roas, fut formée par la réunion de trois Bourgs qui, s'aggrandissant également, ne composerent enfin qu'une seule enceinte. Le territoire de cette Ville forme un jardin très-agréable, rempli de toutes sortes de fruits, & arrosé de plusieurs ruisseaux.

Arca, Orthosie, Antarade, Marathus, Paltos, Gabala, &c. sont autant de Villes qui seroient dignes d'attention, mais nous sommes obligés d'abréger; nous ne parlerons donc que d'Aradus.

ARADUS, dans une Isle à peu de distance du rivage, contenoit des maisons à plusieurs étages : de loin elles ressemblent à des châteaux : son nom doit venir de RAT, passage, détroit, mot fort commun chez les Celtes. Les Aradiens parvinrent de bonne-heure à une grande puissance, & fonderent diverses Colonies.

Le territoire de toutes ces Villes étoit très-fertile, produisant d'excellens fruits, & fournissant à ses habitans les choses nécessaires pour le vêtement : l'air en est très-sain, le climat admirable.

La Mer y abondoit, sur-tout à Tyr, en une sorte de poisson qui fournissoit cette superbe couleur de pourpre si renommée dans l'Antiquité, & qu'on vendoit au poids de l'or.

Le rivage étoit couvert d'un sable fin, qui donna lieu aux célèbres verreries de la Phénicie, long-temps les seules qui aient existé : ce défaut de concurrence fut dû particulierement à l'idée où l'on étoit que cette Contrée étoit la seule où l'on trouvât du sable propre à faire du verre; c'est ainsi qu'on a été si long-tems dans l'idée qu'on ne pouvoit imiter nulle part la porcelaine de la Chine, & que la matiere premiere ne s'en trouvoit que dans cet Empire. C'est ainsi que de vains préjugés, une paresse trop naturelle, & le desir de n'avoir point de concurrens, arrêtent continuellement le progrès des Arts.

Nous aurons occasion de parler plus bas de l'origine du nom des Phéniciens, & d'examiner quelle fut l'étendue de leur commerce.

PAYS DE CANAAN.

Le Pays de Canaan avoit été dans l'origine le partage des XI Tribus ou Nations issues de ce célebre petit-fils de Noé; mais à l'époque dont nous parlons, presque toutes ces Nations étoient anéanties, à l'exception des Aradiens & des Sidoniens, qui s'étoient maintenus dans la Phénicie, & des Amorrhéens établis au-dela du Jourdain.

Les Hébreux eux mêmes, qui s'étoient élevés sur leurs ruines, n'étoient plus cette nombreuse Nation, fière de ses XII Tribus, & qui étoit parvenue à un si haut point de gloire sous les regnes de David & de Salomon : il ne restoit même plus qu'un seul des deux Royaumes dans lesquels ce Peuple s'étoit divisé sous l'imbécille fils de Salomon. Celui d'Israël avoit déja été anéanti, & ses habitans emmenés en captivité. Celui de Juda n'avoit plus qu'une existence précaire, & ses Prophetes ne cessoient de lui annoncer sa ruine prochaine.

A juger de cette Contrée par son état actuel, tout ce qu'on dit des Nations opulentes qui l'habiterent, paroîtroit autant de visions : on n'y voit presque par-tout que ruines & que déserts, des rochers nuds & arides, des terreins secs & pierreux, frappés d'une stérilité éternelle, des peuplades éparses sans force & sans vigueur : ce n'est point là un Pays découlant de lait & de miel, sans friches, sans landes, couvert d'une population immense & de riches récoltes; mais qu'on n'en conclue rien contre leur état primitif. Ne sait-on pas que les terres ne rapportent qu'autant qu'elles sont cultivées par des mains fortes & laborieuses? qu'autant que leurs possesseurs sont encouragés par la liberté & par un gouvernement prospere? qu'autant qu'elles ont tout à gagner par le travail, & qu'on n'a pas à craindre de voir le frelon recolter là où il n'a point semé? Alors pas un pouce de terre qui ne soit mis en rapport : on creuse le roc même, on y apporte de la terre & on y plante un arbre : on soutient par des murs les terres des côteaux les plus escarpés, & on en fait des vignobles étonnans, qui semblent se perdre dans les nues. Les champs sont tournés & retournés de toutes les façons, pour les forcer à donner des moissons plus abondantes: les eaux sont recueillies avec soin dans les vallons, & ils se couvrent d'une herbe longue & touffue, qui sert de nourriture à des troupeaux immenses.

Ajoutez à cela l'excellence de ce climat, où réussissent les palmiers, les grenadiers, les oliviers, les figuiers, les fruits de toute espece, où l'air est parfumé de l'odeur du baume & du miel: tel étoit autrefois cet heureux pays. Aujourd'hui il n'offre que l'image de la mort, de l'anéantissement, d'un découragement total, fruit nécessaire de tout gouvernement oppressif, & de l'ignorance barbare, qui ne sait ni tirer parti de la terre, ni permettre que des mains actives la mettent en rapport. Et malheureusement ceci n'est que trop applicable aux Contrées dont nous venons de parler, & à celles que nous avons à joindre à celles-ci.

AMORRHÉENS.

Les AMORRHÉENS, qui habitoient au-delà du Jourdain, faisoient partie des Nations Cananéennes. Celle-ci, plus puissante sans doute que les autres, se maintint assez en force contre les Hébreux, pour se former un territoire considérable aux dépens des Moabites, des Ammonites & de la Tribu de Gad, jusqu'au tems de David & de Salomon, où ils tomberent sous la puissance des Israélites, ainsi que les Jébuséens & les autres Cananéens, à l'exception de ceux de la Phénicie.

Le Pays des Amorrhéens formoit une Presqu'Isle renfermée entre le Jaboc, le Jourdain & l'Arnon. Ils étoient gouvernés par un Roi déjà au tems de Moyse: celui qu'ils avoient alors s'appelloit Sihon.

AMMONITES.

Les AMMONITES, placés à l'Orient du Jourdain, entre le Jaboc & l'Arnon, s'étendoient dans les déserts de l'Arabie: leur Contrée étoit très-fertile en bled.

Leur Capitale s'appelloit *Rabbah* la grande, & *Rabbah-Ammon*, la Grande-Ammon, *mot-à-mot*, la Capitale d'Ammon. On la surnommoit la Ville des Eaux, à cause de ses fontaines abondantes, qui en faisoient un séjour délicieux. Aussi cette charmante situation n'échappa pas au célèbre Ptolomée Philadelphe; il prit plaisir à la rebâtir d'une maniere digne de ses richesses & de sa magnificence, & il lui donna le beau nom de Philadelphie, renouvellé en Amérique d'une maniere bien plus consolante pour l'humanité. Sous ce nouveau nom elle devint la Capitale de toute la portion de l'Arabie qui appartenoit à ce Prince, de l'Arabie Philadelphique, & dont le Pays de Moab fit également partie.

On voyoit chez les Ammonites plusieurs autres Villes, telles que Minnith; & Abela, surnommée *des Vignes*, à cause de ses beaux vignobles.

Ce Peuple avoit enlevé cette Contrée aux *Zum-Zummins*, représentés comme une Nation de Géans, mais qui venoient d'être affoiblis par l'expédition du Roi d'Elam & de ses Alliés. Le nom de Zum-Zummins leur convenoit très-bien, étant formé du primitif *Som*, qui désigna toujours la grandeur, l'élévation, & qui existe dans nos mots *somme*, *sommet*, &c.

Les Ammonites étoient si puissans au tems de David, que leur Roi Hannon fut en état de fournir mille talens d'argent pour lever chez les Rois de Méso-potamie, de Syrie, de Tsoba, une armée de trente-trois à trente-quatre mille hommes, qu'il joignit à ses propres troupes, pour combattre le Roi des Hébreux. Cette somme, en supposant qu'un talent d'argent valoit quatre cent louis, montoit à près de dix millions de livres, & faisoit par tête un objet d'environ douze louis ou cent écus.

Cette guerre dura cinq années entieres, & finit par la prise de la Capitale des Ammonites, & par la mort de leur Roi, qui fut tué dans l'assaut.

Sa Couronne pesoit un talent d'or : elle étoit ornée de pierres précieuses, surmontées d'une sardoine de grand prix.

Long-tems après, Jotham, un des successeurs de David, leur imposa, à l'occasion d'une révolte, un tribut de cent talens d'argent, de mille mesures de bled & d'autant d'orge, qu'ils payerent pendant trois ans, au bout desquels ils secouerent le joug des Hébreux.

Ils étoient encore connus sous le nom d'Ammonites dans le second siécle, & ils se perdirent ensuite sous le nom général d'Arabes.

MOABITES.

Le Pays des Moabites étoit borné à l'Occident par les Montagnes qui sont à l'Orient de la Mer Morte & du Jourdain; au Nord, l'Arnon étoit entr'eux & les Ammonites; au Midi, le Zared, qui se jette dans la Mer Morte, les séparoit des Madianites & des Iduméens; à l'Orient leur Pays se confondoit avec les Déserts de l'Arabie, où ils alloient faire paître leurs nombreux troupeaux.

Leur Contrée avoit environ quinze lieues du Nord au Midi, sur une longueur beaucoup plus considérable : elle étoit coupée par diverses Montagnes, entre lesquelles les Monts Abarim, qui formoient de belles vallées, couvertes de verdure, & où paissoient d'immenses bestiaux.

On y voyoit un riche Canton appellé *Campagnes de Moab* ou SETIM ; mot-à-mot, lieux en champs.

Les Moabites avoient enlevé aux EMIMS la Contrée qu'ils habitoient : c'étoit un Peuple représenté également comme une race de Géans, remplis de force & de puissance, & descendus aussi de Cham ; mais qu'avoient sans doute aussi extrêmement affoiblis l'expédition du Roi d'Elam, contemporain d'Abraham. Le nom *Emim*, synonime de celui de Zum-Zummin, convenoit aussi très-bien à une Nation pareille, étant formé du primitif EM, IM, grand, vaste.

Au tems de Moyse, les Amorrhéens, commandés par Sihon, avoient enlevé aux Moabites la portion de leur territoire qui étoit au Nord de l'Arnon ; mais ils n'en jouirent pas long-tems, en ayant bientôt été dépossédés par les Israélites, qui l'occuperent jusques vers le déclin du Royaume d'Israël. Alors les Moabites s'emparerent des Contrées qui appartenoient aux Tribus de Ruben & de Gad ; ils essuyerent ensuite de très-grands revers de la part de Salmanasar, Roi d'Assyrie, & depuis ce moment ils furent toujours en guerre avec ce Royaume, jusqu'au tems de Nabuchodonosor.

Ils formoient encore un Nation nombreuse lorsque, plusieurs siécles après, ils furent subjugués par Alexandre, Roi des Juifs.

AR, Ville considérable sur l'Arnon, étoit leur Capitale. Elle dut son nom à sa situation sur une hauteur au bord du fleuve : on la surnommoit également *Rabbah* la Grande ; *Rabbah-Moab*, la Capitale de Moab. Les Grecs ajouterent à son nom d'AR celui de Polis, Ville, d'où Areopolis.

Cette Ville subsista long-tems avec éclat, lors même que les Moabites ne formerent plus d'Etat particulier, & qu'ils furent confondus avec les Arabes, ce qui n'arriva que vers le tems de Mahomet. Ce qui n'est point étonnant, vu la situation avantageuse de cette Place sur une riviere, & dans des vallées aussi agréables que fertiles. On peut comparer cette situation à celle des Villes d'Arau & d'Ar-bourg, en Suisse, qui portent le même nom, qui sont sur une riviere appellée également Are, & qui dominent sur de riches vallées.

On y voyoit diverses autres Villes.

LASHA ou Calli rhoé, près de la Mer Morte, célèbre par ses eaux chaudes. Mizpah, Luhith, Horonaïm, Kir-Hara-Seth.

Quelques-unes de leurs Villes devoient leur nom aux Divinités qu'on y adoroit.

BETH-BAL-MEON & BAL-PHEGOR, celle-ci sur une Montagne; celle-là consacrée à la Lune, son nom signifiant *la Ville de la Reine-Lune*; & *Bal-phegor*, le Dieu des Montagnes élevées; de *Phé*, pointe, & *HCR* ou *GOR*, Montagne.

Ce Peuple étoit ainsi du nombre de ces Nations Sabéennes, qui remplissoient toutes ces Contrées.

DES IDUMÉENS.

Les Iduméens ou les Roux, descendus d'Esaü, surnommé *Edom* ou le Roux, habitoient ce que nous appellons aujourd'hui Arabie Pétrée ou Montagneuse, & les Côtes Orientales de la Mer Iduméenne ou Mer Rouge; ce dernier nom n'étant que la traduction du premier dans notre Langue, de même que les Grecs le rendoient par celui d'Erythréenne.

Ce nom de Mer Rouge a occasionné diverses méprises; long-tems on a cru qu'elle devoit son nom à la couleur de ses collines, de son sable ou de ses eaux; ou qu'elle le tiroit de la Mer des Indes, qu'on appelloit aussi Mer Rouge. Mais ici on prenoit l'effet pour la cause. Le nom de Rouge ou Iduméenne fut d'abord donné à ce que nous appellons Mer Rouge; mais à mesure que les Iduméens, sortant de cette Mer, entrerent dans celle des Indes, ils lui continuerent le même nom. Un Homme de Lettres, illustre par ses talens, par son esprit, par la variété de ses Ouvrages, mais qui se piqua d'érudition un peu tard, critiqua, avec tout l'avantage d'un bel esprit, un Ancien qui place sur la Mer Rouge une Ville qui est sur les Côtes de la Perse: ce bel esprit ne savoit pas que toutes ces Mers portoient le nom de Mer Rouge.

On connoît peu l'Idumée qui étoit le long des Côtes de la Mer Rouge.

La Septentrionale se divisoit en deux portions; la GABALENE ou Gobolitide, & le Pays d'AMALEC.

On a formé nombre de conjectures sur l'étymologie du premier de ces noms; aucune n'est juste, pas même celle des savans Auteurs de l'Histoire Universelle. Aucun n'a vu que ce nom étoit le même que celui des GABALI dans les Gaules, ou *Gabali-dan*, devenu *Gevaudun*, & qui signifie *Pays de Montagnes*. La Gabalene renfermoit en effet les Monts Horéens & les Monts de Séir, toutes ces Montagnes qui composent l'Arabie Pétrée. On est toujours étonné lorsqu'on voit de beaux génies être si mal-adroits dans la comparaison des mots : ce talent est-il donc si difficile ?

Ce Pays, aujourd'hui désert, si peu cultivé, si stérile, fut dans l'origine une excellente Contrée, remplie de sources, abondante en bled, en vin, en dattes, qui produisoit tout ce qui est nécessaire à la vie. Aussi est-il dit qu'Esaü, qui fit la conquête d'une partie de ce Pays, & qui hérita de l'autre, habitoit la graisse de la terre.

C'est que les Iduméens étoient un Peuple industrieux, & qui, semblable en cela aux Suisses & aux Hollandois, savoit se mettre au-dessus des inconvéniens & du peu d'étendue de son territoire, & qui en tiroit le plus grand parti, par une agriculture soutenue & intelligente, en même tems qu'il suppléoit à ce qui manquoit à sa nombreuse population, par une grande économie & par le plus grand commerce.

Ils avoient établi sur la Mer Rouge deux Ports de Mer fameux dans l'Antiquité la plus reculée, ceux d'Elath & d'Esiongueber ; de-là leurs flottes se répandoient sur les Côtes d'Afrique & sur celles des Indes : elles en revenoient avec ces mêmes richesses que nos flottes modernes vont chercher dans ces opulentes Contrées ; de l'or fin, de l'or d'Ophir, des topases d'Ethiopie, du corail, des perles, de l'ébene, des toiles, &c.

Nous verrons plus bas, à l'article du commerce & des navigations des Phéniciens, s'il exista dans l'origine quelque rapport entre ces deux Peuples, & s'ils ne furent pas confondus sous une même dénomination.

On voit par la GENESE XXXVI & par le I. Liv. des Chron. I. que les Iduméens avoient d'abord eu huit Rois électifs, choisis entre les Seigneurs les plus distingués du Pays, & dont le quatrieme & le huitieme porterent le nom d'Adad ; & qu'ils eurent ensuite onze Chefs successifs ; de même qu'à Athènes on créa des Archontes, lorsqu'on se fût lassé de la Royauté. Il est apparent qu'ensuite quelque Famille plus puissante que les autres s'empara de l'autorité, puisque ce Peuple étoit gouverné de nouveau par des Rois au tems de David.

C'est sur un de ces Rois que David conquit l'Idumée, après avoir taillé en pièces dix-huit mille Iduméens, dans la vallée des Salines ; & comme il sentoit toute l'importance de sa nouvelle conquête, il y établit de fortes garnisons, pour qu'elle ne pût lui échapper. Alors la plus grande partie de cette Nation se dispersa de tous côtés.

Leur Roi Adad, encore mineur, se réfugia, avec une suite nombreuse,

Diss. Tom. I. D

dans le pays de Madian ; d'où il paſſa en Egypte, où il fut accueilli avec la plus grande diſtinction ; il y épouſa la ſœur de la Reine Taphenès, & il en eut un fils appellé *Genubath*. D'autres paſſerent chez les Philiſtins, & fortifierent la Ville d'Azoth ; il y en eut qui s'embarquerent ſur la Mer Rouge, & qui s'établirent ſur les Côtes de la Perſe ; d'autres allerent ſans doute ſe joindre aux Phéniciens de Tyr & de Sidon, & les mirent en état de former ces comptoirs dont ils couvrirent les Côtes de la Méditerranée, & qui devinrent des Villes ſi floriſſantes.

Par la conquête de l'Idumée, tout le commerce de l'Orient tomba entre les mains de David, dont l'Empire s'étendit ainſi de la Mer Rouge juſqu'à l'Euphrate, & renfermoit, ce qui eſt plus conſidérable encore, tout le commerce de l'Orient & du Midi, par la Navigation de l'Euphrate & par celle du Midi : auſſi rien n'égala dès-lors la gloire & les richeſſes de David & de Salomon.

Sous le regne de ce dernier Prince, Adad ennuyé de mener une vie oiſive dans l'Egypte, chercha à remonter ſur le trône de ſes Peres ; il paroît qu'il fut alors attiré en Syrie par Rezon ou Retſin qui s'étoit emparé de Damas après la défaite d'Adad-Eſar, Roi de Zoba, par David, & qui étoit ennemi de Salomon. Et à la mort de Retſin, Adad dut lui ſuccéder, & il doit avoir formé cette Maiſon Royale de Princes appellés *Adad* & *Ben-Hadad* qui furent continuellement en guerre avec les Rois de Juda ſucceſſeurs de Salomon, juſqu'à ce que Nabuchodonoſor les mit d'accord en les ſubjuguant tous. Obſervons que ce nom d'*Adad*, étoit un de ceux du Soleil chez les Orientaux ; il ſignifie le ſeul, l'unique : il convenoit fort à des Monarques, & il n'eſt pas étonnant qu'il ſoit devenu le nom de quelques Familles Royales.

Quant aux Iduméens, au bout d'un ſiecle & demi après avoir été conquis par David, ils ſecouerent le joug du Royaume de Juda, gouverné alors par Joram, fils de Joſaphat ; mais ils retomberent ſous le pouvoir du Roi Azarias.

C'eſt au petit-fils de celui-ci que les Syriens enleverent l'Idumée & ſes ports : les Séleucides en furent poſſeſſeurs à leur tour, puis les Ptolomées, enſuite les Romains.

Leurs principales villes furent celles-ci :

TEMAM, ville dont Jérémie (*ch.* XLIX.) vante la ſageſſe.

DEDAN, qui faiſoit un grand commerce avec Tyr en yvoire, en ébene, en draps précieux, &c. (*Jer. ch.* XLIX. *Ezech.* XXVII. 15.)

BOSRAH, Boſor, Baſrah, mot qui ſignifie lieu haut, fortereſſe, vignoble, d'où *Baſſareus*, le Vendangeur, ſurnom de Bacchus.

PHANA, ou PHENON, ville célèbre par ſes mines de cuivre, auxquelles elles dut ſon nom, à quatre milles de Dedan.

SALAH ou la Pierre, le Rocher, en Grec *Petra*; ville située en effet sur un rocher, dans une plaine abondante en sources, & qu'ornoient de magnifiques jardins. Cette ville qui a donné son nom à l'Arabie Petrée, étoit à trois ou quatre journées de Jericho, à trois lieues d'Elat, & dans le voisinage du Mont-Hor.

ESION-GUEBER, port des Iduméens sur la Mer Rouge, très-fréquenté du tems de Salomon; mais qui fut abandonné dans la suite, lorsque les Ptolomées en eurent établi de plus commodes.

ELATH, nom qu'on a aussi écrit *Aila*, *Ailah*, *Eloth*, *Elana*, étoit un autre Port de mer au Nord de la Mer Rouge, qui fut toujours très-considérable, & qui étoit encore habité au XIVe. siécle; mais la forteresse qui commandoit le port n'existoit plus. ABULFEDA en parle comme d'une ville qui avoit appartenu à des Juifs qui furent changés, dit-il, en singes & en pourceaux. Il veut parler de ceux qui en furent les Maîtres au tems de David & de ses successeurs, & qui y commerçoient de ces animaux.

On assure que les Iduméens empêcherent constamment l'Egypte d'avoir aucun vaisseau de guerre sur la Mer Rouge, & plus d'un seul vaisseau marchand: aussi en valoit-il plusieurs, semblable en cela à ce vaisseau avec lequel seul les Anglois pouvoient faire le commerce des Isles Espagnoles en Asie.

2. AMALEKITES.

Les Amalekites faisoient portion de l'Idumée: selon les Arabes, ce sont eux qui, sous le nom de Rois Pasteurs, régnerent quelque tems en Egypte. Ils avoient des Rois dont le titre étoit sans doute celui d'AG-AG, *le très-Grand*, du moins c'est ainsi que sont désignés le premier & le dernier de leurs Rois. Ce titre convenoit très-bien à une Nation qui paroît avoir été très-fiere, très-insolente. Le célèbre *Haman* descendoit de la race de ses Rois.

3. KEDARENIENS.

Les Kedareniens étoient de la race d'Ismael: ils étoient riches en troupeaux & très-habiles à tirer de l'arc. Ils habitoient sous des tentes: aussi est-il parlé dans l'Ecriture des tentes de Kedar. Leur nom signifie les NOIRS: seroit-ce à cause de leur teint, ou de la couleur de leurs tentes? PLINE fait mention de ces Peuples: leur vie errante & nomade les avoit mis à couvert des malheurs qui en avoient anéanti tant d'autres.

PAYS DES PHILISTINS ou PALESTINE.

Les Philiſtins étoient une Colonie venue d'Egypte qui s'établit au Nord de cette Contrée ſur les Côtes de la Méditerranée, dans un terrain qu'ils enleverent à quelqu'une des Tribus Cananéennes. Ce diſtrict qui avoit environ une quinzaine de lieues de long ſur très-peu de largeur, étoit borné à l'Orient par des Collines qui fourniſſoient des points de vue admirables, & d'où deſcendoient nombre de petits ruiſſeaux qui fertiliſoient la plaine & la rendoient d'un très-grand rapport.

Les Grecs changeant *Ph* en *P*, prononcerent le nom de ce Pays PALESTINE; & ils l'étendirent peu à peu à tout le pays de Canaan; de même qu'ils étendirent le nom de Syrie à tout le pays d'Aram.

On y voyoit cinq Villes principales qui formoient autant de Républiques ou de petits Etats réunis en une même Confédération, gouverné quelquefois chacune par un Roi différent, & quelquefois par un ſeul Prince.

HAZA ou GAZA, *mot-à-mot*, la Forte, une de leurs principales villes & la plus méridionale, n'eſt plus qu'un monceau de ruines; mais elles ſont un témoin encore exiſtant de ſon ancienne ſplendeur: on y voit, entr'autres, nombre de colonnes du beau marbre de Paros.

ASCALON, ville non moins floriſſante, & qui étoit ſituée dans une vaſte plaine très-bien cultivée: c'eſt de-là qu'eſt venu l'Echalotte, en Grec *Aſcalonia*, & qui portoit à Paris il y a quelques ſiécles le nom d'*Eſchaloignes*.

Chacune de ces deux villes avoit un port, qu'on appelloit MAI-UMA, ou ville des eaux.

AZOTH, ou ASDOD, ville extrêmement forte & ſituée dans des Campagnes fertiles en bled.

GATH, dans l'origine Ville Royale, & dans un pays de vignobles. Elle étoit ſur un côteau; & ſon nom ſignifie *Preſſoir*.

ACCARON, ou EKRON, la plus ſeptentrionale de toutes.

Ces villes furent également célébres par leur commerce & par leur induſtrie, ſur-tout lorſqu'au tems de David elles eurent admis dans leur ſein nombre d'Iduméens fugitifs, qui s'appliquerent principalement à fortifier Azoth.

Quelque fâcheux que ſoient en eux-mêmes ces événemens qui bouleverſent les Nations, qui les forcent à abandonner leurs foyers, ils deviennent très-avantageux pour l'humanité entiere, lorſque ces Nations diſperſées ſont actives, induſtrieuſes, riches en connoiſſances. Ceux qui échap-

pent à la ruine de leur Patrie, répandent par-tout où ils fe réfugient, l'induſtrie, les arts, les ſciences : des cendres d'une Nation éclairée & puiſſante, il
en renaît une foule de ſemblables. C'eſt ainſi que l'Europe & les Lettres recueillirent les plus grands avantages de la diſperſion des Savans de Conſtantinople, lorſque les Turcs ſe furent emparés de cette Ville & qu'ils en eurent
fait fuir les Sciences : c'eſt ainſi que l'Europe profita également de la diſperſion des Proteſtans François, & que la Suiſſe, l'Allemagne, la Pruſſe, la
Hollande, l'Angleterre, qui les reçurent à bras ouverts, s'enrichirent des débris de la France, perfectionnerent leurs Arts & leur Agriculture, partici-
perent à une induſtrie & à un commerce qui faiſoient de la France une Puiſſance unique.

Les Philiſtins furent preſque toujours en guerre avec les Iſraëlites, ſur-
tout au tems de David. Du vivant de ce Prince, ils avoient encore au milieu
d'eux quelques familles de Géans : telle que celle de Goliath, de ſon frere,
& de ſes trois fils, dont l'un avoit douze doigts & douze orteils.

Ils furent enſuite ſucceſſivement ſoumis à Sennachérib l'Aſſyrien, à Pſam-
métique Roi d'Egypte, à Nabuchodonoſor : puis aux Perſes ; enſuite, tantôt aux
Séleucides, tantôt aux Ptolomées, juſqu'à ce que les Romains les eurent tous
ſubjugués.

Aujourd'hui ces belles Contrées ne ſervent plus d'habitation qu'à quelques
peuplades ſans puiſſance & ſans gloire, qui vivent très-pauvrement ſur un
terrain dégradé qu'elles ne peuvent plus mettre en valeur.

Etat actuel de ces Contrées.

Ainſi s'eſt évanouie la gloire de ces belles & ſuperbes Contrées qu'on
cherche en vain au milieu d'elles-mêmes : ainſi ont été perdus ces ſoins actifs & éclairés, ces travaux infatigables avec leſquels leurs premiers poſſeſſeurs
les mirent dans le plus grand rapport, avec leſquels elles ſe couvrirent de
villes floriſſantes & d'une population qui nous étonne : ainſi s'anéantirent
cette induſtrie & ce commerce avec leſquels leurs habitans lioient tous les
peuples, & vivifioient la terre entiere par les relations qu'ils établiſſoient entre toutes ſes parties.

Ces Contrées floriſſantes ne ſont preſque plus que des monceaux de ruines ; les ronces, les épines & les déſerts ont pris la place des campagnes les
plus riches, des vignobles les plus agréables, des récoltes les plus abondantes,
de ces vergers qui en faiſoient autant de ſéjours délicieux. L'ignorance vaine,

grossiere, destructive, a succédé aux plus belles connoissances; l'humanité s'y traîne misérablement dans la fange & dans la solitude, sans énergie, sans vigueur & sans force. Une stupide indolence a remplacé les plus beaux talens & cette ardeur inquiete avec laquelle ils se propagent & se développent : un Despote tyrannique mene avec un sceptre de fer les descendans de ces peuples fiers & libres qui étoient hommes & non esclaves, élevés & non rampans, éclairés & non abrutis.

Les Arts, le Génie, les Connoissances, les Talens ont fui ces terres maudites : comment auroient-ils pu s'y maintenir ? ils n'aiment qu'une liberté honnête & décente. Ils se sont transportés dans des climats moins heureux, plus sauvages, mais où ils ont été accueillis avec ardeur, où ils ont poussé des rameaux vigoureux, où leurs bornes ont été infiniment reculées, où ils se sont établi un Empire très-supérieur à tout ce que vanta jamais l'Antiquité.

Mais ils fuiront également ces terres dont ils font la félicité, s'ils y sont également traversés par les guerres, par les fureurs insensées, par les haines désordonnées des Nations, par la tyrannie & le despotisme des Chefs, par les ravages des Traitans, par des impôts sans proportion avec les revenus, destructifs de l'industrie & des générations.

Ces Rois actuellement si grands par la multitude de leurs Sujets, par le génie, par l'industrie, par le commerce, par les lumieres que déploient leurs peuples, ne régneroient plus, ainsi que les Potentats de l'Asie, que sur de vastes & misérables déserts, ou sur des peuplades foibles & sans industrie : pourquoi seroient-ils plus privilégiés que ces anciens Monarques qui commandoient à de plus riantes & de plus fertiles Contrées ?

La gloire d'une Nation s'anéantit par les véxations, par l'ignorance & l'inertie qu'elles traînent à leur suite : la prospérité, les lumieres, l'industrie fuyent tout ce qui est contre l'ordre : elles s'éloignent à grands pas sur les aîles de la liberté & vont enrichir la main qui les accueille.

ARTICLE III.

Princes Contemporains de Nabuchodonosor.

Les Princes contemporains du Roi de Chaldée, étoient en général peu dignes d'entrer en comparaison avec ce jeune Héros : la plupart sembloient n'avoir été élevés sur le trône, que pour se livrer à leurs passions folles & déplacées, pour suivre leurs caprices, pour fouler aux pieds leurs sujets, comme si ceux-ci n'étoient faits que pour eux; ils les accabloient d'impôts absurdes, ils se livroient à des guerres ambitieuses, qui lors même qu'elles étoient couronnées de quelque succès, ne les dédommageoient ni de leurs pertes, ni de leurs dépenses, & ne pouvoient compenser l'aversion qu'ils inspiroient pour eux à leurs voisins effrayés de leurs injustices, de leur ambition inquiette, de leur perfidie dans les alliances qu'ils rompoient avec la même témérité qu'ils les formoient, de leur politique étroite & sans grandes vues, toujours dirigée par la cupidité du moment. La plupart d'entr'eux étoient d'ailleurs sans éducation ou n'en avoient eu qu'une mauvaise; ils étoient sans connoissances, sans énergie, sans élévation. Un Prince est-il fait pour savoir? n'est-ce pas à ses Ministres à gouverner pour lui, & à lui à jouir de la vie? Ces maximes insensées de l'orgueil, de la paresse, de l'amour du plaisir, sans danger comme sans gloire dans le cours ordinaire des choses, devoient entraîner nécessairement la ruine de ces Rois peu dignes de leur place, dès qu'il s'éleveroit un Prince magnanime, qui ne s'endormiroit point sur son trône, qui se croiroit au-dessus de la vie voluptueuse & désordonnée des Princes, qui ne s'estimeroit digne de la Royauté qu'autant qu'elle lui serviroit pour ne pas vivre dans la mollesse, pour être toujours à la tête de ses conseils ou de ses armées, pour profiter de tous ses avantages, pour entraîner l'admiration des mortels, par son activité, par sa tempérance, par ses connoissances, par ses talens en tout genre; pour venger dans le sang des Rois ses voisins leurs injustices, leur haine, leurs cabales, leurs ligues tardives ou insensées.

CYAXARE.

Entre ces Princes étoit CYAXARE, troisième Roi de Médie: il étoit véritablement grand, parce qu'il avoit été long-tems éprouvé par l'adversité. Les hommes, les Rois, sur-tout, s'imaginent n'être au monde que pour le bonheur: c'est la plus funeste illusion qu'ils puissent se faire: tout homme est exposé à des revers, les Princes encore plus que les autres: malheur à ceux dont l'ame n'a sû s'y préparer, & qui livrée à la mollesse ou abîmée par ses besoins, se trouve sans ressort au jour du malheur & ne peut y résister!

Cyaxare s'étoit vu dépouiller de ses Etats du vivant même de son Pere, par le Roi d'Assyrie: son Pere avoit été fait prisonnier & mis à mort par le vainqueur: sa Capitale avoit été prise d'assaut & rasée jusqu'aux fondemens. Son grand cœur s'étoit irrité: il n'avoit respiré que vengeance, & ayant établi dans ses troupes une discipline inconnue jusques à lui, & les ayant distribuées par corps plus aisés à conduire qu'une foule sans ordre, il avoit reconquis ses Etats l'épée à la main; il avoit même déjà formé le siége de Ninive, lorsqu'une invasion effroyable de Scythes ou de Tartares qui firent gémir l'Asie entiere pendant vingt-huit ans, le rappellerent chez lui. A force d'adresse, de patience, de courage, il étoit venu à bout de se débarrasser de ces terribles hôtes : & il avoit repris son premier projet contre Ninive. Afin d'y parvenir plus sûrement, il avoit fait alliance avec le Roi de Babylone ; & pour la cimenter, il avoit donné sa Fille en mariage au jeune Nabuchodonosor, fils de ce Roi. Ils venoient de détruire cet Empire redoutable, lorsque ce jeune Prince monta sur le Trône de Babylone. Etroitement unis, ils jurent tous les deux de s'aider mutuellement à vaincre leurs ennemis, & de se prêter la main pour conquérir l'Asie, l'un au Midi, l'autre au Nord ; rien ne pourra triompher de leur union & de leur valeur.

ITHOBAL.

ITHOBAL II. régnoit sur la Ville de Tyr, & sur son Territoire (Ez. xxvi & xxviii). C'étoit un Prince fier de l'éclat & des richesses de ses Sujets. Il s'égaloit aux Monarques les plus puissans, & croyoit qu'aucun n'étoit en état de l'attaquer avec succès : il étoit Roi de la Mer, & il savoit que sa Nation, avec douze vaisseaux seulement, avoit détruit depuis peu une flotte du Grand Salmanasar, composée de soixante Vaisseaux, sur laquelle même ils avoient fait nombre de prisonniers. Cet exploit l'avoit rendu aussi fier & aussi insolent que ses Citadins : il s'imaginoit n'ignorer rien, être aussi sage que Daniel, mériter d'être un Dieu plutôt qu'un homme : c'est à lui qu'Ezéchiel adresse ce discours :

« Parce que ton cœur s'est élevé, comme s'il étoit celui d'un Dieu, je vais
» faire venir contre toi des Étrangers, (des *Ennemis*) ils te feront des-
» cendre en la fosse, & tu périras de la mort de ceux qui sont tués au milieu
» de la Mer », de cette Mer en laquelle il avoit mis toute sa confiance &
avec laquelle il se croyoit invincible.

BAALIS.

BAALIS étoit Roi des Ammonites. Outre que ce Prince régnoit sur un Territoire borné, il étoit foible, & méchant comme ceux qui veulent suppléer par

la

la noirceur de leur ame, à ce qui leur manque de vertus : cependant il tomba dans ses propres filets, s'étant attiré mal-adroitement la haîne de Nabuchodonosor, & en ayant été la victime avec ses propres Etats.

Il en fut de même du Roi des Moabites son voisin, qui eut l'imprudence d'entrer dans une ligue contre le Roi de Babylone & qui en fut également écrasé. (Jer. XXV. XXVII).

JEHOJAKIM.

JEHOJAKIM, fils aîné de Josias, régnoit alors à Jérusalem : il avoit été élevé sur le Trône par Nechao, Roi d'Egypte, qui avoit défait son Pere, détrôné un de ses Freres, & qui lui avoit imposé un tribut annuel de cent talens d'argent & d'un talent d'or. C'étoit un Prince féroce & tyrannique : il supposoit des crimes à ceux qui avoient le malheur d'être riches, & les faisoit mettre à mort pour s'emparer de leurs biens : rien ne pouvoit suffire à ses folles dépenses : d'ailleurs ses revenus étoient prodigieusement diminués, par l'affoiblissement de ses Etats, qui n'étoient plus qu'une ombre de l'ancien Empire de David & de Salomon, & par le tribut considérable qu'il étoit obligé de payer à l'Egypte. Il s'irritoit contre ceux qui vouloient le faire rentrer en lui-même ; sur-tout contre Jérémie, qui lui dénonçoit la ruine entiere de son Etat, s'il ne se corrigeoit ; & sur-tout s'il comptoit sur la protection de l'Egypte. En effet, il étoit impossible qu'un Prince aussi incapable du Trône, pût se soutenir long-tems au milieu des prétentions réciproques de deux Monarques aussi puissans que ceux de l'Egypte & de Babylone.

NECHAO.

NECHAO régnoit en Egypte : il étoit fils du célebre Psammétique, qui le premier ouvrit ce Royaume aux Etrangers, sur-tout aux Grecs. Ce Prince avoit de grandes vues : il avoit essayé de joindre le Nil à la Mer-Rouge, par un Canal ; mais il fut obligé de renoncer à cette entreprise, après y avoir perdu, dit-on, cent vingt mille hommes. Il entreprit de créer une Marine, pour enlever le Commerce aux Phéniciens, & pour devenir puissant par Terre & par Mer: dans cette vue, il couvrit de Galères la Mer Méditerranée & la Mer-Rouge : il fit faire par des Phéniciens le tour de l'Afrique, voyage où ils employerent trois ans. Il eût été véritablement grand, s'il n'avoit pas eu un concurrent plus heureux : à cet égard, il fit une faute irréparable, & qui entraîna les malheurs de l'Egypte. Au lieu de soutenir le Roi d'Assyrie contre les Medes & les Babyloniens, il le laissa détruire, & se contenta d'avoir part à sa dépouille, en poussant ses conquêtes jusques sur l'Euphrate, où il se rendit maître de Carkemis, après avoir défait en bataille rangée, Josias Roi de Juda, qui mourut peu de tems après des suites d'une blessure.

La puissance réunie des Medes & des Babyloniens, n'étant plus contrebalancée par aucune autre, l'Egypte dénuée de tout Allié, fut hors d'état de résister à ce torrent impétueux : elle étoit d'ailleurs de plus en plus affoiblie par ses querelles, avec l'Ethiopie avec qui elle ne savoit pas vivre en paix, & qu'elle étoit cependant hors d'état de conquérir. Ainsi s'avançoit à grands pas, & par une témérité sans égale, la ruine de l'ancienne, de l'étonnante, de la florissante Egypte.

ARTICLE VI.

RÉGNE DE NABUCHODONOSOR.

1°. Epoque de ce Regne.

NABU-CHOD-DON-OSOR, dont le nom se prononce aussi d'une maniere plus rapprochée de l'Oriental, *Nebu-cad-don-assar*, étoit fils de NABO-POL-ASSAR qui régna sur les Babyloniens pendant vingt-un ans, & qui vers la fin de sa vie avoit détruit l'Empire des Assyriens, conjointement avec Cyaxare, Roi des Medes.

Nabuchodonosor étoit le XVe Roi de Babylone, depuis le grand NABON-ASSAR qui avoit fondé ou restauré cet Etat, & qui est à la tête du Canon Chronologique de PTOLOMÉE.

Cet illustre Astronome ayant besoin d'appuyer ses observations d'une suite incontestable de Rois, remonta jusques à Nabon-Assar, Prince dont l'éclat avoit effacé la gloire de ses Prédécesseurs, & qui sembloit avoir amené un nouvel ordre de choses. Et, ce qui est très-remarquable, c'est que ce nouvel ordre tombe sur le milieu du VIIIe siècle avant J. C. dans ce siècle, où à peu-près au même instant, le Monde entier change de face, où il se fait dans les esprits une explosion singuliere d'Orient en Occident, où les Grecs établissent les Olympiades, où Rome est fondée, où la face de l'Asie change, où les Chinois eux-mêmes prennent un nouvel essor.

Ainsi le Règne de notre Héros tombe en-deça des tems inconnus, dans une époque sure & brillante, où l'Histoire se dégage de toute fable, de toute obscurité, où elle s'appuie de Monumens aussi précieux qu'incontestables.

Lorsqu'il monta sur le Trône, on comptoit déjà 140 ans depuis l'avenement de Nabonassar à la Couronne : & on comptoit la 605 ou la 604e année avant l'Ere Chrétienne : le VIIe siècle étoit donc prêt à expirer, & il s'est écoulé depuis ce tems-là près de 2400 ans.

2°. DU NOM DE NABUCHODONOSOR.

Ce nom est formé de la réunion de plusieurs mots, de ceux de *Nabo*, *chod*, *don*, *asar*, ou *ezar*, qui tous reviennent sans cesse dans les noms de la plupart des Princes d'Assyrie & de Babylone : on doit donc les regarder comme autant d'épithètes ou de titres d'honneur : & il ne sera peut-être pas difficile d'en retrouver la signification : il est d'ailleurs très-agréable de savoir la valeur des mots qu'on a sans cesse sous les yeux.

Tous ceux-ci tiennent à la Langue Primitive. NABO, NEBO, désigne le Ciel, tout ce qui est haut, élevé, sublime : il tient au mot *Nabab* des Indiens.

CHOD, GOD, GAD a toujours désigné la bonté, le bon, le très-bon, Dieu même.

DON, ADON, toujours la domination, le Maître, le Seigneur.

ASAR, ASSAR, ESAR, OSOR, signifie le haut, le puissant ; il tient à SER, SIRE, peut-être même à OSIRIS, le Seigneur de toutes choses chez les Eyptiens.

Ces mots sont combinés avec d'autres : par exemple, avec celui de

POL, PUL, PHUL, PHAL, qui désigne le Soleil & qui se retrouve dans le POLL*ux*, & le PUL-*cher* des Latins.

On peut donc rendre ces noms à-peu-près de cette maniere :

Nabu-chod-don-osor, le Seigneur du Ciel, très-grand & très-bon : ou si on veut l'expliquer de la gauche à la droite, le très-haut, très-bon & très-grand Seigneur.

Nabo-pol-assar, le Soleil, Roi des Cieux, ou le Roi sublime & radieux.

Nabon-assar, le sublime Seigneur.

Assar-adon, le Seigneur très-grand.

Belt-asar, le Seigneur rayonnant, plein de gloire.

Tiglat-phal-asar, le Seigneur radieux & rapide *comme la flèche*.

Ces noms paroissent ridicules & opposés à nos usages ; une suite nécessaire du faste excessif des Princes de l'Orient, qui, dans leur orgueil insolent, s'appelloient les Freres du Soleil & de la Lune, les Fils du Ciel, les Rois des Rois ; mais pour les considérer sous leur véritable point de vue, il faut se transporter aux tems anciens, & consulter le génie des Nations sur qui régnoient ces Princes.

Ces Nations se formoient toujours la plus haute idée de leurs Monarques ; elles les regardoient comme établis par la Divinité même, comme l'emblême du Ciel, du Soleil, de la Lune, de tout ce qu'il y avoit de plus lumineux. D'ailleurs, dans leur Langue primordiale, elles furent obligées de prendre des objets physiques pour exprimer des idées métaphysiques ; & quels mots pouvoit-on mieux choisir pour peindre les idées de royauté, de domination, que ceux qui désignoient déjà le Ciel, le Soleil, la Lune, la Lumiere, les Flambeaux Conducteurs ? Enfin, ces titres devenoient pour les Princes autant de leçons qui leur faisoient sentir combien ils seroient indignes de leur rang, si leurs actions ne répondoient pas à leurs titres.

3°. Premiers Exploits de Nabuchódonosor.

Les premiers Exploits de Nabuchodonosor eurent pour objet d'enlever à Nechao, Roi d'Egypte, les Etats que ce Prince avoit envahis sur les Assyriens tandis que Nabo-pol-assar son Pere, & Cyaxare, étoient occupés au Siége de Ninive. Cette expédition, qu'on attribue à Nabuchodonosor du vivant même de son Pere que des infirmités mettoient hors d'état de conduire ses Armées, est une preuve sans réplique que Ninive n'étoit plus : il est donc très-étonnant qu'on ait fait un renversement pareil, & qu'on ait cru que cette premiere campagne précéda la ruine de Ninive. Les conquêtes de Nechao sur les Assyriens ne furent occasionnées que par celles mêmes des Babyloniens & des Medes sur ce Peuple, & ce ne fut que comme Vainqueurs de Ninive que les Rois de Babylone eurent des droits sur les Peuples du Midi, & qu'ils purent attaquer le Roi d'Egypte avec quelqu'ombre de justice. D'ailleurs, avant la conquête de Ninive, les Princes de Babylone étoient hors d'état d'attaquer les Peuples du Midi, Sujets de cette Puissance, & ils en auroient été nécessairement accablés.

Nabuchodonosor marcha d'abord contre Carkemis sur l'Euphrate, qu'on croit être le même que Kir-Kesse, & qui, par la Conquête qu'en avoit fait Nechao, ouvroit aux Egyptiens la porte de la Mésopotamie, & en faisoit un voisin redoutable.

Après en avoir fait le Siége & s'en être rendu maître, il traverse en Conquérant la Syrie & la Cœle-Syrie, attaque Scythopolis & la prend, forme ensuite le Siége de Jerusalem dont le Roi étoit Tributaire de l'Egypte ; il s'en rend maître le 9 de Novembre, pille la Ville & le Temple, impose un tribut au Roi, & revient promptement à Babylone, pour prendre possession du Trône, devenu vacant par la mort de son Pere. Il y arrive en triomphe, après une campagne des plus glorieuses, chargé de butin, & suivi d'une foule de prisonniers, sur-tout de l'élite de la Judée, & de jeunes gens des meilleures Familles, même de la Famille Royale, entre lesquels se distinguoit Daniel.

Cette expédition arriva la premiere année de son regne : Daniel le dit expressément; mais ici il s'est glissé une faute dans son texte, qui exige une note particuliere.

4°. *Faute glissée dans le Texte où Daniel donne la date de ces évenemens.*

On fait dire à Daniel que ces événemens arriverent la premiere année du Roi Cyrus, & tout de suite cependant il parle de la seconde année de Nabuchodonosor. C'est une erreur manifeste; on a cherché à la corriger; mais par d'autres fautes : le Copiste qui a transcrit le beau manuscrit Hébreu, n°. 12. in-folio de la Bibliotheque du Roi, ne sachant comment les corriger, a supprimé entiérement le verset : c'est couper le nœud gordien, & non l'expliquer. D'autres font dire à Daniel qu'il vécut jusqu'à la premiere année de Cyrus; d'autres, qu'il demeura à Babylone jusqu'à cette premiere année : ce n'est rien de tout cela. Otez le nom de Cyrus, qui a été inféré mal-à-propos dans le texte, & tout va de suite. C'est la premiere année de Nabuchodonosor que Daniel fut transporté à Babylone, & dès la suivante il eut la vision du Chap. II.

5°. SECONDE EXPÉDITION.

Au bout de trois années de vassellage, Jehojakim, Roi de Jérusalem, se révolta contre les Babyloniens : leur Roi détacha contre lui une armée de Syriens, de Chaldéens, d'Ammonites, de Moabites. Ceux-ci ravagerent la Contrée, tuerent Jehojakim dans un combat, la troisieme année de la guerre, & ils se retirerent avec nombre de prisonniers.

Son fils Jéchonias lui succéda : il n'avoit que dix-huit ans, & étoit dépourvu des qualités nécessaires pour se soutenir dans un tems aussi critique; on en fait d'ailleurs un portrait aussi odieux que de son pere. Il n'eut pas le tems de jouir de son élévation : déja le Roi de Babylone étoit en route pour se venger du Midi : Jéchonias, sa Mere, toute sa Cour, allerent au-devant de lui pour le fléchir; mais, comme le leur avoit prédit Jérémie, ils le trouverent inexorable. Il les fit tous partir pour Babylone, pilla la Ville, le Temple, le

Palais, emmena dix mille hommes d'élite, & mille des meilleurs ouvriers en or & en argent. Entre ces Captifs furent Mardochée & Ezéchiel.

Nabuchodonofor établit à la tête de ceux qu'il laissa en Judée, Sédécias, oncle de Jechonias : c'étoit un jeune Prince âgé de 21 ans, & qui ne sçut point profiter de l'exemple de ses prédécesseurs.

Aussi impatient de supporter le joug que mal-habile à le secouer, il prêta l'oreille à tous les Princes du voisinage qui lui envoyerent des Ambassadeurs plutôt pour le faire entrer dans une ligue commune contre les Chaldéens que pour le féliciter d'un avenement au Trône qui étoit arrivé sous de si funestes auspices. C'étoient les Rois des Ammonites, des Moabites, des Iduméens, de Tyr, de Sidon : celui de l'Egypte même entra quelques années après dans cette Confédération. Nechao ne régnoit plus sur cette derniere Contrée ; il avoit peu survécu à sa défaite : son fils Psammuthis avoit aussi disparu de dessus la terre, au bout d'un regne de six ans, Apriès ou Pharaon-Hophra venoit de succéder à ces Princes. Les Princes Confédérés se promettoient d'autant plus de succès que leur ennemi commun étoit fort occupé ailleurs.

6°. TROISIÉME EXPÉDITION.

Babylone étoit en effet occupée alors à une guerre très-vive contre le Royaume d'Elam qui renfermoit tout ce qui étoit entre la Médie & la mer de Perse : là étoient l'Elymaïde, la Susiane, les Cosséens & une partie des Etats qui composent la Perse : tout ces Pays tomberent sous la main vigoureuse du Héros Babylonien.

7°. QUATRIÉME EXPÉDITION.

Au retour de ces Provinces Orientales, le Roi de Babylone ne respirant que vengeance, marche aussi-tôt contre les Rois du Midi. Arrivé à l'endroit où le chemin se partageoit en deux, l'un pour aller chez les Peuples qui demeuroient à l'Orient du Jourdain, l'autre chez ceux qui sont à l'Occident de ce fleuve, il tira au sort avec des flèches le pays contre lequel il marcheroit le premier. C'est de cet usage que nous avons eu occasion de parler dans nos Origines Françoises, & dont nous avons fait voir qu'est venu notre mot *hazard*.

Le sort s'étant déclaré contre Juda, l'Armée Babylonienne prit le chemin de ce Royaume : elle le ravagea entierement & forma ensuite le siége de Jerusalem. Nabuchodonofor s'avança en même tems avec une partie de son Armée contre le Roi d'Egypte qui avoit essayé de venir au secours des Assiégés ; mais qui se retira sans oser l'attendre : tout le poids de la guerre tomba donc sur le malheureux Sédécias. Sa capitale fut prise d'assaut après un an de siége : ce Roi tâcha de se sauver avec sa famille, malgré les conseils de Jérémie ; mais il fut arrêté en chemin, & conduit au Vainqueur qui étoit à Ribla en Syrie : ce Prince le traita bien plus cruellement que son neveu : il fit mettre à mort ses enfans & ses amis : il lui fit crever les yeux à lui-même & le fit transférer à Babylone chargé de chaînes.

Il ordonna ensuite au Capitaine de ses Gardes de raser les murs de Jérusalem, de brûler le Temple, le Palais & les autres édifices de cette ville, & d'en transporter les habitans en Chaldée. Il fit en même tems décapiter le premier & le second des Sacrificateurs, le Général, le Secrétaire & les Conseillers de Sédécias, &c. parce qu'ils avoient été du parti des révoltés ; mais il fit un accueil distingué à Jérémie, parce qu'il avoit toujours annoncé les funestes effets de cette inconduite ; & lui donna la liberté de rester dans sa Patrie, ou de le suivre à Babylone. Il paroît même que c'est à sa recommandation qu'il établit pour Gouverneur de la Judée, Guedolia, personnage distingué par son rang, par sa naissance, par la protection qu'il avoit toujours accordée à Jérémie, & par le crédit avec lequel il lui avoit sauvé la vie dans plusieurs occasions.

Nabuchodonosor attaque ensuite la ville de Tyr : il fut obligé de l'assiéger : ses habitans pleins de courage, se défendirent avec un grand succès pendant l'espace de treize ans ; mais ensuite, las de lutter, & craignant enfin d'être pris d'assaut, ils s'embarquerent sur leurs vaisseaux, & abandonnerent dans la nuit leurs maisons & leur patrie. Ainsi leur ennemi fut frustré de son attente, n'ayant en sa possession que des maisons vuides d'habitans & de richesses.

Pendant le siége de cette belle ville, le Royaume des Ammonites fut entierement détruit. Leur Roi Baalis avoit donné asyle aux Juifs qui vinrent se réfugier chez lui après la ruine de Jerusalem ; il engagea ensuite l'un d'eux nommé Ismael & de la Famille Royale, à assassiner Guedolia : le Roi de Babylone envoya alors contre les Ammonites, cinq ans après la destruction des Juifs, *Nebu-sar-adan*, Capitaine de ses Gardes : celui-ci mit ce pays à feu & à sang, en détruisit la capitale, & emmena en captivité Baalis avec les Principaux de la Nation, & les grands Seigneurs du Pays : il en fut de même des Moabites.

Nabuchodonosor, pour se consoler de l'évasion des Tyriens, entreprit la conquête de Egypte, dont le Roi après être entré dans la Confédération générale contre lui, avoit lâchement abandonné Sédécias : auſſi Ezéchiel annonça aux Egyptiens qu'ils ſeroient humiliés pendant quarante ans, & qu'enſuite ils n'auroient plus de Rois de leur Nation. L'Egypte affoiblie de tous côtés & déchirée par les horreurs d'une guerre civile, fut hors d'état de réſiſter : ſon ennemi la ravagea ; le butin immenſe qu'il y fit le dédommagea des fatigues & des dépenſes qu'avoit occaſionné cette guerre.

Ce Prince paſſa de-là dans la Lybie, & réduiſit ſous ſa domination toutes les Côtes Septentrionales de l'Afrique : s'embarquant enſuite avec ſon armée ſur les vaiſſeaux qu'il trouva dans les ports de cette Contrée, il pourſuivit les Phéniciens juſqu'en Eſpagne : il ravagea les poſſeſſions qu'ils y avoient, & y établit une partie de ceux qu'il avoit amenés avec lui ; ſur-tout des Juifs. Comme ce point d'Hiſtoire n'a jamais été éclairci, & qu'il eſt propre à répandre un grand jour ſur les navigations des Phéniciens, nous allons entrer dans quelque détail ſur cet objet intéreſſant.

ARTICLE V.

Conquête de l'Espagne Méridionale par Nabuchodonosor.

I.

L'Hiſtoire & la Géographie ancienne ſont encore remplies d'objets ténébreux, malgré les travaux des Savans pour éclaircir ces deux Sciences : on ne ſauroit donc trop les inviter à répandre ſur elles le plus grand jour ; mais afin d'y parvenir, il faut qu'ils s'attachent ſur-tout à connoître la valeur des mots anciens, puiſque ce n'eſt que par eux qu'on peut pénétrer dans les choſes. C'eſt, par exemple, l'ignorance où l'on étoit ſur la valeur d'un mot, qui a dérobé aux yeux de tous les Savans, de tous les Critiques, de tous les Commentateurs, les preuves qui exiſtent dans l'Antiquité de l'expédition de Nabuchodonoſor en Eſpagne, renouvellée par les Sarraſins, & dont l'ignorance a répandu, en même tems, la plus grande obſcurité ſur les voyages d'un autre Héros, célébrés par Homere, ceux de Ménélas. On verra par le détail où nous allons entrer, combien il importe, même pour l'Hiſtoire & pour la Géographie, de connoître la force de chaque mot & la maniere dont leur prononciation change dans les Dialectes d'une même Langue.

2.

Le Nom Oriental de l'Espagne étoit WARB *ou* GARB.

Ezéchiel (Chap. xxx. 5.) parlant des Conquêtes de Nabuchodonosor, dit que ce Prince subjugueroit CHUS, PHUT, LUD, tout le WARB, le CHUB, les enfans de la terre d'Alliance ; l'Egypte, depuis Migdol jusqu'à Sienne. Ces derniers pays sont connus ; il est question de déterminer les autres.

CHUS, de l'aveu de tous les Sçavans, est l'Arabie Asiatique, sur-tout l'Arabie heureuse : c'est un point de Géographie qu'il seroit inutile de chercher à prouver. Les LXX, à la vérité, ont rendu ici le nom de Chus par celui des Perses : c'est qu'ils l'ont appliqué à la Susiane, qu'on appelle aujourd'hui *Chus-istan*, pays de Chus, parce qu'une partie étoit habitée par les Arabes qui s'en étoient emparés, cette Contrée étant à leur porte.

LUD, comme l'a fort bien prouvé BOCHART, est l'Ethiopie, sur-tout l'Ethiopie voisine de l'Egypte, ou la Nubie.

PHUT, est incontestablement la portion de l'Afrique à l'Occident de l'Egypte, cette portion où étoient Cyrene, Utique, Carthage.

CUB doit être la MAREOTIDE ou toute cette Contrée montagneuse qui étoit entre l'Egypte & la Lybie ; c'est du moins là que Ptolomée place les *Cobii* : on trouve également le pays de CUBA dans les montagnes du Dagh-Estan en Perse, sur les bords du Samura. Il est tout-à-fait apparent que ce mot CUB, COB, est le même que celui de GOV & GOB, qui désigne un Pays sur les eaux ; il peint dès-lors le *Cub* d'Egypte, le *Cuba* de Samura, les *Cubi* surnom des *Bituriges* qui étoient établis sur la Loire & sur diverses rivieres adjacentes.

Le WARB ou GARB, n'est donc aucun de ces pays ; & son nom étant placé après tous ceux-là, il devoit être au-delà de toutes ces Contrées.

Il seroit inutile de s'adresser aux Savans anciens & modernes pour déterminer la situation de ce pays : aucun de ceux qui s'en sont occupés, n'ont pu la découvrir.

Les LXX, au lieu de *tout le Warb*, ont dit, tous les Peuples mêlés, *Pantes' hoi epimiktoi*, ce qui n'a point de sens.

Cependant ce Pays auroit dû être mieux connu de leur tems que du nôtre ; mais il paroît que ces Traducteurs ou leurs Copistes étoient en général peu instruits.

Dom *Calmet* & M. de SACY, rendent ces mêmes mots par ceux-ci ;

Diss. T. I.

tous les autres Peuples, traduction aussi fausse que ridicule. Ce n'est pas ainsi qu'il est permis de traduire. Ils n'avoient qu'à laisser subsister le nom Oriental, *tout le* WARB, & avouer que ce pays leur étoit inconnu.

BOCHART, qui avoit si bien vu que *Phus* étoit l'Afrique voisine de l'Egypte, & *Lud* l'Ethiopie, a oublié ici toute sa Critique, & il a copié trop à la légere ceux qui ont rendu le WARB par le mot *Arabie*.

Comment n'ont-ils pas vu que l'Arabie ayant déjà été désignée sous le nom de *Chus*, ne pouvoit pas reparoître sous celui d'Arabie ? & qu'en même tems ils détruisoient la marche géographique d'Ezéchiel qui décrit les Conquêtes de Nabuchodonosor d'Orient en Occident ?

Sans doute, c'est une Arabie ; mais ce n'est pas celle de l'Asie : Prouvons-le.

3.

WARB, ou GARB, GARV,

Signifie COUCHANT.

En Oriental le mot ערב qui s'est prononcé suivant les Dialectes, HARB, WARB, GARB, GARV, ERB, EREB, EUROP, signifie constamment la nuit, le soir, le Couchant, le pays du Couchant, de l'Occident. Nous avons eu occasion de le voir dans les Allégories Orientales & ailleurs.

Ce nom fut par conséquent donné aux extrémités occidentales de chaque Continent. Avant que les Orientaux voyageassent sur la Méditerranée & qu'ils eussent découvert ses Contrées les plus occidentales, ils donnerent le nom d'Arabie ou de WARB à la portion de l'Asie qui porte encore aujourd'hui ce nom, & qui en étoit le pays le plus occidental.

Mais lorsque leurs connoissances géographiques se furent perfectionnées, l'Occident de l'Afrique & de l'Europe devinrent nécessairement autant de *Warbs*.

Aussi voyons-nous l'Espagne s'appeller autrefois chez les Européens eux-mêmes HESPÉRIE, *mot-à-mot*, le Couchant: & le Promontoire le plus occidental de l'Isle de Sardaigne, s'appeller EREB-antium.

Ce nom d'Hespérie fut également celui de l'Afrique occidentale, puisqu'on y plaçoit les *jardins des Hespérides*. Aussi MAXIME de Tyr parle des HESPÉRIENS de Lybie dans son XXXVIII. Discours.

ESSAI D'HISTOIRE ORIENTALE.

Il n'est donc pas étonnant que les pays qui étoient au Nord & au Midi du Détroit de Gibraltar, ayent été appellés les WARB, ou *tout le WARB*.

4.

Ces noms de WARB & de tout le *WARB existent encore aujourd'hui relativement aux deux côtés du Détroit de Gibraltar.*

De ce nom de WARB prononcé GARB, vint celui du GARBIN donné au vent d'Occident en Languedoc, & sur cette portion de la Méditerranée qui est le long de cette Province.

Précédé de l'Article Oriental AL, il subsiste encore de nos jours dans les AL-GARVES, Province la plus méridionale du Portugal.

Il lui étoit autrefois commun avec l'Espagne & les côtes d'Afrique. » Sous » le nom des AL-GARVES, dit le P. QUIEN de la Neuville dans son Histoire » du Portugal, étoient comprises un grand nombre de Contrées dans l'A- » frique & en Espagne. Celles du côté de l'Espagne s'étendoient depuis les » Côtes du Cap-Saint-Vincent jusqu'à la ville d'Almeiria, & l'on y comp- » toit un grand nombre de villes & de châteaux ». (Ainsi l'Andalousie en- tiere & le Royaume de Grenade faisoient partie des Algarves.) » Tandis que » sous ce même nom, on désignoit en Afrique tout le terrain qui s'étend de » l'Océan jusqu'à Tremecen ; c'est-à-dire, les Royaumes de Fez, de Ceu- » ta & de Tanger, ou tout ce qui est vis-à-vis de l'Andalousie & la Grenade. » Aussi les Rois d'Espagne s'appellent Rois de TOUTES LES ALGARVES, tan- » dis que le Roi de Portugal se dit *Roi des ALGARVES, de-çà & de-là la* » *mer* ».

Rien ne quadre mieux avec l'expression d'Ezéchiel, TOUT LE WARB. C'étoit une Dénomination connue, ordinaire, & essentielle pour faire sentir toute l'étendue des Conquêtes de Nabuchodonosor; pour faire voir que l'Océan seul avoit pu mettre des bornes à ses Conquêtes, qu'il avoit soumis le Nord & le Sud de la Méditerranée Occidentale, l'Espagne & l'Afrique Algarvienne.

Le Journal des Savans du mois d'Avril 1758, nous fournira une nouvelle preuve que l'Espagne s'est appellée WARB, & que les Orientaux distinguent plusieurs sortes de Warb ou Garb. On y rend compte d'un Manuscrit Arabe intitulé : KETAB KHARIDAT EL ADGIAIB, *le Livre de la Perle des Merveilles*, composé par ZEIN-EDDIN-OMAR, *fils d'Almoudhasser*, surnommé BEN-EL- OUARDI, & qui vivoit dans le XIVe. siécle. Cet Auteur distingue plusieurs

F ij

Gharbs, entre lesquels le GHARB-el-Aousath, ou *le Couchant du milieu*. » Sous ce nom, dit-il, les Arabes comprennent une partie de l'ESPAGNE ». Les Journalistes ajoutent : » BEN-EL-OUARDI indique plusieurs Villes de ce » Pays & du Portugal, sur lesquelles nous ne nous arrêterons point ». Ils en rapportent une anecdote trop remarquable pour l'omettre, quoiqu'elle ne paroisse pas liée à la question dont nous nous occupons actuellement.

Huit personnes de Lisbonne, dit-il, avec toutes leurs familles, firent équiper un vaisseau, sur lequel ils mirent des provisions pour long-tems. Leur dessein étoit de s'embarquer sur l'Océan, & de ne point revenir qu'ils n'eussent découvert les Terres qui devoient le terminer à l'Occident. Ils s'avancerent pendant onze jours en pleine Mer; mais la violence des vents les forcerent de tourner vers le Midi. Après douze autres jours de navigation, ils aborderent à une Isle où ils trouverent une quantité prodigieuse de bestiaux dont la chair leur parut amère ; ils se contenterent d'en prendre les peaux : & faisant encore route pendant douze jours vers le Midi, ils arriverent à une autre Isle qui étoit habitée, & où il y avoit une Ville sur le bord de la Mer. C'est-là qu'ils trouverent un Interprète qui parloit Arabe, & qui leur apprit que le Roi de cette Isle ayant conçu le même dessein, avoit envoyé quelques-uns de ses Sujets, qui avoient navigé pendant un mois entier sans pouvoir rien découvrir.

C'étoit environ deux siécles au moins avant la découverte de la Guinée & de l'Amérique, & peu de tems avant que les Normands eussent commencé leurs voyages dans la premiere de ces Contrées.

Ben-el-Ouardi parle ensuite du GHARB-EL-ADNA, le Couchant le plus prochain, & dont faisoient partie Alexandrie, Barca, & le Saara ou le Désert d'Occident.

§.

Nabuchodonosor a fait effectivement la Conquête de ces Contrées.

Mais Nabuchodonosor a-t-il fait effectivement la Conquête de tout le WARB, de toutes les Algarves, de l'Afrique Septentrionale & de l'Espagne Méridionale ? Oui, peut on répondre de la maniere la plus affirmative avec Strabon, avec les Chaldéens, avec les Juifs, avec Ezéchiel.

» Les Chaldéens, dit Strabon (Liv. XV) élevent NAUOKODROSOR au- » dessus d'Hercule, & disent qu'étant allé jusqu'à ses Colonnes, il transporta » une grande partie des Espagnols dans la Thrace & dans le Pont ».

Les Juifs Espagnols, ceux de Tolede en particulier, disent encore de nos jours qu'ils ont été transportés en Espagne par Nabuchodonosor, & qu'ils sont de la Tribu de Juda, ceux des autres Tribus ayant été déjà emmenés en captivité par les Rois de Ninive.

Il ne seroit pas étonnant que ce Prince eût emmené avec lui des Juifs en Espagne; & ces Juifs auroient été en effet tous de la Tribu ou du Royaume de Juda, les dix Tribus d'Israël ayant été transplantées en Asie long-tems auparavant.

Je n'ignore pas que les traditions des Juifs sont en général suspectes; mais dans un tems où on avoit totalement oublié que ce Prince avoit conquis l'Espagne, comment auroient-ils pu imaginer une pareille anecdote, si elle n'avoit pas en effet eu lieu?

On peut même dire que ces Juifs furent ceux qui, malgré les exhortations de Jérémie, s'étoient réfugiés en Egypte, & que ce Prince y trouva : il ne pouvoit mieux les punir qu'en les transportant avec lui au-delà des Mers, loin de ceux qu'il avoit transplantés en Chaldée.

Objecteroit-on la grandeur des distances? En effet, nous n'avons nulle idée d'un Conquérant qui des rives de l'Euphrate fait la Conquête de tout ce qui est entre ce fleuve & la Méditerranée, subjugue l'Egypte & l'Ethiopie, s'étend comme un torrent jusqu'à l'extrémité occidentale de l'Afrique, traverse la Méditerranée, enleve aux Phéniciens les possessions qu'ils avoient en Espagne, & force les habitans de ces Contrées à le suivre dans la Thrace & dans le Pont.

Voilà cependant une masse de preuves très-singulieres, fournies par des témoins qui ne se sont point connus, qui n'ont pu se concerter, Ezéchiel, Strabon, les Juifs de Tolède; aucun d'eux ne se sont copiés & n'ont pu le faire : ce sont tout autant de témoins originaux.

D'ailleurs, c'est un fait qu'on ne sauroit invalider par aucune raison probable.

D'un côté, l'Histoire ancienne & moderne est remplie d'expéditions, d'invasions, de courses non moins rapides, non moins étendues, non moins surprenantes : quand ce ne seroit que celles d'ATTILA, dont les Conquêtes s'étendoient depuis la Chine jusques dans les Gaules & au fond de l'Italie, & qui se portoit avec une rapidité sans égale de l'Orient à l'Occident, & de l'Occident à l'Orient, sans que rien pût l'arrêter.

D'un autre côté, Nabuchodonosor en avoit un exemple récent dans les

Conquêtes de l'Ethiopien Taraca ou Théarcon, qui, s'étant aussi rendu maître de l'Egypte, étoit allé également jusqu'en Espagne.

Pour un ambitieux altéré de gloire, dévoré de la soif des Conquêtes, c'étoit un exemple trop mémorable, trop beau pour ne pas le suivre : mais ce Prince avoit un motif plus pressant.

6.

Motif essentiel pour Nabuchodonosor de faire cette Conquête.

L'ambition, l'amour de la gloire n'étoit pas le seul motif qui portât ce Prince à pousser ses Conquêtes aussi loin de ses Etats ; il avoit ses propres injures à venger. Les Phéniciens étoient entrés dans la ligue générale que les Asiatiques avoient formée contre lui : c'étoit pour les en punir qu'il avoit formé le Siége de Tyr ; mais après treize ans de combats, de travaux & de pertes, les habitans de cette Ville s'étoient évadés, & ne lui avoient laissé que des murs. Il ne lui restoit donc plus qu'à les poursuivre dans les beaux établissemens qu'ils avoient sur les côtes d'Afrique & de l'Espagne : il étoit assuré d'enrichir son armée, & de ruiner, par ses fondemens, une Puissance aussi redoutable.

C'étoit près de trois cens ans avant la premiere Guerre Punique ; les Carthaginois n'avoient encore qu'une existence précaire, & il est apparent qu'ils durent ensuite leurs grands succès aux violentes secousses & aux désastres que leurs voisins, & sur-tout Tyr leur Métropole, essuyerent dans l'expédition dont nous venons d'établir les preuves.

7.

Les WARB connus d'Homere, & inconnus également à tous ses Interprètes.

Ce Pays des WARB se trouve également dans Homere ; mais il n'en est pas mieux connu. Les Interprètes du Poëte Grec n'ont pas été plus heureux à cet égard que ceux du Prophète Hébreu. La vérité leur échappoit à tous : un brouillard épais leur déroboit ces Contrées, ainsi que les brumes cachent aux Matelots les terres où ils veulent aborder. Il est vrai que le nom de ce Pays paroît dans Homere sous le dialecte Grec : on sait & nous avons eu occasion de le dire, que le mot Oriental ערב fit chez ce Peuple le mot EREBE, nom de la nuit, du couchant : ils se servirent donc du même mot pour désigner les

Peuples Occidentaux, les Peuples Hespériens ; mais ils nasalerent, selon leur coutume, la syllabe du milieu : de-là, les Erembes.

Homere en parle à l'occasion des Voyages de Ménélas (1) ; « Télémaque, dit-il, venoit d'arriver chez le Roi de Sparte : il est étonné de la magnificence qui éclate dans le Palais de ce Prince, & qui est inconnue dans toutes les autres Cours de la Grèce : des richesses immenses y sont étalées, en or, en argent, en airain, en métaux les plus rares, en yvoire, en meubles, en tapisseries, &c. Dans sa surprise, il s'écrie ; Tel est sans doute le Palais du Dieu qui lance le tonnerre ! quelles richesses infinies ! elles absorbent toute idée » !

Le Fils d'Atrée ayant joui de l'étonnement du Fils d'Ulysse, lui dit : « Ces richesses sont le fruit des travaux immenses que j'ai soutenus, des longues courses auxquelles j'ai été exposé : je chargeai ensuite tous ces biens sur mes vaisseaux, & je revins chez moi ; c'étoit la huitiéme année après mon départ de Troie. J'avois été porté en Chypre, dans la Phénicie, en Egypte ; je passai de-là chez les Ethiopiens, les Sidoniens, les Erembes ; je parcourus la Lybie... Pendant que les vents me faisoient errer dans toutes ces régions éloignées, & que mettant à profit ces courses involontaires j'amassois de grands biens, un traître assassine mon Frère, &c.

Voilà donc Ménélas porté de lieux en lieux, pendant l'espace de sept ans : qui descend du Nord au Midi : de Troie en Chypre, puis dans la Phénicie, de-là en Egypte & en Ethiopie, &c. qui revient par la Lybie, en passant chez les Erembes.

Mais quels sont donc ces Erembes ? où sont-ils placés ? comment Ménélas a-t'il passé chez eux ? quel est le circuit qu'ont embrassé ses voyages ? C'est ce que personne n'a vu, où tous ses Commentateurs se sont égarés, & dont il faut rétablir l'harmonie.

Strabon, Bochart, Madame Dacier ont tous très-bien apperçu le rapport du nom des *Erembes* avec celui de l'Arabie ; mais ne connoissant qu'une Arabie, ils en ont conclu que Ménélas en sortant de l'Ethiopie, étoit entré dans l'Arabie Asiatique, & que là il avoit terminé ses voyages. Mais avec cette fausse explication, ils ont totalement défiguré l'Antiquité & Homere, ils ont méconnu les célèbres Voyages des Phéniciens autour de l'Afrique ; ils ont bouleversé la Géographie ancienne ; ils n'ont prouvé que leur ignorance ; Strabon sur-tout, qui ayant fait un Livre exprès sur la Géographie d'Homere,

---

(1) Odyss. Liv. IV.

a déraisonné d'un bout à l'autre comme un Enfant, comme un esprit étroit, asservi par les préjugés les plus ridicules; & qui ayant fait disparoître sciemment les Monumens les plus intéressans des Navigations anciennes, a été cause que l'Afrique Méridionale a été perdue pendant XV siècles pour l'Europe entiere : qu'on n'a rien compris à ce que l'Antiquité nous a dit des Voyages des Phéniciens & des flottes de Salomon, & que les efforts de ces grands Hommes, pour lier tout l'Univers, ont été en pure perte pour une foule de Générations.

O Hommes! défiez-vous de ces Critiques superbes, qui cachent leur ignorance sous un ton imposant : qui croyent avoir un Privilége exclusif à la Science, & qui prenant leurs préjugés pour la raison, tournent le dos à la lumiere. Ce n'est pas elle qu'ils aiment : aussi les abandonne-t-elle ; mais malheur à ceux qui prennent pour guide ces Aveugles présomptueux ! Nous allons voir que STRABON mérite plus que ces épithètes.

Lui & ceux qui l'ont suivi prétendent que Ménélas n'a été que dans la Phénicie & dans l'Egypte, jusqu'à Syene à l'entrée de l'Ethiopie; que de-là il tourna chez les Arabes de la Mer-Rouge : & que si Ménélas dit qu'il a été chez ces Ethiopiens & ces Arabes, ce n'est pas pour dire qu'il avoit amassé chez eux de grandes richesses, car ils étoient fort pauvres ; mais seulement pour montrer qu'il avoit été dans des Contrées fort éloignées.

Quoi! Ménélas n'aura vu que les bords de la Mer Rouge, de droite & de gauche, & il vantera ses voyages lointains, & il aura employé huit ans à cette tournée, & il aura amassé des richesses ailleurs que dans les Pays où il a voyagé! Tout cela est si pitoyable, qu'il ne vaut seulement pas la peine d'être refuté.

Homere étoit plus habile Géographe qu'eux : il nous trace ici en grand Maître, les Voyages des Phéniciens & des flottes de Salomon si renommées dans l'antiquité, il les suit pied-à-pied autour de l'Afrique.

De Chypre il passe en Phénicie, de-là en Egypte ; s'embarquant ici sur la Mer-Rouge, il voyage chez les Ethiopiens ; mais ce mot signifie les Noirs, les Nègres; c'étoit le nom générique de tous les Habitans de l'Afrique Méridionale : nous en verrons des preuves plus bas. Il se trouve ensuite chez les Erembes, chez les Africains Occidentaux, chez ceux qui étoient des deux côtés du Détroit ; au sortir de-là, il arrive nécessairement en LYBIE, c'est-à-dire sur la côte Septentrionale de l'Afrique, entre le Warb & l'Egypte, d'où il revient chez lui par le chemin le plus droit. Ainsi son voyage est un périple, un vaste circuit fait par Mer, où il a toujours avancé vis-à-vis de lui, sans revenir

venir sur ses pas. Ainsi il a été dans des Régions éloignées, dans ces Contrées abondantes encore de nos jours en or, en yvoire, en ébene, &c. Ainsi il a pu employer sept ans à faire ces voyages.

Dès-lors, on a sous les yeux le Tableau de ces grands Voyages anciens, qu'on affectoit de regarder comme fabuleux ; la Géographie sacrée & la profane, se trouvent d'accord, Homere est un grand Peintre, un grand Géographe : tout se développe, tout est dans l'ordre.

8.

Le Warb ou l'Arabie d'Afrique, a été également connu de Pline, du moins de nom, puisqu'en parlant (1) de la célèbre Navigation d'Hannon avec une Flotte Carthaginoise, il dit qu'étant parti de Cadix, il vint jusqu'à l'extrémité de l'Arabie. Or on sait que Hannon n'alla pas plus loin, que le Cap des Trois-Pointes, il ne vit donc que l'Arabie Occidentale, le Pays des Erembes, le Warb, cette Arabie que personne n'a connue.

ARTICLE VI.

VOYAGES DES PHÉNICIENS.

1.

Un premier trait de lumiere, est un flambeau qui conduit à de vastes conséquences, qui fait tomber un voile épais, qui présente d'immenses & belles perspectives.

Dès qu'on est assuré que les Phéniciens ont fait le tour de l'Afrique, ce Peuple en devient plus grand, plus habile, il marche de pair avec les Modernes : la Géographie ancienne se développe, une foule de préjugés contre les Navigations des Anciens se dissipent, le rapport ancien des quatre parties du Monde n'est plus un Problème insoluble.

L'Antiquité a connu les Voyages autour de l'Afrique : Néchao en a fait exécuter un, nous l'avons vu, par des Phéniciens : ceux-ci ne furent ni les premiers ni les derniers. Ce Prince vouloit avoir part, au Commerce des Phéniciens : il vouloit, comme eux, dominer sur les Mers, effacer cette dépendance absolue, dans laquelle les Egyptiens avoient été jusques alors à l'é-

---

(1) Hist. Nat. T. II. Ch. LXVII.

gard de ce Peuple ; ainſi il fait faire le tour de l'Afrique, non pour s'aſſurer de ſa poſſibilité ; les Phéniciens le faiſoient depuis pluſieurs ſiécles ; mais pour ſon propre avantage ; pour y établir des comptoirs, des Correſpondans en ſon nom, pour faire tomber ce Commerce ſous ſa puiſſance.

Les Phéniciens furent même imités en cela par les Négocians d'Eſpagne, puiſque PLINE nous apprend (1) que Caius Céſar, Fils d'Agrippa & de Julie, & Fils adoptif d'Auguſte, étant à la tête d'une Flotte dans la Mer-Rouge, y reconnut les Pavillons de pluſieurs vaiſſeaux Eſpagnols, qui y avoient fait naufrage. Ils avoient donc fait le tour de l'Afrique. Il cite auſſi *Cælius Antipater*, qui dit avoir vu un Eſpagnol qui naviguoit pour ſon Commerce, juſques dans l'Ethiopie.

Les Ptolomées, qui étoient devenus Maîtres de tout le Commerce de l'Orient, entreprirent également de faire faire à leurs vaiſſeaux le tour de l'Afrique.

EUDOXE qui préſida à ce Voyage, en avoit publié une Relation qui exiſtoit du tems de Strabon : lui-même engagea enſuite les Négocians de Cadix à former une Compagnie pour cette Navigation. Si Strabon avoit eu moins de préjugés, il nous auroit tranſmis la ſubſtance de cet Ouvrage ; mais il regarda Eudoxe comme un menteur, parce qu'il aſſuroit avoir paſſé dans une Contrée où à l'heure de midi les ombres étoient tournées, non vers le Nord, mais vers le Midi : & là-deſſus, Strabon eſt aux champs, il crie à l'abſurdité : & d'après ce beau raiſonnement, on ne croit plus au tour de l'Afrique, & les avantages qui en ſeroient revenus aux hommes, ſont perdus pendant des ſiécles ; & la Géographie ancienne n'eſt qu'un cahos ſur ces objets intéreſſans.

Cependant un de ſes Contemporains, *Ariſtonicus*, qui avoit compoſé un Traité ſur les Voyages d'Ulyſſe, aſſuroit que Ménélas avoit fait le tour de l'Afrique ; il en appelloit à Homere, à l'Antiquité, à Eudoxe, aux richeſſes & aux longues courſes de Ménélas ; mais il n'étoit qu'un Grammairien : STRABON ſe donnoit pour un Géographe auquel rien en ce genre n'étoit caché : l'orgueil du Géographe écraſa donc la modeſtie du Grammairien, & la vérité en reſta étouffée pendant XV ſiécles.

Ce qui eſt auſſi étonnant, c'eſt que PTOLOMÉE n'aît rien dit de ce Voyage, ni du contour de l'Afrique, quoiqu'ARRIEN ſon Contemporain, après avoir parlé comme lui des trois Caps Septentrionaux de l'Afrique Orientale, le Cap des *Aromates* aujourd'hui *Guardafui*, à l'entrée de la Mer-Rouge, le

---

(1) Hiſtoire Naturelle Liv. 11. Ch. LXVII.

Cap *Raphum* au-deſſus de Mélinde, & à vingt-ſept journées, dit-il, du Cap des *Aromates*, le Cap *Praſſum*, aujourd'hui le Cap du Chat, ou Del Gado, ajoute qu'entre ces deux derniers, demeuroient des Peuples Sauvages, qui ſe refuſoient à tout commerce ; qu'au de là, la côte tournoit à l'Oueſt : que l'Océan enveloppoit le Midi de l'Afrique, & qu'il ne formoit qu'une même Mer avec celle qui va juſqu'au Détroit de Cadix : rien n'eſt mieux ; mais le ſilence de Ptolomée que les Grecs & les Arabes prirent pour guide, joint aux préjugés de Strabon, l'emporta ſur ces juſtes notions ; c'eſt ainſi que l'ignorance ou la fauſſe ſcience lutte ſans ceſſe avec la vraie, & cherche à l'écraſer, ſans ſe mettre en peine ni de la vérité, ni des avantages qu'en retireroient les hommes.

Ajoûtons que ces mots *Raphum* & *Praſſum* ſont Phéniciens, avec une terminaiſon Grecque qu'ils ſignifient ; celui là, *uni*, *étendu* ; celui-ci *eſcarpé* ; & c'eſt ſans doute, par la même raiſon, qu'on l'appelle aujourd'hui le Cap du *Chat*, animal grimpant, tel qu'il faut être pour eſcalader des lieux eſcarpés.

2.

RÉPONSES A QUELQUES DIFFICULTÉS.

Une des plus fortes objections qu'on ait faites au ſujet de ces Voyages, eſt tirée de la prétendue impoſſibilité de faire ſur Mer des voyages de long cours ſans Bouſſole.

On a également oppoſé les terribles difficultés qu'eurent à vaincre les Portugais pour faire le même tour, & les affreuſes tourmentes du Cap de Bonne-Eſpérance.

Mais des objections, quelque ſpécieuſes qu'elles ſoient, ne peuvent aller contre des faits : & celles-ci ſont mêmes très-aiſées à détruire.

Le chemin que les Portugais furent obligés de prendre pour faire le tour de l'Afrique, eſt préciſément l'oppoſé de celui que prenoient les Phéniciens ; peut-être la Navigation étoit-elle plus aiſée dans le premier cas, que dans le ſecond : on double le Cap plus facilement, & enſuite pouſſé en pleine Mer par les vents, on trouve la Côte Occidentale avec moins de peine qu'il n'en faut pour ſe rendre du Cap-Verd, au Cap de Bonne-Eſpérance. La Côte Orientale d'Afrique eſt d'ailleurs moins longue, plus égale, moins coupée de courans que la Côte Occidentale.

Il eſt même très-apparent que dans l'eſpace de deux mille ans & plus, écoulés depuis les premieres navigations des Phéniciens, le Cap de Bonne-

Espérance est devenu beaucoup plus difficile à doubler, plus escarpé, plus coupé de bancs, que dans l'origine : il est très-vraisemblable que le banc des Aiguilles, qui embarrasse si fort cette Navigation, s'est formé par le débris des terres que la Mer a rongées de ce côté par la violence de ses vagues, & qu'anciennement la pointe de l'Afrique, formoit une Côte circulaire, unie & sur laquelle les flots venoient mourir, au lieu de se briser contre, avec cette impétuosité qui rend ces Côtes si orageuses.

Les Phéniciens d'ailleurs avoient des entrepôts très-considérables sur cette route : à l'Orient, les Isles Comores & l'Isle de Madagascar ; à l'Occident, le Royaume de Juida en Guinée.

DE L'ISLE DE MADAGASCAR.

L'Isle de Madagascar, très-grande, très-belle, se présentoit nécessairement aux Phéniciens qui descendoient de la Mer-Rouge au Midi pour leur Commerce & qui côtoyoient l'Afrique : ils durent donc y former des Comptoirs de très-bonne-heure, & y établir des Colonies, avant même qu'ils en eussent à Cadix. Et ces Comptoirs faisant le Commerce avec les Côtes voisines, durent de très-bonne-heure, découvrir le Cap de Bonne-Espérance, & chercher les moyens d'unir le Commerce du Midi à celui de Cadix.

Ces présomptions sont fortifiées par les ruines qu'on trouve encore de nos jours dans les Isles de Comore, & qui démontrent qu'elles ont été habitées par un Peuple plus industrieux, plus éclairé que les Nègres.

Elles le sont également par le rapport étroit des langues de l'Isle de Madagascar avec la Phénicienne. On ne sauroit jetter les yeux sur les Dictionnaires de ces Langues, l'un publié dans le siècle dernier par FLACOURT qui y avoit été Gouverneur pour les François, l'autre imprimé depuis peu dans l'Isle Bourbon, sans y reconnoître une prodigieuse quantité de mots Phéniciens, même dans les noms de lieux, & en particulier dans ceux des chiffres.

4.

DU ROYAUME DE JUIDA

Mais ceci est sur-tout vrai du Royaume de Juida en Guinée. Il est établi dans le plus beau local de cette vaste Contrée, sur de belles rivieres, dans de vastes plaines extrêmement fertiles, & qui s'élèvent en amphithéâtres qui dominent majestueusement sur la mer : son nom rappelle celui des Juifs, de même que les noms de ſes rivieres, Jaquin & Phrat, rappellent des noms Orientaux très-connus.

Un Savant Académicien de Berlin a cherché à prouver que les Habitans du Pays de Juida deſcendoient d'une Colonie Orientale établie par Salomon pour favoriſer le Commerce avec l'Afrique : il a raſſemblé à ce ſujet une multitude de rapports dont pluſieurs ſont très-remarquables (1).

§.

Habileté des INDIENS *&* AFRICAINS *en fait de Navigation.*

Les Indiens & les Africains ont une adreſſe merveilleuſe à naviger en pleine Mer, & loin de toutes Côtes; ce qui confirme tout ce qu'on nous dit à cet égard des Phéniciens, & qui prouve combien on a tort de s'imaginer qu'ils ne pouvoient traverſer les grandes Mers, parce qu'ils étoient privés de la bouſſole.

Lorſque les Portugais eurent découvert l'Afrique Orientale, ils virent que les Habitans naviguoient juſques dans les Indes, loin de toutes Côtes, en ſe conduiſant par les vents aliſés ou par les mouſſons.

Lorſqu'on a découvert les Iſles d'Otahiti, ou de Taïti, on a vu que ſes Habitans alloient à quatre cent lieues de chez eux, juſques à la nouvelle Zélande, ſans bouſſole & loin de toutes Côtes, & qu'ils connoiſſoient les Iſles de la Mer du Sud, à de grandes diſtances.

On ſait encore que les Peuples Orientaux de l'Aſie, tels que les Chinois, faiſoient des voyages dans l'Amérique ſans ſuivre les Côtes, & en cinglant en pleine Mer : nous y reviendrons plus bas.

Nous avons vu ci-deſſus que des Portugais, ſans bouſſole avoient entrepris de ſe porter en pleine Mer ; qu'ils avoient avancé pendant onze jours vers l'Occident, & qu'ils ſeroient allés plus loin, s'ils n'avoient été repouſſés par les vents contraires.

Il ne faut donc jamais oppoſer contre des faits, ce qu'on croit que les hommes ne peuvent faire, parce qu'à cet égard il eſt impoſſible lorſqu'on n'a ſuivi qu'une route, de ſe former une juſte idée de tout ce que peut le courage & l'adreſſe de ceux qui ſe trouvent dans de tout autres circonſtances.

---

(1) M. de FRANCHEVILLE, Mém. de Berlin. Tom. XVII.

6.

Si les Phéniciens ont connu la Boussole.

On pose comme un fait incontestable que les Phéniciens n'ont jamais connu la boussole, & qu'elle n'a été inventée qu'après l'an 1300, au XIVe. siècle de notre Ere, & par l'effet du hasard.

Mais de ce que nous autres Européens n'aurions connu la boussole qu'au XIVe. siècle, on n'en sauroit rien conclure contre son existence antérieure : c'est faire trop d'honneur au XIVe. siècle, siècle de fer, s'il en fut jamais, que de lui attribuer une aussi belle invention : aussi existoit-elle avant cette époque. M. DE FONCEMAGNE en a trouvé des traces quarante ans auparavant dans l'ouvrage d'un *Savant* Italien nommé BRUNET, & qui le composa à Paris en 1260, sous le titre de *Trésor* (1).

Et nous-mêmes, nous avons déjà eu occasion de citer le passage d'un de nos anciens Poëtes (2), qui en fait mention cinquante-six ans plutôt que le Savant Italien, dans l'ouvrage appellé de son nom *la Bible-Guiot*, & qui parut en 1204.

GUIOT en parle comme d'une chose très-connue de son tems : l'invention en étoit donc plus ancienne ; mais pour peu que nous remontions plus haut, nous arrivons au tems où les Européens connurent les navigations des Arabes, soit par les courses des Sarrasins en Italie, soit par leurs propres expéditions en Asie, sous le nom de Croisades.

Il est donc très-naturel de supposer que puisque les Européens eurent à cette époque la connoissance de la boussole, ils la durent aux Navigateurs Orientaux, descendans des anciens Phéniciens.

Cette supposition acquéra un tout autre degré de force par les considérations suivantes.

1°. La boussole existoit déjà dans ce tems-là chez les Chinois, quoiqu'ils ne sussent pas en faire usage : ils devoient donc la tenir d'un Peuple plus habile navigateur qu'eux, & ce Peuple est sans doute les Phéniciens. Si on suppose que les Chinois le tinrent d'un autre, peu importe, c'est toujours convenir de sa haute antiquité.

---

(1) Mém. des Inscr. & Bell. Lett. T. VII. Hist. p. 298, 299,
(2) Discours Prélim. des Orig. Franç. P. LVI.

2°. Les anciens Egyptiens connoissoient l'aiman & sa propriété d'attirer le fer : ils appelloient le premier *l'Os d'Orus*, le second *l'Os de Typhon* ; mais ils appelloient l'Etoile Polaire Orus, *mot-à-mot*, le guide ; & l'Ourse, le *Chien d'Orus*. Appeller l'aiman l'*Os d'Orus*, c'étoit donc indiquer sa propriété de se tourner constamment vers le Nord, vers Orus ; mais un Peuple aussi adroit, aussi habile, aussi ingénieux que les Phéniciens, pouvoit-il, avec d'aussi grandes avances, méconnoître la boussole, & ne pas employer, dans ses longues navigations, l'*Os d'Orus* ?

3°. Les Arabes sont persuadés que la connoissance de la boussole est très-ancienne ; leurs Livres renferment divers aveux à cet égard, très-nets & très-clairs. Dans un Ouvrage d'Aristote qu'ils ont traduit, & qui a pour objet la pierre d'aiman, Περι της Λιθου, la pierre par excellence, livre dont le texte grec est perdu, mais dont Diogene-Laerce nous a conservé le titre, il est parlé de la boussole. C'est une falsification, dit-on : l'accusation est hardie ; & quelle preuve a-t-on que ce texte perdu a été falsifié ? N'est-ce pas tomber dans une pétition de principe ? Quel intérêt d'ailleurs avoient ces obscurs Interprètes Arabes, d'attribuer à Aristote une connoissance qu'il n'auroit pas eue ? Nier sans preuves qu'une connoissance est antérieure à une époque ; traiter, sans preuves, de falsification ce qui établiroit l'antériorité de cette connoissance, c'est certainement être bien prompt à décider, pour ne rien dire de plus.

Aristote, qui avoit été l'Instituteur d'Alexandre, & qui, au moyen des Conquêtes de son illustre Eléve, & de ses propres connoissances en Histoire Naturelle & dans les Arts, étoit parfaitement en état de juger de celles des Orientaux, ne pouvoit ni ignorer l'usage de la boussole, ni n'en pas parler, s'il existoit en effet.

4°. On se fonde sur le silence ou sur l'ignorance des Romains à cet égard ; mais d'un côté, nous n'avons pas tous les ouvrages des Romains ; & même dans ceux que nous avons, il y a des traits qu'on pourroit appliquer à la boussole, tel que le passage de Plaute, *Versoriam cape*. D'un autre côté, les Romains ne s'appliquerent jamais assez à la Navigation pour en apprendre tous les usages : leurs voyages en Mer n'exigeoient nullement celui de la boussole. Les Carthaginois n'étoient pas d'humeur d'instruire à cet égard les Romains, & ceux-ci n'avoient nulle envie de l'être. Qui ne sait dans quelle ignorance ils vécurent relativement aux arts, jusqu'après la ruine de Carthage & de Corinthe ? & c'est eux cependant que nous prenons pour guides, afin de décider de l'état des connoissances anciennes : c'est être presqu'aussi barbares qu'eux. En général, nous ne sommes encore qu'à l'aurore du Monde Primitif ;

& ce qui nous a retenu si long-tems dans le berceau à cet égard, c'est sur-tout de n'avoir vu que par les yeux des Grecs & des Romains, & plus souvent par les yeux de Critiques peu habiles, qui se sont mis entr'eux & nous. Nous avons été trop long-tems des échos fideles & aveugles, il est tems de voir par soi-même & de se jetter en pleine Mer.

5°. Lorsque les Européens découvrirent la Côte Orientale de l'Afrique, ils y trouverent la boussole en usage, & d'une maniere plus parfaite qu'en Europe. Vasque de GAMA, fameux par la découverte de ces Côtes & des Indes, apprit, dit-on, des Banianes, une nouvelle maniere de prendre hauteur & de se servir de la boussole. Un Pilote à qui il montroit un Astrolabe, y fit peu d'attention, parce qu'il se servoit d'instrumens beaucoup plus parfaits, en usage sur la Mer Rouge & sur la Mer des Indes. Les Historiens Portugais conviennent que Gama trouva, dans les mains des Maures, la boussole, le quart de cercle & les cartes : & c'est sous la conduite d'un Noble de Guzarate, que, dans l'espace de vingt-trois jours, les Portugais traverserent le grand Golfe qui sépare l'Afrique de l'Inde, & qui a près de sept cens lieues de traversée.

Ces connoissances étendues & profondes supposent certainement un usage de la boussole très-antérieur aux tems qu'on assigne si mal-adroitement & si légerement pour son invention : ces Maures & ces Indiens n'étoient surement pas venus à l'école des Européens. Nous pouvons donc dire hardiment ou avancer comme une vérité incontestable, que ces Indiens & ces Africains tenoient la boussole & ces instrumens si parfaits, des Iduméens & des Phéniciens, qui avoient navigé avec tant de gloire dans toutes ces Mers, qui y avoient porté leurs connoissances & leur langue; & qui, ayant eu parmi eux des écoles célèbres en tout genre & de grands Philosophes, n'étoient pas hommes à ne tirer aucun parti des connoissances qu'avoient déjà les Egyptiens sur les propriétés de l'aiman, & qui leur devenoient si nécessaires pour leurs voyages de long cours.

Ce qui tend encore à le prouver, c'est l'état florissant de la Ville de Mélinde, lorsque les Portugais en firent la découverte; cette Ville est dans le voisinage du Cap *Raphum*, dont nous avons déjà parlé, & que les Phéniciens fréquentoient continuellement. Les Portugais n'avoient point encore vu de Cour aussi brillante, de femmes aussi belles, d'Africains aussi civils, de Pilotes aussi habiles, de Place aussi marchande, de Ville aussi bien bâtie.

Nous ne pouvons donc méconnoître ici un des plus anciens Comptoirs Phéniciens sur cette Côte : c'est de ce Peuple poli, marchand, industrieux,

grand

grand Navigateur, que ce Comptoir, qui avoit été hors d'atteinte des révolutions Européennes, tenoit ses connoissances, ses richesses, ses mœurs douces & aisées.

Il en est de même de l'Isle de Mombaze, voisine de Mélinde; ici les femmes ne portoient que des habits de soie, ornés d'or & de pierres précieuses; on y voyoit une grande Ville bâtie en pierre; on y faisoit un commerce très-florissant en or, en argent, en ambre, en épices & en autres marchandises.

Ces Peuples étoient donc de quelques siécles plus avancés que nous; à l'exception des habitans de Dieppe & de Bayonne, qui faisoient dans le silence un commerce étendu, nous n'avions ni soie, ni vaisseau, ni commerce: nous nous déchirions par de cruelles guerres : la culture étoit nulle, la science peu de chose.

Mélinde & Mombaze n'étoient pas les seuls Comptoirs qu'eussent eu les Phéniciens sur cette Côte; ils s'étendoient jusqu'aux Isles Comore, jusqu'à Madagascar, & ils se soutenoient encore avec éclat par leur situation avantageuse & par les connoissances qu'on s'y transmettoit depuis ce Peuple, d'une génération à l'autre; mais les Européens y ont bien changé l'état des choses.

7.

SI LES PHÉNICIENS ONT CONNU L'AMÉRIQUE.

Les Phéniciens qui voyageoient avec tant de gloire & avec tant de hardiesse autour de l'ancien monde, eurent-ils quelque connoissance de l'Amérique, & dirigerent-ils de ce côté-là quelques-unes de leurs navigations? Quelques Savans l'ont soutenu comme une vérité incontestable, tels HYDE, HORNIUS qui a fait un ouvrage exprès sur cette matiere & quelques autres ; mais on n'a ajouté aucune foi à leurs observations, parce qu'en effet leur opinion n'étoit pas étayée de preuves assez décisives: ainsi, jusqu'à présent, on ne s'est décidé là-dessus pour ou contre, que d'après de simples motifs de convenance, insuffisans pour faire autorité.

Nous ne craignons donc pas de remettre cette question sur le tapis, parce que nous nous croyons en état de la présenter sous une face presqu'entiérement nouvelle.

Dès qu'il est démontré que les Phéniciens ont fait le tour de l'Afrique, & qu'ils ont été aux Indes, ils ont pu faire le tour de la Mer du Sud en allant d'Isle en Isle, & suivre les Côtes de l'Amérique Orientale & Occidentale : ceci

Diff. T. I. H

est d'autant plus possible, que les Chinois eux-mêmes, navigateurs bien inférieurs aux Phéniciens, voyageoient dès le IVe. siècle de notre Ere sur les Mers de l'Amérique, alloient jusqu'au Pérou, & parcouroient toutes ces Isles qui sont au Midi de l'Asie & qui s'étendent dans la Mer du Sud : voyages très-curieux, & dont on doit à M. de GUIGNES un détail fort intéressant (1).

Comme la plupart de ces Isles, telles que la Terre de feu, les Isles de la Sonde, l'Isle de Bourbon, qui en est criblée, &c. renferment des volcans qui occasionnent encore de nos jours de terribles ravages, & que les autres portent les marques les plus sensibles d'avoir subi autrefois les mêmes désastres, on ne sauroit douter qu'elles ne soient les restes d'un ancien Continent bouleversé par les eaux & par les volcans; & si on suppose que ce bouleversement est postérieur aux navigations des anciens Phéniciens, à ces navigations antérieures à nous de plus de trois mille ans, il en résulteroit une plus grande facilité pour les voyages de ce Peuple dans la Mer du Sud.

Mais quoi qu'il en soit de cette conjecture & de celle qui atttribueroit aux Phéniciens ces monumens en pierre qu'on trouve dans les Isles Malouines & dans quelques Isles de la Mer du Sud, & que leurs habitans actuels sont incapables d'avoir exécutés, on peut donner en preuve du séjour que les Phéniciens ont fait dans ces Contrées, 1°. la conformité des noms de nombre qu'on observe dans l'Isle de Madagascar, & dans toutes ces Isles, avec ceux des anciens Phéniciens.

2°. Le rapport prodigieux des langues qu'on parle dans toutes ces Isles, avec la langue Malaye & le Phénicien.

3°. Des rapports aussi nombreux entre la langue Orientale & celle des Caraïbes, & des habitans de la Virginie & de la Pensilvanie ; rapports qui embrassent même les pronoms & la maniere de les lier avec les noms, & dont nous avons déjà mis un grand nombre sous les yeux du Public, dans une Dissertation qui est à la suite de l'ouvrage de M. SCHERER, sur l'Amérique & sur la maniere dont elle s'est peuplée : Recherches que nous joindrons quelque jour au Monde Primitif, avec des augmentations considérables.

4°. Nous croyons pouvoir donner aussi comme un genre de preuve très-neuf, un monument que M. SEWALL, Professeur en Langues Orientales dans l'Université de Cambridge, en Amérique, vient de nous envoyer, & dont nous nous empressons d'enrichir le Public. (2) C'est une Inscription qu'on a décou-

---

(1) Mém. des Inscr. & B. L. T. XXVIII.   (2) Voy. Pl. I. n°. 1.

ESSAI D'HISTOIRE ORIENTALE.

verte, il y a près d'un demi-siècle, à Dighton, sur un rocher de la rive orientale du Fleuve Jaunston, à la distance de quarante à cinquante milles au Sud de Boston. L'envoi de ce monument est accompagné de ces remarques :

» Le 13 Septembre 1768, MM. Etienne Sewall & Thomas Danforth, » assistés de MM. Williams Baylies, Seth Williams & David Cobb, copierent » cette Inscription sur un rocher de Dighton, à une distance de quarante à » cinquante milles au Sud de Boston. Ce rocher est situé sur la rive orientale » du Fleuve Jaunston : les grandes eaux le cachent en partie : il a onze pieds » de long & quatre d'élévation au-dessus du niveau de l'eau ; mais le terrein » semble s'être élevé & en avoir couvert une portion considérable : il est d'une » couleur rouge ; sa face plane, sur laquelle est l'Inscription, incline un peu sur le » rivage. Cette Inscription attire les curieux depuis un demi-siècle. La commo- » dité de la rade & la facilité qu'on a de naviger sur la riviere jusqu'ici, fait » croire que c'est un ouvrage de Phéniciens, qui furent poussés ici de dessus les » Côtes de l'Europe : d'autres jugent que c'est une Inscription plutôt hiérogly- » phique qu'en caracteres alphabétiques, & qu'ainsi elle peut être l'ouvrage de » Navigateurs Chinois ou Japonois ». Dans le corps de la lettre, mon Savant Correspondant ajoute que la plus grande partie de cette Inscription est effa- cée au point de n'y pouvoir distinguer aucun caractere.

Si on compare ce Monument singulier avec les Inscriptions du Mont Horeb & du Mont Sinaï, les unes rapportées par KIRCHER, les autres par le célèbre Voyageur POCOCKE, & avec les Alphabets Phéniciens découverts en ces derniers tems, on sera étonné du rapport frappant qu'ils offrent ; ensorte qu'en joignant cette conformité avec les diverses autres preuves que nous avons que les Peuples des environs de Boston sur-tout, sont de race Orientale, nous ne pou- vons regarder ce Monument que comme un ouvrage Phénicien. Nous réservons pour la fin de ce Volume quelque détail sur les caractères & sur les diverses figures qu'offre ce Monument.

8.

ORIGINE DES PHÉNICIENS.

Nous venons de voir des Navigations sur la Mer-Rouge, & de-là dans des mers éloignées ; & d'autres sur la Méditerranée ; & qu'elles passent toutes sous le nom des Phéniciens ; mais les Phéniciens étoient établis sur les côtes de la Méditerranée : jamais on n'a dit qu'ils eussent formé des comptoirs sur la Mer-Rouge : encore moins qu'ils en poffédaffent des ports. Comment pouvoient-ils donc naviguer fur ces deux mers à la fois ? C'eft ce dont on ne s'eft guères mis en peine ; mais ce qui a fort embarraffé, c'eft l'origine des Phéniciens ou Navigateurs de Sidon & de Tyr. En général, on les regarde comme des Cananéens, parce qu'en effet Sidon fut le partage d'un fils de Canaan ; mais pourquoi ce nom diftinctif de Phéniciens différent de celui des Cananéens, s'ils ne forment qu'un même Peuple ? Par quel hafard ce mot de Phéniciens, traduit en Grec par celui d'Erythréens qui fignifie *hommes rouges*, eft-il le même nom que celui d'Iduméens qui a la même fignification & à qui appartenoient les ports de la Mer-Rouge ? Que penfer encore de l'affertion que les Phéniciens étoient venus de la Mer-Rouge ?

PLINE l'affure (1) : il dit que l'Ifle d'Erythra, voifine de celle de Cadix, devoit fon nom aux Tyriens qui paffoient pour être originaires des bords de la Mer Erythréenne ou Mer-Rouge.

HERODOTE dit fur le témoignage des Savans de Perfe (2), que les Phéniciens étoient venus des bords de la Mer Erythréenne fur la côte de la Méditerranée ; qu'ils difoient eux-mêmes (3) avoir habité autrefois les bords de la Mer Erythréenne, d'où ils étoient venus fur la Mer de Syrie.

On voit dans JUSTIN (4) que les Phéniciens après un grand tremblement de terre, s'étoient tranfplantés d'abord fur un lac Syrien, & de-là fur les bords de la Méditerranée.

STRABON rapporte (5) qu'on affuroit que les Phéniciens étoient une Colonie des Phéniciens de l'Océan, & qu'on les appelloit ainfi à caufe de la Mer-Rouge ou Erythréenne : lui-même, il appelle les compagnons de Cadmus tantôt Arabes (6), tantôt Phéniciens (7).

DENYS *Periegete* (8), affure que les Phéniciens de Syrie defcendoient des Erythréens.

PLINE que nous avons déjà cité, attribue au Roi *Erythras* (9), au Roi Rouge ou Edom, l'invention des Efquifs pour naviguer dans les Ifles de la Mer-Rouge.

Il réfulte de-là une tradition conftante & très-remarquable que le nom des Phéniciens étoit le même que celui des Erythréens ou Rouges : qu'ils furent appellés ainfi parce qu'ils étoient originaires des bords de la Mer-Rouge, & que de-là ils vinrent demeurer à Sidon & à Tyr.

---

(1) Hift. Nat. Liv. IV. ch. XXII. (2) Liv. I. (3) Liv. VII. (4) Liv. XVIII. (5) Liv. I. (6) Liv. X. (7) Liv. VII. (8) Vers 906. (9) Liv. VII. ch. LVI.

Cette Tradition s'accorde parfaitement avec les faits & avec ces différens peuples de Navigateurs de la Mer-Rouge & de la Méditerranée, appellés l'un Phéniciens ou Erythréens, l'autre Iduméens, tous deux Rouges, ce dernier ayant constamment habité sur la Mer Rouge, l'autre en étant originaire; & cependant confondus sous le nom général de Phéniciens ; car on ne connoit qu'eux de Navigateurs dans l'Antiquité.

Aussi quelques Savans Modernes ont été persuadés que les Phéniciens étoient originaires des bords de la Mer-Rouge, tels Vossius (1), Newton (2), &c. & M. de la Nauze (3). M. l'Abbé Mignot, de la même Académie a cherché à le réfuter par une Dissertation insérée à la suite de celle de son Confrere : là s'appuyant de Bochart, il ne voit que des Cananéens à Tyr & à Sidon, d'autant plus que les LXX se servent indistinctement des noms de Cananéen & de Phénicien, & qu'ils rendent presque toujours le premier par le second : toute ce qu'il accorde à la tradition, c'est que ces Cananéens établis d'abord vers le Midi, se porterent ensuite au Nord ; mais cela n'explique point leur rapport avec les Iduméens ; ni pourquoi ils furent appellés Phéniciens ou Rouges, ni quels étoient les navigateurs qui partoient d'Elath & d'Etiongueber.

Disons hardiment que ces mots, *Iduméen*, *Phénicien*, *Erythréen*, désignent tous la même chose, un peuple descendu d'Edom, qui donna son nom à la Mer-Rouge, qui inventa la navigation, qui se rendit célébre par des voyages de long cours : dont une partie ayant reconnu la bonté & l'utilité des ports de Sidon & de Tyr, y vint établir des Colonies qui firent avec le plus grand succès le Commerce de la Méditerranée & des côtes de l'Océan : qui effacerent le nom de Cananéens par celui de Phéniciens : tandis que ceux qui étoient restés dans leurs anciennes demeures continuerent le commerce sur la Mer-rouge & dans la mer des Indes, sous le nom également d'Hommes rouges, ce qui les fit confondre sans cesse avec les Phéniciens de la Méditerranée.

Ce ne fut point à ceux-ci que David & que Salomon enleverent les fameux ports d'Elath & d'Esiongueber, & le Commerce d'Ophir & de Tarsis : ce fut aux Iduméens, aux hommes rouges de l'Arabie : aussi continuerent-ils d'être amis des Tyriens, les hommes rouges de Syrie qui n'étoient plus liés avec ceux de l'Arabie. Ce sont ces Iduméens qui, sous le nom de Phéniciens, remplirent de leurs Colonies la côte de l'Afrique orientale, tandis que les autres

---

(1) Traité de l'Idol. (2) Chronol. (3) Mém. de l'Acad. des Inscr. & B. L. T. xxxiv.

étoient suffisamment occupés à couvrir de leurs nombreux Comptoirs les côtes de la Méditerranée.

Si les Espagnols & les Portugais s'épuiserent en quelque façon par la découverte du Nouveau monde, comment Tyr & Sidon seules auroient-elles pû fournir à une aussi prodigieuse quantité de Colonies ? C'est même avec le secours des Iduméens que les Phéniciens de Tyr furent en état de fonder Carthage & les autres Colonies de l'Afrique Septentrionale ; car ce fut peu de tems après la dispersion des Iduméens par David que furent fondées la superbe Carthage, Utique & d'autres villes.

Ajoutons qu'il n'est pas étonnant que les Phéniciens, quoiqu'Etrangers aux Cananéens, ayent été appellés du même nom, puisqu'ils étoient venus s'établir avec eux : ne donne-t-on pas aux Anglois le nom de Bretons, quoiqu'ils ne le soient pas d'origine, & ne confond-t'on pas sans cesse le nom des Gaulois avec celui des François; & celui d'Allemans avec celui de Germains, quoiqu'ils désignent tous des Peuples très-différens ?

ARTICLE VII.

Dernieres années de Nabuchodonosor.

NABU-CHO-DON-OSOR vainqueur des Phéniciens, des Egyptiens, de tout ce qui étoit à l'Occident de Babylone, & ayant humilié tous les Princes qui s'étoient ligués contre lui, revint à Babylone comblé de gloire, & rassasié de conquêtes ; il ne pensa plus qu'à jouir du fruit de ses travaux, à faire fleurir les Arts & les Sciences, & à rendre sa Capitale la ville la plus florissante de l'Univers, une ville unique par sa magnificence, par son étendue, par ses superbes Palais dignes d'un aussi grand Prince, par la beauté & l'utilité de ses vastes Quais qui dominoient sur les deux rives de l'Euphrate, & qui annonçoient l'opulence & le goût de ses habitans, par la hauteur, l'épaisseur & la force de ses murs, maniere de bâtir qui étoit alors à la mode dans ces tems où l'on ne connoissoit pas encore l'Art d'en triompher.

Ce Prince si grand, si magnifique, si plein de génie, tomba vers la fin de son règne dans une espéce de démence que les Livres Saints représentent comme lui ayant été annoncée, & comme une punition divine, de l'orgueil que lui inspiroit la vue de cette ville superbe qu'il créoit.

Cet événement, ses causes, sa durée, & ses suites se trouvent dans un Edit ou Lettre circulaire de Nabuchodonosor lui-même à tous ses Sujets, & rap-

ESSAI D'HISTOIRE ORIENTALE.

portée sans aucun autre détail dans les Prophéties de Daniel, comme un fait suffisamment connu des Orientaux pour qui il écrivoit : cet Edit ou Lettre circulaire commence par ces mots : (1)

» Nabuchodonosor, Roi, à tous les Peuples, Nations & Langues qui sont » sur la terre, salut abondant. Le Dieu Très-haut a opéré des prodiges & des » merveilles que j'ai résolu de publier, des prodiges étonnans, des merveilles » surprenantes ». Après ce début imposant, ce Prince entre en matiere ; il rapporte un songe effrayant qu'il eut au milieu de sa gloire, & que Daniel seul put lui expliquer : l'objet de ce songe étoit de lui apprendre qu'en punition de son orgueil, il se verroit chassé de la compagnie des hommes, qu'il habiteroit avec les animaux & les bêtes sauvages pendant un espace de sept ans (*hodenin* ou *hidanin*), au bout desquels il reconnoîtroit la souveraine Puissance du Très-Haut. Qu'après l'espace de douze Lunes, tandis qu'il se complaisoit dans la magnificence de Babylone, une voix céleste se fit entendre pour lui annoncer que cette terrible menace alloit s'exécuter ; qu'elle s'exécuta en effet ; que le tems de cette expiation s'étant écoulé, il étoit revenu dans son bon sens & dans son ancienne splendeur, & qu'il venoit de reprendre les rênes de son Empire, en reconnoissant la gloire & la miséricorde du Tout-Puissant.

Rien, en effet, n'étoit plus à propos qu'une pareille Lettre, afin que ce Prince fût reconnu de nouveau par tous ses Sujets : elle est d'ailleurs d'un style simple, noble, digne d'un Roi pénétré de ce qu'il va dire. Elle est en même tems tout-à-fait dans le Génie des Orientaux, qui ajoutoient beaucoup de foi aux songes.

Quant au nombre de *sept* ans d'expiation, il est parfaitement harmonique avec les effets de la Nature & avec le systême de la Création & de notre systême solaire, fondé entièrement sur les rapports de sept, base de toute harmonie. Au *physique*, les sept jours de la semaine, les sept jours des phases de la Lune, les sept Planettes, les sept Etoiles de chacune des Ourses, les sept couleurs de l'Arc-en-ciel & des rayons solaires, &c.

Au *Hiéroglyphique* ou *Symbolique*, toujours appuyé sur la Nature, les sept années d'abondance & les sept années de famine d'Egypte, les sept dixaines d'années de la captivité, les sept dixaines de semaines d'années jusqu'à la naissance de Jesus-Christ, ces sept années de la punition de Nabuchodonosor, &c.

---

(1) Dan. III. 31 du Texte Hébreu ; III. 98 de la Vulgate.

Au *Civil*, le Cycle Hébraïque de sept années, dont la derniere étoit de repos ; les sept fois sept ans écoulés d'un Jubilé à l'autre, &c.

En effet, tout doit être lié dans la Nature & dans la Révélation, tout partant d'un même esprit & tendant à un même but.

Quant à la vraie signification du mot *hidanin* ou *hodenin*, que les LXX. ont rendu par le mot *tems*, qui ne nous apprend rien, on ne peut le déterminer que par analogie. Ce mot signifie encore aujourd'hui en Arabe *un tems*, & il désigne, suivant l'objet dont on parle, un jour, un mois, un an, une portion d'un tems connu. Dans d'autres endroits de Daniel, il fait portion de ce qu'il appelle *Zéman*, qui est une révolution de tems, de sept jours, précisément ce que nous appellons *semaine*, & alors il représente un jour prophétique. Ces sept tems seroient donc sept années prophétiques comme presque tous les Savans s'accordent à le croire.

2.

PRÉDICTION ET MORT DE CE PRINCE.

Nabuchodonosor régna environ une année, à ce qu'on pense, depuis son rétablissement sur le Trône, & il mourut après un regne de quarante-trois ans, laissant ses Etats à son fils Evil-Merodach.

Les Historiens Profanes, MEGASTHENE & ABYDENE, cités par EUSEBE (1), rapportent une prophétie de ce Prince avant sa mort, qui est parfaitement conforme à celle que Daniel lui avoit annoncée : il monta, disent-ils, sur la terrasse de son Palais, & dit : » Je vous annonce, ô Babyloniens, un malheur
» prochain, que ni le destin, ni notre ancêtre Belus, ni notre Reine Belis ne
» sauroient détourner. Il va arriver un *Mulet* Persan, qui par le secours de
» vos propres Dieux, vous imposera un joug cruel : cette infortune vous arri-
» vera à l'occasion d'un Mede, peuple que les Assyriens regardent comme
» leurs plus fidèles amis. Que n'a-t-il été englouti dans les abîmes de la mer
» avant que de trahir mon Peuple, ou transporté dans quelque désert inha-
» bité, où loin des hommes, il ne vît que des oiseaux de proie & des bêtes
» féroces ! Heureux moi-même si je puis finir mes jours avant que ces cala-
» mités enveloppent mon Peuple » !

---

(1) Prép. Evang. L. IX. ch. 17.

Cette Prophétie ne peut être plus conforme à l'événement & à celles de Daniel, qui avoit annoncé la ruine prochaine de Babylone, & qui assura qu'elle seroit occasionnée par les Perses & par les Médes, tandis que ces derniers étoient étroitement liés avec les Babyloniens, & qu'un Prince Méde avoit épousé la propre fille de Nabuchodonosor. Elle étoit ainsi digne d'un Prince qui devoit avoir une confiance sans bornes en Daniel.

On ajoute, qu'après avoir prononcé ces paroles, il disparut; c'est-à-dire, qu'il cessa de vivre : on sait que les Anciens n'exprimoient presque jamais la mort d'une maniere ouverte; mais par des périphrases qui en adoucissoient l'amertume, & qui apprenoient qu'un Être, quoiqu'invisible pour les hommes, étant séparé de son corps, continuoit de vivre : que sa mort n'étoit en quelque maniere qu'un changement de décoration & de lieu, qu'une disparition.

§

De la Gloire de Nabuchodonosor, & de ses funestes effets pour ses propres Etats.

Telle fut la Gloire de Nabuchodonosor ; telles furent ses Conquêtes, ses Exploits : le premier, il fonda un grand Empire sur les débris de cent autres : il marcha ainsi à la tête des Cyrus, des Alexandre, des César, de tous ces Héros que vante l'orgueil des Nations & le faux goût des Rhéteurs. Toujours il fut victorieux ; il n'eut qu'à vouloir, & il vit les Peuples à ses pieds : il subjugua également la sagesse de l'Egypte, les richesses de l'Asie, le faste parcimoniel des Phéniciens, la vie vagabonde des Nomades Africains, l'heureuse simplicité des habitans de la Bétique en Espagne : & afin que rien ne manquât à sa gloire & à sa grandeur, aux pieds de la fameuse tour de Babel il éleva une ville immense où tout étoit un objet d'admiration ; la vaste étendue & la magnificence de ses Palais, la hauteur & la solidité de ses murs, des rues immenses tirées au cordeau, des ponts & de superbes quais qui dominoient sur un grand Fleuve ; Ville étonnante, qui par sa force, par ses richesses, par ses nombreux habitans, sembloit devoir assurer à jamais la durée de l'Empire Babylonien.

Et cependant, avant cinq lustres, cet Empire ne sera plus, Babylone sera tombée ; elle sera devenue la proie d'un Peuple dédaigné comme barbare, & qui n'ayant ni richesse ni faste, n'offroit rien aux yeux avides du Conquérant. Mais ce fut précisément cette gloire, ces conquêtes, cette Ville superbe, qui livrerent l'Empire Babylonien aux Perses, qui le mirent hors de défense, hors d'état de soutenir le poids d'un Conquérant. Ce ne fut pas par une gloire plus grande, par plus de sagesse, par plus de grandeur : ce fut une suite nécessaire de la fausse gloire de Nabuchodonosor ; ce fut l'effet indispensable de ses vues désordonnées, qui forcerent tous les moyens, qui userent tous les ressorts, qui priverent ses Etats de toute ressource.

Le Héros Babylonien étoit à la vérité un Prince magnanime, épris du plus grand amour pour la gloire, infatigable dans ses travaux pour l'acquérir, que n'endormit jamais la mollesse, le goût pour les plaisirs, aimant les Arts & la magnificence, tout ce qui éléve l'ame; mais il ignora toujours en quoi consiste la vraie grandeur, & il l'ignora malheureusement pour sa Famille, pour ses Etats, pour ses Voisins.

A la fleur de l'âge, il s'étoit vû à la tête des Armées ; encore très-jeune, il avoit gagné des Batailles, vaincu des Empires, mis des Rois à mort : dès ce moment il n'eut plus que du mépris pour les Rois, & il se crut leur Maître : il devoit l'être, si le génie a le droit de commander ; car tous les Rois qu'il vainquit, même ceux de l'Egypte, ne savoient pas régner.

Une seule Ville fut & put se défendre pendant plusieurs années : c'est qu'elle étoit maîtresse des Mers.

Gâté par ses premiers succès, il ne fut plus que conquérir : il crut qu'il n'étoit Général que pour se battre, & Roi que pour être le seul à régner sur la Terre & sur les Mers.

Ses constans efforts pour remplir ses hauts projets, furent d'autant plus aisés, qu'il trouvoit les plus grandes ressources dans ses Etats Primitifs. Nous avons vû combien la Chaldée & la Mésopotamie avoient de richesses rurales, presque toutes en profit pour le Souverain, par le peu de frais qu'exigent les avances dans ces Contrées, par la vie frugale des Peuples de l'Orient, par leur peu de besoins, par le Commerce immense qu'ils faisoient au moyen de leurs canaux, de leurs grands Fleuves, de leurs Mers, de leurs liaisons avec les Phéniciens, Entremetteurs de tous les Peuples, & de toutes les espéces de Commerce.

Mais à force d'être hors de ses Etats, d'en emmener les Peuples au loin, de leur faire préférer la vie vagabonde à la vie agricole, en leur montrant dans le pillage, un moyen plus prompt, plus rapide de faire fortune ; en transplantant sans cesse les Peuples, il épuisa ses Finances, & il en affoiblit la source par une culture moins prospere, moins soutenue.

Aussi avec lui tomba l'esprit de Conquêtes, parce qu'on n'avoit ni génie, ni forces, ni Finances pour en faire de nouvelles : on négligea celles qu'on avoit faites, parce qu'on n'avoit pas plus de moyens pour conserver, que pour étendre : on se réduisit à l'ancien Empire Babylonien ; & cet Empire ne fut plus rien, parce que les mœurs étoient changées, parce que le luxe & la dissipation avoient pris la place de la frugalité ; parce que l'Empire étoit fondu dans une Ville immense, où s'étoient réunis les Satrapes, les Princes de cet Empire, ceux qui jusques alors avoient vivifié les Provinces ; qu'on ne s'occupa plus que des moyens de conserver, de maintenir, d'amuser ces orgueilleux Citadins, & que la vaine confiance dans des murs impénétrables, ôta tout autre esprit de défense, anéantit toute prudence, livra les Provinces entieres aux premiers qui voulurent les prendre.

Ajoutez à cela, qu'ayant affoibli & aliéné tous leurs Voisins, les Babyloniens n'eurent plus d'Alliés ; que par conséquent ils ne trouverent personne en état de les défendre & de les faire respecter ; & que lors même qu'ils auroient voulu changer en Alliés les Etats qu'ils avoient conquis, ceux-ci dans leur état d'épuisement n'auroient pu leur être d'aucun secours : ils n'en pouvoient trouver également aucun dans les Princes de la Mer, dont ils avoient détruit les Ports, anéanti la Marine, à qui ils avoient enlevé toute ressource. Leurs Conquêtes en Asie ne leur offroient qu'Etats dévastés, que culture languissante, que Propriétaires ruinés, que Familles Royales dégradées. La sagesse des Egyptiens même étoit déconcertée, leur Empire n'avoit plus de base, il ne pouvoit plus se relever d'un coup aussi terrible ; il ne pouvoit résister aux efforts du premier attaquant, & ces efforts n'étoient pas éloignés.

L'orgueil du Héros Babylonien avoit irrité l'orgueil de tous, en les humiliant tous, & sa Puissance avoit écrasé ceux qu'elle humilioit : son Empire se trouva donc seul pour soutenir le choc des Héros que formoit son exemple ; & épuisé par ses efforts passés & hors de toute mesure, il tomba & fut enseveli sous son propre poids, sans avoir jamais pu se relever.

Si ce Prince, mieux instruit, eût mis sa gloire, non à s'aggrandir par des Conquêtes, mais à faire fleurir ses Etats, par les mêmes moyens qui les avoient élevés à ce haut point de perfection, par une meilleure culture, par des canaux qui allassent vivifier les Provinces les plus reculées, par des Finances bien administrées, par un Commerce étendu, par sa justice envers tous, par des Alliances sages avec ses Voisins, devenus eux-mêmes par-là plus puissans & plus riches, en laissant l'Empire de la Mer à ceux qui ne pouvoient s'en passer, en ouvrant ses Etats à tous, afin de profiter des lumieres, des richesses, du Commerce de tous, & qu'ils pussent faire chez lui des échanges immenses qui donnassent aux terres la plus grande valeur possible : si en même tems, au lieu de rassembler tous les Grands de son Royaume dans une Ville immense, où venoient s'engloutir les richesses & les générations, & qui seule attiroit les yeux & l'attention, il les eût encouragés à faire valoir leurs Terres, & eût réservé ses chaînes d'or pour ceux-ci, l'Empire auroit été élevé sur une base inébranlable ; Nabuchodonosor eût été le modèle des Princes, l'Idole des Peuples ; il se fût élevé un Monument aussi honorable, aussi grand, que celui de Dura étoit étroit & ridicule (1) ; son Empire entier n'eût été qu'un Monument où tout auroit retenti de sa gloire. Cet Etat subsisteroit encore aujourd'hui, plein de force & de vigueur : il se seroit joué des efforts des Perses, des Alexandre, des Séleucides, des Romains, des Parthes, des Arabes, des Turcs ; aucun n'eût osé attaquer une Nation aussi respectable, aussi estimable, aussi sage : peu eût importé que ses Princes n'eussent pas tous été des génies sublimes ; les Babyloniens se seroient soutenus par leur équité, par leur opulence territoriale, toujours subsistante, toujours vivifiante, & l'intérêt que chaque Peuple eût trouvé à être son Allié, son Ami, lui auroit concilié à jamais l'Univers entier.

L'instruction se seroit établie & affermie chez eux & chez tous les autres : elle seroit revenue forte des lumieres de tous ; & par cet échange mutuel de lumieres & de connoissances, les Babyloniens n'auroient jamais été inférieurs à aucun autre Peuple, en connoissances, en moyens, en inventions pour se perfectionner à tous égards.

Mais l'instruction se trouva nulle, l'exemple fut faux & dénaturé ; le siècle entier fut corrompu, gâté, vicié, & l'Etat tomba par sa propre corruption & par celle de tous ses voisins.

Ainsi, les premiers pas contre l'Ordre amenerent, comme il étoit juste, le plus grand désordre à leur suite & la ruine totale de l'Etat, qui le premier se vicia : ainsi il en fut & il en sera à jamais de tous ceux qui se conduiroient de même, qui dénatureront tout, ou qui, ayant déjà pris une fausse route, se refuseront à toute instruction, à toute lumiere, ou persévereront obstinément dans cette fausse route.

On ne doit pas être étonné que nous insistions sur cet objet ; c'est la premiere

___

(1) Ce Roi, après ses premieres victoires, avoit élevé dans les plaines de Dura une colonne très-haute, surmontée d'une Statue, à laquelle il obligea tous les Grands de venir rendre hommage. Il en est parlé dans Daniel, Chap. III. ainsi que des suites qu'eut cet ordre pour celui-ci & pour ses amis.

fois que nous avons à parler d'un Conquérant : c'est celui dont l'éclat passager a ébloui tous les autres ; & jusqu'ici l'Histoire, au lieu de peindre cet esprit de conquêtes & de guerres sous ses vraies couleurs, s'est presque toujours follement extasiée des sons vains, & boursouflés d'une fausse & malheureuse renommée.

Mais telle ne doit pas être l'Histoire. En transmettant aux hommes le souvenir de ce qu'ont fait les générations passées, elle ne doit jamais perdre de vue la félicité des générations présentes & futures : elle doit par conséquent peser à une juste balance toutes les actions passées ; porter au bien par la considération des heureux effets produits par les actions vertueuses & conformes à l'ordre ; détourner de tout ce qui est contre cet ordre, par la considération des malheureux effets que produisent nécessairement les actions qui lui sont contraires. Toute autre Histoire est un attentat contre l'humanité, l'effet odieux de l'ignorance du bien, ou d'une flatterie criminelle.

Quels services n'eussent pas rendu au Héros Babylonien, à leur Nation, à l'Univers entier, les Mages de la Chaldée, s'ils avoient éclairé ce jeune Héros, s'ils lui avoient montré en quoi consiste la vraie prospérité d'un Etat ; s'ils lui avoient appris que le premier devoir d'un Prince est la justice envers tous, qu'il est fait pour régner sur des hommes & non sur des déserts ; qu'il ne doit pas avoir plus de Pays qu'il n'en peut gouverner, ou qui ne lui soient acquis justement, par amour & par affection, plutôt que par force : que des Conquêtes acquises aux dépens de ses Sujets, au détriment de ses propres Etats, élevées sur leurs ruines, sont un véritable fléau, le plus grand mal qu'un Prince puisse se faire : qu'il ne laisse à ses enfans qu'ennemis au dehors, & que ruine & foiblesse en dedans : que la gloire des Conquêtes est celle d'un brigand, tandis que la vraie gloire d'un Prince, est celle d'être aimé & respecté au dehors, & de faire prospérer ses Etats, au point qu'ils deviennent pour tous les Peuples une source d'avantages de toute espèce ; ensorte que tous soient intéressés à sa conservation : que toute autre gloire n'est que factice, & qu'elle s'évanouit bientôt, n'ayant aucune base, aucun aliment, & se dévorant elle-même.

Ce que les Mages ne surent ou n'osèrent dire, l'Histoire doit le dire hautement, éclairée par les connoissances du siècle & par cette belle science qui fait voir que comme les hommes se doivent secours à tous, les Sociétés de même doivent se soutenir mutuellement, sous peine de périr chacune de leur côté ; & retenir les Héros dans le droit chemin par l'opinion publique, par la flétrissure dont ils se couvriroient s'ils osoient tenir une autre route, & renoncer à la sagesse pour des entreprises folles ou universellement désapprouvées, & qui, au lieu de les élever, les abaissent nécessairement, en écrasant leurs Peuples.

ARTICLE VIII.

DES SCYTHES, DES CHINOIS ET DE QUELQUES SAGES A CETTE ÉPOQUE.

1. Des Scythes qui conquirent la Médie, &c.

Les Historiens ne nous apprennent pas d'où venoient les Scythes qui fondirent sur les Mèdes & sur les autres Contrées de l'Asie Occidentale : on donnoit ce nom à tous les Peuples Nomades ou Pâtres répandus au Nord de l'Asie, & que nous connoissons sous le nom général de Tartares, quoique leur vrai nom soit *Tatares*, & qui s'étendent depuis l'Europe jusqu'à la Chine, à travers les vastes Contrées de l'Asie Septentrionale.

Il est plus qu'apparent que les Scythes qui se jetterent si à propos pour les Assyriens sur les Etats de Cyaxare pendant qu'il assiégeoit Ninive, avoient été appellés par le Prince Assyrien, puisqu'ils n'attaquerent point ses Etats; ce que personne cependant n'a remarqué. En effet, comment des Peuples qui ravagerent les deux Arménies, le Pont, la Cappadoce, la Colchide, l'Ibérie & la plus grande partie des Etats des Mèdes, n'auroient-ils pas également ravagé l'Assyrie, qui offroit à leur cupidité des richesses infiniment plus grandes, s'ils n'avoient eu un Traité avec ce Royaume; d'autant plus qu'il étoit aux abois, puisqu'il avoit été attaqué jusques dans sa Capitale par ces Mèdes qui ne purent soutenir le choc des Scythes ?

Par les Etats qu'ils envahirent, on voit qu'ils avoient passé entre la Mer Noire & la Mer Caspienne, pour venir fondre sur l'Asie Occidentale : ils étoient donc venus de la grande Scythie ; ils étoient donc de vrais Tartares, comme ils s'appellent.

Peut-être aussi étoient-ils des Tartares qui fuyoient devant la Puissance redoutable des Chinois, & qui cherchoient quelques heureuses Contrées où ils fussent à l'abri de cette Nation, ainsi que toutes ces Hordes qui se jetterent sur l'Europe & sur l'Asie, dans le tems de la décadence de l'Empire Romain, & qui en précipiterent la ruine. L'Histoire de la Chine, à cette époque, favorise du moins cette opinion.

2.
DES CHINOIS A CETTE ÉPOQUE.

L'Histoire de la Chine fait mention d'une guerre entre les Chinois & les Tartares, arrivée environ l'an 640 avant Jesus-Christ, & dans laquelle les Tartares furent mis en déroute : c'étoit sous le regne de *Siang-Vang*, dix-neuvieme Empereur de la troisieme Dynastie. Ces Tartares avoient pris parti, en faveur d'un fils de ce Prince, contre son pere; le jeune Prince fut également battu & mis à mort; & comme l'Empereur régna encore plusieurs années, il est apparent qu'il poursuivit les Tartares, & que ces fuyards se culbuterent sur d'autres Tartares, qui, repoussés par-tout, vinrent faire des courses entre les deux Mers, & devinrent, entre les mains du Roi Assyrien assiégé dans ce tems-là, un instrument admirable pour le débarrasser de son ennemi. Du moins les époques se rencontrent fort bien; car Ninive fut prise avant l'an 606 : ce ne seroit pas trop supposer, que de rapporter cet événement à l'an 609, puisque c'est dans ce tems-là que Nechao se rendit maître de Car-Kemis, sous le regne de Josias; c'étoit donc vingt-huit ans après la guerre des Tartares & des Chinois, dont nous venons de parler. Or, HÉRODOTE nous dit qu'il s'écoula vingt-huit ans entre les deux Siéges de Ninive par Cyaxare; l'accord ne sauroit être plus complet : le premier Siége seroit donc arrivé vers l'an 637 ou 636, peu d'années après la défaite des Tartares par les Chinois.

Nous ne dirons pas que ces Scythes ou Tartares aient asservi les Mèdes pendant ce long espace de tems : HÉRODOTE ne le dit pas; il parle en général du tems pendant lequel les Tartares firent trembler l'Asie, & en avoient asservi une partie : ce qui eut nécessairement lieu jusqu'à ce que leur Protecteur l'Assyrien ne fût plus en état de les soutenir; car alors Cyaxare, aidé de toutes les forces de l'Asie Occidentale, les repoussa entierement du reste de l'Asie, long-tems après qu'il en eut débarrassé la Médie; & s'il ne recommença pas aussi-tôt ses attaques contre les Assyriens, c'est qu'il se trouva long-tems trop foible, & eux encore trop forts, pour qu'il pût espérer de le faire avec succès.

3.
De quelques Sages qui ont fleuri dans cet espace de tems.

Depuis l'Empereur Chinois *Siang-Vang*, qui repoussa les Tartares, jusqu'à *Ling-Vang*, qui vivoit lorsque Babylone fut prise par les Perses, la Chine fut gouvernée par sept Empereurs, celui-ci compris, dont l'Histoire n'offriroit rien de remarquable, sans deux illustres Philosophes qui parurent dans ce tems-là.

Environ l'an 604, au moment où Nabuchodonosor venoit de monter sur le Trône, naquit à la Chine, dans la Province de Hou-Quang, LAO-KIUN, Fondateur d'une Secte célèbre dans cet Empire; sa doctrine étoit semblable à celle d'Epicure, & il reconnoissoit un Dieu suprême, Créateur de l'Univers, impassible, premier mobile de tout : on lui attribue en même-tems d'avoir trouvé le secret de prolonger la vie bien au-delà du cours ordinaire ; ce qui fit appeller ses Disciples la Secte des Immortels.

Avec aussi peu de données, on ne peut se former une notion exacte des principes de *Lao-Kiun*; à peine pouvons-nous en avoir de ceux d'Epicure, qui devroient être bien mieux connus, & dont la doctrine a été certainement très-mal entendue, très-mal jugée : ce qui n'est point étonnant; on aime mieux décider d'un ton imposant, que d'examiner. Il est plus aisé de dire qu'une nouvelle maniere de présenter de grandes vérités, est un système absurde, & de les tourner en ridicule, que de chercher ce que ce système peut renfermer d'utile ou de vrai : aussi l'Histoire des Opinions & des Dogmes a-t-elle été toujours très-imparfaite, parce qu'elle n'a presque jamais été faite par des esprits exempts de préjugés ou impartiaux : ce qui est très-fâcheux, & n'a pu qu'arrêter sans cesse les progrès de l'esprit humain.

LAO-KIUN vécut 84 ans ; il survécut ainsi à la prise de Babylone par Cyrus : sa vieillesse a cela de remarquable, qu'elle coïncide avec la naissance de quelques grands Hommes qu'il sembloit que formât la Nature pour l'avantage de leurs Contemporains. L'un est le fameux CON-FUCIUS, ou CON-FUTSÉE, la gloire de la Chine, qui naquit environ l'an 551, sous le regne de Ling-vang, peu de tems après la mort de Nabuchodonosor.

Les autres étoient, ESOPE, qui vécut du tems de Crésus & de Cyrus, Philosophe infiniment utile à tous les siècles & à toutes les Nations par la sagesse de ses Fables, & l'excellence de leurs leçons, qui ont servi de modèle à tout ce que nous avons de meilleur en ce genre ; ZOROASTRE, restaurateur de la Doctrine des Mages, & qui, contemporain de Cyrus, parut dans tout son éclat à la Cour de DARIUS fils d'Hystaspe, de ce Darius qui ayant fait faire un massacre des anciens Mages, fut obligé de renouveller cet Ordre & de le réformer.

THALÈS & SOLON fleurissoient dans le même tems dans la Grèce ; mais leur Histoire tient à celle de l'Asie par leurs liaisons avec Crésus Roi de Lydie, Allié des Babyloniens contre Cyrus.

Ainsi ce VIe. Siècle étoit pour toutes ces Contrées, un *Siècle de lumiere & de restauration* qui doit le rendre infiniment précieux à tous les hommes. Les travaux de ces Savans distingués ne furent rien moins que passagers. Confucius est encore vénéré à la Chine; sa Doctrine y est presque regardée comme divine; elle sert de régle aux Chinois, & ses ouvrages sont en quelque sorte leurs Livres classiques. La Doctrine de Zoroastre n'a plus le même éclat, il est vrai: sa gloire disparut avec l'Empire des Persans; mais il a encore de zélés Disciples dans les foibles restes de cette ancienne Nation appellés encore *Parsis* de nos jours, surnommés *Guebres*, ou Infidèles, & dont la race n'est pas encore entierement éteinte.

Ces efforts de la lumiere pour surmonter les ténèbres & l'ignorance, & les heureux effets qui en résultent dédommagent du moins de l'horreur qu'excitent les ravages des Conquérans & les fureurs de la discorde: il est beau, il est ravissant de voir des Sages s'occuper du bien public, enseigner aux hommes le chemin du bonheur, les conduire aux portes de la vérité & de la sagesse. Nous regarderions l'époque dont nous esquissons l'histoire, comme infiniment malheureuse si elle n'avoit été éclairée par quelques-uns de ces Astres brillans dont la vérité se sert pour amener les hommes à elle, pour s'en faire aimer & rechercher. Heureuses les Nations qui savent les accueillir, en profiter, & marchant sur leurs exemples, perfectionner leurs travaux, & porter la lumiere jusqu'à ses dernieres bornes!

ARTICLE IX.

REGNE D'EVIL-MERODACH, FILS DE NABUCHODONOSOR.

Nabuchodonosor eut pour successeur son Fils EVIL-MERODACH, ou Merodach l'Insensé: il ne répondit nullement à ce qu'on devoit attendre du Fils d'un aussi grand Prince; il étoit sans génie, débauché & méchant: tels sont les Fils des Grands, lorsqu'ils s'imaginent que leur nom leur suffit & qu'il ne doit servir qu'à justifier leurs excès, leurs déreglemens, leur mauvaise conduite, malheureux d'être nés dans un haut rang, qu'ils déshonorent, & qui rend leurs vices plus éclatans & presque sans remede.

Ce Prince avoit déja donné du vivant de son Pere, des preuves de son caractere impudent, fier, présomptueux & cruel. Dans le tems que celui - ci

Diss. Tom. I. K

étoit privé de sa raison, Evil-Merodach qui étoit sur le point d'épouser la célèbre Nitocris, eut envie de faire une partie de chasse vers les frontieres de la Médie, dont les montagnes abondoient en gibier, à cause de la paix qui régnoit depuis long-tems entre les Mèdes & les Chaldéens. Il se mit en marche avec un Corps de Troupes assez considérable en Cavalerie & en Infanterie; car c'est ainsi que les Princes d'Asie font la chasse encore de nos jours, avec de nombreuses Troupes qui investissent des montagnes & des forêts entieres, laissant en paix les tranquilles Campagnes. Arrivé sur les frontieres, il rencontra d'autres Troupes, qui venoient relever les Garnisons du voisinage. Il se met aussi-tôt en tête d'attaquer avec tous ces Corps les Mèdes, dans l'idée d'acquérir bien plus d'honneur en faisant la guerre à des hommes, qu'à des animaux; mais dans le tems qu'il ravage la Médie & qu'il la livre au pillage, il est attaqué lui-même, & repoussé par le Roi des Mèdes, accompagné de son Fils & du jeune Cyrus.

La seule action louable qu'on lui attribue lorsqu'il fut sur le Trône, est d'avoir mis en liberté Jehojakim, ce Roi de Juda, avec qui il s'étoit trouvé dans la même prison; & de l'avoir traité avec tous les égards dûs à son rang.

Cependant, il se rendit si insupportable à ses Sujets, qu'il fut tué par Nériglissar ou *Neri-Kad-Soll-Assar*, Prince Mede, qui avoit épousé sa Sœur: cet assassinat fut commis au milieu d'un festin, qu'il donnoit aux Seigneurs de sa Cour, dans la troisieme année de son Règne.

ARTICLE X.

REGNE DE NERI-KAD-SOL-ASSAR, OU NERIGLISSAR.

Neriglissar s'étant ainsi emparé d'un Trône qui ne lui appartenoit pas, fut obligé de soutenir une vive guerre contre les Perses & les Medes, soit qu'il crut qu'il ne pouvoit se maintenir sur un Trône usurpé, sans occuper ses Sujets à une guerre étrangere, & qu'il voulût s'attacher ces anciens Guerriers, qu'une trop longue paix ennuyoit; soit que les Mèdes & les Perses, lui eussent déclaré la guerre pour venger la mort d'un Allié, & pour ne pas donner à un Prince, qui sembloit aussi entreprenant, le tems de s'aggrandir.

A cette époque, le tableau de l'Asie avoit singuliérement changé: il n'y avoit plus de Rois en Syrie, en Judée, en Palestine: tous ces Etats appartenoient aux Chaldéens. Apriès, ce Roi d'Egypte qui avoit vu son Empire ravagé par Nabuchodonofor, & qui avoit eu de longues guerres à foutenir contre le rébellé Amafis, n'étoit plus: il avoit été fait prifonnier par fon ennemi, & étranglé par ceux qui blâmoient Amafis de fa clémence envers lui. Ce nouveau Roi ne négligeoit rien pour rétablir dans leur premier luftre les affaires délâbrées de l'Egypte, pour la remettre des longues & terribles convulfions qu'elle venoit d'éprouver, pour y ramener l'ordre civil & politique, & fur-tout pour entretenir une étroite correfpondance avec les Grecs, qui depuis la ruine du commerce de Tyr, commençoient à fe rendre confidérables.

Les relations des Princes Chaldéens s'étoient étendues dans des Contrées fort éloignées. Les Indiens, les Phrygiens, les Lydiens, les Cappadociens fe trouvoient leurs plus proches voifins, & leurs intérêts étoient devenus communs. C'e{t} à ces Nations & à leurs Rois que le nouveau Prince Chaldéen s'adreffa pour obtenir des fecours contre les Medes & les Perfes.

CRÉSUS, Roi de Lydie, vint avec plus de cinquante mille hommes de Troupes, dont dix mille de Cavalerie. ARTAMAS, Roi de la grande Phrygie, amena quarante mille Fantaffins, & huit mille Cavaliers; ARIBÉUS, Roi de Cappadoce, conduifoit fix mille hommes de Cavalerie, & trente mille d'Infanterie, prefque tous Archers: & MARAGDAS, Prince Arabe, dix mille Cavaliers, deux cens Chariots & un grand nombre de Frondeurs. La Cavalerie faifoit donc alors un cinquieme des Armées: & le Roi de Babylone, qui joignit à ces Troupes vingt mille hommes de Cavalerie, deux cent Chariots, & de l'Infanterie à proportion, dut avoir au moins quatre-vingt mille hommes de pied: enforte que fes Troupes ne faifoient guères que le tiers de l'Armée Conféderée.

Les Medes & les Perfes n'eurent de leur coté que Tygranes, Roi d'Arménie, qui leur amena un renfort confidérable; mais quoiqu'inférieurs en nombre, ils eurent toujours la fupériorité dans les combats.

Les Indiens fe conduifirent dans ce conflit d'une maniere digne de leur fageffe: ils envoyerent des Ambaffadeurs pour s'informer des caufes de ces armemens prodigieux, & pour offrir leur médiation, avec ordre de déclarer qu'en cas de refus, ils prendoient le parti de celui qui auroit la juftice de fon coté. Cette Ambaffade ne fut cependant fuivie d'aucun effet, foit que les deux partis leur euffent paru auffi déraifonnables l'un que l'autre, foit qu'il leur fût furvenu à eux-mêmes dans l'intervalle, des affaires, qui les occuperent affez pour les empêcher de fe mêler d'une guerre étrangere: ce qui eft le plus apparent.

Dès le commencement de la guerre, les Chaldéens des Montagnes, c'eft-à-dire, les Habitans de la haute Assyrie, ceux qu'on appelle aujourd'hui Curdes, firent une invasion dans l'Arménie. Xenophon vante leur valeur, leur intrépidité, quoiqu'ils fussent armés très-légerement, n'ayant qu'un bouclier d'ofier & quelques javelots; mais Cyrus marcha contr'eux, les battit, & les obligea de faire la paix avec les Arméniens.

Enfin, les Armées en vinrent aux mains, dans la quatrieme année du regne de Nerigliſſar: ſes propres Troupes ſe battirent fort mal, & lâcherent pied, tandis que les Princes alliés qui avoient le deſſus, obligeoient Cyrus à abandonner le champ de bataille; mais ayant appris que le Roi Nerigliſſar avoit été tué dans le combat, ces Princes prirent le parti de ſe retirer chacun chez ſoi, ſans doute après avoir ménagé quelque trève avec leurs ennemis.

ARTICLE XI.

Regne paſſager de Labo - roſo - ar - chod.

Labo-roſo-ar-chod ſuccéda à ſon Pere Nerigliſſar; il débuta ſi mal, il manifeſta des inclinations ſi féroces, qu'il aliéna tous les eſprits: il n'en falloit pas tant pour occaſionner une révolution: il n'avoit pas le génie de ſon Pere, & il exiſtoit encore un jeune Prince de la Maiſon de Nabuchodonoſor, & Fils de la fameuſe Nitocris: celle-ci étoit trop habile pour ne pas profiter de la premiere occaſion qui pourroit faire rentrer l'Empire dans ſes mains. Ainſi le Fils de l'uſurpateur fut aſſaſſiné après un règne ſi court, que Ptolomée n'a pu le faire entrer dans ſon Canon Chronologique, le tems de ſon regne ſe confondant avec la premiere année de ſon Succeſſeur. Son véritable nom, d'ailleurs, étoit *Nabo - roſo - ar - chod*, puiſque le mot de *Nabo* entre ſans ceſſe dans le nom de ces Princes, & que la lettre L ſe ſubſtitue ſouvent à la lettre N, comme nous en allons voir un autre exemple.

ARTICLE XII.

Nitocris et Nabon-Adius.

1.

Nabon - Adius étoit fils d'Evil-Merodach, qui avoit épouſé Nit - ocris. Ce Prince devoit être fort jeune, & hors d'état de ſoutenir le poids des affaires dans la ſituation critique où ſe trouvoit l'Empire; auſſi toute la puiſſance étoit en quelque façon dans les mains de ſa Mere.

ESSAI D'HISTOIRE ORIENTALE.

Le nom de cette illuftre Reine eft compofé de deux mots primitifs très-connus : NEIT ou NIT, Princeffe; OCHR, grand. Celui de fon Fils eft compofé du nom de *Nebo*, *Nabo*, fi commun chez ces Princes; & d'AD, l'unique, le feul. Les Grecs altérerent fon nom en celui de *Labinit*, *Labenit*, *Labynitus*, par le même changement de N en L, dont nous venons de parler. C'eft fous ce dernier nom qu'Hérodote en parle comme Roi de Babylone & Empereur d'Affyrie, ajoutant que fon nom étoit dérivé de celui de fon Pere, ce qui eft vrai, puifque ce nom de *Nabo*, étoit commun à cette famille.

2.

ALLIÉS DES BABYLONIENS.

Nitocris fit les plus grands efforts pour mettre Babylone dans le meilleur état de défenfe : elle l'entoura de murs du côté du fleuve, & elle fit pratiquer au-deffous, à ce qu'on affure, une galerie voutée, de douze pieds de hauteur, fur quinze de largeur, pour pouvoir paffer d'un Palais à l'autre, lors même que l'ennemi fe feroit rendu maître du fleuve ; peut-être en même tems pour y pouvoir mettre en fureté une partie de fes richeffes. Cette prévoyance, ces foins, ont été exalté par tous les Hiftoriens ; mais c'étoit moins à fortifier Babylone qu'il falloit employer fes tréfors, qu'à mettre en état de défenfe les Provinces du Royaume : celles-ci étant perdues, que devenoit la Capitale avec fes étonnans remparts, fes fortifications redoublées ? il falloit néceffairement que la chute de l'Empire, de tout fon Territoire, entraînât la fienne, elle n'étoit plus qu'une vafte prifon.

Auffi les Medes & les Perfes ne prirent pas le change : ils laifferent Nitocris fortifier Babylone autant qu'elle voulut, & manifefter par-là plus de foibleffe & de frayeur, que de grandeur d'ame : & ils fe jetterent fur ces riches Provinces, dont on négligeoit la défenfe, & qui étoient cependant la vraie force de l'Etat. Ils fe rendirent en particulier maîtres de l'Elymaïde & de la Sufiane, où commandoit Abradate, mari de la belle Panthée. Ainfi étoit divifé l'Empire Babylonien entre les Perfes & les Medes : ainfi fa chute ne pouvoit être éloignée.

Nabonadius devenu majeur, le fentit vivement, & fortant de fa léthargie, il comprit qu'il falloit des moyens plus efficaces, pour n'être pas écrafé : il fe rend donc avec des tréfors confidérables chez le plus puiffant Roi de l'Afie

Mineure, Crésus, Roi de Lydie, si renommé par ses grandes richesses, & qui avoit déjà secouru Babylone, sous le regne de Nerigliſſar.

Ce Roi effrayé de la puissance que commençoient d'acquérir les Medes & les Perses, & persuadé que de la conservation de Babylone dépendoit la sienne propre & celle de toute l'Asie Mineure, ce Roi, dis-je, se chargea de secourir les Babyloniens, & il obtint en leur faveur de Troupes nombreuses de la part de tous les Princes de l'Asie Mineure; il en obtint également des Thraces, des Grecs, des Egyptiens même.

Ainsi s'ébranloit l'Asie entiere contre elle-même: jamais on n'avoit vu de si grandes Armées sur pied: jamais on n'avoit combattu pour de si grands intérêts: c'étoit le salut entier de l'Asie dont il s'agissoit : c'étoit pour savoir si elle obéiroit à des Souverains éclairés, amis de leurs Peuples, en état de veiller sur l'étendue de leurs Etats, ou si elle deviendroit la proie d'un seul Despote tyrannique, qui livreroit le sort de ses sujets à des Satrapes avides, uniquement occupés à les piller, à les asservir, à leur ôter toute élévation d'ame, à changer en vastes déserts ces riches & florissantes Contrées.

L'Armée des Princes alliés étoit composée d'environ quatre cent vingt mille hommes : Amasis, Roi d'Egypte, en avoit lui seul fourni cent vingt mille, tous gens d'élite. Les trois cens mille autres, dont soixante mille de Cavalerie, étoient venus de Babylone, de Lydie, de l'Asie Mineure, de la Thrace, de la Phénicie, de la Cappadoce : le rendez-vous général fut dans les vastes plaines de Thymbrée, près du Pactole: c'étoit la neuvieme année du regne de Nabonid, l'an 554 avant J. C.

Cyrus, instruit de ces préparatifs immenses, ne donna pas le tems à ces Princes alliés de venir fondre sur lui ; il va les chercher lui-même au lieu du rendez-vous, avec une Armée fort inférieure en nombre, puisqu'elle ne montoit qu'à cent quatre-vingt seize mille hommes, dont soixante-dix mille Persans : savoir dix mille Cuirassiers à cheval, vingt mille à pied, vingt mille Piquiers, & vingt mille armés à la légere. Le reste étoit composé de vingt-six mille chevaux Medes, Arméniens & Arabes, & de cent mille Fantassins des mêmes Nations. Outre ces Troupes, Cyrus avoit trois cens charriots de guerre, armés de faulx, tirés chacun par quatre chevaux attelés de front & bardés à l'épreuve du trait. Ce Prince avoit encore fait construire un grand nombre de Chariots beaucoup plus grands, sur lesquels il y avoit des Tours hautes de douze coudées : elles contenoient vingt Archers ; mais elles étoient d'une charpente si légere, que le poids entier de la machine, y compris celui des hommes, n'alloit qu'à cent vingt talents, environ cinq mille livres de notre poids. Ces Tours étoient traînées par seize bœufs attelés de front.

On frémit en voyant Cyrus attaquer dans de vastes plaines une Armée plus forte du double, qui occupoit quarante stades de longueur, sur trente hommes de profondeur ; & même sur cent hommes de profondeur dans le centre occupé par les Égyptiens : d'ailleurs, on a dit il y a long-tems, que la fortune est pour les gros bataillons.

Cependant ce fut Cyrus qui remporta la victoire, & la victoire la plus complette : on voit donc ici ce que peut une Armée conduite par un seul Chef plein de courage, de génie, & d'audace, & adoré de ses soldats, contre des Troupes nombreuses, commandées par différens Chefs, composées de diverses Nations, qui ne peuvent agir de concert, & qui n'ont jamais le même intérêt : aussi cette multitude de confédérés fut chassée comme des troupeaux immenses devant le Pâtre qui les conduit.

3

BATAILLE DE THYMBRÉE.

Cette bataille est un des événemens les plus considérables de l'antiquité, puisqu'elle décida de l'Empire de l'Asie Occidentale entre les Babyloniens & les Perses. XENOPHON l'a décrite dans un grand détail dans la Cyropédie : il avoit passé sur le lieu du combat, & y avoit campé avec l'Armée du jeune Cyrus, 150 ans après la victoire remportée par les Perses, qui la regardoient encore au tems de cet Historien comme le chef-d'œuvre du plus grand Général de la Nation ; c'étoit même le fondement de leur Tactique : & les dispositions auxquelles Cyrus dut son succès, ont été imitées dans la suite par les plus grands Capitaines, par César à la Bataille de Pharsale, par le Duc de Parme dans les plaines de Picardie, &c. Sa description est d'autant plus précieuse, qu'elle est la premiere Bataille rangée dont le détail soit connu avec quelque exactitude.

On y voit ce que peut le génie contre la force. Cyrus devoit sur-tout empêcher les Confédérés de l'investir, comme ils devoient le desirer, & comme ce fut en effet leur plan : pour y parvenir, il fit derriere son Armée une ligne mobile de tous ces chariots de bagage qui la suivoient, & qui se reployoit sur ses flancs qu'elle défendoit également, & il y plaça des Troupes que l'ennemi n'appercevoit pas, & qui devoient lui faire face aussi-tôt qu'il se croiroit prêt d'arriver sur les derrieres de l'Armée : ces Troupes étoient en même tems accompagnées de Chameaux, dont les Chevaux de l'Afie Mineure ne pouvoient foutenir l'odeur, n'y étant point accoutumés. Quant à fes Tours & à fes Chariots armés en guerre, ils étoient à la premiere ligne.

Jamais la Cavalerie Lydienne ne put parvenir à enfoncer ces Chariots : & la furprife que lui caufa la vive réfiftance qu'elle éprouva lorfqu'elle fe croyoit au moment de prendre les Perfes en flanc, jetta parmi eux une confufion & un défordre fi grand & fi univerfel, qu'ils prirent tous la fuite, toujours fuivis par la Cavalerie Perfane, qui ne leur donnoit pas le tems de fe rallier.

Celle-ci prenant enfuite en flanc elle-même le refte de la Cavalerie Lydienne, la força de fuir & d'abandonner l'Infanterie qu'elle foutenoit. Tandis que ceci fe paffoit à la gauche des Confédérés, les Chevaux de leur aîle droite furent fi frappés de l'odeur des Chameaux, que fe cabrant & fe renverfant les uns fur les autres, ils emporterent leurs Cavaliers, malgré tous leurs efforts, loin du combat.

L'Infanterie abandonnée de toutes parts par la Cavalerie, ne penfa plus qu'à fuir elle-même pour n'être pas écrafée par l'ennemi.

Les Egyptiens qui étoient au centre, furent les feuls qui firent de la réfiftance; ils n'avoient pu être rompus par le choc des Chariots; Abradate, Roi de la Sufiane, qui les commandoit, avoit été tué avec l'élite de fes gens. Cyrus lui-même, après la défaite des aîles ennemies, ayant voulu prendre ces excellentes Troupes en queue, ne put les rompre, quoiqu'il eût enfoncé les premiers rangs; fon cheval fut bleffé, lui-même renverfé par cet animal, que la douleur rendoit furieux : fes Soldats, pour le dégager, précipitent au milieu de cette forêt de piques. Remonté à cheval, il s'apperçoit que fes Troupes ont enveloppé les Egyptiens de tous côtés, & que ceux-ci fe ferrant en rond, fe couvrant de leurs grands boucliers, & préfentant de toutes parts leurs longues piques, fe préparoient à vendre cherement leur vie : il ordonna donc à fes Troupes de les fatiguer feulement par des décharges continuelles de pierres & de javelots. Appercevant enfuite du haut d'une de fes Tours, qu'ils étoient les feuls de l'Armée de Créfus qui tinffent bon, il réfolut de tout tenter pour fauver d'auffi braves gens; & leur fit propofer de quitter le parti de ceux qui les avoient fi lâchement abandonnés, & d'entrer à fon fervice : ils y confentirent, à condition qu'ils ne porteroient pas les armes contre Créfus. Cyrus leur donna de beaux établiffemens, entr'autres les Villes de Lariffe & de Cylene, près de Cumes, fur le bord de la Mer, qu'on nommoit encore du tems de Xenophon les Villes Egyptiennes.

Ainfi fut diffipée cette ligue, de laquelle dépendoit le fort de l'Afie : ainfi
les

les Perses eurent le champ libre, pour la conquête de toutes ces riches & vastes Contrées. Dans le XVe siècle, une Armée de cent cinquante mille Allemands, dont la moitié étoit de Cavalerie, fut également dissipée par une poignée de Paysans Bohémiens; mais qui étoient tous, ou montés sur des Chariots, ou défendus par les files qu'ils formoient.

4.
FIN DU ROYAUME DE LYDIE.

Aussi-tôt que cette formidable Armée se fut évanouie, Cyrus prit le chemin de Sardes, Capitale du Royaume de Lydie. Crésus essaya inutilement de l'arrêter; il fut battu de nouveau, & il ne vit d'autre ressource que de se renfermer dans sa Capitale : il fut ainsi la victime de cette funeste illusion, qui persuade que les murs sont la véritable défense du Héros, les plus forts boulevards d'un Etat.

A peine Cyrus eût-il investi cette ville, qu'un Esclave Persan qui avoit été au service du Gouverneur de la Citadelle, lui fournit les moyens de s'en rendre maître aussi-tôt : de-là il entra sans peine dans la ville qu'il garantit du pillage, & où il fit prisonnier Crésus, sa famille, toute sa Cour & tous ses tréfors. Par une politique plus humaine, mieux entendue, il ne fit pas mourir ce Prince ; mais il le traita toujours avec beaucoup de considération ; & à sa mort, il le recommanda à son fils.

On raconte de ce Roi Asiatique un trait qui peint bien ces enfans gâtés de la Fortune : ayant reçu la visite de Solon, illustre Philosophe Athénien, il lui vantoit son bonheur : le Philosophe le regardoit au contraire avec une compassion attendrissante: l'amour-propre du Prince, son stupide aveuglement en fut choqué ; il ne put s'empêcher de témoigner à quel point il trouvoit ridicule cette façon de penser ; mais l'Athénien sans s'émouvoir lui répondit d'un grand sens & d'une maniere malheureusement trop prophétique qu'on ne devoit point appeller heureuse une personne encore vivante, son bonheur présent pouvant disparoître par une longue suite d'infortunes. Crésus privé de ses richesses, de ses Etats, condamné, dit-on, à périr au milieu des flâmes, sentit trop tard cette vérité ; mais se rappellant sur le bucher cette énergique conversation, il s'écria : Solon! Solon! Exclamation, qui, ajoute-t-on, lui valut la vie de la part de Cyrus étonné.

5.

FIN DU ROYAUME DE BABYLONE.

Le Héros Perfan fubjugue enfuite toute l'Afie Mineure, jufques à la Mer Egée; il enlève aux Babyloniens la Syrie & l'Arabie Septentrionale, prefque tout ce qui compofoit leur Empire, à l'exception de la Chaldée: il en prend enfin le chemin, en defcendant par la Méfopotamie. Nabonadius vient au-devant de lui, à la tête de fes Troupes, pour l'arrêter dans fa marche; mais il eft battu, & obligé de fe réfugier dans Borfippe, la fortereffe la plus prochaine.

Cyrus dédaigne de l'affiéger, & marche droit à Babylone qu'il inveftit. Cette Ville bien pourvue, de Troupes & de vivres, fe défend deux ans entiers; mais enfin elle eft prife, pendant que fes habitans fe livrent aux plaifirs d'une fête annuelle (1) & au moyen du defféchement du fleuve dont Cyrus fait verfer les eaux dans le grand lac qui fervoit à les faire écouler quand elles étoient trop hautes. Ses Troupes entrerent ainfi par le lit même de ce fleuve qui faifoit la beauté & une des principales forces de cette Ville célebre.

Il ne reftoit plus que Borfippe; Cyrus n'eut pas de peine à s'en rendre maître, ainfi que du Roi Babylonien, qu'il traita avec cette bonté & cette douceur qui femblent lui avoir été naturelles; & pour le confoler en quelque forte dans fa difgrace, il lui donna le Gouvernement de Caramanie, où il pouvoit fe rendre plus utile aux hommes que fur un Trône dont il n'avoit pas été en état de foutenir le poids, & qu'il n'avoit fu défendre.

Ainfi fut anéanti, vingt-trois ans après la mort de Nabuchodonofor, l'Empire qu'il avoit établi en Afie, & qui ayant changé entierement la face politique de cette Contrée, attira à fes Succeffeurs des ennemis qu'ils n'auroient pas eu fans ces fuccès, & auxquels ils furent hors d'état de réfifter.

Cependant, il nous refte encore un objet effentiel : c'eft de concilier l'Hif-

---

(1) Cette Fête étoit la même que celle des Saturnales. On l'appelloit la Fête des Sacées, & on la célébroit à l'honneur du Dieu SAC ou SESAC. Elle commençoit le 16 du mois de Loy ou Lous, & duroit cinq jours. Les Maîtres étoient alors, nous dit ATHENÉE d'après Bérofe, aux ordres de leurs Domeftiques: l'un d'eux revêtu d'un manteau royal, étoit comme le Chef de la Maifon, & portoit le titre de ZOGAN, en Chaldéen סגן, & qui fignifie Vice-Roi, Gouverneur.

toire des Succeſſeurs de Nabuchodonoſor avec ce qu'en rapportent les Livres des Hébreux, & en particulier avec les Prophéties de Daniel.

ARTICLE XIII.

Conciliation de l'Hiſtoire Sacrée & de l'Hiſtoire Profane au ſujet des derniers Rois de Babylone.

I.

Cette queſtion a paru juſques à préſent inſoluble.

On diroit que le ſort des Hiſtoriens eſt de marcher ſans ceſſe au milieu des ténèbres & des précipices : à peine ſont-ils arrivés à une époque lumineuſe, qu'ils retombent auſſi-tôt dans les plus grands embarras par la profonde nuit dont cette époque eſt ſuivie : alors s'ils ne redoublent d'efforts pour ſaiſir le vrai fil qui ſeul peut les retirer de cette route ténébreuſe, la vérité leur échappe, & ils s'imaginent enſuite qu'il eſt impoſſible de parvenir juſqu'à elle. C'eſt ce que tous les Hiſtoriens & tous les Chronologiſtes ont éprouvé lorſqu'ils ont voulu concilier l'Hiſtoire Sacrée & l'Hiſtoire Profane au ſujet des derniers Roi de Babylone, ſucceſſeurs de Nabuchodonoſor.

Depuis l'Ere de Nabon-Aſſar, nous l'avons vû, l'Hiſtoire des Aſſyriens & des Babyloniens étoit devenue auſſi ſure, auſſi lumineuſe, qu'elle étoit auparavant enveloppée de ténèbres : le regne long & glorieux de Nabu-chodonoſor ſembloit en particulier avoir mis pour toujours la certitude de l'Hiſtoire de Babylone hors de toute atteinte, en fixant les yeux de tous les Peuples ſur cette Monarchie, & en faiſant de Babylone le centre des Arts & des Sciences : cependant lorſqu'il a été queſtion de comparer ce que les Hiſtoriens Sacrés & les Profanes nous apprennent relativement aux Succeſſeurs de Nabuchodonoſor, les Savans les plus diſtingués n'ont vu que difficultés plus grandes les unes que les autres ; & laſſés de lutter contr'elles, ils ont renoncé à la ſolution de cette queſtion, comme étant impoſſible à trouver. On peut donc dire, qu'elle formoit un des problèmes les plus épineux de la Chronologie & de l'Hiſtoire ancienne.

On nous ſaura donc quelque gré d'éclaircir cette grande queſtion : on verra que ce n'étoit ni le défaut de monumens, ni leur obſcurité, ni leur oppoſition qui rendoit ce point d'Hiſtoire ſi difficile à expliquer : qu'il rentroit ainſi dans l'enſemble de nos recherches, qui n'offroient juſques ici tant de difficultés, qu'à cause des faux principes qu'on posoit, & parce qu'on se laissoit plutôt conduire par des idées systêmatiques, que par l'ensemble des faits.

Ainsi tombera une des grandes difficultés de la Chronologie Sacrée : celle-ci devoit paroître d'autant plus surprenante, que les Ecrivains Hébreux, qui ont parlé de ces événemens, vivoient dans l'époque même dont nous parlons, étoient contemporains de ces Princes ; qu'un d'eux, DANIEL, a même vécu à leur Cour, qu'il en étoit un des principaux Seigneurs ; que ces Contrées retentissent encore de la gloire de son nom, & qu'on y montre encore aujourd'hui son tombeau. Il leur étoit donc aussi impossible de se tromper à cet égard, qu'à BEROSE & à ABYDENE, Historiens Profanes de ces Contrées où ils étoient nés.

2.

Chronologie Profane des Successeurs de Nabuchodonosor.

Le CANON Astronomique de PTOLOMÉE assigne une durée de 23 ans, au tems écoulé entre la mort de Nabuchodonosor & la prise de Babylone par Cyrus ; il la partage entre ces trois Princes,

ILVARODAM,	2	
NERI-GLISSAR,	4	} 23 ans.
NABON-ADIUS,	17	

BEROSE, Prêtre Chaldéen, qui avoit écrit l'Histoire de son Pays, s'accorde parfaitement avec ce Canon ; à cela près, qu'il y ajoute Laborosoarchod, fils de Nerigliffar, mais auquel il ne donne qu'un règne de neuf mois, durée qui n'a pu entrer en ligne de compte dans le Canon qui ne renferme que des années pleines, & qui s'est confondue avec la quatrieme année commencée de Nerigliffar.

3.

Points de l'Histoire Sacrée relatifs à cette époque.

DANIEL, de son côté, parle d'un Prince successeur de Nabuchodonosor dans la troisieme année duquel il eut des visions qu'il rapporte : & il l'appelle Belsasar.

Il dit ensuite que ce Prince donnant un grand festin à toute sa Cour, une main lui apparut qui traça des caractères, qu'on ne pouvoit lire : que la Reine-Mere le fit venir, lui Daniel, pour expliquer ces paroles, & qu'après l'avoir fait, il ajouta que le Roi seroit tué cette même nuit.

Il parle ensuite de Darius le Mède, comme successeur de ce Prince, & il trace les visions qu'il eut la premiere & la troisieme année de son règne.

JÉRÉMIE (xxvii. 7) & ESAIE (xvi. 1.), disent expressément qu'après le règne du fils & du petit-fils de Nabuchodonosor, son Royaume seroit détruit.

4.

SYSTÊMES imaginés pour fixer quels sont les Princes dont parle Daniel.

Le nombre des systêmes qu'on a imaginés pour trouver quel entre les quatre Rois nommés par Berose, est celui que Daniel a désigné par le nom de Belsasar, est aussi varié qu'il se puisse : car dans ces Systêmes il se trouve successivement être tous ces Princes ; & à force d'être tout, il n'est rien.

Selon le Savant USSERIUS & son imitateur PRIDEAUX, il est le dernier Roi de Babylone, par conséquent Nabonid : pouvoit-il ne pas l'être ? il est tué dans un Festin, au moment où Daniel vient de lui dire que son Royaume seroit partagé entre les Mèdes & les Perses : c'est donc, concluoit-on, le dernier Roi, celui sous qui Babylone fut prise & son Empire détruit.

Selon SCALIGER, c'est son prédécesseur Laborosoarchod.

Selon DESVIGNOLES, qui a rendu de si grands services à la Chronologie Sacrée, c'est Neriglissar.

Selon CONRINGIUS, MARSHAM, le Président BOUHIER, FRERET, c'est Evilmerodach.

Nous citerions aussi les savans Auteurs de l'Histoire Universelle, s'ils avoient une opinion à eux : si après avoir embrassé dans l'Histoire des Babyloniens le dernier de ces systêmes, ils n'étoient revenus dans celle des Medes à celui d'Usserius, qui en est précisément l'Antipode.

Ajoutons que le systême de Scaliger a été adopté par le Savant & judicieux Auteur d'un manuscrit sur les Rois d'Assyrie, qui a bien voulu nous communiquer depuis peu son Ouvrage : & à cet égard nous ne pouvons trop regretter que l'autorité de Scaliger d'un côté, mais sur-tout l'idée que Nabonadius n'étoit pas petit-fils de Nabuchodonosor, lui ayent fait voir Belsasar dans Laborosoarchod. Plus nous avons l'avantage de nous rencontrer sur divers points avec ce Savant respectable, & plus nous aurions eu de plaisir de pouvoir suivre également sur ce point la même route que lui.

A cette premiere question s'en joignoit une autre, puisqu'il falloit déterminer non-seulement qui étoit Belsasar, mais encore qui étoit Darius le Mède.

Dans le système d'Usserius, Darius le Mède étoit Cyaxare Roi de Médie, oncle & ami de Cyrus : dans le système de Marsham, ce Prince étoit un des derniers Rois de Babylone ennemis de Cyrus.

On voit que ces systêmes ne pouvoient être plus opposés : un d'eux cependant devoit être vrai ; mais tous sont appuyés sur de si foibles preuves, que la vérité même restoit noyée sous un amas d'obscurités & de difficultés qu'on ne pouvoit dissiper.

C'est que les Savans Auteurs de ces systêmes ne procédoient pas dans cette recherche avec l'exactitude qu'elle exigeoit : ils n'ont point rapproché les traits épars de ces tableaux ; ils ne les ont point comparé dans leur ensemble : ils ont laissé de côté les preuves les plus convaincantes. Ainsi il en arrive à quiconque prend un parti avant un examen suffisant, froid & tranquille.

§. 5.

Objets a démontrer.

Quant à nous, nous allons démontrer :
1°. Que le Belsasar de Daniel est l'Evilmerodac du Canon Astronomique.
2°. Que Darius le Mede est Nerigliffar.
3°. Que Nabonid étoit petit-fils de Nabuchodonosor.

Trois points qui établissent la plus parfaite harmonie à cet égard entre l'Histoire Sacrée & l'Histoire Profane.

PREMIER ACCORD.

» *Belsasar est fils de Nabuchodonosor & le même qu'Evil-Merodach.*

EVIL-MERODACH, nous dit Berose, fut fils & successeur de Nabuchodonosor. C'étoit un Prince indigne de son rang : il se conduisoit (*anomós kaì aselgós*) *sans foi ni loi* ; aussi est-il surnommé *Evil*, ou l'Insensé. S'étant ainsi rendu insupportable à ses Sujets, il fut tué dans un festin par son Beau-Frere

Nerigliffar, après deux ans de regne, c'est-à-dire dans sa troisieme année commençante, & son Beau Frere lui succéda. Voilà donc autant de caractères qu'il faut retrouver dans Belsasar.

Belsasar réunit complettement tous ces Caractères.

Belsasar est constamment appellé fils de Nabuchodonosor : il est représenté comme un Prince indigne de son sang : il est tué dans un festin qu'il donne aux Seigneurs de sa Cour.

1°. Il est fils de Nabuchodonosor. C'est la qualité que lui donne trois fois la Reine dans le Ve. Chap. de Daniel. Ce Prince la prend lui-même ; & Daniel lui dit aussi : « Et vous, Belsasar, vous qui êtes son fils, (parlant de Nabu-
» chodonosor,) vous n'avez point humilié votre cœur, quoique vous sussiez
» toutes ces choses ». Et quelles étoient ces choses ? L'humiliation qu'avoit subie Nabuchodonosor, & les causes de cette humiliation ; & à qui pouvoient-elles être mieux connues qu'à un fils ?

De plus, les Juifs de Babylone écrivant à ceux de Jérusalem, cinq ans après la prise de cette Ville, & leur envoyant de l'argent pour offrir des sacrifices en leur nom, leur disent : (1)

» Priez pour la vie de NABUCHODONOSOR Roi de Babylone, & pour la vie
» de BELSASAR son FILS, afin que leurs jours sur la Terre soient comme
» les jours du Ciel : que le Seigneur nous donne la force & qu'il éclaire nos
» yeux pour vivre sous l'ombre de Nabuchodonosor Roi de Babylone, &
» sous celle de BELSASAR son FILS ; que nous les servions long-tems & que
» nous trouvions grace devant eux ».

2°. BELSASAR étoit un Prince indigne du haut rang auquel l'avoient appellé sa naissance & les vertus de ses Ancêtres. Daniel nous l'apprend dans ce Chap. V. où il explique les caractères tracés sur la muraille par la main Prophétique.

Voici la maniere dont Daniel raconte cet événement mémorable, & si conforme à ce que l'Histoire profane nous dit de ce Prince.

BELS-ASAR donnant un grand festin aux plus grands Seigneurs de la Cour, & étant déjà pris de vin, fit apporter les vases d'or & d'argent que son *Pere* Nabuchodonosor avoit emportés du Temple de Jérusalem : il s'en servit pour y boire, lui, ses femmes & toute sa Cour, en insultant au Dieu des Hé-

---

(1) BARUCH I. 11, 12, Traduction de M. de Sacy.

breux : au même moment, on vit paroître comme la main d'un homme qui écrivoit près du chandelier sur la muraille de la Salle : le Roi vit le mouvement des doigts qui écrivoient ; il fit un grand cri, & appella les plus Savans des Chaldéens pour lire & expliquer cette écriture, promettant le Collier de ses Ordres à celui qui la déchifreroit, & de l'élever à une des trois premieres places de son Royaume. Aucun d'eux ne pouvant en venir à bout, la Reine indiqua Daniel au Roi comme la seule personne en état de faire ce qu'il desiroit. Celui-ci lui rappellant la maniere dont son Pere avoit été puni à cause de son orgueil, ajoute qu'en punition de ce qu'il venoit de faire lui-même, une sentence venoit d'être prononcée contre lui : qu'elle consistoit dans ces mots, MNA, MNA, THE-QEL *ou*-PHARSIN, *nombre*, *nombre*, *poids*, *division* ; & qu'ils signifioient : « vos jours ont été comptés & ils sont à leur fin : vous avez » été trouvé léger à la balance ; & votre Royaume a été divisé entre les Mèdes » & les Perses ». Belf-Asar eut assez de confiance dans les lumieres de Daniel pour tenir sa parole, quelque foudroyante que fût pour lui une dénonciation pareille : cependant la même nuit il fut tué ; & Darius le Mède lui succéda à l'âge de soixante-deux ans. Celui-ci touché du savoir de Daniel, confirma la promesse de Belf-Asar, & ayant établi sur ses Etats cent-vingt Satrapes qui relevoient de trois grands Seigneurs, ou Ministres, Daniel fut le premier de ces trois.

On a beaucoup discuté sur la maniere dont ces mots étoient écrits & en quels caractères, puisqu'aucun Sage n'avoit pu les expliquer ; mais il faut les considérer comme une sentence énigmatique, qu'il est impossible de comprendre lorsqu'on n'en a pas la clef : il falloit même qu'on pût les lire, afin que Belsasar pût comparer l'explication avec l'objet à expliquer : sans quoi, on auroit pu accuser Daniel de faire le Texte & le Commentaire. Quant aux mots en eux-mêmes, ils sont vraiment orientaux, primitifs & communs à tous les Peuples : *mna* signifiant compter, est également Grec, Latin, &c. *The-kel*, composé de *qel*, léger, vite, appartient également aux mêmes Langues : *phars*, division, prononcé *pars*, appartient aux Langues Occidentales, & il existe également en Persan avec sa prononciation en F.

Mais que vouloit dire la main Prophétique par ces mots symboliques liés à l'essence des choses, puisque tout est fait avec *nombre*, *poids* & *mesure*, & que rien ne peut subsister sans la réunion de ces trois ? On sent fort bien que c'étoit une destruction, puisqu'on ne voyoit ici que *nombre* & *poids* ; & que *division* avoit pris la place de *mesure* : mais quelle étoit cette destruction, quels en étoient l'objet & le genre ? c'est ce que la main seule
pouvoit

pouvoit expliquer, avec une sagesse semblable à celle qui arrange tout avec *nombre, poids & mesure*. Cependant je ne sache personne, du moins entre tous nos Commentateurs, qui ait fait attention à la Nature de cette énigme symbolique & sublime.

SECOND ACCORD.

Darius le Mède & Neriglissar sont le même Personnage.

NERI-GL-ISSAR, ou plutôt *Neri-gal-assar*, succéde, selon les Historiens Profanes, à Evilmerodach qu'il avoit assassiné, quoiqu'il en eût épousé la sœur; il n'étoit ni du Sang Royal, ni Babylonien : pour se soutenir dans son usurpation, il déclare la guerre aux Mèdes & aux Perses ; & cette guerre pendant laquelle il perdit la vie dans un combat, ne finit que par la ruine de l'Empire Babylonien, vingt-un ans après que Neriglissar fût monté sur le Trône : d'ailleurs, ce Prince ne régna que quatre ans.

DARIUS le MEDE réunit tous ces Caractères.

DARIUS le MEDE réunit & réunit seul tous ces Caractères de la maniere la plus sensible.

Darius le Mède est successeur d'un fils de Nabuchodonosor, d'un Prince mis à mort dans un festin. Il est étranger & au Sang Royal & à la Nation : à lui commence une guerre qui dure vingt-un ans, & qui finit par la ruine de l'Empire. C'est ce que nous allons prouver.

Les trois premiers sont déjà établis par tout ce qui précéde, & on en convient de part & d'autre. Ce que nous devons prouver, & qui décide hautement de la personne de Darius le Mède, c'est qu'il étoit ennemi & non ami de Cyrus, par conséquent qu'on ne peut voir en lui Cyaxare, oncle de ce dernier Prince, & qui remplaça le dernier Roi de Babylone.

1°. Daniel introduit sur la scène l'Ange du Royaume de Babylone, & lui fait dire, (XI. 1.)

» Dès la premiere année de DARIUS de la race des Mèdes, j'ai travaillé pour
» l'aider à s'établir & à se fortifier dans son Royaume : le Prince du Royau-
» me des Perses m'a résisté...

DARIUS le Mède étoit donc en guerre avec les Perses : ce n'étoit donc pas ce Prince Mède, oncle de Cyrus, auquel celui-ci céda, dit-on, Babylone pour le reste de ses jours; c'étoit donc le Mède qui ayant usurpé le Royaume de Babylone, occasionna une guerre entre les Babyloniens & les Perses, qui finit par la ruine de l'Empire Babylonien. On ne peut donc voir en lui que le Mède Nerigliffar.

2°. Ce qui est encore plus remarquable, & que personne n'a observé, c'est que Daniel compte entre le commencement du regne de ce Prince, de Darius le Mède & la prise de Babylone, vingt-un ans, précisément le même espace de tems que le Canon de Ptolomée admet entre Nerigliffar & la prise de Babylone ; car telle est la suite du Discours de l'Ange de Babylone.

» Le Prince (l'Ange) du Royaume des Perses m'a résisté vingt-un jours ».

Or tout le monde sait qu'un jour est un an dans le style prophétique. Voilà donc vingt-un ans entre les commencemens de Darius le Mède & la prise de la ville. Il ne peut donc être en aucune maniere Cyaxare, Oncle de Cyrus. Ainsi croulent tous les systèmes imaginés jusqu'ici pour déterminer quel étoit ce Prince entre les successeurs de Nabuchodonosor. Le système qui avoit rencontré le vrai, comme par hasard & sans qu'on pût le démontrer, en acquiert une force absolument nouvelle.

Mais puisque nous parlons ici des jours prophétiques, montrons comment un jour a pu signifier un an d'une maniere très-naturelle. Le mot primitif qui désigne le jour, signifie également le Soleil : pour dire jour, on disoit donc *un soleil*, comme nous disons *d'un soleil à l'autre*. Mais si un jour s'appelle un soleil, l'année, à plus forte raison, put s'appeller dans le style sublime & métaphorique, un *Soleil* : il étoit aussi aisé de dire d'une maniere intelligible j'ai vu vingt Soleils, que de dire *déjà vingt fois j'ai vu le Soleil renouveller sa carriere*, expression qui peut s'appliquer & à vingt jours & à vingt ans. Aussi pour conserver la force, l'élégance & la sublimité du mot original, il faudroit traduire l'expression prophétique, non par *jour*, mais par Soleil : *le Prince du Royaume des Perses m'a résisté vingt-un* SOLEILS.

TROISIEME ACCORD.

Le dernier Roi de Babylone est petit-fils de Nabuchodonosor ; il n'est tué ni à Babylone ni ailleurs.

Enfin le Royaume de Babylone ne devoit périr que sous le regne du petit-fils de Nabuchodonosor, & ce Prince loin d'avoir été tué à la prise de Babylone, n'étoit pas même dans cette ville. Deux caractères décisifs & sur les-

ESSAI D'HISTOIRE ORIENTALE.

quels regne l'accord le plus parfait entre l'Histoire sacrée & la Profane : ce que personne n'avoit vu & que nous allons démontrer.

1°. Nous avons déjà rapporté les passages d'Esaïe & de Jérémie, qui déclarent que l'Empire seroit détruit après les regnes du fils & du petit-fils de Nabuchodonosor.

Or, Nabonadius étoit ce petit-fils, même selon les Historiens Profanes. HÉRODOTE qui l'appelle *Labynit*, dit qu'il étoit fils du Roi qui avoit épousé Nitocris, & ce Roi est Evilmerodac ou Belsasar. BEROSE l'affirme également ; car il dit que ceux qui avoient mis à mort Laborosoarchod, choisirent pour Roi *Nabonnèd* (*tini tón ex Babylônos*) un de ceux de (la *Maison* de) Babylone, & qui étoit, ajoute-t-il, de la conspiration.

2°. Les Historiens Profanes nous apprennent que ce dernier Roi ayant perdu une bataille contre Cyrus, se réfugia dans Borsippe, & qu'il n'étoit point dans la ville de Babylone quand Cyrus l'assiégea. Mais l'Histoire Sacrée s'accorde en cela avec la Profane. Jérémie y est exprès : voici comment il s'exprime : (1)

» Toute la Terre sera dans l'émotion & dans l'épouvante, parce que le Sei-
» gneur appliquera sa pensée contre Babylone pour rendre ce pays désert & in-
» habité. Les vaillans hommes de Babylone se sont retirés du combat, ils sont
» demeurés dans les places de guerre, (*après la bataille perdue*,) toute
» leur force s'est anéantie : ils sont devenus comme des femmes ; leurs mai-
» sons ont été brûlées & toutes les barres en ont été rompues ».

» Les Couriers rencontreront les Couriers, & les Messagers se rencon-
» treront l'un l'autre, pour aller dire au Roi de Babylone que sa ville a été prise
» d'un bout à l'autre ; que l'ennemi s'est emparé des gués du fleuve, qu'il a
» mis le feu dans les marais, & que tous les gens de guerre sont dans l'épou-
» vante ».

Pouvoit-on exprimer d'une maniere plus énergique que le Roi de Babylone n'étoit pas dans cette ville lorsqu'elle fut prise, & qu'il n'en apprit la nouvelle que par les Couriers qu'on lui expédia l'un sur l'autre ?

Il est donc prouvé que Belsasar est le propre fils de Nabuchodonosor, le même qu'Evilmerodac, & qu'il fut tué, non au siége de Babylone, mais par son beau-frere.

---

(1) Chap. LI. 29, 30, 31, Trad. de M. de Sacy.

Que Darius le Mède est ce beau-frere ou Neriglissar qui commença la guerre contre Cyrus.

Que Nabonadius étoit petit-fils de Nabuchodonosor, & qu'il n'étoit pas dans Babylone lorsqu'elle fut prise.

Ce point d'Histoire qui accorde les Historiens Sacrés & les Profanes, devient donc aussi clair & aussi lumineux qu'il paroissoit obscur & impossible à concilier. Ce n'est pas tout : nous avons encore à prouver qu'entre le dernier Roi de Babylone & Cyrus, il n'y a point eu de Roi intermédiaire, & que le regne de Cyaxare à Babylone d'après la cession de Cyrus, est une pure imagination, un roman dont on a profité pour faire quadrer avec l'Histoire la supposition que Belsasar étoit le dernier Roi Babylonien.

6

Entre Nabonadius & Cyrus, il n'y a point eu de Prince intermédiaire.

Une premiere erreur en entraîne nécessairement d'autres à sa suite : dès qu'on étoit persuadé que Belsasar étoit le dernier Roi Babylonien, le même que Nabonadius, on étoit forcé de mettre Darius le Mède entre ce dernier & Cyrus. Mais 1°. Hérodote, Diodore, & le Canon de Ptolomée ne mettoient aucun intervalle entre ces deux Princes : que fit-on ? on alla chercher dans la Cyropédie, un Héros de Roman, un Cyaxare, fils d'Astyages grand-pere de Cyrus & Roi des Mèdes : & de cet oncle de Cyrus, on en fit un Roi à qui Cyrus céda le Royaume de Babylone, & qui prit le nom de Darius le Mède. Rien ne quadroit mieux ; mais ce n'est qu'un Héros de théâtre, un intrus qui ne s'accorde avec aucune Histoire, & qui tombe dès que la vérité se manifeste.

2°. Cyrus n'étoit pas de caractère à céder un Etat comme celui de Babylone : loin d'être si complaisant avec la Famille Royale des Mèdes, il paroît qu'il la dépouilla au contraire de ses propres Etats, & qu'Astyages mourut dans une espéce d'exil. Du moins Xenophon dans la retraite des Dix mille (1) parlant des Villes de Larissa & de Mespila, sur la rive orientale du Tigre où il passa avec les Grecs, dit que les Mèdes avoient habité autrefois Larissa, que le Roi de Perse l'avoit prise sur eux, dans le tems que *l'Empire leur fut*

___

(1) Liv. III.

enlevé par les Persans : il dit de même en parlant de *Mespila*, que cette Ville avoit été autrefois habitée par les Mèdes, & qu'ils la *perdirent avec l'Empire*. Il ajoute que c'est dans cette derniere Ville que s'étoit réfugiée la Reine de Médie, & qu'elle y soutint un long siége contre les Perses.

Enlever aux Mèdes leurs Etats, assiéger leur Reine, exiler leur Roi, ce sont des actions bien opposées à la générosité de céder à un oncle un Empire entier.

3°. D'ailleurs Xenophon ne dit point que Cyaxare II. ait regné à Babylone, pas même qu'il s'y soit jamais rendu : Cyrus, selon lui, alloit souvent visiter Cyaxare à Ecbatane ; mais Cyaxare ne vient jamais à Babylone. Ajoutons que le savant FRERET a fort bien prouvé (1) que la Chronologie de la Cyropédie est remplie d'anachronismes qui démontrent que Xenophon n'avoit en vue qu'un Roman philosophique, & non une Histoire exacte : ainsi, il avance de vingt-six ans la prise de Babylone par Cyrus, & de vingt-huit la défaite de Crésus : ce qui, de la part d'un homme tel que Xenophon, prouve qu'il se proposoit moins de composer une Histoire qu'un Roman : ce n'est que dans ceux-ci, de même que dans les Poëmes épiques, qu'il est permis d'arranger les événemens à sa fantaisie ; quoique l'on y joigne beaucoup de choses très-vraies & très-curieuses.

Enfin Daniel lui-même place Cyrus sur le Trône de Babylone immédiatement après la guerre de vingt-un ans, preuve à laquelle on n'a jamais fait aucune attention.

L'Ange de Babylone, après avoir dit que le Prince du Royaume des Perses lui avoit résisté vingt-un ans, ajoute : » Ensuite, j'ai demeuré là près » du Roi de Perse, « de *Cyrus*. Ce Mède qu'on place entre la fin de la guerre & Cyrus, est donc un vain fantôme, par le Texte même de Daniel. La guerre commencée à l'occasion de Darius le Mède dure vingt-un ans. Elle finit, & Cyrus est Roi de Babylone.

Et que ce soit Cyrus dont il soit ici question, c'est ce qui résulte également de la suite du discours de l'Ange : » Il y aura, ajoute-t-il, encore trois » Rois en Perse ; le quatriéme soulèvera tous les Peuples contre les Grecs.

Ces trois Rois sont Cambyse, Smerdis, & Darius : le quatriéme est Xerxès, qui amena contre les Grecs tous les Peuples connus de l'Asie & de l'Afrique.

---

(1) Mém. des Inscr. & B. L. T. VII.

ARTICLE XIV.

Des Prophètes de cette époque, & qui terminent la Prophétie.

I.

Clarté qui en résulte pour l'arrangement des Prophéties de Daniel en particulier.

Si une erreur en entraîne d'autres à sa suite, la découverte d'une vérité est un flambeau qui dissipe une multitude de difficultés & devant lequel tout s'applanit. C'est ce qu'on éprouve ici : en reconnoissant Belsasar dans Evilmerodach, l'Histoire Sacrée & l'Histoire Profane sont parfaitement d'accord, & les Prophéties de Daniel dont l'arrangement étoit si difficile, brillent d'un nouvel éclat par l'harmonie qui en résulte.

1°. Ce n'est point lorsque l'Empire de Babylone anéanti est déjà entre les mains des Perses & des Mèdes, ce n'est point lorsque sa Capitale est déjà assiégée depuis deux ans & qu'elle va être prise, que Daniel annonce à son Roi, comme on le prétendoit, la destruction de son Empire ; c'est deux ans après la mort de Nabuchodonosor, c'est lorsque cet Empire est au plus haut degré de sa splendeur, lorsqu'il jouit de la plus profonde paix : que l'Orient étonné de la grandeur de ses Rois, de leur puissance redoutable, n'ose souffler devant eux : que tout est soumis au dedans & au dehors ; c'est dans un tems où le fils du Conquérant de l'Asie, enyvré de sa gloire que rien ne trouble, donne une fête superbe : quel moment pour annoncer à ce Prince qu'il va périr, que son Empire va être partagé entre les Mèdes & les Perses, entre ces Mèdes jusqu'alors Alliés des Babyloniens ; & ces Perses qu'ils méprisoient ? Autrement, lequel des Sages de sa Cour n'auroit pu dire la même chose ?

C'est ce qu'a très-bien vu FRERET. Après avoir prouvé que Belsasar est Evilmerodach, il ajoute en parlant de la maniere dont Daniel lui explique les caractères tracés par la main merveilleuse : » c'étoit-là une Prophétie bien claire
» de la conquête de Babylone par les Persans ; mais c'étoit une Prophétie ;
» c'est-à-dire, la prédiction d'un événement futur qui ne pouvoit être con-
» nu que par révélation, & que l'esprit humain ne pouvoit prévoir naturelle-
» ment. Si la ville eût été assiégée alors, si l'Euphrate ayant été détourné de
» son lit, eût donné dans ce moment même entrée aux Persans dans la ville ;
» si aussitôt après l'explication de la vision de Balthasar, les troupes de Cyrus

» eussent attaqué le Palais, comme le dit PRIDEAUX, il me semble que Da-
» niel pouvoit sçavoir toutes ces choses sans révélation : la conduite du Roi de
» Babylone, la connoissance de son caractère & de l'habileté de Cyrus, devoit
» faire prévoir à Daniel quelle seroit la fin de cette guerre. La prédiction de
» Daniel fut donc une *véritable Prophétie*.

2°. Si Darius le Mède est postérieur à la prise de Babylone, la vision que
Daniel eut la premiere année de son régne n'en est pas une. Il en est ainsi des
autres ; sur-tout de celles rapportées aux Chapitres X & XI ; mais il est tems
d'en restituer l'ordre chronologique.

2.

CHRONOLOGIE DE DANIEL.

	ANNÉ avant J.
La premiere année de Nabuchodonosor (Chap. I.) Daniel est emmené en captivité à Babylone.	604.
La seconde année (Chap. II), il explique à ce Prince le songe de la statue composée de plusieurs métaux : il y annonce quatre Empires successifs, qui seront remplacés par un Empire qui ne sera jamais détruit.	603.
La premiere année de Belsasar (Chap. VII) il a la vision des quatre animaux qui représentoient quatre Royaumes.	561.
La troisiéme année du même Prince (Chap. VIII) il a la vision du bélier, du bouc & de ses cinq cornes.	559.

Cette Prophétie est datée du Palais de Suse au pays d'Elam, sur les bords
de l'Ulaï.

Le Mot oriental qui signifie ici *Palais*, est *he-birh*. Josephe dans ses Antiquités (1) dit que Daniel avoit bâti, non à Ecbatane comme portent aujourd'hui ses Exemplaires, mais à Suse, comme ils portoient du tems de Saint
Jérôme qui a cité ce passage, en forme de Château, un édifice célèbre qui
subsistoit encore de son tems; qui servit de sépulture aux Rois des Perses &
des Parthes, & dont la garde étoit confiée encore de son tems à un Juif. Il
désigne ce monument sous le nom de *Baris*, ce qui est le même mot employé par Daniel.

C'est également ce mot qui est entré dans la composition de celui du la-

---

(1) Liv. X. Ch. XII.

byrinthe, *al-bir-ain*, le Palais du Soleil, & il exiſte encore de nos jours avec la même ſignification dans le Pérou.

La même année, 559, (Chap. V.) il explique à Belſaſar les caractères tracés par la main prophétique.

Cette même année (Chap. IX) la premiere de Darius le Mède, il a la viſion des LXX ſemaines d'années. Le récit eſt précédé de la belle priere qu'il adreſſa à Dieu pour lui demander la fin de la captivité du Peuple Juif; & au lieu de cela, il apprend celle d'une durée de LXX ſemaines d'années qui devoit ſuccéder à ces LXX ans de la captivité, & dont les événemens font la baſe du Chriſtianiſme.

536.

La troiſiéme année de Cyrus, il a la célébre viſion (Chap. X, XI, XII) relative aux Empires qui s'éléveroient après celui des Perſes. C'eſt au Chap. X, 13, qu'il nous apprend d'un ſtyle ſymbolique que depuis Darius le Mède, juſqu'à Cyrus, il y avoit eu entre les Babyloniens & les Perſes une guerre de vingt un ans, qui avoit fini par la ruine des premiers.

Et que ces vingt-un ans doivent commencer à Darius le Mède, de l'aveu même de Daniel, c'eſt ce dont on peut d'autant moins douter, que le ſujet qui en amene le récit eſt relatif à la priere de Daniel faite la premiere année du regne de Darius le Mède : intervalle donné, auquel il eſt bien étonnant qu'on n'ait pas fait attention; on n'auroit pas bouleverſé, comme on a fait, la Chronologie de ces tems-là.

[3.

DANIEL.

Tel eſt l'ordre chronologique qu'offrent les Prophéties de Daniel, & qu'on avoit cependant totalement perdu de vue : qui avoit échappé, non-ſeulement à ceux qui n'y croyoient pas, mais ſur-tout à ceux même qui y croyent : cet ordre, ces époques, ces prophéties, le rang illuſtre de celui ſous le nom de qui elles paroiſſent, tout doit intéreſſer l'attention du Philoſophe, de l'Obſervateur exact : il a rarement d'auſſi grands ſpectacles ſous les yeux; & l'Hiſtoire d'un grand Homme, fût-il un impoſteur, doit tenir néceſſairement une grande place dans les faſtes de l'eſprit humain & de ſes révolutions. Nous ne ſaurions donc omettre ici quelques détails ſur un perſonnage tel que Daniel, qui a joué un auſſi grand rôle pendant la durée entiere de l'époque qui fait l'objet de cet Eſſai d'Hiſtoire Orientale : de ces détails même dépend l'idée que nous devons nous former de ces tems & de ces Prophéties.]

L'Orient

L'Orient d'ailleurs est rempli de la gloire de son nom, & d'admiration pour lui : les révolutions épouvantables qui ont ravagé tant de fois ces Contrées, qui ont effacé tant de monumens, qui ont fait disparoître les noms de tant de Monarques, n'ont rien pu contre ce personnage illustre : & de même que les Orientaux montrent chez eux le tombeau de Job, celui de l'immortel Locman, ils montrent dans la Susiane celui de Daniel : ils le font voir encore de nos jours, avec empressement, aux Voyageurs modernes, comme ce qu'ils ont de plus précieux : & ce tombeau est digne d'un Prince. Ils ne se contentent pas de ces restes froids & inanimés : ils représentent Daniel comme un des plus grands Satrapes de la Babylonie & de la Perse, comme le Vice-Roi de la Susiane sous Cyrus. Son avancement est fondé, selon eux, sur sa sagesse ; & cette sagesse brilloit sur tout dans son habileté à expliquer les songes.

Expliquer les songes, nous paroît à nous Occidentaux, de grandes rêveries : pour les Anciens, c'étoit une grande science : louer quelqu'un à cet égard, c'étoit le *non-plus-ultrà* de l'éloge ; c'étoit élever une personne au faîte de la gloire : tel étoit le goût oriental : il se plaît dans les présages, dans les songes, dans les visions, ainsi que dans la science Astrologique, qui les infecte encore, de même que l'Europe en a été infectée jusques dans ces derniers siécles. D'ailleurs l'explication des songes, tenoit aux connoissances les plus parfaites de ce tems-là, aux connoissances Civiles, Physiques & Hyéroglyphiques.

Telle fut donc l'habileté de Daniel dans l'explication des songes, qu'elle l'éleva du rang le plus fâcheux aux places les plus éminentes, qu'elle lui valut la confiance des Rois les plus illustres.

Il étoit, il est vrai, de la Race Royale des Hébreux ; mais qu'étoit cette Famille quand ce Royaume fut éteint ? Dans un âge peu avancé, il fut enveloppé dans les malheurs de cette Famille & de sa Nation, & avec nombre d'autres emmené en captivité par Nabuchodonosor, la premiere année du regne de ce Prince. Ce qui devoit être la source de son malheur, fut celle de sa haute élévation : un songe qu'avoit eu Nabuchodonosor & qu'il lui expliqua, lui attira la confiance de ce Prince ; elle dut monter à son comble, lorsqu'il fut revenu en son bon sens. L'explication des caractères tracés par la main solitaire lui valut l'estime & la confiance de Darius le Mède. Il en fit un des trois principaux Satrapes de son Royaume : ce haut rang & la maniere dont il avoit annoncé le rétablissement des Juifs par Cyrus, lui mérita également la faveur de ce nouveau Roi, & la continuation de la Vice-Royauté de la Susiane : aussi, comme nous l'avons vû, une de ses Prophéties est datée du Palais même qu'il avoit dans cette belle Province. C'est la seconde fois que la Prophétie & le

Gouvernement d'un grand Peuple, étoient hors de la Judée réunis sur une même tête.

Ce Vice-Roi avoit cependant près d'un siècle, lors même qu'on ne lui supposeroit qu'une quinzaine d'années quand il fut emmené en captivité, puisque l'année suivante il fut en état d'expliquer le songe de Nabuchodonosor : ce n'est pas un enfant qui peut avoir cette sagesse. Depuis ce tems-là jusques à sa derniere Prophétie, la troisieme année de Cyrus, il s'écoula soixante-dix ans. A cet âge il devoit être un grand phénomène, par son rang, par sa sagesse, par ses liaisons singulieres avec cette Famille Royale de Babylone qui n'étoit plus, & à laquelle il n'avoit cessé de prédire les malheurs non vraisemblables qui fondirent sur elle.

Il ne falloit pas moins que son profond savoir pour l'élever du rang le plus infortuné, aux premieres places de l'Empire chez des Peuples ennemis, dont la Religion n'étoit pas la sienne, dont les Prêtres couroient la même lice que lui, & auxquels il n'annonça jamais que des malheurs. C'est plus qu'il n'en faudroit de nos jours pour faire enfermer quelqu'un aux Petites-Maisons. Quelles étoient donc ces grandes Cours de l'Orient ? ou quel prodigieux ascendant n'avoit pas pris Daniel sur tous les esprits ? quel génie ne falloit-il pas pour soutenir & conserver cet ascendant pendant un siècle presqu'entier ?

S'il fut un personnage extraordinaire à tous ces égards, il ne le fut pas moins à beaucoup d'autres, sur-tout en le comparant aux autres Prophetes Hébreux : à cet égard, il offre une foule de caracteres auxquels on n'a pas fait assez d'attention. Tout le distingue d'eux : longueur du tems pendant lequel il prophétisa : grandeur des événemens qu'il annonça : clarté de ses prophéties, supérieures dans ce genre à toutes les autres, parce que les événemens s'approchoient ; & tel est le caractere de l'ensemble des Prophéties Hébraïques, qu'à mesure que le tems de l'accomplissement approche, leur annonce se développe & devient plus précise, plus détaillée, plus claire.

Ajoutons à ces traits, la parfaite harmonie qu'offrent ses nombres prophétiques, avec ce que la Nature Astronomique a de plus exact : harmonie qui auroit été inconnue, si un Savant de nos jours, l'un des plus grands Astronomes de notre siècle, n'avoit rapproché la révélation de la Nature : étude qu'on dédaigne, & qu'on devroit faire cependant, lors même qu'on ne verroit que l'homme dans la révélation, puisque ce seroit l'effort le plus prodigieux de l'esprit humain, l'effort de l'homme le plus profond dans la connoissance de la Nature : l'effort d'un homme divin, dont jamais aucun mortel n'approcha ; en forte que fe vouer à l'ignorance de ces chofes, c'eft fe priver de très-belles connoiffances.

La découverte de ces Cycles parfaits dont nous parlons ici, eft confignée dans les *Remarques Hiftoriques, Chronologiques & Aftronomiques fur quelques endroits du Livre de DANIEL*, qui font à la tête des Mémoires Pofthumes de M. de Chefeaux, imprimés à Laufanne en 1754. Cet Auteur plein de génie & de favoir, démontre que les nombres Prophétiques de Daniel 2300 & 1260, ainfi que leur différence 1040, étoient autant de CYCLES PARFAITS, Cycles, qui font harmonifer tout-à-la fois l'année folaire, le mois lunaire & le jour ; qui jufques ici avoient été cherchés en vain, & qu'on avoit fini enfin par regarder comme chimériques ou impoffibles ; de la même nature en un mot, que la pierre philofophale & le mouvement perpétuel : il ajoute que ce font les deux feuls nombres ronds qui fuffent Cycliques, & qui le fuffent de maniere que leur différence fût elle-même un Cycle parfait & l'unique. Il obferve en particulier fur le Cycle de 1040, qu'il eft le plus éxact qu'on connoiffe, & même qu'on puiffe trouver, à moins que d'aller au delà d'un efpace de tems trois ou quatre fois plus long, que celui qui s'eft écoulé depuis les plus anciennes obfervations jufqu'à nous : il ajoute qu'il eft d'autant plus étonnant que perfonne ne s'en foit apperçu, qu'il fuffifoit pour cela de comparer le Livre de la Nature avec celui de la révélation.

Ajoutons que M. de CASSINI & M. de MAIRAN, à qui l'Auteur avoit communiqué fon manufcrit & fes découvertes, ne purent difconvenir de leur vérité, « quoiqu'ils ne puffent comprendre, dit le dernier avec une ingénuité » admirable, comment & pourquoi elles étoient auffi réellement renfer- » mées dans l'Ecriture Sainte.

Comme ces Cycles concourent également avec nombre d'autres circonftances très-remarquables, cet Auteur termine ainfi fes remarques :

« Pourroit-on, à tant de traits réunis, méconnoître dans l'Auteur de ces » anciens & refpectables Livres, le Créateur du ciel & des chofes qui y font, » de la terre & de ce qu'elle renferme, de la mer & de ce qu'elle contient »?

Enfin, Daniel eft le dernier des Prophetes de l'Economie Judaïque, il en a fait la clôture ; c'étoit un flambeau qui alloit s'éclipfer & qui jettoit pour la derniere fois la plus vive lumiere ; mais en fermant cette Economie Prophétique, il détermine le tems où la Prophétie recommenceroit fous l'Economie Chrétienne, fous cette Economie qui verroit éclore l'accompliffement des Prophéties les plus confolantes pour l'humanité : encore foixante-dix femaines Prophétiques, dit-il, & le Chrift paroîtra, & le falut fera annoncé à tous les

Peuples ; & le Peuple Juif ne sera plus seul le dépositaire de la Prophétie : ainsi nul vuide, nulle interruption entre les tems Prophétiques : les deux révélations, celle des Hébreux & la Chrétienne, se tiennent par la main : elles sont sœurs ; elles ne sont que la continuation d'un seul & même objet, d'une seule dispensation subdivisée en annonce & en accomplissement.

N'omettons pas que ses Prophéties sont écrites, moins en Hébreu qu'en ancien Chaldéen, dans cette langue qui caractérisoit la Nation au milieu de laquelle il vivoit, la Cour qui l'avoit élevé, les Sages de Babylone : langue qu'il dût savoir comme la sienne propre, & qui dès le moment que l'Empire eût passé dans des mains étrangeres, ne devint plus que le jargon de quelques Provinciaux méprisables, dans lequel il ne fut plus permis d'écrire. Quel de nos beaux Esprits s'aviseroit d'écrire en bas Breton ou en Picard, pour exciter l'admiration de la Ville & de la Cour ? Nous avons même bien de la peine à soutenir le style des Provinces où on parle la Langue régnante.

4

De ses Ouvrages.

Daniel a donc existé, il a existé dans l'Orient, à la Cour des derniers Monarques de Babylone ; quoiqu'étranger, ils l'éleverent aux premieres dignités de l'Etat ; mais si on ne peut former aucun doute sur sa personne, quel jugement doit-on porter de ses Ouvrages ? sont-ils authentiques ou supposés ? & s'ils ne le sont pas, quel cas doit-on faire de tous ces caractères distinctifs dont nous venons de parler, & que doit-on penser de ce qu'on y appelle Prophéties ? Un coup-d'œil sur ces objets ne sera pas déplacé, non en Théologien, ce n'est ni le tems, ni le lieu ; mais en Critique raisonnable, qui soumet au creuset du bon sens, les phénomènes que lui offre l'Univers.

Si les Livres de Daniel étoient supposés, ils l'auroient été dans des tems très-reculés, dans des tems qui se confondent avec ceux où il vécut. Ils étoient connus du tems des CELSE & des PORPHYRE, ces Savans ennemis de la Religion Chrétienne, qui ne pouvant nier le lumineux de ses Prophéties, prétendirent qu'elles avoient été faites après coup.

Ils étoient connus du tems de JOSEPHE, qui dans ses Antiquités (1) en parle comme d'un Livre ancien & reconnu incontestablement pour être de lui.

---

(1) Antiq. Jud. Liv. X, Ch. XII.

« Dieu, dit-il, combla Daniel de ses graces ; il l'éleva au rang des plus grands
» Prophetes : il eut pendant sa vie la faveur des Princes, & l'affection des
» Peuples : après sa mort, il jouit d'une réputation immortelle. Les Livres
» qu'il nous a laissés sont encore aujourd'hui entre nos mains ; nous les con-
» servons comme des gages assurés que Dieu lui a parlé : car non-seulement il
» a prédit l'avenir comme les autres Prophetes ; il a même marqué le tems
» précis auquel ses prédictions devoient arriver ».

Cependant Josephe écrivoit dans le premier siècle de l'Ere Chretienne : il écrivoit pour les Grecs : il n'osoit presque pas avouer ce à quoi il présumoit qu'ils
ne pourroient croire.

S. Matthieu (1) met une de ses Prophéties dans la bouche de Jésus-Christ,
& lui donne le nom de Daniel le Prophete.

Il est cité dans les Machabées : & Ezéchiel parle deux fois de Daniel (2)
comme d'un personnage aussi distingué que Noé & que Job ; comme d'un
Sage par excellence.

Le Livre qui porte son nom, fait partie du Canon des Livres Hébreux,
dressé ou fermé au retour de la captivité : il précède immédiatement les Livres
d'Esdras, de Néhémie & des Chroniques ; le Livre de Daniel existoit donc
lorsqu'on revint de la captivité : l'Eglise Judaïque fut toujours convaincue de
son authenticité : comment les contemporains de Daniel, comment Esdras,
Néhémie, ces Chefs du Peuple Hébreu, lors du retour des Juifs, se seroient-
ils trompés à cet égard ? & si jusques à ce tems là les Hébreux avoient eu
l'habileté de supposer des Livres Prophétiques sous des noms célèbres, comment auroient-ils perdu cette industrie dès le retour de la captivité ?

D'ailleurs, si c'est un faussaire, comment a-t-il pu faire illusion aux Juifs
& aux Chrétiens, si fort séparés d'intérêts & de vues ? Pourquoi écrire en
Chaldéen, qui n'étoit plus qu'un vil jargon ? Pourquoi choisir un théâtre qui
n'intéressoit plus personne, une famille anéantie qui ne pouvoit dédommager
l'imposteur de sa supposition ? en un mot, quel en eût été le but ?

Si c'est un faussaire, où a-t-il puisé ses profondes connoissances, ces nombres qui donnent des Cycles Astronomiques parfaits, cette science Hiéroglyphique puisée dans la Nature & si sublime ?

D'où vient encore cette simplicité, cette candeur, cette douceur de style,
si différente du ton ampoulé & enthousiaste des Orientaux ? D'où viendroit tant

---

(1) Chap. XXIV. 15. (2) Ez. XIV. 14. XXVIII. 3.

de sagesse & tant d'absurdités ? tant de simplicité & un si violent desir de séduire & d'éblouir ?

Il est aisé, sans doute, de fasciner des esprits déjà prévenus favorablement ; on fait tout recevoir par des esprits foibles & ignorans, déjà trompés par eux-mêmes, déjà gagnés avant qu'on cherche à les séduire ; mais les ouvrages de Daniel ne sont pour aucun Peuple : ils firent la consolation & la gloire des Juifs : les Chrétiens les plus illustres par leur savoir, l'ont toujours distingué de tous les Livres Romanciers, Astrologiques, Sibyllins dont on étoit inondé : ils s'en sont servis avec succès contre les Juifs eux-mêmes, qui n'ont jamais ni pu, ni osé nier son authenticité : ils n'auroient donc tous été qu'un vil amas d'hommes à préjugés ?

Il est vrai qu'ils admettoient tous cet ouvrage comme Prophétique. De nos jours, on nie qu'il puisse avoir éxisté des prophéties : que si ce Livre en paroît contenir, ou on y voit ce qui n'y est pas, ou il a été altéré après coup. Mais couper le nœud gordien, est-ce le résoudre ou le délier ? Avancer une proposition, est-ce la prouver ? & dans un procès aussi capital que celui-ci, suffit-il de nier ?

D'ailleurs, cette question ne porte pas uniquement sur Daniel : elle s'applique également aux autres Livres des Prophetes, même pour l'époque dont nous parlons ; car elle nous offre également les Livres Prophétiques de JÉRÉMIE qui joua un si grand rôle relativement à la ruine de la Nation Judaïque, & ceux d'EZECHIEL qui annoncent les plus grands événemens : il y auroit donc eu alors un Peuple ou une Ecole de faussaires, qui se seroient succédé sans cesse, & qui auroient laissé leur esprit & leur science singuliere, aux Auteurs du Christianisme, qui renverserent cependant leurs Maîtres : toutes suppositions absurdes.

§.

EZÉCHIEL ET SA POESIE.

Ezéchiel ou ses prophéties appartiennent en entier à l'époque dont nous venons de tracer l'histoire. Il étoit de race Sacerdotale, fils de Buzé, & il avoit été emmené en captivité dans l'Assyrie par Nabuchodonosor avec le Roi Jechonias, l'an VIe du règne de Nabuchodonosor. Il ne commença à prophétiser, que la cinquieme année après cette époque, comme il le dit lui-même ; il ajoute que c'étoit dans la trentiéme année : cette date qui est la premiere des

ESSAI D'HISTOIRE ORIENTALE.

deux, a embarrassé tous les Critiques; ils l'ont rapportée, les uns au tems où Josias trouva la Loi, d'autres au tems où commença de régner le pere de Nabuchodonosor : quels chercheurs ? Est-il donc si difficile d'avoir des yeux ? Ce n'est ni de Josias, ni d'un Prince Assyrien qu'il s'agit ici; mais du Prophete lui-même. *Dans la trentieme année*, dit-il, *je vis*; comme s'il avoit dit, à l'âge de trente ans ; il ajoute c'étoit au cinquieme mois, la cinquieme année de la captivité de Jechonias, sur les bords du Chobar, dans le pays des Chaldéens. Ainsi, on a la date de son âge & celle du tems de sa captivité : c'est dans l'ordre; mais comme il dit que c'est alors que la main de Dieu fut sur lui, on voit qu'il fait allusion à l'onction des Prêtres Hébreux, qu'ils ne recevoient qu'à l'âge de trente ans. Ici c'est une onction très-supérieure, une onction divine, qui le mettoit à même non-seulement d'enseigner des vérités déjà établies, mais d'enseigner aux hommes ce qui devoit arriver.

Sa derniere prophétie paroît être de l'an 17 de la captivité (1), ensorte qu'il prophétisa pendant l'espace de vingt-deux années au moins, dans lesquelles Nabuchodonosor fut occupé d'expéditions lointaines.

Il annonce la ruine de toutes les Nations voisines du Peuple Juif, celle de Jérusalem, le rétablissement des Juifs, la venue du Messie, l'établissement d'une alliance nouvelle.

Il est regardé comme le plus savant des Prophetes. Grotius le compare à Homere pour la beauté de son génie, sa vaste érudition, ses grandes connoissances, sur-tout pour son style sublime rempli de figures & de comparaisons : c'est un de ceux qui se distinguent le plus par les emblêmes hyérogliphiques & symboliques dont ses prophéties sont parsemées.

Ses Elégies sur Tyr, & sur son Prince, sur l'Egypte & sur son Roi, sur l'Idumée, sur la ruine de Jérusalem, sont de la plus grande beauté & de la plus riche poësie : les Grecs & les Latins n'ont peut-être rien de supérieur en ce genre : il est fâcheux que ces grands modeles d'éloquence pathétique & sublime soient perdus pour les Modernes : qu'on ne puisse pas s'abreuver dans les sources primitives : on n'en juge que par les versions; mais souvent qu'est-ce qu'une version ? quelles froides copies !

Ses dates servent même pour fixer des évenemens qui ne le sont pas dans les Livres Historiques. Ainsi on voit, Ch. XXVII. & XXIX. que la ville de Tyr n'avoit pas encore été assiégée la dixieme & la onzieme année de la captivité

---

(1) Ez. XXIX. 17.

d'Ezéchiel, puisqu'il en annonce le siége & la ruine prochaine : & Ch. XXIX. 17. qu'elle avoit été prise dans la vingt-sixieme année ; car aussi-tôt le premier jour du premier mois de la vingt-septieme année, il promet à ce Roi les dépouilles de l'Egypte, pour le dédommager de ce qu'il n'avoit pris à Tyr que les murs, ses Habitans s'étant tous sauvés avec leurs richesses.

6.

JÉRÉMIE.

Tandis que Daniel prophétisoit à la Cour des Rois, & Ezéchiel dans la Mésopotamie sur le Chobar, Jérémie faisoit la même chose à Jérusalem auprès des derniers Rois de Juda. Ce Prophete étoit également d'une race Sacerdotale établie dans la Tribu de Benjamin : il commença à prophétiser la treizieme année du regne de Josias, dans un tems où il sembloit que les Hébreux n'avoient rien à redouter de l'Egypte & de la Chaldée. Il se représente comme peu avancé en âge, lorsqu'il fut chargé d'annoncer que Dieu alloit arracher & détruire, perdre & dissiper, édifier & planter. On peut donc supposer qu'il avoit trente ans, l'âge où on devenoit Prêtre & où on acquéroit le droit d'enseigner.

Ses premieres prédictions furent contre sa propre Nation, dont il dépeint les vices & l'impiété avec une énergie sans égale ; aucun Prédicateur n'a tonné avec cette force.

Les douze premiers Chapitres paroissent se rapporter aux dix-neuf dernieres années de Josias. Les huit suivans, aux trois premieres de Joakim. Dans le dernier de ceux-ci, on voit qu'un des Chefs du Temple le fit mettre en prison à cause de la nature de ses Prophéties ; & que dans la crainte du Peuple, il le mit en liberté le lendemain. Jérémie s'étoit déjà plaint (Cap XI. 21.) de ce que les Habitans de sa propre ville, d'ANATHOT, avoient cherché à lui arracher la vie, par le même motif.

Au vingt-cinquieme, il annonce que la nation Juive sera assujettie aux Babyloniens pendant soixante-dix ans, & qu'alors ceux-ci seront eux-mêmes anéantis ; & dans l'intervalle, un grand nombre de Peuples, de Rois & de Villes, dont il fait l'énumération.

Au vingt-septieme, il annonce que les Babyloniens ne seront gouvernés que par le fils & par le petit-fils de Nabuchodonosor.

Le vingt-huitieme contient sa dispute avec un nommé Ananias, qui n'annonçoit que des choses agréables au Peuple.

Le Chapitre XXI. contient sa réponse au Roi Sédécias, qui étant attaqué par les Babyloniens la dixieme année de son règne, lui demande quel sera le succès de la guerre ; mais ce Roi irrité contre le Prophete, à cause des malheurs qu'il lui dénonce, le fait mettre en prison dans son propre Palais, comme on le voit au Chap. XXXII.

Il y a donc ici une transposition, le Chap. XXI. devant être le XXXI. car tous les autres suivent fort bien ; il est fâcheux qu'on ne rétablisse pas ce dérangement, qui coupe absolument le fil des faits & des prophéties.

Les horreurs de la prison ne font point changer de langage au Prophete : rien de plus précis, de plus clair, de plus fort que les désastres dont il menace de ce lieu la Nation entiere & son Roi.

On le jette donc (Chap. XXXVIII) dans un cul-de-basse-fosse au fond de la prison royale où on l'avoit enfermé : mais l'Ethiopien Abdemelech, un des Officiers du Roi, touché de ce traitement odieux, obtient du Roi la permission de l'en retirer : ce qu'il ne peut faire qu'en lui jettant des cordes. C'est alors que Jérémie dit au Roi en reconnoissance ; que s'il se rendoit aux Chaldéens, il seroit à l'abri de tout événement fâcheux : qu'autrement, il sera fait prisonnier & la Ville brûlée.

Ce n'étoit pas le moyen de se faire mettre en liberté : aussi fut-il détenu jusqu'à la prise de Jérusalem, où il fut délivré par le Général Assyrien, qui lui fournit des vivres & le combla de présens.

Après l'assassinat de Godolias, les Juifs, malgré les exhortations les plus pressantes de Jérémie, abandonnent le Pays, & se réfugient en Egypte, emmenant même par force ce Prophète avec eux.

Il ne se rebute point, & dans cette Contrée il annonce de nouveaux malheurs & aux Juifs & aux Egyptiens. (Chap. XLIII & XLIV). Les premiers s'étoient plongés en Egypte dans l'idolâtrie : ils offroient à Isis, à la Reine des Cieux, des sacrifices, disant à Jérémie que leurs malheurs étoient venus de ce qu'ils avoient cessé de l'honorer.

Les Chapitres suivans contiennent diverses prophéties contre les Philistins, contre les Moabites, contre les Ammonites, contre les Iduméens, contre les Babyloniens dont on annonce la destruction par les Mèdes & les Perses : cette derniere prophétie est datée de la quatrieme année de Sédécias : elle fut remise à Saraïas que ce Roi envoyoit à Babylone.

La plupart de ces dernieres prophéties sont de vraies Elégies, qui ne cedent en rien à celles d'Ezéchiel.

Jérémie avoit l'ame douce & compâtissante : ces prophéties menaçantes devoient couter beaucoup à son cœur : tout le Monde connoît sa belle Elégie ou ses Lamentations sur la ruine de Jérusalem qui commencent ainsi :

» Comment est devenue déserte cette Ville qui étoit si peuplée ? Comment la Reine des Nations est-elle tombée dans le veuvage, & celle qui commandoit au loin est-elle devenue tributaire ? Elle pleure dans cette profonde nuit, ses joues sont baignées de larmes : elle reste sans consolateurs : ses amis même la méprisent : ils sont devenus ses ennemis les plus acharnés... Quel deuil couvre les rues de Sion ! on n'accourt plus à ses Fêtes solemnelles : ses portes sont détruites, ses Sacrificateurs gémissent : ses Vierges inconsolables ne connoissent plus la parure ; Sion est accablée de la douleur la plus amere. »

N'omettons pas que dans la lettre de Jérémie au Peuple captif à Babylone (1) & dans le Chap. X. de Daniel, on voit des allusions à l'idée que les Nations étoient sous la garde d'un Ange tutélaire : idée qui par conséquent n'est point due au séjour des Hébreux dans la Chaldée, puisque Jérémie qui n'y avoit jamais été, en parle comme d'une chose connue. On voit dans ces passages, l'Ange du peuple Juif ou S. Michel, *m. à m.* grand comme Dieu : l'Ange de Babylone qui recule sa ruine : l'Ange des Perses protégé par une Puissance supérieure à laquelle celui de Babylone est obligé de céder.

Cette doctrine découloit assez naturellement des idées Orientales sur l'existence & la Hiérarchie des Anges : elle tenoit encore à nombre d'autres idées Orientales que nous ne pouvons discuter ici, & que nous aurons peut-être occasion de développer ailleurs.

7.
De l'authenticité de leurs Ouvrages.

Jérémie, Ezéchiel, Daniel tiennent donc tous le même langage : leur Histoire est étroitement liée avec celle de leur tems : elle en est inséparable : ils vivent cependant dans des Contrées différentes : ils ne se sont point copiés ; la nature de leurs prophéties & de leurs symboles, different infiniment à divers égards : comment des faussaires auroient-ils pu prendre des formes si différentes, si originales & cependant si conformes à l'Histoire ; sur-tout dans les tems même des événemens où tout pouvoir les démentir ? D'ailleurs comment le Peuple Juif si revêche, si opiniâtre, se seroit-il prêté à adopter, à con-

---

(1) Baruch, Ch. VI. 5.

ferver, à maintenir des Ouvrages remplis des peintures les plus effrayantes de leurs vices & de leur incrédulité ? qui étoient autant de fatyres de leur conduite ? La vanité d'avoir des Prophetes, ne fait pas violence à ce point à l'amour-propre : & quel Peuple, quelle Nation ne fe conduiroit pas à cet égard comme les Juifs ? Quel Prince foufriroit tranquillement qu'on annonçât la deftruction prochaine de fes Etats, de fa Capitale, de fa famille ; qu'on nommât le Conquérant heureux qui devoit l'afferver, l'exterminer même ? Il falloit donc une protection particuliere de la Divinité en faveur de fes Hérauts, car aucun d'eux qui ne fe dife envoyé de fa part.

Enfin, s'il étoit fi facile ou fi utile d'imaginer de pareils Livres, comment entre tous les Peuples, le Peuple Juif eft-il le feul qui en ait eu de pareils ? comment n'avoit il que ceux-là ? pourquoi les avoit-il fous cette forme, & comment fur-tout conferva-t-il fans ceffe des Ouvrages qui ne fervoient qu'à démafquer fa turpitude ? Qu'eft-ce qui pourroit avoir une pareille force, fi ce n'eft la vérité ?

Nous ne parlons que de l'authenticité de ces Livres : ce n'eft pas à nous à décider ici de la doctrine même de la prophétie, & à agiter d'auffi grandes queftions, liées effentiellement aux idées d'un Dieu, & d'une Providence qui a tout fait avec nombre, poids & mefure, qui a imprimé à fes œuvres l'harmonie feptenaire, qui dès le commencement dut fe prefcrire un plan pour le bonheur général des hommes ; qui ne put le perdre de vue en aucun tems ; qui dut le manifefter aux hommes, les y ramener de tems à autre, plier les grands événemens à ce plan général, qui dut prévoir tout ce qui pouvoit feconder ce plan, d'une maniere bien plus parfaite que nous ne pouvons prévoir : objets qui peuvent former une maffe de lumiere & de vérités, qu'on ne fauroit admettre ni rejetter fans des recherches préliminaires & profondes, & qu'il n'eft peut-être pas donné à tout le monde d'appercevoir diftinctement. Qui peut fonder l'Univers & tout ce qu'il contient ? Il nous fuffit d'avoir propofé à l'attention des hommes des faits intéreffans, des phénomènes uniques, une fucceffion étonnante de grands perfonnages, & d'avoir débarraffé de l'obfcurité qui les couvroit, l'hiftoire d'un fiècle auffi remarquable que celui qui vit les progrès rapides de l'Empire Babylonien, & fa chute auffi rapide fous les coups de Cyrus. C'étoit tout ce que nous nous propofions dans cet Effai : ce n'eft que par des vérités partielles qu'on peut parvenir à l'enfemble de la vérité : il ne faut que quelques objets mal vûs, pour affoiblir, par les ténèbres qui en réfultent, la plus vive lumiere.

Nous terminerons cet Effai par l'explication d'un grand nombre de noms géographiques qui entroient dans l'Empire Babylonien depuis la Mer Méditerranée jusques aux frontieres de la Perse ; ils seront une nouvelle preuve de ce que nous avançons, que tout nom fut significatif dans son origine, & que l'Orient & l'Occident parlerent dès le commencement une même langue.

ARTICLE XV.
EXPLICATION
De divers noms de Lieux, Fleuves, Montagnes, &c. compris dans la Carte des Conquêtes de Nabuchodonosor.

Les Contrées qui composoient l'Empire de Babylone, sont remplies de noms de lieux, puisés dans la langue Primitive, tous significatifs, & dont une grande partie sont semblables à ceux que nous avons déjà eu occasion d'expliquer à l'égard de plusieurs Contrées Celtiques, telles que la France & l'Italie.

Les Cartes modernes de ces Pays nous offrent à la vérité trois autres sortes de noms, des Grecs, des Persans, & des Turcs, parce que ces trois Nations les ont possédées tour-à-tour pendant plusieurs siècles : ces noms sont même les plus nombreux, parce qu'un grand nombre de lieux primitifs en ont été détruits ou ont changé de noms : cependant, il s'en est conservé un assez grand nombre pour se convaincre que les noms Primitifs de ces Contrées furent toujours significatifs & puisés dans la langue commune à tous les Peuples. Nous avons cru devoir les réunir ici, afin qu'on s'assurât de plus en plus des grands principes du Monde Primitif & de leur universalité.

NOMS DE LIEUX
Semblables à ceux que nous avons déjà expliqué, dans les Origines Françoises & dans les Origines Latines.

A,

A, entra ici dans un grand nombre de noms qui désignoient les eaux.
AC, eau, l'*Aqua* des Latins ; d'où
HAK-IAR, riviere & Pays d'Assyrie ; elle se jette dans le grand Zab.
AC-CARON, ville de Palestine, *m. à m.* Ville (*Car*), des eaux (*AC*).

AIN,
Source, fontaine.

AIN-al-GEBAL, *m. à m.* source ou fontaine des montagnes, dans la Mésopotamie.

ESSAI D'HISTOIRE ORIENTALE.

Rush-al-Ain ou Resaxia, ville considérable de la Mésopotamie & remplie de sources ; *m. à m.* chef des sources. On l'appelle aussi la ville aux trois cent Fontaines.

Ain-Tab, la bonne, l'excellente source ; ville de Syrie : on l'appelle aussi simplement Tab, Tava, Deba. Du même vint sans doute Diba, riviere d'Arménie.

AR,

Nom des fleuves rapides, de même que dans l'Europe.

Ar-Axes, nom de plusieurs fleuves dans l'Arménie & l'Assyrie, & surnom du Chaboras en Mésopotamie.

Arnon, riviere des Moabites : Ar, Aroer, leur Capitale.

Ar-Ménie, le Pays le plus élevé de tout ce continent Assyrien, d'où descendent l'Euphrate, le Tigre, les Zab, & nombre d'autres rivieres.

Ce mot prononcé Bar, Var, est devenu le nom de plusieurs fleuves, ainsi qu'en Europe.

Cho-Bar, fleuve grand & impétueux de la Mésopotamie : de *Bar*, fleuve, & *Cho*, fort, même famille que Qoe, Que.

Bar-Dine, nom que Strabon donne au fleuve qui passe à Damas.

Bar-Balisse, sur l'Euphrate, appellée aussi simplement *Belés*.

Ber-Sima, sur l'Euphrate.

Ce même mot modifié en Nar, est devenu également ici le nom de fleuves.

Nahraim, surnom de la Mésopotamie ou Aram des fleuves.

Al Nahraïm, les deux rivieres, Ville au confluent du Saocoras & du Chaboras en Mésopotamie.

Narra-Ga, canal de Chaldée.

Nahar-da, ville sur l'Euphrate.

ASC, AX, eau, ce mot est entré dans le nom des Ar-axes.

Dam-Asc, nom de Damas, *m. à m.* habitation des eaux : *dam*, habitation, *asc*, eau.

AV, AB, eau, comme en Occident.

Ab-Or-As, prononcé aussi Chab-oras, fleuve de Mésopotamie : ses trois syllabes sont autant de noms d'eaux.

Kosh-Ab, la bonne eau, fleuve d'Assyrie.

Ce nom modifié en Gav, Gau, Go, désigna en Oriental & en Celte une Contrée située le long des eaux.

Ar-Gob, ou Ar-Gov, Contrée du Pays de Bafan, qui étoit en plaine, fur le Jourdain & au pied des montagnes, de même que l'Argov en Suiffe. Ce nom eft oppofé à l'autre portion de Bafan qui étoit montagneufe.

De-là encore la terminaifon Ga, donnée à des rivieres.

Narra-Ga, canal de Babylonie.

Naharda-Ga, Contrée fituée le long de l'Euphrate & qui formoit le territoire de Naharda.

Ce même nom modifié en Sav, Sao, Sov, Soph, a produit ces noms.

Sou, riviere, en Turc.

Sao-Za, ville de Médie fur des eaux.

Soph, Zoph, ou Sophene, Contrée de la haute Méfopotamie; abondante en eaux & en fleuves.

Sophan, Saphon, ville fur le Jourdain.

II.

Ar, Har, Hor, Or, a défigné ici comme dans l'Europe des montagnes roides & rapides, des villes fur des montagnes, des Contrées montagneufes, parce que Ar défigna toujours la rapidité.

Ab-Arim, montagne de Moab.

Auran, ou l'Auranitide, la portion montagneufe du pays de Bafan ou de la Batanée.

Horeb, montagne d'Arabie.

Horréens, (les monts) dans l'Idumée.

Oro-Naïm, ville des montagnes de Moab.

Ar-Bele, ville forte d'Affyrie.

Ce nom varié en Gor, a produit:

Les monts Gordiens, en Arménie.

Le Curd-iftan, nom moderne de l'Affyrie.

La montée de Gur en Paleftine.

Prononcé Mar,

Mar-Din, fur une montagne en Affyrie, (*Den*, habitation).

Mar-athus, fur une montagne en Syrie.

Prononcé Sar, Ser.

Sarrana, ville dans les montagnes de la Méfopotamie.

Seïr, montagnes des Amalekites.

Ia-Ser, ville des Ammonites; *Iah*, élevé; *fer*, montagne.

III.

GABAL, élevé.
   Gabalene, pays de montagnes dans l'Idumée.
   Gabala, sur une montagne de la Médie.
   Gabala, sur une montagne en Syrie.
   Gabula, sur une montagne en Syrie, près du lac de Sel.

GAU, GAA, CAO, montagne.
   Cau-Case, monts des frontieres, de l'extrémité.
   Bal-Kaa, montagnes très-élevées qui séparoient les Ammonites & les Moabites.
   Cho-Asp, montagne du cheval : elle est dans la Susiane, & très-élevée.
   Koh, ou Cho-Zerdah, montagne jaune : le Choaspe en sort.
   Ca-Spies, monts du Cheval ; ils sont très-élevés : de *CAV*, montagne, & *ASP*, cheval : de-là le nom de la mer Cas-Piene au pied de ces montagnes.

HAM, habitation.
   Hamath & Amatha, grande ville de Syrie.
   Amathunte, ville de Syrie.
   Amatha, ville de Syrie avec des eaux thermales.
   Le nom de celle-ci pourroit venir de HAM, chaud.

KAR, ville, habitation, enceinte, en Oriental comme en Celte.
   Karioth : Kariathaïm, villes de Moab.
   Kher-Kesium, ville de Mésopotamie.
   Kar-Cathio-Certa, grande ville d'Assyrie, aujourd'hui Diarbekir.
   Kerta, en Assyrien & Arménien, nom des villes Royales.
   Kar-Menda, grande ville de Mésopotamie.

NAB, élevé.
   Nebo, montagne de l'Arabie.
   Niphates, montagnes d'Arménie.

SEILa, riviere d'Assyrie, nom très-commun en Europe. Il tient à celui d'Ail, eau, étang, marais, d'où :
   Aila, Elath, Elana, ville sur la Mer-Rouge.

SIN, riviere.
   Ar-Sen, riviere d'Arménie.
   Sin Gas, riviere de la Mésopotamie.
   Zeindeh-Ruh, anciennement Cyndes, fleuve de la Susiane.

TAL, TEL, nom qui désigne les lieux élevés, comme nous avons eu souvent occasion de le voir, tels que l'Italie, l'Atlas, &c. De-là :

TELA, sur une montagne en Mésopotamie.

THILUTHA, place très-forte sur une Isle de l'Euphrate, très-élevée.

TELLA-AFAR, sur une montagne à l'Occident de Ninive.

TELA, dans une isle élevée du lac d'Ormia en Médie.

TEL-al Chaïr, la colline des biens, lieu sur une montagne de Mésopotamie.

U X, UCH des Celtes, élevé.

Uxiens, Habitans des montagnes de la Susiane.

I V.

Autres Noms par Ordre Alphabétique.

ABELa, nom commun à plusieurs villes de l'Orient, & qui signifie en Phénicien une montagne élevée, comme nous l'apprend AVIENUS ; d'ailleurs ce mot tient à la Famille BAL, BEL, FAL, qui a toujours désigné l'élévation : de-là :

ABELA *des vignes*, chez les Ammonites.

ABILA, Capitale de l'Abilene en Syrie.

ABEL-Sittim, ou des *Palmiers*, chez les Moabites : aussi ces deux premieres villes furent appellées par les Grecs *Leucade*, ou roche blanche : nom qu'ils donnoient aux villes situées de la même maniere.

Il y avoit dans la Palestine d'autres villes appellées ABEL par la même raison.

ABIDa, en Syrie ; de Bid, demeure.

A-DIABene, Province d'Assyrie ; de DIAB ou ZAB, nom des fleuves entre lesquels elle étoit située.

Achaia-CHALA, sur l'Euphrate & dans un terrain très-escarpé ; de *Chál*, port, & *Ach*, fatiguant.

AS-CALON, en Palestine ; d'*As*, fort, & *CAL*, port.

ASION-GUEBER, sur la Mer Rouge, à l'Orient de celui d'Ailath.

Asion, Oriental, & *Gueber*, grand, le grand port Oriental.

ATRO-PATENE, nom de la portion Septentrionale de la Médie : d'*Ater* ou *Atro*, feu, & de *Pate*, même que BAT, BID, demeure, habitation : dégénéré en *Aderbidjan*.

BAAL-MEON, le grand flambeau, ville des Moabites.

BATNæ, ville de Mésopotamie.

BATINA,

BATINA, ville au Midi de la Mer Caspienne ; de *Batan*, nom des fruits ronds, comme les noisettes, les amandes.

BAZRA, BOSOR, BASSAR, en Idumée ; *mot-à-mot*, ville des vignes ou des côteaux.

CAFar-Tutha, canton de Mûriers ; de *Cafar*, canton, & *Tuth*, noir.
CAL, signifie Port ; de-là,
   CHALA, Ville qui donne son nom à la Chalonitide, en Assyrie.
   CALach, Ville sur le Tigre.
   Voyez Ascalon & Achaia-chala.
CART-ERon, montagne effrayante minée par l'Euphrate ; de *her*, montagne, & *Cart*, fort, rapide.

COSSéens, Montagnards de la Susiane, & qui étoient excellens Archers. Ils tirent donc leur nom d'un mot Oriental, qui signifie *Arc*.

DI-BON, ville de Moab, abondante en eaux ; de *Di*, abondant, & *Von*, eau.
ELEUTHERE, fleuve de Phénicie ; de *Leuth*, Tortue, d'où *Luth* : mot-à-mot, fleuve des Tortues ; on y en pêchoit beaucoup.

GABRIS, ou la grande, Ville de Médie.
GADirtha, ou la Haye, ville de Mésopotamie ; même nom que celui dont on a fait insensiblement le nom de Cadix.
GATH ; plusieurs villes de Palestine portèrent ce nom, qui signifie *pressoir*.
GAZA, ou Aza, ville forte ; elle est sur une colline.
GAZA, ou Ganzaca, ville d'Assyrie ; ville forte.

HADitha, ou la neuve, deux villes de ce nom dans notre carte.
HEMS, ou EMESE, avec un Temple du Soleil, ou d'*Elio-Gabale* ; mot-à-mot, le grand Soleil ; *Hems*, & *Schems*, sont le nom même de cet Astre.
HUZ, & CHUS, ville de Susiane, d'où le *Chus-istan*, nom qu'elle porte aujourd'hui.

A, HA, & CHA, se sont souvent mis l'un pour l'autre.
Aboras, & Chaboras ; Hus & Chus ; Aza & Gaza ; Sippara & Hippara, &c.

KORNA, dans une encoignure au confluent de deux Fleuves.
LEM-LUM en Chaldée, canton où les Mahométans & les Perses adorateurs du feu, se livrèrent un combat très-meurtrier, & célèbre encore chez ces Peuples ; ce nom vient de *LEM*, combat.

MESO-POTAMIE, nom Grec, qui signifie au milieu des Fleuves.

MENN-ITh, ville des Ammonites ; *mot-à-mot*, le flambeau des tems, la Lune.

MAM-BYCE, *mot-à-mot*, habitation de la Lune ; les Grecs l'appellerent Hiérapolis, la Ville sacrée ; on y adoroit cette grande Déesse de Syrie.

NAZERini, habitans de Montagnes en Syrie ; de *Ser*, montagne.

NAUSa, dans une isle de l'Euphrate. De l'Oriental *Nass*, élevé ; les isles sont élevées sur les eaux. Les Grecs en firent *Nésos*, isle.

NISIBE, en Syrien, un *Poste*.

NOIRE, nom de la Mer Noire ; c'est la traduction du Grec Pont Euxin ; lui-même altération du nom d'ASKENAS, qui le premier s'établit sur les bords de cette mer.

NOIRES, noms de deux chaînes de montagnes, l'une au Nord de la Mésopotamie, l'autre dans l'Idumée.

OR-MIA, Ville & Lac en Médie ; de *Mia*, eaux ; & *OR*, Ville du feu. Le nom ancien de ce lac, fut SPOTA, le profond, le grand.

PALLa-COPa, riviere de Mésopotamie, qui forme nombre de marais ; de POUL, PAL, marais, & *Cop*, nombreux.

PALMYRE, ville des Palmiers. Traduction de son nom Oriental TADMOR.

PETRA, ou le rocher, Ville d'Idumée sur une montagne. Son nom Oriental est SELA, le rocher, d'où le Latin *Silex*. De-là, l'Arabie Pétrée.

RABBA, la grande, la Capitale : nom ancien des Capitales.
 RABBA, Capitale des Moabites.
 RABBA, Capitale des Ammonites.
 RABBA, surnom d'Hamath.
 RAHABI, grande ville de Mésopotamie.
 RIBLA, ville ancienne du pays d'Hamath.

ROHa, RHOA, nom Oriental d'Edesse ; *Eaux-courantes*. De-là son nom Grec, *Calli rhoé*, les belles eaux. On en fit Os-ROENE, nom du pays dont elle fut la Capitale.

RHOSSus, en Syrie sur un cap ; de *Rhos*, Cap.

SAMOSATE, ville de Syrie sur l'Arsame & l'Euphrate. De *SAM*, élevé, & *Shat*, Fleuve.

ESSAI D'HISTOIRE ORIENTALE.

SCABina, ville de Médie ; de *Scab*, élevé ; d'où *Scabinus*, Echevin.

Sela, ou Pierre, nom Oriental de *Petra* en Arabie.

Sidon, Ville de pêche ; de צִיד *Tsid*, pêche.

Sippara, Ville & Ecole célèbre des Chaldéens : de *Sepher*, livre, écriture, chiffre. Aussi l'Alcoran est-il appellé Siparé.

Susan, & Sus, villes de la Susiane ; *mot-à-mot*, lys, fleurs de Lys.

Sarepta, ville de Phénicie dans un très-beau vignoble ; de צרפת *Tsarept*.

Tadmor, ville de Syrie, *mot-à-mot*, Palmier.

Taurus, chaîne de Montagnes en Asie : de *Tor*, élevé ; fort ; & non de la figure d'un Taureau, comme le supposoit Strabon.

Thapsaque, de l'Oriental *Thi-Psaq*, le passage ; c'étoit le grand passage sur l'Euphrate, avec un gué profond. (1)

Tur-Rabdin, ville du Rhabdium, contrée montagneuse en Assyrie, de deux journées de chemin ; de *Tur*, rocher.

Tyr, Tsur, Tur, *mot-à-mot*, Ville du Rocher.

Tigre, en Oriental *Deghel*, le rapide, le rongeur.

Van, nom d'un lac en Arménie ; de *Van*, *Von*, eau.

Zab, ou le loup ; nom de deux fleuves de l'Assyrie. Les Grecs le rendirent par celui de *Lycos*, loup. On le prononce aussi Dab, Diab.

Zagrus, chaîne de montagnes qui séparent l'Assyrie de la Médie. Ce sont les mêmes montagnes qu'on appelle encore aujourd'hui *Dagh*.

Zeugma, le Pont ; ville Grecque sur l'Euphrate, avec un pont.

On trouve dans la Chaldée actuelle ces noms de lieux fort remarquables.

Le tombeau de Job, sur l'Euphrate, à très-peu de distance méridionale de Babylone, dans un lieu appellé encore aujourd'hui *Nebi-Eyub*, le Prophete Job.

Le Tombeau d'Ezéchiel.

Le Tombeau de Daniel à Suse.

Locman-Ackim, en Mésopotamie ; *mot-à-mot*, le sage Locman, le plus ancien des Fabulistes connus. C'est un lieu sur l'Euphrate, à très-peu de distance septentrionale de Bagdad.

---

(1) L. Rois, IV, 14.

TABLEAU
DU ROYAUME DE JUIDA,

Pour servir d'addition à ce qui en est dit page 52.

CE Royaume de Juida est si intéressant, il est si digne d'avoir été établi par des peuples aussi sages que les Egyptiens, les Phéniciens, les anciens Hébreux, & il est en même tems si peu connu, que nous ne pouvons nous résoudre à omettre un léger tableau de cette contrée & des mœurs de ses habitans, tel qu'il étoit avant 1750, où il tomba sous la puissance du *Dahomay*, de ce Prince qui avoit conquis une grande partie de l'Afrique : nous ne ferons en quelque sorte qu'abréger ce que M. l'Abbé R... a rassemblé avec tant de sagacité à ce sujet dans son Histoire de l'Asie, Afrique & Amérique.

Ce pays qui a environ quinze lieues d'étendue le long de la mer, & six à sept de profondeur dans les terres, s'élève en amphithéâtre par de hautes montagnes qui le mettent à l'abri des vents du Nord ; il est chargé de grands arbres parés d'une éternelle verdure, couvert de moissons sans cesse renaissantes, entrecoupé de ruisseaux, garni de villages agréables : il présente la plus belle perspective du monde & forme une des plus délicieuses contrées de l'Univers.

On n'y voit point de Villes proprement dites. SABI, sa Capitale, n'est qu'un gros village, dont le nom, ce qui est très-remarquable, est le même que celui de *Saba* ou *Sabé*, donné à Jérusalem dans Daniel. On l'appelle aussi SAVI-ER, mot-à-mot, *ville de Sabi*. Il est vrai que plusieurs de ces villages contiennent autant de monde que quelques Etats voisins & qu'ils ne sont guères distans les uns des autres que d'une portée de fusil ; en sorte qu'à l'installation du Roi, les cris de joie de la Capitale sont entendus des villages voisins, & que de l'un à l'autre la nouvelle s'en répand à l'instant dans tout le pays.

Il ne forme ainsi qu'une belle & riche campagne couverte de familles agricoles & d'habitations rurales. On trouve dans leurs marchés toutes sortes de denrées, des Epiceries, des Indiennes, des Porcelaines, des toiles d'Europe, des métaux œuvrés ou bruts, de l'or étranger au pays ; en un mot, toutes sortes de marchandises des quatre Parties du Monde, avec lesquelles leur agriculture & leur population les met en relation. On y voit accourir toutes les Nations commerçantes de l'Europe, tous les Peuples voisins, ceux qui sont établis dans l'intérieur de l'Afrique, même des Malays qui y viennent de la Mer-Rouge, ainsi que les anciens Phéniciens.

Ce peuple, d'ailleurs, fabrique lui-même de belles étoffes au métier, & met en œuvre les métaux beaucoup mieux que les autres Nègres. Labourer & calculer c'est la principale science de ces peuples. Ces Nègres, les femmes même, calculent de tête les plus grosses sommes, aussi vîte que nos plus habiles Arithméticiens avec la plume.

Les Mercredis & les Samedis, le marché qui s'ouvre à un mille de Sabi, sous des arbres touffus, ressemble à une grande foire : tous les Marchands y sont également accueillis, favorisés, protégés, libres d'acheter ou de vendre, d'importer ou d'exporter sans avoir aucune gêne à subir. Les Portugais, les François, les Anglois, les Hollandois ont des comptoirs autour de la grande place de Sabi.

Tous les Voyageurs s'accordent à raconter sur la population immense de ce pays unique, des choses qui paroissent incroyables, mais sur lesquelles on ne peut rejetter les détails dans lesquels ils entrent, & qui sont une preuve encore vivante de ce que peuvent avoir été les anciennes contrées de l'Orient dont nous avons parlé & dont les Anciens vantoient la population. On voit ici des armées de cent mille hommes, des familles de cent quarante enfans, des peres qui plaignent leur sort quand ils n'en ont que cinquante à soixante : des villages entiers habités par une seule Famille : une traite d'esclaves qui monte toutes les années à douze mille, sans que le pays en souffre. Ceux qui le disent sont en grand nombre, & de toute nation d'Europe : il en est de François, comme le Chevalier Des Marchais : de Hollandois, comme Bosman : d'Anglois comme Phillips & Snelgrave. Des Vice-Rois sans autre secours que leurs fils & petits-fils au nombre de deux mille, suivis de leurs Esclaves, ont repoussé des ennemis puissans.

Hommes, femmes, enfans, ils ont tous la tête rasée & nue ; dans cet état, ils vont à la pluie, au vent, au soleil, sans en être incommodés : usage qui leur est commun avec les anciens Egyptiens.

Le travail est leur élément. Un porteur avec un poids de cent livres sur la tête, court une journée entière.

Croira-t-on que les Palais du Roi & des Grands, y sont meublés avec la même magnificence que les Palais d'Europe : que leurs tables sont servies avec propreté : que l'usage des vins de Madère, des Canaries, d'Espagne, de France, y est très-commun : qu'on y fait usage de thé, de caffé, de chocolat, de confitures : qu'on y a de fort beau linge de table, des porcelaines précieuses, de la vaisselle d'argent : & cela au milieu de tous ces barbares noirs qui sont répandus dans les vastes contrées de l'Afrique ?

Quel étonnant phénomène ! & comment dans un espace aussi étroit, une Nation a-t-elle pu devenir si nombreuse, si riche, si policée ?

Ce qu'elle est, elle le doit à sa riche Agriculture & à son Commerce que rien ne gêne. A peine ont-ils récolté, qu'ils labourent & sement : le riz, les pois, le millet, le bled de Turquie, les patates, les ignames sont les objets de leur culture : leurs sillons sont profonds ; & sur les ados de ces sillons ils cultivent des melons & des légumes. Pas un pouce de terre inculte : à peine existe-t-il des sentiers entre les champs.

Ils se délassent de leurs travaux par des concerts, des danses, des exercices, des jeux d'adresse. Quelquefois ils travaillent au son des instrumens ; & même en cadence : la Musique semble les rendre infatigables, & leurs travaux ont l'air d'une Fête. Nous paroissons, nous, au contraire, dit fort bien l'Abbé R... ignorer que l'isolement, la langueur & l'ennui sont les plus cruelles des fatigues, & que le plaisir soulage, anime & fortifie.

Nous avons cependant en France même des exemples pareils d'une culture prospere soutenue par les mêmes moyens : à deux lieues de cette Capitale sont des villages où on ne voit pas un pouce de terrein inculte : le bled, le raisin, les légumes y croissent en abondance les uns à côté des autres : les moissons & les vendanges y sont des jours de Fêtes ; & tous les Dimanches la Jeunesse de ce Canton acquiert de nouvelles forces par des danses honnêtes faites sous les yeux de leurs Parens, & contre lesquels les Chefs ne murmurent point : les mœurs y sont telles que tout le territoire est sous la foi publique sans palissades, sans mur, sans défense quelconque.

Un bon Gouvernement agricole, conclut notre Auteur, multiplie les richesses à l'infini, car il tient le trésor de la Nature toujours ouvert ; & plus on fouille dans ce trésor, plus on y recueille.

Des Initiations en usage sur les Côtes de la Guinée.

Les Pays de la Côte d'or ont divers autres usages qui décèlent des rapports avec d'anciens Navigateurs, tels que les Phéniciens. Par exemple, une tête de bœuf suspendue dans l'intérieur de la cabane paroît être la marque distinctive de la Noblesse; ainsi qu'Astarté, Déesse des Phéniciens, avoit une tête de bœuf pour symbole de sa dignité; & lorsqu'un Particulier y est annobli, on y voit une sorte de garde semblable à la veille des armes de l'ancienne Chevalerie.

M. l'Abbé R... a découvert chez ces Peuples des traces des anciennes Initiations Egyptiennes & Phéniciennes; rapports très-utiles à observer, quelle qu'en soit la cause. Il commence par exposer ce qu'ont apperçu les Voyageurs, sans avoir pu remonter à l'explication de ce qu'ils voyoient.

Les Rois de ces Contrées, dit-il, savent que l'instruction est un devoir aussi indispensable de la Souveraineté que la protection; mais ils semblent être dans la fausse & cruelle opinion qu'elle suffit à la partie de la Nation qui gouverne: si on s'en tient au récit des Voyageurs, on croira même que dans le Collége établi pour les jeunes Citoyens destinés à remplir les différentes charges de l'Etat, ils n'apprennent qu'à combattre, danser, pêcher, chasser & chanter le *Belli-dong* ou les *louanges de Belli*, tandis que les leçons de fidélité, d'industrie, de frugalité, d'économie domestique, de respect pour le bien d'autrui, commencent en quelque sorte à leur naissance, puisqu'à l'imposition des noms la principale cérémonie consiste dans des harangues, qui, par des vœux en faveur de ces enfans nouveaux nés, rappellent aux assistans ce qu'ils doivent leur enseigner, & ce qu'ils doivent pratiquer eux-mêmes; usages qui ne sont point l'effet de Peuples barbares. Ces Voyageurs ajoutent qu'après cette éducation, un Nègre parfaitement formé aux exercices de la danse, de la chasse, &c. est, avec le titre d'Associé de Belli, habile à posséder tous les Emplois civils & Ecclésiastiques; au lieu que les Quolges ou Idiots qui ont été exclus de cette Confrérie, comme incapables de danser, chanter, &c. ne sauroient être promus à aucune charge. Ce seroit donc pour en former des danseurs, des chanteurs, &c. qu'on tiendroit pendant quatre ou cinq ans les jeunes gens renfermés dans l'enceinte d'un bois sans aucune communication même avec leurs parens, & qu'on leur imprimeroit des signes le long du cou pour les distinguer de ceux qui auront beaucoup mieux appris qu'eux & la pêche & la chasse en les exerçant.

On ne connoît pas mieux les Nations, observe fort bien notre Auteur, par les récits des Voyageurs, qu'on connoîtroit un édifice par la description de quelques matériaux bruts: dans la masse informe de faits qu'ils ont recueillis, il faut découvrir ce qu'ils n'ont pas vu, ce qu'ils n'ont pas su, ce qu'ils n'ont pas même soupçonné: par la lettre imparfaite & infidelle, il faut découvrir l'esprit.

L'Ecole de Belli est manifestement une initiation aux Mysteres de la Religion & de la Politique, semblable à celles dont l'ancien Paganisme nous offre des exemples. Lorsqu'après leurs épreuves, les Initiés conduits dans la place publique exécutent la danse & chantent l'hymne de Belli, de maniere quelquefois à s'attirer les railleries du Peuples, & sur-tout des femmes qui crient qu'ils ont passé leur tems à manger du riz, ils n'en sont pas moins associés à l'Ordre religieux : ils n'en conservent pas moins le nouveau nem qu'ils ont reçu à leur admission dans l'Ecole : le Gouvernement ne les juge pas moins propres à remplir les offices de l'administration. L'œil du Peuple ne voit que les exercices du corps, & c'est à ces apparences que le Gouvernement se propose de borner ses vues. Mais ce Peuple est conduit par la superstition : le Belli, pâte de la composition du Bellimo, Grand-Prêtre, les captive dans la soumission religieuse la plus aveugle & la plus profonde ; & néanmoins le Grand-Prêtre ne sauroit exercer son pouvoir sans le consentement du Roi.

Les Nègres accusés de vol ou de meurtre, sans qu'il y ait de preuves convaincantes du crime, sont condamnés à tenir dans la main le Belli, qui, s'ils sont coupables, y imprime des marques de feu ; ou à avaler une liqueur préparée par le Bellimo, que les innocens rejettent aussi-tôt, tandis que les coupables ne vomissent que de l'écume. Une femme accusée d'adultere, est déclarée innocente sur le serment qu'elle fait par *Belli-Paaro*.

L'institution du Belli est donc le ressort par lequel les Rois, de concert avec les Ministres de cette Secte, gouvernent les Peuples. Ces Mystères se maintiennent, non-seulement par les précautions qu'il est facile de deviner, mais encore par l'opinion & l'horreur répandue contre les Sorciers & Magiciens, Suceurs de sang, instruits par Sora ou le Démon, dans l'art infernal des enchantemens : les Enchanteurs appellés *Billi*, ont le pouvoir de gouverner le tems & de faire périr les récoltes : & tout homme qui se livre à la mélancolie, qui fuit le commerce du monde, qui ne paroît pas vivre & penser comme les autres, court risque de passer pour Billi ; & ceux qu'on accuse de l'être, sont impitoyablement mis à mort : ainsi la mort seroit la peine inévitable de l'indiscrétion & de tout acte contraire à la domination de Belli & à la perpétuité de cette institution.

Il existe aussi pour les filles & les femmes un ordre & un noviciat semblables à ceux de l'autre sexe.

On ne peut donc méconnoître ici une descendance des anciennes initiations & de l'éducation orientale toujours fondée sur la musique & sur la danse.

Le nom de Belli d'ailleurs a le plus grand rapport avec celui du Soleil en
Langue

Langue Orientale, & la liqueur préparée par le Bellimo rappelle les eaux de jalousie des anciens Hébreux.

Ce qui seroit étonnant, c'est que l'Afrique ayant été habitée si long-tems par les Sages de l'Egypte & de la Phénicie, elle n'eût conservé nulle part des traces de ses anciennes institutions, & sur-tout dans ces Contrées où les Phéniciens eurent nécessairement des Comptoirs, où ils durent porter leurs usages.

Ajoutons que ces Peuples observent les fêtes de la nouvelle Lune, ou des Neomenies : ce jour-là, ils ne souffrent parmi eux aucun Etranger, & ils interrompent leurs travaux. Si on leur en demande la raison, ils disent que ce jour est un jour de sang, & que leur maïs deviendroit rouge s'ils le cultivoient.

DES MENINS.

Puisque nous traitons ici de divers rapports des tems modernes avec ceux de l'Antiquité, & que nous avons eu occasion de parler de l'éducation des Rois, disons un mot de l'usage établi de notre tems de donner des Menins aux Princes héritiers de la Couronne, de son origine & de l'utilité dont il pouvoit être.

Le rapport que ce mot a par hasard avec celui de *mener*, fait regarder les Menins comme une espéce de conducteurs ou de compagnons, qui ne sont destinés qu'à amuser les jeunes Princes : & dès-lors ils deviennent très-indifférens aux Nations. Mais telle ne fut pas l'origine de cet établissement : *Menin* est un mot Espagnol qui signifie *enfant* : les Menins furent dans l'origine des enfans du même âge que les fils de Rois ou de Princes, destinés non à les amuser, mais à partager avec eux leur éducation entiere, à assister aux mêmes leçons, aux mêmes exercices, aux mêmes amusemens ; de-là, les plus grands avantages. Une vive émulation naissoit entre ces jeunes rivaux ; elle étoit suivie des plus heureux effets : un jeune Prince qui, livré à lui-même se seroit peu soucié de s'appliquer & seroit resté sans talens, devenoit, par ce moyen, un grand personnage : toujours en présence, il ne lui étoit plus possible de perdre son tems, de l'employer mal, ou de contracter de mauvaises habitudes ; d'ailleurs accoutumé par-là à se voir confondu avec nombre d'autres jeunes gens, il se garantissoit de ce sot orgueil qui fait tant de deshonneur aux Princes ; enfin, les Princes qui naturellement n'ont point d'amis, devenoient par-là sensibles à l'amitié, & ils s'acquéroient autant d'amis pour le reste de leurs jours qu'ils avoient eu de Menins : or rien de plus fort que ces amitiés contractées d'enfance.

Les Princes obligés ainsi de vivre en société & d'en observer les Loix, en apprenoient à connoître les vertus sociales & à les observer; d'ailleurs, l'instruction indirecte qu'ils recevoient par celle de leurs Compagnons d'étude, devencient pour eux des leçons infiniment plus utiles que celles qu'on leur auroit adressées directement.

Il en revenoit également les plus grands avantages pour leurs Compagnons de travaux; puisqu'ils en recevoient une éducation vraiment royale, qu'ils n'auroient pas eue sans cela, qu'ils en contractoient des amitiés à demeure infiniment consolantes & utiles; & qu'ils avoient sans cesse sous les yeux les meilleurs exemples.

Un établissement aussi raisonnable, aussi beau, aussi utile, n'avoit pas échappé aux anciens Egyptiens pour qui l'éducation étoit tout. Nous en avons un exemple à jamais mémorable dans ce qu'ils nous apprennent du Pere du fameux Sesostris. Ce Roi, à la naissance de son fils, rassembla tous les enfans mâles nés le même jour, & les fit tous élever avec le jeune Prince; accoutumés à se voir, à s'aimer, à ne se quitter jamais, ils devinrent les appuis inébranlables de la gloire du jeune Prince, & ils le mirent à même d'exécuter ces grandes actions qui ont rendu son nom immortel.

Cette éducation est la seule qui convienne aux Princes, & sur-tout à ceux qui sont faits pour hériter de grands Etats; ils doivent avoir de grandes vertus, de grandes connoissances; & comment peuvent-ils les acquérir dans une éducation solitaire & renfermée, où rien n'excite en eux l'émulation & ne leur fait sentir la nécessité de s'instruire & de devenir de grands hommes, & où de vils flatteurs au contraire ont le plus grand intérêt de leur faire sentir que rien ne leur manque, & qu'en vain ils voudroient s'instruire ou devenir meilleurs.

Ce que je dis ici pour les héritiers des Couronnes, n'est pas moins vrai pour les enfans des Grands, & pour les fils de tout homme en état d'imiter cet exemple du plus au moins. D'où vient qu'en général les fils des hommes les plus opulens, font le moins d'honneur à leur nom ou à leur fortune? de ce que leur éducation a été nulle, par cela même qu'elle fut toujours solitaire ou privée, & que rien ne leur a fait sentir la nécessité d'être bien élevés.

Nous ne saurions donc trop exhorter ceux qui sont en état de faire donner une bonne éducation à leurs enfans, de leur associer toujours quelques Camarades en état de suivre les mêmes leçons: ils regagneront au centuple par les succès de leurs enfans, ce qu'il pourroit leur en coûter par cette espéce d'adoption.

ESSAI D'HISTOIRE ORIENTALE.

ADDITION

Sur la Conquête de la Médie par Cyrus: pour la page 92.

Outre les passages de Xenophon qui nous apprennent indirectement que Cyrus conquit réellement la Médie par la force des armes, nous venons de trouver trois passages dans DIODORE de SICILE qui le disent expressément.

« Aspadas, dit-il dans le second Livre de sa Bibliothéque, celui que les » Grecs appellent Astyages, ayant été défait par Cyrus, l'Empire fut dévolu » aux Perses ». Il avoit dit la même chose deux pages plus haut.

Et dans les Extraits de Diodore, intitulés, *des Vertus & des Vices*, on voit la fureur dont fut saisi Astyages lorsqu'il eût été forcé de fuir, & la vengeance cruelle qu'il tira de tous ceux qui l'avoient réduit à cette nécessité : ce qui ne rendit ses troupes que plus empressées à se rendre à Cyrus, aussi clément & humain qu'Astyages l'étoit peu.

On peut même assurer que Diodore devoit cette Anecdote à CTESIAS, Auteur d'une Histoire Persane dont la perte est très-fâcheuse.

SUR LES VOYAGES AUTOUR DE L'AFRIQUE.

Addition à la page 49.

Depuis l'impression de ce que nous venons de dire sur les voyages des Phéniciens autour de l'Afrique, nous avons trouvé dans l'Histoire de l'Académie Royale des Inscriptions & Belles-Lettres pour le Tome VIII, une Dissertation de M. l'Abbé PARIS sur ces voyages. Il cite entre les Modernes MARMOL & DAPPER, même HUET, comme étant les premiers qui ont établi que les Anciens avoient connu & doublé le Cap de Bonne-Espérance & fait le tour de l'Afrique.

Il cite ce que rapporte Hérodote du voyage ordonné par Néchao, & dont nous avons palé.

Il ne laisse aucun doute sur ce qui regarde l'expédition d'Eudoxe ; car nous n'avions osé assurer que celui-ci eût fait complettement le tour de l'Afrique : cet Académicien cite donc un Passage de POMPONIUS MELA qui le dit expressément d'après CORNELIUS NEPOS. » Un certain Eudoxe, dit Mela, fuyant, du » tems de nos Peres, le Roi d'Egypte Ptolomée Lathyre, descendit le Golfe » Arabique, & aborda à Cadix suivant le témoignage de Cornelius Nepos.

Posidonius, ami de Pompée, racontoit, sur l'autorité d'Heraclide de Pont, qu'un Mage avoit assuré à Gelon qu'il avoit fait le tour de l'Afrique.

Cet Académicien est fort étonné de ce que Pline dit que Hannon avoit navigué jusques aux extrémités de l'Arabie : & il ajoute que » Pline hasarde » volontiers, & qu'il ne faut pas toujours compter sur lui « : mais il ignoroit ce que nous avons observé, qu'il s'agit ici d'une Arabie occidentale : ainsi c'est l'Académicien qui se trompe, sans qu'il pût faire autrement.

Il est persuadé que les Phéniciens connurent l'Isle de Madagascar, & qu'ils l'appellerent *Menuthias*. L'Auteur du Périple de la Mer-Rouge dit qu'elle est couverte de bois, pleine de fontaines, de rivieres, de crocodiles, d'oiseaux, de pêcheurs : & ces pêcheurs se servent encore, comme dans le tems où l'on composa le Périple, de canots d'une seule piece, appellés en grec par cette raison *mono-xyles*.

Il croit enfin que le char des Dieux, cette haute montagne qui étoit toute en feu pendant la nuit & toute couverte de nuages pendant le jour, & à laquelle Hannon borna son expédition depuis Carthage, n'est point le Cap-verd, mais la montagne de *Sierra liona*, (montagne des lions) qui est beaucoup plus au sud, qui présente le même phénomene, qu'on apperçoit de fort loin, & où commence à peu près la côte occidentale de Guinée.

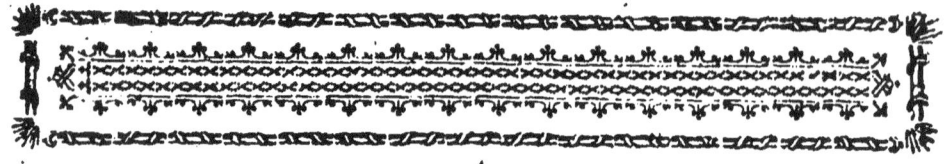

DES SYMBOLES,

DES ARMOIRIES ET DU BLASON DES ANCIENS.

INTRODUCTION.

L'Antiquité nous offre sans cesse des symboles singuliers sur ses monnoies & sur ses médailles : elle nous parle aussi de Symboles qu'on plaçoit sur les Boucliers, d'Enseignes ou de marques nationales & de Familles, de Généalogies, de Hérauts, de devises. On s'est très-peu ou point du tout arrêté sur ces objets : personne n'a cherché ce qu'ils signifioient, dans quelles vues ils avoient été inventés, le rapport qu'ils pouvoient avoir avec tous ceux que nous désignons par les mêmes mots. Cependant comment se flatter de connoître l'Antiquité, lorsqu'on néglige des détails aussi étendus & qui tiennent nécessairement à son génie symbolique & allégorique, à ce génie dont on ne se doutoit presque pas & dont nous sommes peut-être les premiers qui ayons démontré l'existence ?

Cherchons donc quels furent les motifs qui firent inventer aux Anciens ces figures diverses, & qui sont sur leurs monnoies & leurs médailles : disons avec quelle sagesse elles furent choisies ; montrons leurs rapports avec d'autres objets de l'Antiquité, & les conséquences qui en résultent : prouvons qu'ils eurent des symboles pour chaque Famille, pour chaque Ville, pour chaque Nation : qu'ils plaçoient ces Symboles sur leurs Boucliers, sur leurs Enseignes, sur les objets qui leur appartenoient ; qu'ils les accompagnoient de devises, qu'ils les distinguoient par des couleurs ; que ces symboles étoient héréditaires, que les Hérauts en connoissoient : qu'en un mot, notre Blason moderne ne renferme rien qui n'ait été connu des Anciens, & que son nom & ceux de ses couleurs nous sont tous étrangers, tous venus de l'Orient.

Ainsi se développera de plus en plus le vrai système de l'Antiquité ; il brillera de toute la sagesse moderne ; & son génie allégorique se dégageant de plus en plus des nuages qui l'offusquoient, il augmentera d'autant nos lumières sur l'origine de tout.

Nous n'ignorons pas que dans ce moment, nous avons l'air d'être seuls de notre sentiment, de soutenir des visions dénuées de tout fondement : que rien ne ressemble plus à des chimeres que de parler d'un Blason ancien, tant on est convaincu que cet Art est moderne, qu'il n'a été connu qu'au tems des Croisades, par la nécessité où étoient chaque Guerrier, chaque Chef, chaque Nation de se reconnoître entr'eux ; & parce que c'est alors que les grandes dignités devinrent, de même que les noms, héréditaires dans les Familles ; & que sans cette hérédité, point de Blason. Ces idées sont même tellement enracinées, & on est si fort convaincu de leur vérité, que le seul soupçon du contraire est regardé comme une imagination si absurde, que personne n'a même osé tenter l'examen de cette question.

Les Armorialistes ont été les seuls qui ayent essayé de faire remonter l'origine du Blason à la plus haute antiquité : mais on a regardé leurs tentatives comme un effet de leur prévention ridicule pour leur Art : d'ailleurs, ils l'appuyoient de raisonnemens ou de prétendues preuves si foibles, qu'ils ne pouvoient faire aucune sensation.

Un Académicien moderne a fait à la vérité un pas en arriere ; il a fait la grace au Blason d'en reculer l'origine de quelques années, parce qu'il a trouvé un monument incontestable de Blason antérieur au tems qu'on assigne à son invention : dès-lors, le Blason est antérieur aux Croisades : dès-lors, il lui a fallu assigner une autre cause. Ce Savant a cru la trouver dans les Tournois ; mais si dans les Tournois du XIe siècle on se servoit du Blason, pourquoi ne s'en seroit-on pas servi dans les Tournois en usage avant ce XIe siècle ? Ce qui obligea de l'inventer pour ceux de ce tems-là, ne devoit-il pas obliger d'en faire usage pour les antérieurs ? & d'ailleurs comment & d'après quelles vues les Tournois seuls auroient-ils fait inventer le Blason & toutes ses parties ? Quel rapport si étroit régnoit entre ces objets, pour que l'existence des Tournois conduisît à un art dont jusques à ce moment il n'existoit aucune trace ? Il est étonnant que des opinions hypothétiques germent si facilement dans les têtes, & qu'on se refuse à d'autres d'une toute autre force : nous sommes des êtres bien bisarres, avec notre prétendue sagesse, notre imposante judiciaire !

L'origine du Blason est une question de fait : les faits seuls doivent la décider, & non des raisonnemens vagues, ou de convenance, qui ne doivent jamais entrer en ligne de compte quand il s'agit de faits.

D'ailleurs, la vérité ne dut jamais dépendre de ce qu'on a dit pour ou contre : elle prescrit sans cesse contre la foiblesse de ses défenseurs & constre l'ignorance ou la prévention de ceux qui l'attaquent : on est toujours en droit de relever sa cause lorsqu'on croit avoir de meilleures armes pour sa défense.

Ajoutons que l'objet dont nous allons nous occuper, n'est ni de simple curiosité, ni relatif aux idées plus ou moins favorables que les Modernes se forment du Blason & de la dignité des Armoiries : nous ne cherchons que les faits, des faits vrais, propres à éclaircir la marche de l'esprit humain dans ses opérations, à donner des idées nettes & précises de l'Antiquité, à montrer ses rapports avec les tems Modernes ; & nous sommes en état d'offrir à nos Lecteurs un grand nombre de faits relatifs à ces vues, malgré la perte de tant de monumens ; ils constateront, que le Blason n'est l'effet ni du hazard ni des tems modernes, mais la suite naturelle & nécessaire du Génie Allégorique des Anciens, & des motifs qui les conduisirent à ce genre : qu'il nous est venu de l'Orient avec ses noms ; qu'il faisoit portion de la science des Hérauts : que ses couleurs sont absolument Orientales : qu'il servoit comme de nos jours à distinguer les Empires, les Villes, les Familles, les Guerriers : qu'ainsi notre Blason moderne n'est que l'ancien, perfectionné, plus étendu, ou désigné par d'autres dénominations.

Nous espérons même que lorsqu'on aura parcouru ce que nous avons à dire, on sera étonné de la légereté avec laquelle on se permettoit de prononcer là-dessus, & comment il a pu arriver que jusques ici personne n'eût rassemblé tout ce qui s'est transmis de l'Antiquité jusques à nous sur la distinction des Familles, sur le droit de Bouclier, sur celui des Images & des couleurs, sur les Hérauts d'Armes, sur les Monumens Blasoniques semblables aux nôtres, sur l'impossibilité que dans un siècle de fer & de barbarie, tel que le XIe. on eût inventé un art quelconque, bien moins celui du Blason ; & que si dans ce tems-là on le vit paroître avec une nouvelle force, ce ne fut que par une application particuliere d'un art déjà existant, que cette application particuliere ne créa point, & que ce ne fut qu'une extension qu'on a grand tort de confondre avec son invention.

PLAN GÉNÉRAL.

Afin de mettre quelqu'ordre dans tout ce que nous avons à expofer fur cette matiere abondante, nous le diviferons en trois Parties relatives aux trois objets principaux fur lefquels on plaçoit ces fymboles, & aux trois fortes de droits qui en réfultoient, droit de Bouclier, droit d'Enfeigne, droit de Monnoie.

Dans la premiere Partie nous traiterons des Symboles Armoriaux en général, de leur origine, de leur droit, & en particulier du droit de Bouclier, du rapport de ces Symboles avec leur objet, &c.

Dans la deuxiéme, des couleurs de ces Symboles, du droit d'Enfeignes fur lefquelles elles fe plaçoient, des noms & de l'origine de ces couleurs, de leurs rapports avec leurs objets, fur-tout des Hérauts qui en connoiffoient.

Dans la troifiéme, des Symboles relativement aux Monnoies, & en particulier du droit des Monnoies, de la nature des objets repréfentés fur les Monnoies antérieures aux Rois Grecs & aux Empereurs Romains; quand & comment on changea ces objets; & de quelques Monnoies dont jufques ici on n'avoit pu par cette raifon découvrir le Pays ou le Peuple auquel elles appartenoient.

PARTIE I.

PARTIE I.

Des Symboles Armoriaux en général, du droit de Bouclier & du rapport des Symboles avec leur objet.

ARTICLE I.

Monumens Blasonnés antérieurs au XIe Siècle.

1. Lorsque M. de Foncemagne voulut prouver que le Blason étoit antérieur aux Croisades (1) & qu'il remontoit au tems des Tournois, il s'appuya d'un monument blasonné, antérieur de vingt-trois ans à la premiere Croisade. C'est un sceau de Robert I. Comte de Flandres, attaché à une chartre de l'an 1072. & rapporté par le P. Mabillon dans sa Diplomatique. Robert y est représenté à cheval, tenant d'une main une épée & de l'autre un écu sur lequel est un lion.

Or il est digne de remarque que le lion compose encore aujourd'hui les armes de ces Provinces : & nous verrons dans la suite que ce Roi des animaux fut le symbole des Celtes, sur-tout des Celtes-Belgiques.

Mais certainement ce ne fut pas Robert qui fut l'inventeur de cet usage : il est donc plus ancien que le XIe siècle.

Et comme au tems des Tournois il n'y eut que ceux qui avoient le droit d'armes, en qui on les regardât comme héréditaires, il y avoit donc antérieurement des Armoiries parfaitement semblables à celles de notre tems, si ce n'est qu'elles n'auroient pas été héréditaires, ce qui est encore une erreur ; L'essentiel est donc de remonter du XIe siècle aux précédens, par la même marche.

2. Ciacconius, Panvinius, &c. rapportent diverses Armoiries de Papes antérieures aux Croisades : le P. Menetrier les rejette comme fausses, parce, dit-il, que les Armoiries ne sont en usage que depuis l'an 1200. C'est ainsi qu'on déraisonne, lorsqu'on s'est forgé un systême qui tombe en ruines de toutes parts, & qu'on ne veut cependant pas abandonner.

3. Après la bataille de Saucour, au IXe siècle, gagnée par Louis III sur les Normands, ce Prince alla visiter, dit-on, Wiffrey *le Velu*, Comte de

---

(1) Mémoires des Inscr. & B. L. T. XVIII.

Barcelonne, qui avoit été bleffé dans le combat : Louis, charmé de fa valeur, de fes fervices, de fes vertus, l'affura de fa reconnoiffance : le Comte fe borna à lui demander des armes qui fiffent connoître à la poftérité ce qui venoit de fe paffer. A l'inftant, le Roi trempe le doigt dans le fang de fes plaies, en trace quatre traits en forme de pals fur l'Ecu du Comte, qui étoit d'or, & lui dit, *Comte, ce feront ici déformais vos armes* : de-là, celles des Comtes de Barcelonne, & enfuite des Rois d'Arragon, qui font *d'or à quatre pals de gueules*. C'eft à ce Wiffrey que commence la Généalogie héréditaire des Comtes de Barcelonne, & que remontent ainfi les Armoiries de cette Province.

4. M. Du Clos, (Mém. de l'Acad. des Infcr. & B. L. T. XIX) affure que les Druides portoient pour Armoiries dans leurs enfeignes,

« D'azur à la couchée du ferpent d'argent, furmontée d'un Gui de chêne garni de fes glands de finople. » Symbole digne de remarque & par fes couleurs & par fes caractères, relatifs aux Druides, vrai monument Blafonique.

Ce même Académicien ajoute, que les habitans d'Autun qui fe prétendent defcendus des Druides, portent dans leurs Armes ; « de gueule à trois ferpens » entrelacés d'argent, qui fe mordent la queue, au chef d'azur, chargé de » deux têtes de lion arrachées. »

5. Les Fouilles de la Ville Romaine qui étoit en Champagne fur la montagne du Châtelet, & qui a été découverte par M Grignon, nous offrent un monument blafonné d'autant plus antérieur aux Xe & XIe fiècles, que cette Ville fut détruite par les Barbares vers le IVe ou le Ve fiècle de notre Ere. Ce monument & fes conféquences n'ont pas échappé à M. Grignon.

Sur un fragment de vafes, dit il, (pag. ccxxi) « eft une efpéce de mofaï- » que en relief ; elle eft formée par des cordons circulaires parallèles & efpacés » régulièrement, les intervalles font divifés en petits écuffons quarrés, féparés » par des traits perpendiculaires. Ces écuffons font remplis de différens fujets » de Blafon. Dans les uns, des traits perpendiculaires & parallèles figurent le » gueule ; dans d'autres, des traits obliques tirés de droite à gauche, repré- » fentent le finople. Le pourpre eft exprimé dans d'autres par des traits tirés » de gauche à droite. L'on voit dans quelques-uns, une efpèce de merlette ; » dans d'autres, des billettes pofées par deux, deux & deux ; enfin, on re- » marque dans d'autres un fautoir entre les branches duquel font repréfentés » des croiffans, des ronds & des fleurons. Ce témoignage irréprochable de » l'antiquité des figures fymboliques des Armoiries, prouve la folidité du » fentiment de Chorier, qui dit qu'il y auroit de l'ignorance à croire que » les Romains aient entièrement manqué d'Armoiries, &c. »

ET DU BLASON DES ANCIENS. 131

6. Il existe des Médailles très-remarquables de la Ville de Messine, & du tems où elle s'appelloit *Zancle*, ce qui remonte à une haute antiquité. A leur revers est une coquille placée entre deux portes, au milieu d'un champ feint de mosaïque, formé par des carreaux ou losanges d'argent bruni & d'argent demeuré dans sa couleur naturelle. Ce qui est un vrai monument Blasonique. Le type présente un Dauphin, & le nom de la ville.

D'ORVILLE en a inséré deux pareilles dans sa Description de la Sicile : & BIANCONI en a fait usage dans ses Dissertations sur la Langue primitive. Personne ne s'est élevé contre l'authenticité de ce monument. Nous l'avons inséré dans notre premiere Planche, n°. III.

7. En voici un autre non moins singulier, qu'on doit à M. de CAYLUS (1); c'est un bronze d'une gravure en creux très-prononcée. On y voit une porte au milieu d'un pan de muraille très-solide, & telle qu'il étoit nécessaire pour porter trois Tours crénelées.

Il nous apprend en même tems qu'il a été trouvé à Rome en 1759, à soixante pieds de profondeur. « Il étoit donc très-ancien, conclut-il : d'ail- » leurs, la gravure a, selon lui, toutes les marques d'une vraie Antique. » Et appercevant très-bien les conséquences qui en résultoient, il ajoute : » Les » ARMOIRIES seroient donc plus ANCIENNES que les Croisades : d'ail- » leurs, les principes d'une science sont toujours plus anciens que la science ; » l'homme n'a rien trouvé d'abord de complet. » C'est le n°. II. de notre Planche première.

8. Dans le même Volume (2) on trouve une plaque d'argent que cet estimable Auteur regarde aussi comme une vraie Antique, & qui est un monument du même genre. On y voit un Amour de relief : le champ en est feint de mosaïque formé par des carreaux ou losanges d'argent bruni, & d'argent demeuré dans sa couleur naturelle. C'est le n°. I. de la même Pl. première.

9. Dans le Volume II. (Pl. XII.) est représenté un Gyps Egyptien, qui étonna ce Comte ; il assure en même tems qu'il est unique & qu'on ne trouve rien de pareil dans les Antiquités Egyptiennes.

« Ce Gyps, dit-il, est de 15 pouces 5 lignes de haut : il est chargé d'hié- » roglyphes en creux : il a trois faces, & elles ne sont qu'une répétition l'une » de l'autre : ainsi, qui en décrit une, les décrit toutes trois. Elles contiennent » douze compartimens l'un sur l'autre. Les sept premiers ont pour supports

---

(1) Recueil d'Antiquités, T. IV. Pl. CI, n°. 5. (2) Planche LXXX, n°. 4.

R ij

« deux hommes, un de chaque côté : la plûpart armés d'une lance, ou plutôt
» d'un bâton comme celui d'Osiris. Les cinq autres avoient sûrement des sup-
» ports, car leur place correspondante s'y trouve à vuide ; ou l'ouvrage n'a
» pas été achevé, ou ces supports ont été effacés avec le tems, étant en re-
» lief, à la différence du milieu ou du fond, qui étant en creux n'a pu s'al-
» térer. »

Ce Monument triangulaire & composé sur chaque face de douze compartimens, en tout 36 avec des Osiris, se rapporte, peut-être, à l'année Egyptienne, composée de trois saisons, formant douze mois, & chaque mois divisé
en trois dixaines de jours, ce qui donne trente-six divisions pour l'année entière,
sur lesquelles présidoient autant de Divinités Patrones ou de Decans, Génies
protecteurs, dont on trouve souvent les noms sur les Abraxas.

On auroit donc ici les Symboles de ces Génies : ces compartimens renferment
en effet des figures semblables à celles du Blason : des bâtons dentelés ou espèces de scies : des cols d'oiseaux, des chevrons allongés, des serpens déliés,
des fruits ronds : un oiseau dans chaque compartiment : dans le XIme, un oiseau volant ; tous caractères armoriaux, ainsi que les supports.

Observons en même tems qu'il n'est aucune de ces figures qui ne se retrouve sur les autres monumens Egyptiens, même sur les Obélisques.

10. A ces divers Exemples, nous pouvons ajouter l'aveu d'un savant
Evêque, *Philippe à* TURRE, qui dans ses Monumens de l'ancien Latium,
(p. 29-31) après avoir nié le rapport de notre Blason moderne avec l'Antiquité, est cependant obligé de faire une exception en faveur des *Armes parlantes*, dont il avoit apperçu des traits chez les anciens Romains, si frappans,
qu'il étoit très-étonné qu'ils eussent pû échapper au P. Ménétrier & à tous
ceux qui ont traité de ces objets : or, ces Armes parlantes étoient semblables
aux modernes, & elles étoient héréditaires. Voilà donc dans l'Antiquité, des
Armoiries héréditaires, de l'aveu d'un Savant distingué, qui avoit cependant
embrassé le système que nous combattons ; mais il ignoroit que les Armes
furent presque toujours parlantes, & que l'Antiquité entière en est remplie,
comme nous le ferons voir dans un grand détail.

Mais puisque l'Antiquité eut des Symboles, ou Armoiries qui distinguoient
les Villes, les Etats, les Familles, qui étoient caractérisées par des couleurs & par
des devises, qui se plaçoient sur les boucliers ou sur les écus & sur les Bannieres,
qui étoient héréditaires, qui, en un mot, étoient conformes à ce qui s'observe de notre tems à cet égard, la connoissance de ces objets ne peut que
répandre plus de lumière sur les tems anciens, & en même tems sur tous nos

uſages correſpondans à ceux-là, en montrant leurs rapports entr'eux & avec la Nature. Ainſi, le détail dans lequel nous allons entrer ſur ces Symboles ou ſur le Blaſon, ſera une nouvelle confirmation du grand Principe du Monde Primitif, que tout fut puiſé dans la Nature & dicté par le beſoin.

ARTICLE II.

Origine du Droit d'Armoiries, des Symboles de Familles; de ce qu'on appelloit Insignia ou Enſeignes.

1°.

De ce qu'on doit entendre par le mot Gens.

L'Hiſtoire des anciens Romains préſente ſans ceſſe l'expreſſion d'Insignia Gentium ou Armoiries des Familles, pour déſigner les Symboles qui diſtinguoient chaque Famille & chaque homme membre de ce qu'on appelloit *Gens*, & qui étoit lui-même par conſéquent *homo Gentilis, vir in-Genuus*. Mais que doit-on entendre par les mots de Gens, Gentes, Ingenuus, Insignia ? On comprend que leur explication eſt indiſpenſable pour répandre du jour ſur les objets dont il s'agit.

Le mot de Gens eſt plus reſſerré que celui d'*Homo*; celui-ci convenoit à tous les hommes : celui-là à une claſſe privilégiée d'hommes. Il étoit en même tems oppoſé à celui de Per-egrini ou Etrangers.

Ces limites fixent néceſſairement l'idée qu'on doit attacher au mot *Gens*.

Gens, eſt l'homme de la terre, le Propriétaire auquel appartient le canton, qui le couvre de ſes troupeaux, de ſes moiſſons, qui y reçoit les Etrangers, ceux qui ont beſoin d'échanger leur induſtrie contre ſes denrées, qui y entretient un nombreux domeſtique pour la conſervation de ſa famille, de ſes enfans, de ſon ménage, de ſes troupeaux, de ſes biens, pour la culture de ſa terre : des ſalariés dans tous les genres pour tous les arts dont l'agriculture a beſoin; Forgerons, Bucherons, Charpentiers, &c. Auſſi eſt-il appellé Ge-Ens, l'homme de la terre, le maître, le propriétaire, par oppoſition à E-Genus, le pauvre, l'homme qui eſt ſans terre, & à Per-Egrinus, celui qui n'appartient pas à la terre, qui y eſt reçu, ou qui ne fait qu'y paſſer.

Ce mot ſignifia enſuite, non-ſeulement le propriétaire en particulier, mais ſa famille entiere; l'enſemble de ceux qui de pere en fils avoient poſſédé la même terre. GENS *Fabia*, GENS *Cornelia*, la Gent Fabienne, la Gent Cornelienne, comme nous difons *la Maifon de Bourbon, la Maifon de Valois, être de bonne maifon.*

Ce mot tient à une nombreufe famille Grecque & Latine en GEN, relative à l'idée de produire, de créer, de cultiver : ainfi on dit :

EN GREC :

GENea, race.
GENetèr, pere.
GEINomai, produire.
GONos, fécond.
GUNé, femme, mere de famille.

GONé, la famille.
GNefios, légitime.
EU-GENeia, nobleffe.
GENea-LOGia, Etat qui conftate la famille, la naiffance, le droit à la terre.

EN LATIN :

GENus, race, famille, efpéce.
GENui, j'ai produit.
GENitor, pere.
GENitrix, mere.
GENitus, produit.
GENius, qui préfide aux productions ;
Le *Génie* qui les invente.
Le *Génie* qui les conferve.

IN-GENium, l'habileté, le génie avec lequel on fait valoir fa terre.
IN-GENuus, l'homme libre, l'homme qui tient à GENS.
IN-GENuitas, qualité d'un homme libre, membre d'une GENS.
IN-GENS, vafte, étendu, confidérable.

2°.

Priviléges de ceux qu'on appelloit GENS.

Chaque GENS avoit donc fa terre, fa propriété, fon monde ou fon peuple ; il eut donc en même tems fon Dieu tutélaire, fes Autels, fes Enfeignes, le droit de vie & de mort fur tout ce qui lui appartenoit, par cela même qu'il étoit indépendant. En un mot, c'eft le même perfonnage que l'Hiftoire Orientale nous peint fous le titre de Patriarche. Tel étoit Abraham qui dans une occafion importante arma trois cent perfonnes de fa maifon. Ils étoient ainfi Princes, Pontifes & Juges fur leur terrain.

Chaque Maison ou Famille pareille avoit ses Dieux, appellés Penates dans l'Occident, Theraphim dans l'Orient : on les transportoit avec soi, & on les regardoit comme l'appui inébranlable de la Famille, comme son Palladium.

Devant ces Dieux, étoit l'Autel sur lequel on entretenoit perpétuellement le feu sacré : on ne pouvoit se passer d'un pareil feu dans l'Antiquité : le jour il servoit à tous les besoins domestiques, la nuit à dissiper l'horreur des ténebres. Emblême de la Divinité, c'étoit en sa présence qu'on s'acquittoit du Culte religieux : sa conservation assuroit la perpétuité de ce Culte & l'espérance que la Divinité continueroit à répandre ses bienfaits sur de pareils adorateurs. Il étoit placé à l'entrée de la maison, qui en porta le nom de *Vesti-bule*, ou Place du Feu sacré, afin que chacun pût en profiter, même ceux qui restoient dans les cours.

Enfin, ces Maîtres de la terre avoient le droit de vie & de mort, puisque ce droit découloit de leur puissance ; & que maîtres absolus, ils ne voyoient personne au-dessus d'eux.

3°.

Réunion ou Confédération de plusieurs Gentes *ou Familles Propriétaires.*

Lorsqu'avec le tems, diverses Familles-Propriétaires se trouverent voisines les unes des autres, leur intérêt commun les obligea de se réunir : alors elles formerent une Confédération, un Etat qui avoit son Chef, son Autel, ses Symboles, son Chef-lieu où l'on délibéroit de l'intérêt de tous.

Le Chef n'étoit qu'un Pair entre ses Egaux : ces Egaux étoient les Chefs des Familles-Propriétaires : celles-ci conservoient tous leurs anciens droits.

Chaque Chef-lieu étoit en même tems un lieu *sacré* pour l'avantage de tous avec un droit d'asyle : ainsi, il se peuploit en peu de tems d'une multitude de personnes sans terres, qui venoient chercher quelqu'occupation, quelque moyen d'échanger leur industrie contre les denrées nécessaires à leur subsistance.

L'Etat étoit donc composé de quatre sortes de Personnes.

1°. Le Chef de l'Etat, appellé Roi, Préteur, Consul, &c.

2°. Les Familles-Propriétaires qu'on appella Nobles, ou Patriciennes.

3°. Les Domestiques, Serviteurs, gens à gages de ces Familles.

4°. Le Peuple qui vivoit dans le Chef-lieu sous la protection du Magistrat & des Loix, & qui subsistoit par les Arts ou travaux méchaniques.

Ces Etats s'appelloient RÉPUBLIQUES; c'est-à-dire, Républiques à la Polonoise où l'autorité est entre les mains des Grands Propriétaires, & où tout le reste est Serf sans aucune part à l'Administration, sauf quelques villes libres.

En effet, toute l'Autorité civile & religieuse étoit entre les mains des Familles Patriciennes; elles avoient tout, le Peuple n'avoit ni Vestibule, ni Pénates, ni Enseignes, ni Sacerdoce, ni droit de vie & de mort: qu'en eût-il fait?

Les Familles Patriciennes possédoient donc ces droits de par la Nature; elles ne les avoient point usurpés: elles ne pouvoient pas ne pas les avoir: elles ne les tinrent pas même de Romulus ou du premier Roi de Rome; mais d'elles-mêmes, de leur Chef qui avoit eu le courage de se former une grande propriété, en défrichant un grand terrain, en le mettant en rapport par une grande industrie, une grande application, de très-grandes avances, & qui posséda naturellement tous les droits auxquels ces avances lui donnerent lieu de prétendre.

Tous ces droits furent disputés les uns après les autres aux Patriciens de Rome: peu s'en faut que nos Historiens ne les traitent à cet égard comme des usurpateurs: cependant, si on ne part pas des principes que nous établissons ici, on ne pourra que s'égarer dans la discussion des longues disputes qui s'éleverent à ce sujet entre le Peuple & les Patriciens.

II.

De quelques autres droits des Familles Nobles; 1°. du droit d'INSIGNIA & de ce qu'on doit entendre par ce mot.

Chacune de ces grandes Familles eut nécessairement une marque simple & constante pour se distinguer des autres, pour faire reconnoître ses troupeaux, ses denrées, ses marchandises, ses contrats de vente, d'achats, d'échange, ses Facteurs, ses Envoyés, ses Gardes, ses Troupes: elle les gravoit sur son sceau, ou ses cachets; elle les plaçoit sur les Boucliers, sur les Enseignes, sur tous les objets ostensibles relatifs à son existence, à sa grandeur, à sa pompe, à tout ce qui pouvoit lui attirer la considération, l'estime, le respect du Public.

On sent parfaitement que lorsque ces Marques, ces Symboles eurent été établis par un Chef de Famille, ils furent transmis de pere en fils; ils devinrent ainsi les Symboles, les *Insignia*, les Enseignes auxquelles on reconnoissoit constamment cette Famille.

Il en fut de même pour chaque Etat, chaque Ville, chaque Peuple : ils eurent également leurs marques caractéristiques, leurs Symboles simples, constans, & auxquels on reconnoissoit sans peine ce qui venoit de leur part, ce à quoi ils avoient mis leur sanction.

Ce sont ces marques, ces Symboles qu'on appella IN-SIGNIA, *m-à m.* choses mises en signe; pour servir de signe.

Il y eut INSIGNIA *Gentis*, les Symboles de la Maison, de la Famille : & INSIGNIA *Gentium*, les Symboles des Familles réunies, de la Nation. Ce mot se forma du primitif SEM ou SEGN, marque, symbole, d'où le Latin SIGNUM, signe; & le Valdois un *sen*, marque sur le visage, tache.

2°.

Droit d'IMAGES & de GENéalogie, &c.

Ces Familles eurent en même tems le droit de Généalogie; ce droit n'étoit l'effet ni de la vanité, ni de la curiosité, quoique ces sentimens n'en ayent que trop été la suite : c'étoit l'effet de la nécessité, de l'obligation de constater le droit qu'on avoit à sa terre par sa naissance & par les grandes avances de ses Ancêtres, dont on devoit recueillir les fruits, en continuant les mêmes travaux.

Afin que ces Généalogies fussent plus certaines, plus intéressantes, on y ajoutoit l'image de ses Ancêtres, l'image de ces Hommes distingués dont l'activité industrieuse avoit créé le terrein de la Famille, dont le génie avoit fait naître les Arts, encouragé les talens, multiplié les richesses, donné lieu à une population prospere & nombreuse; & dont la vue devoit animer leurs descendans à marcher sur leurs traces, à ne leur être inférieurs en rien; à maintenir, par des travaux pareils, ces grands avantages dont ils jouissoient; convaincus qu'on est infiniment coupable dès qu'on dégénere de la gloire de ses Ancêtres, & qu'on fait un mauvais usage des biens préparés pour le triomphe de la vertu & pour la perfection des Arts & de l'humanité.

Il n'est donc point étonnant que nous trouvions des Généalogies dès la plus haute Antiquité chez les Peuples Agricoles; ce qui le seroit, c'est qu'on n'en trouvât aucune trace chez eux.

3°.

Droit d'Augures.

L'Histoire Romaine nous parle d'un droit d'Augures qui n'appartenoit

Diss. T. I. S

qu'aux Patriciens, & qui leur fut également enlevé par le Peuple. Il n'est pas difficile de remonter à l'origine de ce droit, & de faire voir comment il étoit borné à ce Corps.

Le mot Au-Gure, composé du mot Cur, action d'observer, & du mot Au qui désigne 1°. le souffe, l'air, 2°. les oiseaux qui habitent l'air, désigna dans l'origine l'observation du ciel, des astres, du tems. Cette observation est de toute nécessité pour un grand Propriétaire, pour les Cultivateurs de la terre : leurs opérations doivent être dirigées par l'air, par les vents, par le ciel, par les saisons ; & doivent être distribuées en jours de travail & en jours de Fêtes. Les Propriétaires, les Gentes furent donc nécessairement autant d'Augures, autant d'Observateurs, autant d'Indicateurs vivans du Calendrier rustique.

Cet usage des Augures devint plus considérable dans la confédération de plusieurs Familles : on observa le tems pour savoir s'il permettroit ou non de s'assembler en rase-campagne pour les délibérations communes : ce droit étoit très-simple, très-naturel.

Il dégénéra ensuite en simple formalité, puisque dans toute Assemblée les formes deviennent indispensables par cela seul qu'elles existent, & qu'il y auroit trop d'inconvéniens à les changer.

Dans la suite, ces formes, ce droit d'Augure devinrent une arme dans la main des Patriciens contre le Peuple qui travailloit à les dépouiller de tout : dès qu'ils appercevoient que le Peuple alloit remporter le dessus, ils rompoient l'Assemblée, sous prétexte que les augures, les formalités avoient été mal prises, & qu'ainsi la délibération seroit illégitime : mais il n'avoit point été établi dans cette vue, ni par aucun motif de superstition, d'ignorance ou d'orgueil tyrannique.

III.

Etablissemens pareils chez d'autres Nations antérieures aux Romains.

I.

Ces distinctions de rangs, ces droits de grands Propriétaires, cette gradation en usage chez les Romains, étant ainsi dictée par la Nature même, ne peut être bornée à ce Peuple : elle dut se trouver, & elle se trouva en effet chez tous les Peuples de l'Antiquité ; il ne sera pas difficile de s'en assurer dès qu'on partira des principes que nous venons d'établir.

Nous voyons dans les Armées les plus anciennes, chez les Cananéens, deux mille ans avant notre Ere, chez les Assyriens, les Babyloniens, les Perses, les Lydiens, les Egyptiens : chez les Grecs & les Troyens, dans les Poëmes d'Homère, trois fortes de Combattans.

Ceux qui étoient montés fur des chars; ceux qui fe battoient à cheval; ceux qui fervoient à pied.

Ceci fuppofe trois fortes de rangs dans tous ces Etats, rangs tous donnés par la Nature & non par le caprice ou la fantaifie d'un Légiflateur, d'un Defpote, d'un Monarque.

Ceux qui avoient droit de char, étoient les Grands Propriétaires, les Héros, les Princes du pays : ils avoient ce droit de par la Nature, qui leur rendoit les chars néceffaires & qui leur donnoit les moyens de les entretenir.

Ceux qui alloient à cheval, étoient des Propriétaires moins riches ou plus jeunes : ils étoient affez opulens pour avoir un cheval; ils ne l'étoient pas affez pour avoir tout l'attirail qu'entraînoit à fa fuite le droit de char.

Le peuple qui ne pouvoit entretenir ni chars, ni chevaux, alloit à pied.

La même divifion que nous trouvons à Rome, étoit donc établie également chez tous les Peuples Agricoles : il étoit même impoffible qu'elle ne le fût pas; & lorfque toute trace directe nous en eft dérobée par le tems, l'état conftant de leurs armées en eft une preuve authentique.

Nous y retrouvons les *Patriciens* de Rome, ceux qui avoient le droit de chars ou de chaife curule; les *Chevaliers* ou l'Ordre-Equeftre, qui avoient le droit de cheval; & les *Pedites*, ou les Fantaffins, les Piétons.

2°.

De ce Droit chez les Républiques Grecques.

Les Républiques Grecques nous offrent les mêmes divifions; ce qui n'eft pas étonnant, puifqu'il étoit impoffible qu'elles n'exiftaffent pas dans ces Républiques.

Ceux que Rome appelloit *Patriciens*, étoient appellés EU-PATRIDES à Athènes : on trouve ce nom dans une Loi de cette Ville, rapportée par POTTER (1). C'eft le même nom; *mot-à-mot*, les excellens Peres; mais nom expreffif, de quelque manière qu'on l'envifage, relativement à la naiffance, au bien, à la dignité.

Ces grands Propriétaires étoient Patriciens, Peres nourriciers de la Ré-

---

(1) Archæol. Græc. p. 135.

publique relativement à la *naissance*, en tant qu'ils descendoient de ceux qui avoient fondé le territoire, qui l'avoient mis en rapport, qui l'avoient couvert de richesses, & qu'ils prouvoient cette filiation par leurs Symboles.

Ils l'étoient quant au *bien*; car par leurs soins renaissoient sans cesse les récoltes qui faisoient le revenu & la force de l'Etat.

Ils l'étoient quant à *la dignité*, parce qu'eux seuls ayant droit de Magistrature, de Sacerdoce, de protection, ils devenoient les Peres & les défenseurs nés de la chose publique.

Aussi étoient-ils appellés à Rome *Patres-Patricii*, les Peres Protecteurs & nourriciers de la Patrie. Ce titre ne fut pas l'effet d'une vaine & orgueilleuse distinction : il peignoit leur état & leurs devoirs.

PLUTARQUE nous a conservé une Loi très-remarquable qu'on attribuoit à Thésée, à ce Prince qui fut, à ce qu'on prétend, le fondateur ou le restaurateur d'Athènes. Il divisa, dit cet Historien, les Citoyens en trois classes, Patriciens, Cultivateurs & Artisans, distingués par leur dignité, par leur utilité, par leur industrie. On connoissoit donc déjà dans ces tems reculés un ordre économique donné par la Nature elle même. La première de ces classes possédoit, exclusivement aux autres, la Magistrature & le Sacerdoce, & à elle appartenoit l'interprétation des Loix civiles & religieuses. Et cela devoit être ainsi, puisque toutes ces choses résultoient de la Nature même.

Aussi, dans Athènes comme à Rome, ces priviléges occasionnèrent les plus grands troubles, lorsque des Familles qui n'avoient point eu de part à cette confédération primitive, voulurent jouir des mêmes droits en vertu des richesses & de la puissance à laquelle elles étoient parvenues depuis lors. C'est pour terminer de pareilles dissensions, qu'Aristide, au rapport de Plutarque, ouvrit l'entrée des charges à tous les citoyens d'Athènes, de même qu'on l'accorda au peuple dans Rome.

3°.

De l'Onction.

Le droit de Sacrifice ou le Sacerdoce, fut donc dans toute l'Antiquité, inséparable du droit de commander, puisque l'un & l'autre résultoient de la qualité de Propriétaire, du droit de Famille.

En Egypte, dès la plus haute Antiquité, l'Ordre des Prêtres & celui des Rois & des grands Seigneurs, n'en formoient qu'un sous le nom de *Ken* ou *Cohen*, le même que le *King* & le *Can* des peuples du Nord, nés du primitif *Ken*, qui désigna toujours la puissance, & qui existe encore en Anglois & dans d'autres Langues, qui tient au mot *Canne*, appui, &c. Aussi tout Roi d'Egypte élu dans l'Ordre des Soldats, étoit obligé de se faire recevoir dans l'Ordre des *Ken*; sans cela il n'eût pû commander aux Nobles, il n'auroit eu ni droit d'Augure, ni droit de Sacerdoce; & comme cette inauguration se faisoit au moyen de l'Onction, de-là le droit d'Onction, & le nom d'*Oints* donnés aux Rois.

Ces usages se sont transmis jusques à nous. Les Empereurs d'Allemagne sont revêtus le jour de leur couronnement d'une soutane, d'une aube blanche & d'un manteau qui ressemble à la chape des Chantres. Leur couronne est une espèce de mitre semblable au bonnet du Grand-Prêtre des Hébreux.

Les Rois de France, le jour de leur Sacre, font entrer dans leur habillement presque toutes les pièces qui composent celui d'un Prêtre : le Manteau Royal dans son ancienne forme, étoit une véritable chasuble, & ils reçoivent l'Onction.

Les Rois de Pologne sont vêtus sacerdotalement le jour qu'on les couronne, & c'est dans cet habit qu'ils sont ensevelis.

Il en étoit de même en Ethiopie, chez les Perses, chez les Druides; partout le Sacerdoce étoit réuni à la Magistrature.

Les Princes d'*Olba* en Cilicie, étoient Rois & Souverains Pontifes. Les premiers Rois de Rome réunissoient les mêmes prérogatives : aussi le Chef du Sacerdoce étoit appellé *Roi des Sacrifices*.

En Egypte & chez les Hébreux, *Ken* signifioit également Prince & Prêtre. Le titre de *Ken d'On*, ou de la Ville du Soleil, se rend ainsi, tantôt par le nom de Prince d'On, tantôt par celui de Prêtre d'On.

Le nom de *Ken* est donné à trois fils de David, qu'on a rendu ridiculement par celui de Prêtres.

4°.

Droits pareils chez les Celtes.

Les Peuples Celtes étoient divisés de la même manière. NITHARD dit que chez les Saxons on voyoit diverses classes d'habitans.

Les *EDL-inges*, ou Nobles; du mot *Adel*, *Edel*, Noble, Grand.

Les *Fri-Linges*, les Libres, les Francs; ce que nous appellons Bourgeois, ou Tiers-Etat; &c.

Les *Lazzi*, ou Affranchis.

Ce qui suppose les *Serfs*, espèce d'hommes formant le bien des Nobles, leur patrimoine, & qui ne faisoient point partie de la Nation.

Un passage d'ATHENÉE, (Liv. IV, chap. 12.) relatif aux Festins des GAULOIS, nous apprend qu'il y avoit parmi eux divers rangs : nous avons déjà vu que les Druides étoient les Magistrats, les Juges & les Prêtres de cette Nation ; ils avoient au-dessous d'eux la classe des Militaires ; ceux-ci avoient le droit de bouclier. » Les Convives, dit donc Athenée, ont derrière eux » des servans d'armes qui tiennent leurs boucliers. »

Ceci nous fait remonter aux tems les plus anciens ; car dans ces tems les mœurs ne changeoient pas.

Chez les LOMBARDS, les Serfs n'avoient pas le droit de bouclier, ils ne pouvoient aller à la guerre, elle leur étoit défendue : c'est ce que nous voyons dans PAUL DIACRE, Liv. I. ch. IX. C'étoient donc les Propriétaires, ceux qui avoient droit de bouclier, qui seuls avoient le droit d'Armes : on retrouve en eux tous les caractères de la Noblesse Françoise.

Le droit de guerre étoit tellement ôté aux *Serfs* dès les tems héroïques, que tout prisonnier le perdoit ; c'étoit ce qu'il y avoit de plus terrible pour eux dans leur captivité ; & par la même raison, armer un Esclave, c'étoit le déclarer affranchi, lui donner le rang de Citoyen.

5°.

Exemple du mot GENS *adopté par les Nobles Lombards.*

Nous devons au respectable Fils du savant Comte Dom CARLI RUBBI, Noble Vénitien, la connoissance d'un Monument qui donne les mêmes résultats : il est tiré des Voyages du Docteur TOZZETTI, Médecin du Grand-Duc, & Garde de la Bibliothéque de Magliabecchi, seconde Edition, Florence 1768. Le fait dont il s'agit est au Tome premier, page 88. Ce savant Voyageur nous apprend que sur l'Architrave de la porte de l'Eglise de *Monterappoli*, Village situé sur une des collines de la *Valdesa*, on voit cette Inscription en caractères barbares & très-mal conservée :

  Ann. Dom. MCLXV. Et manibus..... scrita
  Maister Bonseri Clipeus dextra qui probus
  ex Gente Lombarda.... r. Padi.... custos
  jussu....

Au dessus de l'Inscription est une main droite, *dextra*, dont les trois premiers doigs sont étendus, & les deux autres pliés : cette main qui étoit sans doute sur le bouclier (*clipeus dextra*) de ce BONSERI, preux (*probus*) de race Lombarde (*ex Gente Lombarda*), venu des environs du Pô (*Padi*).

Ici on observe que le Docteur LAMI, dans les *Nouvelles Littéraires de Florence* 1751, a expliqué ce Monument d'une maniere fort heureuse, & propre à répandre du jour sur l'Antiquité des Armoiries; puisqu'on reconnoissoit alors pour Nobles, des Familles descendues des Lombards anciens Conquérans du Pays: aussi le nom de LOMBARD va de pair avec celui de Noble & de fils de Chevalier dans les Statuts de Pise de l'an 1284, Livre premier, rubrique 109.

Ces mots de *Probus ex Gente Lombarda* démontrent qu'on conservoit les preuves de la descendance des Familles Nobles; & les Armoiries dont ces mots sont accompagnés ne laissent aucun doute qu'elles ne fussent une des preuves de cette descendance; & que par conséquent leur usage remonte fort au-delà de l'époque, qu'on ne lui assigne ordinairement, que parce qu'on ne connoissoit rien d'antérieur.

ARTICLE III.

I.

DROIT DE BOUCLIER.

1°. *Ce Droit synonyme du titre de Noble.*

Les Propriétaires, les Citoyens avoient donc le droit d'armes, & ils l'avoient à l'exclusion de tout autre: eux seuls étoient intéressés à la défense de leur territoire, de la chose publique: eux seuls avoient le droit de bouclier, de l'Ecu. Ainsi cette arme défensive devint le Symbole par excellence des Citoyens, des Propriétaires, des Maîtres de la terre. Etre Noble, ou porter le bouclier furent des mots synonymes.

Aussi étoit-ce un deshonneur, un affront sanglant que rien ne pouvoit laver, de revenir de l'Armée sans bouclier. On connoît le mot d'une Lacédémonienne qui dit à son fils, en l'armant de son bouclier pour le combat, *avec ceci ou sur ceci*. Celui qui revenoit sans bouclier, sans ses armes, étoit aussi deshonoré qu'un Régiment qui revient sans ses drapeaux: l'un & l'autre étant regardé comme des marques distinctives, on étoit en quelque façon dégradé par la négligence avec laquelle on avoit combattu pour les sauver. Il en étoit de même chez tous les Celtes: chez ces Peuples guerriers, revenir sans armes, ou être deshonoré, étoit une seule & même chose. Ceci étoit fondé en raison, car c'étoit avoir préféré fon falut à la défenfe commune, au bien de la Patrie: la guerre fe faifant alors pour le bien public, & non pour une folde quelconque, on ne connoiffoit que de généreux guerriers, des Défenfeurs de la chofe publique, & non des Soldats qui ne peuvent avoir les mêmes motifs de bien faire.

2°.

Le Bouclier chargé de Symboles ou d'Armoiries.

Mais puifque le Bouclier étoit le Symbole diftinctif de la Nobleffe, du Guerrier-Propriétaire, on devoit non-feulement en faire le plus grand cas, mais le charger d'ornemens divers, & fur-tout peindre fur fon champ les Armoiries de la Famille dont on étoit membre. Ceci étoit d'ailleurs d'autant plus néceffaire, que par eux-mêmes tous les boucliers fe reffembloient: qu'il falloit donc que chacun mît fa marque particuliere fur fon bouclier pour le reconnoître.

3°. *Ces Armoiries étoient héréditaires.*

Virgile décrivant les armes d'AVENTIN, un des Rois contre lefquels Enée fut obligé de combattre, dit: » Il porte fur fon BOUCLIER le figne héréditaire » (*les armes*) de fes Ancêtres, un ferpent à plufieurs têtes «.

Clypeoque infigne Paternum
Centum angues, cinctamque gerit ferpentibus hydram.

4°.

Sonnettes & Grelots fufpendus aux Boucliers.

On fufpendoit auffi aux boucliers, des fonnettes pour augmenter la terreur, dit-on, & pour répandre l'allarme; plutôt pour animer les chevaux de bataille, & pour s'étourdir foi même fur le bruit du combat. C'eft par les mêmes raifons qu'anciennement en France même, les caparaçons des chevaux de tournois & de bataille étoient garnis de clochettes & de grelots entremêlés. Il n'eft donc pas étonnant que le bouclier de Tydée, un des Héros qui affiégerent Thebes, fût garni de fonnettes d'airain.

C'eft par cette même raifon que les Grecs, pour dire qu'un cheval n'étoit pas aguerri, difoient qu'il n'avoit pas ouï le bruit de la fonnette (1).

---

(1) Scholiafte d'Ariftophane, Coméd. des Grenouilles.

ZACHARIE

ZACHARIE (1) parle des fonnettes qu'on mettoit à la bride des chevaux pour les accoutumer au bruit. Les Anciens avoient un goût particulier pour ce genre de Mufique. Perfonne n'ignore que les Orientaux, fur-tout les Dames, les Rois & les Grands-Pontifes garniffoient le bas de leurs robes, de fonnettes & de grenades. Le Voyageur ARVIEUX raconte (2) que dans l'Orient les femmes des Emirs ont le même ufage, afin qu'on ait le tems de fe retirer quand on eft près des lieux où elles doivent paffer.

5°.
Boucliers fervant de Palladium.

N'omettons pas un ufage remarquable des boucliers dont on n'a point vu la caufe, & qu'on a attribué à une fuperftition ridicule.

Le bouclier étant une arme défenfive, on le regarda comme le fymbole de la longue durée d'un Etat, comme un gage de fon bonheur, comme un Palladium à l'abri duquel on pouvoit dormir fans crainte. D'ailleurs, c'étoit la place du fymbole ou des Armes de l'Etat; on le fufpendoit par conféquent dans les Temples, au haut des tours, fur les murs des Villes & des Edifices publics. Et ces boucliers étoient facrés, puifqu'ils étoient relatifs à la chofe publique.

C'eft par cette raifon que Rome étoit fous la protection de XII boucliers confacrés par *Numa*, & dont celui qui avoit fervi de modele aux autres étoit defcendu du Ciel, c'eft-à-dire, avoit été formé à l'imitation du Difque du Soleil.

Les Romains ne firent en cela qu'imiter des Ufages Orientaux. Roboam, fils de Salomon, avoit long-tems auparavant fufpendu XII boucliers d'or pur dans le Temple de Jerufalem : boucliers qui furent enlevés par Sefac, Roi d'Egypte, dans fon expédition contre les Rois de l'Orient.

Ces boucliers facrés étoient defcendus & portés en cérémonie lorfqu'on devoit déclarer la guerre. C'eft ce qu'on appelloit *movere arma*, mouvoir les armes : expreffion peu connue, & dont on n'a pas tiré les conféquences qui en réfultent. Il arrivoit même dans ces occafions qu'au lieu de fe fervir du mot générique *armes*, on employoit le nom du figne particulier qui les compofoit : fi ces Armoiries étoient compofées, par exemple, du foleil, du croiffant, d'un lys, &c. on difoit qu'on avoit mû ou ébranlé le croiffant, le foleil, les lys. S'en rendre maître, c'étoit les arrêter ; car on ne les portoit plus à la tête des Armées : on ne pouvoit plus les mouvoir.

Le Bouclier étoit regardé également comme le fymbole de la protection

---

(1) Chap. XIV. ℣. 20. (2) Chap. XVII.

divine. Auſſi Minerve eſt armée de l'Egide, Bouclier redoutable que lui a remis Jupiter. Junon eſt également armée du Bouclier *Ancile*, non-ſeulement chez les Sabins, mais auſſi à Argos & à Rome. C'eſt par la même raiſon qu'il y eut des Boucliers ſacrés dans cette derniere Ville & chez d'autres Peuples : Boucliers confiés à Rome aux Prêtres Saliens, qui s'en ſervoient dans leurs danſes ſacrées pour l'ouverture de l'année.

Les Poëtes ſacrés ſe ſont ſervis des mêmes expreſſions & des mêmes penſées : ils appellent la Divinité leur Bouclier, leur enſeigne, leur rocher inébranlable.

I I.

Preuves plus détaillées pour établir que les Inſignia *des Anciens correſpondent parfaitement aux Armoiries modernes.*

Dictys de Crète dit que les Troupes de Memnon qui vinrent au ſecours des Troyens, ſe diſtinguoient par leurs Insignia, leurs livrées, & que tous les environs de Troie étoient reſplendiſſans de l'éclat de tous ces ſymboles.

Strabon les appelle *Epi-sema*, Symboles, Armoiries (du mot *ſem*, ſigne) *mot-à-mot*, ſignes mis ſur les armes : il ajoute que les Cariens en avoient appris l'uſage aux Grecs (1). Herodote avoit déja dit la même choſe (2).

Ce fait eſt remarquable : il confirme l'origine que nous avons aſſignée aux Armoiries. Ces Cariens ne ſont point le Peuple particulier de la Carie, peuple groſſier & barbare ; mais une claſſe d'hommes par leſquels nous avons déjà prouvé ailleurs qu'on entendoit les Laboureurs ou les Propriétaires; le mot Car, Car*ie*, déſignant primitivement le labourage, d'où *A-Car, Acer, Ager*, un champ, & *I-Care*, un Laboureur. Tels ſont les Cariens inventeurs des Armoiries & Maîtres des Grecs en ce genre.

Virgile fait dire à Corebe (Eneid. Liv. II.) » changeons de boucliers avec » les Grecs (*tués*) & approprions-nous leurs ſymboles.

Mutemus clypeos, Danaumque Insignia nobis,
Aptemus.

Il eſt vrai qu'on peut entendre ceci des Symboles nationaux, & non d'Armoiries de Familles : voici donc d'autres détails.

2.

Inſignia & Arma, ſynonymes.

Il n'eſt pas difficile de faire voir que les mots *Inſignia* & *Arma*, Armes,

---

(1) Strab. p. 661. (2) Liv. I. 171.

étoient parfaitement synonymes ; de même qu'en François le mot *Armes* désigne les Armoiries, parce qu'on portoit celles-ci sur ses Armes.

Messala Corvinus voulant expliquer à l'Empereur Valentinien ce vers du premier Livre de l'Enéide :

Armaque Fixit Troia,

qui termine ceux-ci :

Hic tamen ille urbem Paravi sedesque locavit,
Teucrorum & genti nomen dedit.

Il rend le premier de ces mots, celui d'*Arma* par *Insignia* ou Armoiries ; en sorte que cette phrase est relative à celle de *mettre ses armes, apposer son sceau, ses Armoiries*. Voici le passage entier :

» *In Templis, arma & Insigne armorum suspendit : nam post exactam militiam laboresque militiæ, mos fuit suspendere arma. Ideo arma fixit Troia. Troia fuit inter arma templis affixa. Armorum insigne, id est sus* ».

» Il suspendit, dit-il, dans les Temples les armes & le symbole des Armes ; car lorsque la guerre étoit terminée, l'usage étoit d'y renfermer les armes ; ainsi il suspendit (1) les armes Troyennes ; Troie fut donc entre les armes placées dans les Temples : l'Armorial de ses armes étoit un cochon, une truie ». Passage que nous aurons occasion de rappeller plus bas.

Le mot d'*Arma* se retrouve dans Virgile pour désigner des Armoiries.

» Celsis in puppibus, dit-il, arma Caïci ».

» On voyoit sur la poupe élevée, les armoiries de Caïcus ».

Le Corbeau que portoient sur leur casque les descendans de M. Valerius dont on disoit qu'il avoit vaincu un Gaulois par le moyen d'un Corbeau, étoit un Symbole héréditaire, & relatif à ce que l'on appelle *Cimier*.

Xenophon dans le IVe. Livre des Helleniques, rapporte que les Habitans d'Argos voyant venir à eux des Troupes qui portoient sur leurs boucliers les Armoiries des Sicyoniens, furent rassurés, parce que les Sicyoniens étoient leurs Alliés : mais que Pasimaque s'écria, par les Dieux Freres (2) (*Castor & Pollux*), Argiens, ces Armes vous trompent.

---

(1) *Mot-à-mot*, il arrêta, il ficha. (2) *Mot-à-mot*, par les deux Dieux.

Le Dragon étoit un Symbole très-commun dans l'Antiquité : c'est celui des Chinois : à Rome, c'étoit celui des Cohortes. La personne qui tua Lysandre portoit un Dragon sur son bouclier ; c'est par cette raison que l'Oracle lui avoit dit, à ce qu'on assure, de se garantir d'un Dragon. Le même Symbole composoit les Armoiries d'Epaminondas & celles de Cadmus ; aussi avoit-on peint cet animal sur leur tombe.

Mais entre les passages les plus célèbres de l'Antiquité sur cette matiere, on doit mettre ce que nous apprennent Eschyle & Euripide à l'égard des Symboles & des Devises que les sept Héros Grecs qui marcherent au Siége de Thèbes, portoient sur leurs boucliers.

Lors même que ce morceau d'Histoire seroit fabuleux, il démontreroit que long-tems avant ces Poëtes les boucliers étoient décorés de Symboles & de Devises.

3.

Boucliers des Sept devant Thèbes.

Eschyle est le premier qui nous ait transmis les figures symboliques & les devises que ces sept Princes portoient sur leurs boucliers.

Tydée avoit sur son bouclier l'image de la nuit : le fond étoit noir, semé d'étoiles d'or : au milieu paroissoit la Lune.

Capanée, un Prométhée la torche à la main, avec ces mots, *je réduirai la ville en cendres.*

Etéocle, un soldat qui monte à l'assaut, & pour devise, *Mars lui-même ne m'arréteroit pas.*

Hippomedon, Typhée vomissant des flammes ; le reste du bouclier rempli de serpens.

Parthenopée, le Sphinx qui écrase un Thébain sous les pieds.

Amphiaraus, n'a ni Symbole ni devise : mais son fils *Alcmaon* a un Dragon sur son bouclier dans la VIIIe. Ode des Pythiques de Pindare. Si ce Prince porte un bouclier tout uni, c'est qu'il se contentoit, dit Eschyle lui-même, d'être sage & vaillant, sans chercher à le paroître.

» Il ne cherche pas à paroître le meilleur, mais à l'être ».

Qualité aussi rare qu'estimable, & qui donne une grande idée de ce Prince ; mais par quel malheur étoit-il si mal associé ?

Polynice avoit pour Symbole la Déesse de la Justice qui le mene par la main chargé de ses armes & prêt à combattre, avec ces mots, *je te rétablirai*. C'est en sa faveur que se faisoit ce siége, pour le rétablir sur le Trône de Thèbes contre son frere Eteocle.

Euripide, loin de critiquer son rival sur ces Symboles & ces devises comme contraires au costume du tems, marche sur les mêmes traces ; mais au lieu de ces symboles & de ces devises qui se rapportoient à l'expédition contre Thèbes, il leur donne, du moins pour quelques-uns, les symboles qu'ils portoient constamment, comme l'avoit déja vû M. l'Abbé Fraguier (1).

Tydée avoit sur son Ecu la dépouille d'un Lion.

Capanée, un Géant qui porte la terre sur ses épaules, & qui la secoue.

Adraste, beau-pere de Polynice, substitué ici à Eteocle, une Hydre dont les serpens enlèvent du haut des murs les enfans des Thébains.

Hippomedon, Argus avec tous ses yeux.

Parthenopée, Atalante sa mere, qui tue à coups de flèches le Sanglier d'Etolie.

Polynice, les Cavales qui déchirerent Glaucus.

Et ce qui est très-remarquable, c'est qu'Euripide observe également de ne point attribuer de symbole à Amphiaraüs ; preuve qu'en tout ceci, lui & Eschyle suivoient exactement la vérité.

Eschyle nous offre un quinziéme bouclier dans celui d'Hyperbius qu'Etéocle, frere de Polynice, oppose à Hippomedon, & qui avoit pour symbole Jupiter armé de la foudre.

Les symboles qu'Eschyle attribue à ses Héros, sont tous menaçans contre Thèbes : sur-tout celui de Tydée : la nuit étant dans l'Antiquité l'Emblême du mauvais Génie, de la destruction, de la mort même.

On retrouve la peau du lion, symbole de ce Roi, dans un Oracle rapporté par Eustathe (2) ; & qui ordonna à Adraste de marier ses deux filles, l'une à un *lion*, l'autre à un *sanglier* ; Eustathe dit qu'en conséquence ce Prince les donna à Tydée & à Polynice.

---

(1) Mém. de l'Acad. des Insc. & B. L. T. II.
(2) Commentaires sur l'Iliade, p. 485. E.

ARTICLE IV.

ORIGINE DES ARMOIRIES.

I.

Elle eurent toujours une raison.

Aucun peuple, aucune ville, aucun particulier ne se choisit des Armoiries au hasard : elles furent constamment relatives à quelqu'objet intéressant pour ceux qui les adoptoient.

C'étoient ou des Armes relatives au nom de ces Particuliers ou de ces Peuples, des *Armes parlantes*, comme on les appelle ordinairement, ou des Armes relatives à la situation de ces peuples.

Aux principales productions de leur territoire.

A leurs Divinités tutélaires.

A celles de leur Mere-Patrie ou du Prince dont ils relevoient. Quelquefois à la plûpart de ces objets, lorsque le nom étoit choisi de maniere à les embrasser tous ou la plus grande partie.

Ce qui confirme parfaitement nos principes, qu'aucun nom ne fut jamais imposé au hasard, qu'il eut toujours une signification intrinseque & relative à l'objet auquel on l'imposoit; & qu'en réunissant toutes ces choses on retrouvera toujours & la cause de ces noms & celle des Armoiries & des Symboles dont ils sont accompagnés.

II.

ARMES PARLANTES.

On est généralement dans l'idée que les Armes parlantes désignent une Noblesse très-moderne, qu'elles sont même très-suspectes : j'ai vu souvent tourner en dérision sur ce vain prétexte la Noblesse de Familles qui étoient incontestablement d'une antiquité très-reculée ; qui avoient même donné lieu à des Ordres de Chevalerie dans des tems anciens, & dans des tems où peut-être n'existoient pas celles des individus qui les méprisoient : c'est ainsi que l'ignorance imbécille travestit toutes choses, & voit presque toujours de travers. Il faudroit d'après ce faux raisonnement, contraire à tout principe, rejetter la Noblesse d'un grand nombre d'illustres Familles, même de Pays considérables de l'Europe; car on en pourroit citer une multitude dont les Armoiries sont parlantes : en voici quelques-unes par ordre Alphabétique.

ET DU BLASON DES ANCIENS.

A.

ARBALESTE, Vicomte de Melun, d'or au sautoir engreflé de sable, accompagné de quatre Arbaleftes de gueules.

ARBALESTE, autre Famille du même nom, d'azur à trois Arbaleftes d'or.

ANGUILLARA en Italie, deux Anguilles d'azur en sautoir à la bordure dentelée d'argent de gueules.

B.

BAR, deux bars adoffés d'or.

BARBEAU, en Bourgogne, coupé aux deux de gueules à deux barbeaux d'or confrontés en chevron.

DEL BOSCO, coupé de gueules & d'or à un arbre fec ébranché brochant fur le tout.

BOUHIER, à Dijon, d'azur au bœuf d'or.

BOUCALLAC, d'azur au bouc d'argent.

Bouc de GAURE, de gueules à trois boucs d'argent onglés & accornés d'or.

BAERN, en Weftphalie,
BERNE,
BERMONT,
} des ours.

Baern, à l'ours de fable accollé & bouclé d'or : *Bern* fignifie un ours.

BELET, une belette d'or.

BROCARD, en Bourgogne, d'azur à trois brocards d'or, efpèce de cerf.

BEVERFONDE, en Weftphalie,
BIBRA, en Franconie,
} d'or au caftor rampant de fable.

GRETER VON BIBERACH en Souabe, de gueules à la bande d'argent chargée d'un caftor couronné.

Bever & *Biber*, fignifient un caftor.

BERBISY, la plus ancienne Maifon de Dijon, d'azur à une brebis d'argent. *Tenant*, une fyrene échevelée ; dans une de fes mains un peigne, de l'autre un miroir : lequel tenant fervoit d'Armoiries à la Maifon de Poiffonnier, fondue dans celle-ci par femme.

BÉARN, d'or à deux vaches de gueules accornées, accollées & clarinées d'azur. On croit qu'elles font relatives à la fertilité des terres : mais plutôt à cause des Armes de PAU, Capitale du Béarn, qui a une vache pour Armoiries parlantes.

BISCIA, en Italie, un serpent.

Le BŒUF, en Bretagne, de gueules au bœuf passant d'or, la queue passée entre les jambes & relevée sur le dos.

C.

CASTELLI, en Italie,
CASTILLE, en Espagne, } un château.

CHASTEAU-PERS, un château d'azur.

CHAT dit Plessis, en Bretagne,
La CHETARDIE, } un chat.
CHAFFARDON,

CATZEN ou Katzen, dans le Duché de la Marck, d'azur au chat effarouché d'argent, tenant entre ses dents une souris de sable.

La CHEVALERIE au Maine, de gueules au cheval effrayé d'argent.

CHEVALIER, d'azur à trois Chevaliers d'argent, espèce d'oiseaux.

Du CHESNE, d'azur au chêne englanté d'or, au chef d'argent, chargé de trois étoiles de gueule.

CHABOT, d'or à trois chabots de gueule.

CABRE ROQUENAYRE, d'azur à la chèvre saillante d'argent.

CANILLAC, d'Auvergne, d'argent au lévrier rampant de sable accollé d'or.

CREQUI, d'or au créquier de gueules, & par fois écartelé de France à la tour d'argent. Le créquier en Picard signifie un prunier sauvage, & son fruit s'appelle créque.

COURT, de Bourgogne, un cheval passant.

CHAUVELIN, d'argent au chou de sinople, la tige entortillée d'un serpent d'or : de *cau*, chou, & *veleno*, venin.

CHIFFLET, un serpent mordant sa queue.

CERVINI, d'où le Pape Marcel II. d'azur au CERF d'argent couché sur une terrasse de sinople, appuyé à quatre épis de bled d'or.

COGLIONE, ancienne & noble Maison de Bergame, d'argent coupé de gueules à trois paires de testicules de l'un en l'autre.

CHISSERET, ancienne Maison de Dijon, d'azur à trois pois chiches cossés d'or, *Ciceres Ciceronis*, partis d'argent, à trois têtes de Nègres couronnées d'or.

CARDONNE,

ET DU BLASON DES ANCIENS.

CARDONNE, en Espagne, trois chardons.
CASTANEA, en Italie, dont Urbain VII. une châtaigne.
COLONNE, une colonne.

D.

DAUPHINS, un dauphin.
DELPHINI, à Venise, d'azur à trois dauphins d'or mis en fasce.
DELPHINI, à Florence, d'argent parti d'azur, à trois dauphins de l'un en l'autre mis en fasce.
DRAC, d'or, au dragon de sinople couronné de gueules.
D'ESPEIGNE de Venevelles, parti au premier d'azur au peigne d'argent mis en fasce; au deuxième, ses alliances.
DE ECCLESIA, une Eglise.

F.

FRETART, porte de gueules freté d'argent.
FALAISE, de sinople à une falaise d'or moussé de sinople.
FOUGERES, en Bretagne, d'or à une plante de fougere de sinople.
FRESNE (du), d'or au fresne de sinople.
FERRIERES, des fers à cheval.
FRAGUIER, trois fraises.
FLESSINGUE, Ville de Hollande, une bouteille couronnée: de *flesh*, bouteille.

G.

GALICE, un calice.
GRENADE (Royaume de), d'argent à la grenade de gueules feuillée de sinople.
GENAS, en Dauphiné, d'or au geneft de sinople.
La GOUPILIERS, d'argent à trois renards d'azur; *goupil* signifiant autrefois renard.
GIGLIO, à Rome, deux loirs; de *GLIS* loir.

H.

Des HAYES, au Maine, d'azur à trois haies mortes d'or.
HERSY, d'azur à trois herses d'or.
HASEN (de) en Siléfie, d'azur à un lièvre courant, en bande.
HASENER, en Franconie, d'azur au lièvre courant, en bande d'argent.
HASENBURG, en Allemagne, d'azur en lièvre courant, en bande d'or,

Diss. Tom. I.

écartelé d'or à une hure de sanglier de sable. *Hasen* signifiant en Allemand lièvre.

L.

Lyon, (du) La Cave, d'or au lion de gueules.
Lauzieres de Themines, d'argent à un ozier de sinople.
Le Loup.
Loubens.
Louvet. ⎫
Louviers. ⎬ Un loup dans leurs Armoiries.
Lupiad Moncassin. ⎭
Chante-Lou.
Grate-Loup, de gueules au loup rampant d'or, au bras & main d'argent en barre, qui lui gratte le dos.
Leon, en Espagne, un lion.
Luna, en Espagne, un croissant eschiqueté.

M.

Montpesat, de gueules à la balance d'or.
Mailly, d'or à trois maillets de sinople, dans la branche aînée & à l'Ecu en cœur.
    Dans la deuxième branche, les trois maillets sont de gueule.
    Dans la troisième, d'azur.
    Dans la quatriéme, de sable.
Martel, Comte de Fontaines, de gueules à trois marteaux d'argent.
Masse, en Dauphiné, d'or à trois masses de sable.
Mutel, de gueules à trois belettes d'or; de *mustela*, belette.
Morand, d'azur à trois cormorans d'or.
Maupeou, d'azur au porc-épic d'or.

N.

Nogaret, d'argent à un noyer de sinople, le noyer & le gueret sont désignés par le champ de l'écu & par son arbre.
Noailles, d'or semé de noyaux de cerises, avec la queue de gueules, au loup ravissant de même.

O.

Ourcieres, un ours.

P.

Palmier, Seigneur de la Baſtie, d'azur à trois palmes d'or.

Pont-Briant, d'azur au pont à trois arches.

Pontheau-de-Mer, un pont.

Pinard, trois pommes de pin.

Palumbara, en Italie, un colombier.

Padella, en Eſpagne, trois poëles à frire.

Pellevé, en Normandie, de gueules à une tête humaine d'argent ; le poil levé d'or.

Pen-Mark, ancien en Bretagne, d'azur à une tête & col de cheval d'or, animée & bridée de ſable.

Perrier, (du) en Dauphiné, d'or au poirier de ſinople, le fruit d'or.

Phenis, (de) en Limouzin, d'azur au phénix, ſur un bûcher allumé d'or, ſurmonté d'un ſoleil de même.

Polier, un coq, de *Pau*, en Valdois & Auvergnac, un *Coq*.

Pontevès, en Provence, de gueules au Pont de deux arches d'or, maçonné de ſable.

PORC.

Porc (le), d'or, au ſanglier de ſable.

Porcelet, en Provence, d'or au porc de ſable.

Porcelos, en Eſpagne, d'or à une porque de ſable ſur une terraſſe mouvante de la pointe de ſinople.

POISSON.

Poissonnier, Maiſon fondue dans celle de Berbiſy : une Syrène écheveléé ; d'une main un peigne, de l'autre un miroir.

D'autres familles ont les mêmes Armoiries.

L'Estang, (de)
Le Poisson, } le premier, deux poiſſons ; les deux autres, trois.
Le Meusnier,

R.

Renardiere (la), un renard, de même que pour Mont-Regnard ; & pour Fuschen, en Franconie, nom Allemand du renard.

Roquelaure, d'azur à trois rocs d'Echiquier d'argent.

Rochettes, en Velay, d'azur à trois rocs d'Echiquier d'or.

Roquetaille, rocher coupé en deux.

ROUVERE, d'où le Pape Sixte IV, d'azur au chêne d'or.

ROURE (du), en Languedoc, d'azur au chêne de quatre branches passées en sautoir englanté d'or.

Du vieux mot *Roure* & *Rouvre*, une chêne.

S.

SANGLIER, d'or au sanglier de sable.

LE VER (d'*A-Ver*, & BER sanglier), trois sangliers.

SALM, de gueules à deux saumons adossés d'or.

SAPIN, d'azur au sapin d'or.

SARDIGNI, d'azur à trois sardines d'argent, 2, 1, en pal.

LA SAULSAYE, d'argent à trois saules de sinople.

SIGEN-HEIM, en Bohême, de gueules à trois cigognes d'argent, accolées d'une couronne d'argent.

SOLIS, en Espagne, un soleil.

SONNEN-BERG, en Allemagne, un soleil naissant d'une montagne.

SPIEGEL, en Allemagne, un miroir; du Latin *speculum*.

T.

TABOUREAU, un Tambour.

TANGUES, d'or à la tanche de gueules mise en pal 2, 1.

TASIS, en Espagne, un tesson.

TRISEOL, en Bretagne, d'azur à trois soleils d'or: ce nom signifiant *trois soleils*.

LA TOUR de TURENNE, & tous les LATOUR, une tour.

TEUFEL, en Allemagne, un diable.

V.

URI, Canton Suisse, d'or au rencontre de bufle de sable accorné & bouclé de gueules: *Tenant*, un Suisse, l'épée & le poignard au côté, sonnant un cor de chasse; d'*Urus*, un bufle.

VACHON, en Dauphiné, de sable à une vache d'or.

La VACHE de SAUSSEY, une vache passant de gueules.

VERNE (la), à Dijon, d'argent à un aulne de sinople; du nom Valdois des Aulnes.

WESTPHALIE, de gueules, à un cheval effrayé, gai & contourné d'argent.

VIGNOLES (de), de sable au sep de vigne d'argent, soutenu d'un échalas de même.

VITELLESCHI, en Italie, deux veaux.
URSINS, (les) un ours de sable en champ d'or.

Z.

ZAPATA, en Espagne, des souliers ou brodequins, même mot que *savate*.

Liaison des Armes parlantes avec les Langues.

On voit par ce Tableau qu'on auroit pu augmenter de beaucoup, que dans toutes les contrées de l'Europe, de très-grandes Maisons ont des Armes parlantes : & que plus on connoîtroit la valeur étymologique des noms, & plus on découvriroit de Familles aux Armes parlantes.

Ceux, par exemple, qui ne sauroient pas que *Bern* signifie Ours, *Biber* Castor, *Goupil* Renard, *Hasen* Lièvre, *Roure* un Chêne, *Urus* un Bufle, *Verne* un Aulne, n'auroient jamais soupçonné que les Armes des Maisons qui portent ces noms, fussent parlantes ; c'est ainsi que dans tout, l'étymologie ou la connoissance des mots est absolument nécessaire pour raisonner sûrement.

C'est par l'étymologie, par exemple, qu'on voit pourquoi les Ducs de Meckelbourg avoient pour Armoiries une tête de bœuf, de même que les Rois des Obotrites dont ils descendoient ; & pourquoi les WILZES, voisins de ces derniers & contre lesquels Charlemagne porta ses armes, avoient pour Armoiries un Loup grimpant. C'est que dans la Langue Vandale, branche de l'Esclavonne que parloient ces Peuples, *Wilz* signifie un Loup ; & que les premiers tinrent leurs Armoiries des *Polabes*, sur lesquels ils régnoient, & dont le nom composé de *Bola*, ou *Whola*, Bœuf, & de *Hlawa*, tête, (d'où *Pol-have*, ou *Polhabe*,) signifie *tête de bœuf*.

Aussi la plûpart des Armorialistes, tels que le P. GILBERT de VARENNE dans son *Roi d'Armes*, PALLIOT dans sa *Science des Armoiries*, SEGOING dans son *Trésor Héraldique*, &c. ont tous reconnu l'excellence de cette sorte d'Armes, quoique le dernier de ces trois ne l'ait fait en quelque manière que malgré lui. Quant au premier, voici comment il s'en est exprimé.

« Quand nous prenons garde seulement à la qualité de quelque figure d'Ar-
» mes qui a le même nom que celui qui s'en sert dans son écu, aux maillets,
» par exemple, des Maillys, aux chabots des Chabots, aux saules de la Saul-
» saye, nous ne prisons pas ces sortes d'Armoiries ainsi qu'il appartient.
» Mais si, selon la maxime & la pratique de tous les Sages qui veulent que

» nous faſſions état principalement des moyens qui ſont les plus propres à
» arriver à notre fin, nous venons à mettre en conſidération le but où viſe
» tout l'uſage des Ecus d'Armes, je me tiens aſſuré que dans peu d'heures
» nous changerons d'avis, & qu'au lieu du mépris qu'on fait ordinairement
» de ces Armes parlantes, on jugera qu'elles méritent d'être grandement eſ-
» timées en leur naïveté. Certainement, il n'y a rien de plus propre à nous
» faire reconnoître, que les choſes qui ont le même nom que nous (1).

Et deux pages plus bas : « D'ailleurs, quand nous ne ſerions fondés que
» ſur l'Antiquité ſi vénérable en ſes rides & ſi priſable pour ſa naïveté qui
» nous fait voir évidemment que des *centaines de familles* très-illuſtres en
» toutes les Nations de l'Europe ont pris les animaux & les ouvrages de
» main qui leur ſont ſynonymes pour le Blaſon héréditaire de leurs Armes,
» pourquoi voudrons-nous aujourd'hui dénier l'eſtime qui eſt due à leurs ſi
» ſages inventions ?

Le P. MENESTRIER eſt allé plus loin : dans ſon *Origine des Armoiries*, il ſou-
tient que les Armes parlantes ſont les Blaſons les plus anciens & les plus nobles ; ceux qui les portoient ayant cru que leurs noms étoient aſſez illuſtres
pour ſe faire connoître par des Signes qui les repréſentoient, ſans qu'il fallût
affecter de prendre d'autres deviſes plus connoiſſables. Ainſi il place les Armes
de NAVARRE au nombre des parlantes ; le mot *una Varra* ſignifiant en Baſque
une cloiſon de fer, ou des chaînes, forme qu'offrent viſiblement les Sceaux
des Rois de Navarre de la Maiſon de Champagne & de celle de Philippe-le-
Bel.

Il y avoit donc des Armoiries, des Blaſons avant les X & XIe. ſiècles, & ces
Armoiries étoient parlantes : c'eſt qu'elles étoient priſes dans la Nature & vraiment originales. S'il n'en fut pas de même dans les ſiècles auxquels on attribue ordinairement l'origine du Blaſon, c'eſt qu'il y en eut alors une multitude de pure imitation ; les Vaſſaux ſe faiſant un honneur ou un devoir de
prendre les Armes de leur Seigneur Suzerain, en tout ou en partie : de-là,
cette prodigieuſe quantité de lions, de léopards, d'aîles, de têtes, de coquil-
les, &c. & d'autres Armes de cette nature qui ſemblent de pur caprice, &
qui ſurpaſſent de beaucoup le nombre de ces Armes parlantes antérieures à
celles-là, & que des Familles diſtinguées eurent le bon eſprit de conſerver ;
mais Armoiries dont le nombre s'augmentera à meſure qu'on connoîtra mieux
les tems & les Langues du moyen âge.

---

(1) Roi d'Armes, *in-fol.* 1635. p. 310.

Mais, puisque les Armes parlantes sont conformes à la Nature & très-anciennes parmi nous, pourquoi refuseroit-on de regarder les Armoiries anciennes comme de vrais Blasons, quoiqu'elles soient presque toujours parlantes ?

III.

ARMES PARLANTES DES ANCIENS.

Et 1°. chez les Romains.

Les Médailles Romaines nous offrent un grand nombre de blasons parlans.

Pomponius Musa avoit une Muse pour symbole.

L. Lucretius Trio, les sept étoiles qu'on appelle Triones, & qui ont donné leur nom au Septentrion.

Q. Voconius Vitulus, un veau.

P. Accoleius Lariscolus, les trois sœurs de Phaëton changées en *Laryx*, arbre qui distille la résine en forme de larmes & qui est très-commun sur les rives du Pô.

Furius Crassi-Pes, un pied.

Publicius Malleolus, un maillet.

Les Scarpus de la Famille Pinaria, une main; du Grec *Karpos*, paume de la main.

La Branche de la Famille Valeria, surnommée Aciscula, avoit pour symbole un instrument appellé Acisculus, espèce de marteau ou petite hache au milieu d'une couronne de chêne.

La Maison Thoria, d'origine Orientale, avoit des Armes parlantes; c'étoit un Taureau, dont le nom est Thor, en Oriental. La Patrone de cette Maison étoit Junon, avec cette Devise, *Junon conservatrice, la très-Grande Reine*, Juno Sospita Magna Regina; ce qui étoit un vrai cri de Guerre.

Cette Famille Thoria n'est pas la seule qui ait eu *Junon Sospita* sur ses Armoiries; cette Junon Sospita, qui se reconnoit à son équipage propre, ayant une peau de chèvre pour coëffure, des souliers à pointe relevée, & tenant d'une main une lance & de l'autre un de ces boucliers qu'on appelloit *Ancile*. Cette Junon étoit la Déesse de Lanuvium : aussi se voit-elle sur les Médailles des Familles Romaines originaires de Lanuvium, ainsi que celle dont nous venons de parler. Ce sont les Familles

Cornuficia, Mettia, Papia, Procilia, Roscia & Sulpicia.

Il en fut de même des Familles d'origine SABINE: telles que

MUSSIDIA, PETRONIA, TITURIA, VETTIA, &c.

On les reconnoît fur leurs Médailles à Junon Cluacine, Déeffe des Sabins; à l'Effigie de TITUS-TATIUS, Roi Sabin à Rome; à la punition de Tarpeia, ou à l'enlèvement des Sabines.

Ces diverfes Familles avoient donc confervé avec foin le fouvenir des lieux de leur origine; elles en avoient même confervé les fymboles; c'étoient des Armes héréditaires, preuves de leur antique nobleffe.

En voici encore de parlantes.

La Famille NUMONIA, furnommée VAALA, a pour fymbole un retranchement attaqué par un Héros & défendu par deux, tous armés de boucliers.

La Famille des TORQUATUS, un collier.

La Famille RENIA, un char attelé de deux rennes.

La Famille MARCIA, Numa & Ancus Marcius qu'elle regardoit comme fes Ancêtres paternel & maternel.

La Famille JULIA, une Vénus, comme defcendant d'IULUS fils d'Enée; plutôt, par les rapports de fon nom avec la Lune ou Vénus, dont ce nom défigne les révolutions, fignifiant *roue, révolution*, comme nous l'avons vu dans l'Hiftoire du Calendrier.

Tous ces faits d'ailleurs fe trouvent dans les Recueils des Médailles Romaines d'URSIN & de PATIN.

2°. Chez les Grecs & en Italie.

La Grèce & l'Italie nous fourniffent également nombre d'Armoiries parlantes.

ADRANUS, ville de Sicile, a pour fymbole une tête cafquée, fymbole de Mars appellé en Sicilien *Adranus*; d'*Adar*, אדר, felon le P. FROELICH (1).

ALOPECON-NESE, ville de Thrace dans une Ifle formée par le Melas, fignifie *mot-à-mot* Ifle des Renards: auffi voit-on un Renard fur fes Médailles. (2)

ACRAGAS ou Agrigente, villle de Sicile, un Aigle à caufe de fon nom qui fignifie l'élevé, la haut-perchée (3).

ANCYRE, de Phrygie, } une Ancre; ce qui eft la fignification de leur nom
ANCYRE, de Galatie, } en Grec.

ABYDOS, une Ancre auffi, mais comme ville maritime.

---

(1) PELLERIN, PL. CVIII. No. 3. (2) PELLERIN I. Supl. PL. I, No. 5.
(3) PL. CVIII. No. 7. 8.

ANTIOCHE, fur l'*Hippus* ou fur le Cheval, nom d'une riviere de Cœle-fyrie, a pour fymbole une femme tourrelée debout à côté d'un *cheval* dont elle tient la bride.

BOVIANUM, ville des Samnites, un bœuf.

CARDIA, ville de Thrace : ce nom fignifie *cœur* ; & pour Armoiries elle a un cœur (1).

CHYPRE, a pour fymbole Vénus, parce qu'en Grec elle s'appelloit *Cupris* ou *Cypris*, du même nom que cette Ifle.

CYCLADES (les) dont le nom eft compofé de *Kleis*, clef, avoient pour Armes une clef.

CLEIDES, (les) Ifles de la Grèce, avoient également une clef pour Armoiries, & pour type un oifeau volant; il a la clef des champs.

EUBÉE, nom formé de celui du bœuf, en avoit la tête pour fymbole : on défignoit auffi par ce fymbole la fertilité de cette Ifle. On voit également fur fes médailles, & par la même raifon, la tête de Cérès.

LAS en Laconie, étoit fitué entre trois montagnes ; fon nom même fignifie *Pierre* : auffi fes Armoiries portent trois Montagnes. (2)

LIMYRA, ville à vingt ftades de l'embouchure du Limyrus en Lycie, a pour fymbole un Dieu de fleuve (3).

MALÉE, ville de la Grèce dont le nom fignifie *pomme*, avoit une pomme pour Armes.

MELOS, Ifle de la Grèce, a pour fymbole des melons, fon nom fignifiant *pomme & melon*.

ŒNIAS, ville de l'Acarnanie & dont le nom fignifie *fleuve, fontaine*, a pour fymbole un perfonnage barbu & cornu, emblême de l'Acheloüs fur les bords duquel elle étoit fituée.

PALLENE en Achaïe : pour fymbole PALLAS armée de toutes pièces. Auprès de cette Ville étoit un Temple de cette Déeffe avec fa Statue d'or & d'yvoire, ouvrage, difoit-on, de PHIDIAS (4).

PHARIA, Ifle fur la côte de Dalmatie & colonie de Paros, offre pour fymboles un cygne, la lune & une étoile, armes parlantes ; le mot PHAR, d'où vient *phare*, défigne tout ce qui eft brillant.

PHIALA en Arcadie, une figure affife fur un rocher ; d'une main un rameau ; de l'autre, un pot ou phiole panchée.

---

(1) PELL. T. I. PL. 34. N°. 29. (2) PELL. T. III. CXXV. 10. 12.
(3) PELL. T. III. Pag. 22. Vignette. (4) PELL. T. III. PL. CXXV. N°. 15.

Differt. Tom. I.

RHODES, avoit pour symbole des roses, qui désignoient son nom, & un Dauphin relatif à son commerce maritime.

SIDÉ, Métropole d'une partie de la Pamphylie, avoit pour Divinité & pour symbole Minerve avec une grenade, son nom *Sidé* désignant ce fruit. Nous allons voir d'autres lieux désignés par le même symbole & par la même raison (1).

THURIUM, ville d'Italie, a pour symbole un taureau, emblême de son nom, & un poisson relatif à sa situation sur les bords de la Mer.

3°. CHEZ LES ORIENTAUX.

ASCALON, femme tourrelée avec des feuilles d'échalotte appellée autrefois *Ascalogne*.

CAPHTORIM, dont le nom signifie *pomme de grenade* ; ce fruit étoit leur symbole, dit DICKINSON; c'étoit du moins le symbole d'Iou CASSIUS à la frontiere des Philistins & de l'Egypte, d'où étoient sortis les Caphtorim.

M. PELLERIN a rapporté aussi à la fin de sa Collection d'autres médailles où l'on voit Minerve & la grenade avec des caracteres inconnus.

CAURA, ville d'Espagne, qui a pour symbole un poisson, armes parlantes: le Phénicien כורי, *Kauri*, signifiant *poissonneux* selon Bochart (2).

SUSE, Capitale de la Susiane, signifie *fleur-de-lys* : elle en avoit sans doute une dans ses Armes. Cette fleur étoit très-belle & très-abondante dans cette contrée.

L'ESPAGNE avoit pour symbole une Déesse des Fleuves, ayant un rameau à la main & un lapin à ses pieds, allusion à son nom Oriental de *Span* ou *Sphan*, qui signifie *caché*, *reculé*, & *septentrional*. Elle est au Septentrion de Carthage, & au-delà des mers pour les Phéniciens.

IV.

Symboles relatifs au Soleil, Pere de l'Agriculture.

Un symbole plus difficile à découvrir, mais très-remarquable par lui-même & par le rôle qu'il joue dans la Mythologie, est celui qui peint le Soleil & les Villes agricoles, sous l'emblême d'un loup ou d'une louve ; & qui étoit commun à un grand nombre de Villes & de Peuples.

---

(1) PELL. T. II. PL. LXXI. (2) VELASQUES, PL. IX.

Comme cet emblême eft peu connu, & qu'on connoît encore moins fon rapport avec le Soleil & avec l'agriculture, qu'il intéreffe d'ailleurs des noms célèbres, nous allons entrer ici dans quelques détails.

EN ÉGYPTE.

Deux Villes d'Egypte appellées LYCON ou LYCO-POLIS, l'une dans le Delta, l'autre dans la Thébaïde, rendoient les mêmes honneurs à Apollon & au loup, (1) défignant le Soleil fous l'un & fous l'autre de ces emblêmes, dont elles portoient même le nom ; *Lycos* étant en Grec celui du Soleil & du loup, il fut fubftitué par ce Peuple, devenu maître de l'Egypte, au nom national : car dans l'Orient, un même mot, SAB, défigne le foleil & le loup, quoiqu'il fe prononce quelquefois ZAB pour défigner le loup. C'étoient donc des Armes parlantes.

Mais comment avoit-on lié l'idée du loup avec celle du foleil ? C'eft, felon MACROBE, parce que cet animal faifit & dévore tout, comme le Soleil ; & parce qu'ayant la vue très-bonne, il voit même pendant les ténèbres de la nuit : plutôt à caufe de fa couleur dorée femblable à celle du foleil.

Apollon lui-même étoit appellé LYCIEN, c'eft-à-dire le *Loup* & le *Lumineux*. Il étoit adoré fous ce nom dans toute la Grèce.

LYCAONIENS.

Une Colonie d'Arcadiens qui paffa en Italie portoit le nom de Lycaoniens & ceux d'AISES & d'ŒNOTRIENS, qu'ils devoient, difoit-on, à trois de leurs Princes fucceffifs, à AISES, fils de Lycaon I. à fon fils LYCAON II. & à fon petit-fils ŒNOTRUS.

Mais ce font trois noms différens du Soleil ou d'Apollon Lycien, Divinité de ces Peuples.

AIS, Es en Oriental eft le nom du feu, du Soleil : de-là ESES l'Arcadien ; Esus le Theffalien pere de Jafon, les ASÉENS Dieux de l'Edda.

LYCOS défigne également le foleil, la lumiere.

OEN eft un autre nom Oriental du foleil, & qui fignifie *œil.*

Telle eft la différence de ces trois noms du Soleil, que le premier le défigne comme fource de la chaleur, le fecond comme fource de la lumiere, le troifiéme comme l'œil du Monde, tandis que fous les fuivans il offre d'autres idées relatives à fes attributs.

---

(1) MACROB. Sat. Liv. I. Ch. XVII.

BEL, le désigne comme le Maître, le Roi de l'Univers.

APOLLON, comme le Maître de l'harmonie.

HELIOS, comme l'Etre élevé.

AISéens, *Lycaoniens*, *Œnotriens*, désignent donc tous les trois des Enfans du Soleil, des Peuples Agriculteurs.

DU LUCUS des Laboureurs.

Les champs cultivés, la terre du Laboureur placée au milieu de contrées non défrichées, étoient comme autant d'yeux ou de *luci*, ou *lyci*; mais ce Laboureur dépouilloit chaque année son champ de tous ses fruits: il étoit donc à son égard un animal vorace & destructeur; un vrai loup. De-là peut-être encore le nom de Lycos, ou loup, pour désigner le loup, le soleil, le Laboureur; ainsi que le nom de Saturne désigna également le Laboureur qui mange ses enfans ou récoltes, & le tems qui dévore ses enfans, les êtres dont il occasionne la production.

LUCERIE.

LUCERIE, Ville d'Italie en Daunie, avoit pour symbole d'un côté la tête d'Hercule ou du Soleil, *LUKOS* en Grec; de l'autre, un arc, une massue & un carquois, symboles du Soleil, d'Apollon ou d'Hercule (1).

ARGOS.

ARGOS, cette Ville célèbre du Péloponèse, avoit également un loup pour symbole. Celui-ci est remarquable par la maniere dont les Argiens en expliquoient l'origine, & par ses rapports avec l'Histoire mémorable de Danaüs, d'Egyptus & des cinquante Danaïdes.

Tandis que Danaüs, disoient les Argiens, disputoit à Gélanor le Royaume d'Argos en présence de tout le Peuple, on vit un présage assuré de sa victoire; car un loup dévora un taureau qui paissoit dans la prairie. Ce qui donnoit du sel à cette Fable, c'est que Gélanor avoit pour symbole le taureau ou plutôt la vache Io, & Danaüs un loup.

Tous ces symboles étoient parlans. *Argos* signifie la blanche ou la lune: mais la lune est la même qu'Héra ou Junon, la Déesse de l'air, dont le sym-

---

(1) Trésor de Brandeb. par BREIA.

bole eſt la vache Io. Argos devoit donc avoir cette vache pour ſymbole, & elle l'avoit dans l'origine : elle lui ſubſtitua le loup, ſymbole du ſoleil ; le loup ſe trouva donc avoir dévoré le taureau.

Mais le loup étoit le ſymbole de Danaüs, frere d'Egyptus, Roi d'Egypte, au ſymbole de la vache. Ces deux freres ſe faiſoient une guerre à toute outrance : l'un avoit cinquante fils, l'autre cinquante filles ; & celles-ci avoient fait périr leurs cinquante couſins devenus leurs maris ; à l'exception de la plus jeune nommée HYPER-MN-ESTRE qui ſauva ſon mari. Tout cela eſt vrai dans le ſens allégorique, & ne l'eſt que dans ce ſens.

Egyptus ſignifie *noir* ; perſonne ne l'ignore.

Danaüs, au contraire, *blanc*, *lumineux*.

Leurs cinquante enfans ſont les cinquante ſemaines de jour & de nuit.

Hypermneſtre qui épargne ſon mari & qui eſt la plus jeune, eſt un mot compoſé d'*yper* qui reſte, *men* lune & *eſtré* qui eſt ; *mot-à-mot*, la lune ſurvit aux autres.

Ces Danaïdes ont une ſinguliere occupation : elles verſent continuellement de l'eau dans des tonneaux percés, qu'elles ne peuvent donc jamais remplir : c'eſt le tems, que les années & les ſemaines ne rempliſſent jamais.

Tels ſont ces trois cent ſoixante Prêtres Lybiens ſans ceſſe occupés à remplir également un tonneau percé, & dont parle DIODORE.

Les mêmes allégories ſe retrouvent par-tout avec des formes variées à l'infini : & il faut connoître le ſens de ces formes, ou renoncer à la connoiſſance de l'Antiquité.

ROME.

Le loup d'Argos rappelle auſſi-tôt la louve de Rome ; cette louve qui a deux nourriſſons dont l'un tue l'autre dès qu'il en a la force : c'eſt donc encore ici la lumiere dont les deux nourriſſons peignent le ſoleil d'hyver, & le ſoleil d'été qui par ſa force tue ſon frere.

TROIE ou ILIUM.

TROIE, nous l'avons vu plus haut, avoit pour ſymbole une truie. C'étoit des Armes parlantes : *Troie* en Celte & en Phrygien ſignifiant une truie, mot également François, Valdois, &c.

Le même mot ſignifie *labourer*, *ſillonner* la terre, parce que le cochon ſillonne la terre de ſon groin.

C'eſt par cette raiſon qu'Antenor avoit une truie ſur ſes étendards, & qu'on prédit à Enée qu'il bâtiroit une Ville là où il rencontreroit une truie qui auroit mis bas trente petits. En effet c'est s'arrêter là où un animal s'arrête que d'y planter son symbole & de s'établir dans le lieu où on a planté ce symbole.

Il n'est pas étonnant que Troie, maîtresse d'un grand territoire, très-fertile, bien cultivé, & par-là même riche & peuplé, eût pris pour symbole & pour nom une truie, animal qui désignoit nécessairement une *terre fertile*.

L'Histoire de la fondation de cette Ville est entierement allégorique, ce qu'on n'a point apperçu ; & cette allégorie porte en plein sur les idées que nous venons de présenter, ce qu'on a encore moins soupçonné.

ILUS, fils de Tros, & petit-fils de Dardanus, raconte-t-on, (1) arrive en Phrygie : il remporte le prix dans les jeux établis par le Roi du Pays : celui-ci lui donne en conséquence cinquante jeunes garçons & autant de jeunes filles. Par les ordres de l'Oracle, le Roi y ajoute le présent d'une VACHE de différentes couleurs ; & il lui conseille de bâtir une Ville dans le lieu où cet animal s'arrêtera.

Cette vache conduit Ilus au lieu appellé *le Tombeau d'ATÉ la Phrygienne*. C'est-là qu'il bâtit en conséquence une Ville qu'il appella ILIUM. Ensuite il conjure Iou de lui envoyer quelque signe ; & se levant le lendemain de très-bonne-heure, il trouve devant sa tente le *Palladium*, Statue de Minerve descendue du Ciel. Cette Statue avoit trois coudées de haut, & elle sembloit marcher : d'une main elle tenoit une lance, & de l'autre une quenouille & un fuseau.

Ce Passage auquel on n'a fait aucune attention, parce qu'on ne savoit quel usage en faire, est relatif à une infinité de traits précieux semés çà & là dans l'Antiquité, & très-conformes à la Doctrine même de Sanchoniaton.

Le Fondateur d'Ilium s'appelle Ilus, mais c'est le nom de Saturne, du Laboureur dans tout l'Orient ; & ce nom signifie le *Fort*, le *Puissant* : tels sont les Propriétaires, ils sont les Grands de la terre : aussi son Pays s'appelle *Ilium*, le séjour fortuné ; nom qui fut également donné à l'Isle de Crète.

Là étoit le tombeau d'*Até*, & cela est vrai. *Até* signifie mort, destruction, misere : la misere, la disette & ses ravages disparoissent avec le labourage : là où est *Ilus*, là est le tombeau d'*Até*.

Ilus avoit gagné le prix ; le labourage est toujours représenté comme une victoire, un triomphe : c'est la défaite du lion ; c'est cette victoire dont la Fête termina constamment l'année.

---

(1) APOLLOD. Bibliothèque des Dieux, Liv. III.

Il eut cinquante jeunes gens & cinquante jeunes filles à son service ; ce sont les cinquante Danaïdes, les cinquante fils d'Egyptus, les cinquante fils d'Hercule ; tous ces cinquante si fréquens dans la Mythologie, & qui peignent les cinquante semaines qui forment l'année du Laboureur.

Ilus s'arrête là où s'arrêta la *vache* ; cette vache qui est le symbole de l'Agriculture, & qui semblable à la robe d'Isis, est de toute couleur, parce que les champs du Laboureur se couvrent par ses soins de fleurs, de fruits, de plantes, qui offrent la plus grande variété de couleurs.

Ce Héros est fils de *Tros* & petit-fils de *Dardanus*, c'est-à-dire de l'aiguillon avec lequel on conduit le bœuf, cet aiguillon qu'on darde, & de la charrue ou truie que tire le bœuf, & sans laquelle point d'Ilus.

Enfin il a pour son symbole le Palladium ou Minerve armée de la lance & de la quenouille ; & cette Statue est la sauve-garde de l'Empire.

En effet, qu'est-ce qui peut subsister sans Minerve Déesse de la Sagesse ; & sans le concours du *mari* désigné par la lance, & de la *femme* désignée par la quenouille & le fuseau, ou en d'autres mots, sans le concours du labourage & de l'industrie ; de la force au dehors & des graces au dedans ?

Ce Palladium étoit donc un signe assuré du bonheur dont jouiroit la Contrée, tandis qu'elle seroit sous la sauve-garde du labourage & d'un travail constant & actif : qu'elle ne cesseroit de se couvrir d'une riche population, de biens de toute espéce ; & de se faire respecter au dedans & au dehors.

Aussi Troie ne périt que lorsque son Palladium ne fut plus.

ARTICLE V.

Symboles relatifs aux Productions, & à la situation.

Les Royaumes, les Peuples, les Villes de l'Antiquité tirerent très-souvent leurs symboles des objets de leurs productions : ainsi on peut connoître par leurs Armoiries si ces Pays étoient agricoles ou maritimes ; s'ils étoient des Pays de bled ou de vignoble, ou s'ils excelloient en quelque genre particulier de productions : nous allons donner divers exemples relatifs à ces différens objets.

DES SYMBOLES, DES ARMOIRIES

I.

Symboles relatifs à l'Agriculture.

OLIVIER.

1. ATHÈNES avoit pour symbole Minerve, Déesse de l'olivier, & la chouette symbole de Minerve, comme la Reine de la nuit ; ce que signifie son nom, comme nous l'avons prouvé ailleurs. Le nom d'Athenê ou Athenaïs, signifie lui-même *Souveraine*, comme nous l'apprend PLUTARQUE dans son Traité d'Isis & Osiris : c'est ainsi le féminin d'*Adon*, *Adonaï*, Seigneur, où nous voyons *o* changé en *e* pour le féminin, comme d'*homine* on fit *fœmina*.

Ainsi le nom d'Athènes, celui de la Déesse Minerve, ou *Athenê*, & son symbole la *chouette*, se rapportoient tous au même objet.

TEATE eut par cette raison les mêmes symboles.

CRETE ; il en fut de même de cette Isle fertile.

SPHINX.

2. AMBA ou Aïmphats ; CASTULO & URSON, Villes de la Bétique, & CHIO, Isle de la Grèce, eurent pour symboles le Sphinx ailé, ou le lion à tête de femme comme en Egypte, mais avec des ailes : sans ailes, il désignoit la cessation des travaux agricoles pendant l'inondation du Nil, & les douceurs dont étoient suivis ces travaux.

Avec des ailes, il devenoit l'emblême de la navigation & des avantages qu'elle procuroit aux Peuples Agricoles.

MINOTAURE.

3. Le MINOTAURE ou Taureau à tête d'homme, étoit le symbole de l'Agriculture pour un grand nombre de Villes dont le territoire étoit riche en bled. Ce symbole ne pouvoit être ni mieux choisi, ni plus contrastant avec le précédent qui désignoit la cessation des travaux indiqués par celui-ci : la femme devenue le chef du lion désignant le repos de la terre : & l'homme chef du taureau désignant au contraire le travail de cette même terre : voici quelques-unes des Villes qui prirent ce dernier symbole pour leurs Armoiries.

ÆSERNIA, Colonie de Naples, le Minotaure avec la Victoire.

CALENO, Colonie Ausonienne, le Minotaure seul.

GELA en Sicile, le train de devant du Minotaure.

GNOSSE, le Minotaure ; au revers, le labyrinthe.

HYRINI,

HYRINI (les), dans l'Apouille, } le Minotaure.
MEGARE, de Sicile,

NAPLES, le Minotaure & la Victoire.
NOLA, Colonie des Chalcidiens, de même.
SELINONTE, en Sicile, le Minotaure.

BEGER, PELLERIN &c. rapportent ces diverses Médailles.

LION.

CNIDE,	RHEGIUM,	
CYZIQUE,	SALAMINE,	avoient pour symbole un *lion*, em-
LEONTIUM,	SARDES,	blême des défrichemens, de la terre
MILET,	SMYRNE;	vaincue par l'Agriculture.
MYCENES,		

BŒUF.

4. POLY-RRHENIUM, Ville de Crète & qui dut son nom à ses gras pâturages, eut pour symbole une tête de bœuf.

OBULCO, Ville d'Espagne, avoit pour symbole le bœuf & le croissant d'Io : pour Divinité tutélaire, Isis, dont les cheveux en sillons sont garnis de perles, emblême de sa riche agriculture : elle eut aussi plus souvent pour symbole une charrue & un épi.

TRALLES & PERGAME en Asie-Mineure, un bœuf.

CÉRÈS ET PROSERPINE.

6. CYZIQUE avoit pour symbole Proserpine avec un boisseau sur la tête, tenant dans ses mains une haste & une victoire ; on l'adoroit ici sous le nom de *Koré soteira*, la Vierge conservatrice ; on l'appelloit aussi *Domna* & *Despoina*, la Dame, la Souveraine. (1)

MEGARE d'Attique, Cérès un flambeau à chaque main, & à ses côtés une Statue enveloppée de bandelettes. Pausanias dit qu'elle étoit représentée ainsi dans un Temple de *Stiris* en Phocide, & que cette Statue à bandelettes qui l'accompagnoit étoit très-ancienne. On ne peut donc y méconnoître une copie d'Isis & d'Horus (2).

---

(1) PELL. T. III. PL. CXXIII. 1. (2) Ib. PL. CXXVII N. 3.

ÉPIS.

MÉTAPONTE ; l'agriculture de cette Ville étoit si prospere, que ses Habitans consacrerent à Delphes une Terre & une Moisson d'or; (STRABON Liv. VI.) Aussi voit-on sur ses Médailles ou deux épis barbus, ou une tête de bœuf; & sur plusieurs, la tête de Cérès.

SAGALASSE, dont le territoire, suivant TITE-LIVE, abondoit en toutes sortes de fruits, eut pour symboles des épis de bled avec une branche de vigne chargée de grappes & de raisins.

ILIPA,   ⎫ Villes d'Espagne, ont pour symboles, l'une un épi,
ILIPULA,   ⎭   l'autre deux. (1)

SYME,   ⎫ Isles de la Grèce, avoient également des épis pour sym-
EGIALE,   ⎭   boles.

AMPHIPOLIS de Macédoine, Cérès, des épis, une torche.
BLAUNDUS de Phrygie, quatre épis liés ensemble.
EDESSE, une main tenant trois épis.
ELÉE d'Eolie, quatre épis & un pavot.
NACOLÉE en Phrygie, trois épis & une corne d'abondance.
SEBASTE en Galatie, trois épis.
THYATIRE, des épis.

II.

SYMBOLES RELATIFS AUX VIGNOBLES.

ANDROS, Isle de Grèce riche en vignobles, avoit pour symbole une panthere, animal consacré à Bacchus, & un thyrse. On voyoit dans cette Isle un Temple célèbre où l'on disoit qu'il couloit du vin tous les ans durant les Fêtes de ce Dieu, & cette fontaine s'appelloit *Dios Théodosia*, présent de Jupiter.

ACMONIE de Phrygie, | HADRIANI de Bithynie,   ⎫ Bacchus, son thyrse, son
AUGUSTA de Cilicie, | SILANDUS de Lycie,   ⎬ pot, & sur quelques-unes
                    | ⎭ sa panthere.

BOSRA, Ville de la Syrie Arabique, qui dut son nom à ses vignobles, avoit

---

(3.) Velazques, Pl. VIII. & XIII.

pour symbole un grand pressoir avec le mot de *Doysaria*, nom des jeux de Bacchus appellé Dusarès en Arabe. (1)

CHIO,
CYDON en Crète, } grappe de raisin.

MARONÉE située sur un côteau, dut son nom à son beau vignoble : aussi disoit-on qu'elle avoit été fondée par Maron, Cocher de Bacchus. Elle avoit pour symboles la tête de ce Dieu & une grappe de raisin avec ces mots, *Dionysius Sauveur*.

MYCONE, Isle de la Grèce abondante en vin : son symbole, Bacchus.

NAXOS, Isle très-riche en vin, & appellée Dionysiade, Isle *de Bacchus*, eut pour symboles Bacchus, une grappe de raisin & le thyrse.

PEPARETHE, (l'Isle de) eut pour symboles Bacchus & Minerve, à cause de ses vins & de ses oliviers.

TENEDOS (Isle de), riche en excellens vins, eut entre ses symboles une grappe de raisin.

LAERTE de Cilicie,
SCEPSIS de Troade, } eurent également Bacchus pour Divinité & pour
TEIOS,   } symbole, à cause de leurs beaux vignobles.

III.

SYMBOLES RELATIFS AUX VILLES MARITIMES.

Neptune, les Dioscures & un navire, furent les symboles des Villes situées sur le bord des eaux & qui se livroient à la navigation : de celles-ci entr'autres.

Navire, Neptune, &c.

ATTALIE, nommée aujourd'hui Satalie, Ville de Pamphylie sur le bord de la Mer, avoit pour symbole la tête de Neptune & son trident.

BERITE, Ville maritime de Phénicie, avoit au revers de ses Médailles un bonnet des Dioscures & un pavillon de vaisseau.

TINOS (Isle de), pour symbole Neptune.

TRIPOLI de Phénicie, avoit entre ses symboles les Dioscures.

ARADUS, | DORA, |
ASCALON, | TYR,   } eurent pour symbole un navire,
ANTHÉDON, | SIDON, &c. } étant toutes Villes maritimes.

(1) Pell. T. III. Vignette, P. 155.

C'est par la même raison que Rome & Paris situées sur des Fleuves, eurent le même Symbole. Il en est de même de,

Gazara ou Gadara, Ville maritime près d'Azot dans la Palestine. Elle a pour revers un vaisseau à neuf rames, sur une Médaille de l'Empereur Antonin, avec l'inscription *Nayma*, naumachie, ou jeux sur l'eau. (1)

CHEVAL.

Carthage, nom qui signifie Ville (*Carth*) des eaux (*ag*), eut pour Symbole un cheval ; on a dit qu'il étoit relatif à une tête de cheval qu'on trouva en creusant les fondemens de cette Ville : c'étoit un conte : le *cheval* étoit l'emblême de la Navigation & de Neptune : c'est un cheval que Neptune avoit fait sortir, disoit-on, de la terre pour marquer sa puissance.

Corinthe eut par la même raison le cheval pour Symbole ; mais il étoit ailé afin d'indiquer mieux la vitesse de la Navigation ailée ou à voiles : c'est ce cheval qu'on appella Pegase, que les Grecs substituerent au Sphinx ailé des Phéniciens ; & qui fut adopté par d'autres Peuples maritimes.

Lampsaque & Scepsis, un cheval marin.

Alexandrie de Troade, un cheval paissant.

IV.

SYMBOLES RELATIFS A DIVERS OBJETS.

VULCAIN.

Les Pays où l'on voyoit des volcans & les lieux où l'on avoit établi des Forges, prenoient pour Symboles *Vulcain*, Dieu du feu & des forges, son marteau ou ses tenailles.

Ainsi, l'Isle de Lemnos avoit pour Symbole *Vulcain* comme Dieu du feu, & Minerve comme Déesse des Arts.

Hephestia, mot-à-mot Ville de Vulcain, dans la même Isle, avoit aussi le même Symbole : vraies Armes parlantes. Ses Médailles offrent au revers un flambeau allumé avec les deux bonnets & les deux étoiles des Cabires.

Ce Dieu, son marteau à la main & sous son nom de Cabire, *très-grand*, se voit sur les Médailles de Thessalie. (2)

---

(1) Pell. T. III. Fleuron P. 165. (2) Beger, P. 483.

SYLPHIUM.

CYRENE, Ville d'Afrique, avoit pour Symbole le Sylphium, plante très-commune dans son territoire ; & dont sans doute elle faisoit un grand commerce.

PALMIER.

La JUDÉE eut pour Symbole le palmier : elle est représentée dans les Médailles de Vespasien sous la figure d'une femme triste & plaintive attachée à un palmier.

Ce Symbole surprend le Savant SHAW, Voyageur exact, qui assure qu'il y a peu de palmiers en Phénicie : il ignoroit donc les affreux ravages que causent le tems, les invasions, la barbarie, &c. & à quel point toutes ces choses changent la face de la terre. L'Ile de Madere n'étoit qu'une forêt lorsqu'on la découvrit ; à présent il n'y a pas un arbre, & l'on chercheroit en vain aujourd'hui ces belles vallées de Saules qui environnoient Babylone. La Judée étoit riche en palmiers ; PLINE nous l'apprend & c'est un Témoin qui en vaut bien un autre. (1) « Les Palmiers de Judée, » dit-il, sur-tout ceux de Jéricho, l'emportent sur ceux de tout autre Pays, » par leur MULTITUDE, leur fertilité & leur réputation. Ceux d'Archelaïs, » de Phaselis & de Livias dans la même contrée, sont aussi fort estimés.

Il falloit qu'ils y fussent bien communs puisqu'on en tiroit des objets de comparaison : c'est ainsi qu'ESAIE (2) compare la prospérité des Hébreux à celle des Palmiers ; ce qui prouve à quel point la culture de cet arbre réussissoit en Judée, quoiqu'aujourd'hui il n'y en ait que dans les Vallées, où ils exigent bien moins de soins que sur les hauteurs.

Ce Symbole fut également celui de la Phénicie & de la plupart de ses Villes.

On le voit sur les Médailles de TRIPOLI, d'ARADUS, de NAPLOUSE, de SEPHORIS.

Les Médailles de TYR & de SIDON offrent par la même raison des palmes pour Symboles.

On a cru que le Palmier se trouvoit sur les Médailles de cette contrée, moins comme production nationale que comme étant relatif au nom même de Phénicie ; mais c'est une erreur : nous avons vu que le nom de Phéniciens,

---

(1) Liv. XIII. Ch. IV. (2) Chap. XXVII. 6.

le même que celui de P☉NI porté par les Carthaginois, & d'où vinrent les mots *punique*, & *puniceus* ou *ponceau*, désigna constamment la couleur rouge.

Ajoutons que souvent on n'a pas entendu le mot de בָּאִים *Baïm* donné au Palmier dans les Livres des Hébreux: on l'a souvent rendu, très-mal à propos, par celui de *Racines*. Porphyre, qui étoit Phénicien, appelle le Palmier *Baïs*, & Saint Jean (1) appelle les Palmes *Baïa tôn phœnicôn*.

RENARD.

La Messenie, Pays montagneux, prit pour symbole un renard; animal très-commun dans les Pays fourrés. Aussi Anaxadame, Roi de Sparte, vainqueur ou plutôt destructeur de la Messenie, prit pour symbole un *Renard tombant*. C'est à un renard qu'Aristomene, célèbre Héros Messénien, après avoir été renfermé dans une caverne par les Lacédémoniens, fut redevable de son salut.

TRIQUÊTRE.

La Sicile est désignée par le Triquêtre, figure à trois jambes, à cause de sa figure triangulaire.

Olba : les Princes d'Olba avoient un symbole semblable, parce qu'ils régnoient sur trois Provinces, Olba, Kennatis & Lalassis.

TORTUE.

Le Péloponese a pour symbole une Tortue aux pattes étendues comme pour marcher, parce que son corps & ses pieds saillans peignent assez bien le Péloponèse & ses grandes avances dans la Mer.

TOURS.

Une tête couronnée de Tours, ou Cybele, servoit de symbole à des Villes fortes, entourées, pour leur défense, de murs & de tours.

Cartida, Ville d'Espagne sur le bord de la Mer, avoit un pareil symbole, comme étant la clef du Pays, & la Métropole d'une grande contrée:

---

(1) Evang. Chap. XII. ℣. 13.

outre le symbole de cette Déesse, elle avoit aussi celui d'un homme qui pêche à la ligne, emblême de sa situation, très-bien désignée, d'ailleurs, par son nom, composé de CART, Ville, & d'EIA, eau.

ASOPE de Laconie,	FLAVIO-POLIS de Cilicie,	ont toutes pour symbole une Femme tourrelée avec divers attributs, entr'autres des épis.
BŒA de Laconie,	LAODICÉE,	
CANATE de Cœlesyrie,	NYSA ou Scythopolis,	
CHALCIS de Syrie,	TYANE de Cappadoce,	
DAMAS,		

VICTOIRE.

Nous avons vu que la plupart des Villes qui avoient le Minotaure pour symbole, l'accompagnoient de la Victoire. Ce symbole étoit relatif à leur Agriculture, comme nous l'avons prouvé dans nos Volumes précédens, relativement à la Déesse de la VICTOIRE, dont la Fête terminoit l'année agricole. Quelques Villes agricoles faisoient plus : elles prenoient le nom même de VICTORIEUSES : telles,

OSCA, Ville d'Espagne, qui prend le titre de VICTRIX, &

OBULCO, Ville du même Pays, qui prend celui de *NIKeteira*, chez toutes deux *Victorieuse* (1).

ARTICLE V.

SYMBOLES relatifs aux Divinités Protectrices de l'Agriculture.

Nous avons vu que les Peuples agricoles prenoient *Cérès* pour symbole : les Peuples maritimes, *Neptune*, & les *Cabires ou Dioscures* ; les Peuples à volcans ou forgerons, *Vulcain* ; les Peuples à oliviers, *Minerve* ou *Isis* ; les Villes fortes, *Cybèle* & ses tours : les Peuples à vignoble, *Bacchus*: en sorte que par les seuls symboles de ces Nations, on peut connoître leur situation & la nature de leurs productions.

Mais on voit un grand nombre d'autres Peuples prendre pour leurs symboles des Divinités dont on n'apperçoit le rapport avec aucun objet déterminé ; en sorte qu'on seroit tenté de croire qu'il y a beaucoup d'arbitraire en toutes ces choses. Ces Dieux sont, sur-tout, Hercule ou Apollon, Astarté ou Diane, & Junon.

---

(1) Velazquez, M. XI. 7. 8.

HERCULE.

Hercule étoit le Dieu tutelaire & le symbole de Tyr & de plusieurs Colonies de Tyr, telles que Tharse, Cadix, &c. Il étoit aussi le symbole de Perinthe, d'Argos, &c.

Dans toutes ces Villes on le représentoit avec sa peau de lion & sa massue, ou simplement sous l'emblême de sa massue, surmontée quelquefois d'un carquois.

ASTARTÉ ou EUROPE.

Astarté ou Europe étoit la Déesse & le symbole de,

Sidon & de diverses Colonies Phéniciennes ; de celles-ci, par exemple, Gortyne dans l'Isle de Crète.

Calagurris en Espagne.

Amphipolis de Macédoine.

Toutes la représentoient assise sur son taureau, avec son voile flottant qui la faisoit arriver à bon port.

Diane étoit la Déesse & le symbole de la Meonie, de la Ville d'Ephese, des Icariens. On la reconnoît à son Cerf.

Junon étoit la Déesse Tutélaire de Samos & de Carthage : & on la reconnoissoit à son Paon.

Apollon étoit le symbole & le Dieu de l'Isle de Rhodes, d'Amorgos, de Mitylene : & avec Diane, le symbole de Delos.

Jupiter enfin, le Dieu tutelaire de Rome & de l'Isle de Crète.

Voilà en apparence bien des Divinités différentes dont on n'apperçoit nullement le rapport avec les Peuples qui les prirent pour leurs symboles : mais afin de parvenir à quelque chose de satisfaisant là-dessus, commençons par ramener à son juste point le nombre de ces Divinités : ces six que nous venons d'énumérer se réduisent à trois, présentées ici sous un double nom, l'Oriental & l'Occidental.

En effet, Hercule & Apollon ne sont qu'un seul & même personnage, peignant le Soleil ; aussi étoit-il appellé à Tyr *Melc-arthe* ou *Melicerte*, Roi de la Terre.

Astarté,

ASTARTÉ ou Reine du Ciel, EUROPE ou l'Occidentale, JUNON ou la Reine du Ciel, DIANE au Croissant sœur d'Apollon, ne sont également qu'une seule & même Divinité, la Lune.

La même Divinité étoit adorée à Babylone sous le nom de SEMI-RAM-IS, la Reine du Ciel, & sous le symbole de la Colombe, oiseau de Vénus.

Nous avons donc ici les trois grandes Divinités de Saturne ou du Laboureur, dont nous parle Sanchoniaton, & toutes trois prises dans la Nature, *Jupiter* ou le Dieu Suprême, le *Soleil* & la *Lune*, Roi & Reine du Monde Physique.

Il n'est donc point étonnant que ces trois Divinités ayent été prises par un grand nombre de Peuples pour leurs symboles: il en devoit être ainsi dans l'Orient sur-tout, dont la Religion étoit la Sabéenne: & chez lesquels on retrouve en effet le Soleil & la Lune sous les noms d'Hercule, & d'Astarté ou Europe: tandis que dans l'Occident, ils sont Apollon, & Diane comme sœur d'Apollon, la même qu'Europe ou l'Occidentale, *Junon*, Souveraine des Dieux, & *Astarté*, Reine des Astres.

Il paroît même que les Peuples livrés aux travaux pénibles, tels que l'Agriculture & la Navigation, & qui supposoient une grande force, choisissoient Hercule ou le Soleil pour leur Divinité: tandis que les Peuples qui n'avoient point ou peu d'agriculture, & qui subsistoient sur-tout de leurs fruits ou du produit de leurs arbres, ce qui n'exige point de force, ou qui se livroient aux Arts sédentaires, choisissoient Minerve ou la Lune pour leur Divinité: ainsi Athènes qui devoit tout à ses oliviers, avoit choisi cette Déesse pour sa Patrone: les uns étoient *enfans* du *Soleil*: les autres, ceux de la *Lune*. Aussi HERCULE étoit-il adoré & avoit-il des autels comme nous l'apprend Dénys d'Halicarnasse (1), dans presque toute l'Italie, Pays rempli de Villes agricoles.

DIANE.

La Lune, qu'on adoroit dans la Phénicie sous le nom d'Astarté, l'étoit chez d'autres Peuples sous celui de Diane: on la représentoit armée d'un arc, de flèches, d'un carquois & couronnée d'un croissant.

Telle on l'honoroit à PERGE de Pamphylie.

A EPHESE, à COTIÉE de Phrygie, &c. on l'adoroit sous des symboles relatifs à la Nature universelle, la mere de tous les êtres, avec une multitude

---

(1) Antiq. Rom. Liv. I.

de mamelles, & un cerf pour symbole, comme Déesse de la chasse, à cause de ses rayons comparés à autant de flèches. Souvent même le cerf est placé seul comme désignant Diane d'une maniere assez claire.

JUNON.

Dans plusieurs Villes on adoroit JUNON comme mere des Peuples, ou comme protectrice des mariages, sous le nom de *Pronuba* : telles,

HYPÆPA de Lydie, SAMOS, TRALLES, SEBASTO-POLIS en Eolie, &c.

LUNUS.

Le Dieu LUNUS étoit adoré chez plusieurs Peuples de l'Orient ; c'est la Lune sous un nom masculin ; tandis que le Soleil étoit du genre féminin, comme il l'est encore chez les Germains.

Ce Dieu LUNUS étoit le Dieu tutélaire de CARRHES.

CIBYRE le représentoit sur ses Médailles, avec un croissant derriere les épaules.

JULIA GORDUS,
SARDES,   } de Lydie.
SILANDUS,

GABE de Phénicie.
NYSA près de Tralles en Carie.
SEBASTE de Phrygie.
TABÆ de Carie.
TRAPEZE du Pont, &c.
avoient toutes le Dieu LUNUS pour symbole.

ARTICLE VII.

SYMBOLES DES COLONIES.

I.

COLONIES PHÉNICIENNES.

Il n'est pas étonnant que nous trouvions un grand rapport entre les symboles de l'Espagne & ceux de la Phénicie : qu'on y retrouve l'alphabet Oriental ; les mêmes Divinités, Hercule, Isis, Europe, Vulcain ; les mêmes symboles, des taureaux, des chevaux ailés, des sphinx, des pampres, des épis, des Cavaliers la lance en main ; qu'un même esprit ait animé ces Peuples : l'Espagne Maritime ne fut peuplée que par des Colonies Orientales, par des Phéniciens, des Syriens, des Cananéens, par des habitans des Isles de Crète & de Sicile, trop resserrés dans leur enceinte. Ainsi, tout y doit rappeller l'Orient, & présenter les mêmes phénomenes qu'on observoit chez les Navigateurs de l'Asie.

CADIX est l'altération de l'Oriental *gadir* une enceinte : sur ses Médailles sont ces mots, *He-Bel-Gadir*, le Seigneur de Gadir : on y voit le Dieu *Bel* des Orientaux, ou le Soleil désigné par le nom de Souverain.

Ce même nom de BEL, BOL, BUL se retrouve dans O·····L-CON & dans CAR-BULA, autres Villes d'Espagne. Il est joint, dans le premier au mot *CUN*, habitation, & dans le second, à celui de *CAR*, Ville.

Les COLONIES conservoient en effet la langue de leur Mere-Patrie : elles continuoient d'avoir les mêmes Dieux, les mêmes Fêtes, les mêmes sacrifices, les mêmes symboles ou Blason : leur Mere-Patrie nommoit aussi leurs premiers Magistrats, & leur donnoit leurs Loix & leurs Coutumes : il étoit même d'usage que les Colonies lui envoyassent toutes les années des prémices de leurs récoltes ; & qu'elles volassent à son secours dans le besoin.

2.

COLONIES GRECQUES.

C'est ainsi que SYRACUSE conserva les symboles de Corinthe dont elle étoit une colonie, sur-tout le cheval Pegase : & que l'Isle de SERIPHE eut pour symbole la Chimere, étant Colonie de la même Ville.

Comme l'Isle de SIPHNE, près de l'Isle de Crète, avoit précisément le même symbole que celle de SERIPHE, il y a apparence que ses habitans avoient la même origine que ces derniers.

EMPORIUM en Espagne, Colonie d'Emporium de Sicile, en avoit conservé les symboles, Minerve & Pegase sautant.

Les Colonies Athéniennes avoient la chouette pour Armes, en particulier AMISUS, Ville du Pont, & pendant un tems capitale de ce Royaume.

C'est ainsi que Rome tint de Troie la truie & ses petits, qu'on voit sur les Médailles de Vespasien & de Tite, & qu'Adrien fit mettre sur les portes de Jérusalem.

3.

Inconvéniens qui résultent de cette Communauté de Symboles.

Cet usage très-intéressant d'ailleurs pour les Peuples qui l'observoient, a été l'une des principales causes qui ont fait perdre de vue les motifs par lesquels se dirigerent les anciens dans le choix de leurs symboles : car le même devenant ainsi commun à plusieurs par des motifs fort différens de sa premiere institution, il n'étoit presque plus possible de les démêler, encore moins de supposer que le choix de ces symboles avoit toujours été déterminé par une raison sage & relative à ceux qui faisoient ce choix.

4.

Causes des Armoiries communes à diverses Maisons modernes.

C'est ainsi qu'il seroit très-difficile aujourd'hui de retrouver la vraie cause du choix que firent pour leurs Armoiries nombre de Maisons qui remontent aux XIe. XIIe. siècles &c. quoiqu'on en puisse indiquer deux générales, dont nous avons déjà parlé : 1°. le rapport du symbole avec le nom de famille : 2°. le rapport d'une famille avec un Seigneur Suzerain. Dans ces deux cas, ce rapport déterminoit le symbole : au premier, par le choix de l'objet indiqué par le nom ; au second, par l'adoption en tout ou en partie du symbole du Seigneur dont on relevoit : de-là, cette multitude de lions, de léopards, d'aigles, de lys, de croix, &c. répetés dans les Armoiries modernes. La France ayant des lys pour Armoiries ; les Comtes des Pays-Bas, le lion ; les Rois d'Angleterre, le léopard ; les Empereurs, l'aigle ; l'Eglise, la croix ; il étoit naturel que dans les batailles, leurs grands Vassaux se fissent reconnoître par les mêmes Armes, quoique modifiées de mille manieres : aussi la croix étoit le symbole des Eglises, & de leurs Avoués : l'aigle, l'emblême des Villes Impériales ; de même que la plupart des Maisons d'Italie ajoutent au sommet de leurs Armes le chef d'or à l'aigle de sable, qui sont les Armes de l'Empire : tels les *Borghese*, les *Mathei*, les de la *Valle*, &c. à Rome : les *Feltri* à Urbin : les *Alciat* à Milan : les *Pii* à Ferrare, &c.

C'est par quelque raison pareille qu'en Bretagne, les Rohan & un grand nombre de Maisons, ont des *macles* dans leurs Armoiries, symbole presqu'inconnu ailleurs.

L'Angleterre adopta de même le léopard, comme ayant possédé la

Guyenne & la Normandie dont il formoit les Armes : aussi un grand nombre de familles de ces trois Contrées ont le léopard pour Armes. D'ailleurs les grandes Maisons de l'Europe, antérieures au XIe. siècle, avoient leurs symboles & leurs cris de guerre, qu'elles ne perdirent point dans le tems des Croisades, & qu'elles perpétuerent au contraire comme preuve de leur antique origine.

Il se peut encore que quelques familles nouvelles, lors des Croisades, emprunterent leurs symboles de quelques objets relatifs à leur voyage d'outremer ; mais nous nous croyons en droit de soutenir que cette cause n'est point comme on l'a cru, l'origine du Blason, ni même l'époque de notre Blason tel qu'il existe.

Nous pouvons rendre raison, par exemple, des Armoiries anciennes de la Guyenne, des Celtes & des Francs. Nous venons de voir que les Armoiries de la Guyenne sont un léopard ; celles des Celtes, sur-tout les Belgiques, étoient un lion ; & celles des Francs, un crapaud : mais le lion désigne un Pays *agricole* comme la Celtique : le léopard consacré à Bacchus, désigne les *vignobles* ; & ceux de la Guyenne sont très-anciens : le crapaud, les *marais* dont sortirent les Francs.

MM. les Armorialistes nous apprennent de même que la plupart des Maisons de Bourgogne portent de gueules, parce que ce fut de tout tems la couleur de cette Province. C'est par la même raison que les Croisés ne porterent pas la croix de la même couleur : chacun prit la couleur de son Seigneur Suzerain. Lorsque Philippe Auguste, Richard Cœur-de-Lion, & Ferrand Comte de Flandres, se furent croisés ensemble, le Roi de France prit la croix *rouge*, celui d'Angleterre la *blanche*, & le Flamand la *verte*, en quoi ils furent imités chacun par leur Armée. Mais ceci nous apprend que ces Princes avoient déjà ces couleurs ; elles étoient par conséquent antérieures à leur Croisade.

Ajoutons une autre cause, la division d'une Famille en plusieurs branches, qui ayant dispersé un même symbole en plusieurs lieux, fait qu'on n'apperçoit plus dans la plupart le vrai motif de leur institution, & que tous ces symboles n'offrent plus que confusion.

Mais revenons aux symboles des anciens Peuples : il ne nous reste plus qu'à parcourir ceux de la Sicile & de l'Egypte.

DES SYMBOLES, DES ARMOIRIES
ARTICLE VIII.
VILLES DE SICILE.

La SICILE, remplie de Colonies étrangeres & de Villes puiſſantes, dont elle étoit redevable à ſon agriculture, offre des ſymboles très-remarquables.

Celui de l'Iſle entiere eſt une tête couronnée d'épis & d'où ſortent trois jambes diſpoſées en forme de roue, auxquelles cette tête ſert ainſi de centre : cette figure eſt tout-à-la fois peinture & de la fertilité de la Sicile & de ſa figure triangulaire : de celle-ci par ſes trois jambes, de celle-là par les épis.

SYRACUSE a pour ſymbole ou un cheval ailé, ou un char à quatre chevaux dont le Conducteur eſt couronné par une Victoire qui plane ſur ſa tête. Ses Divinités tutélaires ſont les grandes Divinités de tous les Peuples agricoles; le Soleil, la Lune, la Terre féconde : ou avec leurs noms Mythologiques, *Apollon, Diane, Cérès.*

Ce cheval ailé, ſymbole également de la ville de Corinthe dont Syracuſe étoit Colonie, avoit ainſi que le cheval Carthaginois, un rapport immédiat au commerce Maritime de Corinthe & de Syracuſe.

Le char à quatre chevaux couronné par la Victoire, étoit l'emblême de l'agriculture floriſſante à Syracuſe & de ſes heureux effets.

PANORME a pour ſes ſymboles ſur une de ſes Médailles, avec une inſcription Phénicienne, d'un côté une tête de Cérès : de l'autre, un cheval ailé : ce ſont les mêmes emblêmes & par la même raiſon.

CATANE prend toujours pour Symbole la corne d'abondance.

MENAI, dont le nom au pluriel à tant de rapport à celui du *SOLEIL* & de la *LUNE*, (MEN & MENÉ) eut pour Patrone Cérès, & pour ſymbole deux flambeaux en ſautoir. Ce ſont donc des *Armes parlantes. Menai* déſigne des flambeaux, le Soleil & la Lune, les deux grands flambeaux de l'Agriculteur.

NAXOS, riche en vignobles, eut pour Divinité *Bacchus*; pour ſymbole une grappe de raiſin.

SEGESTE a pour Divinité tutélaire *Diane chaſſereſſe* : pour ſymbole un chien courant; & à la ſuite de ſon nom ces lettres ZIB.

Nous voyons dans CICERON, (1) que Diane chaſſereſſe avoit dans cette Ville un Temple magnifique, dont les ſuperbes reſtes ſont gravés dans la deſ-

---

(1) IV. Harang. contre Verrès, Nº. 33. 34.

cription de la Sicile par d'ORVILLE. (1) Telle est la description que fait Cicéron de cette Déesse, ou pour mieux dire de sa Statue.

» Erat admodum amplum & excelsum signum cum stola. Verùm tamen
» inerat in illa magnitudine ætas atque habitus virginalis: sagittæ pendebant
» ab humero, sinistra manu retinebat arcum, dextrâ ardentem facem præfe-
» rebat ».

» La Statue de la Déesse étoit grande & élevée: mais dans cette forme
» colossale elle conservoit les graces & la pudeur de la jeunesse; un carquois
» plein de flèches étoit suspendu à ses épaules: d'une main, elle tenoit son
» arc; de l'autre elle portoit en avant un flambeau allumé.

Ne soyons pas étonnés du choix de cette Déesse & de ces symboles: tout en est relatif à la situation & au nom de *Segeste*.

Elle étoit située en effet dans un Pays admirable pour la chasse.

Son nom, prononcé *Segeste*, étoit un adoucissement de l'aspiration Orientale qui servoit d'Article à ce nom, & que nous trouvons en effet écrit *Aigeste* dans STRABON, PAUSANIAS, &c. & ses Habitans *Egestaioi*.

C'est donc une allusion au mot Oriental קשת, arc, qui joint à l'Article (ה) *hé*, nous donne *ke-gest*, mot-à-mot celle qui aime la chasse. Aussi Diane Chasseresse est sa Divinité: & un chien courant, son Symbole.

Le mot *Zib*, qui suit son nom & qu'on n'avoit encore pû expliquer, est relatif à toutes ces idées; c'est le commencement du *Zibuné* des Illyriens & des Grecs qui signifie *lance*, *pieu*, & qui vient de l'Oriental צבא, *Tsaba*, attaquer, faire la guerre, donner la chasse aux animaux, ce qui fut la premiere des guerres.

Nous savons donc à quoi nous en tenir maintenant sur l'Histoire suivante relative au nom de cette Ville. *Segeste*, dit-on, fille d'Hippotas, ayant été envoyée par son pere en Sicile pour la dérober à la cruauté de Laomédon, y fut aimée par le Fleuve Crimise qui la surprit en se cachant sous la forme d'un chien: de-là naquit Egeste, l'*Acaste* de Virgile; ensorte que la Ville qui auparavant s'appeloit Egeste, prit dès-lors le nom de Segeste, & un chien pour Symbole. (2)

---

(1) Planche pour la pag. 84.

(2) Je fais grand cas de ces Traditions Fabuleuses & Mythologiques, parce qu'elles nous conduisent presque toujours à la découverte du vrai. Nous voyons dans celle-ci que cette Ville eut deux noms, d'abord *Egeste*, puis *Segeste*, & que ceux qui lui don-

Tauromenium avoit pour symbole *un taureau*. C'étoit une allusion à son nom qui peignoit sa situation, signifiant *habitation sur une montagne*. On sait que *tor* en Oriental signifie montagne, d'où le *Mont-Taurus* en Asie, & le *Mont-Taurus* sur lequel étoit cette Ville ; & si elle prit un taureau pour son symbole, c'est par le principe dont nous venons de parler, c'est qu'il n'y a nulle différence entre les noms primitifs de montagne & de taureau.

Selinonte sur l'Hypsas, dont les bords étoient couverts de persil, prit son nom & son symbole de cette plante.

Camarine étoit située dans des marais. C'est ce que signifie son nom en Oriental חמר-עין (*camar-ain*) eaux noires, ou marécageuses, même nom que celui des *Palus Cimmeriens*. Il n'est donc pas étonnant qu'elle eut pour symbole un cygne & des poissons.

Agrigente ou *Acra-gas*, signifioit terre haute. Elle est en effet sur une montagne au Nord de la Mer. Ses symboles sont une *écrevisse de Mer* & un *aigle* qui tient un lièvre dans ses serres. Cette Ville étoit dans une Contrée de chasse & de pêche.

Neeti.
Leontium. } Je joins ces deux Villes, parce qu'elles ont le même symbole.

Toutes les deux, un *lion* & *Cérès* pour Patrone.

Ce sont précisément les deux caractères dont la réunion formoit le sphinx : c'est-à-dire les deux signes sous lesquels la moisson se fait dans la plupart des Contrées de l'Europe.

Neeti a beaucoup de rapport au nom de *Neith*, que Saïs donnoit à Minerve, & qui signifie une personne du Sexe. Cette Ville auroit donc pris son nom du signe de la moissonneuse ou de la Vierge, tout comme Leontium prit le sien du signe du lion.

---

nerent ce dernier, firent allusion à sa situation & au rapport de ce nom avec celui des Chasseurs en langue Orientale : nous pouvons donc avancer que son premier nom avoit une toute autre cause, & qu'il désignoit la situation de cette Ville sur le confluent de deux rivières qu'on appella le Xanthus & le Scamandre, à l'imitation des rivières de Troye. En effet, *Eg-es-te*, signifie mot-à-mot en langue primitive d'Europe, qui est sur *deux aigues* ou *eaux*. De-là le nom de *Segeste* donné à plusieurs autres lieux situés de la même manière. Ceci donne lieu à une observation essentielle ; c'est qu'il faut distinguer avec soin la signification première d'un nom, & les allusions dont il s'est chargé dans la suite.

Enna

ENNA. Omettrions-nous cette Ville célèbre par l'enlévement de Proserpine, & digne de terminer cette petite liste des Villes de Sicile ? Elle avoit pour Patrone *Cérès* dont le symbole étoit un char ou une charrue à deux dragons ailés, avec Hercule au revers : emblèmes relatifs à l'agriculture, qui étoit très-florissante à Enna : aussi étoit-ce le lieu où l'on célébroit avec le plus de pompe les Fêtes de Cérès. Le nom de cette Ville vient du primitif Celte, Hébreu, &c. *Ain, En, Hen, Oen*, qui signifie *source*. Il y en avoit de très-belles à Enna, & elles lui procuroient des prairies très-renommées, ces prairies où l'on dit que Proserpine cueilloit des fleurs lorsqu'elle fut enlevée par le Dieu des Enfers.

ARTICLE IX.
SYMBOLES DES VILLES D'EGYPTE.

Passons premierement en Egypte. Là, nous verrons toutes les Villes porter des noms significatifs ; & chacune, nous dit-on, adorer des Dieux étrangers, à cause desquels elles se faisoient, ajoute-t'on, des guerres à toute outrance, chacune pour faire triompher son Dieu de tous les autres : & ce culte de figures étranges, être établi, en mémoire de ce que les Dieux, dans la guerre des Géans, s'étoient cachés sous ces figures de chat, de chien, de loup, &c.

C'étoit répondre à une allégorie obscure, par une autre plus difficile à concevoir. Mais les anciens Egyptiens savoient bien à quoi s'en tenir sur toutes ces choses : ils étoient bien sûrs qu'il ne falloit pas les prendre au pied de la lettre : eux qui, à *Thèbes*, adoroient un seul Dieu Créateur, & qui dans leurs Mystères enseignoient & ce Dogme, & celui d'une vie à venir. Mais développons ces obscurités énigmatiques.

Les Villes d'Egypte situées, presque toutes de la même maniere sur des chaussées le long du Nil, ne pouvoient se distinguer par des noms tirés de leur situation : on fut donc obligé de recourir à quelqu'autre moyen.

La plupart prirent les noms des Planettes ou des signes : d'autres des noms d'animaux, ou des productions les plus remarquables de leurs Contrées. Ainsi elles s'appellerent *Soleil, Lune, Mercure, bélier, lion, chat, crocodile, chèvre* ou *capricorne*, &c. Telles furent

La Ville *d'On*, c'est-à-dire Ville du Soleil, en Grec *Helio-polis* ;

La Ville de *No-Ammon*, mot-à-mot, la Ville du Belier, mais en Grec *Dios-polis* ou Ville d'Iou, de Jupiter : nous verrons bientôt pourquoi.

La Ville de *Bubaste*, c'est-à-dire du CHAT, ou de Diane.

Antès & *Mendès*, toutes deux Villes du capricorne, ou du bouc.

Ils avoient encore les Villes du *lézard*, *des crocodiles*, du *loup*, &c.

Tandis que celles qui purent prendre leur nom de leur situation, ne négligerent point cet avantage : telles *Thèbes*, *Sin*, *Athrib*, &c.

THEBES, située dans les montagnes, choisit un nom relatif à sa situation : on donnoit celui-ci dans l'Orient à des Villes hautes, à des Citées : ce mot signifioit proprement *une retraite sûre contre les eaux*; aussi fut-il donné aux arches ou vaisseaux, & aux Villes hautes des Pays exposés aux eaux.

SIN, la Peluse des Grecs, signifioit, & en Egyptien & en Grec, *Ville des marais* : elle étoit située, en effet, dans des marécages.

ATH-RIB, signifie *cœur de poire* : c'est qu'elle étoit dans le cœur ou le centre du Delta, que les Egyptiens appelloient RIB, (c'est-à-dire Poire) parce qu'il en a la figure.

Mais chaque Ville se mettoit, elle & son nom, sous la protection d'une Divinité Tutélaire; & elle se choisissoit, toujours dans cette vue, une Divinité qui eût quelque rapport à leur nom.

Le *Soleil* fut la Divinité Tutélaire d'Héliopolis.

La *Lune* ou Diane, de Bubaste.

Jupiter fut adoré dans la Ville du belier, premier des signes, & qui étoit sous la protection de cette Divinité, ou du Soleil au Printems.

Pan ou la Nature fécondante fut la Divinité des Villes du *bouc*.

Lorsqu'ensuite ces Villes voulurent avoir des symboles, & représenter sous ces symboles leurs Dieux Tutélaires, elles choisirent les *animaux* même dont elles portoient le nom, ou ceux qui étoient consacrés à ces Dieux.

Ainsi, le *bouc* ou le *capricorne* fut le symbole & des Villes de *Mendès* & *d'Antès*, & de *Pan*, leur Dieu Tutélaire.

Un *chat* fut le symbole de Bubaste & de Diane ou Isis.

Un *taureau*, celui d'Héliopolis & du Soleil.

Il étoit donc vrai que tous ces Dieux étoient cachés sous la figure de divers animaux; il n'étoit pas moins vrai que cela étoit arrivé dans la guerre des Géans contre les Dieux : car c'étoit au moment où ces Villes avoient été construites, pour s'y garantir des inondations, dont les ravages étoient allégorisés sous le nom de *Géans*, comme nous l'avons prouvé dans l'Histoire du Calendrier.

L'Allégorie étoit donc ingénieuse; elle ne devint absurde que lorsqu'on ne connut plus la vérité qu'elle renfermoit.

Les symboles des Egyptiens étoient donc des ARMES PARLANTES: qu'en conclura-t'on? Qu'elles n'étoient pas de vraies Armes? Mais dans la premiere origine de toutes choses, pouvoit-il y en avoir d'autres? Celles-ci n'auroient-elles pas été absurdes & vuides de sens?

2.

Enfin toutes ces Villes eurent des *animaux sacrés*, & ces animaux étoient nourris aux dépens du Public, & considerés comme autant de *Palladium* ou de gages assurés de la prospérité & de la durée des Etats dont ils étoient les symboles vivans. Les blesser ou les tuer, étoit regardé comme un attentat contre la Majesté de l'Etat; & comme un présage funeste qu'il falloit détourner par tous les moyens possibles.

Tout ceci étoit dans l'ordre naturel des choses: & ne renferme rien qui ne soit pratiqué, du plus au moins, par nombre de Villes modernes qui entretiennent encore des animaux comme leurs symboles vivans.

Mais avec le tems il s'y joignit, du moins des Etrangers le crurent, des idées superstitieuses & folles, comme si les Egyptiens eussent fait réellement leurs Divinités de tous ces animaux.

3.

L'Egypte, elle-même, eut ses symboles, ses emblêmes, & comme Etat Politique, & comme Etat Religieux.

Comme Etat Politique, on la peignoit sous la figure d'un crocodile : un crocodile enchaîné représente sur les Médailles d'Auguste l'Egypte captive & aux fers : symbole que nous retrouvons sur les Médailles de la Ville de NIMES, Colonie Romaine, composée précisément de ces Légionnaires avec lesquels Auguste avoit fait la Conquête de l'Egypte. On seroit même presque tenté de croire que le nom de *Nimes*, porté par cette Colonie, faisoit allusion à l'inimitié de l'ichneumon contre le crocodile; car le nom Oriental du premier de ces animaux est NIMS : ou plutôt, que le nom de cette Ville entra pour beaucoup dans le choix qu'on en fit pour y établir une pareille Colonie.

Nous voyons aussi dans PAUL LUCAS, que dans une Isle du Nil on avoit gravé la figure du *crocodile*, pour servir, suivant la Tradition du Pays, de talisman ou de sauvegarde.

Comme Etat Religieux, l'Egypte étoit peinte sous la figure d'une *vache*, parce qu'elle étoit consacrée à Isis, & c'étoit ce que les Grecs appelloient la *Vache Io*; mot primitif, & un des noms que les Egyptiens donnerent à la

A a ij

Lune ou à Iſis : car Isis, comme Déeſſe des eaux, étoit Patrone de l'Egypte, de cette contrée qui ne ſubſiſtoit que par les eaux du Nil, & qui d'ailleurs, conformément à la Doctrine de la Géneſe, regardoit l'eau comme le principe phyſique des Etres : & cette Iſis ou Io, ſe peignoit ſymboliquement ſous la figure d'une *vache*, à cauſe des grandes utilités de cet animal ; & mythologiquement, parce qu'une tête de vache ſervoit de couronne à Iſis, c'eſt-à-dire, parce qu'Iſis eſt la Lune, dont le ſymbole eſt le *croiſſant*.

ARTICLE X.

SYMBOLES DES VILLES SACRÉES.

Lorſque pluſieurs Villes étoient réunies en Corps de Nations, ou par quelque confédération étroite, ou, ſur-tout, à cauſe d'une origine commune, il y en avoit une qui devenoit le centre de la Nation : alors on entretenoit dans celle-ci le feu ſacré, ſymbole de la durée & de l'activité de cette confédération. On y dépoſoit tout ce qui avoit rapport aux Dieux Tutélaires du Corps entier ; ces Villes devenoient SACRÉES ; la guerre en devoit être ſans ceſſe éloignée : & ce lieu étoit appellé la Capitale, la Métropôle, la Mere de la Contrée ; en Oriental, AM, Mere (1).

ORIENT.

Les Villes de l'Orient étoient très-jalouſes de ce beau droit : & elles s'en glorifioient dans tous leurs Monumens publics.

TYR & SIDON s'appellent ſur leurs monnoies *Méres des Peuples*.

Jeruſalem, c'eſt-à-dire, SALEM LA SAINTE, étoit une de ces Villes Chefs de Confédération : car les Hébreux ſuivirent ſouvent les uſages politiques de toutes les Nations, lors même qu'ils s'en éloignoient pour les ſentimens religieux. C'eſt à cauſe de cela que leur Capitale s'appelloit *Salem*, la Paix ; car une paix éternelle devoit y régner : auſſi jamais ne fût-elle attaquée par les

---

(1) Ce mot primitif, & ſi cher au ſentiment, eſt commun à nombre de Langues. Il ſubſiſte encore en Allemagne dans ſes dérivés ; *Saug-Amme* ſignifie Mere-Nourrice ; & *Amman*, un Gouverneur, le Chef d'une Métropole. On voit dans HESYCHIUS qu'*Amma* ſignifioit en Grec Mere & Nourrice.

Il entre auſſi dans le nom de la Déeſſe *Herth-am*, dont nous aurons lieu de parler bientôt.

autres Tribus tandis qu'elles ne formerent qu'un Peuple ; & cependant elles se faisoient quelquefois la guerre entr'elles. Là s'entretenoit sur les Autels sacrés un feu perpétuel, gage de la prospérité du Peuple : là toutes les années le Peuple se réunissoit trois fois pour resserrer ses nœuds & rendre ses devoirs à la Divinité Tutélaire de la Nation, à la face de son feu sacré & de ses symboles augustes.

EGYPTE.

HELIOPOLIS, Ville du Soleil, en Egypte, étoit certainement une de ces Villes sacrées, centre de plusieurs Villes.

Il ne seroit peut-être pas difficile de retrouver le nombre de Villes sacrées qui étoient en Egypte. Ce Pays étoit divisé en trois Contrées, qui formoient autant de Confédérations particulieres, réunies ensuite en une seule. Il falloit donc qu'elles eussent chacune leur Capitale, leur Ville sacrée, leurs symboles communs à toute la Confédération. Or quoique chaque Ville d'Egypte eût, comme nous l'avons vu, son symbole particulier, l'Histoire nous montre trois symboles remarquables en Egypte, tous les trois de la même nature, tous les trois relatifs à celui de l'Egypte entiere, & chacun dans une des trois Contrées différentes de l'Egypte.

Ces trois Symboles sont le bœuf APIS, à *Memphis*, dans l'Egypte du milieu.

Le bœuf MNEVIS, à *Héliopolis*, dans la basse Egypte ou la Delta.

Le bœuf ONUPHIS, à *Hermunthis*, dans la haute, ou Thébaïde.

Ce dernier étoit même surnommé *Pa-Basin*, c'est-à-dire le Dieu de la Contrée ou de toute la Confédération.

Memphis, } étoient donc les trois Villes sacrées de l'Egypte : les
Héliopolis, } trois où elle entretenoit ses feux sacrés : les trois où
Hermunthis } l'on se rendoit toutes les années pour honorer la Divinité, & resserrer les nœuds de la Confédération, en la présence de tout ce que l'on avoit de plus cher & de plus auguste.

Il est même digne de remarque que les noms de ces trois Villes étoient analogues les uns aux autres, & qu'ils nous présentent entr'eux les trois principaux objets du Calendrier.

Car *Memphis*, en Arabe *Manouph* ou *Menoph*, vient certainement du mot *Méné ou Mano*, la Lune.

On, ou *Heliopolis* signifie, comme chacun le sait, Ville du Soleil.

Hermunthis, vient enfin de *Hermé*, Mercure ou l'Interprete, & sans doute de *On*, Soleil.

Ainsi les noms de ces trois Villes nous présentent

Le Soleil, Chefs des mouvemens célestes, & sur lesquels le La-
La Lune, boureur regle les siens :

L'Interprète des mouvemens célestes, ou le Constructeur du Calendrier, qui en tenant compte de ces mouvemens, apprend au Laboureur le tems de ses opérations.

Ainsi tout étoit symbolique en Egypte : tout étoit fait pour l'instruction publique, jusques aux noms des Villes, dont la réunion formoit une suite de Tableaux correspondans.

Et ces trois Villes avoient un *bœuf* pour symbole, parce que c'étoit le symbole de la Nation entiere ; & qu'ainsi, lors même que le Peuple se réunissoit en trois Villes différentes, il n'y avoit cependant point d'opposition ni de schisme, puisqu'ils conservoient les mêmes symboles.

Lorsque Jéroboam se fut séparé avec X. Tribus de celles de Juda & de Benjamin, & qu'il eut fait suivre le Schisme civil du Schisme religieux, il imita les Egyptiens jusques dans cette division du Pays en trois Villes sacrées, ou en trois Confédérations particulieres : car dès-lors il y eut *Samarie*, Capitale de la Nation, *Dan* & *Bethel* avec leurs bœufs sacrés, qui furent autant de points de réunion : il n'est nullement probable, en effet, que ceux de Samarie n'eussent pas chez eux des symboles publics de la Nation, gages assurés de la durée de l'Etat, emblêmes de la Divinité Tutélaire.

GRECE.

Lorsque *Thesée*, qui changea la face de l'Attique, réunit en un seul point, pour leur donner plus de consistance, les douze Cercles ou Tribus de cette Contrée, dont chacune avoit son feu & ses Assemblées, ATHENES devint une Ville sacrée, une Mere du Peuple ; elle eut chez elle le feu sacré de la Nation : en elle furent concentrés les droits de Magistrature, de Sacerdoce, & les Symboles sacrés de la Nation. *

Il en fut de même des Grecs ; DELPHES étoit la Ville sacrée de la Nation, la Ville où s'entretenoit le feu sacré, la Ville de paix, & qui ne devoit jamais être ravagée, lors même que la Grèce étoit en feu de toutes parts ; la Ville du Sacerdoce, de la Magistrature & des Augures de toute la Confédération. Ne soyons donc pas étonnés que là fut le *Conseil des* Amphyctions : que là fut la *Grande-Prêtresse* d'Apollon ; que là fut *l'Oracle* de la Grèce entiere. Toutes ces choses constituoient le droit des Villes sacrées : ainsi ce ne fut point par hasard que l'Oracle d'Apollon, à Delphes, devint le plus célébre ; qu'en lui fut concentrée la gloire des Oracles de la Grèce : c'étoit une suite nécessaire de la Confédération Grecque, ainsi que de toute Confédération, de Famille à Famille, de Ville à Ville, de Nation à Nation.

Ces choses sont dans la Nature : elles doivent donc se trouver en tous lieux & en tout tems : & c'est par elles que l'Histoire des Nations doit s'éclaircir & se développer.

Ce ne fut pas même par hasard que Delphes fut choisie pour la Ville sacrée, & ce ne fut point par une folle imagination qu'elle fut nommée ainsi : c'est-à-dire nombril, centre, milieu.

Au centre de tous les Etats confédérés, elle se trouvoit à la portée de tous : on n'en pouvoit donc point choisir de plus avantageuse ; une fois choisie, on l'appella le centre, le nombril de la terre, parce qu'elle en étoit réellement le centre, celui de la terre confédérée, & non de l'Univers, comme l'ont cru les Mythologues & les Interprètes mal-adroits, qui se sont si souvent trompés dans les applications des mots généraux de *Terre*, de *Langue*, de *Peuple*, &c.

ITALIE.

ROME, elle-même, fut, dès sa fondation une Ville Sainte ; car les Chefs des grandes Familles-Propriétaires qui s'y réunirent dans l'espérance de trouver en cela leur avantage, y ouvrirent un *asyle* sacré & inviolable. Or toute Ville avec droit d'asyle, étoit une Ville sainte ; car elle renfermoit les Symboles sacrés de l'Etat ; & c'étoicit ces symboles même dont l'influence s'étendant tout autour, rendoit inviolables ces alentours, & en faisoit un asyle sacré ; une retraite sûre, un abri à toute épreuve.

Cette observation fournit même un moyen pour concilier les diverses Opinions sur la fondation de Rome : il faut aussi distinguer nécessairement entre *Rome* déja existante, & *Rome* choisie pour le centre de toutes les Familles Patriciennes : car dès-lors ce fut une nouvelle Ville ; elle eut une existence si superieure à tout ce qu'elle avoit été auparavant, qu'on ne comptoit sa fondation que dès ce moment.

Ici commençoit nécessairement une Ere nouvelle : quelques Annalistes purent conserver le souvenir d'un village, d'un bourg plus ancien, simple habitation de quelques Pêcheurs : mais le nouvel Etat ne put dater ses délibérations, ses

Loix, ses Magistratures, que du moment de sa réunion ; du moment où pour la premiere fois on planta solemnellement le *clou sacré*.

On ne s'égara que lorsqu'on ne sut plus distinguer deux époques aussi différentes, & qu'on s'imagina que ce clou sacré étoit le seul moyen par lequel on sût compter les années & en tenir registre. Dès-lors se répandit sur l'Histoire de Rome un brouillard qui n'étoit réellement que dans les yeux de ceux qui confondirent ces divers objets.

Les ETRURIENS, Peuple célèbre long-tems avant les Romains, formoient aussi une Confédération divisée en XII Cercles ou Cantons, avec une Ville commune nommée *Bolsene*, de *Bol* ou *Vol*, *Conseil*, *Délibération*, & SEN, Vieillard. Ils sont ainsi du nombre des Peuples qui étoient divisés en XII. Cantons, tels que l'ancienne Egypte, l'ancienne Attique, l'Ionie ou les Villes Grecques d'Asie ; les Hébreux.

SYRIE, &c.

Les SYRIENS eurent aussi deux Villes sacrées : HIERAPOLIS, *m. à m.* la Ville sacrée : là étoit le feu sacré de la Nation, ses Dieux Tutélaires, ses Assemblées : nous aurons souvent occasion d'en parler : c'est la même que l'on appelloit MAM-BYCE ou Ville de la Lune.

La seconde Ville sacrée de ce Pays étoit HELIOPOLIS ou BALBEC, Ville du Soleil. On peut voir ce que nous en avons dit plus haut. (1)

La Ville d'OLBA, Capitale d'un territoire divisé en trois Cantons dans la Cilicie, étoit aussi une Ville sacrée, son Prince étoit *Ken*, *King* ou *Cohen* dans toute l'étendue du mot, car il étoit Prince Souverain & Grand-Prêtre.

ALLEMAGNE.

Les Celtes avoient aussi leurs Villes sacrées, leurs Meres ou Am, Dépositaires du feu sacré & des Symboles de la Nation.

Tels étoient les Habitans des Contrées que l'on appelle aujourd'hui Duchés de Brème, de Ferden, du Holstein & de Slefwick, & tout ce qui est entre Hambourg & Lubeck. Ils formoient au commencement de l'Ere Chrétienne sept Peuples nommés dans Tacite (2) *Reudigniens*, *Avions*, *Angles*, *Varins*, *Eudoses Suardons*, & *Nuithons*, ou plutôt *Gwithons*.

---

(1) ci-dessus pag. 15 & 16.
(2) TACIT. de Mor. Germ. C. XL. Dissertation dans les Mém. de Berlin pour l'année 1747, par ELSNER.

Leur

ET DU BLASON DES ANCIENS. 193

Leur Capitale étoit l'Isle d'Heilig-land, à six milles de l'Elbe & de Slefwick. Ce nom étoit parfaitement bien choisi, signifiant la *terre* du *salut* ou du *bonheur*. Là étoit le Temple du Feu Sacré, ou de Vesta, soit *Fosta*, comme le nomme encore la tradition du Pays : là étoient les Symboles de ces Peuples & la Forêt sacrée, *Casium Nemus*, & le char de leur Déesse Tutélaire. Cette Déesse s'appelloit *Erd-am* ou *Herth'am*, c'est-à dire la Terre-Mere ; de même qu'on donnoit à Rhéa le surnom d'*Amma* (1), expression par laquelle on reconnoissoit cette Divinité pour la Mere & la Souveraine de la Terre entiere, en général ; & des Peuples confédérés, en particulier.

Une preuve sensible que ceci étoit relatif à l'Agriculture, c'est que le char de cette Déesse étoit tiré par deux génisses, ainsi que le fut l'Arche des Hébreux, lorsque les Philistins la renvoyerent de chez eux.

Ce fut donc par le plus puissant des motifs que les Bœufs formerent l'attelage distinctif des Dieux & même des Chefs de confédérations chez plusieurs Peuples, dans les tems des Fêtes publiques : c'est par une suite de ces principes que les anciens Rois des Francs se montroient en public sur des chars tirés par des bœufs, ainsi que les chars des Dieux ; usage qui parut nécessairement ridicule lorsqu'on en eût perdu les motifs de vue.

C'étoit encore par des bœufs qu'étoit tiré le char de la Prêtresse de *Junon* à Argos, Ville dont elle étoit comme la Souveraine, puisqu'on y comptoit les années par celles de son ministere.

X I.

SYMBOLES SUBSTITUÉS AUX NOMS.

Comme les Symboles ne varioient jamais, & qu'ils étoient bien connus, il devenoit indifférent d'employer ces Symboles ou les noms de ceux auxquels ils étoient propres. C'est ainsi que nous disons le Croissant pour l'Empire Turc, les Lys pour la France, le Léopard pour l'Angleterre, les Clefs pour le Pape. Il en étoit de même dans l'Antiquité.

Ainsi nous avons vû qu'un Oracle dit à Adraste de donner ses deux filles en mariage à un Lion & à un Sanglier, pour désigner deux Princes qui portoient ces Symboles.

C'étoit l'usage constant dans les énigmes, les Oracles, les Hiéroglyphes, en un mot dans tout ce qui étoit du ressort de l'Allégorie, de substituer au nom

---

(1) Hésychius.

des perfonnages, des Empires, des Villes, celui des Symboles qui les caractérifoient : & c'étoit là une des connoiffances effentielles aux Sages & à ceux qui vouloient déchiffrer ces chofes énigmatiques.

Jérémie (1) donne le nom de Colombe au Royaume d'Affyrie, parce que cet oifeau étoit l'emblême de la grande Déeffe de l'Orient, de cette Déeffe dont le char chez les Grecs étoit attelé de colombes, les colombes de Vénus : auffi la Déeffe de Syrie étoit repréfentée à Hierapolis avec une colombe fur la tête : ce qui a fait croire que les Affyriens adoroient cet oifeau domeftique, tout comme on a cru que les Egyptiens adoroient leurs chats, leurs chiens, leurs oignons : nous aurons occafion de revenir à cette Colombe dans l'Hiftoire de la Sémiramis Mythologique, fille de Simma, femme de Menon, puis de Ninus, élevée par des colombes, à laquelle ces oifeaux étoient confacrés; & qui difparut elle-même fous la forme d'une colombe. Quant au Symbole Affyrien, quelques-uns prétendent qu'on le repréfentoit *étendant fes ailes en un champ d'or*.

L'Égypte eft quelquefois défignée (2) par le nom de Thanim, qui fignifie, non le crocodile comme on l'a cru, mais un *dragon*, fymbole de l'Égypte agricole.

Daniel défigne par leurs Symboles, les quatre Empires qui devoient fe fuccéder fur la Terre.

L'Affyrie par un Aigle, c'étoit fon enfeigne nationale.

Babylone par un Lion; auffi y voyoit-on la foffe aux Lions.

La Perfe par un Belier, allufion peut-être à fon nom d'Elam; de même fans doute que les fameufes factions du mouton blanc & du mouton noir, qui ont déchiré autrefois ce Royaume.

La Grèce, ou Alexandre Roi des Grecs, par un Bouc, fi l'Armorialifte Peliot a raifon de dire que le bouc étoit le Symbole de la Grèce.

Il eft certain qu'on voit des chèvres fur les premieres Medailles frappées en différentes Villes Grecques, nommément à Athènes (3). Ce Symbole convenoit parfaitement à des Pays montagneux tels que l'Attique, la Macédoine, la Laconie &c. La Mer de la Grèce s'appelloit auffi *Egée* ou Mer des Chèvres.

Bianchini dans fon Hiftoire Univerfelle (4) fuppofe, d'après ce principe,

---

(1) Chap. xlvi. (2) Ezech. xxix. 3.
(3) Pellerin Médaill. des Peuples Tom. I. 143. (4) Iftoria Univerzale, in-4º. Capit. xxx.

ET DU BLASON DES ANCIENS.

que les combats entre les Dieux désignoient dans Homère les combats entre les Nations qui reconnoissoient ces Dieux pour leurs Patrons : ainsi, selon lui,

VÉNUS désignoit l'Isle de Chypre.

NEPTUNE, la Carie & la Cilicie, dont les Peuples étoient navigateurs.

JUNON, la Syrie.

DIANE, l'Asie Mineure.

APOLLON, Babylone.

La Cosmographie de MUNSTER (1) nous a transmis un fait très-remarquable dans ce genre. Marcomir, Roi des Francs, ayant pénétré de la Westphalie dans la Tongrie, vit en songe une figure à trois têtes, l'une de lion, l'autre d'aigle, la troisiéme de crapaud : il consulta là-dessus, ajoute-t-on, un célèbre Druide de la contrée, appellé AL-RUNUS, & celui-ci l'assura que cette figure désignoit les trois Puissances qui auroient régné successivement sur les Gaules.

Les Celtes, dont le Symbole étoit le lion.

Les Romains, désignés par l'aigle.

Et les Francs, par le crapaud, à cause de leurs marais.

Quant au nom d'AL-RUNUS, c'est un titre d'honneur, signifiant le *Devin*, le *Sorcier*, & qui tient au fameux nom des *Runes*, écriture du Nord.

───────────────

(1) Liv. II.

PARTIE II.

Des Couleurs en usage sur les Symboles ; du Droit d'Enseignes sur lesquelles elles se plaçoient: origine du nom de ces couleurs, leurs rapports avec les objets des Symboles : Hérauts qui en connoissoient, &c.

APRÈS avoir traité dans une premiere Partie de l'origine des Symboles ou Armoiries, du droit de Bouclier qui leur fit donner le nom d'Armes, & des diverses espèces de ces Symboles, en un mot de tout ce qui les concerne considérés en eux-mêmes, nous allons traiter dans celle-ci des couleurs de ces Symboles ; nous dirons quelle en fut l'origine, l'Antiquité & la valeur de leurs noms, leur rapport avec les objets des Symboles : nous parlerons en même tems du droit d'Enseignes sur lesquelles brilloient sur-tout ces couleurs : des HÉRAUTS qui connoissoient de ces différens objets & de leurs résultats, &c.

ARTICLE I.

DES COULEURS.

I.

Rien n'est plus agréable dans la Nature que les couleurs dont elle se pare, & dont elle releve la variété de ses Ouvrages : tout y brille de leur éclat divers, de leur vif émail, de leur contraste délicieux, toujours assorti avec sagesse à la nature des objets qu'elles nuancent. Le Ciel, source de la lumiere, est éclatant d'un bleu clair & lumineux : les montagnes lointaines & opaques brillent d'un bleu obscur & épais : les eaux mobiles & d'où réfléchissent admirablement tous les objets, ont un bleu mitoyen qui sans avoir la vivacité du bleu céleste, n'a point non plus le sombre du bleu des montagnes. Le Soleil étincelle d'or & des couleurs les plus vives : la Lune pâle, compagne du repos & de la douce mélancholie, ne répand qu'une lumiere douce & blanchâtre : au lever de l'aurore, au coucher du Soleil, la Nature offre par-tout aux yeux étonnés l'éclat ravissant de toutes les couleurs, réfléchies tout-à-la-fois par les

ET DU BLASON DES ANCIENS.

nues, par les eaux & par les côteaux lointains: tandis que la terre que nous habitons & qui est sans cesse présente à nos yeux, nous offre une couleur qui lui est propre, & qui seule peut être toujours présente & jamais à charge, toujours agréable & jamais fatiguante, ce verd humble & modeste, ami des yeux, conservateur de la vue, dont l'arrivée au doux printems nous transporte de joie, & dont la disparition à l'approche du redoutable hyver nous laisse dans la tristesse.

Les hommes, sensibles à cette belle variété, en devinrent les admirateurs; & de même que la Nature avoit diversifié ses ouvrages par les couleurs, ils diversifierent par des couleurs les Symboles qui les caractérisoient, & ils adopterent chacun celle qui flattoit le plus agréablement leur goût, ou celle des Symboles dont ils avoient fait choix: tel aime la couleur dorée: tel autre, le verd: le rouge convient mieux à un œil vif, le bleu à un œil tendre: dans la jeunesse où l'on voit tout couleur de rose, les couleurs éclatantes nous plaisent plus, elles s'assortissent mieux à un teint de lys & de roses: les couleurs douces & modestes conviennent à l'âge mur: elles contrastent moins avec un visage qui se décolore & sur lequel commencent à paroître les couleurs pâles de l'automne. Un Amant chérit les couleurs de sa Bergere: & le Guerrier, celles de Mars ou du Héros sur les traces duquel il s'élance. Tout dans le monde a sa couleur.

Les Symboles des Familles, des Héros, des Villes, des Empires, furent donc nécessairement distingués par des couleurs dès les tems les plus reculés: & à cet égard notre Blason n'a nul avantage sur celui des tems les plus anciens.

Il n'en a même ni à l'égard du choix des couleurs, ni à l'égard de leur nombre, ni quant à leur application, pas même touchant leur nom: toute cette sagesse est celle des tems primitifs, où l'homme puisa tout dans la Nature, dans cette source immense & intarissable de connoissances de toute espèce. Il est vrai que la disette où nous sommes de Monumens anciens, est peu favorable pour acquérir sur cet objet toutes les lumieres dont il seroit susceptible: il ne reste que des Médailles, des Monnoies, des Inscriptions; ce ne sont pas ces Monumens qu'on distinguoit par les couleurs; c'étoient les Enseignes, les Etendards, les habits, les Boucliers: or rien de tout cela n'existe aujourd'hui: nous sommes donc réduits à rassembler quelques faits épars çà & là dans les écrits des Anciens: mais réunis à notre grand ensemble, ils deviendront assez lumineux pour nous conduire au vrai.

2.

Les noms des couleurs du Blason, celui du Blason même, d'origine Orientale.

Un principe fondamental & reconnu de tout le monde en fait de mots, est que toute science a été inventée ou perfectionnée par le Peuple dont elle a emprunté le langage : c'est d'après ce principe que nous reconnoissons pour nos maîtres les Phéniciens dans la Marine, & les Grecs dans l'Astronomie, l'Anatomie & autres Sciences anciennes. Mais le nom du Blason & ceux des couleurs qu'il employe sont Orientaux; cette connoissance est donc venue de l'Orient; les Croisés la trouverent existante dans ces Contrées, ils la rapporterent avec ses mots : elle est donc antérieure aux Croisades : & elle eut par conséquent des motifs absolument differens de ceux qu'on lui assignoit si mal à propos, par une précipitation sans égale. Ainsi plus nous avançons dans nos recherches sur le Blason & plus nous nous assurerons de la fausseté de cette assertion, qu'il ne remonte pas au-delà des XIe & XIIe siècles & qu'il fut inventé par les Croisés, qui n'inventerent rien.

BLASON.

Dans le Dictionnaire Arabe de GIEUHARIS, qui vivoit au dixieme siècle, & par conséquent avant les Croisades, on trouve le mot BLADZON بلدزن avec les significations 1°. de *Gens*, Famille, Maison, & 2°. d'*Insignia*, Armoiries, symboles d'une Maison.

Ainsi ce mot est Oriental : il étoit connu dans l'Orient long-tems avant les Croisades ; il est très-significatif, tenant à une Famille immense relative aux mêmes idées ; au lieu que chez les Nations Européennes, il n'offre aucune idée quelconque, il ne se lie avec aucune Famille de mots, il est absolument isolé, il s'y montre Etranger à tous égards.

Il en est de même de la plupart des noms de couleurs : quel Peuple Européen se seroit jamais avisé d'appeller le rouge *gueule*, le noir *sable*, le verd *sinople* ? Quel rapport ont ces noms avec leurs objets dans aucune Langue d'Europe ? Cela n'est point étonnant, ils ne sont point Européens, ils ont été puisés dans la même source que le nom du Blason.

GUEULE.

Gueule, pour désigner la couleur rouge, est l'Oriental *Ghul*, *Gheul*; qui signifie rouge, rose, &c. De-là, le nom d'un Poëme Persan fort connu, le Ghul-Istan, ou l'Empire des roses.

SABLE.

Sable, nom de la couleur noire, est un mot également Oriental; & qui prononcé *Zébel*, *Zibel*, subsiste encore dans nos mots de fourures, *Martre-Zibeline*, mot-à-mot, *Martre noire*.

AZUR.

L'Azur, couleur du ciel ou bleu, est l'Oriental Lazurd qui désigne les mêmes objets, le Ciel & sa couleur; & qui tient également à une nombreuse Famille Orientale.

SINOPLE.

Sinople, nom de la couleur verte, s'est refusé, quant à son étymologie, aux recherches de tous les Erudits: ils n'ont avancé là-dessus que des conjectures ridicules. Les uns ont dit que son nom venoit de la Ville de Sinope en Asie, comme si elle fournissoit une terre verte, tandis que la terre y est rouge: les autres y ont vû une altération des mots Grecs *Prasins opla*, armes vertes, comme si des armes étoient une couleur; comme s'il falloit aller chercher chez les Grecs des noms d'une Science qu'ils n'inventerent point. C'est un nom Oriental de même que ceux qui précédent; il est composé de Tsin, herbe, verdure, & Bla, bled, le bled naissant & d'un beau verd.

3.

Nombre des Couleurs, & leur distinction en Emaux & en Métaux: & que ces objets sont dûs à l'Orient & à son Génie Allégorique.

Plus nous avançons dans le détail des objets relatifs au Blason, & plus nous sommes obligés de convenir qu'il dut son origine à l'Orient, & qu'il fut étroitement lié avec son Génie Allégorique.

Les couleurs du Blason sont au nombre de sept; or, argent, les quatre dont nous venons de donner l'étymologie, gueule, azur, fable, finople & le pourpre.

Eſt-il néceſſaire d'obſerver que nous retrouvons donc ici la fameuſe Formule de ſept qui ſervoit aux Egyptiens à combiner toutes leurs connoiſſances ; toutes leurs ſciences ; & que c'eſt une nouvelle preuve que ces choſes ont été inventées dans l'Orient?

Ce n'eſt pas tout : ces couleurs ſont diviſées en deux claſſes abſolument relatives aux Opinions Orientales : l'or & l'argent prennent le nom d'*Emaux*, & les cinq autres couleurs celui de *Métaux* ; & outre cela, il eſt de régle que l'or & l'argent ne ſoient pas employés enſemble dans un même champ.

Mais ceci nous conduit à la célèbre diviſion des ſept Planettes, dans laquelle le Soleil & la Lune ſont le Roi & la Reine de l'Univers, tandis que les trois autres, infiniment plus petites à l'œil, ne ſont que leurs Gardes ou Satellites.

On diſtingua donc néceſſairement leurs couleurs en deux claſſes ; les couleurs du Roi & de la Reine furent appellées Emaux ; celles de leurs Gardes ou Satellites, Métaux.

Les Emaux furent néceſſairement l'*or*, couleur du Soleil, d'Apollon ; & l'*argent*, couleur de la Lune ou de Diane.

Et comme le Soleil regne ſur le jour, & la Lune ſur la nuit, en ſorte qu'ils ne paroiſſent jamais enſemble ſur l'horiſon, ſur les champs des *Gentes*, des Familles à Armoiries, ce fut une régle néceſſaire qu'ils ne miſſent jamais enſemble les Emaux ſur un même Blaſon, ou ſur le même champ.

Chacune des couleurs eut donc un rapport étroit avec une des ſept Planettes.

4.

Rapport des Couleurs avec les Planettes, les Saiſons, & les divers Etats de la vie.

L'Or repréſenta le *Soleil*, Roi du jour.
L'Argent, la *Lune*, Reine de la nuit.
Le Rouge, *Mars*, de couleur enflâmée, Dieu de la guerre.
Le Bleu, *Jupiter*, Roi du Ciel azuré : auſſi cette couleur rappelle Jupiter dans les Livres de Blaſon.
Le Verd, *Vénus*, Déeſſe du Printems où renaît la verdure.
Le Pourpre, *Mercure*, Miniſtre des Dieux.
Le Noir, *Saturne*, Dieu du tems & de l'hyver, emblême de la mort.
Ainſi chaque couleur avoit un diſtrict & des propriétés différentes, qu'elle tenoit

tenoit de la Nature même ; & qui en déterminerent presque toujours le choix ; car il falloit bien qu'elles fussent associées à leurs objets.

Le *Verd* fut la couleur du printems, de la jeunesse, où tout prend son accroissement ; de l'*espérance*, puisqu'alors tout est promesse d'un avenir prospére, qu'on n'a qu'à espérer.

Le *Rouge*, couleur du sang, & de Mars Dieu des combats, fut celle des combats, des Héros, des Guerriers.

Le *Pourpre*, couleur plus tempérée, devint celle des Ministres des Autels, comme elle l'étoit déjà de Mercure, Ministre des Dieux.

L'*Or* & l'*Azur* furent celles des Rois Maîtres du Monde, & Chefs de la *Justice* qui s'exerce & fleurit sous leur protection & sous leur bon vouloir : d'ailleurs le Ciel azuré fut toujours l'emblême de cette Vertu sans laquelle rien ne peut prospérer : le *Bleu* étoit aussi la couleur de la Mer & celle des Marins.

Le *Noir*, couleur du blême Saturne, & de l'hyver où tout est mort, fut naturellement l'emblême de la mort, de la tristesse, du deuil.

Le *Blanc* fut, au contraire, l'emblême de la joie, & sur-tout celui de la candeur, de l'innocence pure & sans tache.

Ces rapports sont si conformes à la Nature, qu'on n'a jamais pu s'en écarter & qu'ils se font sentir par-tout, & qu'on leur obéit sans cesse, même en ne s'en doutant point.

Le Clergé, par exemple, s'y conforme exactement.

Sa couleur propre est le *pourpre* : & il varie ses ornemens suivant les circonstances. Ils sont

Blancs pour les Fêtes de Vierge.
Rouges pour les Pontifes.
Violets pour celles des Martyrs.
Noirs pour les Morts.

Ces observations sont si naturelles, que les Anciens s'en servoient même pour leurs Divinités.

Cérès étoit peinte comme une blonde, à cause de la couleur des épis de bled.

Apollon, jeune & aux cheveux d'or, étant le Roi de la Nature.

Bacchus, comme un jeune homme gros & gras, au visage rouge ou enluminé.

Vulcain, enfumé, au milieu de ses forges & de ses cavernes embrâsées.

Minerve, aux yeux bleus, comme étant la Reine de la Voûte azurée : tandis que Junon étoit représentée, non avec des yeux de bœuf, comme on a mal traduit, mais avec de grands yeux, parce qu'étant Reine de la Nature, rien ne peut échapper à ses regards.

Il en étoit de même en Egypte.

Le Dieu suprême, le Créateur de l'Univers, étoit peint couleur de ciel.

Isis, ou la Nature universelle, avoit une robe de toute couleur; & sur sa tête les quatre Elémens représentés par quatre cercles concentriques, ayant chacun la couleur d'un Elément.

Leurs Monumens, peints, doivent offrir à cet égard des points de comparaison très-curieux, très-intéressans; mais personne n'y a fait attention, parce qu'on n'a jamais cru que ces objets renfermassent des vérités, & fussent l'effet de la réflexion, & d'une parfaite conformité à la nature des choses.

A Rome, aux jours de Fête, on coloroit de rouge ou de minion les Statues des Dieux: & dans les jours de triomphe, les Généraux Romains mettoient du rouge à leur visage: c'est ainsi que triompha Camille.

La convenance des couleurs étoit tellement observée, que les Chantres même des Poëmes d'Homère s'habilloient de *rouge* pour chanter l'Iliade, & de *bleu* pour l'Odyssée, l'Iliade ne parlant que de *combats*, & l'Odyssée que de *voyages* par Mer. Ce costume étoit observé même pour la couverture de ces Livres: un parchemin *rouge* enveloppoit l'Iliade, & un *bleu* l'Odyssée: on auroit pû les appeler le *Livre rouge*, & le *Livre bleu*.

Les Romains faisoient présent d'un *étendard bleu* à ceux qui avoient remporté une victoire navale: telle fut la récompense dont Auguste honora Agrippa, lorsque sur les rivages de la Sicile il eut battu la flotte du jeune Pompée.

§.

De la Couleur Rouge.

Entre toutes les couleurs, la plus estimée chez presque tous les Peuples est le rouge. Les Celtes le préféroient à toutes les couleurs: & chez les Tartares, l'Emir le moins riche a toujours une robe rouge pour les jours où il est obligé de paroître en Public.

Cette couleur étoit chez les Romains celle des Généraux, de la Noblesse, des Patriciens: elle devint par conséquent celle des Empereurs. Ceux de Constantinople étoient entièrement habillés de rouge: ils étoient vêtus, chauffés, meublés de rouge: aussi le dernier de ces Princes ayant été étouffé dans la foule en combattant vaillamment contre les Turcs qui prenoient sa Capitale, il fut reconnu à ses bottines rouges, au milieu d'un monceau de morts.

Leurs Edits, leur signature, leurs Sceaux étoient en encre & en cire rouge. C'étoit porter de gueule sur ses Armes.

Aussi dans les commencemens y eut-il des Loix qui défendoient de porter de gueules dans ses Armes, à moins que d'être Prince. Ce n'étoit pas un droit que le Blason leur donnoit: il ne faisoit qu'en empêcher l'extension à ceux qui n'étoient ni Rois ni Princes.

Le CLAVUS, ornement qui distinguoit les Patriciens à Rome, & qui, suivant son plus ou moins de largeur, formoit le *lati-clave* & l'*angusti-clave*, étoit une bande de pourpre semblable à une bordure à têtes de cloux: ces cloux sacrés qui assuroient la durée de la République & qu'on plantoit chaque année.

Le rouge des Empereurs étoit lui-même tout pourpre à cause de l'éclat de cette couleur & de sa cherté excessive, étant très-rare, puisqu'on la devoit à une seule espèce de petits coquillages qu'on trouvoit sur les côtes peu étendues de la Phénicie.

Les Lacédémoniens étoient habillés de rouge pour le combat: c'étoit, au dire des froids Commentateurs, afin qu'ils ne frissonnassent pas en voyant le sang ruisseler sur leurs habits: imagination digne d'un Commentateur.

Le rouge étoit également regardé comme la couleur favorite des Dieux: aussi dans les jours de Fête les Statues des Dieux étoient passées en rouge, & on mettoit du minion à leurs joues, comme nos Divinités terrestres se barbouillent de rouge chaque matin, & se montrent en public resplendissantes comme des Furies.

6.

Couleurs mi-parties.

Il existe actuellement des Etats dont la livrée porte des habits mi-partis, d'une couleur d'un côté, d'une autre couleur de l'autre.

Tel étoit l'usage de divers Peuples anciens: on voit dans Esther qu'Assuérus fit revêtir Mardochée d'un Manteau Royal pourpre & blanc.

L'habit des Sénateurs Romains étoit également mi-parti, puisqu'il étoit blanc & que la bordure en étoit pourpre.

HÉRODOTE dit (1) que lorsque les Ethiopiens se préparoient pour la guerre, ils se peignoient le corps mi-parti, blanc d'un côté, rouge de l'au-

---

(1) Liv. VII.

tre : apparemment, pour paroître doubles & en devenir plus formidables. Tout cela brochant sur leur fond noir, ils devoient être hideux.

Quoi qu'il en soit, nous voyons encore ici que nos couleurs mi-parties du Blason moderne, ont eu leur modèle dans la plus haute antiquité, & qu'il n'est pas étonnant que les Dames de ce tems-là peignissent leur visage blanc & rouge comme aujourd'hui.

7.

Couleurs du Bouclier.

C'est sur-tout sur les Boucliers qu'on faisoit briller les couleurs qu'on avoit adoptées : on y mettoit les couleurs les plus éclatantes.

Les Boucliers des Corinthiens étoient rouges ; il en étoit de même de ceux des Mèdes & des Perses, sur tout lorsqu'ils renversèrent l'Empire de Ninive. NAHUM les représente couverts de rouge.

Ceux des Germains, dit TACITE, resplendissoient des couleurs les plus vives. *Scuta lectissimis coloribus distinguunt.* « Leurs Boucliers se distinguent » par des couleurs choisies ». Chacun mettoit donc la sienne sur son Bouclier : nouvelle preuve relative au droit de Bouclier ou au droit d'Armes.

8.

Droit de Colorer le Corps.

L'usage de colorer son Bouclier n'avoit pas été le premier en date. Avant de colorer cette arme, on coloroit son corps. De même que nous voyons les Sauvages de l'Amérique se couvrir le corps de rouge ou de rocou, ainsi les Celtes, ces anciens Peuples de l'Europe, se coloroient tout le corps : & cette couleur étoit le rouge.

Ces hommes dénués d'arts, vivant dans des Pays de bois & de marais, avoient été forcés de s'oindre le corps entier de drogues onctueuses & amères pour se préserver de la piquure de ces armées innombrables d'insectes qui remplissent les Pays marécageux, & pour rendre moins sensibles les intempéries de l'air.

Pour joindre l'agréable à l'utile, ils coloroient ces drogues, de rouge surtout ; & peut-être cette couleur étoit-elle plus funeste aux malheureux ennemis de l'homme.

A la longue, les Européens perdirent cet usage, à mesure qu'ils cultivèrent les Arts, & qu'ils desséchèrent leurs marais pour les changer en abondantes moissons : en sorte que nous ignorerions entièrement cet usage de nos vieux Peres, si lorsque les Romains firent la conquête des Gaules, ils ne l'avoient trouvé encore pratiqué par des Peuples qu'ils en appellerent *Pictes* & *Bretons*, mot à mot, les hommes peints.

Mais déjà dans ce tems-là existoit la différence des Symboles : tous n'avoient pas le droit de se peindre de la même manière : chacun étoit obligé de suivre à cet égard son rang, sa dignité, sa tribu ou sa maison : & nous voyons les mêmes différences avoir lieu dans les Nations Américaines.

Preuves relatives à cet usage chez les Européens.

M. Pelloutier, dans son Histoire des Celtes (1), s'exprime ainsi sur cet usage des anciens Celtes.

« Il est certain que la plûpart des Peuples Celtes, les Espagnols, les Habitans de la Grande-Bretagne, les Thraces, les Illyriens, les Daces & plusieurs autres, avoient la coutume de tracer sur leurs corps des figures de toutes sortes d'animaux. On dessinoit la figure par une infinité de petits points qu'on gravoit dans la chair avec une aiguille, ou un fer très-pointu. On frottoit ensuite cette espece de gravure d'une couleur bleue, qui s'imbiboit tellement dans les chairs, qu'aucun tems ne pouvoit l'effacer ».

Jules César parle de cette couleur bleue, & il croyoit que les Bretons se peignoient ainsi pour paroître plus terribles à leurs ennemis. Cet usage subsistoit encore dans quelques Provinces d'Angleterre au VIIIe siècle de notre Ere.

Le Concile de Calcut en Northumbre, tenu en 787, le condamna très-sévèrement comme une impiété Payenne & vraiment diabolique.

Notre Auteur ajoute : «Les hommes & les femmes ornoient également leur corps de ces figures. Elles servoient à distinguer les conditions & les familles. On n'en voyoit *aucune* sur le corps des *Esclaves*. C'étoit un embellissement affecté aux personnes libres. Celles qui étoit de moindre condition les portoient petites, éloignées les unes des autres. On reconnoissoit la Noblesse à de grandes figures, qui non-seulement couvroient le visage & les mains, mais encore les bras, les cuisses, le dos & la poitrine ».

Herodien (2) qui dit que les Bretons de son tems gravoient sur leur corps des figures de toutes sortes d'animaux, croit qu'ils ne portoient point d'ha-

---

(1) Liv. II. Chap. VII. (2) Liv. III.

bits, afin de ne pas cacher ces figures : il n'avoit pas vu que ces figures au contraire n'avoient été inventées que parce qu'on ne portoit point d'habits. C'est ainsi qu'on met sans cesse l'effet pour la cause, & la cause pour l'effet.

A mesure qu'on s'habilla, les couleurs sauterent du corps sur les Boucliers avec les mêmes distinctions : & des Boucliers elles revinrent sur les habits, lorsqu'on fut obligé de paroître dans de grandes Cérémonies sans Boucliers : alors les Nobles porterent des habits longs, sur lesquels leurs Armoiries étoient brodées en plein : les autres réduits à l'habit court, en furent appellés *Courtauts*, nom qui est resté aux Garçons Marchands, dans le style burlesque.

Lorsque ces habits chamarrés furent devenus ridicules, les couleurs sautèrent de-là sur la livrée & sur les carrosses dorés.

Ainsi se sont promenées les couleurs depuis les tems les plus reculés jusques à nous, sur tout ce en quoi ont brillé successivement ceux qui avoient le droit de couleur.

9.

De quelques autres Couleurs.

L'*Or* fut toujours une couleur très-distinguée : c'étoit celle des Dieux & des Rois : elle étoit très-précieuse chez les Perses. Xénophon (1) dit qu'un aigle d'or élevé sur une pique étoit chez eux l'Etendard Royal ; cet aigle d'or qui passa aux Romains & de-là aux Empereurs.

Chez les Athéniens, le *noir* étoit, comme chez nous, la couleur de l'affliction : le *blanc* ou argent, celle de l'innocence, de la pureté, de la joie. Aussi leur Vaisseau d'expiation qu'ils envoyoient toutes les années d'abord en Crète, puis à Delos, avoit des voiles noires au départ, & des blanches au retour : Symboles visibles de la noirceur & de la blancheur intellectuelles, de la douleur & de la joie qui en devoient être la suite. On sait que parce que Thesée négligea à un pareil retour d'arborer le Pavillon blanc, son pere Enée se précipita de désespoir dans la mer. Evenement qu'il ne faut pas entendre précisément ainsi, mais qui constate l'usage dont nous parlons.

---

(1) Cyrop. Liv. VII.

ARTICLE II.

Du droit d'Enseigne.

C'est sur-tout sur les Enseignes, Bannières, Drapeaux ou Etendards que les Peuples placerent leurs Armes ou Symboles caractéristiques : c'étoit en effet le seul moyen par lequel ils pussent rallier leurs gens dans l'occasion & se distinguer des autres Corps.

Celui-ci étoit d'autant plus nécessaire, que dans l'origine chaque Chef de Contrée avoit seul droit de mener ses gens au combat : usage qui existe encore en divers Pays, & qui n'a été aboli en Europe que par l'établissement des Troupes à solde.

A Rome, les Légions, les Cohortes, les Compagnies même de Soldats avoient chacune leur Enseigne particuliere.

Les Corps particuliers tels que les Colléges ou Compagnies de Prêtres, les Confréries, les Communautés ou Corps de Métiers, eurent aussi leurs Enseignes ; mais c'étoient des Enseignes pacifiques, qui avoient pour Symbole la figure ou l'emblême de leur Divinité Patrone.

Entre les grandes Bannieres sacrées des Egyptiens se distinguoient celles qu'ils faisoient marcher à la tête de la *grande pompe d'Isis*, & qu'on appelloit le voile de la Déesse : il en étoit de même du bœuf *Apis*, Symbole de l'Egypte.

Nous retrouvons ces deux derniers chez d'autres Peuples. Il n'y avoit rien de plus célèbre dans la grande Procession des Panathenées à Athènes, que le voile de Minerve ou d'Isis.

Lorsque les Israëlites dans le Désert crurent avoir perdu Moyse, ils imaginerent de le remplacer par un Veau d'or, semblable au bœuf Apis, en disant : *Faisons-nous des Dieux qui marchent devant nous* ; c'est-à-dire, des Enseignes sacrées que nous puissions suivre.

Moyse au contraire leur donna (1) pour cri de guerre *Ieou nissi*, Jehovah est mon enseigne : & l'Arche portée à la tête du Camp étoit comme l'Etendard National.

Nos Contrées devenues Chrétiennes, continuerent à se servir d'Enseignes & de Bannieres, & au lieu des noms & des figures des Dieux du Paganisme,

---

(1) Exod. XVII.

on y fubftitua des Symboles Chrétiens : à Paris, Ste *Geneviéve* remplaça *Ifis*, & fa fête fut célébrée également le 3 Janvier. A Rome, S. *Pierre* & fes clefs ouvrant le monde célefte, remplacerent *Janus*, qui avec fes clefs marquoit l'ouverture de l'année phyfique. L'Annonciation de J. C. de la nouvelle la plus importante pour la vie célefte, remplaça celle des moiffons la plus importante pour la vie d'ici-bas.

Ces Divinités Patrones étoient toujours choifies par leur analogie avec les occupations ou avec la nature des Sociétés ou des Corps qui les adoptoient. Les Marchands, par exemple, avoient choifi Mercure pour leur Patron. Ce choix a toujours étonné les Critiques : c'eft qu'ils ne faifoient pas attention aux attributs de cette Divinité, toujours repréfentée avec un Caducée, une bourfe & un coq. Mais nous avons vu dans les Allégories Orientales que Mercure étoit l'emblême de l'invention du Calendrier pour les Agriculteurs : de-là tous fes Symboles : le Caducée, Symbole du chemin du Soleil & de la Lune, faifoit fentir la néceffité de fe rendre attentif à cette route, & de diriger par elle leurs travaux. La bourfe apprenoit que l'Agriculture eft la bafe des richeffes & de l'opulence : le Coq, de quelle vigilance avoient befoin les Laboureurs pour profiter du tems : mais la Bourfe étant ainfi le Symbole des richeffes, Mercure à la Bourfe devint naturellement celui des Marchands, & du Commerce : auffi tous les Marchands, Négocians & Banquiers, fe réuniffent par-tout à l'enfeigne de la BOURSE, nom encore aujourd'hui de leurs lieux d'affemblées.

Ce langage fymbolique eft tellement dans la Nature & dans la raifon, qu'il s'eft tranfmis jufques à notre tems : que Saint *Crépin* eft le Saint des Cordonniers, Saint *Clair* celui des yeux foibles : le premier de ces noms indiquant les *fouliers*, & le fecond la *clarté*. Ne faut-il pas en effet que tout nom foit relatif à l'objet auquel on l'applique ? Auffi pourroit-on donner une foule de pareils exemples en tout genre, qui prouveroient avec quelle fageffe les noms fymboliques furent choifis dans tous les tems, & l'influence prodigieufe qu'ils ont eu fur les idées & fur les ufages.

2.

Noms Latins des Enfeignes.

Les noms Latins des Enfeignes étoient VEXILLA, SIGNA, INSIGNIA. Le premier eft formé de VELUM, un voile : il fignifie ainfi un voile, un drapeau par excellence.

Le

Le second formé, comme nous l'avons déjà dit, des mots Latins qui signifient, chose mise en *signe*, subsiste encore dans notre mot *enseigne* ; tandis que nous avons préféré de rendre le premier par le mot *drapeau*, qui désigne un morceau de toile, de drap ; réservant le mot *voile* pour des objets relatifs aux vaisseaux & à la coëffure des femmes.

Les Vexilla désignoient les Enseignes ou Etendards de Cavalerie ; les autres mots, les Enseignes ou Drapeaux de l'Infanterie.

3.

Honneurs rendus aux Enseignes Militaires.

Les Enseignes Militaires étoient d'une si grande importance, qu'on mit en usage tous les moyens propres à les rendre respectables aux yeux des Troupes, dans l'origine toutes Citoyennes, afin qu'elles ne laissassent jamais perdre le Symbole de leur union, & qu'elles eussent le plus grand motif à les défendre vaillamment.

Ainsi nous voyons que les Romains les consacroient par des cérémonies augustes : qu'ils les mettoient sous la protection de quelque Divinité : qu'ils les encensoient, qu'ils les ornoient de couronnes de fleurs, qu'ils se mettoient à genoux devant elles, qu'ils prêtoient par elles leur serment de fidélité militaire : & que pendant la paix on les déposoit dans les Temples.

C'est d'après ces hautes idées qu'ils regardoient les Enseignes comme des *Palladium* des Etats, comme l'emblême & le signe de la protection des Dieux auxquels elles étoient consacrées.

Leur perte étoit donc regardée comme un vrai malheur pour l'Etat, & comme une infamie pour ceux qui n'avoient pas su les garantir : aussi le Corps ou la Cohorte qui s'étoit laissé enlever la sienne, étoit bannie du Camp, & obligée à ne vivre que d'orge, jusqu'à ce qu'elle eût réparé sa honte par des prodiges de valeur : & jamais les Romains ne firent de Traités de paix qu'en se faisant restituer les Enseignes que la guerre leur avoit fait perdre.

La plupart de ces usages subsistent encore de nos jours. On consacre les Drapeaux neufs ou on les bénit, on les salue à leur passage, on punit de mort ceux qui ne leur sont pas fidèles ; on suspend dans les Eglises ceux qu'on a enlevés aux Ennemis.

4.

DU DRAGON.

Qui servit d'Etendard à la plûpart des anciens Peuples.

Les Dragons ont servi d'Enseigne à la plûpart des Peuples de l'Antiquité. Les Assyriens & les Daces, Peuples Agricoles, en portoient.

La Cavalerie Indienne avoit un Dragon pour Enseigne de mille Cavaliers. Sa tête étoit d'argent, dit Suidas, & le reste du corps d'un tissu de soie de diverses couleurs. Ce Dragon avoit la gueule béante, afin que l'air s'insinuant par cette ouverture, enflât le tissu de soie qui formoit le corps de l'animal, & lui fît imiter en quelque sorte le sifflement & les replis tortueux d'un véritable Dragon.

Il étoit en usage chez les Romains. Ammien Marcellin (1) décrit une de ces Enseignes, à peu-près de la même maniere que Suidas : c'étoit un Dragon artificiel suspendu à une pique dorée : il étoit couleur de pourpre & orné de pierreries : il imitoit le sifflement du Serpent, lorsque l'air entroit dans sa gueule.

Vopiscus, dans la vie d'Aurélien, parle des Dragons comme étant les Etendards des Perses.

Le Symbole des Chinois est un Dragon d'or sur un fond rouge & verd.

Les Empereurs de Constantinople avoient leurs habits chamarrés de Dragons. S. Jean-Chrysostome parle de leurs robes de soie sur lesquelles étoient représentés ces Animaux.

Les Dieux Indiens ont tous un Serpent pour ceinture.

Witikind rapporte (2) que les Saxons avoient un Dragon pour Enseigne.

Les Troupes de Cavalerie que nous appellons Dragons, sont un reste de ces anciens Corps qui devoient leur nom à la nature de leur Enseigne.

Ce n'est pas là le seul usage de ce Symbole ; il n'étoit pas moins illustre dans la Mythologie ou l'Histoire des Dieux.

Le Char de Cérès étoit tiré par des Dragons.

Eresychton son éleve, est peint avec des pieds de Serpent.

Dans les Mystères de la même Déesse, on jettoit des Serpens d'or dans le

---

(1) Liv. XVI. Ch. X. (2) Gestes des Saxons, L. I.

sein des Initiés : & il y avoit toujours un Serpent dans la corbeille mystique portée dans les Processions des Mystères de Cérès & de Bacchus.

C'est sur un Serpent d'or & dans un van, que les Athéniens posoient leurs enfans dès qu'ils étoient nés.

Un des travaux d'Hercule consiste à abattre les têtes de l'Hydre formidable.

L'Histoire de Cadmus est étroitement liée avec ces mêmes Symboles : il tue le grand Serpent : il en seme les dents : il devient Serpent lui-même.

Ces rapports ne furent jamais l'effet ni du caprice, ni du hazard. Dans tous les tems la Terre fut comparée à un Serpent brillant des couleurs les plus variées ; & les moissons, à des Dragons aux têtes d'or & aux couleurs changeantes.

La Terre est l'hydre produisant sans cesse de nouvelles têtes qu'abat le Laboureur : & cette hydre est de trois couleurs, *noir*, *verd*, *or*, relatives aux trois Saisons primitives, l'Hiver, saison triste & noire ; le Printems, brillant de verdure ; & l'Eté aux épis blonds & dorés.

Ainsi Aventin qui porte sur son bouclier une hydre, armes de ses Peres, étoit descendu d'une famille vouée à l'Agriculture, & qui en avoit pris le Symbole.

Cadmus lui-même n'est appellé *Serpent* qu'à cause des grandes propriétés qu'il avoit mises en valeur.

Dans l'Odyssée, Troie est peinte sous l'emblême d'un Dragon : là, un Dragon dévore huit moineaux & leur mere : ce que Calchas expliqua des neuf années que les Grecs perdroient avant de pouvoir se rendre maîtres de cette Ville célèbre.

Il n'est point étonnant que le Dragon ou Serpent soit devenu le Symbole des moissons, qui, comme lui, se renouvellent toutes les années, & qui sont la source de la vie & de la prospérité des Etats : & ce Serpent est d'or, parce que la terre cultivée est la source des richesses.

C'est par la même raison que les Athéniens plaçoient sur un van & sur ce Serpent d'or, leurs enfans au moment de leur naissance, comme un Symbole assuré d'une vie longue & heureuse.

§.

De quelques autres objets à Armoiries.

Les Boucliers, les Enseignes & les Médailles ou Monnoies n'étoient pas les seuls objets sur lesquels on plaçoit ses marques Symboliques. On les mettoit également sur divers autres, tels que les bagues, les sceaux, les objets précieux ou volables, tels que l'argenterie & les troupeaux ; les habits de dignité.

VIRGILE dit, par exemple, dans ses Géorgiques (1) qu'on appliquoit ses Symboles sur les cuisses des animaux avec un fer chaud ; & il employe les mots *notas* & *nomina Gentis*, les Symboles & les noms de la Maison, de la Famille, de ce qu'on appelloit GENS par opposition au Peuple.

On les plaçoit également sur ces colonnes élevées devant les maisons des Citoyens & devant les portes des Temples, & qui étoient comme autant de bornes : de la même maniere qu'on fait sculpter aujourd'hui ses Armes au-dessus du portail de son Hôtel.

Ces colonnes à Symboles s'appelloient *Hermès* à Athènes ; & elles étoient à tête de Mercure Dieu des signes. ainsi lorsque pendant la guerre du Péloponèse toutes ces têtes eurent été abattues en une même nuit, à l'exception d'une seule placée devant la maison d'Andocides, la Ville entiere d'Athènes fut plongée dans la plus vive consternation ; il sembloit que c'étoit une conspiration générale contre l'existence des Citoyens & contre l'Etat lui-même, dont ces Termes représentoient la durée & les Dieux tutélaires.

On voit dans le bel Ouvrage de MAZOCCHI relatif à un monument d'Héraclée, (2) un Hermès sur lequel on a peint un caducée, & qui est tiré d'un vase Etrusque.

Ce Monument d'Héraclée qui consiste en des décrets gravés sur cuivre en langue Grecque, offre les noms de diverses Curies, tels que CADUCÉE, RAISIN, TRIDENT, TRÉPIED, BOUCLIER OU PELTE, &c. & qui sont autant de noms Armoriaux, relatifs aux symboles de ces Curies : on sait que chaque Peuple ancien étoit divisé en Tribus & que chaque Tribu l'étoit en dix Curies.

ARTICLE III.

MOTS ARMORIAUX EMPLOYÉS PAR NAHUM.

Les Livres Hébreux contiennent des morceaux de la plus belle Poësie, qui sont peu connus en François, parce que ces Ouvrages ont été presque toujours traduits par des personnes plus jalouses de conserver la pureté & l'excellence des dogmes & de tout ce qui est relatif à la foi, que de rendre

---

(1) Liv. III, vers 158. (2) In æneas Tabulas Heracleenses, Neapoli, 1754, in-fol.

ET DU BLASON DES ANCIENS. 213

avec élégance & avec exactitude des portions de ces Livres qui sont plus liées avec les Arts, l'Histoire & l'éloquence : nous aurons donc occasion de donner de tems en tems quelques morceaux de ce dernier genre, traduits d'une maniere plus littérale, & par-là même plus claire & plus noble.

Nos Lecteurs ont vu ce que nous avons déjà dit dans notre premier Volume au sujet de la version des LXX, & ce que nous avons dit dans celui-ci sur l'expression *sous le Warb* employée par Ezechiel, & dont personne n'avoit compris le sens.

Nous allons mettre également ici sous leurs yeux la Traduction d'un verset de Nahum, qu'aucun Interprète à ma connoissance n'a rendu littéralement, & qui étant très-clair dans l'Original, est devenu inintelligible sous leur plume, parce qu'ils ont ignoré la valeur de quelques mots, qu'ils en ont pris d'autres au sens physique, tandis qu'ils y sont sous leur sens figuré : ce passage, d'ailleurs, a le rapport le plus étroit avec l'objet dont nous nous occupons : ce que personne n'avoit soupçonné.

C'est le troisième verset du Chapitre II. des Prophéties de NAHUM contre Ninive ; & où il annonce comment elle seroit prise & détruite.

Dans ce verset, il décrit l'état leste & brillant de l'Armée qui viendroit attaquer cette Ville superbe.

En voici le Texte avec la maniere de le lire :

מגן גבריהו מאדם אנשי-חיל MAGEN GBOREIHOU M'ADAM; ANSHEI-HEIL

מתלעים כאש פלדת הרכב M'THULHOEIM; K'ASH PHALDOTH HE-REKEB,

ביום הכינו והברושים הרעלו. B'IOM HEKINOU: OUHEBERUSHIM HE-RHOLOU.

Ce qui signifie mot-à-mot :

Magen le Bouclier, *Gborei-hou* de ses Guerriers, *M'adam*, comme du sang. *Anshei-heil* ses hommes d'élite, *M'thulhoeim* comme des rubis.

K'ash comme du feu, *Phaldoth* leurs cottes d'armes, *he-Rekeb* & leurs chars, *B'iom* au jour, *Hekin-ou* de la préparation : *Ou-beroshim* & leurs lances, *He-rholou* seront resplendissantes.

1°. *Comment il a été traduit par divers.*

Rien de plus barbare que la Version des LXX.

Οπλα δυναστειας αυτων εξ ανθρωπων,   Les armes de la puissance de leurs ἄνδρας δυνατοὺς ἐμπαίζοντας, ἐν πυρὶ, αἱ ἡνίαι τῶν ἁρμάτων αὐτῶν ἐν ἡμέρᾳ ἑτοιμασίας αὐτοῦ, καὶ οἱ ὕππυς (*lis.* ἵππυς) θορυβηθήσονται.

hommes, leurs hommes puissans teints au feu. Les brides de leurs chars au jour de leur préparation, & leurs chevaux seront troublés.

On voit qu'ils ont manqué le sens des mots *M'adam*, *M'thulhoeim*, *Phaldoth*, *Ou-beroshim*, & *He-rholou* : & qu'ils ont cherché à deviner ; mais si mal qu'on ne voit dans leur traduction ni sens ni liaison : qu'est-ce que des hommes teints au feu ? & des brides qui seront troublées ? Peut-être est-ce la faute des Copistes qui n'auront pas sçu lire d'anciens manuscrits.

Le CENE est plus exact pour le commencement, mais la fin est absurde. » Le bouclier de ses Héros est rouge : les gens de Guerre sont vêtus de pour- » pre ; les chariots seront garnis de flambeaux allumés lorsqu'il marchera en » bataille & que les sapins trembleront.

Dom CALMET, quoique plus fidèle, n'a cependant pas été plus heureux : » Le bouclier de ses braves jette des flammes de feu ; ses gens d'Armes » sont vêtus de pourpre ; ses chariots étincellent lorsqu'ils marchent au com- » bat ; ceux qui les conduisent sont comme des gens yvres.

2°. *Pourquoi ils l'ont si mal traduit.*

Peut-on rendre d'une maniere plus différente ces derniers mots, *Ou-beroshim-he-rholou* ? quelle choisir de ces trois significations, des *chevaux troublés*, des *sapins qui tremblent*, des *conducteurs* qui sont comme des gens *yvres* ? Si des Traducteurs habiles & intelligens tâtonnent à ce point, que devroit-on penser du Texte qu'ils ont sous les yeux ? qu'il est absurde, ou qu'on y voit tout ce qu'on veut : cependant il est très-beau, très-clair, très-élevé.

Mais, ces Traducteurs ont perdu de vue l'ensemble de ce verset & de ceux qui l'accompagnent ; ils n'ont pas fait assez d'attention à ses divers membres ils ne se sont point douté de quelques sens figurés qui en rendent le style très-vif, très-énergique : ils n'ont point soupçonné qu'il y avoit des mots techniques relatifs à la Science Héraldique.

Ici Nahum décrit l'armée qui doit détruire Ninive : il en dépeint pour ainsi dire l'uniforme.

Dans les deux suivans, l'Armée est en marche : dans le quatrième, elle est arrivée ; le siége est formé, il est terrible.

Enfin, la ville est prise & saccagée.

Cette description est noble & rapide ; il n'y faut pas joindre des idées incohérentes qui la déparent & qui en font disparoître l'harmonie.

Ce qui a tout gâté, c'est qu'on n'a pas compris qu'il s'agissoit ici de la belle ordonnance de l'Armée, du brillant de son uniforme, de l'éclat de ses couleurs & de ses armes ; c'est qu'on a été induit en erreur par des mots dont on ne connoissoit pas le sens, ou dont on n'avoit pas assez pesé la valeur. On n'aura pas de peine à s'en convaincre si on veut nous suivre dans l'explication critique des mots qui composent ce beau morceau.

3°. *Analyse de ce Verset.*

Les deux premiers, *Magen Geburim*, ne souffrent aucune difficulté ; ils signifient le bouclier des Vaillans, des Guerriers.

M'Adam ne signifie point ici *homme*, comme l'ont cru tous les Commentateurs, qui n'ont pas vu qu'il terminoit un sens complet, une portion de phrase ; ce mot *Adam* signifie aussi *Rouge*, la qualité d'être rouge, la couleur de chair, toujours rouge, idée que présente également le mot *Car*, d'où *caro*, chair, & toute cette Famille dont nous avons donné le développement dans nos Origines Latines.

Ansheï-heil M-thuloeim forme une autre phrase complette qu'on a très-mal-à-propos partagée entre la précédente & la suivante. Dans celle que nous venons d'expliquer, il s'agit des boucliers portés par les Guerriers, par le Corps de la Noblesse, & qui étoient de couleur rouge, comme nous avons déjà vu qu'étoient ceux de plusieurs Nations anciennes ; ici, il s'agit du vêtement même de ces Héros, de ces Guerriers : les *hommes d'élite* sont *comme des rubis*, ou mot-à-mot, *sont teints en rouge*, signification du Verbe הבלע.

K'ash Paledoth he-Rekeb b'iom hekinou : ici on voit le mot *paledoth* dont personne n'avoit compris la force & la valeur, & qui peint cependant un objet de la même couleur que les chars armés en guerre, & cette couleur est couleur de feu ; mais ce mot commun à nombre de peuples désigne chez tous la cotte-de-maille, cet habit court qui ne passe pas la ceinture & qui porte les couleurs de ceux auxquels il est destiné. C'est le پلوت *PhaLUT* ou *Palud* des Arabes, qui désigne un habillement court : c'est le *PALUD-amentum* ou cotte-d'armes des anciens Romains, & qui n'étoit porté que par les Généraux ou par leur Noblesse. C'est le *PALT* des Suisses du tems d'*Ottius* en 1670, espéce de camisole qui ne descendoit pas plus bas que la ceinture, & qu'on désignoit par l'épithète de *Rok*, *Palt-Rok*. Cette phrase signifie donc littéralement : *leurs cottes-de-maille & leurs chariots sont couleur de feu au jour où ils se préparent* pour le combat.

La derniere phrase est composée d'une conjonction, d'un nom & d'un verbe, *Ou-he-berushim herolou*. Le Cene est le seul qui ait connu la vraie valeur phyfique du mot *Berushim*, qui défigne en effet les fapins ; mais il n'en a abfolument point foupçonné le fens poëtique ou allégorique ; ce qui lui a fait faire une verfion ridicule, en faifant trembler les fapins. Les autres Interprètes qui n'ont pas eu plus d'intelligence que lui du fens allégorique de ce mot, & qui ont fenti qu'il ne pouvoit être queftion de fapins tremblans, y ont vu des chevaux effrayés, ou des gens yvres.

Il eft bien étonnant qu'aucun n'ait compris qu'ici par le mot fapin on défignoit une arme militaire, la lance, parce qu'elle eft faite de fapin. C'eft ainfi que les Poëtes employent le mot *Pins* au lieu de celui de Navires : & qu'Homère défigne la lance d'Achille fous le nom de *Frêne*, parce qu'elle étoit de ce bois (1).

» Ce Frêne Pelien Πηλιαδα Μελιην, que Chiron donna à fon pere chéri,
» après l'avoir coupé fur le fommet du Pélion, afin qu'il devînt φονω la terreur
» des Héros.

Le verbe qui termine ce verfet défigne en effet le tremblement, non un tremblement de fièvre, d'yvreffe ou de peur ; mais ce papillotage, ces fcintillations que produit le poli des armes lorfque le Soleil donne deffus, ce que les Italiens appellent *lampi tremuli*, éclairs tremblotans, comme dit fi bien le Taffe (2). C'eft exactement le *Tremulus oculus* d'Ovide, cet œil brillant dont on ne peut foutenir la fcintillation. On ne pouvoit donc employer de termes plus énergiques pour exprimer le dernier membre de cette defcription tout-à-la-fois poëtique & prophétique ; *& leurs lances ont un éclat qu'on ne peut foutenir.*

4°. Sa vraie Explication.

Voici donc l'enfemble de ce paffage :

Les boucliers de fes Guerriers font *rouges* comme du fang : fes hommes d'élite *brillent* comme des rubis : leurs cottes-d'armes & leurs chars font couleur de feu, au jour où ils fe préparent *pour le combat*; & l'on ne peut foutenir l'éclat de leurs lances.

Telle eft l'explication fimple, claire, exacte & analytique de ce beau morceau que défiguroient abfolument les traductions ordinaires, & dans lequel on retrouve le coftume des Guerriers anciens, leurs boucliers, leurs chars, leurs cottes-de-maille teintes en rouge, ou en gueule ; l'éclat qui en réfultoit, & le brillant de leurs lances : & qui fournit par conféquent des points de comparaifon abfolument perdus jufqu'ici.

---

(1) L. II, p. 143. (2) Jerufalem délivrée, Chant I, St. 73.

Depuis que ceci est écrit, un savant Evêque à qui je faisois part de ces idées, m'a fait voir la version du P. Houbigant qui ne s'écarte presque point de la mienne : elle en sera donc mieux reçue du Public.

ARTICLE IV.
Des Hérauts d'Armes.

I.

Les Nations liées par leurs besoins mutuels, eurent sans cesse le plus grand intérêt à avoir un Corps de personnes éclairées qui connussent leurs avantages respectifs ; qui fussent au fait de leurs alliances communes, de ce qu'elles exigeoient, de leur observation, de leur violation, qui fussent en état de porter la parole aux Nations, de leur déclarer la guerre si elles avoient fait des infractions aux Traités sans vouloir y remédier, ou de dresser des Traités de Paix après les avoir ramenées par leur éloquence à des vues pacifiques & de bienveillance réciproque : il falloit qu'elles fussent en assez grand nombre pour pouvoir porter par-tout les ordres de leur Nation, & d'un rang assez distingué pour être respectées à l'égal de leur Nation ; que leur personne d'ailleurs fût sacrée pour tous, afin qu'ils pussent aller par-tout sans crainte. Ces personnes durent même former un Corps considérable toujours existant & divisé en deux Classes ; l'une, de personnes déjà instruites, l'autre, de jeunes gens élevés pour remplacer un jour leurs Maîtres : en un mot un vrai Corps Diplomatique, ou des *Affaires Etrangeres* relatives à la paix ou à la guerre.

Aussi tous les Peuples policés de l'Antiquité eurent des établissemens pareils : ceux qui les composoient furent appellés, suivant les lieux,

Feciaux chez les Romains ; & *Vezial* chez les Etrusques.

Keryces chez les Grecs.

Keretiens chez les Hébreux.

Heraldi ou Herauds, chez les Peuples du Nord.

Nous dirons moins en quoi consistoient chacun de ces Colléges, que nous ne chercherons à faire voir leur rapport étroit entr'eux, & qu'ils ne présentent qu'un seul & même objet ; & comment il est arrivé que nos Hérauts d'Armes actuels ont des fonctions beaucoup plus resserrées.

FECIAUX.

Les Feciaux étoient au nombre de vingt ; tous Nobles ou choisis dans les meilleures Familles : ils formoient un Collége fort considérable : leur charge qu'on appelloit un *Sacerdoce*, ne finissoit qu'avec la vie : leur personne étoit sacrée : leurs fonctions consistoient à écouter les plaintes des Peuples qui soutenoient avoir reçu quelqu'injure des Romains, à saisir les coupables, à les livrer à ceux qui avoient été lésés. Ambassadeurs eux-mêmes, ils connoissoient du droit des Ambassadeurs & des Envoyés adressés à la République : ils dressoient des Traités de paix & d'alliance ; ils veilloient à leur observation : & tout ce qui regardoit les Symboles, les sceaux & les titres, étoit par conséquent de leur ressort.

Personne n'ignore que lorsque le Peuple Romain croyoit avoir à se plaindre d'une Nation, un Fecial se transportoit sur les frontieres de ce Peuple, armé d'une javeline ferrée. Là, il reclamoit à haute voix l'objet que Rome prétendoit qu'on avoit usurpé sur elle, ou bien il exposoit d'autres griefs, & la satisfaction que Rome en demandoit. Il en prenoit Jupiter à témoin avec cette imprécation contre lui : « Grands Dieux ! si c'est contre l'équité & la
» justice que je viens ici au nom du Peuple Romain demander satisfaction,
» ne souffrez point que je revoye ma Patrie ». Il répétoit les mêmes choses à l'entrée de la Capitale & dans la Place publique.

Lorsqu'au bout de 33 jours Rome n'avoit pas reçu la satisfaction demandée, le Fecial alloit une seconde fois vers le même Peuple & prononçoit publiquement ces paroles : « Ecoutez Jupiter & vous Junon ; écoutez Quirinus,
» écoutez Dieux du Ciel, de la Terre & des Enfers ; je vous prends à témoins
» qu'un *tel* Peuple refuse à tort de nous rendre justice : nous délibererons
» à Rome dans le Sénat sur les moyens de l'obtenir ».

De retour à Rome, il prenoit avec lui ses Collegues, & à la tête de son Corps, il alloit faire son rapport au Sénat. Alors on mettoit la chose en délibération ; & si le plus grand nombre des suffrages étoit pour déclarer la guerre, le Fecial retournoit une troisième fois sur les frontieres du même Pays, ayant la tête couverte d'un voile de lin, avec une couronne de verveine par-dessus : là, en présence de trois témoins, il prononçoit cette déclaration de guerre : « Ecoutez Jupiter & vous Junon ; écoutez Quirinus, écoutez Dieux

» du Ciel, de la Terre & des Enfers; comme ce Peuple a outragé le Peuple
» Romain, le Peuple Romain & moi, du consentement du Sénat, lui décla-
» rons la guerre ». Après ces mots, il jettoit sur les terres de l'ennemi un
javelot ensanglanté & brûlé par le bout, qui marquoit que la guerre étoit
déclarée.

3.

C E R Y C E S.

Les Ceryces étoient les Hérauts d'Armes chez les Grecs : ce nom leur venoit, disoient ceux-ci, de Ceryx, fils de Mercure & de Pandrose.

Mais *Ceryx* signifie un Proclamateur, c'est le nom même des Hérauts : c'étoit le titre de Mercure lui-même comme Ambassadeur des Dieux; & si Pandrose étoit leur mere, c'est que ce mot signifie *celui qui se porte rapidement* par-tout.

Ces Ceryces ou Hérauts avoient deux fonctions très-distinctes. 1°. L'une de porter la parole des Rois ou de la Nation, & de déclarer de leur part la guerre ou la paix. Ceux-ci étoient appellés *Conservateurs* de la paix. Comme à Rome, ils étoient sacrés : c'étoit un crime de Lèze-Majesté de les insulter ou de les troubler dans leur ministère. L'enlévement du Héraut de Philippe, fut une des raisons qu'il allégua pour rompre la paix qu'il avoit jurée. Homere parle souvent de cette sorte de Ceryces & de leurs fonctions. Achille bouillant, emporté, traite, malgré sa fureur, avec respect, les Hérauts que l'injuste Agamemnon lui avoit envoyés : il les rassure même contre leur frayeur.

2°. L'autre fonction des Hérauts étoit relative aux jeux publics : ils en proclamoient les statuts, & le nom des Combattans, qu'ils désignoient par leurs boucliers, & par leurs autres Symboles; ils annonçoient aussi le nom des Vainqueurs, & ils portoient les ordres de ceux qui présidoient aux jeux. Ils faisoient souvent leurs proclamations en vers. Leur voix les rendoit recommandables. Homere a rendu célèbre à jamais Stentor, dont la voix plus éclatante que l'airain, pouvoit servir de trompette.

Ces Hérauts dont nous venons de voir l'existence chez les Grecs & chez les Romains, qui les tinrent eux-mêmes des Etrusques, dont les monumens nous offrent des Personnages avec le titre de *Fecial*, ou de *Vesal*, leur étoient communs avec les Orientaux. Il est vrai que jusques ici l'Histoire Orientale ne nous en offre aucune trace; mais nous allons nous assurer que c'étoit la faute de ceux qui se sont occupés de cet objet. Les Livres Hébreux nous offrent ces Hérauts avec leur nom primitif, & divisés également en deux classes.

4.

Des CERETHIENS & des PHELETHIENS attachés à David.

Moyse défendit aux Hébreux (1) d'attaquer une Ville sans lui avoir auparavant offert la paix ; mais cette offre ne pouvoit être faite que par des personnes qui eussent un caractère de représentation.

Les Hébreux avoient donc des Féciaux, des Ceryces ou Hérauts d'Armes : & nous avons trouvé leurs noms dans leurs livres, où jusques ici personne ne les avoit reconnus. Ce sont les CERETHIENS & les PHELETIENS. Tout l'indique, leur nom, leur place à la tête des Armées, la qualité de leur Chef.

Si on ne s'en étoit pas apperçu, c'est que cette connoissance tenoit à d'autres, sur lesquelles on s'étoit égaré : cette première erreur en entraîna nécessairement d'autres à sa suite. L'ignorance de la vraie valeur d'un mot répand la plus grande obscurité sur tout ce qui y a du rapport, en sorte que plus on veut l'expliquer, & plus on s'égare.

Le II Livre de Samuel ou des Rois, parle en trois endroits différens d'un Corps de Troupes qui étoit attaché à David, formé des CERETHIENS & des PHELETIENS, & que commandoit un de ses XXX Preux, Benaja fils de Jojada (2).

Ces noms inconnus ont causé de terribles embarras aux Commentateurs : ils y ont vu des hommes d'une merveilleuse force ; le Sanhedrin en corps ; les Philistins & les Crétois. Tout est permis dans le pays des conjectures.

Ce ne pouvoient être des Philistins, Peuple ennemi déclaré des Hébreux, & avec qui David fut en guerre dans le tems même qu'il avoit des Pheletiens avec lui. Ce n'est pas à un pareil Peuple que ce Prince eût confié sa garde : c'étoient encore moins des Crétois, avec qui David n'eut jamais rien à démêler.

Ajoutons qu'il est dit expressément de Benaja leur Chef, que David en fit l'homme de sa confiance, celui qui portoit ses ordres : c'est qu'il étoit tout cela par sa place, ces Cerethiens & ces Pheletiens étant des personnes choisies & du premier rang.

On en conviendra sans peine dès qu'on se rappellera que dans Nahum, *Phalt*, *Phelt* signifie une *cotte-d'armes* en Hébreu, & que *Cereth* vient de

---

(1) Deut. XX. 10-12. (2) Cap. VIII. 18. XV. 18. XX. 23.

Carath, faire alliance, négocier. Ce Corps de Troupes si distingué étoit donc composé des Hérauts d'Armes, Corps sacré, Troupe de confiance, & qui chez tous les anciens Peuples étoient chargés des ordres les plus importans

On sait encore que les Hérauts marchoient à la tête des Armées, & il est dit expressément que ceux-ci marchoient devant David lorsqu'il abandonna Jérusalem au tems de la révolte d'Absalon : & c'est par cela même que l'Historien Sacré n'omet pas cette circonstance remarquable.

Si on a cru qu'ils étoient étrangers, c'est que le texte nomme immédiatement après les Gethéens, Troupe de Volontaires Etrangers qui étoient accourus au secours de David : mais on ajoute que ce Roi fit tout son possible pour engager ceux-ci à se retirer, par cela même qu'ils étoient étrangers : ce qui n'est point dit des autres.

Ces Hérauts d'Armes tenoient d'ailleurs un rang trop distingué pour être omis dans l'état de la magnifique maison de David & de Salomon.

§. 5.

DU CADUCÉE.

Telles étoient les demi-connoissances sur l'Antiquité, qu'on n'avoit jamais su ni ce que représentoit le Caducée, ni par quelle raison il étoit devenu le symbole de Mercure & un emblême de paix, & ensuite celui des Hérauts.

Dans nos Allégories Orientales, nous avons démontré que le Caducée étoit l'emblême parlant de Mercure, comme Inventeur de l'Astronomie & du Calendrier, l'une des sciences les plus pressantes pour l'Agriculture. Comme Mercure étoit en même tems le Messager des Dieux, les Ambassadeurs des Rois & des Peuples ne purent prendre un symbole plus noble que celui-là, & dès-lors ils furent tous armés du Caducée ; & chez les Grecs, un même nom désigna le Caducée & les Hérauts.

Les Hérauts s'appelloient *Kérukes* ou *Ceryces*.

Le Caducée, *Kérukeion ou Kérykaion*, en Athénien ; & *Karukeion* dans le dialecte Eolien.

Les Latins ayant changé ici R en D, comme cela arrive très-souvent, ils en firent CADUCÉE, mot alteré qui sembloit ne tenir plus à rien.

Tout se tient dans l'Univers : les Grecs durent toutes leurs connoissances aux Orientaux : c'est donc de l'Orient qu'ils tinrent le droit noble & consolant des Hérauts, droit qu'on connoît mal, parce qu'on n'a jamais approfondi ni les causes qui les avoient fait établir, ni celles qui les avoient rendus presqu'inutiles, & sur lesquelles nous tâcherons de répandre quelque lumiere.

Le nom de *Carux* vint lui-même de l'Orient : *QaR, Qarh* y signifie *proclamer, annoncer, publier :* ce nom fut donc parfaitement relatif à son objet, & dès-lors on en a déjà une idée étendue.

En vain on veut regarder comme nulle la science étymologique, se refuser à sa nécessité, à sa beauté, à son évidence ; il faut toujours revenir à elle comme à la base de toute connoissance solide. Mais tout est rempli d'étymologies de mauvais aloi ? Rejette-t'on la monnoie parce qu'il y en a de fausse ? & à quoi sert la raison ? Qu'on prenne le bon ; qu'on rejette le mauvais. Confondre l'un avec l'autre, ou ne rien admettre de peur d'être trompé, c'est porter beaucoup trop loin l'amour de la vérité.

6.

Du mot SCHILD, Bouclier, &c.

Ce n'est pas non plus par hasard que le nom Oriental du Bouclier שלט *Schilt* est parfaitement conservé dans les Langues du Nord avec la même signification.

En Germain, SCHILD, Ecu, Ecusson ; 1°. Enseigne, Armoirie ;

En Anglo-Saxon, SCYLD, } un Ecu, un Bouclier,
En Anglois, SHIELT,

En Flamand, SCHILD, Ecu, Bouclier, Pavois : 2°. Ecu des Armoiries.

En Danois, } SKIOLD, Bouclier.
En Suédois,

Ce mot est même devenu chez ces Peuples la source de plusieurs autres relatifs à la peinture, par cela même qu'on peignoit les Boucliers.

Cette Famille doit tenir au Theuton SCHIL, peau, & au Grec *Skylló*, enlever la peau : les Boucliers étant faits, dans l'origine, de peaux d'animaux. Celui d'Ajax étoit de sept peaux de Bœuf, l'une sur l'autre.

Comme les Grands avoient seuls le droit de Bouclier, on doit rapporter à cette Famille celle-ci :

שלט *Schalt*, en Oriental, Seigneur, Chef, Président : *Schalta*, dominer, présider ;

D'où SULTAN, & Soudan, Prince.

SHULTH-EIZ, Conful, Juge, Prévôt, en Theuton.
SCULTETA, en Anglo-Saxon.
SCULDuis, en Lombard.
SKULDais, en Sueo-Gothique.
SCULTIS & Shultis, en vieux Anglois.
SCHULDais, Prêteur, Recteur; dans PAUL DIACRE, Livre VI. Chap. 14.

7.

HÉRAUTS D'ARMES EUROPÉENS.

Toutes les Nations modernes qui ont enlevé aux Romains l'Empire de l'Europe, ont des Hérauts d'Armes : ceux-ci ont joui pendant plusieurs siècles de tout l'éclat des anciens : aujourd'hui ils semblent bornés à des objets de simple parade ou purement blasoniques : prouvons que dans l'origine ils remplissoient toute l'étendue des anciens Hérauts, & indiquons les causes qui les ont réduits si fort au-dessous de ce qu'ils furent d'abord.

Les anciens Hérauts d'Armes François remplissoient exactement toutes les fonctions de ceux dont nous venons de parler, les fonctions de Féciaux & de Céryces : ils avoient tous été calqués sur le même modele : il n'en faut pas juger par nos Hérauts d'Armes actuels, dont les fonctions & la considération ont nécessairement reçu de très-grands échecs depuis que les Nations Européennes ont eu des Ambassadeurs à demeure les unes chez les autres, & depuis que les Tournois furent supprimés; car dans ceux-ci, ils remplissoient précisément les mêmes offices que les Ceryces dans les Jeux publics de la Grèce.

Les Hérauts d'Armés sont divisés d'une maniere qui correspond parfaitement à ceux des Hébreux : Rois d'Armes, Hérauts & Pourfuivans d'Armes; ceux-ci étoient distingués par la couleur de leur cotte-d'Armes : de même que chez les Hébreux, il y avoit les Kerethiens ou Hérauts, les Pelethiens ou ceux qui distinguoient leurs cottes-d'Armes, & Benaja leur Général.

Ils étoient armés du *Caducée*, bâton couvert, en France, de velours violet semé de fleurs de lys d'or en broderie.

Ils étoient chargés, 1°. d'annoncer, dans les Cours des Princes Etrangers, la guerre ou la paix, en faisant connoître leurs qualités & leurs pouvoirs.

2°. Le jour d'une bataille, ils etoient placés devant l'étendard; ils faisoient le dénombrement des morts, redemandoient les prisonniers, sommoient les Villes de se rendre, marchoient dans les Capitulations devant le Gouverneur de la Ville : ils publioient les Victoires, & en portoient les nouvelles dans les Cours Etrangeres.

3°. Il étoit de leur charge de publier les joûtes & tournois, de convier à y venir, ainsi que dans la Grèce ; de signifier les cartels, de marquer le champ, la lice ou le lieu du combat ; d'appeller, tant l'assaillant que le tenant, & de partager également le Soleil aux combattans à outrance. Ils publioient aussi la Fête de la célébration des Ordres de Chevalerie, & s'y trouvoient en habit de leur Corps.

4°. Ils assistoient aux mariages des Rois & aux Festins Royaux qui se faisoient aux grandes Fêtes de l'année quand le Roi tenoit Cour pleiniere, où ils appelloient le Grand-Maître, le Grand-Panetier, le Grand-Bouteillier, pour venir remplir leur charge.

5°. Aux cérémonies des obseques, ils enfermoient dans le tombeau les marques d'honneur, le Sceptre, la Couronne, la main de Justice, &c.

6°. Ils étoient aussi chargés de dresser des Armoiries, des généalogies, des preuves de Noblesse ; de corriger les abus & usurpations des casques, timbres, supports & Couronnes : d'avoir la communication de tous les vieux titres qui pouvoient servir à cet égard : enfin de blasonner l'Ecu des Chevaliers qui se présentoient pour les tournois ; & tout cela en imitation plus ou moins parfaite de ce qui se pratiquoit dans les jeux de la Grèce.

On voit par tout ce détail que nos Hérauts d'Armes, si étroitement liés avec notre Blason, sont exactement les mêmes Personnages que les Féciaux, les Céryces, les Céréthiens, qu'ils en remplissoient exactement toutes les fonctions, & qu'ils furent ainsi très-antérieurs au tems de ces tournois & de ces croisades pour lesquels on croyoit qu'ils furent inventés.

On voit également que s'ils furent chargés aux tournois de blasonner l'Ecu des Chevaliers, ou de vérifier si ces Chevaliers étoient réellement vrais Chevaliers, c'est que dans les Jeux de la Grèce où ils proclamoient les combats, ils étoient chargés des mêmes fonctions. Certainement dans ces Jeux où les Rois Grecs se faisoient un honneur de gagner des victoires, où Hiéron lui-même, ce Prince Syracusain si illustre, ne dédaignoit pas de combattre, nul n'y combattoit que des Personnes libres, égales à la Noblesse, toutes Citoyennes, toutes Nobles ; car dans Athènes même, où le Peuple étoit Maître, ce Peuple n'étoit composé que de très-anciennes Familles Citoyennes, de Pere en fils, depuis plusieurs siècles : les Esclaves, les Artisans, les Habitans étrangers n'avoient nulle voix dans ces assemblées, & n'y paroissoient point.

Ces Familles Citoyennes étoient même si jalouses de leur droit de naissance,

sance, qu'on n'étoit regardé comme légitime qu'autant qu'on étoit né d'un Pere & d'une Mere Citoyens tous deux.

Celui qui étoit né d'une Mere non Citoyenne d'Athènes, étoit déclaré bâtard, non Athénien, & ne pouvoit prétendre à aucune Charge de la République : aussi n'étoit-il pas obligé, comme les Citoyens, d'avoir soin de ses parens jusqu'à leur mort.

Dans des Villes aussi jalouses de leurs droits & de leurs prérogatives, il étoit donc essentiel, de la plus grande importance, de constater la Noblesse de chaque Famille, de chaque Citoyen, & leurs titres aux objets pour lesquels ils se mettoient sur les rangs. Il est donc certain qu'aux Jeux solemnels de la Grèce les Hérauts étoient obligés de vérifier la qualité de chaque Combattant ; s'ils étoient Citoyens, Patriciens, tels que devoient être des personnes que l'Etat étoit appellé a honorer, à loger, à nourrir.

Ainsi nos Hérauts d'Armes, en vérifiant le Blason des Chevaliers qui vouloient combattre, ne faisoient qu'imiter un usage qui s'étoit constamment pratiqué dans les Jeux de la Grèce.

Quant à leur nom, qui est une altération de *Heraldus*, d'où le nom d'*Art Héraldique*, donné à l'Art du Blason, il est composé de *Her*, Armes, & *Ald*, ancien : Seigneur : Roi, le Roi ou le Seigneur d'Armes : aussi leur Chef s'appelle encore aujourd'hui le *Roi d'Armes*, nom qui est la traduction littérale du mot *Heraud* ou *Heraldus*.

CRI DE GUERRE.

Dans les tems anciens comme dans les modernes, les boucliers ou les Armoiries étoient souvent accompagnées du cri de guerre adopté par ceux qui avoient droit de banniere. Ce cri étoit comme le mot du guet, au moyen duquel chacun pouvoit reconnoître sa banniere dans les ténèbres les plus épaisses, ou au milieu de la mêlée la plus terrible.

Ces cris étoient de plusieurs especes. Le plus ordinaire étoit le nom propre : ainsi Gédéon donne pour cri à sa petite Troupe contre les Madianites, *au Seigneur & à Gédéon*.

D'autres avoient le cri d'invocation, tel le cri des Montmorencis : *Dieu aide au premier Chrétien*.

D'autres, de ralliement, *Montjoie Saint Denis*, c'est-à-dire, *ralliez-vous sous la banniere de Saint Denis*.

On trouve le second de ces cris sur les Médailles de la Maison Thoria : c'est *Junon Conservatrice.*

Je ne doute pas qu'on n'en trouvât un très-grand nombre des uns & des autres, en examinant avec soin les devises & les inscriptions qui sont sur les Médailles anciennes.

ORDRES DE CHEVALERIE.

A mesure que nous avançons dans la connoissance de l'Antiquité, nous découvrons que des établissemens qu'on regarde comme des inventions très-modernes, n'ont été faits qu'en imitation de ce qui se pratiquoit dans la plus haute Antiquité. Tels sont les Ordres de Chevalerie.

Actuellement, il n'existe en Europe que des Ordres très-modernes. On ne connoit rien de plus ancien en ce genre que celui de la Toison d'Or, fondé par les derniers Ducs de Bourgogne : & celui de l'Etoile en France. Et les Rois seuls en ont.

Mais dans l'Antiquité, il existoit également des Ordres de Chevalerie, & tout Prince Souverain chez lui, quoique relevant d'un autre, avoit le droit d'Ordre.

C'est ainsi que les Ducs d'Orléans & de Bourgogne avoient un Ordre à eux, déjà avant l'établissement de la Toison d'Or dans la Maison de Bourgogne & du Porc-épi dans celle d'Orléans. L'Histoire nous apprend que peu de jours avant que le Duc de Bourgogne fît assassiner le Duc d'Orléans, ils avoient pris & porté l'Ordre & le Collier l'un de l'autre, en preuve d'alliance & de bonne amitié. Cependant on ne trouve rien dans l'Histoire sur ces Ordres. C'est qu'on a toujours pris rénovation ou perfection & extension pour création: ce qui a sans cesse égaré.

Les Rois de Perse donnoient à leurs Grands-Seigneurs des Colliers-d'or & à Constantinople, du tems des Empereurs Romains, les Grands Seigneurs portoient des Écharpes d'or : c'étoient les marques d'honneur les plus distinguées.

Il seroit bien singulier que les Ordres de Chevalerie n'eussent été imaginés que dans un tems où l'esprit de Chevalerie n'existoit plus, ou qu'il s'éteignoit de toutes parts, & où l'on étoit bien-aise qu'il s'éteignît.

C'est qu'on ne s'est avisé qu'alors d'en tenir note.

Les Peuples Celtes, dit M. *Pelloutier* (1), portoient autour du cou des chaînes ou des Colliers d'or massif. Ils avoient aussi autour du bras & autour du poignet des bracelets du même métal, appellé *Viriæ* par les Espagnols, & *Viriolæ* par les Gaulois. Autant qu'il est possible d'en juger, cet ornement servoit à distinguer les Nobles, & particulierement ceux qui avoient quelque Commandement dans les Troupes. POLYBE représentant (2) une armée de Gaulois rangée en bataille, dit que le premier rang étoit composé de gens ornés de Colliers & de Bracelets, c'est-à-dire de gens de qualité qui se battoient toujours à la tête des Armées.

Le Collier & les Bracelets, observe-t-il aussi, étoient chez les Perses un ornement affecté aux Grands-Seigneurs. Hérodote parlant de Mardonius que Xerxès laissa en Grèce pour y continuer la guerre, nous apprend qu'il choisit dans l'armée des Perses tout ce qu'il y avoit de gens à Colliers & à Bracelets; c'est-à-dire, l'élite de la Noblesse.

Aussi TITE-LIVE spécifie ordinairement le nombre des Colliers & des Bracelets gagnés sur les Gaulois, afin qu'on pût juger du nombre des Officiers & des personnes de distinction qu'ils avoient perdus dans la bataille. Les Guerriers qui avoient coutume de sortir des rangs & de se présenter entre les deux Armées pour défier les plus braves des ennemis, étoient presque toujours de ces gens à Colliers, qui vouloient signaler leur Noblesse & se faire un grand nom par des actions d'éclat.

Alors comme aujourd'hui les gros Colliers désignoient les personnes de la plus haute distinction.

Les Hausse-cols des Officiers sont un reste de cet ancien usage qui fut admis de bonne-heure par les Romains.

DES ECUYERS.

Tout Noble, tout homme ayant droit de bouclier, avoit celui de le faire porter par un de ses hommes : celui-ci en étoit appellé *Scuti-Fer* & *Scuti-Ger*, porte-bouclier, mot qui s'est altéré insensiblement en celui d'Ecuyer, par l'habitude où nous sommes de supprimer les T dans le milieu des mots, & de changer les G en Y.

Cet *Scutiger* ou Ecuyer étoit toujours de la classe de ceux qui seuls avoient le droit de porter le bouclier; cette arme étoit sacrée en quelque chose : qui-

(1) Liv. II. Ch. VIII. (2) Liv. II. 117.

conque n'avoit pas droit d'en porte, n'étoit pas digne même d'en avoir la garde.

Ce n'étoit pas un simple effet de la vanité, mais une précaution sage : car quiconque a la garde d'une chose, se croit bientôt en droit d'en user ; & de proche en proche, à en rester seul possesseur ; sur-tout relativement à une arme aussi précieuse que celle du bouclier.

Le titre d'Ecuyer étoit ainsi un grade au-dessous de celui de Chevalier : des Familles entieres n'ont même jamais eu d'autre titre : c'est que tout Noble avoit droit d'être Ecuyer ; au lieu que pour être Chevalier, il falloit être Seigneur de plusieurs maisons nobles : de même que pour être Comte, il falloit être Chef d'un grand nombre de Chevaliers.

ENSEIGNES DE SAUVEGARDE.

Outre les Enseignes Militaires, on a été obligé d'en employer à nombre d'autres usages dans la vie civile.

Ainsi les Négocians ont tous une enseigne devant leur magasin ou boutique, afin que ceux qui ont besoin d'eux, puissent les trouver sans peine.

Les Couvreurs suspendent une piece de bois du haut des toits qu'ils raccommodent, afin que les passans puissent éviter les tuiles & les décombres qu'ils ne peuvent empêcher de tomber dans la rue.

Lorsque les Hébreux assiégerent Jéricho, ils recommanderent à Rahab de mettre une piece d'étoffe rouge à la façade de sa maison, afin qu'elle fût à l'abri de toute insulte dans la prise de sa Patrie.

Dans les Tableaux de Polygnotte relatifs à la guerre de Troie, que les Cnidiens avoient fait peindre à leurs frais dans un portique de Delphes & dont PAUSANIAS nous a conservé la description, on voit que les Grecs après avoir pris la ville de Troie, suspendirent une peau de Léopard à la porte d'Antenor pour lui servir de Sauvegarde (1) : ce Prince passoit pour avoir fait sa paix particuliere avec les Grecs, & Enée en étoit fortement soupçonné.

---

(1) PHOCID. Ch. XXVII.

PARTIE III.

Du Droit des Monnoies ; & des Symboles dont on les accompagnoit.

ARTICLE I.

De la Monnoie en général.

1.

Néceſſité d'un moyen propre à faciliter les échanges des denrées & de l'induſtrie.

Dès que la Terre fut cultivée, dès que pluſieurs grands Propriétaires eurent établi divers Etats, & eurent donné lieu à une grande induſtrie & à un grand Commerce, il fallut néceſſairement inventer un moyen propre à faciliter les échanges, non-ſeulement de proche en proche, mais juſques dans les Régions les plus éloignées. Il arrivoit ſans ceſſe, par exemple, que ceux qui avoient des échanges à faire, ne pouvoient pas ſe procurer réciproquement ce dont ils avoient beſoin. Celui qui avoit du bled de trop, auroit voulu le donner à celui qui avoit plus de troupeaux ou de telle autre denrée qu'il ne lui en falloit pour ſon uſage ; mais il ne trouvoit que des gens qui avoient beſoin de bled & qui n'avoient point de troupeaux ou des denrées qui lui convinſſent : dès-lors, comment faire des échanges ? Comment ſe rendre utiles les uns aux autres ?

Celui qui avoit des vins, des légumes, des troupeaux, ou telle autre denrée, ne trouvant autour de lui que des Propriétaires riches en mêmes denrées, ou des perſonnes riches en induſtrie & qui ne pouvoient lui donner en échange le bled ou les autres objets dont il avoit beſoin, reſtoit avec ſon vin, ſes troupeaux, ſes denrées, ou étoit obligé d'aller chercher dans le lointain des perſonnes avec qui il pût faire quelqu'échange.

De-là, des entraves continuelles dans le Commerce, ſur-tout relativement aux objets d'induſtrie.

Ces entraves augmentoient bien plus, lorſqu'il falloit échanger de très-petits objets : avec quelle portion d'induſtrie, par exemple, pouvoit-on ſe procurer la portion de bled, de vin, de fruit, &c. dont on avoit beſoin pour la journée, ou pour un ſeul repas ? Comment donner en échange une légère portion d'animal ou d'habit ?

Le besoin est industrieux, & notre grand principe est que tout naquit du besoin : on sentit donc aussi-tôt que comme deux choses égales à une troisieme sont égales entr'elles, il pouvoit exister un objet de Commerce qui, sans être bled, vin, denrée, rien de tout ce dont l'homme a besoin pour se nourrir, ou pour s'habiller, &c. pût être donné en échange de tous ces objets indistinctement : qui, sans être la chose même qu'on désiroit par son échange, fût capable de la faire trouver ailleurs, ainsi qu'on donne un mandat, une délégation sur une personne qui doit : & qui fût susceptible d'être réduit en aussi petites portions qu'on voudroit, afin de pouvoir se prêter à toutes les circonstances possibles.

2.

Métaux servant de Monnoie.

Ce moyen fut fourni par les métaux, par le cuivre, l'or ou l'argent, & dans toutes les gradations possibles. Ces objets inégalement précieux devinrent représentatifs de la diverse valeur des denrées. Un morceau de cuivre du poids d'une livre, fut représentatif d'une certaine quantité de denrées, ou d'objets d'industrie. Un morceau d'argent du même poids put être représentatif de vingt fois autant en denrées ; une livre d'or put valoir douze fois plus qu'une livre d'argent, deux cent quarante fois plus qu'une livre de cuivre : ainsi tel animal, telle quantité de denrée pouvoient être représentés par une livre de cuivre ; telle autre par une livre d'argent, & telle autre infiniment plus grande par une livre d'or, bien plus aisée à transporter que deux cent quarante livres de cuivre. Et c'est ce qu'on appella MONNOIE.

3.

La gradation entre les métaux qui servent de Monnoie, donnée par la Nature même.

Ces rapports entre les métaux, qui se proportionnent ainsi à toute l'étendue des besoins du Commerce, ne furent point arbitraires ; car rien ne peut l'être en fait d'institutions permanentes. Elles furent établies sur la pesanteur respective de ces métaux : une même masse en argent pese plus qu'en cuivre ; & une même masse en or pese plus que l'argent : par conséquent, on put donner en échange une plus grosse masse de denrées contre de l'or, que contre de l'argent ; & une plus grosse masse pour l'argent que pour le cuivre.

4.
La Monnoie n'est donc qu'un signe.

La monnoie ne fut donc qu'un signe représentatif des denrées, & un moyen de faciliter les échanges. Ce qui le prouve incontestablement, c'est que l'on ne donne jamais sa denrée contre ces métaux, lorsqu'on est sûr qu'ils seront insuffisans pour se procurer ce dont on a besoin : alors celui qui possede ces métaux meurt de faim au milieu du plus grand amas en ce genre : tandis que le vrai riche dans ce moment, est celui qui a des denrées ; car il vit & rien ne lui manque.

5.
NOMS DE LA MONNOIE.
1°. En Oriental.

Aussi tous les noms de la monnoie, sont le signe représentatif des denrées, des vraies richesses.

Les Orientaux l'appellerent DRACH-MON, *signe pour les routes, pour le Commerce*, mot dégénéré en celui de *Drachme*, qui n'a plus de rapport avec son origine.

2°. En Grec.

Les Grecs l'appellerent NOMISMA, *ce qui sert de loi, de régle* pour le Commerce, pour les échanges : d'où les Latins firent le mot NUMMUS, piéce d'argent, & d'où est venu le nom de l'ART NUMISMATIQUE, de cet Art qui roule sur les Monnoies & sur les Médailles.

3°. En Latin.

Par les mêmes raisons, les Latins appellerent la monnoie MON-ETA, *ce qui est un signe* ; du mot MON, signe, flambeau, de ce même mot qui concourut également à former celui de *Drach-mon*, comme nous venons de le voir.

Ce mot tient à une Famille immense, aux noms du Soleil & de la Lune en *Men, Menes, Moun*, les flambeaux de l'Univers : à celui de MON-EO, être en signe, avertir ; à une foule d'autres.

4°. Méprise des Romains à cet égard.

Les Romains qui ne connurent jamais rien à leurs origines, crurent que le nom de *Moneta* donné à la monnoie, venoit de ce qu'on la fabriquoit dans le Temple de JUNON MONETA; mais pourquoi cette Déesse étoit-elle surnommée ainsi, & pourquoi battoit-on monnoie dans son Temple, plutôt que dans celui de toute autre Divinité ? C'est ce qu'ils ne sçurent jamais. Rien de plus simple cependant d'après nos principes.

Junon, la même que la Lune Reine du Ciel, fut appellée avec raison MONETA, *mot-à-mot*, l'Avertisseuse, le signe, le flambeau, puisqu'elle sert de flambeau dans la nuit, & que par ses variations elle avertit les hommes de tout ce qui a rapport au Calendrier.

Le rapport étroit qui se trouva ainsi entre Junon & ce qu'on appelloit comme elle MONETA, ne permit pas de consacrer la monnoie à d'autres Divinités, & de la fabriquer ailleurs que dans son Temple.

5.

Monnoie mise sous la protection des Dieux.

La facilité avec laquelle on pouvoit tromper les hommes dans l'usage de la monnoie, & la nécessité extrême qu'il ne s'y glissât aucun abus, furent de puissans motifs pour mettre les signes monétaires sous la protection de la bonne-foi & sous la sanction des Dieux vengeurs du parjure & de la fraude.

6.

Origine de notre mot MONNOIE.

Est-il nécessaire d'avertir que ce mot n'est point l'effet du hasard, quoiqu'il ne nous offre rien de significatif : qu'il n'est que l'altération du mot même MON-ETA, prononcé en Languedocien *mounéde*, & en vieux François *monnée*, par cet usage constant qu'a notre Langue de supprimer les T du milieu des mots ?

ARTICLE II.

ANTIQUITÉ DE LA MONNOIE.

1.

Diversité des opinions à ce sujet.

On comprend sans peine d'après ces principes, que l'origine de la monnoie remonte à la plus haute antiquité : cependant, lorsqu'on veut le prouver par le fait, on ne trouve à cet égard que ténèbres & que contestations parmi les Savans : la plûpart prétendent qu'elle ne remonte qu'à quelques siècles avant notre Ere; un très-petit nombre la regarde comme plus ancienne.

2.

Causes de cette diversité.

Il semble que sur des choses de fait, il ne devroit point y avoir de contestations; mais il faudroit pour cela que les faits fussent toujours exprimés d'une maniere bien claire; & qu'ils n'eussent jamais varié : & c'est précisément le contraire sur cette question.

Les premieres monnoies furent désignées par les noms des objets dont elles étoient les signes représentatifs : les moindres qui représentoient la valeur des agneaux, furent appellées *Agneaux*; celles qui représentoient la valeur des bœufs en furent appellées *Bœufs*. Dès-lors grand embarras pour savoir si les mots d'agneaux & de bœufs désignent réellement dans les anciens des agneaux & des bœufs vivans, ou des monnoies.

Secondement, il est certain qu'on pesoit dès l'origine l'or & l'argent, & dès-lors on suppose qu'il n'y avoit aucune marque sur les métaux pour en fixer la valeur; qu'il n'existoit donc point d'argent monnoyé.

Troisiémement, l'Histoire nous apprend le tems où dans certaines contrées l'or & l'argent devinrent des objets monnoyés; & celui où furent frappées les plus anciennes médailles connues; & on en conclut que l'or & l'argent n'ont servi de monnoie nulle part avant ce tems-là.

Mais si en bonne Logique, aucun de ces raisonnemens n'est concluant, s'ils ne portent que sur de fausses suppositions, s'ils donnent à certains mots, à certains usages un sens infiniment trop restreint, s'ils supposent de l'opposition entre des objets qui ne sont point contradictoires, que faudra t'il penser de ces assertions? Qu'elles sont au moins prématurées; qu'on ne s'est point entendu, ou qu'on n'a jamais saisi ces objets sous leur véritable point de vue; qu'il n'est donc pas étonnant que les volumes se multiplient sans que la vérité en soit mieux connue; & les ténèbres, dissipées.

Afin d'éclaircir ces objets, nous devons donc avant tout péser la force de ces difficultés; nous allons par conséquent en faire autant de questions particulieres.

PREMIERE QUESTION.

Les Pièces de Monnoie furent-elles désignées d'abord par les noms d'Agneaux, de Brebis, de Bœufs ?

I.

Tous les anciens Achats faits avec des Agneaux & des Bœufs.

Les premiers achats dont l'Histoire nous parle, à remonter au tems d'ABRAHAM pour les pays Orientaux, à ceux de THÉSÉE pour la Grèce, & de SERVIUS pour Rome, sont représentés comme ayant été faits avec des brebis, des agneaux, des bœufs.

Ceux qui ne se sont point fait de principes à cet égard, prétendent que par ces mots il faut entendre de vrais animaux, & non des piéces d'argent qui portoient l'empreinte de ces animaux. La raison qu'ils en donnent, c'est que dans ce tems-là il n'y avoit point d'argent monnoyé ; mais c'est une pétition de principe ; les expressions *acheter* & *piéce d'argent*, dont on se sert dans ces occasions, ne peuvent être relatives à des échanges d'objets commerçables; on n'achete qu'avec des métaux. C'est bouleverser les termes, c'est les dénaturer que de leur donner un sens différent du seul dont ils soient susceptibles.

2.

Monnoie appellée Brebis *en Canaan.*

S'il est dit dans la GENÈSE (1) que Jacob achete une portion de champ pour cent agneaux, ces Savans veulent qu'il ait donné cent agneaux en nature ; tandis qu'il est dit dans les ACTES (2) que ce marché avoit été fait à prix d'argent.

3.

Monnoie appellée Bœuf *à Athènes.*

Lorsqu'HOMERE & HÉSIODE désignent par tant de bœufs, tant de moutons, la valeur de divers objets, on ne manque pas de dire que la monnoie n'étoit certainement pas connue alors ; que ces noms d'animaux désignent manifestement des animaux & non des piéces d'argent.

---

(1) Ch. XXXIII. Vers. 19. (2) Ch. VII. 16.

On oublie donc qu'HESYCHIUS dit expressément que la monnoie des Athéniens avoit un bœuf pour empreinte.

Et que PLUTARQUE dit expressément que cette monnoie avoit été battue à Athènes par Thésée, avant la guerre de Troie.

Mais puisqu'avant Homere & avant Hésiode, il existoit une monnoie à bœufs, à brebis, pourquoi ne veut-on pas que ce soit par cette monnoie que ces Poëtes évaluent les objets précieux dont ils parlent?

C'est comme si lorsque nous parlons d'écus ou de livres, quelqu'un s'imaginoit qu'il s'agit non de monnoie, mais de vrais écus ou boucliers & d'un poids réel en métal.

Le Proverbe en usage à Athènes Βυς εν γλωττη, le *bœuf sur la langue*, pour désigner ceux qui opinoient en conséquence de l'or qu'on leur avoit donné afin d'acheter leur suffrage, n'a de sel qu'autant que ce bœuf étoit une monnoie.

Mais puisque les bœufs d'Athènes étoient une monnoie, pourquoi les agneaux ou les brebis des Cananéens du tems d'Abraham, n'auroient-ils pas été également une monnoie?

4.

Monnoie appellée Bœuf & Brebis *à Rome.*

SI on se refuse à l'évidence de ces choses, on ne pourra du moins en disconvenir pour Rome.

Ses Historiens nous assurent que leur Roi SERVIUS fit battre monnoie avec l'empreinte de bœufs & de brebis. On y pouvoit donc évaluer certainement les objets précieux par bœufs & par brebis; & cependant les expressions étoient parfaitement les mêmes qu'en Palestine & que dans la Grèce. Pourquoi donner aux unes plus d'extension qu'aux autres?

Ces mêmes Historiens nous apprennent que l'an 300 de Rome, les Consuls Sp. TARPEIUS & An. TERMINIUS donnerent la liberté aux Magistrats d'imposer des peines pécuniaires, en prescrivant cependant qu'elles n'iroient pas au-delà de deux bœufs & de trente brebis.

Par-tout le même langage, donc par-tout les mêmes idées & les mêmes usages.

Il existe encore de ces anciennes monnoies de cuivre marquées d'un bœuf. Le P. de MONTFAUCON en a fait graver deux dans son Antiquité Expliquée, dont l'une est conservée dans le Cabinet de Sainte Geneviéve. Elles pesent chacune quatre livres, & valoient quatre as, ou quatre sous.

Ce Savant dit à ce sujet que le nom d'*As* venoit d'*æs*, cuivre : c'étoit une erreur étymologique. As signifie un, & est un mot primitif, comme nous l'avons prouvé dans nos Origines Latines.

5.

Du mot PECUNIA.

C'est parce que la monnoie Romaine portoit l'empreinte des animaux les plus précieux pour l'homme, de ceux qu'on appelloit PECUS, troupeaux, bestiaux, que la monnoie ou l'argent monnoyé fut appellé en général PECUNIA, comme si on eût dit richesse en troupeaux ; & la masse des biens, PECULIUM, d'où PECULAT, crime de ceux qui s'enrichissoient par des extorsions & d'autres voies criminelles. Cependant seroit-on en droit de restraindre ces mots à la seule possession de troupeaux ?

6.

Monnoie appellée Loup, Cheval, &c. par la même raison.

La monnoie d'Argos étant marquée d'un loup, celle de Thessalie d'un cheval, ne disoit-on pas loup d'Argos & cheval de Thessalie pour indiquer leurs monnoies ? N'est-ce pas un usage constant de désigner la monnoie par sa marque ?

7.

Agneau ou Agnel, ancienne Monnoie de France.

La France n'a-t-elle pas eu elle-même une monnoie d'or fin appellée AGNEAU ou AGNEL & AIGNEL, comme on prononçoit alors, & qui prenoit son nom de sa marque ? Saint Louis la fit frapper le premier : Philippe-le-Bel en maintint l'usage, & elle subsista jusqu'à Charles VII. Elle représentoit un agneau avec cette devise ; AGNUS *Dei qui tollis peccata mundi, miserere nobis.* Sa valeur étoit de douze sols & demi tournois, qui étoient des sous d'argent pesant chacun autant que l'agnel. On l'appelloit aussi MOUTON *d'or à la grande* ou *à la petite laine.* On lui donnoit aussi le nom d'AGNELET.

Cependant ne se moqueroit-on pas de celui qui en concluroit que ces Agneaux désignoient de vrais agneaux vivans ?

CONCLUONS que par-tout où l'on a évalué les ventes & les achats par les mots de Bœufs & de Brebis, on a toujours entendu par-là des piéces d'argent, de la monnoie sur laquelle étoit l'empreinte de ces animaux.

IIme. QUESTION.

L'Action de peser les Métaux, suppose-t-elle que la Monnoie étoit sans empreinte ?

1.

L'action de peser n'est pas en contradiction avec l'empreinte.

Ceux qui nient l'Antiquité de la monnoie, ne se contentent pas de prendre les mots de *bœuf & de brebis* au pied de la lettre pour de vrais animaux ; ils ajoutent que lorsqu'on eut recours aux métaux pour faciliter le Commerce, on les livroit au poids purement & simplement, & que ce ne fut que long-tems après qu'on s'avisa d'y mettre des marques relatives à leur poids.

Un fait comme celui-là mériteroit d'être prouvé, sur-tout par des personnes en apparence si scrupuleuses sur les faits, & qui ne veulent pas ajouter un mot à la lettre. Cependant, qu'alleguent-ils pour prouver qu'il n'y avoit point d'argent monnoyé avant les siècles voisins de Servius ? ceci uniquement, qu'on le pésoit.

Mais quel rapport entre le principe & la conséquence ? Nous n'avons donc point d'argent monnoyé, aujourd'hui, où tous les payemens de grosses sommes se font par sacs d'argent qu'on pese ; où on pese les louis même pour s'assurer s'ils sont de bon aloi ?

Nous n'en avons donc point, d'argent monnoyé, puisque nous le comptons par livres ?

Quel Etranger ne se croiroit pas, d'après les mêmes raisonnemens, en droit de conclure que nous sommes absolument privés des monnoies, puisque nos richesses ne sont composées que de livres & ne se connoissent qu'au poids ? Qu'il nous plaindroit de n'avoir pas eu l'esprit d'inventer quelque signe, quelque marque qui tînt lieu de poids, de balances, de toute la peine qui en résulte pour fixer la valeur des métaux, & sur-tout pour n'être pas trompé par de faux poids & de fausses balances ?

Ainsi on raisonne lorsqu'on isole tout, qu'on s'arrête à la lettre, qu'on ne remonte aux principes de rien, qu'on ne s'éleve pas au-delà de ce qu'on a sous les yeux.

2.

Les Anciens avoient de l'argent monnoyé dans le tems qu'ils le péſoient.

Cependant, on avoit des preuves propres à faire voir que l'argent même péſé avoit des marques, & qu'il étoit diviſé en piéces égales & d'une même valeur, indépendamment de ce que nous avons dit ſur la premiere queſtion.

Moyse dit, par exemple, qu'Abimelech Roi de Guerar, donna à Abraham mille piéces d'argent : que ce Patriarche achetant une caverne pour ſervir de tombe ou de ſépulture à ſa famille, il en donna quatre cents ſicles d'argent de monnoie publique qui avoit cours chez les Marchands. Et que Joſeph fut vendu par ſes freres vingt piéces d'argent.

On voit donc ici l'argent diviſé en piéces reçues dans le public, & qui ont un cours fixe chez les Marchands. Il falloit donc néceſſairement que ces piéces euſſent une marque au moyen de laquelle on fût aſſuré qu'elles étoient toutes ſemblables, qu'elles avoient une valeur égale, & à laquelle on ne pouvoit ſe méprendre.

En voici cependant de différente eſpéce: des eſpéces d'argent, des ſicles, des agneaux : il exiſtoit donc néceſſairement entre toutes ces piéces d'argent, une proportion quelconque, connue, invariable, à laquelle on ne pouvoit ſe méprendre.

Sans cela, quel commerce eût pu ſubſiſter au milieu de tant de choſes inconnues & ſi longues à vérifier, & cependant ſi néceſſaires ?

Mais c'eſt qu'elles étoient monnoyées, & cette monnoie portoit toujours le nom de ſon empreinte. Ainſi Agesilas, ce Héros Lacédémonien, obligé d'abandonner l'Aſie, théâtre de ſes exploits, pour venir au ſecours de ſa Patrie, contre laquelle trente mille piéces d'or marquées d'un Archer, avoient ſoulevé la Grèce, il dit plaiſamment que trente mille Archers l'avoient chaſſé de l'Aſie.

3.

Elle étoit indiſpenſable.

D'ailleurs qui pourra ſe perſuader qu'au tems d'Abraham où l'Egypte, l'Inde, la Chaldée, la Paleſtine, &c. exiſtoient avec cette ſageſſe qui leur a acquis un ſi grand renom, & où il ſe faiſoit un ſi grand commerce, on n'eût pas assez d'esprit pour sentir la nécessité de mettre une marque quelconque sur le cuivre, l'or, l'argent dont on se servoit pour faciliter le commerce : & sur-tout relativement à ces petits payemens qui reviennent à chaque instant & pour lesquels il eût été trop long & trop pénible de péser l'argent chaque fois : & qu'ayant senti l'utilité d'un pareil expédient, ils n'ayent ni su l'imaginer, ni voulu en faire usage ?

Pour relever l'habileté de quelques hommes, faut-il frapper de stupidité des Générations entieres, sur-tout quand on n'est pas assuré d'avoir raison, & que les faits ne sont pas éclaircis ?

Tout devoit faire penser qu'on n'avoit pas pu rester un si grand nombre de siècles dans l'ignorance sur des objets aussi simples & aussi nécessaires : que l'intérêt & la nécessité furent toujours de grands Maîtres : & qu'on peut s'en rapporter au génie & à l'activité des Négocians sur tout ce qui peut faciliter leurs opérations.

L'Orient dut en avoir beaucoup plutôt qu'Athènes, que Rome & que tout l'Occident.

Du tems d'Abraham, deux mille ans avant notre Ere, il existoit déjà un très-grand commerce dans l'Orient : déjà alors de très-grandes Caravanes parcouroient les vastes Etats de l'Asie pour profiter des richesses de tous, en leur portant tout ce qui pouvoit tenter le luxe de tous ou satisfaire leurs besoins. Ces Négocians commerçoient nécessairement avec des métaux : & il falloit bien que cet or eût une valeur reconnue, fixe & constante : & cette valeur ne pouvoit exister sans une marque quelconque, bien connue & sur laquelle il ne pût s'élever le moindre doute.

Comment est-ce que les Peuplades de l'Europe, Athènes, Servius fils d'un Esclave, dit-on, & tel autre petit Canton privés de ce grand commerce, auroient senti dans leur pauvreté le besoin d'or & d'argent monnoyé, dont ne se seroient pas douté pendant tant de siècles les grands Etats de l'Asie, les Egyptiens, les Chaldéens, les Phéniciens dans le tems de leur plus grande prospérité, & au milieu du Commerce le plus étendu, le plus actif, le plus riche : ces Phéniciens en particulier qui perfectionnerent tout en faveur de leur Commerce, écriture, calculs, Navigation, Astronomie : & qui étoient riches en or & en argent ?

Nous verrons d'ailleurs qu'au tems où Servius inventa, nous dit-on, ses brebis & ses bœufs, la monnoie d'or & d'argent existoit déjà ; qu'ainsi on a tort de regarder les Romains comme inventeurs en ce genre. Les Romains n'ayant point chez eux de mine d'or & d'argent, & n'ayant point de commerce, n'étoient pas en état de frapper de pareilles monnoies ; ils se servoient de celles de leurs voisins, sur-tout de celles des Etrusques & des Grecs ; mais pour leur commerce intérieur, pour les besoins journaliers des Citoyens, il falloit une petite monnoie courante ; telle qu'il y en avoit dans les Etats voisins : & c'est celle-là que fixa Servius.

Il existe encore aujourd'hui des Etats en Europe où l'on ne frappe que de la petite monnoie courante : & où l'on admet pour les gros achats, les monnoies d'or & d'argent en usage dans les Etats voisins avec lesquels on est allié.

7.

On donne trop d'extension à des passages mal entendus.

Ce qui a tout brouillé, c'est qu'on a donné trop de force à quelques passages mal entendus : leur explication achevera de mettre ces objets dans tout leur jour : mais pour cet effet, analysons en deux mots le systême de ceux qui font la monnoie trop moderne. Ce qui nous conduit à notre troisiéme Question.

IIIe. QUESTION.

Ce que l'Histoire nous apprend du tems où la Monnoie fut établie dans quelques Etats, prouve-t-il qu'il n'y en avoit eu auparavant nulle part ?

Il est certain par l'Histoire, que la monnoie est assez récente chez quelques Peuples ; mais est-on en droit d'en conclure qu'elle étoit auparavant inconnue par-tout ; ou qu'elle n'avoit aucune marque, parce qu'on indique le tems où ces Peuples eurent des métaux monnoies ou marqués ? C'est ce qu'il s'agit d'examiner : afin qu'on puisse mieux nous suivre, mettons sous les yeux de nos Lecteurs le précis des systêmes sur cet objet.

I.

Syſtême de WACHTER.

Le Savant WACHTER, ſi connu par ſon Gloſſaire Germanique & par ſon Ouvrage ſur l'Origine des Lettres, publia en 1740 un Traité in-4°. ſur l'Origine de la Monnoie, qui devoit être ſuivi de pluſieurs autres.

Dans celui-ci diviſé en X Chapitres, il s'attachoit ſur-tout à faire voir que la monnoie étoit une invention très-moderne. Voici comment il s'y prend pour démontrer ſon aſſertion.

1°. *Silence d'Homere.*

« 1°. L'argent monnoyé n'a pas toujours été en uſage : on n'a imaginé cette voie de faciliter le Commerce que depuis l'établiſſement des Empires, & tout ſe faiſoit par échange dans les premiers tems. En parcourant Homere, on n'y trouve pas un mot de pièces d'or ou d'argent, de ſolde payée aux Soldats ».

Mais qui parle de ſolde ſur cette queſtion ? Qui nie que dans l'origine on ait tout fait par échange ? Et puiſque ce Savant convient que la monnoie fut établie depuis l'établiſſement des Empires, comment n'auroit-elle pas été établie au tems d'Homere où il y avoit des Empires fondés depuis tant de ſiècles ? Qu'attend donc cet Auteur pour faire commencer la monnoie après l'établiſſement des Empires ? On ne conçoit pas que l'eſprit de ſyſtême puiſſe faire raiſonner auſſi mal.

D'ailleurs, quand Homere n'en auroit point parlé, ſeroit-on en droit d'en conclure qu'il n'exiſtoit alors nulle part aucune monnoie ? Ce ſeroit accorder au ſilence d'Homere une énergie & une extenſion bien ſinguliere. Parce que ce Poëte a parlé d'une multitude de choſes, il doit avoir parlé de tout : ſon ouvrage doit être une Encyclopédie parfaite, & tout ce dont il n'a point parlé n'exiſtoit point. C'eſt ſe former de bien fauſſes idées d'Homere ; c'eſt vouloir que ſon Ouvrage eût été un mélange effroyable de tout. Cependant on n'a-dopte que trop cette maniere de raiſonner ; & dans d'autres Ouvrages très-précieux, on a nié l'exiſtence au tems de ce Poëte de toutes les modes ou uſages relatifs aux diverſes parties de l'habillement, dont il n'a point parlé. C'eſt comme ſi on exigeoit qu'un grand Poëte parlât ſouliers, boucles, jarretieres, ou mouchoirs.

Diſſ. T. I. H h

2°. Rome sans Monnoie.

« 2°. Rome a pu subsister plusieurs siècles & soutenir tous les frais civils & militaires sans argent monnoyé : le soldat faisoit la guerre à ses frais ».

Et quand cela auroit été, qu'en conclure contre les anciens Empires Orientaux ? de ce qui se passe dans de très-petites Républiques, la conséquence est-elle juste sur ce qui doit se passer dans de vastes & puissans Etats ? Toujours Rome, toujours les Grecs ! jamais la Nature, jamais la Vérité ! Et qui a dit même que Rome dès l'origine n'eût pas de l'argent monnoyé, quoiqu'elle ne payât point de solde ? & qu'a de commun la solde avec la monnoie, pour que l'existence de l'une dépende nécessairement de l'existence de l'autre ?

3°. Agneaux du tems de Jacob.

Ce Savant cite l'achat d'un champ par Jacob pour cent agneaux ou brebis, comme une preuve qu'alors il n'y avoit point d'argent monnoyé, & il oublie que S. Etienne dans les Actes dit qu'il fut acheté à prix d'argent.

Il affirme qu'il n'y avoit point de monnoie du tems d'Homere, & que tout ce qui est payé en *bœufs*, se payoit réellement en bœufs vivans.

Cependant, parlant d'*Euryclée*, nourrice d'Ulysse & suivante de Pénélope, que Laërte avoit achetée vingt bœufs (environ mille écus,) il convient que ce passage ne désigne pas des bœufs en nature, mais leur valeur payée en d'autres denrées : mais pourquoi pas en argent ? D'ailleurs, comment seroit-il arrivé qu'on eût regardé les bœufs & les brebis comme la valeur comparative de tout ce qu'on avoit à vendre & à acheter, de tous les échanges possibles, tandis que cette valeur varioit sans cesse ? pourquoi recourir à un sens rempli de difficultés, lorsqu'il s'en présente un très-beau, très-simple, très-raisonnable & conforme au fait ?

BOUCLIER d'Achille est une exception.

Enfin, il est forcé de convenir que sur le bouclier d'Achille, cette valeur du bœuf consistoit en argent monnoyé : que les masses de métal avoient déjà pris la place du bétail. Sur ce bouclier deux hommes plaident devant les Juges pour deux Talens d'or, amende d'un homicide que le meurtrier prétendoit avoir payée, & que le plus proche parent du défunt nioit d'avoir reçue.

Il y avoit donc de la monnoie du tems d'Homr, Auteur de ce bouclier.

Pourquoi donc se débattre si fort pour se refuser à l'existence de la monnoie dans ce tems-là ?

4°. *On pesoit la monnoie.*

« Mais on la pesoit : or le poids & l'empreinte ne sauroient subsister ensem-
» ble dans un Etat ; car celle-ci est une espèce de caution publique qui délivre
» de l'attention qu'exige la première ».

Mais aujourd'hui même, on ne cesse de peser l'argent & l'or les mieux monnoyés : donc le poids & l'empreinte peuvent subsister ensemble dans les Etats les mieux ordonnés.

5°. *Eloge de la Monnoie.*

« Nous arrivons enfin aux espèces.. On ne pouvoit guères s'en passer.
» C'est l'ame du Commerce.... Il est donc évident que les espèces sont les
» filles de la nécessité ; que l'art & le génie ont présidé à leur naissance ; que
» le luxe & l'avarice y ont applaudi, & qu'elles ont été reçues avec une joie
» universelle, tant à cause de leur commodité dans le Commerce, que
» parce qu'elles ouvroient la porte à l'acquisition des richesses qui sont com-
» me mortes en denrées, au lieu qu'en métal elles ont une vie & une acti-
» vité perpétuelle ».

Qui ne croiroit qu'après un éloge aussi pompeux & une aussi grande nécessité de la monnoie pour le Commerce, notre Auteur ne finisse par conclure pour sa haute antiquité ? Point du tout, cet éloge aboutit à soutenir que malgré cette nécessité indispensable de monnoie pour le Commerce, les Peuples les plus commerçans n'ont jamais eu l'esprit d'imaginer la monnoie pendant deux mille ans, & qu'ils ont été obligés de venir à l'école des Grecs & des Romains, les moins Commerçans des hommes, & si fort postérieurs à ces Nations civilisées qui étendoient leur Commerce dans tout l'Univers.

Ce sont cependant nos Maîtres qui raisonnent, qui écrivent, qui décident ainsi : est-il étonnant que l'Antiquité qu'ils veulent éclaircir, soit si obscure ?

I I.

Systéme de Sperling.

Ces mauvais raisonnemens de Wachter lui sont communs avec tous ceux qui ont traité de l'origine de la monnoie.

SPERLING, Savant du Nord, qui écrivit au commencement de ce siècle sur les monnoies, porta en 1704 le pyrrhonisme dans son Traité sur les Monnoies non frappées ni marquées, au point de nier même que les Princes Machabées se soient jamais servi de la permission que leur avoient donné les Rois de Syrie de battre monnoie, & il avance que les médailles qui paroissent sous leur nom sont toutes fausses.

Quand on en est là, & qu'on a pris son parti décidément malgré tous les faits & tous les raisonnemens, il faut renoncer à toute vérité.

Les Princes Asmonéens ou Machabées ont fait frapper des monnoies en or & en argent, avec des inscriptions en caractères Hébreux, qui dans ce tems-là approchoient extrêmement des Samaritains : il existe encore aujourd'hui beaucoup de ces monnoies, qu'on peut voir dans différens recueils, & qui ont été expliquées par divers Savans. Nous en avons fait mention dans nos Origines du Langage & de l'Ecriture ; & on peut consulter là-dessus l'intéressante Dissertation de M. l'Abbé BARTHELEMI sur les Médailles Samaritaines d'Antigone & de Jonathan (1).

Leur grand cheval de bataille à tous, le point d'où ils partent & auquel ils ramenent tout, est de dire que Phidon, Roi d'Argos, est le premier qui ait fait frapper des monnoies en Grèce ; & ils ont tous adopté ce fait comme vrai : nous verrons dans la suite qu'ils ont tout-à-fait mal saisi ce point d'Histoire, & qu'ils l'ont entièrement dénaturé ; tandis qu'il leur est contraire, & qu'il est de la plus grande utilité pour le seul systême qui soit vrai & que la raison puisse avouer.

III.

SYSTÊME de CHIFFLET.

CHIFFLET cependant leur avoit tracé la vraie route dans son Traité sur l'ancienne monnoie, imprimé pour la seconde fois à Anvers en 1656.

Il soutient dans le Chap. II. que la monnoie est beaucoup plus ancienne qu'on ne croit, puisqu'on la connoissoit déjà au tems d'Abraham.

Il est vrai qu'on pouvoit lui accorder qu'il y en avoit alors, mais sans aucune marque quelconque, & que c'est de cette dernière qu'il s'agit.

Mais il fait bien voir au Chapitre VIII. que c'est de cette derniere en effet qu'il entend parler, puisqu'ici il soutient qu'à Rome on eut de la monnoie

---

(1) Mém. de l'Acad. des Insc. & B. L. Tom. XXIV.

marquée avant le tems même de Servius, quoique tous les Antiquaires n'en aient rien cru.

Il s'appuie d'un paſſage de *PLINE* qui la fait remonter à Numa. Voici les paroles de cet illuſtre Romain ; elles ſont remarquables (1).

« Docuimus quamdiu Populus Romanus ære tantum ſignato uſus eſt &
» alia quæ vetuſtas tradidit, cùm æqualem urbi auctoritatem ejus declararet,
» à Rege Numa Collegio tertio ærariorum fabrûm inſtituto ». Ce qu'on peut rendre ainſi, car le ſens en eſt obſcur.

« Nous avons dit pendant combien de tems le Peuple Romain ne fit
» battre que de la monnoie de cuivre à empreinte, & quelles furent les
» autres eſpeces de monnoie que l'Antiquité nous a tranſmiſes, en déclarant leur
» juſte valeur au moyen du troiſième Collége des Monnoyeurs, établi par le
» Roi Numa ».

Ceci s'accorde avec un paſſage de FESTUS qui nous apprend que du tems même de Romulus, les Romains ſe ſervoient d'une monnoie d'or & d'argent qui leur venoit d'ailleurs.

« Solebant jam inde à Romulo nummis auri atque argenti ſignati ultramarinis uti ».

L'or & l'argent monnoyés étoient donc en uſage aux premiers tems de Rome, par conſéquent beaucoup plus anciens.

Ils venoient d'outre-mer, c'eſt-à-dire de Sicile, & peut-être de la Grèce.

IGNORANCE DES ROMAINS A CE SUJET.

Mais on voit ici combien peu les Romains connoiſſoient leurs origines. Pline parle d'une Compagnie de Monnoyeurs établie par Numa, & il avoit dit que Servius fit frapper le premier de la monnoie de cuivre avec une marque ; ce qui eſt une vraie contradiction, de quelque manière qu'on explique le nom de cette Compagnie ; car le terme *auctoritas* déſigne manifeſtement une monnoie qui a tout ce qu'il faut pour que ſa valeur ſoit bien connue.

D'ailleurs Pline ne ſavoit ce qui regarde la monnoie établie par Servius qu'au moyen de TIMÉE, Hiſtorien toujours abandonné par ceux de Rome, comme mal inſtruit.

Il n'eſt pas moins ſingulier qu'on ne trouve dans aucun endroit de l'Hiſtoire de Pline ce qu'il dit ici de Numa : il eſt apparent que des copiſtes ignorans

---

(1) Hiſt. Natur. Liv. XXXIV. Ch. I.

l'auront supprimé, parce qu'ils n'auront pas su comment accorder ce fait avec ce qu'on attribuoit à Servius. Le moyen en effet que la monnoie n'ayant été inventée qu'au tems de Servius, elle eût une valeur au tems de Numa!

Enfin on voit par tout ceci combien raisonnent mal ceux qui prétendent que la monnoie est fort récente, sur ce que les Romains n'en frapperent qu'au tems de Servius, puisque ce Peuple convient lui-même qu'il employoit dès son origine des monnoies étrangeres.

Les achats de bled qu'ils faisoient en Sicile, & qui étoient déjà fort considérables avant la guerre Punique, exigeoient nécessairement de l'argent ; & ils en avoient trouvé eux-mêmes prodigieusement au sac de Suessa, sous le regne de Tarquin, & dans la prise de plusieurs autres Villes opulentes d'Italie.

Ainsi tout ce qu'on dit pour prouver la *moderneité* de la monnoie, tombe en ruine, & on ne peut se dispenser de reconnoître combien ont plus de raison ceux qui en cherchoient l'origine dans des tems beaucoup plus reculés.

Anciens INSTITUTEURS de la Monnoie en divers lieux.

On peut donc ajouter foi à ceux qui mettent au rang des Inventeurs de l'Art Monetaire, ERICHTONIUS qui vivoit seize cens ans avant notre Ere ; DEMODICE, fille d'Agamemnon Roi de Cumes, & femme de Midas Roi de Phrygie : les LYDIENS, selon Hérodote & selon Xenophane dans Pollux : les NAXIENS selon Aglosthene ; THÉSÉE selon Plutarque ; chacun d'eux Instituteur pour sa contrée, & tous postérieurs à ceux qui avoient établi la monnoie plusieurs siécles auparavant dans les anciens Empires de l'Orient, en Egypte, en Phénicie, chez les Hébreux, &c.

Ajoutons que cet Art s'étant perfectionné dans des époques très-éloignées les unes des autres, on a beaucoup trop aisément confondu la perfection de l'Art avec son invention, comme si cet Art n'étoit né qu'au moment où il paroissoit sous une forme nouvelle. C'est une erreur si facile à commettre & si commune, que nous aurons sans cesse lieu de la relever sur une multitude d'autres objets fort différens de celui dont nous nous occupons dans ce moment.

Les plus anciennes Monnoies connues.

La monnoie à empreinte remonte donc à plus de deux mille ans avant notre Ere : il en existoit du tems d'Abraham chez les Cananéens, & par conséquent chez les Egyptiens, & dans les autres Empires de l'Asie Orientale ;

elle s'étendit de-là avec le commerce & avec les Colonies Orientales en Lydie, dans la Grèce, en Italie, à Rome, &c.

Les AGNEAUX du tems d'Abraham, & les BŒUFS du tems de Thésée, sont ainsi les plus anciennes monnoies connues.

Les DARIQUES étoient une monnoie d'un or très-fin qui avoient été frappées par un Roi d'Asie antérieur à Cyrus, & par conséquent à Darius fils d'Hystaspe. Mais tant de perfection suppose des commencemens très-anciens, tels que ceux dont nous parlons ici.

Phidon, Roi d'Argos, fait battre de la monnoie d'or déjà dans le IXe siècle.

Les PHILIPPIQUES étoient une monnoie Macédonienne qui portoit le nom de Philippe I. Roi de Macédoine, & qui étoit en usage à Rome du tems de Tarquin l'Ancien, puisqu'on lui demanda trois cens de ces piéces pour les livres Sibyllins.

Les Romains n'en eurent en argent que sous le Consulat de Fabius & d'Ogulnius, cinq ans avant la premiere guerre Punique.

Mais l'Italie & la Sicile, sur-tout, avoient des monnoies de cuivre, d'argent, & même d'or déjà avant la fondation de Rome. Peut-être y furent-elles portées par les Phéniciens.

ARTICLE III.

Nature des Symboles placés dès l'origine sur les Monnoies.

1.

Ils ne furent pas précisément les mêmes que dans la suite.

Les symboles qu'on plaça dès l'origine sur les Médailles ne furent pas précisément les mêmes, à tous égards, que ceux qui y paroissent aujourd'hui : & cette différence n'a pas peu contribué à la confusion qu'offre cette matiere, & à toutes les erreurs dans lesquelles sont tombés, à cet égard, ceux qui se sont occupés jusques ici des Monnoies & des Médailles.

2.

En quoi différent les anciens Symboles & les modernes relativement aux Monnoies.

La monnoie de notre tems & les Médailles modernes se reconnoissent sur-tout aux Têtes des Princes & des Rois qui y sont empreintes. Et comme cet usage nous est venu des Empereurs Romains & des Rois Macédoniens, on en a conclu que c'étoit une condition nécessaire de toute monnoie frappée dans les Royaumes ; au point que MM. les Antiquaires ne savent que faire des pièces sans noms de Villes, ou sans Têtes de Rois ; qu'ils ne connoissent ni les contrées, ni les siècles auxquels ils doivent les rapporter.

Il n'en étoit pas ainsi dans l'origine : jamais aucun Peuple, aucune Nation ne mit dans les premiers siècles l'effigie de ses Rois sur ses monnoies. Alors les Nations étoient tout ; l'Etat étoit dans elles, tout se rapportoit à elles ; leurs Rois n'étoient que leurs Représentans ; ainsi le droit de monnoie, de même que tous les autres droits, apparrenoient aux Nations, toujours stables, toujours intéressées au plus grand bien, tandis que les Rois ne faisoient que passer, & que se succédant les uns aux autres, leur bonheur étoit inséparable de celui de la Nation, toujours permanente.

Ces Nations dédaignoient donc de mettre sur leurs monnoies les symboles passagers de leurs Chefs successifs ; mais elles y plaçoient leurs propres symboles, ceux qui les caractérisoient, & qui étoient relatifs, comme nous l'avons vu, à leur nom, à leur local, à leurs productions, ou à tel autre caractere national.

Elles y ajoutoient sur-tout la figure ou les attributs de la Divinité Patrone, sous la protection de laquelle elles s'étoient mises.

Ainsi, la Divinité même étoit appellée comme garante de la bonne-foi qui devoit régner dans tous les Contrats, & dont la monnoie étoit le signe.

C'étoit une idée sublime, digne des Vertus fondatrices des Etats, & qui seules peuvent les soutenir & les éterniser. Aussi tout étoit ramené aux Dieux & à leur Providence ; & avec ces principes, la Terre se couvroit d'une population immense, qui fleurissoit à l'ombre de la justice & des Vertus sociales.

§.

Auteurs des Innovations à cet égard.

Cet usage avoit toujours été respecté & observé religieusement, lorsque de simples mortels ne craignant pas d'usurper une place consacrée jusques alors à la Divinité, firent frapper de la monnoie en leur nom, & avec leur empreinte.

Le premier fut PHIDON, Tyran d'Argos, dans le IXe siècle avant Jésus-Christ. Il osa substituer à l'empreinte de la Divinité d'Argos, son nom & peut-être sa figure sur des monnoies d'or & d'argent qu'il fit frapper.

Une

Une nouveauté auſſi révoltante fit grand bruit : & encore aujourd'hui on ſait que ce Prince innova en fait de monnoie : mais comme on ignoroit qu'avant lui aucun Prince n'avoit oſé mettre ſon effigie & même ſon nom ſur les médailles & les monnoies, on a cru que la nouveauté qu'il avoit introduite conſiſtoit dans la fabrication de monnoie d'or & d'argent, comme ſi on n'en avoit point eu juſques à lui : ce qui n'eſt qu'une erreur de plus.

Auſſi ce Prince nous eſt repréſenté par HÉRODOTE comme LE PLUS INSO‑ LENT DES MORTELS (1); tant on fut frappé de ſon audace.

En effet, chez des Peuples auſſi religieux que les Grecs, & auſſi zélés pour leur liberté, une pareille action dut être regardée comme le comble de l'inſolence, de la tyrannie & de l'impiété. C'étoit ſe faire égal aux Dieux ; plutôt croire qu'ils n'étoient rien, & qu'un Roi étoit tout.

Auſſi n'eut-il point d'imitateur dans la Grèce pendant pluſieurs ſiècles : il fallut pour cela que les Grecs euſſent perdu toute idée de liberté : qu'ils fuſſent aſſervis à des tyrans dont ils devinrent les lâches flatteurs.

Ajoutons une autre preuve de l'inſolence de ce Prince : il ne craignit pas de chaſſer tous les Préſidens des Jeux, & de ſe mettre en leur lieu & place : c'étoit attenter tout-à-la-fois à la dignité des Jeux & à la liberté de la Grèce : ce Prince fouloit donc aux pieds toute Loi divine & humaine.

Les fameux marbres de Paros rapportent à l'an 895 avant J. C. l'époque où ce Prince fit battre de la monnoie d'argent pour la premiere fois dans l'Iſle d'Egine. Ils ajoutent qu'il étoit le onzieme deſcendant d'Hercule, incluſivement.

Il en deſcendoit par Temenus, & il étoit frere de Caranus qui fonda le Royaume de Macédoine. Ni l'un ni l'autre n'étoient nés ſur le Trône : leurs Ancêtres avoient perdu leurs Etats, ou peut-être n'en avoient jamais eu : ils avoient vécu comme de ſimples particuliers à Corinthe, & avoient ſans doute acquis de grandes richeſſes au moyen du Commerce & de l'Agriculture : c'eſt-là que furent élevés les deux freres, & c'eſt de-là qu'ils partirent pour acquérir, on ne nous dit pas comment, l'un le Royaume d'Argos, & la plus grande partie du Péloponèſe : l'autre, le Royaume de Macédoine.

Ce dernier laiſſa ſes Etats à ſa poſtérité, qui en jouit juſqu'à Alexandre le Grand, le dernier Prince de cette race. Il n'en fut pas de même de Phidon ; les Grecs étoient trop éclairés & trop amoureux de leur liberté, pour ſe ſou-

---

(1) Liv. VII. Chap. 127.

mettre long-tems à un Prince aussi dangereux : il fut obligé d'abandonner Argos : on ne sait ce que devint cet homme superbe : nous aurons cependant occasion de parler tout-à-l'heure d'un de ses descendans.

Les habitans de l'Isle d'Egine, où Phidon fit frapper cette monnoie, étoient déjà célèbres à cette époque par leurs beaux Ouvrages en tout genre. PAUSANIAS les compare à cet égard aux Egyptiens (1) : & pour faire connoître le mérite d'une statue de Diane en ébène, il dit qu'elle est pareille aux Ouvrages connus des Grecs sous le nom d'*Eginéens* (2).

Pour terminer cet article, il nous reste à parler d'une médaille attribuée à Phidon, & d'une fête célèbre dans le goût de nos anciens tournois, où figura Leocedes qu'Hérodote appelle son fils.

4.

Médaille sous le nom de Phidon.

BEGER a publié dans son Trésor de Brandebourg une médaille d'argent qui appartenoit au Roi de Prusse & qui porte le nom de Phidon.

Elle est très-épaisse, comme toute ancienne médaille. Elle a d'un côté le mot ΦΙΔΩ, *Phido*, séparé en deux par un vase surmonté d'une grappe de raisin. De l'autre côté est un bouclier *Ancile*, symbole de Junon Sospita, grande Déesse d'Argos, & sa Patrone, qualité désignée essentiellement par ce bouclier.

On assure que l'argent en est si pur, qu'il est difficile d'en trouver de pareilles.

Cette médaille a occasionné diverses discussions sur son authenticité, que M. SCHOTT chercha à démontrer dans le premier Volume des Mélanges de Berlin.

Dans le Volume suivant, le Savant CUPER fit paroître diverses objections contre ce sentiment : & son Auteur ne négligea rien, pour le faire triompher, dans ce même Volume.

Nous n'entrerons point dans cette discussion, qui nous éloigneroit trop de notre but : nous nous bornerons à demander comment un faussaire se seroit contenté d'y mettre le nom de ce Prince, sans l'accompagner d'une effigie

---

(1) Liv. VII. (2) Liv. VIII. Ch. LIII.

quelconque ? Comment prononcer d'ailleurs fur l'authenticité d'une médaille dont on n'a que des copies ?

Si elle eft vraie, c'eft la plus ancienne de toutes les médailles connues : & depuis celle-là, jufques aux plus anciennes médailles des Rois, connues d'une maniere inconteftable, celles d'Alexandre I. Roi de Macédoine, & de Gelon Roi de Syracufe ; il y a un efpace de quatre fiècles entiers, celle de Gelon étant de l'an 493, & celle d'Alexandre de l'an 479.

§. 5.

Preuves en faveur de cette Médaille, réfultantes des plus anciennes Médailles de Macédoine.

Mais puifque nous en fommes fur les plus anciennes monnoies de Macédoine, difons un mot des conféquences auxquelles elles donnent lieu ; fur-tout en faveur de celle de Phidon.

Les plus anciennes, celles d'Alexandre I & d'Archelaüs, n'ont point d'effigie de Prince ; elles offrent pour type un Cheval, feul dans celle d'Archelaüs, accompagné d'un Cavalier armé d'une lance dans celles d'Alexandre. On ne reconnoît donc les Princes qui les ont fait frapper, qu'à leur nom ; ce qui étant le coftume du tems, deviendroit une preuve en faveur de celle de Phidon.

Les Savans en Médailles conviennent en même tems qu'il exifte des Médailles de Peuples, plus anciennes que celles-ci. Elles fe rapprochent donc du tems de Phidon ; & puifqu'il en exifte de pareilles, pourquoi ne s'en feroit-il pas échappé quelqu'une de celles de Phidon fi remarquables à tant d'égards ?

Obfervons encore que fur une de ces Médailles d'Alexandre I, on voit une chèvre, ainfi que fur les plus anciennes Médailles de la Grèce : ce qui confirmeroit les remarques que nous avons déja faites (1) fur la maniere dont Alexandre le Grand eft peint hiéroglyphiquement dans les Prophéties Hébraïques.

§. 6.

Du CHAPEAU *qu'on voit fur ces Médailles, ornement des Rois Macédoniens.*

Ces Médailles d'Alexandre I ont un autre avantage dont perfonne que je fache ne s'eft apperçu : c'eft de nous donner la vraie forme du CAUSIE, efpéce

---

(1) Ci-deffus, pag. 194.

de Chapeau dont parlent les Anciens, PAUSANIAS, ATHENÉE, PLUTARQUE, &c. & de nous apprendre la haute Antiquité des Chapeaux, ce qui n'étoit pas moins inconnu.

Le CAUSIE étoit une couverture de tête que les Anciens expliquent par *Pilos platys*; ce qu'on a cru rendre en François exactement par ces mots, *bonnet de poil à larges bords*, mais qui étant le PILEUS des Latins, eft un vrai Chapeau comme les nôtres, quand ils ont les ailes abaissées de tous côtés, comme pour servir de parasol.

Le Causie étoit en effet de poil ou de laine, ainsi que les chapeaux, si bien tissu & si bien apprêté qu'il servoit d'abri contre le mauvais tems, & qu'il tenoit lieu de casque dans les combats. Les Rois de Macédoine le portoient avec un diadême à l'entour.

Ce Chapeau, tel qu'il est sur les Médailles d'Alexandre I, répond parfaitement au *Baratlé*, Chapeau affecté à quelques Membres de la Souveraineté à Berne, & qui sert souvent de dot à leurs filles; comme autrefois, mais avec moins de profit, le *Chapeau de roses* des jeunes mariées.

Il ne ressemble pas mal non plus à la Tocque Béarnoise.

On peut donc dire que les Chapeaux font un ornement vraiment Celtique par leur forme, par leur matiere, par leur antiquité, par leur usage, & combien on étoit éloigné de la vérité sur ces objets, puisqu'on a toujours soutenu que les Chapeaux étoient une invention moderne qui ne remonte pas au-delà du XVe. siècle.

Il est très-apparent que tous les Macédoniens portoient des Causies comme ceux des Rois, à l'exception du diadême, & peut-être avec quelqu'autre différence pour la forme ou pour la figure.

On dérive ordinairement ce mot de *Caufos*, chaleur, parce que les Causies mettoient à l'abri du Soleil; mais ils mettoient également à l'abri du froid: les mêmes mots qui ont désigné la chaleur, ont servi en même tems à désigner les habillemens, parce qu'ils tiennent au chaud. Mais ce mot pourroit tenir également à la racine primitive CAU, creux, fond: ce qui peindroit la forme du Chapeau & seroit peut-être une étymologie plus naturelle.

L'Anthologie contient une Epigramme d'Antipater de Thessalonique sur le Causie qu'on offrit à ce Lucius Pison à qui Horace dédia son Art Poëtique, & qu'Auguste avoit chargé de dissiper des séditions qui s'étoient élevées dans la Thrace & dans la Macédoine. On peut la rendre ainsi:

» Sous le nom de CAUSIE, je fus pour les Macédoniens une armure légere qui
» servoit de Chapeau contre les mauvais tems, & de Casque dans les combats.

» Jaloux de pomper la fueur de votre front, je paſſe, vaillant Piſon, de l'E-
» mathie ſur une tête Auſonienne. Recevez-moi favorablement: quoique
» ſimple tiſſu, j'ai fait trembler les Perſes & je vous ſoumettrai les Thraces.

Cette Epigramme a été auſſi traduite & commentée par M. Boivin le cadet, dans les Mémoires de l'Académie des Inſcriptions & Belles-Lettres (1).

§. 7.

De LEOCEDES *fils de Phidon ſelon Hérodote, & des Tournois de Cliſthenes auxquels il aſſiſta.*

Hérodote parle de Phidon (2) à l'occaſion d'un Prince Grec appellé Leocedes qu'il dit être fils de Phidon & qui aſſiſta à des Tournois donnés par Cliſthenes qu'on peut regarder comme un modèle parfait de tout ce que notre ancienne Chevalerie a eu de plus galant en ce genre.

CLISTHENES, Tyran de Sicyone, eſt couronné aux Jeux Olympiques. Plein de joie d'un triomphe auſſi glorieux, il fait publier dans l'inſtant par un Hérault au milieu de toute la Grèce aſſemblée, que dans ſoixante jours tout Prince ou tout homme illuſtre par ſa naiſſance, nous dirions, tout Chevalier, qui ſe croira digne de ſa fille AGARISTE, ou d'être le Gendre de Cliſthenes, n'a qu'à ſe rendre à Sicyone pour les Noces de ſa fille qu'il accordera à celui qui ſe fera le plus diſtingué dans les Jeux ou Tournois qui s'ouvriront alors, & qui dureront une année entiere dans un lieu préparé exprès.

La Jeuneſſe Grecque la plus illuſtre par ſes Ancêtres & par l'éclat de ſa Patrie, accourut de toutes parts. Là vinrent, Smyndirides de Sybaris, qui ſurpaſſoit tous ſes Concitoyens en luxe & en magnificence; & Damas le Sirites, fils de Samyris, qu'on appelloit le Sage; tous deux de la grande Grèce.

Amphimneſte, d'Epidamne en Ionie: Males d'Eolie, frere de Titorme, le plus fort de tous les Grecs, & qui s'étoit réfugié dans l'extrémité de l'Eolie pour fuir la compagnie des vivans.

Leocedes, fils du Tyran Phidon: l'Arcadien Amiante, fils de Lycurgue de Trapezonte.

Laphanes, fils de l'Arcadien Euphorion, qu'on diſoit avoir reçu chez lui Caſ-

---

(1) Tome II. (2) Liv. VI.

tor & Pollux : & qui par cette raison avoit droit d'hospitalité chez tous. Onomastes d'Elée : tous du Péloponèse.

D'Athènes, Megacles, fils d'Almeon, qui avoit été chez Crésus. Un autre Hippoclides, fils de Tisandre (1), le plus riche & le mieux fait des Athéniens.

Lysanias, d'Eretrie, ville d'Eubée, alors très-florissante.

Cranonius, de Thessalie ; & Alcon, du pays des Molosses.

A l'arrivée de tous ces Prétendans, Clisthenes vérifie leur patrie & leurs familles ; il les blasonne pourroit-on dire, comme on faisoit dans tous les Tournois : il les éprouva ensuite une année entiere, pendant laquelle il les traita splendidement, d'une maniere digne de leur naissance & de son rang. Il eut ainsi le tems d'étudier leur courage, leurs mœurs, leur caractère, leur génie, l'étendue de leurs connoissances, & de les connoître, soit pendant les repas, soit pendant la durée des Jeux, des combats & des exercices gymnastiques, où il les accompagnoit sans cesse. Les Athéniens lui plaisoient le plus, Hippoclides sur-tout, qui descendoit des Cypseles, autrefois Maîtres de Corinthe.

L'année étant expirée, & le jour du choix de l'Epoux arrivé, le Prince fait égorger cent bœufs & donne un grand festin aux Prétendans & à tous les Sicyoniens. Vers la fin du repas, Hippoclides demande aux Musiciens un air de danses baladines & après en avoir exécuté quelques-unes, il se met à danser sur la tête comme sur les pieds : Clisthenes indigné, lui dit : *Hippoclides, vous avez dansé* votre mariage : celui-ci répondit : *c'est le moindre des soucis d'Hypclides* ; ce qui passa en Proverbe.

Alors Clisthenes adressant la parole à tous les Prétendans, leur dit qu'il désireroit pouvoir les gratifier tous ; mais que la chose étant impossible, puisqu'il n'avoit qu'une fille, il les prioit, du moins en reconnoissance de ce qu'ils avoient bien voulu se mettre sur les rangs pour être son gendre, & de ce qu'ils avoient été si long-tems absens de chez eux, d'accepter chacun un talent d'argent, & que d'ailleurs il donnoit sa fille à Megacles. Celui-ci l'ayant acceptée avec empressement, la fête se termina par ces noces qui furent célébrées dans toute la Grèce, & qui augmenterent de beaucoup la gloire & la puissance des Alcméonides.

---

(1) Les Copistes ont donc omis le premier de ces Hippoclides, & peut-être le nom d'autres Prétendans.

§.

Epoque de ce Tournois.

Il est question de fixer l'époque de ce Tournois, afin de s'assurer si en effet Leocedes étoit fils de Phidon, & s'il ne s'est pas glissé ici une faute dans le texte d'Hérodote, à moins que le mot Grec, qu'on rend par celui de *fils*, Παις ne signifie aussi un *descendant*, ce que les Traducteurs n'auroient cependant pas soupçonné.

Hérodote dit de Megacles qu'il étoit fils d'Alcmeon, qui avoit été chez Crésus. Mégacles étoit donc postérieur à Crésus, ou plus jeune : mais Crésus monta sur le Trône en 562, & il le perdit en 548. En ôtant 561 de 850 au moins où Phidon pouvoit encore vivre, on a un espace de 288 ans. Espace beaucoup trop long pour que Leocedes fût fils de Phidon.

D'un autre côté, on nous a conservé la généalogie de (1) la fille de Clisthenes jusqu'à Périclès qui mourut en 429, & qui étoit Général des Athéniens en 455.

De Megacles & d'Agariste naquirent Clisthenes & Hippocrates.

D'Hippocrates, Megaclès & Agariste.

Agariste épousa Xanthippe fils d'Ariphron, & en eut Périclès.

Il n'y auroit donc que deux générations entre Megacles contemporain de Leocedes & Périclès, qui étoit assez jeune en 455, à peu-près environ 90 ans après le mariage de Megacles.

Cependant cette généalogie est brouillée, puisque dans le fait Agariste, mere de Périclès, devoit être fille de Clisthenes l'Athénien, celui-ci ayant toujours été regardé comme le grand-pere de Périclès.

C'est ce Clisthenes qui étant Archonte d'Athènes, fit chasser en 512 Hippias, fils de Pisistrate, & établit l'Ostracisme.

Celui de Sicyone étoit si prévenu pour sa Patrie, qu'il bannit de cette Ville tous les Bardes qui venoient y chanter les Poëmes d'Homere, parce que ce Poëte ne célèbre qu'Argos & les Argiens. Il détruisit même le beau monument qu'on y voyoit à l'honneur d'Adraste, fils de Talaüs, un des sept Princes ligués contre Thebes, parce qu'il étoit d'Argos ; & pour mieux mar-

---

(1). Hérod. Liv. III. 131.

quer son antipathie, il éleva un Mausolée à l'honneur de Menalippe de Thebes, du parti opposé à ces Princes, & qui avoit tué le fils & le gendre de cet Adraste dont il venoit de détruire le monument.

9.

Rapport de cette Fête avec nos anciens Tournois.

Le rapport de cette Fête ne peut être plus grand avec nos anciens Tournois : c'est de part & d'autre le même esprit de galanterie, les mêmes jeux, les mêmes personnages, la même annonce solemnelle & faite long-tems à l'avance ; les mêmes précautions pour n'être pas trompé sur la Noblesse des Combattans. La Grèce d'ailleurs étoit bien faite pour donner un pareil modèle à la Noblesse Européenne, & sur-tout aux Chevaliers François, chez qui les Savans ont fait tout ce qu'ils ont pû pour trouver l'origine des anciens Tournois.

On croit que le premier qui les *inventa* en France, fut Geoffroy, Seigneur de Preuilly en Anjou, qui fut tué en 1066. Ils ne remonteroient ainsi qu'au XIe siècle. Mais on ne pense donc pas que les Fêtes les plus galantes étoient établies depuis long-tems dans les Provinces Méridionales, sur-tout en Provence, & que les Grecs y avoient porté depuis nombre de Siècles, l'esprit, la vivacité & l'enjouement de leur Nation ?

On oublie également que les deux frères Louis-le-Germanique & Charles-le-Chauve avoient donné de superbes Tournois à tous leurs Seigneurs Saxons, Gascons, Austrasiens, Bretons, &c. dès l'an 842, après qu'ils eurent fait cette célèbre alliance qui forme le sujet de notre Vignette dans les Origines Françoises ; & certainement ce ne fut pas une nouveauté.

10.

Confirmation de nos principes par les conditions qui accompagnerent l'établissement des Tournois en Allemagne.

1°. *Henri I. établit les Tournois avec preuve de Noblesse.*

Dans ce moment nous rencontrons un passage tiré d'un Ouvrage sur la Noblesse par LA ROQUE, Ch. CLXXII. qui nous auroit évité bien de la peine si

nous

nous l'avions connu plutôt. On y assure que lorsque Henri l'Oiseleur, Empereur d'Allemagne, institua les Tournois dans cette vaste contrée en 935, il ordonna que pour y être admis, il faudroit faire preuve de douze quartiers.

2°. *Première conséquence qui en résulte.*

Ce passage est très-heureux ; nous y voyons les Tournois établis en Allemagne avant l'époque qu'on leur assigne en France ; par conséquent on est obligé de reculer d'autant celle des Armoiries ou Blason : & par-là même on voit combien peu étoient fondés ceux qui n'en vouloient pas reconnoître l'institution avant les Croisades.

3°. *Noblesse héréditaire très-ancienne.*

Il démontre de plus, que long-tems avant les Tournois, il y avoit une Noblesse héréditaire & un vrai Blason, puisque l'Empereur Henri exige de ceux qui voudront être admis à ces Tournois, qu'ils fassent preuve de douze quartiers. Ce qui eût été une extravagance s'il n'eût pas existé en effet des Familles où la Noblesse fût héréditaire, & si elles n'avoient pu constater leur filiation pendant quatre siècles, à trois quartiers ou générations par siècle. Ce qui nous conduit au sixième siècle, au tems du Royaume d'Austrasie, & long-tems avant Charlemagne même, dont la Maison venoit de s'éteindre, Henri étant le second Empereur pris d'entre les grandes Maisons d'Allemagne.

Ceci prouve encore avec quel peu de soin on a conservé en France les titres de la Noblesse, ou quelles affreuses révolutions elle y a essuyées, puisqu'on avoit entièrement perdu de vue son existence ou ses preuves antérieures au Xe. siècle, à ce siècle où Henri II exigeoit une si haute Antiquité pour sa Noblesse, lors même qu'on prétendroit que ces douze quartiers ne seroient pas tous successifs, & qu'ils se partageroient en deux parties collatérales.

Mais supposer des Familles en état de prouver quatre cens ans de Noblesse, c'est en supposer de beaucoup plus anciennes, parce que dans ces sortes d'occasions on prend un parti moyen, ce qui est à la portée du plus grand nombre. Ainsi il devoit y avoir alors des Familles dont la Noblesse remontât à deux ou trois cens ans de plus, c'est-à-dire, à cette époque où les Peuples du Nord s'ébranlèrent contre le Midi, & où leur Noblesse étoit connue, puisqu'elle seule avoit droit de porter les Armes.

Dissert. Tom. I.

4°. *Noblesse héréditaire antérieure aux Fiefs héréditaires.*

Ainsi, lorsque les Francs firent la conquête des Gaules, ils étoient Nobles indépendamment de tout Fief; & d'une Noblesse héréditaire, que très-mal à propos on a confondu avec la Noblesse des Fiefs héréditaires; tant étoient nombreuses les fausses idées dans lesquelles on étoit à cet égard.

Aussi en Italie a-t-on conservé constamment cette Noblesse personnelle des Familles, indépendante de tout fief, de toute possession : ainsi elle est une preuve vivante de la certitude de nos Principes.

5°. *Preuves de Noblesse inséparables des Jeux & des Tournois.*

Puisqu'Henri I. établissant les Tournois en Allemagne, fixe à douze quartiers les preuves de Noblesse que feroient les Chevaliers qui demanderoient à y être admis, & que chacun s'y soumit sans difficulté ; c'est une preuve que les Jeux anciens qu'on cherchoit à imiter dans les Tournois, étoient également appuyés sur le même usage, & qu'on étoit accoutumé depuis long-tems à faire de pareilles preuves de Noblesse.

6°. *Faits, souvent difficiles à se procurer.*

Plus on fouilleroit avec soin dans l'Antiquité & dans l'Histoire du moyen âge, & plus on trouveroit de preuves convaincantes de ce que nous avançons dans nos divers Essais, & sur-tout dans celui-ci, sur lequel en particulier nous n'avons pas cru devoir faire des recherches plus profondes. Des faits isolés & noyés dans une immensité de livres qu'on n'a pas toujours sous la main, sont très-difficiles à se procurer, par le tems sur-tout qu'il faudroit sacrifier à ces recherches.

D'ailleurs nous nous estimons assez heureux de pouvoir offrir aux recherches des Savans de nouveaux points de vue, sans avoir la prétention de dire & de faire aussi-bien qu'eux. Emportés par la masse immense de notre plan, & ne pouvant ni lire, ni approfondir tout ce qui est relatif à ses nombreuses ramifications, il nous échappe nécessairement sans cesse des preuves qui serviroient non-seulement à donner plus de force à ce que nous avançons, mais qui nous conduiroient sans doute à de nouveaux développemens.

Il est souvent tel fait, telle preuve, qui vaut mieux qu'une dissertation entière, quelque bien faite qu'elle soit.

ARTICLE IV.

De la différence des Symboles placés sur les Monnoies des Rois, & sur celles de divers Etats.

1.

Les Rois, les Empereurs mettent leurs effigies sur les Monnoies.

Lorsqu'une fois un Prince eût commencé de mettre son nom & ensuite son effigie sur ses médailles ou sur ses monnoies, tous les autres Rois en firent de même, sur-tout les Successeurs d'Alexandre.

Les Empereurs Romains s'arrogèrent à leur tour le même droit, non en qualité de Rois, on ne l'eût pas souffert, ou du moins ils auroient eu peur de soulever les Romains; mais en vertu de leur autorité pontificale, en qualité de Personnages sacrés, divins, de Lieutenans de la Divinité.

A cet égard, on ne peut trop admirer la bisarrerie des jugemens humains. On ne cesse de s'élever contre l'Apothéose des Empereurs, tandis qu'on ne dit rien de l'usage qu'ils s'étoient attribué de faire frapper la monnoie à leur coin : c'est qu'on est accoutumé à ce dernier usage, & qu'on ne voit pas qu'il étoit la base de l'Apothéose, & que celle-ci n'en étoit qu'une conséquence naturelle. Il n'est pas étonnant qu'on regardât comme admis après leur mort au rang des Dieux, ceux qui de leur vivant en avoient tenu la place & en avoient eu tous les droits. Ceux-ci étoient réels : l'Apothéose n'étoit qu'une cérémonie qu'ils amenoient à leur suite.

2.

Villes qui se refusent à ce droit.

Nous l'avons vû, les Villes libres ne mettoient jamais sur leurs monnoies l'effigie & les noms d'aucun mortel : mais lorsqu'elle furent soumises aux Empereurs, il fallut qu'elles se soumissent à l'usage nouveau, & qu'elles frappassent monnoie au coin des Empereurs.

Quelques-unes cependant eurent assez de noblesse & de grandeur d'ame pour s'y refuser. Telles furent ATHÈNES & CORTONE.

Les Antiquaires conviennent que ces deux Villes ne frapperent jamais de médailles à l'honneur des Empereurs Romains : ils obfervent encore qu'elles n'en frapperent même aucune pour conferver le fouvenir de leur Gouvernement, de leurs Magiftrats, de leurs Alliances, de leurs Jeux, de leurs Victoires.

Symbole d'Athènes.

On ne voit fur les Médailles d'Athènes, comme nous l'avons vu plus haut, que Minerve fa Patrone, fon Olivier, fa Chouette.

Symbole de Cortone.

Celles de Cortone ne nous préfentent également que les têtes des deux grandes Divinités Sabéennes, Junon LACINIA ou la Lune, & Apollon ou Hercule repréfentant le Soleil, avec le Trépied d'Apollon, fymbole de l'année aux trois Saifons primitives, & emblême du Soleil.

Comme la caufe de ce furnom de LACINIA eft inconnue, & que les Grecs ne l'expliquoient que par un conte fabuleux à leur manière ; que d'ailleurs il confirme ce que nous avons déjà dit pour faire voir que Junon eft une des Divinités fymboliques de la Lune, entrons dans quelque détail à ce fujet.

Du furnom de LACINIA donné à Junon.

Le Temple de Junon Lacinia étoit à fix milles de Crotone, dans un bois facré d'une vafte étendue, avec des pâturages immenfes, où fe répandoient les nombreux troupeaux de la Déeffe, fans avoir befoin de gardiens, étant à l'abri des bêtes féroces & de la malice des hommes. Une colonne d'or maffif s'élevoit au milieu de ce Temple, auffi célèbre par fes richeffes que par fa fainteté, étant vénéré de toutes les contrées voifines (1).

Ce Temple, difoit-on, avoit été érigé par Hercule en mémoire de ce qu'il avoit affommé en cet endroit le brigand LACINIUS, voleur redoutable de la Contrée, qui lui enlevoit de tems en tems quelqu'un de fes bœufs.

On fent très-bien que c'eft un conte inventé pour ne pas refter muet fur la

---

(1) Tit.-Liv. Liv. XXIV.

cause d'une épithète aussi singulière que celle de LACINIA donnée à Junon ; il n'y avoit que des Grecs ou des Romains qui pussent s'en contenter.

C'est un nom certainement significatif, non dans la langue de ces Peuples nouveaux venus dans le Pays, mais dans celle de ses premiers habitans Peuples Celtiques, & qui consacrèrent cette Forêt à la Reine des Cieux, à la Grand-Dame du Pays.

Ils l'appellerent avec beaucoup de raison LAT-CIN*ia*, mot-à-mot, REINE du PAYS ; de deux mots qui subsistent encore dans nombre de Dialectes Celtiques, & dont nous avons déjà eu occasion de parler.

LAT, signifie pays, comme nous l'avons dit dans nos Origines Latines & ailleurs, d'où vint le LAT*ium* ; & qui se nasalant, a fait le LAND des Peuples du Nord.

CIN, KIN, signifie Roi, Chef : de-là le KI*N*g des Anglois, le KOE*N*ig des Allemands, le KEN & KOEN des Orientaux, qui tous signifient Chef, Roi, Prince.

Il n'étoit pas étonnant que les Crotoniates ne fussent point au fait de cette étymologie : ils étoient une Colonie Grecque, fort postérieure, de leur propre aveu, à la fondation de ce Temple : ils ne remontoient, dit-on, qu'au tems de Numa, tandis que le nom de la Déesse & son Temple se confondoient avec le tems d'Hercule, c'est-à-dire, avec les tems les plus reculés, avec ceux où les Celtes étoient venus habiter le pays, & y avoient apporté le Culte du Soleil, de la Lune, & des bois, comme nous l'avons fait voir dans le Discours Préliminaire des Origines Latines.

4.

Monnoies de ces Villes, inutiles pour l'Histoire.

Mais il résulte de-là un inconvénient fâcheux relativement à l'Histoire : c'est que les monnoies de ces villes, quoiqu'elles se soient transmises jusqu'à nous, sont absolument inutiles pour nous mettre au fait des événemens qui leur sont relatifs : au lieu que celles qui ont été frappées au coin des Rois, ou avec des Inscriptions historiques, sont un supplément précieux à ce qui nous manque en livres.

§.

Motifs qui purent déterminer les Empereurs à laisser ces Villes libres à cet égard.

Comment des Princes aussi jaloux de leurs droits que les Empereurs Romains purent-ils consentir à ce que des villes entieres se refusassent constamment à frapper leurs monnoies à leur coin, & même des médailles en leur faveur; tandis que l'Univers presqu'entier & Rome elle-même s'empressoient à leur donner à cet égard les marques de la flatterie la plus rampante?

Ils ne suivirent cependant sur cet objet aucun plan fixe: tandis que telle ville mettoit sur ses monnoies leur effigie, telle autre n'en faisoit rien, & des troisiémes y associoient leurs symboles à ceux du Prince.

C'est ce qu'a fort bien vu M. l'Abbé BARTHELEMI.

» Il est certain, dit-il dans son Essai de Paléographie Numismatique (1), » que les successeurs d'Alexandre & ensuite les Romains, voulurent que cer- » taines villes ne missent sur leurs monnoies que le nom du Prince qui les » gouvernoit: qu'ils permirent à d'autres de n'en faire aucune mention, & » qu'ils consentirent bien souvent qu'on y associât le nom de la ville & celui » du Prince: de-là trois différentes sortes de Médailles Grecques: celles des » Rois, les Impériales Grecques & celles des Villes Grecques ou Auto-nomes ».

Cette condescendance de Princes aussi jaloux de leurs droits, n'est point naturelle: il faut qu'elle ait eu un motif puisé dans leur profonde politique. Ils savoient trop bien que leur droit d'effigie n'étoit qu'une usurpation sur les droits divins, pour l'exiger forcément: ils comprirent qu'en laissant les villes parfaitement libres à cet égard, on s'accoutumeroit insensiblement à regarder ce droit comme purement civil, comme de simple administration & d'une saine politique: & que le petit nombre de celles qui ne s'y conformeroient pas, ne pourroit être nullement contagieux. C'est avec cette adresse que se sont établis une foule d'usages & de coutumes qui auroient sans cela occasionné de terribles révolutions.

Aussi lorsque les Officiers de la Monnoie sous Auguste voulurent forcer les Athéniens à changer leur usage & à substituer la tête d'Auguste à celle de Minerve, ceux-ci s'adresserent directement à l'Empereur, & lui dirent avec

---

(1) Mém. des Inscr. & B. L. T. XXIV.

cette noble fierté qui convient si bien à des hommes libres, égaux en élévation aux Princes, que jamais ils n'avoient mis sur leurs monnoies d'autres symboles que ceux de Minerve leur Déesse : que ces symboles étoient en même tems les preuves de leur liberté, de leur origine, de cet amour pour les Sciences qui faisoit de leur ville le centre des connoissances : qu'ils regarderoient comme la source de leur décadence à tous ces égards s'il falloit que la tête de leur Déesse, source de toute science & de toute sagesse, fît place à celle d'un Prince qui, quelqu'auguste qu'il fût n'étoit pas la Divinité même. L'Empereur touché de cette noblesse de sentimens, fit un décret qui dispensoit les Athéniens de mettre jamais sur leurs monnoies d'autre effigie que celle de leur Patrone, paroissant accorder ainsi à la piété respectable des Athéniens, ce qui n'étoit que l'effet de sa politique.

Les habitans de Cortone firent sans doute la même démarche & avec le même succès, puisque leurs Médailles offrent toujours sous les Empereurs ainsi que celles d'Athènes, l'apparence d'un Peuple libre & qui ne reconnoissoit d'autres Protecteurs de la bonne-foi que les Dieux.

Qu'importoit d'ailleurs à ces Maîtres de la terre que quelques villes parussent un peu plus libres que d'autres? Pourvu qu'ils fussent maîtres absolus dans Rome qui leur paroissoit l'Univers, ils n'étoient jaloux de se montrer ailleurs que comme des Généraux d'Armées destinés à étendre les frontieres de l'Empire Romain & à le faire jouir de la plus profonde paix. Que Rome & les Armées reconnussent leurs loix, tout le reste pouvoit être libre, en ne se permettant rien contre leur autorité.

6.

Causes du scrupule de ces Villes.

Où donc ces Peuples non éclairés du Christianisme, avoient-ils puisé des maximes aussi honorables, dont se doutent si peu les Antiquaires & qui feroient regarder les Athéniens comme étant presqu'aussi scrupuleux que les Juifs?

Dans l'usage ancien & constant, nous le répetons, des premiers Peuples qui persuadés que la monnoie étoit l'ame du Commerce, & que le Commerce ne pouvoit réussir qu'au moyen de la bonne-foi, mirent l'un & l'autre pour les rendre infiniment respectables, non sous la protection des hommes mortels, mais sous celle uniquement de la Divinité présente à leurs actions, gardienne de la bonne-foi, vengeresse du parjure & du crime.

Rien n'étoit plus auguste, plus respectable, plus sacré que cette coutume : ne soyons donc pas étonnés qu'elle ait été commune à tous les Peuples anciens qui se regarderent toujours comme étant sous la protection immédiate de la Divinité ; & qu'elle se soit constamment maintenue chez les Athéniens, le plus religieux des Peuples, celui qui mettoit le plus de gravité & de décence dans le Culte des Dieux.

La déférence d'Auguste pour ce Peuple marque en même tems l'estime & la considération que cette République s'étoit acquise, & la met fort au-dessus des Romains qui se livrerent aux flatteries les plus révoltantes pour célébrer la divinité de leurs Empereurs.

7.

Vexations auxquelles donnerent lieu ces empreintes de la tête des Empereurs.

La Divinité ou les respects divins qu'on attachoit à l'empreinte de la tête des Empereurs sur les monnoies, parvint à un tel excès qu'elle fut une source des vexations les plus odieuses sous les regnes des mauvais Empereurs & lorsqu'on laissoit liberté entiere aux délateurs. Alors on faisoit regarder comme un crime de Lèze-Majesté divine & humaine de livrer ou de recevoir cette monnoie sans lui rendre les plus grands honneurs, & comme un bien plus grand crime de la porter sur soi en allant dans des lieux où on ne seroit pas allé avec un Empereur. En étendant ainsi de la maniere la plus absurde le respect civil qu'on doit avoir pour les objets inanimés qu'on expose aux regards du Public & à sa sagesse, on trouvoit des coupables par-tout ; toute action devenoit un sacrilége, & il n'y avoit plus de principe.

8.

Les anciennes Monnoies des Romains, uniquement consacrées aux Dieux.

Les Romains ne mirent également sur leurs monnoies que des Symboles de Divinités, jusques vers les derniers tems de la République.

Sur leurs monnoies d'airain ou de cuivre, on voit les trois grandes Divinités du Calendrier.

JANUS aux deux faces, sous le regne de qui, disoit-on, fut inventée l'Agriculture & qui étoit par conséquent contemporain de Saturne.

MERCURE qui inventa le Calendrier pour les besoins de cette Agriculture.

HERCULE,

HERCULE, dont la marche dirigeoit tous les travaux de cet Art.

Ce choix de Divinités dont on n'a jamais cherché la cause, parce qu'on n'a jamais soupçonné qu'il pût avoir un motif déterminé, est d'autant plus remarquable, qu'il s'accorde parfaitement avec ce que nous avons dit dans l'explication des trois grandes Allégories Orientales relatives à Saturne, à Mercure & à Hercule ; & qui prouve avec quelle sagesse les Anciens choisissoient leurs symboles & dirigeoient toutes leurs instructions, abstraction faite, sans contredit, des fausses idées qu'ils paroissoient avoir de la Divinité. Ces monnoies Romaines deviennent par conséquent une confirmation de nos grands Principes sur cet objet, & une preuve de leur accord avec la Nature & avec l'Antiquité entiere.

Le choix que les Romains firent pour leurs monnoies de ces trois Etres symboliques, fait voir en même tems avec quelle sagesse les Anciens dirigeoient toutes leurs instructions, & démontre que de tout tems on a cherché à se conduire sur tous les objets relatifs au Public, de la maniere la plus réfléchie & la plus propre à produire les effets qu'on vouloit opérer.

Au revers, ces monnoies avoient la figure d'un NAVIRE, de ce Navire avec lequel, disoit-on, Saturne avoit abordé en Italie, & qu'ailleurs on appelloit le Navire d'Isis ; mais qui représentoit si naturellement des villes situées sur les eaux.

9.

Premiere Monnoie d'argent avec le nom d'un Consul.

La monnoie d'argent des Romains présente d'un côté Rome sous la figure de MINERVE, & presque toujours avec une croix en sautoir ; au revers, le char de la VICTOIRE attelé tantôt de deux chevaux, tantôt de quatre.

Ce dernier symbole étoit très-bien choisi. Lorsque pour la premiere fois, cette ville superbe fit battre de la monnoie d'argent l'an 269 avant J. C. Rome étoit victorieuse & triomphante ; Pyrrhus avoit été vaincu, les Tarentins subjugués, les Samnites détruits après cent ans de combats plus cruels les uns que les autres, l'Italie étoit aux fers, la Sicile menacée, Carthage, la fiere Carthage frémissoit de douleur à la vue de ces succès éclatans & soutenus. Les Rois de l'Orient eux-mêmes, malgré leur orgueil & leur puissance, commençoient à rechercher l'amitié d'une République par laquelle leurs Etats devoient être dans peu anéantis & leurs descendans massacrés ou réduits aux fers comme de vils esclaves.

Il existe encore aujourd'hui de ces Médailles d'argent frappées pour la premiere fois à Rome la cinquiéme année avant la premiere guerre Punique : on en voit une dans le Recueil des Médailles des Familles Romaines par PATIN, sous la Famille FABIA. Rome y est représentée sous le symbole de Cybèle couronnée de ses Tours avec cette Inscription E x A P v, *Ex Auro Publico*, de l'argent public.

Au revers, on voit un Char à deux chevaux conduits par la Victoire, avec ces mots dans l'exergue, C. FABI. C. F. *Caius Fabius Fils de Caius.* Ce Fabius étoit l'un des Consuls de l'année, & le second de ceux qui furent surnommés PICTOR, *le Peintre.*

10.

Rome commence ainsi à s'éloigner de l'Ordre.

Nous voyons donc ici le moment où Rome enorgueillie de ses exploits, commence à s'éloigner de sa simplicité primitive & à méconnoître la puissance des Dieux : elle n'ose pas, il est vrai, bannir de ses monnoies leur effigie, un reste de pudeur la retient encore à cet égard ; mais du moins elle l'accompagne du nom de ses Consuls triomphans : ainsi elle s'essaye à mettre ses Héros sur la même ligne que les Dieux : bientôt elle en fera des Dieux mêmes : & presqu'aussitôt elle sera forcée de prostituer ce nom en le donnant à des monstres plus dignes des Petites-Maisons que de l'Empirée. C'est ainsi que dès qu'on commence de s'écarter de l'Ordre, qu'on se résout à lui porter quelqu'atteinte, on devient la proie du désordre, il nous investit de toutes parts ; & nous conduisant d'illusions en illusions, il nous entraîne dans les précipices les plus profonds.

D'ailleurs, celui qui fit faire ce premier pas à la République, réunissoit toutes les qualités requises pour cette innovation : c'étoit un Fabius, c'est tout dire : la Famille FABIA, illustre dans tous les tems, étoit alors peut être la plus puissante des maisons de Rome : la splendeur de son extraction, la multitude de ses branches, ses richesses, la grandeur de ses exploits, la fierté & l'orgueil attaché constamment à cette famille, tout contribuoit à favoriser la vanité de ses Membres. Ils se croyoient au-dessus des Rois : ceux-ci frappoient de la monnoie à leur coin : un Fabius pouvoit-il n'y pas mettre du moins son nom ?

II.

L'Apothéose des Empereurs en fut la suite naturelle.

Rome ne vit donc jamais l'empreinte d'un mortel fur fes monnoies tandis qu'elle fut libre : elle fut alors comme tout autre peuple fous la protection immédiate de la Divinité, feule garante de la bonne-foi des Traités. Ce ne fut que lorfque fes vices la forcerent de ployer la tête fous le joug, qu'un mortel ofa fe placer fur fes monnoies à la place de la Divinité ; qu'il ofa en ufurper les titres, fe faire élever des Autels, & fe faire appeller divin comme ayant fuccédé à tous les droits des Dieux Protecteurs du Peuple Romain : & par cette fubftitution audacieufe, les Romains n'eurent plus qu'un pas à faire pour déïfier leurs Tyrans.

ARTICLE V.

MONNOIES DE L'ORIENT.

I.

Monnoie des Hébreux.

Ce que Rome avoit fait, ce qu'Athènes continua de faire malgré l'exemple contagieux de Rome, c'eft ce qu'avoient également pratiqué fcrupuleufement les anciens peuples de l'Orient. Aucun d'eux n'avoit ofé mettre fur fes monnoies l'effigie de fes Princes : tous y plaçoient les fymboles de leur Empire & de la Divinité, tant étoit grande l'idée qu'ils avoient de leur augufte origine & de la dignité de l'homme.

Jamais fur les monnoies des Hébreux, on ne vit des têtes de Princes ; pas même lorfque les Rois de Syrie leur eurent donné permiffion de battre monnoie. Jamais on n'en voit fur celles des Mahométans defcendus des anciens Peuples Orientaux & qui ont confervé conftamment une foule d'ufages de la haute Antiquité. Jamais on n'en vit fur celles de l'Egypte libre & non fubjuguée ; mais comme c'eft un point abfolument neuf, nous en allons faire un Article féparé.

DES SYMBOLES, DES ARMOIRIES

II.

Monnoie de l'ancienne Egypte tandis qu'elle se gouvernoit par ses propres Loix.

1.

On ne connoissoit avant nous aucune Monnoie de l'ancienne Egypte.

Aucun Antiquaire, aucun de ces hommes riches & infatigables qui avec un soin extrême ont rassemblé de toutes parts des amas prodigieux de Médailles, n'ont jamais pu parvenir à se procurer une seule Médaille connue des anciens Rois Egyptiens, de ces Princes qui régnoient sur cette Nation quand elle se gouvernoit par elle-même, & avant qu'elle eût été subjuguée par les Perses & par les Grecs.

On en a conclu, ce qui se présentoit naturellement à l'esprit, ou que jamais les anciens Egyptiens n'avoient eu de monnoie à empreinte, qu'on n'en jugeoit qu'au poids, ce qui sembloit confirmer merveilleusement l'opinion que la monnoie à empreinte étoit peu ancienne à l'époque de notre Ere; ou que les monnoies Egyptiennes s'étoient entierement perdues.

On ne pouvoit rien imaginer de mieux, dès qu'on n'avoit pas rencontré le vrai; quoiqu'il fût bien difficile de penser que les Egyptiens qui étoient si habiles dans les Arts en tout genre, en eussent négligé un qui étoit aussi avantageux pour le Commerce, tandis sur-tout que leurs voisins avoient été assez industrieux pour avoir de très-belles monnoies en or & en argent.

Et s'ils en ont eu, comment leur monnoie se seroit-elle absolument anéantie dans une contrée où tout brave les injures du tems & des siecles entassés ? où les couleurs les plus tendres conservent depuis trois ou quatre mille ans toute leur fraîcheur ?

2.

Il en existe cependant.

Disons mieux; ce Peuple sage eut des monnoies, des monnoies à figures, & il en existe encore de nos jours; on en voit même dans les cabinets les mieux composés; mais inconnues, dégradées comme le Peuple qui les fit frapper. Il y en a en bronze, en or, en argent ; là, elles sont rangées parmi les Médailles inutiles, dont on ne sait que faire, qu'on met au rebut, parce

ET DU BLASON DES ANCIENS. 269

qu'elles n'offrent aucune tête de Prince, aucune Inscription, aucun de ces caractères qui font connoître avec tant d'intérêt la date & le pays d'une monnoie ou d'une médaille.

Les Egyptiens, ou dédaignoient ces détails, ou ne les connoissoient pas : d'ailleurs, chez eux la Nation étoit tout, le particulier rien : ils n'ont pas même conservé le nom des Constructeurs des étonnantes Pyramides, parce que ces Pyramides ne furent jamais consacrées qu'à l'utilité nationale, & n'eurent jamais pour but de flatter l'orgueil d'un Prince ou d'élever un monument à sa gloire : ç'eût été un genre de gloire bien bisarre.

3.

Les Egyptiens rapportoient tout aux Dieux & au Public.

Ce Peuple sage vouloit qu'on ne reconnût ses travaux qu'à leur utilité ; par ce moyen, il évitoit les inconvéniens des ouvrages qui ne portent pas sur cette utilité, & qui sont plus propres à détériorer les Nations, à les éloigner de leur vraie route, qu'à les entretenir dans ce qui constitue leurs vrais intérêts. Il se peut que par ce moyen, ils se perfectionnassent peu ; du moins, ils se maintenoient tels qu'ils étoient, & c'étoit déjà beaucoup.

C'est par la même raison que tous leurs livres paroissoient sous le nom de THOT ou Mercure; tous sous le titre de l'*Instituteur du Genre-humain*, titre admirable & bien choisi, auquel il seroit à souhaiter que la plûpart des livres fussent dirigés.

Il n'est donc pas étonnant que chez un pareil Peuple, les monnoies ne portassent d'autres symboles que ceux qui appartenoient à chacune des Villes qui les faisoit frapper : il étoit impossible qu'elles en eussent d'autres ; à moins que les Egyptiens n'eussent renoncé à tous leurs principes.

C'est donc ignorer l'état primitif des monnoies ou de la Numismatique, que de chercher sous d'autres marques la monnoie de cet ancien Peuple : c'est regarder la détérioration de cet art, comme son état primitif.

4.

Monnoies Egyptiennes contenues dans les Médailles de M. PELLERIN.

Le beau Recueil de Médailles de M. PELLERIN, offre plusieurs Médailles d'or qui sont, ou je me trompe fort, Egyptiennes, du tems où l'Egypte étoit gouvernée par ſes propres Rois, du ſixième ſiècle au moins avant J. C. Tems au-delà duquel remontent en effet nombre d'autres Médailles très-connues.

M. PELLERIN a placé celles-ci au nombre des inconnues, par les mêmes raiſons dont nous venons de parler. Telles ſont les huit dernières Médailles de la Planche CXV, Tome III des Peuples & des Villes. Elles ſont d'une forme très-ancienne, de ſon propre aveu, correſpondante aux tems où nous les plaçons: & en les comparant avec d'autres Médailles reconnues pour Egyptiennes par M. Pellerin lui-même, & qui ſont partie de la Pl. LXXXVI du même volume, on ne peut ſe diſſimuler qu'elles ſont parfaitement du même genre, ſur-tout celle qu'on peut voir dans notre Pl. I. n°. IV, & qu'on ne ſauroit méconnoître pour Egyptienne en effet à ſon Bœuf & à ſon Ibis.

Les Médailles de la Pl. CXV, & dont nous mettons quelques-unes ſous les yeux de nos Lecteurs dans notre Pl. I. offrent des ſymboles inconteſtablement Egyptiens.

Sur la 19 (n°. V. des nôtres) & la 23 on voit le LOTUS.

Sur la 22, (n°. VI. des nôtres) un grand Singe à queue.

Sur la 23, (n°. VII. des nôtres) un Oſiris aſſis.

Sur la 19 & 20, le Bouc MENDÈS, adoré en Egypte.

Sur la 18, une tête de *Loup*, ſymbole de quelques villes Egyptiennes.

5.

Ces Médailles comparées avec des Médailles Egyptiennes du tems des Empereurs.

On ne ſauroit douter que ſi on avoit à cet égard un plus grand nombre de points de comparaiſon, on ne vît les ſymboles Egyptiens ſe multiplier, & qu'on n'en trouvât même d'auſſi fortement caractériſés que ceux de la Pl. LXXXVI, & ceux du *Lotus* ou du Bouc *Mendès*.

Il eſt même très-apparent que ſi on comparoit ces ſymboles avec ceux des Médailles Egyptiennes poſtérieures accompagnées d'effigies & d'inſcriptions, on reconnoîtroit les mêmes ſymboles en tout ou en partie, enſorte qu'on n'auroit pas de peine à fixer le lieu même, la Ville où elles furent frappées, indépendamment des ſecours que l'Hiſtoire & la connoiſſance des lieux pourroit offrir; puiſqu'avec cette ſimple connoiſſance, & indépendamment de toute médaille à inſcription, nous pouvons aſſurer que la médaille du *Bouc* eſt de la ville de Mendès, & que celle ſur laquelle on voit un *Loup* eſt de la ville de Lycopolis.

Ce que nous avançons ici se change en démonstration, si on jette les yeux sur les Médailles Egyptiennes frappées sous les Empereurs & sur-tout à l'honneur d'Adrien, & qui ont été rassemblées par M. l'Abbé Belley (1) en particulier & par d'autres Savans. On voit par ces Médailles que les Villes de l'Egypte n'avoient pas renoncé à leurs anciens symboles, & qu'elles avoient pris le parti de faire passer au revers leurs Divinités, représentées par des personnages en pied, & ayant en main les symboles de la Ville où avoit été frappée la Médaille.

Par ce moyen ingénieux, elles ne se manquoient ni à elles-mêmes, ni à leurs nouveaux Maîtres.

Sur une Médaille de la ville de Mendès, par exemple, frappée à l'honneur de Marc-Aurele le jeune, on voit Osiris debout, appuyé d'un côté sur l'haste pure, & tenant de l'autre un Bouc (2), même symbole que sur les Médailles dont nous venons de parler, avec l'inscription Mendèsios, *le Dieu de Mendès*.

La ville d'Athribis & celle de Bubaste nous offrent sur leurs Médailles une Femme en pied, ou Diane tenant un oiseau (3).

La ville d'Antæo-Polis, Serapis tenant un Crocodile.

La ville d'Aphrodito-Polis, une petite figure & des Sphinx sur une base.

Diospolis, sur les unes, un Cavalier qui tient un Serpent; sur d'autres, un Osiris qui tient un Bœuf.

Hermonthis & Pyar-Beth, Osiris tenant un Lion.

Lèto-Polis, un Crocodile.

Xois, Hercule ayant le Lotus sur la tête, portant d'une main un Oiseau, & de l'autre sa massue.

Leonto-Polis, ou la ville des Lions, Osiris tenant en l'air un Lion par le cou: cette derniere Médaille frappée aussi comme les précédentes sous la XIe. année d'Adrien, se trouve dans un Recueil de 258 Médailles par le P. Louis de Biel, pour servir de suite aux Médailles du célébre Vaillant (4).

Ainsi les Egyptiens ne renoncerent jamais aux symboles armoriaux de leurs villes, & on les reconnoît avec quelqu'attention sur leurs monnoies, sous quelque forme qu'ils y paroissent, seuls comme dans les tems primitifs, ou accompagnés d'inscriptions & d'effigies comme au tems des Ptolomées & des Empereurs.

---

(1) Mém. des Inscr. & B. L. T. xxviii. (2) Mém. de l'Acad. des Inscr. & B. L. T. I. Hist. p. 259. (3) Ib. T. xxviii. (4) Vienne en Autriche, in-8°. 1734, N°. XVI.

6.

Chaque Ville Egyptienne avoit un Animal pour Symbole.

On sait d'ailleurs que chacune de leurs villes avoit un symbole particulier, & qu'il consistoit presque toujours en un animal qui varioit pour chaque ville, & qui étoit regardé, disoit-on, comme la Divinité de la ville.

Le Bœuf Apis étoit adoré à Memphis.
Le Bœuf Mnevis, *mot-à-mot*, Mon, le Soleil, & Ev, Pere, à Héliopolis, *ville du Soleil.*
Une Génisse, à Momemphis.
Le Crocodile, à Arsinoé.
L'Ichneumon, à Héraclée.
Le Chat, à Bubaste.
Le Chien, à Cyno-polis, *ville des Chiens.*
Le Poisson Latus, à Lato-polis, *ville de Latone.*
Le Loup, à Lyco-polis, *ville des Loups.*
La Brebis, à Saïs & à Thèbes.
Le Cebe, espèce de Singe, à Babylone près Memphis.
L'Aigle, à Thèbes.
Le Lion, à Leonto-polis, *ville des Lions.*
Le Bouc, à Mendès.
L'Epervier, à Phile.

7.

Fausses idées qu'on se formoit de ces Animaux.

Les Grecs & les Romains racontent des choses étranges au sujet de ces animaux sacrés de l'Egypte : ils ont tous été persuadés que les Egyptiens leur rendoient un culte religieux ; mais lorsqu'ils en ont voulu indiquer la raison, ils n'ont plus été d'accord.

Cicéron dit (1) que les Egyptiens n'adoroient que les animaux qui leur étoient utiles, & que c'étoit par un principe de reconnoissance.

D'autres racontent que dans la guerre des Géans ou des Titans contre les Dieux, ceux-ci furent obligés de se cacher sous la figure de ces animaux, afin

---

(1) De la Nature des Dieux, Liv. 1.

de pouvoir échapper à la fureur de leurs cruels ennemis. Devenus ensuite les plus forts, ils contraignirent les hommes à prendre soin des animaux de leur vivant & à les enterrer religieusement après leur mort.

Selon d'autres, les premiers hommes se dévoroient les uns les autres, & les plus foibles étoient battus par les plus forts, jusqu'à ce qu'ils trouverent moyen de se rallier en faisant porter au haut de quelques perches, des représentations d'animaux. Cet expédient ayant eu le plus heureux succès, non-seulement il fut défendu de tuer aucun de ces animaux, mais il fut même ordonné d'en prendre soin & de les respecter comme les auteurs de leur salut.

Des quatriémes prétendent que les diverses villes de l'Egypte étant portées à la révolte & à l'indépendance, un Roi établit dans chacune le culte de quelqu'animal, & en défendit l'usage pour la nourriture, afin que chacune de ces villes prévenue en faveur de son culte, méprisât celui de son voisin, & même qu'elle l'abhorrât en voyant qu'on y mangeoit sans scrupule les animaux qui étoient l'objet de son adoration ; afin que par ces haînes réciproques, elles ne fussent plus en état de se liguer entr'elles & qu'elles demeurassent fidèles au Prince.

On sent très-bien qu'aucun de ces motifs ne peut être vrai; qu'ils ne peuvent s'accorder avec la sagesse des anciens Egyptiens; qu'ils sont tous insuffisans pour rendre raison du fait ; mais on n'en doit pas être surpris : les Grecs & les Romains qui ne connoissoient rien à leurs origines, pouvoient-ils éclaircir celles des Peuples étrangers, & sur-tout d'un peuple tel que les Egyptiens? Leurs Voyageurs en Egypte faisoient aux Prêtres & aux Sages du Pays des questions plus ridicules les unes que les autres, & ceux-ci répondoient à leur peu de sens, comme à des enfans qu'on berce de contes, parce qu'ils n'étoient pas dignes de raisonnemens plus relevés.

Aussi ne trouve-t-on dans Hérodote & dans les autres Anciens qui ont parlé de l'Egypte, les causes de quoi que ce soit ; ils se bornent à des faits qui semblent toujours singuliers & bisarres, parce qu'on n'en apperçoit jamais la cause, & on seroit tenté de croire, ou qu'ils en imposent ou que les Egyptiens étoient un assemblage d'insensés.

8.

Causes de ce choix & de cette espèce de Culte rendu aux Animaux.

1°.

Chaque ville portoit le nom d'un de ces animaux.

Disons mieux, les villes de l'Egypte, ainsi que la plûpart des anciens Peuples, prenoient pour leur nom des noms d'animaux, & ces animaux devinrent leurs Symboles & la base de leurs Armoiries.

2°.

Chaque ville nourrissoit à ses frais quelques Animaux de l'espèce dont elle portoit le nom.

En même tems chacune de ces villes, ainsi qu'en plusieurs autres pays, entretinrent aux dépens du trésor public quelques animaux pareils à ceux qu'ils avoient choisis pour leurs Armoiries, & qui étoient ainsi leurs Symboles vivans: ils étoient logés, nourris & soignés par des Gardes entretenus & défrayés également par le trésor public. C'étoit un droit de la Souveraineté & une des marques de la Majesté publique.

3°.

Ces Animaux étoient apprivoisés & sacrés.

On mit ensuite ces animaux sous la garde de la bonne-foi publique : & afin qu'ils fussent moins exposés, on les consacra à la Divinité Patrone de chaque ville.

C'est ainsi que Strabon nous apprend que les Momemphites, qui nourrissoient une Génisse aux dépens du Public, l'avoient consacrée à Vénus leur Déesse.

Le Crocodile de la ville d'Arsinoé étoit apprivoisé : les Etrangers se faisoient un plaisir de lui donner du pain, de la viande, du vin : il se laissoit caresser : on ornoit ses ouies de pendants d'or & de pierreries ; & ses pieds de devant, d'une chaîne d'or.

Le Bœuf Apis étoit logé & entretenu dans une très-belle salle soutenue par de superbes colonnes.

C'étoit à qui auroit de la laine ou des piéces d'étoffe faites avec la laine des brebis sacrées de Saïs.

Ces animaux étoient entretenus dans des parcs sacrés : des personnes destinées à cette fonction les nourrissoient de pâtes fines délayées dans du lait avec du miel : & de canards bouillis ou rôtis. Les animaux carnivores étoient nourris d'oiseaux : on les baignoit, on les parfumoit, on en perpétuoit l'espèce, & à leur mort on les embaumoit.

Leurs Gardiens ou ceux qui étoient chargés de les nourrir & d'en avoir soin, étoient, dit-on, des personnes d'un rang distingué; elles portoient les symboles de ces animaux, & on les respectoit jusqu'à se mettre à genoux sur leur passage.

Il est même très-apparent que chaque Egyptien avoit également de pere en fils quelqu'animal sacré, symbole de la famille, & qu'on vénéroit dans chaque famille; & que c'est de-là que sont descendus les Fétiches en usage dans toute l'Afrique.

Cet usage dût dégénérer à la longue en une superstition folle & ridicule : mais pour juger sainement des usages d'un peuple, il ne faut jamais s'arrêter à leur dégradation ; mais remonter à ce qu'ils furent ou purent être dans leur origine.

C'est ce que ne pouvoient faire ni les Grecs ni les Romains : & je ne doute pas que les Prêtres Egyptiens eux-mêmes, du tems de ces peuples, n'eussent presqu'entierement perdu de vue le fil de leurs établissemens : assujettis depuis quelques siècles à des Princes étrangers, ils avoient laissé anéantir leur ancienne sagesse, & ils ne voyoient par-tout que des usages conservés par la superstition, & dont ils ne pouvoient plus pénétrer le but.

Des Peuples tombés dans l'esclavage & gémissant sous le poids de la tyrannie & de l'ignorance, durent passer bientôt en effet des honneurs publics rendus aux animaux symboliques, à un culte superstitieux : ils durent les regarder comme le Palladium de la Contrée ; & tout ce qui leur arrivoit de sinistre, devoit répandre la terreur dans tous les esprits : est-il étonnant d'après cela que le peuple en fureur se jettât sur ceux qui les faisoient périr ?

Sans être superstitieux, ne puniroit-on pas ceux qui tueroient dans une Ménagerie quelqu'animal que ce soit, ou qui feroient main-basse sur quelqu'un de ceux qu'on montre à la Foire ?

9.

Rapport des Symboles d'Athènes avec ceux de l'Egypte.

Rien n'est plus dans le costume des Egyptiens que les médailles d'Athènes avec leur Olivier, leur Chouette, leur tête de Bœufs & un Vase qui a fort embarrassé ceux qui ont voulu en découvrir l'objet. Ils ont cru qu'il faisoit allufion à la fabrique des vafes de terre établie à Athènes, & dont ils s'attribuoient l'invention; mais ce peuple avoit inventé tant d'autres chofes dont il ne tint jamais compte fur fes Médailles, & nous avons vu d'ailleurs qu'il n'y avoit rien de profane fur fes monnoies.

Tous ces fymboles étoient allégoriques. Minerve défignoit la fageffe; mais elle étoit la même qu'Ifis; or celle-ci avoit pour fymbole le *Canope*, vafe facré, & la *tête de bœuf* qui lui fervoit de Diadême. La chouette faifoit égalememt partie des fymboles Egyptiens. Quant au *Canope*, il étoit confacré à Ifis, comme Déffe de l'Eau que les Egyptiens regardoient comme le principe de tout.

10.

Symboles des Peuples Modernes comparés avec ceux de l'ancienne Egypte.

Les monnoies Européennes nous offrent aujourd'hui des exemples des diverfes efpéces de monnoies dont nous venons de nous occuper, & par-là même elles font très-propres à répandre un plus grand jour fur les principes que nous venons de pofer.

MONNOIES DES ROIS.

Les Princes des Nations barbares qui renverferent l'Empire des Romains, firent tous frapper la monnoie à leur empreinte, ainfi qu'ils le voyoient pratiquer par les Empereurs: ils regarderent cet ufage comme un fimple ufage civil; ils n'y foupçonnerent rien de relatif à la Religion: & leurs defcendans les ont imité en cela, ainfi que nous l'avons expliqué ci-devant.

MONNOIES DES RÉPUBLIQUES.

Les Républiques qui n'ont point de Chef particulier ou conftant, ont continué l'ufage des anciens peuples, de ne placer fur leurs monnoies que leurs fymboles armoriaux, & prefque toujours Armes parlantes.

Le Canton de BERNE met fur fes monnoies la figure d'un OURS, vraies Armoiries parlantes.

Le Canton d'URI met fur les fiennes la tête ou maffacre de ces anciens bœufs appellé URI, & qui étoient fi communs autrefois dans les montagnes & les forêts de la Suiffe.

GENÈVE met fur les fiennes l'AIGLE & la CLEF; cette derniere comme fymbole de fa fituation.

Animaux nourris aux dépens de diverses Républiques Modernes, ainsi qu'autrefois en Egypte.

Plusieurs de ces Républiques entretiennent même aujourd'hui, comme autrefois les Egyptiens, aux dépens du trésor public, des animaux du genre de ceux qu'ils ont pris pour symboles.

Ainsi, à BERNE on voit la fosse aux Ours, comme il y avoit à Babylone la fosse aux Lions, & en Egypte des demeures pour leurs Animaux symboliques.

A GENÈVE, on entretient des AIGLES dans de grandes cages, ces Aigles & ces Ours sont nourris ainsi que leurs gardes aux dépens du public.

L'usage moderne remonte par conséquent aux tems les plus reculés : il lie les tems actuels aux tems les plus éloignés : il unit notre Blason au Blason le plus antique : pratiqué par les Nations les plus sages, on voit qu'il fut pris dans la Nature ; & que si on y attacha des idées superstitieuses, ce fut une erreur accidentelle, effet de l'ignorance & de la tyrannie, & non une suite nécessaire de l'usage ou de la politique : c'est une preuve à ajouter à toutes celles qui établissent que la vérité & la lumiere ne peuvent jamais subsister avec l'ignorance & de mauvais gouvernemens.

Autres rapports entre l'Egypte & la Suisse.

Ajoutons que sur le dessin de la Médaille de Leontopolis dont nous avons déjà parlé, le Personnage qui tient en l'air le Lion est représenté précisément comme un Cent-Suisse avec sa halebarde, son baudrier & ses larges culottes.

C'est donc un nouveau rapport entre ces Peuples si éloignés cependant l'un de l'autre : on en trouveroit même un plus grand nombre, si on s'appliquoit à cette comparaison. Il n'y a pas un siècle, par exemple, qu'en Suisse on ne mangeoit pas la tête des animaux, non plus que dans l'ancienne Egypte : sans doute, parce qu'on la regardoit comme le siége de la vie.

TABLEAU Chronologique des Monnoies.

Nous pouvons donc offrir à nos Lecteurs en résumé un Tableau Chronologique des Monnoies anciennes.

XXe. siècle avant J. C. Monnoies Orientales sous le nom de Brebis : & Monoies Egyptiennes de chaque ville avec les Symboles relatifs à leur nom.

XIIIe. Monnoies d'Athènes par Théſée ſous le nom de Bœuf.

X^e. Homère parle des Talens.

IX. Phidon Roi d'Argos donne l'exemple aux Princes de mettre leur nom ſur leurs monnoies.

    Monnoies de Macédoine, avec les noms de ſes Princes.

    Monnoies d'or Egyptiennes, ſans noms & ſans effigie de Princes.

VIIIe. Monnoies du tems de Numa, & dont parle Pline.

VIe. DARIQUES de l'Orient, antérieures à Cyrus : peut-être par Darius le Méde, Roi de Babylone.

    Servius-Tullius fait frapper à Rome de la monnoie de cuivre ſous le nom de Bœuf & de Brebis.

V_e. Médailles d'Alexandre & d'Archelaüs, Rois de Macédoine.

IIIe. en 269. Monnoie d'argent frappée à Rome avec le nom du Conſul C. Fabius.

Ier. Monnoie avec le nom & l'effigie des Empereurs.

DES NOMS DE FAMILLES,
POUR SERVIR DE SUITE AUX RECHERCHES SUR LE BLASON.

Fausses idées qu'on se formoit à cet égard.

Nous l'avons vû, & nous ne pouvons trop le répéter ; toutes les erreurs se tiennent, ainsi que toutes les vérités : il suffit d'en avoir admis une pour qu'elles se présentent en foule à la suite les unes des autres : on diroit qu'elles sont toutes solidaires les unes pour les autres : plus on sera conséquent & plus on s'enfoncera dans l'erreur ou plus on en triomphera, suivant qu'on aura eu le bonheur de commencer bien ou de se tromper dès le premier pas. C'est que l'esprit humain ne se plaît pas dans l'indécision, & qu'il aime mieux croire ou rejetter sur de légeres preuves que de suspendre son jugement.

On se persuadoit, par exemple, que le Blason étoit d'une invention moderne, parce que son existence ancienne étoit inconnue, & on ne soupçonnoit pas qu'elle pouvoit avoir échappé à ceux qui jusqu'ici avoient été à même de la découvrir.

On l'attribuoit aux Croisades, parce que l'idée des Croisés distingués par des symboles se lioit parfaitement avec le Blason & aux Croisades seulement, comme si les mêmes besoins, les mêmes réunions n'avoient pas existé long-tems auparavant, & n'eussent pas exigé les mêmes moyens de se reconnoître.

On le lioit avec les fiefs héréditaires, comme si les possesseurs des fiefs étoient les seuls qui eussent besoin de se reconnoître : comme si la possession d'un champ devenu fief héréditaire exigeoit plus de marques pour se reconnoître que la possession d'une Terre qu'on tenoit de ses ayeux, ou que celle des titres militaires de ses Ancêtres.

On s'imaginoit qu'il n'avoit pas existé plutôt, parce que les Noms de Familles n'avoient pas existé plutôt ; ces Noms ne devant leur origine qu'aux fiefs héréditaires, comme si le Nom d'une Terre héréditaire ne pouvoit pas donner lieu à un Nom de Famille héréditaire : comme si les Noms n'étoient absolument attachés qu'à des fiefs devenus héréditaires.

La vraie raison à alléguer est qu'on ne connoissoit, à cet égard, rien de plus ancien que les Croisades : mais c'eût été convenir de son ignorance ou rester dans le doute ; car on auroit toujours été en droit de demander, comment auroit-on demeuré si long-tems à imaginer une chose aussi simple, aussi naturelle, aussi nécessaire ? Comment est-on assuré que cette institution ne soit pas plus ancienne ? Questions embarrassantes qu'on éloignoit par l'affirmation pleine & entiere que jamais il n'avoit existé avant les Croisades rien de semblable au Blason.

Mais nous venons d'établir que le Blason n'étoit pas moins essentiel pour les Tournois que pour les Croisades : que les Tournois sont de beaucoup antérieurs aux Croisades, & que dès leur établissement on exigea des Chevaliers qui y assistoient tout ce qu'on exige aujourd'hui relativement aux Chevaliers admis dans un Ordre quelconque : des preuves de Noblesse ou de Nom par Armoiries & par Famille : des preuves de douze quartiers, dès le commencement du Xe. siècle, deux cens ans avant le tems où on fixe l'origine du Blason.

Que cela seul fait remonter le Blason jusques vers le cinquieme ou sixieme siècle de notre Ere : qu'il tient également aux Tournois & aux jeux de la Grèce établis il y a près de vingt-six siècles, & où l'on ne pouvoit être introduit sans avoir prouvé son extraction ; en bon François, sans avoir été blasonné.

Nous avons en même tems fait voir que les Noms principaux du Blason étoient tous d'origine Orientale ; & que c'est une science dont les Croisés ne sont nullement les Inventeurs.

Qu'elle tient même à l'Antiquité la plus reculée par ses rapports avec la monnoie, avec les Médailles, & avec les symboles de la plus haute antiquité, qui servoient à distinguer les Familles, les Villes, les Etats, de la même maniere que pouvoient se distinguer les Croisés & les Seigneurs qui possédoient les fiefs devenus héréditaires.

Ainsi croule entierement tout ce *Système* moderne du Blason.

Mais comme il tient également à l'idée que les Noms de Famille n'existent que depuis les Croisades, & que n'y ayant point eu auparavant de pareils Noms, il ne pouvoit exister de Blason ou d'Armes héréditaires, nous ne pouvons nous dispenser d'entrer dans quelque détail sur cet objet & d'examiner si on peut en déduire effectivement ce qu'on croyoit en résulter.

Faits qui causoient ces erreurs.

Deux sortes de faits ont engagé les Savans à adopter l'idée que les Noms héréditaires ne sont pas antérieurs aux Croisades.

1° C'est que dans les siècles qui ont précédé les Croisades, les divers Personnages fonnages mentionnés dans l'Histoire font désignés ordinairement par un seul Nom; même les Princes, les Rois, & sur-tout les Membres du Clergé.

2°. C'est que les fiefs n'étant devenus héréditaires qu'à cette époque, ce n'est qu'alors que ceux qui s'en trouverent en possession purent ajouter à leur Nom celui de leurs Terres, qui devint ainsi le Nom de Famille, ce Nom qui est véritablement l'objet du Blason.

Ils ajoutent qu'ensuite ceux qui n'ayant point de possessions en Terre, ne pouvant avoir de pareils Noms, se firent à leur imitation des Noms de Famille tirés de leur profession, de leur couleur, de leur taille, d'un arbre, d'un oiseau, d'un étang, ou de tel autre objet de fantaisie : même des Noms formés par un assemblage fortuit de lettres qui n'avoient aucun sens, ou qui ne représentoient aucun objet sensible.

Motifs qui obligent de les dissiper.

Ces faits ont paru si évidens, si conformes à la vérité, qu'on n'a jamais cherché à les combattre. On s'en mettoit d'ailleurs d'autant moins en peine qu'on ne voyoit dans cela qu'une question peu importante : mais elle est liée trop immédiatement avec nos Recherches sur le Blason, avec son antiquité & avec nos Principes que tout Nom eut sa cause, pour que nous puissions nous dispenser de la discuter : son objet est même trop relatif aux mœurs, aux usages & à l'Histoire, pour n'être pas digne de quelqu'attention. La vérité d'ailleurs n'est jamais composée que d'un ensemble de vérités de détails dont le développement est toujours nécessaire pour completter la grande masse des vérités, & pour parvenir jusqu'à la vérité elle-même.

Ces Erreurs sont fondées sur la connoissance imparfaite qu'on a du moyen âge.

Nous ne craignons donc pas de nous occuper un instant de ces objets, & de chercher d'autres principes pour décider cette question.

Tout ce qu'on a dit jusqu'à présent à son égard nous paroît trop vague & trop dénué de principes pour que nous puissions l'adopter : d'ailleurs nos propres Origines ou l'Histoire du moyen âge ne sont pas assez éclaircies pour qu'on puisse se reposer sur des conséquences tirées si à la légere de ce qu'on suppose qui étoit alors en usage.

Au renouvellement des Sciences, on s'enthousiasma des Grecs & des Romains; & on avoit raison : mais n'ayant d'yeux que pour ces Peuples, on négligea presque totalement l'Histoire du moyen âge, & on eut grand tort :

c'étoit se résoudre à ignorer ses propres origines, ce qui étoit un mal : & par-là même à ne jamais éclaircir celles des Grecs & des Romains, ce qui en étoit un autre, puisque l'origine des uns & des autres est la même ; & que le jour qu'on répand sur les uns, influe nécessairement sur les autres ; car il n'y a d'autre différence entr'eux & nous que d'avoir été civilisés les uns plutôt, les autres plus tard : & tel est l'effet de cette indifférence sur nos origines, que celles des Grecs & des Romains nous en sont moins connues, & que nous sommes presque toujours enveloppés de ténèbres ou du vague, lorsqu'il s'agit de discuter les questions relatives au moyen âge.

QUESTIONS à traiter.

Afin de répandre quelque jour sur ces objets peu connus, nous ferons voir,

1. Que toute Famille qui possédoit une Terre & des Armes, eut nécessairement un Nom de Généalogie ou de Famille commun à tous ceux qui la composoient : qu'on peut le prouver par les Grecs, par les Romains, les Orientaux, les Goths, les François même.

2. Que lorsque les fiefs devinrent héréditaires, on ne fit que substituer un Nom de fief à celui de Généalogie ; tandis que ceux qui n'avoient point de fief continuerent à s'appeller du Nom de leur Famille ; ce qui peut s'établir par la multitude des Noms Francs, Goths, Wisigots, Romains, Celtes même qui subsistent encore aujourd'hui, & qu'on n'auroit sûrement pas pensé de faire revivre aux onzieme & douzieme siècles, s'ils avoient cessé d'être en usage.

3. Que tout Nom fut significatif, en quelque Langue que ce soit ; parce que personne n'a jamais voulu ni pu se donner un Nom qui ne signifiât rien ou qui ne fût relatif à quelqu'objet.

Qu'ainsi une multitude de Noms François sont actuellement significatifs dans notre propre Langue, & que ceux qui ne le sont plus, l'étoient dans des Langues plus anciennes ou étrangeres dont ils sont venus, & dont furent originaires les Chefs des Familles qui les portent actuellement.

DES NOMS DE FAMILLES.
ARTICLE I.
TOUTE FAMILLE EUT UN NOM.

Rien dans l'Univers qui n'ait un Nom : c'est le privilége de l'intelligence de donner des Noms à tout ce qui existe, afin de pouvoir se représenter par ce moyen tout ce qui existe, lors même qu'on ne l'a plus sous les yeux : & telle est la gloire du Nom, qu'il fait infiniment mieux connoître une personne que sa vue même : c'est l'*anse* des esprits, c'est celle de l'immortalité.

A qui n'est-il pas arrivé de se rencontrer avec des personnes dont on ignoroit le Nom & qui paroissoient très-ordinaires, tandis qu'on étoit enthousiasmé de leur Nom : combien d'autres renfermés dans une petite enceinte dont le Nom vole dans l'Univers ? combien qui ne sont plus corporellement, qui vivent dans leur Nom, & s'attirent les hommages de tous les siécles : La renommée, cette idole des grandes ames, n'est donc point une chimère : elle tient à notre propre existence ; elle est la suite nécessaire de l'intelligence & de sa supériorité infinie sur la matiere.

Excellence d'un Nom illustre.

Qu'un Nom est beau lorsqu'il est attaché à de grandes possessions qu'on a formées soi-même, sur lesquelles on a fait vivre une multitude de personnes qui sans cela eussent été malheureuses ; où l'on a déployé de grands talens, une grande industrie, une sagesse exquise, une bonté, une bienfaisance sans égales : qu'on s'est ainsi rapproché de la Divinité lorsqu'elle tira l'Univers du cahos : qu'on a cherché à se montrer digne d'avoir été fait à son image ! & n'est-ce pas là le vrai bonheur, les vraies jouissances ?

Qu'un nom est beau lorsqu'il est attaché à de grandes & sublimes instructions qui inspirent aux hommes l'amour de la sagesse, de la vertu ; qui les remplissent de respect pour la vérité, où l'on ne se permit jamais d'offenser cette sublime source de lumiere & de connoissances : où rien d'empoisonné ne les détourna jamais du devoir : où tout éleve l'ame vers ce qu'il y a de plus grand, de plus parfait : où tout donne un nouvel essor aux facultés de l'homme : où rien ne les amollit, ne les énerve, ne leur fait perdre de vue leur vraie destination : où tout les éleve sans cesse au-dessus d'eux-mêmes.

Je vous salue, Noms illustres, Hommes respectables, qui fûtes en tous lieux par vos actions, par votre exemple, par vos écrits, les bienfaiteurs du Genre humain, la gloire de votre siécle : vous qui préparâtes la place des Etats, des Empires, des Villes florissantes ; vous qui d'une Terre couverte d'eaux & de forêts en fîtes des campagnes riantes, où des sociétés heureuses & prospères ont pris la place des insectes & des reptiles qui seuls y représentoient la Nature animée : vous dont les Ouvrages immortels transmis de siècle en siècle nous consolent & nous instruisent en nous amusant!

Qui ne se réjouiroit à la vue de vos lumieres & de leurs heureux effets? Qui ne seroit échauffé, ranimé par le foyer de tant de vertus brûlantes pour le bien: Qui ne seroit transporté d'une sainte ardeur de vous imiter?

Tandis qu'on sera sensible à votre exemple, tandis qu'on sera touché de vos vertus, pénétré de vos leçons, le génie s'élancera sur vos traces : & par la plus généreuse émulation luttant avec vous, il nous fera cueillir de ses travaux les fruits les plus agréables & les plus utiles.

Leur utilité pour les Etats.

Malheureuses les contrées qui ne peuvent citer de pareils Noms! Tout y végete, tout y languit : rien de grand n'y récrée les humains; la Nature elle-même y travaille en vain : en vain elle s'efforce d'y fournir au génie : tout y est frappé d'une stérilité éternelle : c'est un hyver sans fin.

C'est dans leurs Noms illustres que consiste la gloire du Nom Romain, celle de la Grèce, de ces anciens Empires qui ont fait l'ornement de l'Asie : c'est dans leurs Noms que consiste l'éclat du siècle d'Auguste & celui des regnes de nos derniers Monarques. Ce n'est ni par l'étendue de ses Terres ni par l'éclat de ses conquêtes, qu'un Prince est grand : c'est par l'excellence des Noms qui ont distingué son regne, que son Gouvernement a fait naître ou qu'il a favorisés, pour qui il est comme un grand arbre à l'ombre duquel viennent respirer tous les Etres : combien sont coupables & peu dignes de leurs titres ces Chefs des Peuples sous la Loi de qui ne s'illustrerent nulles Familles, ou sous le regne desquels le luxe, la mollesse, les passions viles & désordonnées anéantirent ces anciennes Familles qui devoient être à jamais le gage & le Palladium le plus assuré de la durée de leur Empire! Combien ne sont pas coupables ceux qui flétrissent un beau Nom, qui s'en montrent indignes en laissant ses lauriers se faner entre leurs mains : qui laissent perdre tout ce que leur avoit acquis de gloire & d'illustration une longue suite de générations distinguées! Du moins, ils se rendent justice en montrant par leurs actions combien peu ils étoient dignes d'une si grande gloire, en abandonnant ce sacré dépôt à des mains plus capables de l'entretenir.

De quel avantage cependant n'est pas un grand Nom? Possessions, amis, richesses, honneurs, crédit, tout est en sa disposition : il n'a qu'à vouloir, des milliers de mains vont être à son secours : tous les ressorts possibles vont s'ouvrir ; tout va se prêter à ses vues : exécutez donc ces grandes choses ou votre Nom sera flétri : il disparoîtra devant des Noms inconnus auparavant, & qui avec de très-petits moyens, avec les ressources les plus bornées, auront exécuté des choses merveilleuses, se seront acquis un grand renom.

Les Noms héréditaires ne peuvent exister que chez les Nations Agricoles.

Ces Noms, il ne faut pas les chercher chez ces Hordes vagabondes qui n'ont ni feu ni lieu, qui errent à l'aventure, vivant de la chasse, de la pêche, des fruits qu'elles rencontrent en leur chemin : elles n'ont presque rien au-dessus des animaux qui se nourrissent comme elles des productions spontanées de la Terre. Que seroient les Familles qui les composent d'un Nom héréditaire ? Que leur représenteroit-il ?

Les Noms de Famille ne peuvent convenir qu'aux Nations Agricoles : elles seules sont la source de tout bien physique sans lequel nul bien moral ne peut exister : elles seules possèdent des propriétés, des biens dont elles ont le droit de disposer : chez elles seules peuvent se trouver des personnes pour qui le Nom soit un droit de succéder à ces biens, pour qui le Nom soit un bien réel ; sans cela leurs possessions, leurs richesses auroient été comme au premier occupant.

Ces biens durent donc passer nécessairement aux enfans ou aux parens de ceux qui les avoient tirés du néant, qui les avoient défrichés, mis en valeur ; enfans, parens qui eux-mêmes pouvoient avoir contribué à leur bonification par leurs travaux. On sait qu'aux campagnes les enfans sont les premiers des Serviteurs ou des Agens, qu'ils contribuent au plus grand bien de l'ensemble.

Mais plus les biens de chaque Famille étoient considérables & susceptibles d'envie, plus il importoit que les droits qu'on pouvoit avoir sur eux fussent constatés : or quels meilleurs titres pouvoit-on produire que la naissance & la possession 1°. du même Nom prononcé, & 2°. du même symbole, c'est-à-dire du même Nom désigné par le même caractere écrit ou tracé ?

Origine des Noms de Famille.

Ce Noms de Famille furent dérivés ordinairement du Nom du premier qui se forma une propriété : il se transmit avec cette propriété à tous les descendans de ce Chef.

Ce Nom primitif fut toujours significatif, se rapportant à quelqu'objet qu'on aimoit de préférence, ou qui pouvoit donner du relief à celui qui le portoit. Aucun qui ait été donné au hafard ou qui n'eût pas un fens parfaitement connu du Peuple parmi lequel on vivoit, & dont on faifoit partie. Il n'en eft point dont on n'apperçoive en effet le fens auffi-tôt qu'on le rapproche des Elémens de la Langue dont il fut formé, chez quelque Peuple que ce foit.

Perfonne n'ignore que chez les anciens Hebreux tous les Noms furent fignificatifs : il exifte des Dictionnaires où on les explique : mais cet ufage des Hébreux ne leur étoit pas particulier : il leur étoit commun avec toutes les Nations de ces tems-là : & nous verrons tout-à-l'heure qu'il en fut de même dans l'Orient.

Eratosthene avoit expliqué fort heureufement la plupart des Noms des Rois Egyptiens de la Thébaïde.

Dans l'ufage ordinaire, chacun n'étoit défigné que par fon Nom propre : on ne faifoit mention de celui de Famille que lorfqu'il étoit queftion de la faire connoître : les preuves en font abondantes, malgré la difette des Monumens.

I.

Grecs.

Nous trouvons chez les Grecs divers Noms de Famille.

Les Héraclides, nom donné à tous les Membres des Familles qui defcendoient d'Hercule, entr'autres à celles qui firent la conquête du Péloponèfe & qui formerent le Royaume de Lacédémone conftamment rempli par deux de ces branches, le Royaume de Meffénie & celui de Corinthe à la fin du XIIe. fiècle avant Jefus-Chrift. Le nom d'*Hercule* dont ils defcendent peut fignifier *la gloire de la Terre*.

Les Alcméonides, puiffante Famille d'Athènes, qui vint à bout de chaffer les Enfans de Pififtrate, & qui établit l'Oftracifme ; leur nom peut fignifier *le flambeau redoutable*.

Les Eumolpides, puiffante Famille Sacerdotale d'Athènes qui defcendoit d'Eumolpe, choifi, difoit-on, par Cérès pour préfider à fes Myftères ; & qui avoit une efpéce de jurifdiction fur ce qui fe rapportoit au culte des Dieux. Comme ils étoient les Dépofitaires, & même, felon Lysias, les Interprètes des Réglemens anciens qui fixoient les cérémonies des Fêtes de Cérès & des Traditions fur lefquelles ce culte myftérieux étoit fondé ; toutes les infractions légeres contre les points les moins effentiels étoient foumifes à leur examen : ils fixoient la grandeur de la faute & de la peine qu'elle méritoit. Ces Loix d'ailleurs, relatives aux Fêtes de Cérès, n'étoient point écrites, felon ce même Lyfias ; elles ne s'étoient perpétuées que par une obfervation conftante ; par cette obfervation qui forme les Loix véritables, celles qui conftituent prefque tous les

Etats & qu'on ne peut changer en quelque maniere sans bouleverser tout, & sans établir des innovations dangereuses, si elles ne sont pas l'effet d'une conviction préliminaire & complette dans les esprits. On peut voir d'ailleurs des détails très-intéressants sur cet objet dans la Dissertation de M. de BOUGAINVILLE sur les Ministres des Dieux à Athènes (1).

Le nom d'Eumolpe signifie d'ailleurs *grand Musicien, Chantre mélodieux.*

NOMS PATRONYMIQUES.

On peut ajouter à ces Noms de Famille ceux que les Grecs appelloient PATR ONYMIQUES, Noms formés du Pere : tels, PÉLÉÏDES, le fils de Pelée : ATRIDES, les fils d'Atrée.

Cet usage prouve du moins le respect qu'on eut toujours pour le Nom de ses Peres, & comment tout tendoit à le rappeller sans cesse. C'étoit un grand acheminement aux Noms de Famille ; car qui n'étoit pas empressé de se réclamer d'un Nom illustre devenu l'objet de l'admiration des hommes & le soutien de l'Etat ?

II.

LYDIENS.

Les Lydiens furent gouvernés par trois Races de Rois qui se succéderent immédiatement, & qui furent distinguées chacune par un Nom de Famille pris de leur Chef. Ainsi ils eurent :

Les ATYADES, au nombre de onze ou douze Rois, en comptant Manes le premier de tous, & le même, à ce qu'on croit, que MEON. Ils descendoient d'ATYS, mot qui signifie l'*Ancien, le Pere.*

Les HÉRACLIDES, au nombre de douze Rois, & dont le premier fut AGRON : il se disoit descendu d'Hercule, mais par une Généalogie qui paroît fort suspecte : selon lui ou selon ses Généalogistes, Hercule avoit eu d'une Esclave d'Omphale, Reine de Lydie, un fils nommé Alcée, qui fut pere de Bélus, & celui-ci de Ninus de qui naquit Agron. On croit lire les Noms des premiers Rois de Babylone.

Nos Savans Modernes sont tombés dans une bévue assez singuliere sur ces Héraclides, entraînés par une équivoque qui aura trompé Hérodote le premier. Cet Historien dit qu'ALCÉE étoit fils d'Hercule & d'une *Doulé* de Jardanus, ce Roi de Lydie qui fut pere d'Omphale. On a rendu le mot *Doulé* par celui de Servante ou Esclave, tandis qu'il falloit le rendre par celui de fille de

---

(1) Mém. des Inscr. & B. L. T. XVIII.

Jardanus, c'est-à-dire Omphale. 1°. Dans toutes les Langues le mot qui signifie fils, fille, signifie également domestique : de-là l'erreur d'Hérodote qui a pris au sens d'Esclave le mot Phrygien ou Lydien qui signifioit fille. 2°. Les Rois Héraclides de Lydie prétendirent très-certainement descendre d'Omphale Princesse Atyade, & non d'une Esclave : la premiere leur donnant droit au Trône, tandis que dans la derniere supposition ils n'étoient que des usurpateurs. Les Anciens ont brouillé tout cela en supposant que les Héraclides de Lydie descendoient d'un fils qu'Hercule avoit eu d'une Suivante d'Omphale nommée Malis.

Les Mermnades, Race composée de cinq Rois, dont le dernier fut Crœsus qui prétendoit descendre des Atyades. Aucun Ancien n'explique l'origine de ce Nom, ou pourquoi il fut donné à ces Princes. Il est composé de Mer, grand, & Min, Soleil, le Grand-Soleil ; Nom consacré aux Princes de l'Antiquité.

III.

ORIENTAUX.

Les Hébreux conservoient avec soin leurs Généalogies, & ils donnoient à chaque Famille le Nom de son Chef : c'est ainsi que David & tous ses descendans furent connus sous le Nom de Famille d'Isaï dont ils étoient issus.

IV.

GOTHS.

Les Goths donnoient également des Noms à leurs Familles, sur-tout aux grandes Maisons. C'est ainsi qu'il y eut chez eux l'illustre Maison des Amales qui devinrent Rois d'Italie.

Leur Noblesse d'ailleurs avoit le droit distinctif de porter les cheveux longs : & les Goths étoient si flattés du Nom de Chevelus qu'ils le célébroient dans leurs Vers & dans leurs Chansons guerrieres, du tems même de Jornandes qui nous a transmis ce fait.

V.

FRANÇOIS.

En France même, la premiere & seconde Race de nos Rois ont formé deux Familles connues par un Nom commun à tous les Princes de chacune de ces Races. Les premiers furent appellés Merovingiens ou Maison de Me-
roüée :

ronée : & les seconds, Carlovingiens ou descendans de Charles, Maison de Charles.

La seule différence entre cet usage & l'actuel, c'est qu'aujourd'hui on répete toujours à la suite du Nom propre ou de Baptême celui de la Famille dont on est membre, & qu'alors on ne le répétoit pas ordinairement.

Mais ces Noms de Famille n'en existoient pas moins, & la descendance n'en étoit pas moins prouvée.

VI.

Romains.

1°. Ils avoient plusieurs noms.

Les Romains nous offrent à cet égard les preuves les plus évidentes & les plus nombreuses des vérités que nous cherchons à établir.

Chez ce Peuple illustre chaque individu avoit jusqu'à trois & même jusqu'à quatre noms.

1°. Le nom propre qu'on appelloit *Prénom*, parce qu'il marchoit le premier, ainsi que le nom de Baptême chez nous.

2°. Le nom de Famille, qu'on appelloit proprement *Nom*, & qui étoit placé le second.

3°. Le nom de la branche qui étoit placé le troisieme.

4°. Un surnom ou sobriquet.

Les Fabiens, par exemple, une des plus illustres familles de Rome, étoient divisés en quatre branches principales distinguées par les noms de Vibulanus, Ambustus, Maximus & Pictor : ainsi on disoit :

 Caius Fabius Pictor.

 Quintus Fabius Vibulanus.

La Famille Cornelia étoit partagée en plusieurs branches, telles que les Scipions, Lentulus, Dolabella, Sylla, Cinna, ainsi il y eut :

 Publius Cornelius Scipio, surnommé Nasica.

 Lucius Cornelius Sylla, surnommé Felix.

La Famille Calpurnia étoit partagée de même en plusieurs branches. Les Pisons, riches en pois ; les Bestia, riches en troupeaux ; les Frugi, riches en fruits, ou Economes ; les Bibulus, riches en boissons.

Plusieurs Noms de Familles Romaines furent tirés des objets de culture.

Diss. Tom. I.

Les Fabiens, de *Faba*, fève.
Les Pisons, des pois.
Les Cicérons, des pois-chiches.
Les Lentulus, des lentilles.
Les Porcius, des cochons.
Les Cæpio, des oignons.
Bubulcus, signifioit bouvier.
Vitulus, veau.
Tubero, truffe.

Le nom des Corn-Eliens, dut signifier ceux qui élèvent des cormes, ou la corne élevée.

Les Calp-Urniens portoient un nom Grec formé de *orn*, écrit *urn*, qui signifie pousser en avant, & *Kalpé*, cheval.

Prénoms.

Il est digne de remarque que les Romains ne connoissoient que trente Prénoms, à ce qu'assure Varron ; c'est-à-dire, autant qu'ils avoient de Curies primitives.

Il est très-apparent que ce nombre a été formé sur celui des jours du mois. D'ailleurs, il n'en est aucun qui n'ait une valeur significative plus ou moins facile à trouver, & presque toujours relative aux travaux de la campagne.

Caius, formé de *Ghé*, la terre, signifie le Maître, le Propriétaire.

Cæso, de *Cæs*, abattre, le défricheur, l'abatteur des forêts, des buissons.

Numerius, de *No*, fruit, & *Mar*, riche, le riche en fruits, en productions.

Cæcilius, de *Ghe*, terre, & *Cei*, illustre, habile à cultiver la terre.

Aulus, d'*Aula*, *Oel*, tente, le constructeur de tentes, l'habitant des tentes.

Decius, de *Dec*, doigt, l'industrieux, le riche en industrie.

Publius de *Pou*, *Boe*, prairie, & *Bel*, élevé, qui domine sur des prairies.

Spurius, du Grec *Spora*, semailles, l'habile semeur.

Tiberius, de *Ti*, illustre, sublime, honorable, & *Bar*, *Var*, riviere, eau, habile à conduire les eaux.

Iulius, de *Iol*, roue, révolution, habile à tracer les sillons, les révolutions de la charrue.

Lucius, de *Lux*, lumière : qui a éclairci le milieu d'une forêt pour en former un champ, qu'on peut comparer dès-lors à un œil, à un lucus.

Marcus, de *Cu*, *Qu*, puissance, & *Mar*, élevé ; 2°. vignoble, peut signifier grand en vignobles.

Hostius, de *Ostire*, frapper, mot cité par Nonus, & dont sont formés Hostia, victime, & Hostis, ennemi : Hostius signifie donc, qui frappe fort.

Mamercus, de *Ma*, grand, & *Mars*, la guerre, Guerrier redoutable.

Servius, de *Servus*, esclave : plutôt de Ser-*Vare*, conferver, habile à conferver.

Posthumius, de *poft*, après, & *humi*, terre; 2°. fépulture, venu au monde après la mort de fon pere.

On pourroit dire auffi né après les femailles, après que le grain a été enfeveli dans la terre.

Ti-Tus, de *Ti*, honneur, fublimité, qui répeté deux fois Ti-Ti, fignifiera le très-honorable.

Lartius, même que Lar, noble, chez les Etrufques.

On trouve auffi comme Prénoms, Agrippa, Potitus, Proculus.

Quelques autres étoient numériques.

Quintus, le cinquiéme.	Octavus, le huitiéme.
Sextus, le fixiéme.	Decimus, le dixiéme.

Noms relatifs ou à l'ordre de la naiffance, ou à l'heure & au jour dans lequel on étoit né.

Les mêmes Prénoms fervoient pour les femmes, avec une terminaifon féminine : Caia, Cæcilia, Julia, Marcia, &c. Quinta ou Quintilla, &c.

Au tems d'Augufte, les Cornelius Lentulus prennent pour Prénom le mot Coffus : les Fabius celui de Paulus.

Dans les IVe. & Ve. fiècles, on ne voit que des Flavius, nom devenu comme un titre depuis la famille de Vefpafien, & fur-tout depuis celle de Conftance Chlore, dont tous les individus furent des Flavius.

Antiquité de ces Prénoms.

Ces Prénoms étoient de beaucoup antérieurs aux Romains ; nous les retrouverons chez les Sabins & chez les Etrufques ; c'eft-à-dire chez les plus anciens Peuples de l'Italie dont il nous refte des monumens. Un ufage pareil commun à tant de Peuples fut donc fondé fur des motifs bien raifonnables, bien puiffans pour avoir eu force de Loi pendant un fi grand nombre de fiècles.

Ajoutons qu'on écrivoit rarement ces Prénoms en entier ; qu'on fe contentoit pour le plus grand nombre d'écrire la premiere lettre ; pour quelques autres, les deux ou trois premieres, & pour un très-petit nombre, le nom en entier, ainfi :

A, fignifie Aulus. C, Caius. M, Marcus. T, Titus. Cn, Cneius. A P, Appius. MAM, Mamercus. Et on écrivoit en entier HOSTIUS, AGRIPPA, PROCULUS, &c.

VII.

SABINS.

Les SABINS, Peuple antérieur aux Romains, & qui contribuerent beaucoup dès les premieres années à la grandeur de ce Peuple, en venant habiter en foule la ville de Rome, avoient certainement des Prénoms ; puisqu'on les trouve en usage chez les Familles Sabines qui devinrent Romaines, entre lesquelles se distinguerent celles-ci :

La Famille PETRONIA qui existoit déjà du tems des Rois de Rome, comme on le voit par VALERE MAXIME, & qui habitoit sans doute à Mutusca, ville des Sabins. Elle connoissoit les Prénoms, puisqu'on a trouvé dans cette ville de Mutusca une Inscription en faveur de

T. PETRONIUS SABINUS.

La Famille PLÆTORIA, de la même ville de Mutusca.

Les Familles TITURIA, MUSSIDIA, VALERIA, dans l'origine VALESIA.

CES Familles originaires de Lanuvium, CORNUFICIA, METTIA, PAPIA, PROCILIA, ROSCIA, SULPICIA, THORIA.

La Famille CILNIA, dont étoit Mécène, descendoit de Princes Etrusques.

La Famille SALVIA, qui descendoit aussi de Rois Etrusques, comme nous l'apprend SUETONE dans la vie d'Othon.

FAMILLE des APPIUS CLAUDIUS.

Entre ces Familles originaires du pays des Sabins, brilla sur-tout celle des Appius Claudius : comme on nous a transmis divers détails intéressans sur ce qui la concerne, rassemblons-en quelques-uns, afin qu'on puisse juger par elle de toutes les autres.

APPIUS CLAUDIUS étoit de Regille, ville des Sabins : il en étoit Sénateur; & un des plus distingués par l'éclat de sa naissance & par ses grandes richesses.

Il étoit si attaché aux Romains, sans doute par la considération de leurs vertus & par celle de leur sage administration, qu'il en devint suspect à ses Concitoyens qui ne savoient ni vivre en paix avec les Romains, ni imiter leur sagesse : aussi fut-il obligé de s'expatrier : il se réfugia donc chez ce peuple qu'il admiroit : & telle étoit sa puissance & son crédit, ou le fâcheux état dans lequel

DES NOMS DE FAMILLES.

se trouvoit la ville de Regille, qu'il fut suivi de cinq mille personnes en état de porter les armes, & de leurs familles : c'étoit une Colonie complette. Ils furent reçus à bras ouverts par les Romains qui leur cédèrent des terres sur les bords de l'Anio. Appius fut lui-même admis aussitôt au rang des Sénateurs : bientôt après, il fut élevé à la dignité de Consul, & sa famille se vit toujours revêtue des emplois les plus éminens de la République. Aussi son Histoire est sans cesse mêlée avec celle de Rome.

Leur nom Sabin étoit CLAUSUS, écrit par un de ces S qui se prononçant DS, se changea naturellement en D chez les Romains, d'où CLAUDIUS au lieu de Clausus.

Une chose remarquable dans cette Famille, c'est qu'APPIUS en forma constamment le prénom, & sur-tout pour les aînés. Ils l'avoient apporté avec eux de chez les Sabins. Appius étoit donc un prénom Sabin, & CLAUS*us* le nom de famille.

Aussi voyons-nous que d'autres personnes avoient le même prénom. Tel, APPIUS HERDON*ius*, ou *Appius de la Forêt*, qui s'empara du Capitole l'an 458. avant J. C. qu'il perdit cependant bientôt avec la vie, & qui étoit Sabin.

Cette Famille fournit à Rome depuis l'an 493 jusqu'à 268, inclusivement, dix Consuls, dont cinq surnommés CRASSUS & un CÆCUS.

Le premier de ces Consuls fut celui qui vint s'établir à Rome : aussi on le désigne par ces mots, APPIUS CLAUDIUS SABINUS REGILLINSIS.

Son fils, Consul en 470, se tua en 468. Il laissa deux fils, dont l'un CAIUS CLAUDIUS REGILLENSIS fut Consul en 458.

Et dont l'autre qui étoit l'aîné mourut de bonne-heure, & fut pere d'APPIUS CLAUDIUS CRASSUS, ce fameux Decemvir qui après avoir fait d'excellentes Loix, voulut opprimer la République, & se vit jetter dans une prison où il mourut en 446.

Depuis l'an 249, jusqu'à l'an 38, cette Famille fournit également dix Consuls surnommés PULCHER, *le beau*.

Celui qui fut Consul en 464, s'appelloit APPIUS CLAUDIUS CAUDEX.

Il ne faut pas confondre cette Famille avec celle des CLAUDIUS METELLUS : celle-ci étoit Plébéïenne & n'eut rien de commun par conséquent avec celle des Appius : à moins qu'elle ne lui ait dû sa première existence : puisque les Cliens & les Adoptifs prenoient le nom de leurs Patrons.

VIII.
Etrusques.

L'ufage des Noms de Famille & celui des Prénoms ne fut pas borné aux Romains & aux Sabins : on le trouve auffi établi chez les Peuples de l'Etrurie. Cette Nation induftrieufe, polie, favante, chez laquelle fleuriffoient le Commerce & la Navigation, long-tems avant que les Romains exiftaffent, & qui mérita avec raifon de fervir de modèle à ceux-ci, ne put négliger une chofe auffi intéreffante que les noms de familles & la conservation de la mémoire des Ancêtres auxquels on devoit tout.

Si on ne peut le prouver par les livres Etrufques qui font tous devenus la proie du tems, on en trouve du moins des traces dans leurs Infcriptions funèbres, qui étant enfevelies dans les tombeaux ont échappé à cette nuit profonde qui engloutit tout ce qui eft fur terre.

Le Savant Passeri en a raffemblé un grand nombre dans l'Ouvrage qu'il publia en 1767, pour fervir de fuite à Dempster (1) & dans fes Lettres Roncallieses (2).

Entre ces Familles Etrufques font les fuivantes :

La Famille Ariminia, dont étoit Arimnus, Roi des Tofcans, qui le premier des Etrangers fit des préfens au Temple de Jupiter Olympien, comme on l'apprend de Pausanias (3) ; ce préfent confiftoit en un Trône.

La Famille Cilnia & la Salvia dont nous avons déjà parlé à l'Article des Familles Romaines.

Celles-ci également dont plufieurs offrent des noms communs aux Romains.

Antonia.	Leinia & Linia.
Atatia.	Mutia.
Cainia.	Naria.
Cecinia.	Oratia.
Cafatia.	Petronia, dont un nommé Vel, Petruni.
Helia.	
Helvia.	Tarquinia.
Herennia.	Trebonia.
Latinia.	Vesia, fur une dixaine d'Infcriptions.
Lelia.	Vibia.

---

(1) Joh. Baptiftæ Passeri, Pifaurenfis Nob. Eugubini in Thomæ Dempfteri Libros de Etruria regali Paralipomena, &c. (2) Dans le *Raccolta d'Opufcoli Scientifici e filologici* Tom. 22. imprimé à Venife 1740. in-12. (3) 1er. Liv. des Eliaques, ch. XII.

URINATI, d'*oros*, Montagne.

CAIMLINIS, sur plusieurs Inscriptions.

FULNIA, sur une Inscription Etrusque, & FOLNIA sur cette même Inscription répetée en Latin : parce que les Etrusques écrivoient U pour O ; de même que les premiers Romains.

Noms de Femmes.

Leurs noms des femmes de condition étoient précédés du mot THANA, qui signifie Dame, & qui tient à l'Oriental ATHENAÏS Souveraine, titre qu'on donnoit à Minerve.

Les Latins le rendoient avec raison par le mot HERA, Dame, nom qu'on donnoit également à Junon en Grec : de-là TANAQUIL, composé de TANA & de QUIL, rendu en Latin par CAI-CILIA, ou Cæcilia. Les TANA HELIM, PETRUNI, LATINI, LEIVIAI, ou les Dames Elia, Petronia, Latinia, Livia.

LAR, titre d'honneur.

Les noms des hommes distingués par leur naissance & par leur rang étoient précédés du mot LAR, ou LARTH : mais que signifioit-il ?

Ici, nous nous éloignerons fort du Savant PASSERI. Il a cru que ce mot relatif à celui des Dieux Lares, répondoit à celui des Mânes, & qu'il désignoit les morts ; à peu-près comme notre mot FEU dont nous faisons quelquefois précéder dans la conversation les noms des morts ; mais il seroit donné à tous les morts sur ces Inscriptions funéraires : ce qui n'est point : d'ailleurs, il étoit porté par des personnes vivantes, ce qui a échappé à la sagacité de cet illustre Critique Etrusque.

A Rome, par exemple, nous trouvons un illustre Toscan qui y fut Consul en 445 avant J. C. appellé LARS HERMINUS, & qui étoit de cette Famille désignée sur les Vases Toscans par le mot ARMNI.

VIRGILE a immortalisé ce nom en l'introduisant dans son Poëme de l'Enéide : il y représente Herminius comme un Héros d'une grande taille, d'un grand courage, blond comme les Peuples du Nord, demi-nud comme les barbares, & que les plaies les plus terribles ne faisoient pas frissonner ; mais qui fut tué par Catillus d'Arcadie, Fondateur de Tibur.

.... Catillus solam,
Ingentemque animis ingentem corpore & armis,
Dejicit HERMINIUM : nudo cui vertice fulva,
Cæsaries, nudique humeri : nec vulnera terrent,
Tantus in arma patet. *En. XI.* 640 & suiv.

Lar, ou Larth, formé du radical Ar, élevé, signifie Sieur, Seigneur, mot dont la voyelle se changeant en O, subsiste encore de nos jours dans le Lord des Anglois.

Rapport de la prononciation des Etrusques avec celle des Allemands.

Dans nos Origines Latines nous fîmes voir que les Etrusques étoient originaires des contrées Germaniques qui sont en-deçà des Alpes; & dont les Grisons sur-tout font partie. Nous remarquâmes aussi qu'ils avoient divers mots communs avec les Allemands : ici, nous voyons de nouveaux rapports entr'eux, tels que pour la prononciation.

Les Etrusques, par exemple, prononcent :

P pour B, Puplius pour Publius : Trepuni pour Trebonius.

T pour D, Tauninei pour Daunus, nom fort commun dans l'Apouille & chez les Rutules. Larth, à l'Allemande, tandis que les Anglois prononcent Lord.

F pour V, Sefri pour Severi.

Vesial.

Cet usage Etrusque de prononcer V pour F, joint à ce qu'on ignoroit que toutes les Nations anciennes eussent des Hérauts d'Armes, a empêché le Savant Passeri d'appercevoir qu'il y eût des Féciaux chez les Etrusques & d'expliquer par-là même comme il faut le titre d'une Inscription Etrusque qui se trouve au bas de la Robe d'une statue conservée dans la Gallerie du Grand-Duc (1).

Cette statue représente un personnage debout en robe, la tête rase, avec des brodequins aux pieds; sa main est élevée, il est dans l'attitude d'un homme qui prend les Dieux à témoin de ce qu'il dit avec feu.

L'Inscription est de droite à gauche, & commence par ces mots :

Aulemi. Metelim. vn. Vesial.

Passeri qui a pris ce personnage pour un Augure, explique cette Inscription ainsi : *Aulus Metellus, fils de Vesia.*

Mais Vesial se prononçant Fecial, montre en effet, que c'est un Fecial, &

---

(1) On peut la voir dans le P. Montfaucon, Tom. III. Part. I. Pl. xxxix.

on ne pouvoit mieux repréſenter un homme de cet ordre, par ſon attitude & par ſes brodequins.

Rapports de Noms avec les Peuples du Nord.

Outre ce rapport de Larth & de Lord, & celui de *Born* & de *Brun*, Fontaine, dont nous avons parlé dans nos Origines Latines pag. CLXXXIX, nous voyons ici celui d'ARMNI ou d'HERMINIUS avec l'ARMIN*ius* des anciens Peuples Germaniques. Et celui de CLAN qui ſignifie en Irlandois Tribu, la Tribu dont on eſt natif, & en Etruſque la Famille dont on eſt iſſu, l'origine. Ce mot ſe trouve avec cette ſignification dans l'Inſcription ſuivante :

ANAMIME CLAN, ſon *Clan* eſt Anemia, il eſt *né* de la famille Anemia.

Rapport d'uſage.

Un autre rapport remarquable entre les Etruſques & les Allemands des environs du Pays des Griſons, c'eſt que les femmes Etruſques ont, de même que les Allemandes d'aujourd'hui, les cheveux treſſés à longues treſſes, flottantes ou relevées à volonté. Ces faits ne ſont point à dédaigner : l'Hiſtoire des Peuples & leur origine, ne peut être éclaircie, ainſi que l'Hiſtoire Naturelle, que par une multitude de faits & d'obſervations minucieuſes, qu'on néglige trop.

Rapports de Noms avec les Orientaux.

On reconnoît divers noms Orientaux dans le petit nombre de noms Etruſques parvenus juſqu'à nous.

ANAMI, le même que celui d'*Anamim* donné à un des fils de Meſraïm.

ELCHINES, qui a tant de rapport à celui d'*Elchana*.

CAINEI NUEIMI, noms d'une Thana ou Dame Etruſque, & qui ont un ſi grand rapport à celui de *Cain* & à celui de *Noemi*.

Ajoutons celui de CAI, dont CAIUS & CAIA, Romain & Etruſque, qu'on retrouve chez les Perſans à la tête du nom de pluſieurs de leurs Rois tels que CAI-CHOSRAU, ou *Cai-choſroes* : & qui a fait certainement le CY-AXARE des Grecs, CAI-ASSARUS, l'Aſſuerus des Hébreux.

PRÉNOMS.

Les Noms Etruſques ſont ſouvent précédés de Prénoms écrits en abrégé comme à Rome, & la plûpart les mêmes que chez les Romains.

Diſſ. Tom. I.   P p

Aulus.	écrit	A. Au. Aul.
Caius.		C. Ca. Cai.
Cneius.		Cne. Cnei.
Lucius.		L. Lu. Luc. Luci.
Marcus.		M. Ma. Mar. Marc. Marcas.
Publius.		P. Pu. Pup.
Titus.		T. Ti. Tit. Tite.

Ces rapports de noms entre les Etrufques & les Romains, prouve que ceux-ci n'en furent pas les inventeurs, & qu'ils remontent aux premiers tems où l'Italie fut habitée.

Ces Prénoms durent même être antérieurs aux Noms de Familles, puisque les individus font antérieurs à celles-ci : & ils durent être tous significatifs : sur-tout, ils durent peindre l'occupation de chacun.

En voici qui paroissent particuliers aux Etrufques.

FASTI, qui prononcé en O, peut avoir fait FAUSTUS des Latins.
HER ou HERTHus.
RANTAS, que Passeri dérive du Grec *Rheo*, couler.
TURNus, nom commun aux Etrufques avec les Peuples du Latium.

Les Prénoms des femmes Etrufques étoient les mêmes que pour les hommes, mais sous une terminaison féminine.

LARTHia, VELIA, ELIA, CAIA, LUCIA, FASTIA, ERA.

ATTA, Pere, nom des Sénateurs.

PASSERI croit avoir vu aussi parmi ces noms celui d'ATTA, pere, titre d'honneur donné aux Anciens, & certainement aux SÉNATEURS, puisque le Sénateur Sabin APPIUS CLAUSUS étoit surnommé ATTA ; & que les Romains appellerent leurs Sénateurs PERES, *Patres.*; rapport qu'il est assez étonnant que ce Savant n'ait pas apperçu.

SURNOMS.

Les Etrufques eurent également l'usage des Surnoms ; PASSERI en rapporte un grand nombre. Voici quelques-uns des mieux constatés.

CÆCUS, LAR APINIUS CÆCUS, le Seigneur Apinius l'aveugle.
GLAUCUS, LARTHI VETUS CLAUCEM, au Seigneur Vetius le bleu.
GALLUS, LARTE LARNEI CALE, au Seigneur Larnius le coq.
GRACCHUS, écrit CRACHE à l'ancienne maniere des Romains.

MACER, le maigre.
NIGELLA, la noire, ou la brune.
RUFus, le roux.
SEVERus, le févére, *écrit* SEFRI.
TRE-BONi, les trois Fontaines.

MÉTRONYMIQUES.

PASSERI croit avoir remarqué que les Etrufques ajoutoient fouvent à leur nom celui de leur mere, & qu'ils le terminoient par la fyllabe AL ou ALU, qui défigne comme en Latin le fens adjectif. Il rend en conféquence ces formules,

LARTHI EILEI VESENIAL *par* A l'honneur du Lar Elius fils de Vefenia.

LA SENTINATE ATUNIAL, au Lar Sentinate, fils d'Antonia.

On voit fur les Monumens Etrufques, quelques autres *Sentinate* fils de Varenia, de Lanitunia, d'Alefia, de Lartia.

Un Aulus NARSES, fils de Frumnia.

Cet ufage s'arrange fort bien en effet avec les Noms de famille; car on a dès-lors le nom du pere & celui de la mere: auffi l'Auteur les appelle *Métronymiques*, noms formés fur celui de fa mere.

IX.

NOMS MYSTÉRIEUX.

Un ufage digne de remarque à l'égard des Noms, c'eft celui qu'avoient les Anciens de ne pas prononcer le nom des objets facrés, de crainte qu'avec ce nom augufte, on ne produifît quelqu'effet funefte.

Les Juifs ne prononçoient pas le nom de *Jehovah*, quoiqu'écrit dans les Livres facrés : ils y fubftituoient celui d'*Elohim* ou d'*Adonaï*.

Comme ce nom étoit appellé par les Pythagoriciens le mot de *quatre lettres*, il eft apparent qu'ils ne le prononçoient pas non plus ; & qu'il faifoit partie de leur Doctrine fecrette : ainfi, cet ufage des Noms cachés remonteroit jufqu'aux Egyptiens.

Les Romains avoient également donné à leur ville un Nom fecret qui en étoit, difoit-on, le vrai nom, & qu'on ne fe permettoit jamais de prononcer, de peur que les ennemis n'en profitaffent pour invoquer les Dieux de la ville, & leur faire abandonner la défenfe de Rome. Ce nom étoit VALEN-

TIA, qui en Latin & en Celte signifie la même chose que *Romé* en Grec, qui n'en étoit que la traduction, la ville ELEVÉE.

Les SIAMOIS ont conservé le même usage relativement à leur Roi. La plûpart d'entr'eux ignorent absolument son nom : les Mandarins du premier ordre ont seuls le droit de prononcer ce Nom sacré & mystérieux. On craindroit, s'il étoit connu, qu'on ne s'en servît pour exercer des sortiléges contre la Personne du Roi.

C'est donc une superstition très-ancienne & très-étendue : avec quelqu'attention, on en trouveroit sans doute des traces chez beaucoup d'autres Nations. Plus on rassemblera les usages modernes les plus singuliers, & mieux on connoîtra l'Antiquité.

ARTICLE II.

Noms de Fiefs succèdent à ceux de Familles.

Lorsque sous les regnes des foibles descendans de Charlemagne, les grands Seigneurs eurent mis dans leurs Familles les Fiefs ou les Bénéfices dont ces Rois avoient disposé jusques alors, la plupart prirent le nom de leurs Fiefs & abandonnerent celui de leurs Familles. De-là, tant de noms de Grandes-Maisons qui ne sont point différens du nom de leurs Terres.

Telles sont les Maisons de Montmorency, de Lorraine & tant d'autres, ou éteintes ou encore subsistantes.

Cependant ces Maisons sont antérieures aux XIe. & XIIe. siècles, où on place l'origine des noms héréditaires, & au tems où on prit communément le nom des Fiefs.

On avoit donc élevé en cela un systême contraire à tous les faits, & qui croule de toutes parts, parce qu'il ne pose sur aucun principe fixe & incontestable.

D'ailleurs, puisqu'en France même on connoissoit des noms de Famille sous la premiere race de nos Rois, & qu'il existoit dès-lors des Familles d'une très grande Noblesse, on ne peut se dispenser de faire remonter en France même fort au-delà des XIe. & XIIe. siècles les usages qu'on n'attribue qu'à ces siècles pour reconnoître les Familles & pour en assurer la succession.

GRÉGOIRE de TOURS, par exemple, nous apprend que S. GAL (1) qui vivoit

---

(1) Vie des Peres, ch. VI.

au commencement du VIIe. siècle, étoit d'une illustre famille, par son pere *George*, & sur-tout par sa mere *Leocarde*, qui étoit, dit-il, de la Famille de VENTIUS EPAGATES, la plus illustre des Gaules.

Il dit qu'ARMENTARIA, femme de S. Grégoire, étoit d'une Famille de Sénateurs.

ENNODIUS étoit également d'une Famille de Sénateurs.

Ces Familles Sénatoriales ou Patriciennes étoient la plupart d'anciennes Familles Gauloises ou Romaines-Gauloises, qui avoient fourni des *Sénateurs* soit à Rome, soit aux Sénats de ces Empereurs qui avoient fait leur séjour dans les Gaules, & peut-être à ceux des grandes Métropoles des Gaules.

L'Histoire Ecclésiastique des cinq ou six premiers siecles, parle aussi de diverses personnes des Gaules, dont l'origine remontoit à des Familles de Druides, la vraie Noblesse des Gaules, & à d'anciennes Familles Romaines.

Noms de Familles en usage dans le XIe. Siecle.

Il est certain que dès le commencement du XIe siecle on trouve les noms de Famille en usage, soit qu'on les dût aux Fiefs qu'on possédoit, soit qu'on les dût au droit de naissance. Ainsi entre les Comtes de Lyon on compte,

En 1020, Durand de Roannois.

En 1072, Ismion de Sassenage.

En 1096, Guillaume de Baffic.

En 1106, Foulques de Piney (1).

Des Bulles du Pape Calixte de l'an 1020 également, prouvent la même chose. Elles sont en faveur de Guillaume & de Geoffroi de Porcelet : par une, il est porté que Geoffroi conjointement avec le Comte de Provence & l'Archevêque d'Arles prendroit les armes contre le Comte Alfonse pour la défense de l'Abbé de Saint Gilles (2).

En 1081. Opius de Fontanea & Egidius de Romano, en Italie (3) : & comme ils sont accompagnés d'un Marsile de Vico Avigini, apparemment pour indiquer le lieu d'où il étoit, les autres désignoient donc des noms de Fief.

En 1008. Heveus Cassavaca & Rigaldus Butillier (4).

En 1027. Hugolin de Henbont, Vitalis de Minihi, David de Ploihinoc.

En 1029. Alain Cainart, de la Maison de Dinan, & Gaufrid de Fou (5).

---

(1) Recueils imprimés du Marq. d'Aubais, in-4°. |(2) Ib. (3) Muratori Antiq. Ital. T. II. p. 270. (4) Hist. de Bret. Pièces Justific. p. 100. (5) Ib. p. 102 & 116.

Noms de Familles en usage au Xe. Siècle.

Mais puisqu'on trouve des Noms pareils dès le commencement du XIe siècle en Italie, à Lyon, en Bretagne, on doit en trouver à la fin du Xe, & peut-être dans les VIII & IXe. Il faudroit pour cet effet avoir sous les yeux un grand nombre de Chartes de divers Pays & relatives à ces siècles : malheureusement elles sont rares & très-dispersées : cependant, voici du moins des approximations, si ce ne sont pas des preuves démonstratives.

En 973 au plus tard, nous trouvons dans l'Histoire de Bretagne Helyas de Lyniaco (1).

En 998. Léon Benton, Juge de l'Empereur Othon III, nommé comme témoin dans un Acte d'Odelric, Evêque de Crémone (2).

Cet exemple est d'autant plus heureux, que ces deux noms n'étant pas séparés par le mot *de*, on ne peut pas faire l'objection que par ce mot *de* on désignoit non le nom, mais le lieu dont on étoit originaire.

En 924. on trouve un Flaipert, Echevin, fils d'un Flaipert, Clerc.

» Manifestus sum ego Flaiperto, Scabino filio bone memorie Flaiperti
» Clerici (3).

En 957, dans un Acte où la Comtesse Franche fait diverses donations à une Eglise du Territoire d'Adria (4), on voit divers noms pareils.

Martin de Sarzano, Badoro de Rhodigio, Viso de Vitale Russo, tous habitans de Castro-Rhodigii : de même que Enricus, surnommé Guazalino de Bugosso, & Gasselin Vasso.

En 946. Bernardus Alamannus (5).

IXe. Siècle.

Sous l'an 851 ou 852. Rothecarii de Cedraria : Digiverti de Buciningo (6).
Sous l'an 833. Garipert de Aucis ; Audoald de Vereniano ; Rodemas de Dungueno.

VIIIe. Siècle.

En 776. Maurus fils de Bene-nati de Panicale; Carofus de Postumiano (7)

C'étoit au tems des Rois Lombards & de Charlemagne : c'étoit donc long-tems avant que les grands fiefs fussent devenus héréditaires & bien des siècles avant les Croisades.

De même en Bretagne vers la fin du Xe. siècle on trouve un Herveus de Lohuiac (8).

---

(1) *Ib.* p. 84. (2) Murat. T. II. p. 29. (3) *Ib.* 44. (4) p. 130. (5) p. 189. (6) p. 554.
(7) p. 200. (8) Hist. de Bret. *Ib.* p. 98.

Il n'y auroit qu'une réponse à faire : c'est que ces noms précédés par *de*, désignent la patrie & non le nom. Mais sur quoi seroit-elle fondée, d'autant plus que lorsqu'on veut indiquer le lieu on ajoute *de loco* : & qu'il n'y a nulle différence entre le nom, par exemple, de ce *Herveus de Lohuiac* & ceux des Comtes de Lyon que nous avons cités, Durand de Roannois, Ismion de Sassenage, &c. ? Pourquoi voudroit-on qu'étant à si peu de distance, se suivant de siècle en siècle, la même formule eût des valeurs si différentes ? Ne seroit-ce pas une pétition de principe ?

Ajoutons que le Savant MURATORI n'a pu s'empêcher d'observer que les surnoms étoient en usage dès le IXe. siècle : que sous l'an 845, un Loup avoit été surnommé *Suplainpunio*, ce qu'il croit signifier *Soppia in pugno*, caché au poing.

En 918, Lampert, fils de Léonard, surnommé CAVINSACCO, tête dans un sac.

En 941, un Clerc nommé Jean, est surnommé RABBIA, la rage.

En 1073, un autre est nommé TOCCA-COSCIA, touche-cuisse : & un Pierre CAVAZOCHI, extirpe-Souches (1).

Nous trouvons également en Bretagne vers la fin du Xe. siècle, Gaufrid, fils de Conanus Curvus, Conan le Courbe (2).

Et en 1061, au XIe. siècle, Rainaud, surnommé Manzellus (3).

L'Histoire du Languedoc par Dom Vaissette, &c. nous offre dès le commencement du IXe. siècle nombre de noms qui subsistent encore de nos jours comme noms de Familles : tels,

Warin, prononcé Varin, Guarin, Guerin, &c.

Miron : Milon : Gaucelin : Ademar : Etienne.

Châtelain ou Castellan ; Pascalis.

Asinarius, Asnier ou Lasnier.

Roncariolus, ou Roucairol.

Fulcherier, ou Foucher : Desiderius, ou Didier.

Ausbernus, ou Oberne ; Oliba ou Olive, nom très-commun dans ce IXe. siècle en Languedoc, comme celui d'Olivier en Bretagne.

---

(1) Murat. *Ib.* p. 1036. (2) Hist. de Br. p. 98. (3) *Ib.* p. 88.

2°.

Noms du moyen âge.

Une preuve qui me paroît décisive pour établir que les Noms de Familles sont beaucoup plus anciens que les XI & XIIe. siècles, est tirée de cette multitude de Noms de Famille qui existent aujourd'hui, & qui sont manifestement empruntés des Langues de ces Peuples qui fondirent sur l'Empire Romain. On connoît par l'Histoire une multitude de Noms usités chez ces Nations, & puisqu'il s'en est conservé jusques à aujourd'hui un très-grand nombre comme Noms de Famille, il faut nécessairement qu'ils ayent déjà été Noms de Famille chez ces Peuples : sans cela, par quelle raison seroit on allé chercher des Noms chez des Nations anéanties ? C'eût été le comble de la déraison ; & une chose sans exemple, lors même qu'elle eût été possible.

Sans sortir de la France, nous y trouvons par-tout une foule de Noms descendus des anciens Goths, & des autres Peuples du Nord qui fondirent sur les Gaules.

BERT,

BERT, est un mot Theutonique commun aux Celtes & même aux Orientaux, mais sans T, בהר, Bher, & qui signifie, clair, limpide ; 2°. illustre, célèbre.

Il étoit fort commun sous les deux premieres Races de nos Rois. Elles sont remplies de noms en

| CHILDEBERT. | CARIBERT. |
| DAGOBERT. | SIGEBERT. |

Le nom de la Reine BERTHE est encore aujourd'hui en vénération dans diverses contrées de la Suisse : & à Payerne, on montre la selle de cette Reine avec le même empressement qu'ailleurs le Trône du Roi Dagobert.

Ce nom subsiste aujourd'hui dans une foule de noms, seul ou en composé : tels,

BERT.	2°. En composés.
BERTIN.	ADI-BERT.
BEER.	Ari-bert.
BERTR-AND.	A-ber.
Bertran-di.	Al-bert.
	Alde-bert.

DES NOMS DE FAMILLES.

Alde-bert.
Au-bert.
Audi-bert.
Cari-bert.
Gali-bert.
Gau-bert.
Guim-bert.
Gi-bert.
Gilli-bert.
Gui-bert.
Gis-bert.
Hé-bert.
Hum-bert.
Im-bert.
Jom-bert.
Jou-bert.
Lam-bert.
Rim-bert.
Ro-bert.
Som-bert.

BALD,
Hardi, audacieux.

BALDI.
BAUDE, & BOLDE.
Guene-baud.
Guille-baud, & Wille-bald.
Baud-ouin.

BARN,
Homme, Guerrier.

BERN-ARD.
BERN-IERES.
BARN-OUIN.

CARL,
Vaillant.

CARLI, Maison d'Italie.

CARLOS.
CARLOMAN.
CARLES.
CHARLES.
Charlemagne.

GER,
Extrêmement : beaucoup, 2°. désireux; 3°. armé.

GER-ARD.
Ger-bert.
Ger-main.
Ger-vaise.
Ger-trude.

GARD,
Jardin, enceinte.

ERMEN-GARD.
GARD-INER.
GARD-ET.

GOD,
Dieu : 2°. bon.

GODE-FROY.
GOD-ART.
Min-gor.
Min-gaud.
THUR-GOT, premier Evêque des Suédois.
TUR-GOT.

LOD,
LUD, LAUT, célèbre.

LOTH-AIRE.
LOD-OVIC.
LUD-OVIC, d'où LOUIS.

Diss. Tom. I.

CLOD-IUS.
LUT-ON.
LUT-OL.
MUND,
Protecteur.
AU-MONT.
ED-MONT.
OS-MOND.
RICH-MOND.
RA-MON.
WALD,
WAUD, GAUD,
forêt.
WAUTIER.
GAUTIER.
GUALTERI.
WARD,
Gardien.
BURC-WART.
ED-WART.

EDOUARD.
HER-WART.
MARC-WART.
WARN,
Aulne, Sapin.
WARN-IER.
WERN-ERI.
GARN-IER.
VERGNE.
La vergne.
HART, ART.
Vif, véhément, extrêmement.
BONN-ARD.
Bri-ard.
Briz-ard.
Coft-ard.
Goth-ard.
Leon-ard.
Nith-ard.
Rich-ard.

DUR,
Eau : 2°. Acier.

DURAND, DURANT*is*, nom affez étendu en France, eft un nom également Theuton, formé de DUR, eau ; 2°. acier : & de HAND, main, poffeffion, riche en eaux, ou en acier. De cette derniere acception s'eft formé le nom de la fameufe épée de Roland, cette terrible DURANTALE qui brifoit le cuivre même ; formé de *tal*, tailler, mettre en pièces, & de *Duren*, acier.

HEN,
Ayeux.

HENRI, autrefois *Hen-ric*, & qu'on prononce encore ainfi en Béarn, de même qu'en Latin, nom de la même Famille qu'*Hunne-ric*, eft formé de *Hen*, ayeux, ancêtres : il fignifie riche en ayeux, defcendu d'une illuftre famille ; c'eft le *potens atavis* des Latins.

Dans l'Allemand moderne où *Han* signifie Poule, *hen-ri* signifieroit *riche en poules.* Wachter dit que cette étymologie n'est bonne que pour ceux qui mangent du foin ou du chardon; mais elle seroit tout aussi bonne que celle des Lentulus, des Pilo, de tous ces illustres Romains qui prirent leur nom d'objets champêtres : d'ailleurs l'Allemand moderne diffère si peu de l'ancien, que les étymologies tirées de celui-là peuvent bien être aussi bonnes que celles du Theuton.

ARMAND, HERMAN, nom de Baptême & nom de Famille, doit venir du Theut. HERM, HARM, bélier, guerrier.

REUCHLIN, la Fumée.

AMALRI,
ALARIC,
AYMAR,
AUDEMAR,
ALDEMAR,
} Noms descendus des anciens Goths ou Getes, & devenus Noms de Familles actuellement existantes.

3°.

NOMS
Formés de l'ancienne Langue Romance.

Une multitude d'autres noms très-communs en France, ont été empruntés de l'ancienne Langue Romance, dans le tems où elle étoit dans toute sa splendeur, dès le neuviéme siècle, & peut-être plutôt. Aussi en les rapprochant de cette Langue, on en voit aussi tôt la valeur ou l'étymologie.

ARN signifie montagne ; de-là ARN-*aldus* & ARN*aud*, nom très-répandu dans la France méridionale & sur-tout, en Italie. C'est ce même nom qui a formé celui des ARNAUTES habitans de l'Albanie ou des montagnes de l'ancienne Epire. En Basque il désigne le vin, fruit des côteaux. Il fut donné aussi aux Albigeois & aux Vaudois, parce qu'ils habitoient des Contrées montagneuses ; & dès-lors, le mot *Arnaute* devint un nom de mépris, une injure.

Les Princes de la Lomagne avoient affecté particulierement ce nom d'ARNAUD ; aussi leur monnoie en portoit le nom. Il en est fait mention dans des Chartes du XIIIe. & du XIVe. siècles.

ARNAUD de Villeneuve commença il y a plusieurs siècles à rendre ce nom illustre. La fin du dernier siècle a produit un Héros singulier & peu connu, qui portoit le même nom, & qui sous les titres de *Capitaine* & de *Ministre des Enfans de Dieu*, remit les Vaudois descendans des anciens Arnautes, en possession de leurs montagnes dont ils avoient été entierement chassés, donnant ainsi un exemple étonnant de ce que peut le courage intrépide, quand il se bat pour ses foyers.

Bouhier, Bovier, Boyer, noms très-communs en France, paroissent les mêmes que Bouvier, en Latin barbare *Boverius*.

Rouhier, Royer, le Royer, signifient voisin, contigu; 2°. charron, qui fait des roues. Il est synonyme du mot Charron qu'un Auteur de ce nom a rendu très-célèbre.

Couderc, pâturage commun.

Coterel, grand couteau.

Corvoisier, cordonnier.

Clavier, qui a les clefs, portier.

Gastellier, Marchand de gâteaux.

Gravelot, javelot.

Gendre, Genure, Genre, même que *junior*, nom qu'on donnoit au premier garçon d'un Boulanger ; comme on donne le nom de Major. au premier garçon d'un Perruquier ; & *Prote* ou premier, à celui qui dirige une Imprimerie.

Meslier, neflier.

Estache, pieu.

Gau, moulin à fouler les draps.

Gaucher, qui foule les draps : mot qui peut également venir d'une personne qui étoit gauchere.

La seule lettre B du Dictionnaire vieux François qui fait le Xe. Volume du Glossaire Latin-barbare de du Cange, continué par Carpentier, offre l'étymologie d'une multitude de Noms François qui ne présentent aujourd'hui aucun sens d'objets naturels : en voici quelques-uns.

Bacon, le lard d'un cochon.

Barail, baril.

Baron, homme.

Barrier, qui a la garde des barrieres.

Bart, pavé.

Barte, la Barthe, bouquet de bois.

Bastide, château ; 2°. maison de campagne.

Behourt, joûte.

Berruyer, sorte d'armes.

Bertonneau, un turbot.

DES NOMS DE FAMILLES.

BIBELOT, jeu d'offelets.
BIGOT, pioche, bêche.
BLACHE, LA BLACHE, plant de jeunes chênes ou de châtaigniers, entre lesquels on peut labourer.
BOISSIERE, la BOISSIERE, BUISSIERE, lieu planté de buis.
BOUTILLIER, Officier d'Echanfonnerie.
BONNIER, mefure de terre.

BORDE, la BORDE, BORDERIE, } Ferme.
   BORIE, la BORIE,

BOSQUEILLON, bucheron.
BOURDON, bâton de Pellerin.
BOURIGNON, filet à petits poiffons.
BREUIL, BRUEL, du BREUIL, lieu planté d'arbres, &c.
BROCHE, BROCA, fourche, pieu.
BUFFIER, donneur de fouflets.
BUIGNON, bouchée.
BURE, leffive.

En voici quelqu'autres.

PUECH, montagne à pic.
La BAUME, BALME, LA BALME, grotte, caverne.
CLAVEL, clou.
MANDRAILLE, bergerie; de l'Italien & du Grec *Mandra*.
BAILE, Chef.
MISTRAL, Lieutenant de Police dans diverses Provinces.
NIVET, terme de riviere; nom qu'on donne fur les ports & dans les chantiers à une remife que le Marchand fait à celui qui vient acheter fa marchandife au-deffous de la taxe.
La LANDE, des LANDES, étendue de pays.
BANE, corne.
GOUPIL, renard.
Le GALL, le coq.
FLON, riviere.
GALLOIS, Robufte, fort.
SAIGNE, LA SAIGNE, marais.
TAVEL, efpèce de bouclier.
TELLIER, LE TELLIER, Tifferand, faifeur de toiles.
VASSEUR, LE VASSEUR, VAVASSEUR, LE VASSOR, Vaffal.

Noms en IERE.

IERE est un mot Celtique qui désigne l'habitation, la demeure de-là tant de noms terminés en IERE.

La Sorin-iere.	Morel-iere.
La Cantin-iere.	Mathon-iere.
La Cresson-iere.	Serv-iere.
La Renaud-iere.	Teisson-iere.
La Jausselin-iere.	Volpil-iere.

Cette terminaison en IERE venue de ER, terre, champ habité, est sur-tout propre à la Province du POITOU. Les habitans de chaque Province du Royaume & chaque Pays de l'Europe même ont adopté ainsi une terminaison qui leur est propre & au moyen de laquelle on les reconnoît aussitôt. C'est là-dessus qu'on a fabriqué fort plaisamment les diverses métamorphoses de M. TROTTIN dans ses voyages. Il est Trottincourt en Picardie, Trottinville en Normandie, Trottigneuil dans le Perche, Trottinguer en Bretagne, Trottiniere en Poitou, Trottignac en Périgord, Trottinargue en Languedoc, Trottinoz en Franche-Comté, Trottini en Italie, Trottinski en Pologne, Trottembach en Allemagne, &c.

4°.
NOMS GRECS.

Le Languedoc, dont plusieurs villes ont eu des Noms Grecs parce qu'elles étoient des Colonies Grecques, doit offrir également des Noms venus de la Grèce. Ainsi au commencement de ce siècle, existoient à Usez, deux Familles dont les Noms étoient vraiment Athéniens : celle de LICON & celle de BOUZYGE.

ARTICLE III.

Noms significatifs en François.

La France est remplie de Noms de Familles qui sont significatifs dans notre Langue : en voici un certain nombre que nous avons distribué en grandes Classes, suivant que ces Noms sont relatifs à des Noms d'animaux, d'arbres, de plantes, de professions, de dignités, de couleurs, de qualités, de parties du corps, de l'habillement, &c. ou à des Noms d'objets relatifs à la Musique, à l'Année, aux Champs, aux Villes, aux Maisons, à la Guerre, aux Instrumens, &c.

Ces Tableaux les rendront plus piquans : on fera étonné de leur étendue, d'autant plus qu'il n'y aura perfonne qui ne foit dans le cas d'y en ajouter un grand nombre.

Il en eft de fi finguliers, qu'on fera peut-être tenté de croire que nous les avons inventés à plaifir : nous fommes cependant en état de les juftifier tous ; & fi nous n'avions craint d'abufer de la patience de nos Lecteurs, nous aurions accompagné chacun de ces Noms de quelque détail qui auroit fait connoître ceux qui les portent actuellement ou ceux qui les ont portés autrefois, ainfi que le tems & le lieu où ils vivent ou dans lequel ils demeurerent de leur vivant. On y auroit vu des Perfonnages illuftres par leurs vertus, par leur rang, par leurs Ouvrages, & un grand nombre chers à notre cœur.

Nous ne prétendons pas d'ailleurs ne nous être point trompés dans la maniere dont nous avons diftribué ces Noms ; il fe peut que plufieurs dans leur origine ayent eu un rapport très-différent de celui que nous y avons apperçu : il fuffifoit pour notre but qu'ils puffent figurer dans une claffe quelconque ; on verra même qu'il en eft que nous avons rapporté à deux ou trois claffes différentes à caufe des divers rapports fous lefquels on pouvoit les envifager.

Nous ne faurions trop le répéter ; nous ne prétendons nullement à ne jamais nous tromper dans les détails ; nous les abandonnons tous fans peine à nos Lecteurs ; nous ne fommes jaloux que des grandes maffes, des grands principes ; l'édifice que nous avons à élever eft fi vafte & fi intéreffant qu'on auroit regret fans doute au tems que nous perdrions à en finir les plus petits objets ; peut-être même entreprendrions-nous en cela une chofe impoffible, fur-tout avant que tout l'enfemble foit parvenu à fa fin.

I.

NOMS DES ANIMAUX.

1°. *QUADUPEDES.*

LION.
Léopard.
Loup.
  Le Loup.
  Louvel.
  Pas-de-Loup.
  Pince-Loup.
Sanglier.
Renard.

Goupil.
Lievre.
  Le Lievre.
Cerf.
  Le Cerf.
Chevreuil.
Chèvre.
Chevreau.
Cabri.
Cheval.
Poullain.

Chameau.
Cochon.
  Porcelet.
  Bacon.
Bœuf.
  Du Bœuf.
  Sauve-Bœuf.
  Chaffe-Bœuf.
  Le Bœuf.
  Des Bœufs.

Bellier.
Mouton.
  Gigot.
  Le Mouton.
  Lagneau.
  Dagneau.
  Robin.
Veau.
  Vedel.
  Bedel.
Bouc.
  Le Bouc.
Castor.
  Bievre.
Lane.
  La Lane.
Baudet.
Beaudet.
Baudeau.
Oursin.
Chat.
  Duchat.
Loir.
Chien.
  Des Chiens.
  Limier.
  Mastin.
  Roguin.
  Brac.
  Basset.
Rat.
  Le Rat.
  Rat Gras.
Lescureul.
Hérisson.
  D'Hérisson.
Dragon.

2°. OISEAUX.

Oiseau.
  Loyseau.
  Loisel.
  Volée.
  Coq.
    Chapon.
  Poule.
    Poulle.
    Poulet.
  Paon.
  Faisan.
  Pigeon.
  Colombe.
  Perdrix.
    Perdriau.
  Caille.
    La Caille.
    Cailleteau.
  Jard.
    Le Jars.
  Loison.
  Merle.
    Merlet.
  Geai.
  Grive.
    La Grive.
  Pinson.
  Linot.
    Linotte.
  Tarin.
  Serin.
  Rossignol.
  Verdier.
  Moineau.
  L'Etourneau.

Bruant.
Bréan.
Biset.
Hirondelle.
Héron.
Corlieu.
Faucon.
  Falco.
Griffon.
Milan.
Duc.
Corbeau.
Corneille.
L'Autour.
L'Espervier.
Grue.
Mouette.
Alouette.
Cigogne.
Pie.
  La Pie.
Pic.
Piverd.
Vaneau.
  Vanier.
  Vanieres.

3°. POISSONS.

Poisson.
Dauphin.
Barbot.
Brochet.
Turbot.
Lotte.
Goujon.
Chabot.
  La Perche.

DES NOMS DE FAMILLES.

La Perche.
Teſtard.

4°. INSECTES.

PAPILLON.
Mouche.
 Amiel.
Abeille.
Grillon.
 Grillet.
La Mouche.
Hanneton.
Cygale.

II.
NOMS
DES COULEURS ET DES FORMES.

1°. COULEURS.

DE COULEUR.
Rouge.
 Rougeau.
 Roux.
 Le Roux.
 Rouſſeau.
 De Rouſſes.
 Roſſet.
 Rouſſel.
 Rouſſelot.
Vert.
 Le Vert.
 De Verd.
Noir.
 Negre.
 Negret.
 Le Noir.

Blond.
 Le Blond.
 Blondeau.
 Blonde.
 Blondin.
 Blondel.
Brun.
 Brunet.
 Bruno.
 Bruneteau.
 Brunel.
Viollet.
Vair.
 Duvair.
 Veron.
Ponceau.
 Poncelet.
Maure.
 Moreau.
 Moricaud.
Blanc.
 Le Blanc.
 Blancher.
 Blanchon.
La Griſe.
La Sale.

2°. FORMES ET VERTUS.

GROS.
 Le Gros.
Grand.
 Le Grand.
 Le Nain.
Pétit.
 Le Petit.
Long.
 Le Long.

Longuet.
Court.
 Le Court.
Large.
 Le Large.
Carré.
Rond.
 Rondeau.
 Rondel.
 Le Rond.
Gras.
 Le Gras.
 Graſſet.
Maigre.
 Le Maigre.
 Maigret.
 Maigrin.
Menu.
Beau.
 Le Beau.
Bel.
 Le Bel.
Belle.
Joli.
Poli.
Mignard.
Mignon.
Plaiſant.
Villain.
Gentil.
 Le Gentil.
Vermeil.
Peſant.
Leger.
Sage.
Le Digne.
Puiſſant.

Diſſ. Tom. I.   R r

Cours.
Constant.
Courant.
Comptant.
Gauffant.
Sauvage.
Fieffé.
Gelez.
Grimaud.
Chenu.
Clément.
Doucet.
   Le Doux.
Bon.
   Le Bon.
Mauvais.
Mollet.
Duret.
Benoist.
Luxe.
L'Heureux.
Vigoureux.
Le Sourd.
Le Tort.
Le Begue.
Le Net.
L'Enfumé.
L'Ecorché.
Le Pelé.
Pelé.
Pel-Levé.
Le Fort.
La Force.
L'Honoré.
   Honoré.
L'Eclopé.
Clopinel.

Pietre.
L'Egaré.
Maceré.
Hardi.
Gai.
Ioyeux.
Badin.
Bourru.
Bosse.
Bossu.
Boiteux.
Aveugle.
Bouchard.
Camus.
   Le Camus.
Brûlé.
Gaillard.
Vaillant.
   Le Vaillant.
Peureux.
Ardant.
Noble.
   Le Noble.
Mondain.
Blandrin.
Ribaud.
Serré.
Baillé.
Trouvé.
Formé.
Foulé.
Levé.
Allongé.
Meslé.
Séjourné.
Grincé.
Barré.

Notté.
Recoquillé.
Desiré.
Couronné.
Marmottant.
Considérand.
Rougissant.
Resplandy.
Parfait.
Courtois.
Le Franc.
Certain.
Gestes.
Conseil.
Mordant.
Galand.
Rebours.
L'Affilard.
Lavenant.
Mont-Fiquet.
Hérissant.
Creuzé.
Tapi.

3°. NOMS DE GUERRE.

PINCE-MAILLE.
Mouchard.
Jambe-de-Fer.
Bras de-Fer.
Taille-Fer.
Besche-Fer.
L'Espérance.
Complaisance.
L'Abondance.
Prudence.
Bonté.
Loyauté.

Fier-à-Bras.
Feu Ardent.
Patu.
Ragot.
Rouffin.
Mouricaud.
Damne-Ville.
Men-à-Bien.
Rideaux-Vieux.
Corfembleu.
Boutemy.
Bouteroue.
Efcorne-Bœuf.
Follenfant.
Doré.
Dorez.
Rufé.
Fin.
Bizarre.
Char-d'Avoine.
Pain-d'Avoine.
Le Lieur.
Renvoify.
Tardif.
Lambin.
Coquin.
Brocard.
Paillard.
Rapillard.
Tendreffe.
Lamoureux.
Damours.
Pardon.
Suret.
Follet.
Mercenaire.
Vivant.

Martyr.
Merveille.
Lœuvre.
Récent.
Rival.
Tenant.
Hardiment.
Canal.
Chauve.
Le Vair.
Le-Refche.
Tenon.
Chalant.
Coulant.
Eveillon.
Dormans.

VERBES.

FIANCE.
Dure.
Babille.
Savonne.
Racle.
Brûle.
Serre.
Sauve.
Marque.
Rampon.
Marche.

LETTRES.

THAU.
Le Dé.
Emme.
Le Geay,
Vé.

ECRIT, LIVRE, &c.

LIVRE.

Le Lifeur.
Des Loix.
Bouquin.
Feuillet.
Billet.
Long-Dit.
Fay-Dit.
Scribe.
Sonnet.
Vérité.
Voyez.
Lumiere.
Oui.
Hanon.
Cédille.
Guillemet.

III.
NOMS
D'ARBRES, PLANTES,
FRUITS, FLEURS.

1°. ARBRES.

L'ARBRE.
Cinq-Arbres.
Chefne.
Du Chefne.
Sept-Chefnes.
Chêne-Vert.
Frêne.
Du Frêne.
Au-Frêne.
Frefnay.
Pommier.
Cerifier.
Poirier.

Des-Ormeaux.
Orme.
  L'Orme.
  De l'Orme.
Noyer.
  Du Noyer.
Coudrier.
  La Coudre.
Laurier.
  Du Laurier.
  Des Lauriers.
Chataignier.
  Castanet.
  Castain.
Cormier.
Meurier.
Prunier.
  Pruneau.
  De la Prune.
Peuplier.
Figuier.
  Figuieres.
Sorbier.
Pêchier.
Pin.
  Du Pin.
Saule.
  De Saule.
Olivier.
  Olive.
  L'Olive.
  L'Olivier.
Le Maronnier.
Palmier.
Vergne.
  La Vergne.
Aune.

Laune.
De Laune.
Launay.
Hêtre.
  L'Hêtre.
Rouvre.
  Du Rouvre.
  Roure.
  Rouviere.
Chenaye.
Saussaye.
Pommeraye.
Cerisaye.
La Fresnaye.
Châtaigneraie.
Prunelaye.
La Houssaye.
Charme.
Fage.
  La Fage.
Paye.
  La Faye.
Houx.
  Le Houx.
Hozier.
Buis.
Branche.
Branchu.
Rameau.
Ramée.
La Ramée.
Gaule.
De Gaules.

2°. PLANTES.

VIGNE.
La Vigne.

Des Vignes.
Grain.
  Grain-d'Orge.
  Casse-Grain.
Genet.
Blé.
Froment.
Millet.
Mill.
Rosier.
  Du Rosier.
  Des Rosiers.
Fraisier.
  Fraisse.
Framboisier.
Persil.
Chou.
  Du Choul.
  Caulet.
Laitue.
Porreau.
Luzerne.
  La Luzerne.
Chardon.
Lespine.
  Lespinasse.
  L'Epinay.
Ortie.
  L'Ortie.
Guy.
Buisson.
Breuil.
  Du Breuil.
Gazon.
Plantin.
Sureau.
Racine.

Radix.
Canelle.

3°. FRUITS.

Avelines.
Cerise.
Noix.
   La Noix.
Pomme.
Poire.
La Prune.
Prunelle.
Grenade.
Melon.
Perdigon.
Damas.
Raisin.
Pepin.
Pignon.
Le Pois.
Brou.
Raport-Blé.
Vin.
   De Vin.
La Treille.

4°. FLEURS.

De la Fleur.
Rose.
   Blanche-Rose.
   Prime-Rose.
Bleuet.
Œillet.
Muguet.
Violier.
Julienne.
Soucy.

Sans-Soucy.
Violette.
Lys.
   Du Lys.
Flore.
Bouquet.
Fleury.
Sainte-Fleur.
Sainte Rose.
Champ-Fleur.
Champ-Fleury.

IV.

NOMS
DE DIGNITÉS,
PARENTÉ &c.

Souverain.
L'Empereur.
Le Roi.
   Des Rois.
   Hau du Roy.
Seigneur.
   Le Seigneur.
Duc.
Baron.
Marquis.
Comte.
Bachelier.
Damoiseau.
L'Ecuyer.
Gouverneur.
Commendeur.
Echevin.
Prince.
   Le Prince.

Sénéchal.
   Le Sénéchal.
Mayre.
   Le Maire.
Vidame.
Bailli.
   Le Bailli.
Viguier.
   Viguerie.
Page.
   Le Page.
Vallet.
   Le Vallet.
   Valleteau.
Vassal.
Doyen.
Capitaine.
Maître.
   Le Maître.
Prevôt.
Sergeant.
   Bon-Sergent
Chatelain.
Receveur.
Mesureur.

2°. D'EGLISE.

Le Pape.
Prélat.
Cardinal.
L'Archevêque.
L'Evêque.
Le Prestre.
L'Abbé.
Le Moine.
L'Aumônier.

Le Prieur.
Chapelain.
L'Hermite.

3º. PRATIQUE.

L'Avocat.
L'Huissier.
Le Clerc.
Notaire.

4º.

De-Dieu.
Dieu-Donné.
Chan-Dieu.
Esperan-Dieu.
Donna-Dieu.
Mont-Dieu.
Grace de Dieu.
Ange.
    L'Ange.
Archange.
Saint-Ange.
Cherubin.
Esprit.

5º.

Soleil.
Beau-Soleil.
L'Estoile.
Paradis.
Chrétien.
Huguenot.
Payen.
Sarrasin.
Pate-Notre.
Toussaint.
De Saint.
Sauveur.
Des Innocens.

Des Autels.

6º.

MARIAGE.
Le Marié.
Mari.
Parent.
Compere.
Le Gendre.
    Beau-Gendre.
L'Héritier.
Voysin.
    Du Voysin.
Pere-Fixe.
Fils.
Fille.
    La Fille.
Beau-fils.
Bon Fils.
Frere.
    Des Freres.
    Bon Frere.
L'Enfant.
Bon Enfant.
Cousin.
    Beau-Cousin.
Neveu.
    Niepce.
Filleul.
Belle-Mere.
Bonne Mere.
Compagnon.
Gars.
    Garçon.
    Bon-Gars.
    Bon-Garçon.
Ami.

L'Amy.
Beaux-Amis.
Bon-Ami.

7º.

Berger.
Chevrier.
Porcher.
Vacher.
    Le Vacher.
Bouvier.
Chartier.
Fossoyeux.
Gerbier.
Courtier.

8º. Boureau.

V.

NOMS
DE PROFESSIONS, MÉTIERS, &c.

Arbalestrier.
L'Archer.
Argentier.
Baillet.
    Bailleux.
Barbier.
Bordier.
Boucher.
Boulanger.
Bourlier.
Braconier.
Brasseur.
Brodeur.
Batelier.
Carrier.

DES NOMS DE FAMILLES.

Cartier.
Chapelier.
Charron.
Charpentier.
Charbonnier.
Le Coigneux.
Coutelier.
Couturier.
Cordier.
Le Couvreur.
Drapier.
L'Epicier.
Fabre.
Fabri.
Faber.
Fevre.
 Le Fevre.
Faure.
Faucheur.
 Le Faucheur.
Forestier.
Foulon.
Ferrand.
Fournier.
Fripier.
Fondeur.
Jardinier.
Laboureur.
 Le Laboureur.
Masson.
Mercier.
Metayer.
Meunier.
 Musnier.
Moulinier.
Maréchal.
Marchand.

Pannetier.
Pelletier.
 Le Pelletier.
Plastrier.
Potier.
Le Pileur.
Saunier.
Serrurier.
Sellier.
Sommellier.
Taillandier.
Teinturier.
Texier.
 Teissier.
Thuillier.
Tourneur.
 Le Tourneur.
Tonnelier.
Tripier.
Vanier.
Vigneron.

VI.

NOMS TIRÉS DU CORPS.

Personne.
l'Homme.
 Bon-Homme.
 Mal-Homme.
 Bel-Homme.
Masle.
 Le Masle.
Pucelle.
Corps.
 Du Corps.
 Beau-Corps.

Teste.
Testu.
 Belle-Teste.
 Grosse-Teste.
Hure.
Hurel.
Hureau.
Main.
 Belle-Main.
 Blanche-Main.
Pied.
 Pied-Fort.
 Petit-Pied.
 Beau-Pied.
 De Pied.
 Pied-bot.
Bras d'or.
Front.
Bouche.
Toupet.
Caboche.
Le Membre.
Cerveau.
Oreille.
 L'Oreille.
Mourre.
Patte.
Nason.
Gorju.
Bec.
 Du Bec.
 Bec-de-Liévre.
Babine.
 Babinot.
Côte.
 La Côte.
 Côte-blanche.

Des Yeux.
De la Joue.
Du Doigt.
Long-Œil.
Talon.
Boyau.
Rate.
Barbe.
  Blanche-Barbe.
  Barbut.
  Courte-Barbe.
  La Barbe.
Cœur.
  Cœuret.
  Le Cœur.
  Cœur-de-Roi.
  Francœur.
  Joli-Cœur.
  Tourne-Mine.
De la Corne.
Cornu.
Cornuau.
Le Cornu.

2.

JEUNE.
  Le Jeune.
  Jeune-Homme.
  Juventin.
  Jouvency.
Vieux.
  Le Vieil.
  Viel.
  Vieillard.
Aîné.
  L'Aîné.
Cadet.

Babouin.

VII.

HABILLEMENS.

ROBBE.
  Le Vestu.
Chapeau.
  Chapeau rouge.
Chaperon.
Bonnet.
Cornet.
Cornette.
Du Rochet.
Soulier.
  Du Soulier.
Semelle.
Blancher.
Cotte.
Gamache.
Bourlet.
Pompon.
Bouton.
Collier.
Beguin.
Patin.
Gillet.
Mantel.
Manchon.
Le Bas.
Foureau.
Chappe.
Aube.
Coller.
Sarot.
Serpeaud.
Cuissard.

Berceau.
Des Peignes.
Des Chaux.

ETOFFE.

COTTON.
Basin.

VIII.

MUSIQUE ET DANSE.

CHANTRE.
  Le Chantre.
  Le Chanteur.
  Chante-Cler.
  Chante-Merle.
  Chante-Pie.
Menétrier.
Ballet.
Sifflet.
Danse.
Bourrée.
  Bourée.
Rigaudon.
Clairon.
Cor.
  Du Cor.
Violon.
Viole.
Chalumeau.
La Harpe.
L'Organiste.

IX.

ANNÉE

BONNE-ANNÉE
Janvier.
  St. Janvier.

S. Janvier.
Février.
Mars.
Avril.
Mai.
   Du Mai.
   Le Mai.
Juin.
Juillet.
D'Août.
Saison.
Moisson.
Hiver.
Noël.
Dimanche.
Des Jours.
La Fin.
Du Tems.
Bon-Jour.
   X.
  BEAU.

BEAU.
   Le Beau.
   Bel.
   Le Bel.
Beaux-Amis.
Beau-Bois.
Beau-Breuil.
Beau-Champ.
Beau-Cousin.
Beau-Corps.
Beau-Chesne.
Beau-Fort.
Beau-Fils.
Beau-Gendre.
Beau-Gué.

Beau Harnois.
Beaux-Hostes.
Beau-Joieux.
Beau-Jon.
Beau-Lieu.
Beau-Lac.
Beau-Manoir.
Beau-Mesnil.
Beau-Mont.
Beau Poil.
Beau-Port.
Beau-Puits.
Beau-Regard.
Beau-Recueil.
Beau-Séjour.
Beau-Semblant.
Beau-Sire.
   Sire-Beau.
Beau-Sol.
Beau-Soleil.
Beau-Son.
Beau-Teint.
Beau-Val.
Beau-Varlet.
Beau-Verger.
Beau-Voir.
Mir-a-Beau.
Bel-Bœuf.
Bel-Cros.
Belle-Forest.
Belle-Garde.
Belle-Combe.
Belle-Foy.
Belle-Mere.
Belle-Perche.
Belle-Roche.

BON.

BON.
   De Bon.
Bonneau.
Bon-Lieu.
Bon-Tems.
Bonne-Aventure.
Bonne-Heure.
Bon-Ami.
Bon-Homme.
Bon-Ardi.
Bon-Fils.
Bon-Repos.
Bonne-Foi.
Bonne-Ville.
Bonne Guise.
Boni-Face.
Bon-Vouloir.
Bon-Valet.

BIEN.

BIEN-AIMÉ.
Bien-Assis.
Bien-Nourri.
Béné.
   Béné-Fice.
Chef-de-Bien.

MAL.

MAL-Assis.
Mal-Nourri.
Mal-à-Fait.
Malaspine.
Mal-Homme.
Mal Herbe.
Males-Herbes.
La Mâl-Maison.

Differt. Tom. I.

Mal-me-Dy.
Mal-Vieux.
Mau-Clerc.
Mau-Passant.
Mau-Petit.
Mau-Perché.
Mau-Voisin.
Mau-Peou.
Mau-Vin.
Mau-Point.
Mau-Pas.
Mau-Regard.

XI.

REPAS.

Table-Mise.
L'Hôte.
Excellent.
L'Entretien.
Bon.
Dine-Matin.
Dine-Midi.
Buffet.
Boisson.
Vin.
De Vin.
Vinet.
Pot.
Pot de Vin.
Pisse-Vin.
Caraffe.
Flacon.
Bouteille.
Gobelet.
Goblet.
Panier
Du Vivre.

Pain.
Pain-Blanc.
Pain d'Avoine.
Pousse-Pain.
Mie.
Coupé.
Poivre.
Le-Poivre.
L'Huilier.
De Sel.
Sallé.
Doux.
Douceur.
Le Sur.
Chaise.
La Chaise.
Neuf-Chaise.
Tabouret.
Le Haut.
Le Bas.
Bien-Assis.
Mal-Assis.
Bien-Assise.
Mal-Assise.
Le Nourri.
Mal-Nourri
Belle-Dent.
Goulu.
Dépense.
Chef-d'Hôtel.
L'Ecuyer.
Tranchant.
Tartier.
Boutelier.
Suc.
Goût.
Boi-Vin.

Boi-l'Eau.
Chaudiere.
Chaudron.
Couteau.
Charnage.
Carnavalet.
Fricault.
Boucherie.
Bouillon.
Bœuf.
Mouton.
Gigot.
Oie.
Chapon.
Coq.
Lièvre.
Lapin.
Rouelle.
Du Veau.
Rognon.
Du Lard.
Le Gras.
Sardine.
Poisson.
Pasté.
La Paste.
Du Plancher.
Courte-Cuisse.
Pomme.
Fromage.
Fromageau.
Fromager.
Croquet.
Mascaron.
De la Noix.
Restes.
Fourni.

DES NOMS DE FAMILLES.

Rendu.
Du Congé.
Revoir.
Torchon.
Net.
Renvoi.
Carmentran.

XII.
NOMBRES.

PREMIER.
   Premier-Fait.
Second.
Tiers.
Le Quatre.
Mille.
Vincent.
Quatre-Bœufs.

XIII.
LA MAISON.

BELLE.
Demeure.
D'Hôtel.
Cagniard.
Grand-Maison.
   Maison-Celle.
   Maison-Fleur.
   Mal-Maison.
   Des-Maisons.
   Vieux-Maisons.
   Maison-Neuve.
   Bas-Maison.
Caze.
   La Caze.
   Casali.
   Caza-Mea.

Caza-Major.
Caza-Noya.
Caza-Bonne.
La Loge.
Bien-Assise.
Mal-Assise.
Chambre.
Cellier.
Grenier.
La Cave.
Grille.
Colonne.
Latte.
Chevron.
Hautoy.
Ancelle.
Trumeau.
Perron.
Pignon.
Chapelle.
Cabane.
   Cabanis.
Serre.
   La Serre.
Sale.
   La Sale.
Masure.
   Des Masures.
Planche.
   Planchon.
   La Planche.
Ais.
L'Hôpital.
Mur.
   Du Mur.
Du Pan.

XIV.
CAMPAGNE.
1°. MONTS.

ROCHE.
   Rocher.
   Des Roches.
   Du Rocher.
   La Roche.
   Roche-Aymon.
   Roche-Baron.
   Roche-Brune.
   Roche-Chouart.
   Roche-Foucaud.
Roque.
   La Roque.
Montagne.
   Montagny.
   Mont-Rond.
   Du-Mont.
   Outre-Mont.
Tertre.
   Du Tertre.
La Motte.

2°. EAUX.

Font.
   La Font.
   Fontaine.
   Sept-Fontaine.
   Font-Froide.
   Fons-Bonne.
   Font-Brune.
   Font-Couverte.
   Sept-Fond.
   Fontane.
   Fontanès.

Fontanier.
Aigue.
Riviére.
   La Riviére.
Ruisseau.
   Du Ruisseau.
Lac.
   Du Lac.
Rive.
   La Rive.
   De la Rive.
   Haute-Rive.
L'Etang.
Vivier.
   Du Vivier.
L'Ecluse.
Pui.
   Dupui.
Marais.
   Des Marais.
   La Mare.
Du Port.
Pons.
Pont.
   Du Pont.
   Vieux Pont.
   Pont-Carré.
L'Arche.

3°. BOIS.

Du Bois.
   Du Bosc.
   Bois-Neuf.
   Gros-Bois.
Bocage.
   Bocager.
   Du Bosquet.
Bocage.
   Bousquet.

Buisson.
   Du Buisson.
Breuil.
   Du Breuil.
Bûche.
Forest.
   Forestier.
   La Forest.
Du Taillis.
La Pelouse.
Parc.
   Du Parc.
Le Plessis.
   Du Plessis.
   Du Pleix.
Bruyere.
   La Bruyere.

CHARBON.

CHARBON.
Carbonnel.
Charbonneau.
Charbonnier.

4°. CHAMPS.

CHAMPEAU.
   Des-Champs.
   Champ-Poseau.
   Grand-Champ.
   Champ-Meslé.
Dupré.
   Després.
   Grand-Pré.
   Dupréau.
   Despréaux.
   Pré-Fontaine.
Clos.
   Duclos.
   L'Enclos.

Clausure.
Culture.
Cheneviere.
Verger.
Duvergier.
Jardin.
   Desjardins.
   Du-Jardin.
Essars.
   Des Essars.
   De L'Essert.
Haye.
   La Haye.
   Des Hayes.
   Haye-Neuve.
Fossé.
   Fosse.
   Des Fossés.
   La Fosse.

5°. VALLÉES.

VALLÉE.
Val.
Duval.
La Val.
Grand-Val.
Petit-Val.
Clair-Val.
Combe.
   La Combe.
   Des Combes.

6°. MAISONS DES CHAMPS.

MAS.
Dumas.
Massot.
Du Mesnil.

Blanc-Mesnil.
Grand-Mesnil.
La Bastide.
Granges.
 La Grange.
 La Grangette.
 Granger.
Borde.
 La Borde.
 Des Bordes.
 Colombier.
 Colombeau.
Ménage.
 Ménager.
Moulin.
 Dumoulin.
 Des Moulins.
 Molin.
 Moulinet.
 Molines.
 Molyneux.
Four.
 Dufour.
 Fourneau.
Pressoir.
 Du Pressoir.
Chantier.
Bergerie.
 Des Bergeries.
La Butte.

7°. GRANDES HABITATIONS.

VILLE.
 La Ville.
Bourgade.
Bourg.
Du Bourg.
Le Bourg.
Grand Bourg.
Bourgeois.
Château.
 Chasteau.
 Châtel.
 Château-vieux.
 Vieuf-Chatel.
 Neuf-Château.
La Tour.

PORTE.

PORTE.
 La Porte.
 Des-Portes.
 Basse-Porte.
 Portal.
 Portier.

8°. CHEMINS.

CHEMIN.
 Du-Chemin.
Sable.
 Sablon.
La Rue.
Pavée.
L'Estrade.
La Chaussée.
Ruelle.
La Roue.
Le Chariot.
La Borne.
La Pause.
Le Voyer.

XV.

1°. JEUX.

BOULE.
Bauche.
Billard.
Piquet.
Cappot.
Doublet.
Sonnet.

2°. NAVIGATION.

MARIN.
Flotte.
La Galere.
Bachot.
Rame.
Lac.
 Du Lac.
Mole.
 Molé.
 Du Molard.
La Rade.
La Pêche.

3°. MÉTAUX.

DE L'ETAIN.
Fer.
 De Fer.
 Desferre.
Doré.
Dacier.
Dargent.
 De l'argent.
Liard.
 Liardet.
Quatre sous.
La Monnoie.

4°. PLACE.

PLACE.
  Des Places.
  La Place.
  La Placette.
Plan.
  Des Plans.
  Du Plan.
  Du Planil.
Gravier.
  La Grave.
  Graviere.
  Sablon.
Galet.

XVI.
GUERRE.

GUERRE.
  Guerrier.
  La Guerre.
Bataille.
Combat.
Lescombats.
Champion.
Le Preux.
Cavalier.
Pillard.
Braconier.
La Mort.
Taille-fer.
Taille-pied.
Bris-acier.
Tranche-Montagne.
Tourmente.
Tricot.
Séche-épée.
Saque-épée.

Court-épée.
Brèche.
Fumée.
Fumeron.
Fusée.
Tournois.
Brette.
Baliste.
Arc.
  D'Arc.
La Flêche.
  De la Flêche.
L'épée.
La Lance.
  Porte-Lance.
  Baise-Lance.
Boulet.
Canon.
Bombarde.
Pistolet.
Couteau.
Goys.
Le Glaive.
La Marche.
Héraud.
La Chasse.
  Chasse-loup.
  Chasse-pot.

XVII.
INSTRUMENS, &c.

BOISSEAU.
Boussaton.
Briquet.
Bizeau.
Billon.
Broche.
Boiste.

Bourdon.
Bénitier.
Blason.
Coquille.
Carteron.
Chesneau.
Chesnel.
Chesnet.
Chauffe-pied.
Crosse.
Couronne.
Cerceau.
Cabestan.
Chevalet.
Coquille.
Corbin.
Cordon.
Couture.
Grapin.
Des Forges.
Gand.
Gadou.
Lyege.
Landier.
Hachette.
Maille.
Maillet.
Pince-maille.
Marteau.
Martel.
Martinet.
La Marque.
Marre.
Miroir.
Mortier.
Massue.
Pilon.

DES NOMS DE FAMILLES.

Parasol.
La Poterie.
La Cloche.
La Brosse.
La Selle.
La Chaise.
Le Chandelier.
Plume.
Plumette.
Pinceau.
Rabaud.
Retz.
Robinet.
   Robineau.
Rubis.
Yvoire.
Serran.
Terrasson.
Paillasson.
Pile.
   Des-Piles.
Paquet.
Balot.

XVIII.
MÉLANGE.

Midi.
   Mal-Midi.
Orient.

2.

Vente.
   Des Ventes.
Marchand.
   Mercator.

3.

Badaud.
Poireau.
Barreau.
   Des Barreaux.
Barre.
   Barré.
   Barriere.
   La Barre.
   Des Barres.
   Barrafort.
Babille.
Besogne.
Bottée.
Bourbier.
Boursier.
Bourgevin.
   De Vin.
   Les echevin.
Claret.
Erremens.
Haut-Pas.
Faix.
Gaucher.
Gaigne.
Garre.
De Goutte.
   De la Goutte.
La Garde.
La Commune.
La Barriere.
La Croix.
La Datte.
Le Grain.
Le Gain.
Le Queux.

La Blancherie.
Riche.
   Le Riche.
   Richard.
Ris.
Germain.
Saugrain.
Saillant.
Tron-Joly.
Poirée.
Porte-Bise.
Chevillard.
Aigre-Feuille.
Bord.
Travers.
Prud'homme.

XIX.
VILLES & PAYS.

Allemand.
   D'Allemagne.
L'Anglois.
D'Anjou.
D'Artois.
D'Arras.
D'Avignon.
D'Auvergne.
Bayeux.
Berne.
Berry.
Bohême.
Boullogne.
   Boullenois.
De Bourges.
Bourgogne.
   Bourguignon.

Brelle.
Breton.
Bretagne.
Champagne.
Cologne.
Corbeil.
Cornouaille.
Dorat.
D'Espagne.
De Flandres.
France.
Florentin.
Galles.
Galice.
Genevois.
Grenade.
Gueret.
Jourdain.
Jourdan.
Limousin.
Lombard.
Lorrain.
Madrit.
Mézieres.
Milanois.
Du Maine.
Marseille.
De Meaux.
Normand.
   De Normandie.
Nyon.
Paris.
Poitevin.
Picard.
Rome.
   Romain.

S. Romain.
Rouen.
Savoie.
Spire.
Thurin.
Toulouse.
Touraine.
Tournon.
Vienne.
Villeneuve.
D'Usez.

XX.

Noms de Baptême
devenus Noms
DE MAISON.

ABRAHAM.
Adam.
Agar.
Alexandre.
André.
Antoine.
Barthelemy.
Batiste.
Balthasar.
Cazimir.
Charles.
David.
Daniel.
Elie.
Etienne.
François.
Grégoire.
Guillaume.
Henri.

Jean.
Jacob.
Luc.
   Du Luc.
Levi.
Louis.
Lazare.
Manuel.
Martin.
Mathieu.
Marc.
Michel.
Moyse.
Mariane.
Nicole.
Noé.
Paul.
Philippe.
Richard.
Simon.
Salomon.
Samson.
Thomas.
S. Etienne.
S. Jean.
S. Germain.
S. Florent.
S. Luc.
S. Maurice.
Se. Marthe.
S. Paul.
S. Vincent.
Se. Beuve.
Colas.
Colin.

Colette.

DES NOMS DE FAMILLES.

Colette.	Doubl-Et.	Sylva.
Guillot.	Sonn-Et.	Sylvius.
XXI.	XXII.	Marius.
Diminutifs	Noms.	Darius.
ou		Ruffin.
Noms en *Et.*	*Romains.*	Jubar.
	Lentulus.	Sutor.
Rancon-Et.	Marcel.	Textor,
Tacon-Et.	Constantin.	Virgile.
Trubl-Et.	Curtius.	Aurele.
Rouffel-Et.	Felix.	Mathon, &c.

Noms significatifs dans d'autres Contrées.

Il n'est pas douteux que si nous faisions les mêmes recherches chez les autres Nations Européennes, nous ne retrouvassions les mêmes usages, & nous ne puissions former de leurs Noms des Tableaux pareils : que nous n'y trouvassions également des preuves de l'antiquité de ces noms, & qu'ils furent presque toujours significatifs.

Ainsi les Nations Germaniques sont remplies de noms significatifs.

Wolf,	Loup.
Schwartz,	Noir.
Schmidt,	Maréchal.
Schnider,	Cordonnier.

L'Italie offre une multitude de pareils Noms.

Borzacchini,	espèce de bottine.
Barilloti, Barillot,	espèce de pélisse.
Zanchi,	espèce de pique.
Rocchetto,	un rochet.
Benenati,	bien-né.
Cavinsaco,	tête dans un sac.
Cava-Zochi,	extirpe-souches.
Rufus,	le Roux.
Rabbia,	la rage.

Diss. Tom. I.

La petite Bretagne nous offre une multitude de Noms significatifs dès le Xe. siècle.

Bonus Gafus,	bon valet.
Achaſtana,	achete-âne.
Bornus,	le borgne.
Bledic,	le loup; de *bleiz*, loup.
Bran,	corbeau.
Canhiart,	belliqueux.
Caphinus,	chauſſon.
Driken,	beau-miroir.
Impejorardus,	l'Empiré.
Toſardus,	tondu.
Curvus,	le courbe.

Les Auteurs de l'Hiſtoire de Bretagne conviennent eux-mêmes qu'il exiſte dans cette Province nombre de Noms de Familles nobles, qui dans leur origine ſemblent n'avoir été que des ſobriquets: tels ſont ces Noms, diſent-ils (1).

Tourne-borde.	Trop-à-de-nés.
Le Chat.	le Diable.
Bon-gars.	le Large.
Boivin.	Eſcarcelle.
Trouſſe-l'âne.	Tête-verte.
Chauſſe-bouc.	Laſchepied.
Pince-guerre.	Breneur.
Travers.	Male-terre.
Pille-voiſin.	Pille-vilain.
Cornu.	Alaiſé.
Pille-gâteau.	Dure-dent, &c.
Champion.	

Dans le IXe. ſiècle la terminaiſon oë étoit conſacrée en Bretagne pour les Noms de la Nobleſſe. Nominoé, Eriſpoé, Riskipoé, &c.

Le Languedoc offre auſſi divers noms ſignificatifs ou ſobriquets. Dès le IXe. ſiécle on y voit des perſonnages appellés:

---

(1) Mém. pour ſervir de preuves à l'Hiſtoire de la Bretagne, par Dom Morici, 1742. Tome I. XIII.

Esperan-Dei, ou Esperan-Dieu.
Homo-Dei, l'homme de Dieu.
Longobardus, Lombard.
Desiderius, le Désireux.

D'une Chronique de Castres relative au IXe Siècle.

Le Célebre Baluze avoit vu une Chronique de Castres composée par un nommé Odon Aribert, très-glorieux Chapelain du Palatin Guernici, & qui seroit une excellente preuve de la vérité que nous cherchons à établir, si l'on pouvoit démontrer qu'elle n'a pas été altérée, ou qu'on n'y a pas inféré des faits faux.

Elle rapporte que Bernard, Duc de Septimanie, ayant pris le parti de Pepin II. contre Charles le Chauve, celui-ci envoya quinze cent Cavaliers & cinq mille hommes d'Infanterie dans la forêt de Lavaur, & dans le Territoire d'Alby, qui y mirent tout à feu & à sang : qu'alors Gaudouin, Evêque d'Alby, & Alphonse de Vabres, Seigneur Mandeburgique des Montagnes de Castres, ayant réuni leurs Troupes contre les Carloviens, ils tomberent sur eux & les défirent presque entiérement, à un gué de l'Agout, nommé le Gué Morin, qui en fut appellé depuis ce moment le Gué du Talion (en langage du Pays, Gui-Talent, Ville ou Bourg actuellement existant sur l'Agout).

Nous voyons donc ici un Alphonse de Vabres, Seigneur Mandeburgique des Montagnes de Castres. Mais, disent les Historiens du Languedoc, « qui » est cet Alphonse? n'est-il pas évident que c'est un nom supposé? On sait » que les noms propres & les titres de Seigneuries étoient inconnus sous le » regne de Charles le Chauve ».

Non, on ne le sait pas d'une maniere qui soit sans réplique ; & si cette Chronique n'a d'autre preuve de fausseté que celle-là, nous pourrions soutenir hautement son authenticité : le refus d'admettre en cela son témoignage ne seroit qu'une pétition de principe, il n'auroit nul fondement.

Cependant comme ils conviennent que le nom de l'Evêque d'Albi qui accompagne celui-là, n'est point supposé, non plus que le nom de Samuel Evêque de Toulouse, qui est employé peu après, pourquoi le nom d'Alphonse de Vabres se trouveroit-il seul faux ?

---

(1) Hist. du Lang. T. I.

Quant au titre de *Mandeburgique*, il est Theuton & vieux François, formé de *Mund-Burg*, Patron, défenseur du Bourg : dans les Ordonnances de Philippe le Bel on voit *Maimbournie* pour protection, patronat, défense.

De-là le nom de MAIM-BOURG, significatif par-là même.

Cette Chronique ajoute que peu de tems après Charles le Chauve ayant fait la paix avec Bernard, il poignarda celui-ci, au moment qu'il lui rendoit visite dans le Monastere de Saint Sernin à Toulouse en 844 ; que l'Evêque Samuel l'enterra au bout de quelques jours, & qu'il fit mettre sur sa tête cette inscription en vers vulgaires :

Assi jay lo Comte Bernad,	Le Comte Bernard est ici couché,
Fisel credeire al sang sacrat,	Fidelle à croire au sang sacré :
Que sempre prud'hom és estat,	Toujours vrai preux il a été,
Preguen la divina bontat,	Prions la divine Bonté
Qu'aquela fi que lo tuat,	Que celui qui l'a tué
Posqua soy arma aber salvat.	Puisse avoir son ame sauvé.

Inscription contre laquelle on s'inscrit également en faux, peut-être aussi trop légerement : sans cela, on pourroit la regarder comme le plus ancien monument existant de cette langue.

Noms perpétués dans les Familles au IXe Siècle.

Les Savans Historiens que nous venons de citer, nous instruisent d'un fait d'autant plus intéressant qu'on peut le regarder comme le passage de l'ancien usage à celui des noms de Famille.

Ils nous apprennent que dès le IXe siècle, les noms se perpétuoient dans les Familles : il n'y avoit plus qu'un pas pour les noms de Famille.

---

(1) Hist. du Lang. Tom. I. preuves p. 716.

Armoiries de Raimond Comte de Toulouse, pour servir de suite aux Monumens Armoriaux de la pag. 129 & suiv.

En parcourant l'Histoire du Languedoc pour y chercher des faits propres à répandre du jour sur les questions que nous traitons ici, nous avons rencontré plus que nous ne cherchions : un de ces faits que nous avons dit qu'on pourroit trouver en fouillant avec soin dans les monumens peu connus du moyen âge : une nouvelle preuve de l'antiquité des Armoiries. C'est un sceau Armorial du Comte de Toulouse de l'an 1088. antérieur par conséquent de sept ou huit ans au premier signal des Croisades. Ce sont ces Historiens qui vont parler.

» Raymond de Saint-Gilles, Comte de Toulouse (1), portoit la croix de Toulouse en plein dans ses Armes, quelques années avant qu'il se croisât pour l'expédition de la Terre-Sainte. C'est ce qui paroît par son sceau pendant à la charte qu'il donna en 1088. en faveur de l'Abbaye de S. André d'Avignon, & que nous avons insérée dans nos preuves. D. JERÔME DEIDIER notre Confrere, qui nous a envoyé les variantes de cette charte prises sur l'original conservé dans les archives de cette Abbaye, a fait dessiner exactement le sceau qui est en plomb, & nous le donnons dans ce Volume, avec les autres sceaux de la Maison de Toulouse & de la Noblesse de la Province. Il est vrai qu'il n'est pas fait mention de l'apposition du sceau dans l'acte : mais nous en avons des exemples dans quelques autres chartes de Raymond de Saint-Gilles, où il a fait certainement apposer son sceau, quoique cela n'étoit pas exprimé dans l'acte. Telle est la charte que ce Prince donna en 1096. au Concile de Nismes en faveur de l'Abbaye de Saint-Gilles, qu'on peut voir dans nos preuves, & où il n'est rien dit de l'apposition du sceau, lequel y fut néanmoins apposé, comme il est prouvé par le témoignage que Raymond Evêque d'Apt rendit à ce sujet en 1151 : *Et vidi instrumentum guirpitionis* (2) *Raimundi Comitis Sigillo signatum.*

» Il résulte de ce que nous venons de dire, que les Armoiries des grands Seigneurs commencerent à être en usage quelques années avant la premiere

---

(1) Hist. du Lang. Tom. V. pag. 680.

(2) GUIRPITIO, mot latin Barbare qui signifie *desaisissement*, action de se désister ; formé du Verbe GUIRPIRE dont nous avons fait *deguerpir*.

« Croisade à la fin du XIᵉ siècle; & nous ne croyons pas qu'on puisse rien trouver de plus ancien sur ce sujet, que le sceau de Raymond de Saint-Gilles de l'an 1088. Ainsi, s'il prit les Armoiries qu'il transmit aux Comtes de Toulouse avant qu'il partît pour la Terre-Sainte, il est toujours vrai de dire qu'il fut le premier de ces Comtes qui en ait eu ».

Il est donc démontré que les sceaux à Armoiries sont plus anciens que les époques qu'on leur assignoit : ce qui n'est point indifférent, puisque dèslors des Chartes dont on n'auroit rejetté l'authenticité que par ce motif, se retrouveroient en possession de tous leurs droits. C'est ainsi que rien n'est inutile en fait de vérités.

EXTRAITS

De quelques *LIVRES ARMORIAUX Anglois*, relatifs aux Armes parlantes & aux Noms.

Au moment où nos Recherches fur le Blafon & fur les Noms finiffoient d'être imprimées, M. le Comte de SARFIELD nous communique quelques Ouvrages Anglois fur le Blafon qui nous étoient échappés, ceux de *Nicolas* UPTON fur l'étude du Blafon; de Jean du Bain d'or fur les Armes, (Ouvrage qui doit être du même Upton); le Traité du célèbre *Henri* SPELMAN fur le même objet, intitulé *Afpilogie* ou Traité du Bouclier: les Notes *d'Edouard* de BISSE fur ces divers Traités (1).

Nous y trouvons nombre d'Armes parlantes en ufage parmi la Nobleffe Angloife: comme elles confirment parfaitement ce que nous venons de dire fur cette matiere, nous avons cru que nos Lecteurs verroient ici avec d'autant plus de plaifir quelques-unes de ces Armes parlantes, qu'elles deviennent une confirmation de nos principes, d'autant plus forte qu'elle nous vient d'au-delà des Mers, & d'une Nation rivale.

SWETING (de *Sweet*, doux, agréable) d'azur à trois violons d'argent, le manche tendant en bas vers la pointe.

BOLLEN (de *Bull*, taureau) d'argent au chevron de gueules, accompagné de trois têtes de bœuf de fable.

Le Pape ADRIEN IV. Anglois de naiffance fous le nom de Nicolas Break-Speare (lance brifée, ou brife-lance) portoit de gueules à la lance brifée d'argent.

RAMME (de *Ram*, bélier) d'azur à trois rencontres de bélier d'argent.

RAM-SEY (du même) de fable au chevron d'argent, accompagné de trois têtes de bélier d'or.

LAMBARD (de *Lamb*, agneau) trois agneaux d'argent autour d'un chevron.

LAMBERT, les Cadets de la très-ancienne Maifon de Lambert dans le Duché d'Yorck, trois agneaux d'argent.

LAMBTON, de même autour d'une fafce d'argent.

HERRIC, trois hériffons d'or en un champ d'azur.

---

(1) Londres, *fol.* 1654.

Lovet, d'argent à trois Loups.

Hungat de *hound*, chien) trois chiens de chasse, d'argent.

Bore (de *bore*, sanglier) de gueule au sanglier passant d'argent.

Bores-Head (tête de sanglier) de sable à la tête de sanglier d'argent.

Swiney (de *Swin*, cochon) trois sangliers fauves d'argent.

Fitz-Urse, d'or à un ours passant de sable.

Beare (de *beer*, ours) d'argent à un ours de sable en pied.

Hart (cerf de cinq ans) de gueules mentelé d'azur à trois cerfs d'or.

Camel, d'azur à un chameau d'or.

Autre, de sable à un chameau d'argent.

Autre, d'argent à trois chameaux de sable.

Arondel, de sable aux hirondelles d'argent, parce qu'on les appelloit *arondelles* en vieux François.

Swallow (hirondelle) trois hirondelles de sable aux ailes étendues.

Troutbec, trois truites d'argent.

Godolphin (en Cornouaillien, aigle blanche) de gueules à une aigle blanche à deux têtes, & les ailes étendues entre trois lys blancs.

Tonstal, de sable à trois peignes d'argent.

Woolf, (loup) de sable à deux loups d'argent.

Old-Castle, (vieux-château) château de sable avec trois tours.

Castell, trois châteaux d'or.

Bowes (arc) ou des Arcs, illustre famille, équestre, qui descend d'un Guillaume à qui Alain le Noir, Comte de Bretagne & de Richemond, au XIIe. siècle, permit de porter l'Ecu de Bretagne avec trois arcs, c'est-à-dire, d'hermines à trois arcs de gueules cordés de sable posés en fasce.

Capraville, d'argent à une chèvre grimpante.

Buxton, un bouc grimpant d'argent.

De la Besche, trois têtes de cerf d'or dans une bande de gueule au champ d'argent.

Grifin, un griffon de sable, &c.

Met-Calf, (de *Calf*, veau) trois veaux de sable.

Calf, trois veaux de gueule.

Calvelei, trois veaux de sable.

Calverley, trois veaux d'or.

Vele, trois veaux d'or.

Askew, trois ânes passans, de sable.

Ascough, trois ânes d'argent.

Ascue, trois têtes d'âne.

Héron, un héron d'argent.

—Autre en Lincoln, trois hérons d'argent au bec d'or.

Beeston, (de *bee*, abeille) six abeilles de sable.

Starkei, (de *storke*, cigogne) une cigogne au bec & aux jambes de gueule.

Capenhurst, trois chapons d'argent.

Moeles, une mule d'argent.

Botereaux, d'argent à trois crapauds de sable.

Corbet, d'or, à un corbeau de sable.

Colt, (poulain) trois poulains de sable.

Cheval, tête de cheval d'argent au frein de gueule.

Horsey, (cheval) trois têtes de cheval d'argent.

Ravens-Croft, (*rauen*, corbeau) d'argent au chevron, accompagné de trois têtes de corbeau de sable.

Apleby, (d'*apel*, pomme) d'argent à une bande de sable, chargée de trois pommes d'or.

Potts, d'argent à trois petits pots de gueules.

Dogget, deux dogues d'or en un champ d'azur.

Bulkley, de sable à trois têtes de taureau d'argent.

Bird, (oiseau) d'argent à la croix cantonnée de quatre merlettes de gueule.

Conesby, de gueules à trois connils ou lapins assis à la bordure engreelée d'argent.

Une ancienne famille équestre de Lincoln qui accompagna Guillaume-le-Conquérant en Angleterre, porte le même nom Coni, & trois lapins d'argent.

Cockayn, trois coqs de gueules dans un champ d'argent.

Stourton, (de *Stur*, riviere, source) de sable à une bande d'or, accompagnée de six fontaines au naturel.

Partridge, trois perdrix d'or.

Apwlton, (d'*apel*, pomme) trois pommes de gueules en un champ d'argent, très-ancienne famille équestre de Norfolk.

Dove, (colombe) de sable à la falce vivrée d'hermines, accompagnée de trois colombes d'argent.

Pipe, (trompette) d'azur semé de croix à deux trompettes.

Mainard, trois mains gauches de gueule en un champ d'argent.

Diss. Tom. I. V v

QUATREMAINS, quatre mains droites de gueule autour d'une bande de sable en un champ d'argent.

TREMAIN, trois bras ployés emmanchés d'or.

MALMAINE, trois mains gauches d'argent.

BORLASE, deux mains qui cassent un fer à cheval. Le Chef de cette famille étoit Seigneur de *Taillefer* en Normandie.

SPELMAN observe (1) à ce sujet, que les Armes parlantes sont aussi anciennes que les autres, si même elles ne sont pas les Armoiries les plus anciennes.

Il rapporte toutes les Cérémonies qui étoient ordonnées pour la réception d'un Chevalier du Bain, représentées en vingt-quatre Tableaux : elles sont très-curieuses par leur multiplicité & par leur liaison avec les cérémonies Religieuses. Le Récipiendaire, entr'autres choses, devoit avoir les cheveux coupés en rond : c'étoit l'opposé des chevelus.

Nous n'avons d'ailleurs rien trouvé dans ces Ouvrages qui fût propre à répandre quelque jour sur l'origine & sur l'antiquité des Armoiries. Ces Savans d'outremer ne sont pas plus avancés que les nôtres à cet égard : ce sont les mêmes vérités & les mêmes ténèbres : ainsi nous ne changeons rien à ce que nous avons avancé jusqu'ici ; & si nous nous sommes si fort écartés en cela de tous ceux qui jusqu'à présent ont discuté ces questions, ce ne fut jamais par amour pour les paradoxes, mais par zele pour la vérité, & pour notre propre instruction avant tout, ensuite pour celle des autres ; convaincus que celui qui a été assez heureux pour qu'une vérité se soit manifestée à lui-même, ne doit rien négliger pour la faire connoître aux autres : cette manifestation étant par elle-même une mission suffisante & supérieure peut-être à toute mission humaine ; celle-ci ne pouvant porter que sur les vérités déjà connues, & non sur des vérités nouvelles : comment en effet donneroit-on mission en faveur de ce qu'on ne connoît pas ?

---

(1) Page 81.

DU BOUCLIER
D'ACHILLE
CHANTÉ PAR HOMERE.

Homere, toujours admiré, toujours critiqué, se trouvera sans cesse sur nos pas dans nos Recherches sur le Monde Primitif : plus près du berceau du genre humain, sévère observateur du costume & des usages, nous devons trouver dans ses Poésies immortelles des preuves abondantes de nos découvertes sur l'Antiquité. Déjà, nous avons eu occasion de le citer quelquefois, même dans ce Volume, au sujet des voyages des Phéniciens autour de l'Afrique. Nous attachant actuellement à un morceau plus considérable, nous allons expliquer l'objet du Bouclier d'Achille dont cet illustre Barde a peint les divers Tableaux qu'il supposa que le Dieu des Forges, VULCAIN, époux de la GRACE par excellence y avoit tracés de sa propre main.

Ce fameux Bouclier a fixé l'attention des Savans. Les Ennemis d'Homere l'ont critiqué comme impraticable dans son exécution. Ses Admirateurs l'ont fait peindre & graver pour venger la gloire du Poëte : d'autres ont fait voir combien il étoit supérieur aux Boucliers chantés par Hésiode & par Virgile, & attribués, l'un à Hercule, l'autre à Enée. Mais aucun n'a pu nous apprendre quelles vues avoient dirigé ce grand Poëte dans le choix des Tableaux dont il a composé ce Bouclier.

C'est par ce but cependant qu'il tient à nos Recherches; & ce n'est que sous ce point de vue qu'il peut nous intéresser. Peu importeroit sans cela cet épisode du Poëte Grec, & la maniere dont d'autres l'ont imité. Nos Principes & nos Recherches précédentes nous ont fait trouver le lien commun des Tableaux variés dont Homere forma son Bouclier : aucun d'eux n'est arbitraire, ils font tous donnés par la Nature : l'habileté du Poëte eſt d'avoir choiſi un ſujet auſſi riche que ſimple, qui lui fournit par lui-même les images les plus agréables, les plus riantes, les plus nombreuſes, les plus diverſifiées ; on pourroit dire le Tableau entier de la Société civile.

DIVISION.

Nous donnerons d'abord l'expoſition du Bouclier.
Nous l'accompagnerons d'une explication à notre manière.
Nous rapporterons ce qu'on en a dit.
Nous parlerons des Boucliers d'Héſiode & de Virgile.
Nous verrons quels rapports regnent entr'eux.

BOUCLIER D'ACHILLE.
ARTICLE I.
THÉTIS DEMANDE A VULCAIN UN BOUCLIER POUR ACHILLE.

Achille venoit de perdre son cher Patrocle : il veut venger sa mort, mais il n'a point d'Armes : il avoit donné les siennes à son ami afin qu'il pût repousser les Troyens ; & ceux-ci s'en sont emparés après la mort de Patrocle. Thétis, la mere d'Achille, pénétrée de sa douleur, vole au Palais de Vulcain pour lui demander une armure à toute épreuve en faveur de son fils.

Ce Dieu des Forgerons lui en promet une qui remplira d'admiration tous ceux qui la verront.

BOUCLIER D'ACHILLE.

Ὡς ειπων, την μεν λιπεν αυτȣ, βη δ'επι φυσας,
Τας δ'ες πυρ ετρεψε, κελευσε τε εργαζεϑαι·
Φυσαι δ'εν χοανοισιν εεικοσι πασαι εφυσων,
Παντοιην ευπρηςον αυτμην εξανιεισαι,
Αλλοτε μεν σπευδοντι παρεμμεναι αλλοτε δ'αυτε,
Οππως Ηφαιςος τ'εϑελοι και εργον ανοιτο.
Χαλκον δ'εν πυρι βαλλεν ατειρεα, κασσιτερον τε,
Και χρυσον τιμηντα και αργυρον· αυταρ επειτα
Θηκεν εν ακμοθετω μεγαν ακμονα· γεντο δε χειρι
Ραιςηρα κρατερον, ετερηφι δε γεντο πυραγρην.

Ποιει δε πρωτιςα σακος μεγα τε ςιβαρον τε,
Παντοσε δαιδαλλων, περι δ'αντυγα βαλλε φαεινην
Τριπλακα, μαρμαρεην, εκ δ'αργυρεον τελαμωνα.
Πεντε δ'αρ'αυτȣ εσαν σακεος πτυχες· αυταρ εν αυτῳ
Ποιει δαιδαλα πολλα ιδυιησι πραπιδεσσιν.

Εν μεν γαιαν ετευξ', εν δ'ȣρανον, εν δε ϑαλασσαν,
Ηελιον τ'ακαμαντα, σεληνην τε πληϑȣσαν·
Εν δε τα τειρεα παντα τα τ'ȣρανος εςεφανωται,
Πληϊαδας ϑ', Υαδας τε, το, τε σϑενος Ωριωνος,
Αρκτον ϑ'ἣν και αμαξαν επικλησιν καλεȣσιν,
Ἣ τ'αυτȣ ςρεφεται, και τ'Ωριωνα δοκευει·
Οιη δ'αμμορος εςι λοετρων Ωκεανοιο.

Εν δε δυω ποιησε πολεις μεροπων ανϑρωπων
Καλας·....

BOUCLIER D'ACHILLE.
SES PRÉPARATIFS.

Vulcain entre dans sa forge, il en dispose les soufflets ;
il leur ordonne d'allumer le feu :
vingt fourneaux sont embrâsés à la fois par leur souffle docile,
toujours assorti à ses desirs & à la nature de ses travaux,
tour-à-tour tranquille & doux, impétueux & terrible.
Vulcain jette ensuite au milieu des flammes ardentes
des barres entieres d'airain, d'argent, d'or précieux :
il prépare une énorme enclume,
il se saisit de fortes tenailles & du pesant marteau.

FORME DU BOUCLIER.

Ce divin Artiste commence par un Bouclier vaste & solide :
il y déploye tout son Génie :
trois cercles d'un or éclatant en composent le contour,
une courroie d'argent y est attachée.
Cinq plaques posées l'une sur l'autre forment l'épaisseur de ce Bouclier;
il en diversifie les Tableaux avec un Art étonnant.

LES DEUX CERCLES INTÉRIEURS.

Le centre offre aux yeux éblouis, la Terre,
le Ciel & l'Océan :
le Soleil infatigable dans sa course,
la Lune en son plein,
les Signes qui forment l'enceinte des Cieux;
les Pleyades, les Hyades, le redoutable Orion,
l'Ourse que le vulgaire nomme chariot ;
elle tourne en observant Orion,
seule elle ne jouit jamais des bains de l'Océan.

IIIᵉ CERCLE, CONTENANT XII TABLEAUX.

Deux Villes superbes sont ensuite peuplées d'Etres animés.

﹉

.... Εν τη μεν ρα γαμοι τ'εσαν ειλαπιναι τε·
Νυμφας δ'εκ θαλαμων, δαιδων υπολαμπομεναων,
Ηγινεον ανα αςυ, πολυς δ'υμεναιος ορωρει.
Κυροι δ'ορχηςηρες εδινεον, εν δ'αρα τοισιν
Αυλοι φορμιγγες τε βοην εχον· αι δε γυναικες
Ιςαμεναι θαυμαζον επι προθυροισιν εκαςη.

﹉

Λαοι δ'ειν αγορη εσαν αθροοι. ενθα δε νεικος
Ωρωρει· δυο δ'ανδρες ενεικεον εινεκα ποινης
Ανδρος αποφθιμενυ· ὁ μεν ευχετο παντ'αποδεναι,
Δημω πιφαυσκων· ὁ δ'αναινετο μηδεν ελεσθαι.
Αμφω δ'ιεσθην επι ιςορι πειραρ ελεσθαι.
Λαοι δ'αμφοτεροισιν επηπυον, αμφις αρωγοι.

﹉

Κηρυκες δ'αρα λαον ερητυον· οἱ δε γεροντες
Ειατ'επι ξεςοισι λιθοις, ιερω ενι κυκλω.
Σκηπτρα δε κηρυκων εν χερσ'εχον ηεροφωνων·
Τοισιν επειτ'ηισσον, αμοιβηδις δ'εδικαζον.
Κειτο δ'αρ'εν μεσσοισι δυο χρυσοιο ταλαντα,
Τω δομεν ὁς μετα τοισι δικην ιθυντατα ειπη.

﹉

Την δ'ετερην πολιν αμφι δυο ςρατοι ἱατο λαων,
Τευχεσι λαμπομενοι· διχα δε σφισιν ηνδανε βυλη,
Ηε διαπραθεειν· η ανδιχα παντα δασασθαι
Κτησιν ὁσην πτολιεθρον επηρατον εντος εεργει.
Οἱ δ'υπω πειθοντο, λοχω δ'υπεθωρησσοντο.
Τειχος μεν ρ'αλοχοι τε φιλαι και νηπια τεκνα
Ρυατ'εφεςαοτες, μετα δ'ανερες ὁς εχε γηρας.

BOUCLIER D'ACHILLE.
Ier TABLEAU.
Noces.

Dans l'une on voit un mariage & des festins solemnels.
De jeunes Epoux sortent de leur chambre nuptiale :
ils s'avancent en pompe à la lueur éclatante des flambeaux :
tout retentit du nom de l'Hymenée : de jeunes gens forment une danse rapide :
les joueurs de flûte & de lyre les accompagnent du son de leurs instrumens :
les femmes accourent en foule aux portes de leurs maisons,
elles ne peuvent assez admirer ce spectacle.

IIe TABLEAU.
Assemblée du Peuple.

Un Peuple nombreux est rassemblé dans la place publique :
c'est pour juger un grand procès.
Deux hommes disputent avec chaleur pour le rachat d'un meurtre :
l'un jure qu'il a tout payé ; l'autre, qu'il n'a rien reçu :
tous deux offrent des témoins :
le Peuple les applaudit à mesure qu'ils parlent.

IIIe TABLEAU.
Sénat.

Des Hérauts s'avancent, ils font ranger le Peuple :
de vénérables vieillards viennent à leur suite, se placer
sur des pierres polies qui forment un cercle brillant :
chacun d'eux reçoit un sceptre de ces Hérauts :
ils se levent, chacun à leur tour, & donnent leur avis :
au milieu d'eux sont deux talens d'or pour celui qui aura le mieux jugé.

IVe TABLEAU.
Ville Assiégée.

Deux Armées resplendissantes par l'éclat de leurs armes, assiégent l'autre Ville.
Déjà divisées entr'elles, l'une veut qu'elle soit mise au pillage :
l'autre, qu'on fasse un partage égal de ses grandes richesses.
Cependant les Assiégés se préparent à une embuscade :
leurs épouses chéries, leurs jeunes gens accourent sur les remparts ;
ils y veillent, avec les vieillards, à la sûreté publique,
tandis que leurs Guerriers sortent pour leur expédition.

Οἱ δ᾽ ἴσαν· ἦρχε δ᾽ ἄρα σφιν Ἄρης καὶ Παλλὰς Ἀθήνη,
Ἄμφω χρυσείω, χρύσεια δὲ εἵματα ἕσθην.
Καλὼ καὶ μεγάλω σὺν τεύχεσιν, ὥς τε θεώ περ
Ἀμφὶς ἀριζήλω· λαοὶ δ᾽ ὑπολίζονες ἦσαν.

Οἱ δ᾽ ὅτε δή ῥ᾽ ἵκανον ὅθι σφίσιν εἶκε λοχῆσαι,
Ἐν ποταμῷ, ὅθι τ᾽ ἀρδμὸς ἔην πάντεσσι βοτοῖσιν·
Ἔνθ᾽ ἄρα τοί γ᾽ ἵζοντ᾽ εἰλυμένοι αἴθοπι χαλκῷ.
Τοῖσι δ᾽ ἔπειτ᾽ ἀπάνευθε δύο σκοποὶ ἥατο λαῶν,
Δέγμενοι ὁππότε μῆλα ἰδοίατο καὶ ἕλικας βοῦς.
Οἱ δὲ τάχα προγένοντο, δύω δ᾽ ἅμ᾽ ἕποντο νομῆες
Τερπόμενοι σύριγξι· δόλον δ᾽ οὔτι προνόησαν.

Οἱ μὲν τὰ προϊδόντες ἐπέδραμον, ὦκα δ᾽ ἔπειτα
Τάμνοντ᾽ ἀμφὶ βοῶν ἀγέλας καὶ πώεα καλὰ
Ἀργεννῶν ὀΐων· κτεῖνον δ᾽ ἐπὶ μηλοβοτῆρας.
Οἱ δ᾽ ὡς οὖν ἐπύθοντο πολὺν κέλαδον παρὰ βουσίν,
Ἰράων προπάροιθε καθήμενοι, αὐτίκ᾽ ἐφ᾽ ἵππων
Βάντες ἀερσιπόδων μετεκίαθον· αἶψα δ᾽ ἵκοντο.
Στησάμενοι δ᾽ ἐμάχοντο μάχην ποταμοῖο παρ᾽ ὄχθας,
Βάλλον δ᾽ ἀλλήλους χαλκήρεσιν ἐγχείῃσιν.
Ἐν δ᾽ Ἔρις, ἐν δὲ Κυδοιμὸς ὁμίλεον, ἐν δ᾽ ὀλοὴ Κήρ,
Ἄλλον ζωὸν ἔχουσα νεούτατον, ἄλλον ἄουτον,
Ἄλλον τεθνηῶτα κατὰ μόθον ἕλκε ποδοῖιν·
Εἷμα δ᾽ ἔχ᾽ ἀμφ᾽ ὤμοισι δαφοινεὸν αἵματι φωτῶν.
Ὡμίλευν δ᾽ ὥς τε ζωοὶ βροτοὶ, ἠδ᾽ ἐμάχοντο,
Νεκρούς τ᾽ ἀλλήλων ἔρυον κατατεθνηῶτας.

Ἐν δ᾽ ἐτίθει νειὸν μαλακήν, πίειραν ἀρούρην,
Εὐρεῖαν, τρίπολον, πολλοὶ δ᾽ ἀροτῆρες ἐν αὐτῇ,
Ζεύγεα δινεύοντες ἐλάστρεον ἔνθα καὶ ἔνθα.
Οἱ δ᾽ ὁπότε στρέψαντες ἱκοίατο δέπας μελιηδέος οἴνου

Mars & Minerve marchent à leur tête :
on les voit peints en or, l'or brille sur leurs habits :
leur beauté mâle, leur taille avantageuse, leur armure éclatante,
les font distinguer sans peine entre tous ceux qu'ils animent.

Ve TABLEAU.

EMBUSCADE.

Arrivés aux bords d'un Fleuve où les troupeaux viennent s'abreuver
chaque jour, ils se cachent sur son rivage ; deux des leurs
placés sur une éminence guettent l'approche de ces nombreuses bandes :
on les voit paroître escortées de deux Bergers,
qui sans défiance se réjouissent au son de leurs pipeaux.

VIe TABLEAU.

COMBAT.

On fond sur eux, on enleve leurs bœufs & leurs brebis : ils périssent.
Des cris affreux parviennent jusqu'aux Assiégeans : ils accourent,
leurs chevaux s'avancent d'une course rapide : déjà l'ennemi est atteint.
Les bords du Fleuve deviennent le théâtre du combat le plus sanglant :
de tous côtés volent les piques d'airain : la discorde, le tumulte,
la Parque cruelle exercent leurs ravages dans tous les rangs :
la robe de celle-ci ruisselle de sang,
elle traîne par les pieds un homme déjà mort ;
elle en saisit deux autres ; l'un est blessé,
un trait fatal est déjà dans l'air prêt à fondre sur l'autre.
Ce Tableau est vivant, tout y est animé :
on en voit les divers personnages se disputer les morts avec acharnement.

VIIe TABLEAU.

LABOURAGE.

Plus loin est une vaste campagne, la Terre en est grasse & meuble.
Pour la troisieme fois de nombreux Laboureurs y font passer leurs charrues.
Revenus au bout du sillon, on leur présente une coupe d'un vin exquis :
ils recommencent leur travail avec une nouvelle ardeur,

Δοσκεν ανηρ επιων· τοι δε ςρεψασκον αν ογμκ ͵
Ιεμενοι νειοιο βαθειης τελσον ικεσθαι.
Η δε μελαινετ' οπισθεν, αρηρομενη δε εωκει ͵
Χρυσειη περ εκσα· το δε περι θαυμ' ετετυκτο.

Εν δ' ετιθει τεμενος βαθυληιον· ενθα δ' εριθοι:
Ημων οξειας δρεπανας εν χερσιν εχοντες·
Δραγματα δ' αλλα μετ' ογμον επητριμα πιπτον εραζε ͵
Αλλα δ' αμαλλοδετηρες εν ελλεδανοισι δεοντο·
Τρεις δ' αρ' αμαλλοδετηρες εφεστασαν· αυταρ οπισθε
Παιδες δραγμευοντες, εν αγκαλιδεσσι φεροντες
Ασπερχες παρεχον· βασιλευς δ' εν τοισι σιωπη,
Σκηπτρον εχων εστηκει επ' ογμκ γηθοσυνος κηρ.
Κηρυκες δ' απανευθεν υπο δρυι δαιτα πενοντο·
Βκν δ' ιερευσαντες μεγαν, αμφεπον· αι δε γυναικες
Δειπνον εριθοισιν, λευκ' αλφιτα πολλα παλυνον.

Εν δ' ετιθει ςαφυληςι μεγα βριθκσαν αλωην,
Καλην, χρυσειην· μελανες δ' ανα βοτρυες ησαν·
Εστηκει δε καμαξι διαμπερες αργυρεηςιν.
Αμφι δε, κυανεην καπετον, περι δ' ερκος ελασσε
Κασσιτερκ· μια δ' οιη αταρπιτος ηεν επ' αυτην,
Τη νισοντο φορηες, οτε τρυγοωεν αλωην.
Παρθενικαι δε και ηιθεοι αταλα φρονεοντες·
Πλεκτοις εν ταλαροισι φερον μελιηδεα καρπον.
Τοισι δ' εν μεσσοισι παις φορμιγγι λιγειη
Ιμεροεν κιθαριζε· λινον δ' υπο καλον αειδε
Λεπταλεη φωνη· τοι δε ρησσοντες ομαρτη
Μολπη τ' ιυγμω τε, ποσι σκαιροντες εποντο.

Εν δ' αγελην ποιησε βοων ορθοκραιραων.
Αι δε βοες χρυσοιο τετευχατο κασσιτερκ τε
Μυκηθμω δ' απο κοπρκ επεσσευοντο νομονδε
Παρ ποταμον κελαδοντα, περι ραδανον δονακα.

BOUCLIER D'ACHILLE.

empreſſés de ramener leur charrue au même endroit :
le champ eſt d'or ; on le voit brunir derriere les pas du Laboureur :
effet admirable de l'Artiſte.

VIIIᵉ TABLEAU.
MOISSON.

Cette campagne eſt ſuivie d'une autre couverte d'épis jauniſſans.
Des Moiſſonneurs en abattent les bleds avec leurs faucilles tranchantes ;
d'autres ſe hâtent d'en faire des javelles : les jeunes gens
enlevent ces gerbes, & fourniſſent ſans ceſſe de nouveaux liens.
Le Roi de cette Terre eſt au milieu d'eux,
le Sceptre en main, la joie ſur le viſage :
ſes Hérauts préparent cependant un repas champêtre
ſous le feuillage d'un chêne altier : déja, ils ont immolé un bœuf énorme :
ils en aſſaiſonnent la chair :
les femmes prodiguent une farine éclatante de blancheur.

IXᵉ TABLEAU.
VENDANGES.

Les yeux s'arrêtent enſuite agréablement ſur un Vignoble chargé de fruits :
les ſeps en ſont d'or : les grappes noires, les échalas d'argent :
un foſſé d'un métal noir, & une haie d'étain en forment l'enceinte.
Dans le ſentier étroit qui y conduit
marchent en file une foule de vendangeurs :
des bandes de jeunes filles & de jeunes garçons
emportent dans des corbeilles tiſſues avec Art,
ces fruits admirables par leur douceur.
Au milieu de ce groupe, un jeune homme fait réſonner ſur ſa lyre
des ſons harmonieux : il célèbre Linus du ton le plus doux :
on l'accompagne par des chants & des cris de joie,
en frappant la Terre en cadence & d'un pas léger.

Xᵉ TABLEAU.
TROUPEAU DE BŒUFS ATTAQUÉ PAR DES LIONS.

Des bœufs s'avancent la tête haute :
ils ſont or & étain : ſortant de leurs étables,
ils ſe rendent avec de longs mugiſſemens à leurs pâturages,

Χρυσειοι δε νομηες αμ' εςιχοωντο βοεσσι
Τεσσαρες, εννεα δε σφι κυνες ποδας αργοι εποντο.
Σμερδαλεω δε λεοντε δυ' εν πρωτησι βοεσσι
Ταυρον ερυγμηλον εχετην· ο δε, μακρα μεμυκως
Ελκετο· τον δε κυνες μετεκιαθον ηδ' αιζηοι·
Τω μεν αναρρηξαντε βοος μεγαλοιο βοειην
Εγκατα και μελαν αιμα λαφυσσετον· οι δε νομηες
Αυτως ενδιεσαν, ταχεας κυνας οτρυνοντες.
Οι δ' ητοι δακεειν μεν απετρωπωντο λεοντων,
Ιςαμενοι δε μαλ' εγγυς υλακτεον, εκ τ' αλεοντο.

Εν δε νομον ποιησε περικλυτος Αμφιγυηεις
Εν καλη βησση μεγαν οιων αργενναων,
Σταμες τε, κλισιας τε, κατηρεφεας ιδε σηκες.

Εν δε χορον ποικιλλε περικλυτος Αμφιγυηεις
Τω ικελον οιον ποτ' ενι Κνωσω ευρειη
Δαιδαλος ησκησεν καλλιπλοκαμω Αριαδνη.
Ενθα μεν ηιθεοι και παρθενοι αλφεσιβοιαι
Ωρχευντ' αλληλων επι καρπω χειρας εχοντες·
Των δ' αι μεν λεπτας οθονας εχον, οι δε χιτωνας
Ειατ' ευνητες, ηκα ςιλβοντας ελαιω.
Και ρ' αι μεν καλας ςεφανας εχον, οι δε μαχαιρας
Ειχον χρυσειας εξ αργυρεων τελαμωνων.
Οι δ' οτε μεν θρεξασκον επισαμενοι ποδεσσι
Ρεια μαλ', ως οτε τις τροχον αρμενον εν παλαμησιν
Εζομενος κεραμευς πειρησεται αικε θεησιν·
Αλλοτε δ' αυ θρεξασκον επι ςιχας αλληλοισι.
Πολλος δ' ιμεροεντα χορον περιςαθ' ομιλος
Τερπομενοι· δοιω δε κυβιςητηρε κατ' αυτες
Μολπης εξαρχοντες εδινευον κατα μεσσες.

Εν δ' ετιθει ποταμοιο μεγα σθενος Ωκεανοιο,
Αντυγα παρ πυματην σακεος πυκα ποιητοιο.

BOUCLIER D'ACHILLE. 351

sur les rives d'un Fleuve qui coule avec impétuosité à travers des roseaux.
Quatre Bergers en or aussi les accompagnent :
ils sont suivis de neuf chiens lestes & dispos.
Deux redoutables lions saisissent cependant le taureau
qui marche à la tête des génisses : il pousse des cris affreux :
Bergers & chiens, tous volent à son secours ;
vains efforts : le taureau est en pièces,
les lions dévorent ses entrailles, s'abreuvent de son sang :
on anime les chiens, on les lance : mais remplis de terreur,
ils n'osent avancer, ils aboient de loin.

XIe TABLEAU.

Troupeau de Brebis.

On apperçoit ensuite une vallée charmante :
elle est couverte de brebis blanches comme la neige,
de bergeries, de parcs, de cabanes aux toîts ombrageans.

XIIe TABLEAU.

Danses.

L'Artiste incomparable trace ensuite une Danse ronde :
elle est semblable à celle qu'inventa autrefois Dédale
dans les murs de Gnosse en faveur d'Ariadne aux blonds cheveux.
Une brillante jeunesse forme des danses variées en se tenant par la main :
les jeunes filles sont vêtues d'un lin délié :
un tissu plus fort passé à une huile qui en augmente l'éclat,
sert d'habit aux jeunes hommes.
Des couronnes brillent sur la tête de leurs compagnes ;
eux-mêmes ont à leur côté des épées d'or suspendues à des baudriers d'argent.
Tantôt d'un pied agile ils tournent en rond,
ainsi que cette roue rapide que le Potier essaïe :
tantôt ils s'entrelacent en labyrinthes compliqués.
Une troupe nombreuse de Spectateurs ne cesse d'applaudir.
Deux Sauteurs souples & habiles entonnent le chant ;
de leurs corps, ils font la roue.

Cercle extérieur.

Enfin, Vulcain trace le cours impétueux du vaste Océan ;
il fait rouler ses flots autour de ce Bouclier étonnant.

ARTICLE II.

OBJET COMMUN DES TABLEAUX TRACÉS SUR CE BOUCLIER.

Ce Bouclier eſt diviſé, comme on le voit, en quatre cercles: les deux intérieurs repréſentent le Ciel; l'extérieur, la Mer; l'intermédiaire, la Terre. C'eſt l'Univers entier, mais Univers conſidéré dans une de ſes révolutions, dans le cours d'une année : c'eſt le Calendrier Grec mis en vers ou en Tableaux, en commençant au mois de Janvier, & en ſuivant de mois en mois.

2.

Cette Galerie de Tableaux s'ouvre par une proceſſion de jeunes Epoux, par des noces & par des Fêtes à l'honneur de l'Hymenée. Ce qui eſt dans l'ordre, puiſque le mois de Janvier, le premier mois, étoit conſacré chez les Grecs, ainſi que chez les Romains, à Junon Protectrice des mariages & des noces : à Rome, à Junon *Pronuba*; en Grèce, à Junon *Gamelia*; & que chez ce dernier Peuple, dès le premier jour de Janvier, on célébroit les Gamélies.

Chez ces Peuples qui ne connoiſſoient point les Troupes réglées, mais où chaque Citoyen étoit Capitaine ou Soldat, il falloit concilier la guerre avec les beſoins de l'Agriculture : auſſi chaque guerre ne duroit qu'une campagne: c'étoient des expéditions, & non des entrepriſes ſoutenues ſans interruption. Auſſi n'entroit-on en campagne qu'en Avril, après que les ſemailles étoient abſolument finies. Auſſi ce n'eſt qu'au quatrieme Tableau que commencent les aventures guerrieres. Mais avant que de commencer ces expéditions, on délibéroit ſur la paix & ſur la guerre ; ſur le lieu où l'on porteroit ſes Armes, ſur les Généraux qui commanderoient, ſur le nombre des Troupes qu'on feroit marcher. Le Peuple commençoit à délibérer ; le Sénat approuvoit : on voit donc ici les Aſſemblées du Peuple & du Sénat pendant les mois de Février & de Mars. C'eſt ainſi que nos Rois des deux premieres Races aſſembloient leurs Barons avant que d'entrer en campagne : ils tenoient leurs Etats pour décider de la campagne entiere : ce ſont ces Aſſemblées ſi célèbres ſous le nom de MAILS, dont notre ancienne Hiſtoire eſt remplie, & qui donnerent enſuite lieu aux Etats-Généraux.

2. Les

2.

Les campagnes ne duroient dans ce tems-là que trois mois, car il falloit que chacun revînt pour faire ses moissons & ses vendanges. C'est ainsi que l'Histoire des premiers siècles de Rome est remplie d'expéditions militaires interrompues par la nécessité de venir vaquer aux travaux champêtres : aussi ne trouve-t-on dans ce Bouclier que trois Tableaux consacrés aux actions guerrieres.

Ils sont tous les trois très-agréables, & ils peignent parfaitement la petite guerre, la guerre de surprise, celle que se font encore de nos jours les Sauvages du Canada.

C'est un siége, une embuscade, un pillage, un combat. Ils renferment deux idées très-poëtiques ; celle de ces deux Armées qui se disputent les richesses d'une Ville qu'elles n'ont pas encore prises, & qui se voient enlever leurs propres troupeaux : celle de ces trois hommes qu'enleve la Parque, l'un mort, l'autre blessé, le troisieme qui va l'être par un trait qui se balance déjà dans les airs.

5.

Ces expéditions guerrieres sont suivies des travaux Agricoles qui ont lieu dans les mois de Juillet, d'Août & de Septembre ; & qui correspondent au combat d'Hercule contre le lion, à la destruction des têtes de l'hydre, & à la guerre des Centaures & des Lapithes.

D'abord, Vulcain représente le labourage, ce labourage du mois de Juillet, qui précéde immédiatement la moisson, & qu'on représentoit par la dépouille du lion.

Ensuite une moisson qui correspond aux têtes dorées de l'hydre qu'Hercule abat.

Il finit par une vendange qui correspond au combat des Centaures & des Lapithes.

Je suppose qu'on est au fait de la maniere dont nous avons expliqué dans notre premier Volume les douze travaux d'Hercule ; on voit par-là que l'Antiquité est toujours semblable à elle-même, & que lorsqu'on tient un de ses fils, tous les autres se développent sans peine.

Le combat des Centaures & des Lapithes tombant sur le mois de Septembre, est plus relatif aux vendanges qu'au labourage. C'est au mois de Septembre qu'on vendangeoit dans ces Contrées méridionales : auſſi, dans le Calendrier Romain, les Dyoniſies ou Fêtes des vendanges ſont indiquées au troiſieme Septembre.

Nous prouvâmes, au ſujet des douze travaux, que les Centaures étoient le ſymbole allégorique des Laboureurs, & que ce mot ſignifie *pique-taureau*.

Les Lapithés ſont manifeſtement le ſymbole allégorique des Vignerons ou Vendangeurs : leur nom ſignifie, *celui qui s'abreuve abondamment au tonneau*. Il eſt formé de Lap, s'abreuver, boire abondamment, & de Pithos, tonneau.

D'ailleurs, ces deux Etats ſont toujours repréſentés dans l'Antiquité comme ennemis déclarés, parce que les ſeps & les épis ne ſont pas faits naturellement pour ſe trouver enſemble ; les uns croiſſent ſur les côteaux, où les épis ne peuvent naître, & ceux-ci dans les vallées ou dans les campagnes ouvertes, où l'on ne s'aviſe guères de planter des vignobles.

Auſſi Theſée, qui plante des vignes à Naxos, étoit repréſenté en guerre ouverte avec le Minotaure, ſymbole des champs : auſſi les Dieux des montagnes & les Dieux des plaines paſſoient pour être oppoſés les uns aux autres.

Nous avons été battus dans les plaines, nous ne le ſerons pas dans les montagnes, diſoit poëtiquement un Peuple ancien : ſi les Dieux des plaines ont été contre nous, ceux des montagnes ſeront certainement pour nous.

4°.

Dans les mois d'Octobre & de Novembre, les campagnes dégarnies de fruits, ſont livrées en pâture aux troupeaux domeſtiques, & elles ſont abandonnées également aux Chaſſeurs. Auſſi les tableaux qui y correſpondent dans le Bouclier d'Achille, montrent les campagnes couvertes de nombreux troupeaux de bœufs, de vaches & de brebis ; ainſi que de parcs & de bergeries. La chaſſe y entre encore pour quelque choſe : non la chaſſe des hommes contre les animaux, mais celle des lions contre ceux-ci ; & ces lions ſont ſi fiers, ſi redoutables, que neuf chiens de chaſſe n'oſent ſe meſurer avec eux.

Le mois de Décembre, où l'on ſe réunit en ſociétés, & où l'on célébre par des danſes le bonheur dont on jouit à la fin de l'année, eſt peint ici par les danſes les plus célébres de la Grèce.

Enfin l'Océan enveloppe de ſes eaux l'enſemble de ce Bouclier : c'eſt ce fleuve d'*Ev-ene* qui termine l'année dans laquelle ſe fond le tems, de même que tous les fleuves aboutissent à la mer, & c'est également ce fleuve que traverse Hercule expirant.

Ainsi Homere a su décrire, en peu de mots, & sous des formes aussi variées qu'agréables, le Calendrier de l'ancienne Grèce, célébrer les opérations entre lesquelles il se partageoit, peindre les occupations auxquelles ce Peuple se livroit pendant sa durée, & le faire avec d'autant plus d'art qu'il sembloit tirer tout cela de son propre fonds & n'avoir suivi aucun modèle.

ARTICLE III.

Point de vue sous lequel on l'avoit considéré jusques à présent.

1.

Ces rapports cependant s'étoient refusés jusques ici aux recherches de tous ceux qui s'étoient occupés de ce Bouclier. Le Traducteur le plus récent d'Homere, M. BITAUBÉ, qui, après l'avoir fait passer dans notre Langue en Rhéteur, a pris la généreuse résolution de le traduire de nouveau en homme savant & plein de goût, est peut-être celui qui a le plus approché du but, qui a le mieux saisi les grandes vues du Poëte : nous ne saurions nous refuser à transcrire ce qu'il en dit.

» Quelques Critiques, assure-t-il, trouvent peu de convenance dans le choix
» des sujets, parce qu'ils n'y voient pas un rapport direct au Héros. Je ne dirai
» pas que la Mer qui peut représenter Thétis, & que les combats qui rem-
» plissent plusieurs compartimens, devoient intéresser Achille ; mais l'ensem-
» ble de ces tableaux offre, en raccourci, l'image de la Société civile, image
» bien intéressante dans ce siècle, plus voisin des tems où les hommes virent
» naître le labourage, les arts & les loix qui devoient en être les fondemens.
» Leur admiration fut telle à la naissance de ces arts, qu'elle enflamma leur
» imagination & leur fit enfanter un grand nombre de fables qui en sont des
» emblêmes. Sous ce point de vue, dont on ne peut contester la vérité, le
» Bouclier d'Achille est un monument bien précieux, puisqu'il nous représente
» à la fois les liens de la civilisation & les transports de joie que causa cette
» espèce de seconde création. Croira-t-on que ces images fussent sans intérêt
» pour un Héros, dans ce siècle où les Fondateurs de la Société civile & les
» Inventeurs des Arts qui la soutiennent avoient été mis au rang des Dieux,
» où les Héros se proposoient l'exemple d'Hercule & de Thésée, qui s'étoient
» montrés Législateurs & Gardiens des Loix, & qui avoient purgé la terre de

» brigands, afin qu'elle pût être paisiblement cultivée & payer l'homme de ses
» travaux? Si ces objets ont aujourd'hui perdu pour nous de leur intérêt, c'est
» une marque sûre de la dépravation opérée par le luxe. Quelle leçon plus im-
» portante un Dieu peut-il donner à un Héros & à tous les Guerriers, qu'en
» leur faisant comme lire sur ce Bouclier, que la valeur doit être consacrée,
» non à la perte, mais au maintien du bonheur des hommes!

2.

La description de ce Bouclier est placée fort ingénieusement dans l'intervalle d'une nuit, lorsque les Armées sont séparées, & qu'elles goûtent les douceurs du repos, en attendant que le lendemain les mette à même de renouveller le combat.

On a cherché nombre d'allégories dans l'emblême de cette nuit, dans les
deux Villes qui font partie du Bouclier, & sur tout ce qui regarde son ensemble: on assure que Danco, fille de Pythagore, avoit brillé à cet égard: mais
son explication allégorique est perdue. En général, les Commentateurs ont été
fort malheureux dans ce genre. Ils ont souvent vu des allégories où il n'y en
avoit point, & les allégories les plus saillantes ont presque toujours été perdues pour eux.

ARTICLE IV.

OBSERVATIONS CRITIQUES.

1.

De la Chanson sur Linos ou Linus.

Deux de ces Tableaux exigent une discussion particuliere pour être mieux
saisis. Dans celui de la vendange, nous faisons dire à Homere que le Joueur
de lyre chantoit la chanson de Linus: ce passage est susceptible de deux sens;
car le mot de *Linon* que nous prenons ici pour un nom masculin, peut être
un neutre qui désigneroit la corde de la lyre: *il accompagne sa corde d'une
voix tendre.* M. BITAUBÉ a suivi ce sens: » Cette jeunesse est précédée d'un
» jeune garçon qui tire des sons enchanteurs d'une guitarre sonore, dont les
» cordes s'unissent avec harmonie à sa tendre voix » En même tems, il rejette
comme forcée la traduction de POPE, qui avec un ancien Scholiaste voit ici un
personnage qui chante la chanson de Linus. Il ajoute que Pope joue le rôle

BOUCLIER D'ACHILLE.

des Commentateurs en défendant son interprétation, & qu'il rassemble les passages où se trouve le nom de Linus, & qui n'ont guères de rapport à celui-ci.

Voici ce qui nous a décidé pour Linus. C'est qu'il existoit de tout tems en Egypte, en Phénicie, en Chypre, dans la Grèce & ailleurs, une Chanson célèbre sous le nom de LINOS.

» Elle change de nom, dit HERODOTE (1), suivant la différence des Peu-
» ples : mais on convient que par-tout elle est la même que celle que les
» Grecs chantent sous ce nom.... Au reste le Linos s'appelle chez les Egyp-
» tiens MANEROS : ils prétendent qu'il a été le fils unique de leur premier Roi,
» & qu'ayant été enlevé par une mort prématurée, ils honorerent sa mé-
» moire par cette espèce de chant lugubre, qui ne doit son origine qu'à eux
» seuls.

ATHENÉE (2) parle de cette Chanson ; il dit qu'on l'appelloit aussi *Ailinos*, & que, selon EURIPIDE, elle servoit également dans des occasions de joie comme dans la tristesse.

Il ne seroit donc point étonnant qu'Homere qui parle un instant après des Danses de Crète & de Dédale, eût fait allusion ici à cette fameuse Chanson de Linus si connue de son tems dans toutes les Contrées où il voyagea : il ne faut pas avoir les yeux d'un Commentateur pour le soupçonner ; il est vrai que si on n'est pas au fait de ce qui regarde cet usage, cette explication peut paroître moins naturelle à cause de l'autre sens du mot *Linon*.

Nous avions déjà soupçonné dans l'Histoire du Calendrier que (3) la Chanson du Linos étoit relative à l'Agriculture ; nous la trouverions ici en usage dans les Vendanges ; ce qui confirmeroit nos vues. Quant à la mort prématurée de ce prétendu Prince, ce seroit une allusion à la récolte du bled & des grappes, qu'on fait long-tems avant que ces productions puissent se détacher d'elles-mêmes des tiges auxquelles elles tiennent : cette récolte n'est-elle pas comme une mort prématurée ? aussi a-t-elle toujours été représentée comme une mort ; c'est Saturne qui en un tems de famine coupe d'une faulx la tête à son fils unique, & s'en nourrit.

---

(1) Liv. II. (2) Liv. XIV. ch. VI. (3) p. 532.

BOUCLIER D'ACHILLE

1.

Danse de Gnosse inventée par Dédale.

La Danse que décrit Homere dans le XIIe. Tableau, est la Danse Grecque par excellence, danse absolument allégorique & qui subsiste encore de nos jours avec éclat chez ce Peuple enjoué, plein de graces. M. Guys la décrit fort au long dans ses charmantes Lettres sur la Grèce ; ainsi que Madame Chenier, femme d'un Consul de France, dans une Lettre que M. Guys a jointe aux siennes : nous allons donner un précis de ce qu'ils en disent l'un & l'autre : ce détail fera voir que puisqu'Homere a décrit la danse la plus connue de son tems, il peut très-bien avoir fait chanter à ses Vendangeurs la chanson qui leur étoit consacrée.

M. Guys après avoir transcrit le XIIe. Tableau du Bouclier d'Achille, dit : « telle est à peu-près la Candiote, qu'on danse aujourd'hui (1). L'air en est » tendre & débute lentement ; ensuite, il devient plus vif & plus animé. Celle » qui mene la danse dessine quantité de figures & de contours (2), dont la va- » riété forme un spectacle aussi agréable qu'intéressant.

» De la Candiote est venue la Danse Grecque que les Insulaires ont conser- » vée. Pour vérifier la comparaison, il reste à voir comment cette Danse de Dé- » dale en a produit anciennement une autre qui n'étoit qu'une imitation plus » composée du même dessin.

» Dans la Danse Grecque, les filles & les garçons faisant les mêmes pas & » les mêmes figures, dansent séparément, & ensuite les deux Troupes se réu- » nissent & se mêlent pour former un branle général. C'est alors une fille » qui mene la danse en tenant un homme par la main ; elle prend ensuite un » mouchoir ou un ruban, dont ils tiennent chacun un bout : les autres, & la » file ordinairement est longue, passent & repassent l'un après l'autre, & com- » me en fuyant, sous ce ruban. On va d'abord lentement, & en rond ; puis » la conductrice, après avoir fait plusieurs tours & détours, roule le cercle au- » tour d'elle. L'art de la danseuse consiste à se démêler de la file & à reparoî- » tre tout-à-coup à la tête du branle, montrant à la main d'un air triomphant » son ruban de soie, comme quand elle a commencé. ...

» Telle est la danse que dansa Thésée après avoir délivré les Athéniens du

---

(1) De l'Isle de Candie, nom moderne de l'Isle de Crète, où étoit Gnosse.
(2) Sans doute, puisqu'on représentoit le Labyrinthe de Gnosse.

» joug des Crétois par la défaite du Minotaure. Il dansa à Delos, dit Plutar-
» que, avec les jeunes filles Athéniennes, une danse qui étoit encore en usage
» de son tems chez les Déliens, & dans laquelle on imitoit les tours & dé-
» tours du Labyrinthe.....

» Dans les Monumens anciens publiés par WINCKELMAN, Pl. XCIX, est un
» vase antique qui représente Thésée devant Ariadne. Ce Héros tient le fa-
» meux peloton de fil qui le tira du Labyrinthe de Crète. Ariadne habillée
» comme une danseuse avec le *Caftan* ou l'habit grec qui serre le corps & qui
» descend jusqu'aux talons, tient un cordon de ses deux mains, précisément
» comme la danseuse moderne qui mene & commence la danse grecque.

PAUSANIAS dit que cette Danse étoit la plus parfaite, & qu'on la dansoit
encore de son tems à Gnosse.

Explication de ses divers mouvemens.

Madame CHENIER s'est attachée à expliquer les diverses variations de cette
Danse : ses idées sont très-ingénieuses.

» Dédale, dit cette Dame, composa sa danse pour conserver la mémoire
» de son édifice & pour que la belle Ariadne pût en connoître tous les détours :
» alors la Candiote se danse sans rien tenir à la main, parce qu'il ne s'agit que
» de désigner les détours du Labyrinthe.

» Quand on danse la Candiote avec un cordon, je croirois que c'est en
» mémoire du peloton de fil qu'Ariadne avoit donné à Thésée, & par le se-
» cours duquel ce Héros, après avoir vaincu le Minotaure, sortit triomphant
» du Labyrinthe.

» Si l'on danse plus souvent encore la Candiote avec un mouchoir à la
» main, & alors elle exige plus de vivacité, il est vraisemblable que c'est pour
» rappeller & peindre la douleur d'Ariadne quand elle fut abandonnée par
» Thésée dans l'Isle de Naxos : on croit voir cette Princesse désolée, entou-
» rée de ses femmes, les cheveux épars, sa robe négligemment traînante,
» son voile déchiré dont elle tient une partie dans sa main, tantôt pour es-
» suyer ses larmes, tantôt pour faire un signal à Thésée qui est emporté par
» son vaisseau. Agitée entre la crainte, l'espérance & l'amour, elle aime trop
» Thésée pour vouloir l'accuser ; elle s'en prend aux Elémens.... S'adres-
» sant au vaisseau même dans le cours de la danse, elle s'écrie en chantant :

» Navire qui êtes parti & qui m'enlevez mon bien-aimé, la lumiere de
» mes yeux, revenez pour me le rendre ou pour m'emmener aussi......

» Le Chœur répond fur le même air :

» Maître du Navire, mon Seigneur ; & vous, nocher, mon ame, que fe-
» rai-je de ma vie ? Revenez pour me le rendre, ou pour m'emmener auffi.

Telle eft la Danfe célébrée par Homere ; & à laquelle nous reviendrons dans notre Effai fur les Danfes anciennes : nous y développerons l'objet primitif & réel de cette Danfe : pourquoi elle fut appellée la Danfe de Théfée & d'Ariadne, & quel eft le Labyrinthe réel & naturel dont elle imitoit les détours.

ARTICLE V.

1.

Ce Bouclier attaqué comme impoffible dans fon exécution.

Les beaux Efprits du commencement de ce fiècle, attaquerent Homère avec une vivacité fans égale : le célèbre LA MOTHE, le Coryphée de ces tems-là, leur fervoit de point de réunion : fans entendre le Grec, il jugea Homère d'après la Traduction froide, lâche, prefqu'infipide de Madame DACIER : & d'après cette Traduction, il fit bien plus : il ofa mettre Homère en vers : c'étoit Homère travefti : Madame Dacier en jetta les hauts cris : cette Dame en devenant favante avoit abjuré les graces de fon fexe, elle avoit avalé à longs traits toute la pefanteur de l'érudition, toute la pédanterie de ceux qu'elle avoit pris pour modèle. M. de la Mothe l'attaquoit au contraire avec tous les charmes de l'efprit & toute la politeffe de fon fiècle. Le combat étoit par trop inégal : la gloire d'Homère en fouffrit prodigieufement : elle en fut éclipfée pour un tems : le Bouclier d'Achille fur-tout n'échappa pas aux farcafmes de cette nouvelle ligue contre Ilium : l'Abbé TERRASSON en particulier infulta vivement à cet égard au génie d'Homère : il foutint que pour repréfenter tout ce que cet illuftre Barde place fur ce Bouclier, il faudroit une étendue auffi grande que la Place Royale.

2.

Il eft vengé par Boivin.

L'ame homérique de BOIVIN s'enflamme à ces mots ; & pour confondre ce mauvais plaifant, il engage un grand Peintre, VLEUGHELS, à exécuter le Bouclier d'Achille fur un très-petit efpace : il le fit enfuite graver par M. Cochin : c'étoit en 1715.

C'eft d'après cette gravure que nous le redonnons au Public, ouvrage

pofthume,

posthume, ainsi que les VI planches du Jeu des Tarots, de la personne qu'une mort funeste & inattendue nous enleva au commencement de l'année dernière.

ARTICLE VI.

Des Boucliers chantés par Héfiode & par Virgile.

1.

Deux autres Poëtes distingués, HÉSIODE & VIRGILE, ont aussi chanté des Boucliers, l'un celui d'Hercule, l'autre celui d'Enée : on comprend sans peine qu'on a toujours pris plaisir à les comparer l'un avec l'autre, sur-tout qu'on a demandé quel étoit le plus ancien, du Bouclier d'Hercule ou de celui d'Homere.

2.

Si celui d'Héfiode est plus ancien que celui d'Homère.

Ce qui rend cette question très-difficile à décider, c'est qu'on ignore si Héfiode est plus ancien qu'Homère ou s'ils furent Contemporains.

M. le Comte de CAYLUS s'en est occupé essentiellement dans une Dissertation qu'il a composée sur ces trois Boucliers (1) : il prend un parti mitoyen à l'égard d'Héfiode ; après être convenu qu'il étoit né & qu'il avoit écrit peu de tems avant Homère, il soupçonne qu'il avoit survécu à la composition de l'Iliade, & qu'à la vue du Bouclier d'Achille, son génie s'enflamma de nouveau, & qu'il composa le Bouclier d'Hercule pour arracher s'il pouvoit la palme à son rival.

M. de Caylus ne s'est point trompé en faisant Héfiode antérieur à Hercule ; vérité que nous espérons mettre un jour hors de toute contestation ; mais nous ne saurions nous persuader que son Bouclier soit postérieur à celui d'Homère.

Les Ouvrages d'Héfiode ont été écrits très-certainement long-tems avant qu'Homère pensât à composer l'Iliade, d'autant plus qu'alors comme aujourd'hui on ne composoit que dans un âge mûr : Homère sur-tout nous est représenté comme une personne déjà avancée en âge quand il composa l'Iliade : il avoit beaucoup vu, beaucoup lu, beaucoup voyagé : aussi son Ouvrage a-t-il échappé à tous les ravages du tems, non-seulement à cause de

---

(1) Mém. de l'Acad. des Insc. & B. L. T. XXVII.

sa Poësie, mais sur-tout à cause du savoir immense qui y regne. Des vers harmonieux ont sans doute le droit de plaire; mais pour braver le tems, pour passer à la postérité la plus reculée, il faut qu'ils ayent plus que de l'harmonie; il faut qu'on y chante plus que des Bergeres. Il fallut ensuite bien des années à Homère pour achever son Iliade : il en fallut bien davantage pour qu'elle pût pénétrer dans la Grèce, du moins en entier, puisqu'on prétend qu'elle n'en fut redevable qu'à Lycurgue : il est donc presqu'impossible qu'Hésiode ait pû atteindre le tems où Homère chanta le Bouclier d'Achille, & plus qu'apparent qu'il ne fut jamais à même de lire aucun de ses vers.

D'un autre côté, le Bouclier d'Hercule se ressent infiniment plus du voisinage des Fables : il n'en entre pas une dans celui d'Achille : le premier est donc de beaucoup plus ancien. Ce dernier n'offre au contraire que des scènes charmantes tirées de la vie civile : il eût été bien absurde de croire qu'on l'effaceroit par ce mélange de scènes fabuleuses & de scènes historiques.

Hésiode chanta le premier un Bouclier : Homère réduit à l'imiter, le fit en grand Maître : il laissa la Fable à Hésiode, il chanta la vie civile, & la chanta de la maniere la plus agréable : & sur les objets qui leur furent communs, il l'emporte toujours sur son rival.

Quant à Hésiode, il put être conduit au Bouclier d'Hercule par l'idée de ses XIIe. travaux, ou même par celle des XII. mois.

3.

Explication du Bouclier d'Hésiode

On peut, en effet, trouver l'année Grecque dans le Bouclier célébré par Hésiode : mais il faut reculer d'un mois, & commencer au solstice d'hyver : avec cette précaution, il marche d'un pas égal avec le Bouclier d'Achille.

1er. Tableau, en Décembre, combat entre des Sangliers & des Lions.

2e. Tabl. en Janv. combat des Lapithes & des Centaures.

3e. Tabl. en Fév. assemblée des Dieux.

4e. Tabl. en Mars, ou équinoxe du Printems, Persée dont les pieds ne touchent pas la terre, il vole aussi vite que la pensée : c'est fort bien, on voit l'arrivée du Soleil au Printems, car nous prouverons quelque jour que le cheval Pégase, Persée & Bellerophon sont tous relatifs au Soleil & à la vitesse de sa course.

5e. Tabl. au mois d'Avril, Ville assiégée.

6e. Tabl. au mois de Mai, mois des Morts; la Déesse Achlys, Déesse des Morts.

7e. Tabl. au mois de Juin, mois des jeunes Gens, ou renouvellement au solstice d'Eté: Ville à sept portes où on célèbre des Fêtes Nuptiales.

8e. Tabl. au mois de Juillet, course de Chevaux; on célébroit alors divers Jeux dans la Grèce.

9e. Tabl. Août, des Moissonneurs.

10e Tabl. Septembre, des Vendangeurs.

11e. Tabl. Octobre, une Chasse.

12e. Tabl. Novembre, course de Chariots. On y voit le Trépied d'or qui devoit être le prix du vainqueur, & il est sans doute inutile de remarquer que c'étoit un Symbole de l'année, & qu'il étoit par conséquent consacré à Apollon.

Tel est le grand cercle de ce Bouclier, il est placé entre deux autres, dont l'extérieur représente également la Mer, couverte de Cygnes & de Poissons.

L'intérieur est dans un genre fort différent de celui d'Homère. On y voit un Dragon qui tourne la tête en arrière, & qui excite les hommes au combat: la terre s'entr'ouvre, les ames s'y précipitent. La Parque inhumaine saisit un homme vivant & blessé, un autre qui n'est point blessé, & un troisieme déjà mort.

Ce dernier trait qui est commun aux deux Boucliers, démontre également que celui d'Homère n'est pas l'original ou le primitif: ce Poëte l'a mieux placé & il y a ajouté une belle idée, le trait qui traverse l'air & qui est prêt à fondre sur celui qui n'est point blessé: il est étonnant que cette imitation ait échappé à M. de Caylus.

4.

Bouclier d'Enée chanté par Virgile.

Enfin le Bouclier d'Enée n'a rien de commun avec ceux-là, que d'offrir le même nombre de tableaux: mais qui ne présentent d'autre ensemble, que celui de la flatterie, & qui font voir que Virgile avoit beaucoup moins de connoissance des Arts qu'Homère.

Le Poëte Romain vouloit également chanter un Bouclier, divisé également en douze tableaux; on lui avoit enlevé les sujets les plus intéressans; il fut donc obligé de s'en dédommager, en choisissant divers points de l'Histoire Romaine, mais qui ne pouvoient guères intéresser Enée qu'en Prophétie & très-indirectement: ce qui étoit déjà un grand défaut.

Premier Tableau ; Rémus & Romulus avec leur Louve.

2ᵉ. Enlevement des Sabines.

3ᵉ. Alliance de Romulus & de Tatius.

4ᵉ. Supplice de Metius.

5ᵉ. Porsenna, Coclès & Clélie.

6ᵉ. Capitole attaqué par les Gaulois : Oie, qui les découvre.

7ᵉ. Danse des Saliens.

8ᵉ. Danse des Prêtres de Jupiter, coëffés de leurs longs bonnets avec des houpes.

9ᵉ. Course des Luperques.

10ᵉ. Bouclier qui descend du Ciel.

11ᵉ. Procession des Dames Romaines.

12ᵉ. L'enfer ; Catilina enchaîné sur un roc ; Caton donnant des Loix aux ames justes.

Ce cercle est l'extérieur : l'intérieur, car il n'y en a que deux, représente la Méditerranée ; on y voit le combat naval d'Actium, la conquête de l'Egypte, le triomphe d'Auguste.

Ce Bouclier ne respire, nous l'avons déjà dit, que la flatterie ; & pour l'invention, il est fort inférieur aux Boucliers Grecs : aussi chacun donnera avec M. de Caylus la palme à Homère.

§.

La seule inspection du dessin des trois Boucliers, décide en faveur de celui d'Homère.

Nous osons même dire, que la seule inspection du dessin des trois Boucliers, car M. de Caylus a fait dessiner & graver également par M. Le Lorrain ceux d'Hésiode & de Virgile, que cette seule inspection suffit pour se décider en faveur de celui d'Homère : ils ne peuvent presque pas souffrir la comparaison. Comme les cercles intérieur & extérieur du Bouclier d'Achille ne sont point chargés d'objets, il n'est aucun de ses XII tableaux qui ne soit très saillant & qui ne produise le plus grand effet. C'est tout le contraire dans les Boucliers d'Hésiode & de Virgile, dans ce dernier sur-tout qui n'offre que deux cercles, & aussi chargés l'un que l'autre ; tout y est confus, rien n'y fixe agréablement la vue. C'est qu'il existe en tout genre un point de perfection au-delà ou en-deça duquel rien n'est bien. Les Prédécesseurs de Virgile, dirigés par la Nature, n'avoient pu mal faire : celui-ci conduit par sa seule imagination n'avoit plus les mêmes avantages.

DU JEU DES TAROTS,

Où l'on traite de son origine, où on explique ses Allégories, & où l'on fait voir qu'il est la source de nos Cartes modernes à jouer, &c, &c.

I.

Surprise que causeroit la découverte d'un Livre Egyptien.

SI l'on entendoit annoncer qu'il existe encore de nos jours un Ouvrage des anciens Egyptiens, un de leurs Livres échappé aux flammes qui dévorèrent leurs superbes Bibliothèques, & qui contient leur doctrine la plus pure sur des objets intéressans, chacun seroit, sans doute, empressé de connoître un Livre aussi précieux, aussi extraordinaire. Si on ajoûtoit que ce Livre est très-répandu dans une grande partie de l'Europe, que depuis nombre de siècles il y est entre les mains de tout le monde, la surprise iroit certainement en croissant: ne seroit-elle pas à son comble, si l'on assuroit qu'on n'a jamais soupçonné qu'il fût Egyptien, qu'on le possède comme ne le possédant point, que personne n'a jamais cherché à en déchiffrer une feuille: que le fruit d'une sagesse exquise est regardé comme un amas de figures extravagantes qui ne signifient rien par elles-mêmes? Ne croiroit-on pas qu'on veut s'amuser, se jouer de la crédulité de ses Auditeurs?

2.

Ce Livre Egyptien existe.

Le fait est cependant très-vrai: ce Livre Egyptien, seul reste de leurs superbes Bibliothèques, existe de nos jours: il est même si commun, qu'aucun Savant n'a daigné s'en occuper; personne avant nous n'ayant jamais soupçonné son illustre origine. Ce Livre est composé de LXXVII feuillets ou tableaux, même de LXXVIII, divisés en V classes, qui offrent chacune des objets aussi variés qu'amusans & instructifs: ce Livre est en un mot le JEU des TAROTS, jeu inconnu, il est vrai, à Paris, mais très-connu en Italie, en Allemagne, même en Provence, & aussi bisarre par les figures qu'offre chacune de ses cartes, que par leur multitude.

Quelqu'étendues que soient les Contrées où il est en usage, on n'en étoit pas plus avancé sur la valeur des figures bisarres qu'il paroît offrir : & telle est son antique origine qu'elle se perdoit dans l'obscurité des tems, qu'on ne savoit ni où ni quand il avoit été inventé, ni le motif qui y avoit rassemblé tant de figures extraordinaires, si peu faites ce semble pour marcher de pair, telles qu'il n'offre dans tout son ensemble qu'une énigme que personne n'avoit jamais cherché à résoudre.

Ce Jeu a même paru si peu digne d'attention, qu'il n'est jamais entré en ligne de compte dans les vues de ceux de nos Savans qui se sont occupés de l'origine des Cartes : ils n'ont jamais parlé que des Cartes Françoises, ou en usage à Paris, dont l'origine est peu ancienne ; & après en avoir prouvé l'invention moderne, ils ont cru avoir épuisé la matiere. C'est qu'en effet on confond sans cesse l'établissement d'une connoissance quelconque dans un Pays avec son invention primitive : c'est ce que nous avons déjà fait voir à l'égard de la boussole : les Grecs & les Romains eux-mêmes n'ont que trop confondu ces objets, ce qui nous a privé d'une multitude d'origines intéressantes.

Mais la forme, la disposition, l'arrangement de ce Jeu & les figures qu'il offre sont si manifestement allégoriques, & ces allégories sont si conformes à la doctrine civile, philosophique & religieuse des anciens Egyptiens, qu'on ne peut s'empêcher de le reconnoître pour l'ouvrage de ce Peuple de Sages : qu'eux seuls purent en être les Inventeurs, rivaux à cet égard des Indiens qui inventoient le Jeu des Echecs.

DIVISION.

Nous ferons voir les allégories qu'offrent les diverses Cartes de ce Jeu.
Les formules numériques d'après lesquelles il a été composé.
Comment il s'est transmis jusques à nous.
Ses rapports avec un Monument Chinois.
Comment en naquirent les Cartes Espagnoles.
Et les rapports de ces dernieres avec les Cartes Françoises.

Cet Essai sera suivi d'une Dissertation où l'on établit comment ce Jeu étoit appliqué à l'art de la Divination : c'est l'ouvrage d'un Officier Général, Gouverneur de Province, qui nous honore de sa bienveillance, & qui a retrouvé dans ce Jeu avec une sagacité très-ingénieuse les principes Egyptiens sur l'art de deviner par les Cartes, principes qui distinguerent les premieres Bandes des Egyptiens mal nommés Bohémiens qui se répandirent dans l'Europe, & dont il subsiste encore quelques vestiges dans nos Jeux de Cartes, mais qui y prêtent infiniment moins par leur monotonie & par le petit nombre de leurs figures.

Le Jeu Egyptien, au contraire, étoit admirable pour cet effet, renfermant en quelque façon l'Univers entier, & les Etats divers dont la vie de l'Homme est susceptible. Tel étoit ce Peuple unique & profond, qu'il imprimoit au moindre de ses ouvrages le sceau de l'immortalité, & que les autres semblent en quelque sorte se traîner à peine sur ses traces.

ARTICLE I.

ALLÉGORIES qu'offrent les Cartes du Jeu de TAROTS.

Si ce Jeu qui a toujours été muet pour tous ceux qui le connoissent, s'est développé à nos yeux, ce n'a point été l'effet de quelques profondes méditations, ni de l'envie de débrouiller son cahos : nous n'y pensions pas l'instant avant. Invité il y a quelques années à aller voir une Dame de nos Amies, Madame la C. d'H. qui arrivoit d'Allemagne ou de Suisse, nous la trouvâmes occupée à jouer à ce Jeu avec quelques autres Personnes. Nous jouons à un Jeu que vous ne connoissez sûrement pas... Cela se peut ; quel est-il ?.. Le Jeu des Tarots... J'ai eu occasion de le voir étant fort jeune, mais je n'en ai aucune idée... C'est une rapsodie des figures les plus bisarres, les plus extravagantes : en voilà une, par exemple; on eut soin de choisir la plus chargée de figures, & n'ayant aucun rapport à son nom, c'est le Monde : j'y jette les yeux, & aussi-tôt j'en reconnois l'Allégorie : chacun de quitter son Jeu & de venir voir cette Carte merveilleuse où j'appercevois ce qu'ils n'avoient jamais vû : chacun de m'en montrer une autre : en un quart-d'heure le Jeu fut parcouru, expliqué, déclaré Egyptien : & comme ce n'étoit point le jeu de notre imagination, mais l'effet des rapports choisis & sensibles de ce jeu avec tout ce qu'on connoît d'idées Egyptiennes, nous nous promîmes bien d'en faire part quelque jour au Public ; persuadés qu'il auroit pour agréable une découverte & un présent de cette nature, un Livre Egyptien échappé à la barbarie, aux ravages du Tems, aux incendies accidentelles & aux volontaires, à l'ignorance plus désastreuse encore.

Effet nécessaire de la forme frivole & légere de ce Livre ; qui l'a mis à même de triompher de tous les âges & de passer jusques à nous avec une fidélité rare : l'ignorance même dans laquelle on a été jusques ici de ce qu'il représentoit, a été un heureux sauf-conduit qui lui a laissé traverser tranquillement tous les Siècles sans qu'on ait pensé à le faire disparoître.

Il étoit tems de retrouver les Allégories qu'il étoit destiné à conserver, & de faire voir que chez le Peuple le plus sage, tout jusqu'aux Jeux, étoit fondé sur l'Allégorie, & que ces Sages savoient changer en amusement les connoissances les plus utiles & n'en faire qu'un Jeu.

Nous l'avons dit, le Jeu des Tarots est composé de LXXVII Cartes, même d'une LXXVIIIe, divisées en Atous & en IV couleurs. Afin que nos Lecteurs puissent nous suivre, nous avons fait graver les Atous; & l'As de chaque couleur, ce que nous appellons avec les Espagnols, Spadille, Baste, & Ponte.

ATOUS.

Les Atous au nombre de XXII, représentent en général les Chefs temporels & spirituels de la Société, les Chefs Physiques de l'Agriculture, les Vertus Cardinales, le Mariage, la Mort & la résurrection ou la création; les divers jeux de la fortune, le Sage & le Fou, le Tems qui consume tout, &c. On comprend ainsi d'avance que toutes ces Cartes sont autant de Tableaux allégoriques relatifs à l'ensemble de la vie, & susceptibles d'une infinité de combinaisons. Nous allons les examiner un à un, & tâcher de déchiffrer l'allégorie ou l'énigme particuliere que chacun d'eux renferme.

N°. O, Zero.
LE FOU.

On ne peut méconnoître le Fou dans cette Carte, à sa marotte, & à son hoqueton garni de coquillages & de sonnettes : il marche très-vîte comme un fou qu'il est, portant derriere lui son petit paquet, & s'imaginant échapper par-là à un Tigre qui lui mord la croupe : quant au sac, il est l'emblême de ses fautes qu'il ne voudroit pas voir; & ce Tigre, celui de ses remords qui le suivent galopant, & qui sautent en croupe derriere lui.

Cette belle idée qu'Horace a si bien encadrée dans de l'or, n'étoit donc pas de lui, elle n'avoit pas échappé aux Egyptiens : c'étoit une idée vulgaire, un lieu commun; mais prise dans la Nature toujours vraie, & présentée avec toutes les graces dont elle est susceptible, cet agréable & sage Poëte sembloit l'avoir tirée de son profond jugement.

Quant à cet Atout, nous l'appellons ZERO, quoiqu'on le place dans le jeu après le XXI, parce qu'il ne compte point quand il est seul, & qu'il n'a de valeur que celle qu'il donne aux autres, précisément comme notre zero : montrant ainsi que rien n'existe sans sa folie.

DU JEU DES TAROTS.

N°. 1.

Le Joueur de Gobelets, ou Bateleur.

Nous commençons par le n°. 1. pour suivre jusques au 21, parce que l'usage actuel est de commencer par le moindre nombre pour s'élever de-là aux plus hauts : il paroît cependant que les Egyptiens commençoient à compter par le plus haut pour descendre de-là jusqu'au plus bas. C'est ainsi qu'ils solsifioient l'Octave en descendant, & non en montant comme nous. Dans la Dissertation qui est à la suite de celle-ci, on suit l'usage des Egyptiens, & on en tire le plus grand parti. On aura donc ici les deux manieres : la nôtre la plus commode quand on ne veut considérer ces Cartes qu'en elles-mêmes : & celle-là, utile pour en mieux concevoir l'ensemble & les rapports.

Le premier de tous les Atous en remontant, ou le dernier en descendant, est un JOUEUR DE GOBELET ; on le reconnoît à sa table couverte de dés, de gobelets, de couteaux, de bales, &c. A son bâton de Jacob ou verge des Mages, à la bale qu'il tient entre deux doigts & qu'il va escamoter.

On l'appelle BÂTELEUR dans la dénomination des Cartiers : c'est le nom vulgaire des personnes de cet état : est-il nécessaire de dire qu'il vient de *baste*, bâton ?

A la tête de tous les Etats, il indique que la vie entiere n'est qu'un songe, qu'un escamotage : qu'elle est comme un jeu perpétuel du hasard ou du choc de mille circonstances qui ne dépendirent jamais de nous, & sur lequel influe nécessairement pour beaucoup toute administration générale.

Mais entre le Fou & le Bateleur, l'Homme n'est-il pas bien ?

N°. II, III, IV, V.

CHEFS DE LA SOCIÉTÉ.

Les Numéros II & III représentent deux femmes : les Numéros IV & V, leurs maris ; ce sont les Chefs temporels & spirituels de la Société.

ROI & REINE.

Le N°. IV. représente le ROI, & le III. la REINE. Ils ont tous les deux pour attributs l'Aigle dans un Ecusson, & le sceptre surmonté d'un globe thautifié ou couronné d'une croix, appelée THAU, le signe par excellence.

Le Roi est vu de profil, la Reine de face : ils sont tous les deux assis sur un

Diss. T. I. Aaa

Trône. La Reine est en robe traînante, le dossier de son Trône est élevé : le Roi est comme dans une gondole ou chaise en coquille, les jambes croisées. Sa Couronne est en demi-cercle surmontée d'une perle à croix. Celle de la Reine se termine en pointe. Le Roi porte un Ordre de Chevalerie.

GRAND-PRÊTRE & GRANDE-PRÊTRESSE.

Le N°. V. représente le CHEF des Hiérophantes ou le GRAND-PRÊTRE : le N°. II. la GRANDE-PRÊTRESSE ou sa femme : on sait que chez les Egyptiens, les Chefs du Sacerdoce étoient mariés. Si ces Cartes étoient de l'invention des Modernes, on n'y verroit point de Grande-Prêtresse, bien moins encore sous le nom de PAPESSE, comme les Cartiers Allemands ont nommé celle-ci ridiculement.

La Grande-Prêtresse est assise dans un fauteuil : elle est en habit long avec une espèce de voile derrière la tête qui vient croiser sur l'estomac : elle a une double couronne avec deux cornes comme en avoit Isis : elle tient un Livre ouvert sur ses genoux ; deux écharpes garnies de croix se croisent sur sa poitrine & y forment un X.

Le Grand-Prêtre est en habit long avec un grand manteau qui tient à une agraffe : il porte la triple Thiare : d'une main, il s'appuie sur un Sceptre à triple croix : & de l'autre, il donne de deux doigts étendus la bénédiction à deux personnages qu'on voit à ses genoux.

Les Cartiers Italiens ou Allemands qui ont ramené ce jeu à leurs connoissances, ont fait de ces deux personnages auxquels les Anciens donnoient le nom de PERE & de MERE, comme on diroit ABBÉ & ABBESSE, mots Orientaux signifiant la même chose, ils en ont fait, dis-je, un Pape & une Papesse.

Quant au Sceptre à triple croix, c'est un monument absolument Egyptien : on le voit sur la Table d'Isis, sous la Lettre T T ; Monument précieux que nous avons déjà fait graver dans toute son étendue pour le donner quelque jour au Public. Elle a rapport au triple Phallus qu'on promenoit dans la fameuse Fête des Pamylies où l'on se réjouissoit d'avoir retrouvé Osiris, & où il étoit le symbole de la régénération des Plantes & de la Nature entiere.

N° VII.

OSIRIS TRIOMPHANT.

Osiris s'avance ensuite ; il paroît sous la forme d'un Roi triomphant, le Sceptre en main, la Couronne sur la tête : il est dans son char de Guerrier, tiré par deux chevaux blancs. Personne n'ignore qu'Osiris étoit la grande Divinité des Egyptiens, la même que celle de tous les Peuples Sabéens, ou le Soleil symbole physique de la Divinité suprême invisible, mais qui se manifeste dans ce chef-d'œuvre de la Nature. Il avoit été perdu pendant l'hyver: il reparoît au Printems avec un nouvel éclat, ayant triomphé de tout ce qui lui faisoit la guerre.

N°. VI.

LE MARIAGE.

Un jeune homme & une jeune femme se donnent leur foi mutuelle: un Prêtre les bénit, l'Amour les perce de ses traits. Les Cartiers appellent ce Tableau, l'AMOUREUX. Ils ont bien l'air d'avoir ajouté eux-mêmes cet Amour avec son arc & ses flèches, pour rendre ce Tableau plus parlant à leurs yeux.

On voit dans les Antiquités de BOISSARD (1), un Monument de la même nature, pour peindre l'union conjugale; mais il n'est composé que de trois figures.

L'Amant & l'Amante qui se donnent leur foi: l'Amour entre deux sert de Témoin & de Prêtre.

Ce Tableau est intitulé FIDEI SIMULACRUM, Tableau de la Foi conjugale: les personnages en sont désignés par ces beaux noms, VÉRITÉ, HONNEUR & AMOUR. Il est inutile de dire que la vérité désigne ici la femme plutôt que l'homme, non-seulement parce que ce mot est du genre féminin, mais parce que la *Fidélité constante* est plus essentielle dans la femme. Ce Monument précieux fut élevé par un nommé T. FUNDANIUS EROMENUS ou *l'aimable*, à sa très-chere Epouse *Poppée Demetrie*, & à leur fille chérie *Manilia Eromenis*.

PLANCHE V.

N°. VIII. XI. XII. XIIII.

Les quatre VERTUS Cardinales.

Les Figures que nous avons réunies dans cette Planche, sont relatives aux quatre Vertus Cardinales.

N°. XI. Celle-ci représente la FORCE. C'est une femme qui s'est rendue

---

(1) T. III. Pl. xxxvi.

maitresse d'un lion, & qui lui ouvre la gueule avec la même facilité qu'elle ouvriroit celle de son petit épagneul ; elle a sur la tête un chapeau de Bergere.

N°. XIII. LA TEMPÉRANCE. C'est une femme aîlée qui fait passer de l'eau d'un vase dans un autre, pour tempérer la liqueur qu'il renferme.

N°. VIII. LA JUSTICE. C'est une Reine, c'est ASTRÉE assise sur son Trône, tenant d'une main un poignard ; de l'autre, une balance.

N°. XII. La PRUDENCE est du nombre des quatre Vertus Cardinales : les Egyptiens purent-ils l'oublier dans cette peinture de la Vie Humaine ? Cependant, on ne la trouve pas dans ce Jeu. On voit à sa place sous le N°. XII. entre la Force & la Tempérance, un homme pendu par les pieds : mais que fait-là ce pendu ? c'est l'ouvrage d'un malheureux Cartier présomptueux qui ne comprenant pas la beauté de l'allégorie renfermée sous ce tableau, a pris sur lui de le corriger, & par-là même de le défigurer entierement.

La Prudence ne pouvoit être représentée d'une maniere sensible aux yeux que par un homme debout, qui ayant un pied posé, avance l'autre, & le tient suspendu examinant le lieu où il pourra le placer surement. Le titre de cette carte étoit donc l'homme au pied suspendu, *pede suspenso* : le Cartier ne sachant ce que cela vouloit dire, en a fait un homme pendu par les pieds.

Puis on a demandé, pourquoi un pendu dans ce Jeu ? & on n'a pas manqué de dire, c'est la juste punition de l'Inventeur du Jeu, pour y avoir représenté une Papesse.

Mais placé entre la Force, la Tempérance & la Justice, qui ne voit que c'est la Prudence qu'on voulut & qu'on dut représenter primitivement ?

PLANCHE VI.
N°. VIIII. ou IX.

Le SAGE ou le Chercheur de la Vérité & du Juste.

Le N°. IX. représente un Philosophe vénérable en manteau long, un capuchon sur les épaules : il marche courbé sur son bâton, & tenant une lanterne de la main gauche. C'est le Sage qui cherche la Justice & la Vertu.

On a donc imaginé d'après cette peinture Egyptienne, l'Histoire de Diogene qui la lanterne en main cherche un homme en plein midi. Les bons mots, sur-tout les Epigrammatiques, sont de tout siècle : & Diogène étoit homme à mettre ce tableau en action.

Les Cartiers ont fait de ce Sage un Hermite. C'est assez bien vu : les Philosophes vivent volontiers en retraite, ou ne sont guères propres à la frivolité du siècle. Heraclide passoit pour fou aux yeux de ses chers Concitoyens : dans l'Orient, d'ailleurs, se livrer aux Sciences spéculatives ou *s'Hermetiser*, est presque une seule & même chose. Les Hermites Egyptiens n'eurent rien à reprocher à cet égard à ceux des Indes, & aux Talapoins de Siam : ils étoient ou sont tous autant de Druides.

N°. XIX.

LE SOLEIL.

Nous avons réuni sous cette planche tous les tableaux relatifs à la lumiere : ainsi après la lanterne sourde de l'Hermite, nous allons passer en revue le Soleil, la Lune & le brillant Sirius ou la Canicule étincelante, tous figurans dans ce jeu, avec divers emblêmes.

Le SOLEIL est représenté ici comme le Pere physique des Humains & de la Nature entiere : il éclaire les hommes en Société, il préside à leurs Villes : de ses rayons distillent des larmes d'or & de perles : ainsi on désignoit les heureuses influences de cet astre.

Ce Jeu des Tarots est ici parfaitement conforme à la doctrine des Egyptiens, comme nous l'allons voir plus en détail à l'article suivant.

N°. XVIII.

LA LUNE.

Ainsi la LUNE qui marche à la suite du Soleil est aussi accompagnée de larmes d'or & de perles, pour marquer également qu'elle contribue pour sa part aux avantages de la terre.

PAUSANIAS nous apprend dans la Description de la Phocide, que, selon les Egyptiens, c'étoient les LARMES d'ISIS qui enfloient chaque année les eaux du Nil & qui rendoient ainsi fertiles les campagnes d'Egypte. Les relations de ce Pays parlent aussi d'une GOUTTE ou larme, qui tombe de la Lune au moment où les eaux du Nil doivent grossir.

Au bas de ce tableau, on voit une Ecrevisse ou Cancer, soit pour marquer la marche rétrograde de la Lune, soit pour indiquer que c'est au moment où le Soleil & la Lune sortent du signe de Cancer qu'arrive l'inondation causée par leurs larmes au lever de la Canicule qu'on voit dans le tableau suivant.

On pourroit même réunir les deux motifs: n'est-il pas très-ordinaire de se déterminer par une foule de conséquences qui forment une masse qu'on seroit souvent bien embarrassé à démêler?

Le milieu du tableau est occupé par deux Tours, une à chaque extrémité pour désigner les deux fameuses colonnes d'Hercule, en-deça & au-delà desquelles ne passerent jamais ces deux grands luminaires.

Entre les deux colonnes sont deux Chiens qui semblent aboyer contre la Lune & la garder : idées parfaitement Egyptiennes. Ce Peuple unique pour les allégories, comparoit les Tropiques à deux Palais gardés chacun par un chien, qui, semblables à des Portiers fideles, retenoient ces Astres dans le milieu des Cieux sans permettre qu'ils se glissassent vers l'un ou l'autre Pôle.

Ce ne sont point visions de Commentateurs en us. CLEMENT, lui-même Egyptien, puisqu'il étoit d'Alexandrie, & qui par conséquent devoit en savoir quelque chose, nous assure dans ses Tapisseries (1) que les Egyptiens représentoient les TROPIQUES sous la figure de deux CHIENS, qui, semblables à des Portiers ou à des Gardiens fideles, empêchoient le Soleil & la Lune de pénétrer plus loin, & d'aller jusqu'aux Pôles.

N°. XVII.

LA CANICULE.

Ici nous avons sous les yeux un Tableau non moins allégorique, & absolument Egyptien; il est intitulé l'ETOILE. On y voit, en effet, une Etoile brillante, autour de laquelle sont sept autres plus petites. Le bas du Tableau est occupé par une femme panchée sur un genou qui tient deux vases renversés, dont coulent deux Fleuves. A côté de cette femme est un papillon sur une fleur.

C'est l'Egyptianisme tout pur.

Cette Etoile, par excellence, est la CANICULE ou SIRIUS: Etoile qui se leve lorsque le Soleil sort du signe du Cancer, par lequel se termine le Tableau précédent, & que cette Etoile suit ici immédiatement.

Les sept Etoiles qui l'environnent, & qui semblent lui faire leur cour, sont les Planettes : elle est en quelque sorte leur Reine, puisqu'elle fixe dans cet

---

(1) Ou Stromates, Liv. V.

instant le commencement de l'année ; elles semblent venir recevoir ses ordres pour régler leur cours sur elle.

La Dame qui est au-dessous, & fort attentive dans ce moment à répandre l'eau de ses vases, est la Souveraine des Cieux, ISIS, à la bienfaisance de laquelle on attribuoit les inondations du Nil, qui commencent au lever de la Canicule ; ainsi ce lever étoit l'annonce de l'inondation. C'est pour cette raison que la Canicule étoit consacrée à Isis, qu'elle étoit son symbole par excellence.

Et comme l'année s'ouvroit également par le lever de cet Astre, on l'appelloit *SOTH-IS*, ouverture de l'année ; & c'est sous ce nom qu'il étoit consacré à Isis.

Enfin, la Fleur & le PAPILLON qu'elle supporte, étoient l'emblême de la régénération & de la résurrection : ils indiquoient en même tems qu'à la faveur des bienfaits d'Isis, au lever de la Canicule, les Campagnes de l'Egypte, qui étoient absolument nues, se couvriroient de nouvelles moissons.

PLANCHE VII.
N°. XIII.
LA MORT.

Le n°. XIII. représente la Mort : elle fauche les Humains, les Rois & les Reines, les Grands & les Petits ; rien ne résiste à sa faulx meurtriere.

Il n'est pas étonnant qu'elle soit placée sous ce numéro ; le nombre treize fut toujours regardé comme malheureux. Il faut que très-anciennement il soit arrivé quelque grand malheur dans un pareil jour, & que le souvenir en ait influé sur toutes les anciennes Nations. Seroit-ce par une suite de ce souvenir que les treize Tribus des Hébreux n'ont jamais été comptées que pour douze ?

Ajoutons qu'il n'est pas étonnant non plus que les Egyptiens ayent inséré la Mort dans un jeu qui ne devroit réveiller que des idées agréables : ce Jeu étoit un jeu de guerre, la Mort devoit donc y entrer : c'est ainsi que le jeu des échecs finit par *échec mat*, pour mieux dire par *Sha mat* ; la mort du Roi. D'ailleurs, nous avons eu occasion de rappeller dans le Calendrier, que dans les festins, ce Peuple sage & réfléchi faisoit paroître un squelette sous le nom de *Maneros*, sans doute afin d'engager les convives à ne pas se tuer par gourmandise. Chacun a sa maniere de voir, & il ne faut jamais disputer des goûts.

DU JEU DES TAROTS.
N°. XV.
TYPHON.

Le n°. XV. repréfente un célebre perfonnage Egyptien, TYPHON, frere d'Ofiris & d'Ifis, le mauvais Principe, le grand Démon d'Enfer : il a des ailes de chauve-fouris, des pieds & des mains d'harpie ; à la tête, de vilaines cornes de cerf : on l'a fait auffi laid, auffi diable qu'on a pu. A fes pieds font deux petits Diablorins à longues oreilles, à grande queue, les mains liées derriere le dos : ils font eux-mêmes attachés par une corde qui leur paffe au cou, & qui eft arrêtée au piédeftal de Typhon : c'eft qu'il ne lâche pas ceux qui font à lui ; il aime bien ceux qui font fiens.

N°. XVI.
Maifon-Dieu, ou Château de Plutus.

Pour le coup, nous avons ici une leçon contre l'avarice. Ce tableau repréfente une Tour, qu'on appelle MAISON-DIEU, c'eft-à-dire, la Maifon par excellence ; c'eft une Tour remplie d'or ; c'eft le Château de Plutus : il tombe en ruines, & fes Adorateurs tombent écrafés fous fes débris.

A cet enfemble, peut-on méconnoître l'Hiftoire de ce Prince Egyptien dont parle HÉRODOTE, & qu'il appelle *RHAMPSINIT*, qui, ayant fait conftruire une grande Tour de pierre pour renfermer fes tréfors, & dont lui feul avoit la clef, s'appercevoit cependant qu'ils diminuoient à vue d'œil, fans qu'on paffât en aucune maniere par la feule porte qui exiftât à cet édifice. Pour découvrir des voleurs auffi adroits, ce Prince s'avifa de tendre des piéges autour des vafes qui contenoient fes richeffes. Les voleurs étoient les deux fils de l'Architecte dont s'étoit fervi Rhampfinit : il avoit ménagé une pierre de telle maniere, qu'elle pouvoit s'ôter & fe remettre à volonté fans qu'on s'en apperçût. Il enfeigna fon fecret à fes enfans qui s'en fervire nt merveilleufement comme on voit. Ils voloient le Prince, & puis ils fe jettoient de la Tour en bas : c'eft ainfi qu'ils font repréfentés ici. C'eft à la vérité le plus beau de l'Hiftoire ; on trouvera dans Hérodote le refte de ce conte ingénieux : comment un des deux freres fut pris dans les filets : comment il engagea fon frere à lui couper la tête : comment leur mere voulut abfolument que celui-ci rapportât le corps de fon frere : comment il alla avec des outres chargés fur un âne pour enivrer les Gardes du cadavre & du Palais : comment, après

qu'ils

qu'ils eurent vuidé fes outres malgré fes larmes artificieufes, & qu'ils fe furent endormis, il leur coupa à tous la barbe du côté droit, & leur enleva le corps de fon frere : comment le Roi fort étonné, engagea fa fille à fe faire raconter par chacun de fes amans le plus joli tour qu'ils euffent fait : comment ce jeune éveillé alla auprès de la belle, lui raconta tout ce qu'il avoit fait : comment la belle ayant voulu l'arrêter, elle ne fe trouva avoir faifi qu'un bras poftiche : comment, pour achever cette grande aventure, & la mener à une heureufe fin, ce Roi promit cette même fienne fille au jeune homme ingénieux qui l'avoit fi bien joué, comme à la perfonne la plus digne d'elle ; ce qui s'exécuta à la grande fatisfaction de tous.

Je ne fais fi Hérodote prit ce conte pour une hiftoire réelle ; mais un Peuple capable d'inventer de pareilles Romances ou Fables Miléfiennes, pouvoit fort bien inventer un jeu quelconque.

Cet Ecrivain rapporte un autre fait qui prouve ce que nous avons dit dans l'Hiftoire du Calendrier, que les ftatues des Géans qu'on promene dans diverfes Fêtes, défignerent prefque toujours les faifons. Il dit que Rhampfinit, le même Prince dont nous venons de parler, fit élever au Nord & au Midi du Temple de Vulcain deux ftatues de vingt-cinq coudées de haut, qu'on appelloit l'*Eté* & l'*Hiver* : on adoroit, ajoute-t-il, celle-là, & on facrifioit, au contraire, à celle-ci : c'eft donc comme les Sauvages qui reconnoiffent le bon Principe & l'aiment, mais qui ne facrifient qu'au mauvais.

N°. X.

La Roue de Fortune.

Le dernier numero de cette Planche eft la Roue de Fortune. Ici des Perfonnages humains, fous la forme de Singes, de Chiens, de Lapins, &c. s'élevent tour-à-tour fur cette roue à laquelle ils font attachés : on diroit que c'eft une fatyre contre la fortune, & contre ceux qu'elle éleve rapidement & qu'elle laiffe retomber avec la même rapidité.

PLANCHE VIII.

N°. XX.

Tableau mal nommé le JUGEMENT DERNIER.

Ce Tableau repréfente un Ange fonnant de la trompette : on voit auffi-tôt comme fortir de terre un vieillard, une femme, un enfant nuds.

Les Cartiers qui avoient perdu la valeur de ces Tableaux, & plus encore leur ensemble, ont vu ici le Jugement dernier ; & pour le rendre plus sensible, ils y ont mis comme des espèces de tombeaux. Otez ces tombeaux, ce Tableau sert également à désigner la Création, arrivée dans le Tems, au commencement du Tems, qu'indique le n°. XXI.

N°. XXI.

Le TEMS, mal nommé le MONDE.

Ce Tableau, que les Cartiers ont appellé le Monde, parce qu'ils l'ont considéré comme l'origine de tout, représente le TEMS. On ne peut le méconnoître à son ensemble.

Dans le centre est la Déesse du Tems, avec son voile qui voltige, & qui lui sert de ceinture ou de *Peplum*, comme l'appelloient les Anciens. Elle est dans l'attitude de courir comme le Tems, & dans un cercle qui représente les révolutions du Tems, ainsi que l'œuf d'où tout est sorti dans le Temps.

Aux quatre coins du Tableau sont les emblêmes des quatre Saisons, qui forment les révolutions de l'année, les mêmes qui composoient les quatre têtes des Chérubins. Ces emblêmes sont,

L'Aigle, le Lion, le Bœuf, & le Jeune-Homme.

L'Aigle représente le Printems, où reparoissent les oiseaux.

Le Lion, l'Eté ou les ardeurs du Soleil.

Le Bœuf, l'Automne où on laboure & où on seme.

Le Jeune-Homme, l'Hiver où l'on se réunit en société.

ARTICLE II.

LES COULEURS.

Outre les Atous, ce Jeu est composé de quatre Couleurs distinguées par leurs emblêmes : on les appelle Épée, Coupe, Bâton & Denier.

On peut voir les As de ces quatre couleurs dans la Planche VIII.

A représente l'As d'Epée, surmonté d'une couronne qu'entourent des palmes.

C, l'As de Coupe : il a l'air d'un Château ; c'est ainsi qu'on faisoit autrefois les grandes tasses d'argent.

D, l'As de Bâton ; c'est une vrai massue.

B, l'As de Denier, environné de guirlandes.

Chacune de ces couleurs est composée de quatorze Cartes, c'est-à-dire de dix Cartes numérotées depuis I jusqu'à X, & de quatre Cartes figurées, qu'on appelle le Roi, la Reine, le Chevalier ou Cavalier, & son Ecuyer ou Valet.

Ces quatre Couleurs sont relatives aux quatre Etats entre lesquels étoient divisés les Egyptiens.

L'Épée désignoit le Souverain & la Noblesse toute Militaire.
La Coupe, le Clergé ou le Sacerdoce.
Le Bâton, ou Massue d'Hercule, l'Agriculture.
Le Denier, le Commerce dont l'argent est le signe.

Ce Jeu fondé sur le nombre septenaire.

Ce Jeu est absolument fondé sur le nombre sacré de sept. Chaque couleur est de deux fois sept cartes. Les Atous sont au nombre de trois fois sept; le nombre des cartes de soixante-dix-sept; le Fou étant comme 0. Or, personne n'ignore le rôle que ce nombre jouoit chez les Egyptiens, & qu'il étoit devenu chez eux une formule à laquelle ils ramenoient les élémens de toutes les Sciences.

L'idée sinistre attachée dans ce Jeu au nombre treize, ramene également fort bien à la même origine.

Ce Jeu ne peut donc avoir été inventé que par des Egyptiens, puisqu'il a pour base le nombre sept; qu'il est relatif à la division des habitans de l'Egypte en quatre classes; que la plupart de ses Atous se rapportent absolument à l'Egypte, tels que les deux Chefs des Hiérophantes, homme & femme, Isis ou la Canicule, Typhon, Osiris, la Maison-Dieu, le Monde, les Chiens qui désignent le Tropique, &c; & que ce Jeu, entiérement allégorique, ne put être l'ouvrage que des seuls Egyptiens.

Inventé par un homme de génie, avant ou après le Jeu des Echecs, & réunissant l'utilité au plaisir, il est parvenu jusqu'à nous à travers tous les siècles : il a survécu à la ruine entiere de l'Egypte & de ces connoissances qui la distinguoient; & tandis qu'on n'avoit nulle idée de la sagesse des leçons qu'il renfermoit, on ne laissoit pas de s'amuser du Jeu qu'elle avoit inventé.

Il est d'ailleurs aisé de tracer la route qu'il a tenue pour arriver dans nos Contrées. Dans les premiers siècles de l'Eglise, les Egyptiens étoient très-répandus à Rome; ils y avoient porté leurs cérémonies & le culte d'Iſis; par conſéquent le Jeu dont il s'agit.

Ce Jeu, intéreſſant par lui-même, fut borné à l'Italie juſqu'à ce que les liaiſons des Allemands avec les Italiens le firent connoître de cette ſeconde Nation; & juſqu'à ce que celles des Comtes de Provence avec l'Italie, & ſur-tout le ſéjour de la Cour de Rome à Avignon, le naturaliſa en Provence & à Avignon.

S'il ne vint pas juſqu'à Paris, il faut l'attribuer à la biſarrerie de ſes figures & au volume de ſes Cartes qui n'étoient point de nature à plaire à la vivacité des Dames Françoiſes. Auſſi fut-on obligé, comme nous le verrons bientôt, de réduire exceſſivement ce Jeu en leur faveur.

Cependant l'Egypte elle-même ne jouit point du fruit de ſon invention: réduits à la ſervitude la plus déplorable, à l'ignorance la plus profonde, privés de tous les Arts, ſes Habitans ſeroient hors d'état de fabriquer une ſeule Carte de ce Jeu.

Si nos Cartes Françoiſes, infiniment moins compliquées, exigent le travail ſoutenu d'une multitude de mains & le concours de pluſieurs Arts, comment ce Peuple infortuné auroit-il pu conſerver les ſiennes? Tels ſont les maux qui fondent ſur une Nation aſſervie, qu'elle perd juſques aux objets de ſes amuſemens: n'ayant pu conſerver ſes avantages les plus précieux, de quel droit prétendroit-elle à ce qui n'en étoit qu'un délaſſement agréable?

NOMS ORIENTAUX CONSERVÉS DANS CE JEU.

Ce Jeu a conſervé quelques noms qui le déclareroient également Jeu Oriental ſi on n'en avoit pas d'autres preuves.

Ces Noms ſont ceux de TARO, de MAT & de PAGAD.

1. TAROTS.

Le nom de ce Jeu eſt pur Egyptien: il eſt compoſé du mot TAR, qui ſignifie voie, chemin; & du mot RO, ROS, ROG, qui ſignifie Roi, Royal. C'eſt, mot-à-mot, le chemin Royal de la vie.

Il ſe rapporte en effet à la vie entiere des Citoyens, puiſqu'il eſt formé des divers Etats entre leſquels ils ſont diviſés, & que ce Jeu les ſuit depuis leur naiſſance juſqu'à la mort, en leur montrant toutes les vertus & tous les guides phyſiques & moraux auxquels ils doivent s'attacher, tels que le Roi, la Reine, les Chefs de la Religion, le Soleil, la Lune, &c.

Il leur apprend en même tems par le Joueur de gobelets & par la roue de fortune, que rien n'est plus inconstant dans ce monde que les divers Etats de l'homme : que son seul réfuge est dans la vertu, qui ne lui manque jamais au besoin.

2. MAT.

Le Mat, nom vulgaire du Fou, & qui subsiste en Italien, vient de l'Oriental *Mat*, assommé, meurtri, félé. Les Foux ont toujours été représentés comme ayant le cerveau félé.

3. PAGAD.

Le Joueur de gobelets est appellé PAGAD dans le courant du Jeu. Ce nom qui ne ressemble à rien dans nos Langues Occidentales, est Oriental pur & très-bien choisi : *PAG* signifie en Orient, Chef, Maître, Seigneur : & *GAD*, la Fortune. En effet, il est représenté comme disposant du sort avec sa baguette de Jacob ou sa verge des Mages.

ARTICLE III.

MANIERE DONT ON JOUE AUX TAROTS.
1°. *Maniere de donner les Cartes.*

Un de nos Amis, M. L'A. R. a bien voulu nous expliquer la maniere dont on le joue : c'est lui qui va parler, si nous l'avons bien compris.

On joue ce Jeu à deux, mais on donne les Cartes comme si on jouoit trois : chaque Joueur n'a donc qu'un tiers des Cartes : ainsi pendant le combat il y a toujours un tiers des Troupes qui se reposent ; on pourroit les appeller le Corps de réserve.

Car ce Jeu est un Jeu de guerre, & non un Jeu pacifique comme on l'avoit dit mal-à-propos : or dans toute Armée il y a un Corps de réserve. D'ailleurs, cette réserve rend le Jeu plus difficile, puisqu'on a beaucoup plus de peine à deviner les Cartes que peut avoir son adversaire.

On donne les Cartes par cinq, ou de cinq en cinq.

Sur les 78 Cartes, il en reste donc trois à la fin ; au lieu de les partager entre les Joueurs & la réserve ou le Mort, celui qui donne les garde pour lui ; ce qui lui donne l'avantage d'en écarter trois.

2°.

Maniere de compter les points de son Jeu.

Les Atous n'ont pas tous la même valeur.

Les 21. 20. 19. 18 & 17. sont appellés les cinq grands Atous.

Les 1. 2. 3. 4. & 5. sont appellés les cinq petits.

Si on en a trois des grands ou trois des petits, on compte cinq points: dix points, si on en a quatre; & quinze, si on en a cinq.

C'est encore une maniere de compter Egyptienne: le *dinaire* ou denier de Pythagore étant égal au quaternaire, puisque un, deux, trois & quatre ajoutés ensemble font dix.

Si on a dix Atous dans son Jeu, on les étale, & ils valent encore dix points; si on en a treize, on les étale aussi, & ils valent quinze points, indépendamment des autres combinaisons.

Sept Cartes portent le Nom de Tarots par excellence: ce sont les Cartes privilégiées; & encore ici, le nombre de sept. Ces Cartes sont:

Le Monde ou Atout 21.
Le Mat ou Fou. 0.   } Atous-Tarots.
Le Pagad ou Atout 1.
Et les quatre Rois.

Si on a deux de ces Atous-Tarots, on demande à l'autre, *qui ne l'a?* si celui-ci ne peut répondre en montrant le troisieme, celui qui a fait la question marque 5. points: il en marque 15. s'il les a tous trois. Les séquences ou les 4 figures de la même couleur valent 5. points.

3°. *Maniere de jouer ses Cartes.*

Le Fou ne prend rien, rien ne le prend: il forme Atout, il est de toute couleur également.

Joue-t-on un Roi, n'a-t-on pas la Dame, on met le Fou, ce qui s'appelle *excus*.

Le Fou avec deux Rois, compte 5. points: avec trois, quinze.

Un Roi coupé, ou mort, 5. points pour celui qui coupe.

Si on prend Pagad à son adversaire, on marque 5. points.

Ainsi le Jeu est de prendre à son adversaire les figures qui comptent le plus de points, & de faire tous ses efforts pour former des séquences:

l'adversaire doit faire tous les siens pour sauver ses grandes figures : par conséquent voir venir, en sacrifiant de foibles Atous, ou les plus foibles Cartes de ses couleurs.

Il doit sur-tout se faire des renonces, afin de sauver ses fortes Cartes en coupant celles de son adversaire.

4°. *Ecart de celui qui donne.*

Celui qui donne ne peut écarter ni Atous ni Rois ; il se feroit trop beau Jeu, puisqu'il se sauveroit sans péril. Tout ce qu'on lui permet en faveur de sa primauté, c'est d'écarter une séquence : car elle compte, & elle peut lui former une renonce, ce qui est un double avantage.

5°. *Maniere de compter les mains.*

La partie est en cent, comme au Piquet, avec cette différence, que ce n'est pas celui qui arrive le premier à cent lorsque la partie est commencée qui gagne, mais celui qui fait alors le plus de points ; car il faut que toute partie commencée aille jusqu'au bout : il offre ainsi plus de ressource que le Piquet.

Pour compter les points qu'on a dans ses mains, chacune des sept Cartes appellées Tarots, avec une Carte de couleur, vaut 5. points.

La Dame avec une Carte, 4.
Le Cavalier avec une Carte, 3.
Le Valet avec une Carte, 2.
2. Cartes simples ensemble, 1.

On compte l'excédent des points qu'un des adversaires a sur l'autre, & il les marque : on continue de jouer jusqu'à ce qu'on soit parvenu à cent.

ARTICLE IV.

Jeu des Tarots considéré comme un Jeu de Géographie Politique.

On nous a fait voir sur un Catalogue de Livres Italiens, le titre d'un Ouvrage où la Géographie est entrelacée avec le Jeu des Tarots : & nous n'avons pu avoir ce Livre. Contient-il des leçons de Géographie à graver sur chaque Carte de ce Jeu? Est-ce une application de ce Jeu à la Géographie ? Le champ de conjectures est sans fin, & peut-être qu'à force de multiplier les combinaisons, nous nous éloignerions plus des vues de cet Ouvrage. Sans nous embarrasser de ce qu'il a pu dire, voyons nous-même comment les

Egyptiens auroient pu appliquer ce Jeu à la Géographie Politique, telle qu'elle étoit connue de leur tems, il y a à peu-près trois mille ans.

Le Tems ou le Monde, repréfenteroit le Globe de la Terre & fes révolutions.

La Création, le moment où la Terre fortit du cahos, où elle prit une forme, fe divifant en Terres & en mers, & où l'homme fut créé pour devenir le Maître, le Roi de cette belle propriété.

Les quatre Vertus Cardinales, correfpondent aux IV. côtés du Monde, Orient, Occident, Nord & Midi, ces quatre points relatifs à l'homme, par lefquels il eft au centre de tout ; qu'on peut appeler fa droite, fa gauche, fa face & fon dos, & d'où fes connoiffances s'étendent en rayons jufqu'à l'extrêmité de tout, fuivant l'étendue de fes yeux phyfiques premierement, & puis de fes yeux intellectuels bien autrement perçans.

Les quatre Couleurs feront les IV. Régions ou parties du Monde correfpondantes aux quatre points cardinaux, l'Afie, l'Afrique, l'Europe & la Celto-Scythie ou les Pays glacés du Nord : divifion qui s'eft augmentée de l'Amérique depuis fa découverte, & où pour ne rien perdre de l'ancienne on a fubftitué à la Celto-Scythie les Terres polaires du Nord & du Midi.

L'Epée repréfente l'Asie, Pays des grandes Monarchies, des grandes Conquêtes, des grandes Révolutions.

Baton, l'Egypte nourriciere des Peuples, & fymbole du Midi, des Peuples noirs.

Coupe, le Nord, d'où defcendirent les Peuples, & d'où vint l'Inftruction & la Science.

Denier, l'Europe ou l'Occident, riche en mines d'or dans ces commencemens du monde, que fi mal à propos nous appellons le vieux-tems, les tems antiques.

Chacune des X. Cartes numérotées de ces IV. couleurs, fera une des grandes Contrées de ces IV. Régions du Monde.

Les X. Cartes d'Epée auront repréfenté, l'Arabie ; l'Idumée, qui régnoit fur les Mers du Midi ; la Paleftine peuplée d'Egyptiens ; la Phénicie, Maîtreffe de la Mer Méditerranée ; la Syrie ou Aramée, la Méfopotamie ou Chaldée, la Médie, la Sufiane, la Perfe & les Indes.

Les X. Cartes de Baton auront repréfenté les trois grandes divifions de l'Egypte, Thébaïde ou Egypte fupérieure, Delta ou baffe Egypte, Heptanome ou Egypte du milieu divifée en fept Gouvernemens. Enfuite l'Ethiopie, la Cyrénaïque, ou à fa place les terres de Jupiter Ammon, la Lybie ou Carthage, les Pacifiques Atlantes, les Numides vagabons, les Maures

appuyés

appuyés sur l'Océan Atlantique; les Gétules, qui placés au Midi de l'Atlas, se répandoient dans ces vastes Contrées que nous appellons aujourd'hui Nigritie & Guinée.

Les X. Cartes de DENIER auront représenté l'Isle de Crète, Royaume de l'illustre Minos, la Grèce & ses Isles, l'Italie, la Sicile & ses volcans, les Baléares célèbres par l'habileté de leurs troupes de trait, la Bétique riche en troupeaux, la Celtibérie abondante en mines d'or : Gadix ou Cadir, l'Isle d'Hercule par excellence, la plus commerçante de l'Univers ; la Lusitanie & les Isles Fortunées, ou Canaries.

Les X. Cartes de COUPE, l'Arménie & son mont Ararat, l'Ibérie, les Scythes de l'Imaüs, les Scythes du Caucase, les Cimmériens des Palus-Méotides, les Getes ou Goths, les Daces, les Hyperboréens si célèbres dans cette haute Antiquité, les Celtes errants dans leurs forêts glacées, l'Isle de Thulé aux extrémités du Monde.

Les quatre Cartes figurées de chaque couleur auront contenu des détails géographiques relatifs à chaque Région.

Les ROIS, l'état des Gouvernemens de chacune, les forces des Empires qui les composoient, & comment elles étoient plus ou moins considérables suivant que l'Agriculture y étoit en usage & en honneur; cette source intarissable de richesses toujours renaissantes.

Les REINES, le développement de leurs Religions, de leurs Mœurs, de leurs Usages, sur-tout de leurs Opinions, l'Opinion ayant toujours été regardée comme la Reine du monde. Heureux celui qui saura la diriger; il sera toujours Roi de l'Univers, maître de ses semblables ; c'est Hercule l'éloquent qui mene les hommes avec des freins d'or.

Les CAVALIERS, les exploits des Peuples, l'Histoire de leurs Héros ou Chevaliers ; celle de leurs Tournois, de leurs Jeux, de leurs batailles.

Les VALETS, l'Histoire des Arts, leur origine, leur nature ; tout ce qui regarde la portion industrieuse de chaque Nation, celle qui se livre aux objets méchaniques, aux Manufactures, au Commerce qui varie de cent manieres la forme des richesses sans rien ajouter au fond, qui fait circuler dans l'Univers ces richesses & les objets de l'industrie; qui met à même les Agricoles de faire renaître les richesses en leur fournissant les débouchés les plus prompts de celles qu'ils ont déjà fait naître, & comment tout est étranglé dès que cette circulation ne joue pas avec liberté, puisque les Commerçans sont moins occupés, & ceux qui leur fournissent découragés.

L'ensemble des XXI ou XXII Atous, les XXII Lettres de l'Alphabet

Diss. Tom. I.   C c c

Egyptien commun aux Hébreux & aux Orientaux, & qui servant de chiffres, sont nécessaires pour tenir compte de l'ensemble de tant de contrées.

Chacun de ces Atous aura eu en même tems un usage particulier. Plusieurs auront été relatifs aux principaux objets de la Géographie Céleste, si on peut se servir de cette expression. Tels,

Le Soleil, la Lune, le Cancer, les Colonnes d'Hercule, les Tropiques ou leurs Chiens.

La Canicule, cette belle & brillante Portiere des Cieux.

L'Ourse céleste, sur laquelle s'appuient tous les Astres en exécutant leurs révolutions autour d'elle, Constellation admirable représentée par les sept Taros, & qui semble publier en caractères de feu imprimés sur nos têtes & dans le Firmament, que notre Système solaire fut fondé comme les Sciences sur la Formule de sept, & peut-être même la masse entiere de l'Univers.

Tous les autres peuvent être considérés relativement à la Géographie politique & morale, au vrai Gouvernement des Etats : & même au gouvernement de chaque homme en particulier.

Les quatre Atous relatifs à l'autorité civile & religieuse, font connoître l'importance pour un Etat de l'unité de Gouvernement, & de respect pour les Anciens.

Les quatre Vertus Cardinales montrent que les Etats ne peuvent se soutenir que par la bonté du Gouvernement, par l'excellence de l'instruction, par la pratique des vertus dans ceux qui gouvernent & qui sont gouvernés : Prudence à corriger les abus, Force pour maintenir la paix & l'union, Tempérance dans les moyens; Justice envers tous. Comment l'ignorance, la hauteur, l'avarice, la sottise dans les uns, engendrent dans les autres un mépris funeste : d'où résultent les désordres qui ébranlent jusques dans leurs fondemens les Empires où on viole la Justice, où on force tous les moyens, où l'on abuse de sa force, & où on vit sans prévoyance. Désordres qui ont détruit tant de Familles dont le nom avoit retenti si long-tems par toute la Terre, & qui avoient regné avec tant de gloire sur les Nations étonnées.

Ces vertus ne sont pas moins nécessaires à chaque Individu. La Tempérance régle ses devoirs envers soi-même, sur-tout envers son propre corps qu'il ne traite trop souvent que comme un malheureux esclave, martyr de ses affections desordonnées.

La Justice qui régle ses devoirs envers son prochain & envers la Divinité elle-même à qui il doit tout.

La Force avec laquelle il se soutient au milieu des ruines de l'Univers, il se rit des efforts vains & insensés des passions qui l'assiégent sans cesse de leurs flots impétueux.

Enfin, la Prudence avec laquelle il attend patiemment le succès de ses soins, prêt à tout événement & semblable à un fin joueur qui ne risque jamais son jeu & sait tirer parti de tout.

Le Roi triomphant devient alors l'emblême de celui qui au moyen de ces vertus a été sage envers lui-même, juste envers autrui, fort contre les passions, prévoyant à s'amasser des ressources contre les tems d'adversité.

Le Tems qui use tout avec une rapidité inconcevable, la Fortune qui se joue de tout; le Bâteleur qui escamote tout, la Folie qui est de tout, l'Avarice qui perd tout; le Diable qui se fourre par-tout ; la Mort qui engloutit tout, nombre septenaire singulier qui est de tout pays, peut donner lieu à des observations non moins importantes & non moins variées.

Enfin, celui qui a tout à gagner & rien à perdre, le Roi véritablement triomphant, c'est le vrai *Sage* qui la lanterne en main est sans cesse attentif à ses démarches, ne fait aucune école, connoit tout ce qui est bien pour en jouir, & apperçoit tout ce qui est mal pour l'éviter.

Telle seroit ou à peu près l'explication géographico-politique-morale de cet antique Jeu : & telle doit être la fin de tous. Humanité, que vous seriez heureuse, si tous les jeux se terminoient ainsi !

ARTICLE V.

Rapport de ce Jeu avec un Monument Chinois.

M. BERTIN qui a rendu de si grands services à la Littérature & aux Sciences, par les excellens Mémoires qu'il s'est procurés, & qu'il a fait publier sur la Chine, nous a communiqué un Monument unique qui lui a été envoyé de cette vaste Contrée, & qu'on fait remonter aux premiers âges de cet Empire, puisque les Chinois le regardent comme une Inscription relative au dessèchement des eaux du Déluge par Yao.

Il est composé de caractères qui forment de grands compartimens en quarré-long, tous égaux, & précisément de la même grandeur que les Cartes du Jeu des Tarots.

Ces compartimens sont distribués en six colonnes perpendiculaires, dont les cinq premieres renferment quatorze compartimens chacune, tandis que la sixiéme qui n'est remplie qu'à moitié n'en contient que sept.

Ce Monument est donc composé de soixante-dix-sept figures, ainsi que le

Jeu de Tarots : & il est formé d'après la même combinaison du nombre sept, puisque chaque colonne pleine est de quatorze figures, & que celle qui ne l'est qu'à demi, en contient sept.

Sans cela, on auroit pu arranger ces soixante-dix-sept compartimens de maniere à ne laisser presque point de vuide dans cette sixiéme colonne : on n'auroit eu qu'à faire chaque colonne de treize compartimens ; & la sixiéme en auroit eu douze.

Ce Monument est donc parfaitement semblable, quant à la disposition, au Jeu des Tarots, si on les coloit sur un seul Tableau : les quatre couleurs feroient les quatre premieres colonnes à quatorze cartes chacune : & les atous au nombre de vingt-un, rempliroient la cinquiéme colonne, & précisément la moitié de la sixiéme.

Il seroit bien singulier qu'un rapport pareil fût le simple effet du hasard : il est donc très-apparent que l'un & l'autre de ces Monumens ont été formés d'après la même théorie, & sur l'attachement au nombre sacré de sept ; ils ont donc l'air de n'être tous les deux qu'une application différente d'une seule & même formule, antérieure peut-être à l'existence des Chinois & des Egyptiens : peut-être même trouvera-t-on quelque chose de pareil chez les Indiens ou chez les Peuples du Thibet placés entre ces deux anciennes Nations.

Nous avons été fort tentés de faire aussi graver ce Monument Chinois ; mais la crainte de le mal figurer en le réduisant à un champ plus petit que l'original, joint à l'impossibilité où nos moyens nous mettent de faire tout ce qu'exigeroit la perfection de notre ouvrage, nous a retenu.

N'omettons pas que les figures Chinoises sont en blanc sur un fond très-noir ; ce qui les rend très-saillantes.

ARTICLE VI.

Rapport de ce Jeu avec les Quadrilles ou Tournois.

Pendant un grand nombre de siècles, la Noblesse montoit à cheval, & divisée en couleurs ou en factions, elle exécutoit entr'elle des combats feints ou Tournois parfaitement analogues à ce qu'on exécute dans les jeux de cartes, & sur-tout dans celui des Tarots, qui étoit un jeu militaire de même que celui des échecs, en même tems qu'il pouvoit être envisagé comme un jeu civil, en quoi il l'emportoit sur ce dernier.

Dans l'origine, les Chevaliers du Tournois étoient divisés en quatre, même en cinq bandes relatives aux quatre couleurs des Tarots & à la masse des

Atous. C'est ainsi que le dernier divertissement de ce genre qu'on ait vu en France, fut donné en 1662, par Louis XIV, entre les Tuileries & le Loûvre, dans cette grande place qui en a conservé le nom de Carousel. Il étoit composé de cinq Quadrilles. Le Roi étoit à la tête des Romains : son Frere, Chef de la Maison d'Orléans, à la tête des Persans : le Prince de Condé commandoit les Turcs : le Duc d'Enguien son fils, les Indiens : le Duc de Guise, les Américains. Trois Reines y assisterent sous un dais : la Reine-Mere, la Reine régnante, la Reine d'Angleterre veuve de Charles II. Le Comte de Sault, fils du Duc de Lesdiguieres, remporta le prix & le reçut des mains de la Reine-Mere.

Les Quadrilles étoient ordinairement composés de 8 ou de 12 Cavaliers pour chaque couleur : ce qui, à 4 couleurs & à 8 par Quadrille, donne le nombre 32, qui forme celui des Cartes pour le Jeu de Piquet : & à 5 couleurs, le nombre 40 qui est celui des Cartes pour le Jeu de Quadrille.

ARTICLE VIII.

Jeux de Cartes Espagnols.

Lorsqu'on examine les Jeux de Cartes en usage chez les Espagnols, on ne peut s'empêcher de reconnoître qu'ils sont un diminutif des Tarots.

Leurs Jeux les plus distingués sont celui de l'Hombre qui se joue à trois : & le Quadrille qui se joue à quatre & qui n'est qu'une modification du Jeu de l'Hombre.

Celui-ci signifie le *Jeu de l'Homme* ou de la vie humaine ; il a donc un nom qui correspond parfaitement à celui du Tarot.

Il est divisé en quatre couleurs qui portent les mêmes noms que dans les Tarots, tels que SPADILLE ou épée, BASTE ou bâton, qui sont les deux couleurs noires ; COPA ou *Coupe*, & DINERO ou *Denier*, qui sont les deux couleurs rouges.

Plusieurs de ces noms se sont transmis en France avec ce Jeu : ainsi l'as de pique est appellé SPADILLE ou épée : l'as de trefle, BASTE, c'est-à-dire, bâton. L'as de cœur est appellé PONTE, de l'Espagnol *Punto*, as, ou un point.

Ces Atous, qui sont les plus forts, s'appellent MATADORS, ou les Assommeurs, les Triomphans qui ont détruit leurs ennemis.

Ce Jeu est entierement formé sur les Tournois ; la preuve en est frappante, puisque les couleurs en sont appellées *Palos* ou pieux, les lances, les piques des Chevaliers.

Les Cartes elles-mêmes sont appellées Naypes, du mot Oriental Nap, qui signifie prendre, tenir : mot-à-mot, les Tenans.

Ce sont donc quatre ou cinq Quadrilles de Chevaliers qui se battent en Tournois.

Ils sont quarante, appellés Naypes ou Tenans.

Quatre couleurs appellées *Palos* ou rangs de piques.

Les Vainqueurs sont appellés *Matadors* ou Assommeurs, ceux qui sont venus à bout de défaire leurs ennemis.

Enfin les noms des quatre couleurs, celui même du Jeu, démontrent qu'il a été formé en entier sur le Jeu des Tarots; que les Cartes Espagnoles ne sont qu'une imitation en petit du Jeu Egyptien.

ARTICLE VIII.
Cartes Françoises.

D'après ces données, il n'est personne qui ne s'apperçoive sans peine que les Cartes Françoises ne sont elles-mêmes qu'une imitation des Cartes Espagnoles, & qu'elles sont ainsi l'imitation d'une imitation, par conséquent une institution bien dégénérée, loin d'être une invention originale & premiere, comme l'ont cru mal à propos nos Savans qui n'avoient en cela aucun point de comparaison, seul moyen de découvrir les causes & les rapports de tout.

On suppose ordinairement que les Cartes Françoises furent inventées sous le Regne de Charles VI, & pour amuser ce Prince foible & infirme; mais ce que nous nous croyons en droit d'affirmer, c'est qu'elles ne furent qu'une imitation des Jeux méridionaux.

Peut-être même serions-nous en droit de supposer que les Cartes Françoises sont plus anciennes que Charles VI, puisqu'on attribue dans Ducange (1) à S. Bernard de Sienne, contemporain de Charles V, d'avoir condamné au feu, non-seulement les masques & les dez à jouer, mais même les *Cartes Triomphales*, ou du Jeu appellé la Triomphe.

On trouve dans le même Ducange les Statuts Criminels d'une Ville appellée Saona, qui défend également les Jeux de Cartes.

Il faut que ces Statuts soient très-anciens, puisque dans cet Ouvrage on n'a pu en indiquer le tems : cette Ville doit être celle de Savone.

---

(1) Au mot Charta.

DU JEU DES TAROTS.

Ajoûtons qu'il falloit que ces Jeux fuffent bien plus anciens que S. Bernard de Sienne: auroit-il confondu avec les dez & les mafques un Jeu nouvellement inventé pour amufer un grand Roi?

Nos Cartes Françoifes ne préfentent d'ailleurs nulle vue, nul génie, nul enfemble. Si elles ont été inventées d'après les Tournois, pourquoi a-t-on fupprimé le Chevalier, tandis qu'on confervoit fon Ecuyer? pourquoi n'admettre dès-lors que treize Cartes au lieu de quatorze par couleur?

Les noms des couleurs fe font dégénérés au point de n'offrir plus d'enfemble. Si on peut reconnoître l'épée dans la pique, comment le bâton eft-il devenu trefle? & comment eft-ce que le cœur & le carreau correfpondent à coupe & à denier; & quelles idées réveillent ces couleurs?

Quelle idée préfentent également les noms donnés aux quatre Rois? David, Alexandre, Céfar, Charlemagne, ne font pas même relatifs aux quatre fameufes Monarchies de l'Antiquité, ni à celles des tems modernes. C'eft un monftrueux compofé.

Il en eft de même des noms des Reines: on les appelle Rachel, Judith, Pallas & Argine: il eft vrai qu'on a cru que c'étoient des noms allégoriques relatifs aux quatre manieres dont une Dame s'attire les hommages des hommes: que Rachel défigne la beauté, Judith la force, Pallas la fageffe, & Argine, où l'on ne voit que l'anagramme *Regina*, Reine, la naiffance.

Mais quels rapports ont ces noms avec Charles VI ou avec la France? que ces allégories font forcées!

Il eft vrai qu'entre les noms des Valets on trouve celui de la Hire, qui pourroit fe rapporter à un des Généraux François de Charles VI; mais ce feul rapport eft-il fuffifant pour brouiller toutes les époques?

Nous en étions ici lorfqu'on nous a parlé d'un Ouvrage de M. l'Abbé Rive, où il difcute le même objet: après l'avoir cherché en vain chez la plûpart de nos Libraires, M. de S. Paterne nous le prête.

Cet Ouvrage eft intitulé:

Notices hiftoriques & critiques de deux Manufcrits de la Bibliothèque de M. le Duc de la Valliere, dont l'un a pour titre le Roman d'Artus, Comte de Bretaigne; & l'autre, le Romant de Pertenay ou de Lufignen, par M. l'Abbé Rive, &c. à Paris, 1779, *in-*4°. 36 pages.

A la page 7, l'Auteur commence à difcuter ce qui regarde l'origine des Cartes Françoifes; nous avons vu avec plaifir qu'il foutient, 1°. que ces Cartes font plus anciennes que Charles VI: 2°. qu'elles font une imitation des Cartes Efpagnoles: nous allons donner un Précis fuccinct de fes preuves.

» Les Cartes, dit-il, sont au moins de l'an 1330 ; & ce n'est ni en France,
» ni en Italie, ni en Allemagne qu'elles paroissent pour la premiere fois. On les
» voit en Espagne vers cette année, & bien long-tems avant qu'on en trouve
» la moindre trace dans aucune autre Nation.

» Elles y ont été inventées, selon le Dictionnaire Castillan de 1734, par
» un nommé *Nicolao Pepin*...

» On les trouve en Italie vers la fin de ce même Siècle, sous le nom de
» *Naibi*, dans la Chronique de *Giovan Morelli*, qui est de l'an 1393.

Ce savant Abbé nous apprend en même tems que la premiere piece Es-
pagnole qui en atteste l'existence, est d'environ l'an 1332. » Ce sont les Sta-
» tuts d'un Ordre de Chevalerie établi vers ce tems-là en Espagne, & où les
» Cartes sont prohibées : cet Ordre s'appelloit l'*Ordre de la Bande* ; il avoit
» été établi par Alphonse XI, Roi de Castille. Ceux qu'on y admettoit fai-
» soient serment de ne pas jouer aux Cartes.

» On les voit ensuite en France sous le Regne de Charles V. Le Petit Jean
» de Saintré ne fut honoré des faveurs de Charles V que parce qu'il ne jouoit
» ni aux dez ni aux Cartes, & ce Roi les proscrivit ainsi que plusieurs autres
» Jeux, par son Edit de 1369. On les décria dans diverses Provinces de la
» France ; on y donna à quelques-unes de leurs figures des noms faits pour
» inspirer de l'horreur. En Provence, on en appella les Valets *Tuchim*. Ce
» nom désignoit une race de Voleurs qui, en 1361, avoient causé dans ce
» Pays & dans le Comtat Venaissin, un ravage si horrible, que les Papes furent
» obligés de faire prêcher une Croisade pour les exterminer. Les Cartes ne fu-
» rent introduites dans la Cour de France que sous le Successeur de Char-
» les V. On craignit même en les y introduisant, de blesser la décence, &
» on imagina en conséquence un prétexte : ce fut celui de calmer la mélan-
» colie de Charles VI... On inventa sous Charles VII le Jeu de Piquet. Ce
» Jeu fut cause que les Cartes se répandirent, de la France, dans plusieurs au-
» tres parties de l'Europe.

Ces détails sont très-intéressans ; leurs conséquences le sont encore plus. Ces
Cartes contre lesquelles on fulminoit dans le XIVe Siècle, & qui rendoient
indigne des Ordres de Chevalerie, étoient nécessairement très-anciennes : elles
ne pouvoient être regardées que comme des restes d'un honteux Paganisme : c'étoient donc les Cartes des Tarots ; leur figure bisarre, leurs noms singuliers, tels que la Maison-Dieu, le Diable, la Papesse, &c. leur haute Antiquité qui se perd dans la nuit des tems, les sorts qu'on en tiroit, &c. tout
devoit

devoit les faire regarder comme un amusement diabolique, comme une œuvre de la plus noire magie, d'une sorcellerie condamnable.

Cependant le moyen de ne pas jouer! on inventa donc des Jeux plus humains, plus épurés, dégagés de figures qui n'étoient bonnes qu'à effrayer: de-là, les Cartes Espagnoles & les Cartes Françoises qui ne furent jamais vouées à l'interdit comme ces Cartes maudites venues de l'Egypte, mais qui cependant se traînoient de loin sur ce Jeu ingénieux.

De-là sur-tout le Jeu de Piquet, qui est une imitation sensible & incontestable des Tarots, vrai Piquet, puisqu'on y joue à deux, qu'on y écarte, qu'on y a des séquences, qu'on y va en cent : qu'on y compte le Jeu qu'on a en main, & les levées, & qu'on y trouve nombre d'autres rapports aussi frappans.

CONCLUSION.

Nous osons donc nous flatter que nos Lecteurs recevront avec plaisir ces diverses vues sur des objets aussi communs que les Cartes, & qu'ils trouveront qu'elles rectifient parfaitement les idées vagues & mal combinées qu'on avoit eues jusques à présent sur cet objet.

Qu'on n'avancera plus comme démontrées ces propositions.

Que les Cartes n'existent que depuis Charles VI.

Que les Italiens sont le dernier Peuple qui les ait adoptées.

Que les figures du Jeu des Tarots sont extravagantes.

Qu'il est ridicule de chercher l'origine des Cartes dans les divers états de la vie civile.

Que ces Jeux sont l'image de la vie paisible, tandis que celui des Echecs est l'image de la guerre.

Que le Jeu des Echecs est plus ancien que celui des Cartes.

C'est ainsi que l'absence de la vérité, en quelque genre que ce soit, engendre une foule d'erreurs de toute espèce, qui deviennent plus ou moins désavantageuses, suivant qu'elles se lient avec d'autres vérités, qu'elles contrastent avec elles ou qu'elles les repoussent.

Application de ce Jeu à la Divination.

Pour terminer ces recherches & ces développemens sur le Jeu Egyptien, nous allons mettre sous les yeux du Public la Dissertation que nous avons annoncée & où l'on prouve comment les Egyptiens appliquoient ce Jeu à l'art de deviner, & de quelle maniere ce même point de vue s'est transmis jusques dans nos Cartes à jouer faites à l'imitation de celles-là.

On y verra en particulier ce que nous avons déjà dit dans ce Volume, que l'explication des Songes tenoit dans l'Antiquité à la Science Hiéroglyphique & Philosophique des Sages, ceux-ci ayant cherché à réduire en science le résultat de leurs combinaisons sur les Songes dont la Divinité permettoit l'accomplissement ; & que toute cette science s'évanouit dans la suite des tems, & fut sagement défendue, parce qu'elle se réduisit à de vaines & futiles observations, qui dans des Siècles peu éclairés auroient pu être contraires aux intérêts les plus essentiels des foibles & des superstitieux.

Cet Observateur judicieux nous fournit de nouvelles preuves que les Cartes Espagnoles sont une imitation de l'Egypte, puisqu'il nous apprend que ce n'est qu'avec un Jeu de Piquet qu'on consulte les sorts, & que plusieurs noms de ces Cartes sont absolument relatifs à des idées Egyptiennes.

    Le Trois de denier est appellé le Seigneur, ou *Osiris*.
    Le Trois de coupe, la Souveraine, ou *Isis*.
    Le Deux de coupe, la *Vache*, ou *Apis*.
    Le Neuf de denier, *Mercure*.
    L'As de bâton, le *Serpent*, symbole de l'Agriculture chez les Egyptiens.
    L'As de denier, le *Borgne*, ou *Apollon*.

Ce nom de BORGNE, donné à Apollon ou au Soleil comme n'ayant qu'un œil, est une épithète prise dans la Nature & qui nous fournira une preuve à ajoûter à plusieurs autres, que le fameux personnage de l'Edda qui a perdu un de ses yeux à une célèbre fontaine allégorique, n'est autre que le Soleil, le Borgne ou l'Œil unique par excellence.

Cette Dissertation est d'ailleurs si remplie de choses, & si propre à donner de saines idées sur la maniere dont les Sages d'Egypte consultoient le Livre du Destin, que nous ne doutons pas qu'elle ne soit bien accueillie du Public, privé d'ailleurs jusqu'à présent de recherches pareilles, parce que jusques à présent personne n'avoit eu le courage de s'occuper d'objets qui paroissoient perdus à jamais dans la profonde nuit des tems.

RECHERCHES SUR LES TAROTS,

ET SUR LA DIVINATION PAR LES CARTES DES TAROTS;

PAR M. LE C. DE M.***

I.

LIVRE DE THOT.

LE defir d'apprendre fe développe dans le cœur de l'homme à mefure que fon efprit acquiert de nouvelles connoiffances : le befoin de les conferver, & l'envie de les tranfmettre, fit imaginer des caracteres dont THOT ou Mercure fut regardé comme l'inventeur. Ces caracteres ne furent point, dans le principe, des fignes de convention, qui n'exprimaffent, comme nos lettres actuelles, que le fon des mots; ils étoient autant d'images véritables avec lefquelles on formoit des Tableaux, qui peignoient aux yeux les chofes dont on vouloit parler.

Il eft naturel que l'Inventeur de ces Images ait été le premier Hiftorien : en effet, THOT eft confidéré comme ayant peint les Dieux (1), c'eft-à-dire, les actes de la Toute-puiffance, ou la Création, à laquelle il joignit des Préceptes de Morale. Ce Livre paroît avoir été nommé A-ROSH; d'A, Doctrine, Science; & de ROSCH (2), Mercure, qui, joint à l'article T, fignifie Tableaux de la Doctrine de Mercure; mais comme Rosh veut auffi dire *Commencement*, ce mot TA-ROSH fut particulierement confacré à fa Cofmogonie; de même que l'ETHOTIA, *Hiftoire du Tems*, fut le titre de fon Aftronomie; & peut-être qu'ATHOTHES, qu'on a pris pour un Roi, fils de Thot, n'eft que l'enfant de fon génie, & l'Hiftoire des Rois d'Egypte.

---

(1) Les Dieux, dans l'Ecriture & dans l'expreffion Hiéroglyphique, font l'Eternel & les Vertus, repréfentés avec un corps.

(2) Rosh eft le nom Egyptien de Mercure & de fa Fête qui fe célébroit le premier jour de l'an.

Cette antique Cofmogonie, ce Livre des Ta-Rosh, à quelques légeres altérations près, paroît être parvenu jufqu'à nous dans les Cartes qui portent encore ce nom (1), foit que la cupidité les ait confervées pour filouter le défœuvrement, ou que la fuperftition ait préfervé des injures du tems, des fymboles myftérieux qui lui fervoient, comme jadis aux Mages, à tromper la crédulité.

Les Arabes communiquerent ce Livre (2) ou Jeu aux Efpagnols, & les Soldats de Charlequint le porterent en Allemagne. Il eft compofé de trois Séries fupérieures, repréfentant les trois premiers fiècles, d'Or, d'Argent & d'Airain : chaque Série eft formée de fept Cartes (3).

Mais comme l'Ecriture Egyptienne fe lifoit de gauche à droite, la vingt-unieme Carte, qui n'a été numérotée qu'avec des chiffres modernes, n'en eft pas moins la premiere, & doit être lue de même pour l'intelligence de l'Hiftoire ; comme elle eft la premiere au Jeu de Tarots, & dans l'efpece de Divination qu'on opéroit avec ces Images.

Enfin, il y a une vingt-deuxieme Carte fans numéro comme fans puiffance, mais qui augmente la valeur de celle qui la précede ; c'eft le zéro des calculs magiques : on l'appelle la FOLIE.

PREMIERE SÉRIE.

SIECLE D'OR.

La vingt-unieme, ou premiere Carte, repréfente l'UNIVERS par la Déeffe Ifis dans un ovale, ou un œuf, avec les quatre Saifons aux quatre coins, l'Homme ou l'Ange, l'Aigle, le Bœuf & le Lion.

Vingtieme ; celle-ci eft intitulée le Jugement : en effet, un Ange fonnant de la trompette, & des hommes fortant de la terre, ont dû induire un

---

(1) Vingt-deux Tableaux forment un Livre bien peu volumineux ; mais fi, comme il paroît vraifemblable, les premieres Traditions ont été confervées dans des Poëmes, une fimple Image qui fixoit l'attention du Peuple, auquel on expliquoit l'événement, fuffifoit pour lui aider à les retenir, ainfi que les vers qui les décrivoient.

(2) On nomme encore *Livret* au Lanfquenet, ou Lands-Knecht, la Série de Cartes qu'on donne aux pontes.

(3) Trois fois 7, nombre myftique, fameux chez les Cabaliftes, les Pythagoriciens, &c.

Peintre, peu verfé dans la Mythologie, à ne voir dans ce tableau que l'image de la Réfurrection ; mais les Anciens regardoient les hommes comme enfans de la Terre (1) ; & Thot voulut exprimer la Création de l'Homme par la peinture d'Ofiris, ou le Dieu générateur, du porte-voix ou Verbe qui commande à la matiere, & par des Langues de Feu qui s'échappent de la nuée, l'Efprit (2) de Dieu ranimant cette même matiere ; enfin, par des hommes fortant de la terre pour adorer & admirer la Toute-puiffance : l'attitude de ces hommes n'annonce point des coupables qui vont paroître devant leur Juge.

Dix-neuvieme, la Création du Soleil qui éclaire l'union de l'homme & de la femme, exprimée par un homme & une femme qui fe donnent la main : ce figne eft devenu depuis celui des Gémeaux, del'Androgyne : *Duo in carne una.*

Dix-huitieme, la Création de la Lune & des Animaux terreftres, exprimés par un Loup & un Chien, pour fignifier les Animaux domeftiques & fauvages : cet emblême eft d'autant mieux choifi, que le Chien & le Loup font les feuls qui hurlent à l'afpect de cet aftre, comme regrettant la perte du jour. Ce caractere me feroit croire que ce Tableau auroit annoncé de très-grands malheurs à ceux qui venoient confulter les Sorts, fi l'on n'y avoit peint la ligne du Tropique, c'eft-à-dire, du départ & du retour du Soleil, qui laiffoit l'efpérance confolante d'un beau jour & d'une meilleure fortune. Cependant deux Forterefses qui défendent un chemin tracé de fang, & un marais qui termine le Tableau, préfentent toujours des difficultés fans nombre à furmonter pour détruire un préfage auffi finiftre.

Dix-feptieme, la Création des Étoiles & des Poiffons, repréfentées par des Etoiles & le Verfeau.

Seizieme, la Maison de Dieu renverfée, ou le Paradis terreftre dont l'homme & la femme font précipités par la queue d'une Comete ou l'Épée flamboyante, jointe à la chûte de la grêle.

Quinzieme, le Diable ou Typhon, derniere Carte de la premiere Série, vient troubler l'innocence de l'homme & terminer l'âge d'or. Sa queue, fes cornes & fes longues oreilles l'annoncent comme un être dégradé : fon bras gauche levé, le coude plié, formant une N, fymbole des êtres produits, nous

---

(1) Les dents femées par Cadmus, &c.
(2) Peint même dans nos Hiftoriens facrés.

le fait connoître comme ayant été créé ; mais le flambeau de Prométhée qu'il tient de la main droite, paroît completter la lettre M, qui exprime la génération : en effet, l'Histoire de Typhon nous induit naturellement à cette explication ; car, en privant Osiris de sa virilité, il paroît que Typhon vouloit empiéter sur les droits de la Puissance productrice ; aussi fut-il le pere des maux qui se répandirent sur la terre.

Les deux Êtres enchaînés à ses pieds marquent la Nature humaine dégradée & soumise, ainsi que la génération nouvelle & perverse, dont les ongles crochus expriment la cruauté ; il ne leur manque que les ailes (le Génie ou la Nature angélique), pour être en tout semblables au diable : un de ces êtres touche avec sa griffe la cuisse de Typhon ; emblême qui dans l'Ecriture Mythologique fut toujours celui de la génération (1) charnelle ; il la touche avec sa griffe gauche pour en marquer l'illégitimité.

Typhon enfin est souvent pris pour l'Hiver, & ce Tableau terminant l'âge d'or, annonce l'intempérie des Saisons, que l'homme chassé du Paradis va éprouver par la suite.

SECONDE SÉRIE.
SIECLE D'ARGENT.

Quatorzieme, l'Ange de la Tempérance vient instruire l'homme, pour lui faire éviter la mort à laquelle il est nouvellement condamné : il est peint versant (2) de l'eau dans du vin, pour lui montrer la nécessité d'affoiblir cette liqueur, ou de tempérer ses affections.

Treizieme ; ce nombre, toujours malheureux, est consacré à la Mort, qui est représentée fauchant les têtes couronnées & les têtes vulgaires.

Douzieme, les accidens qui attaquent la vie humaine, représentés par un homme pendu par le pied ; ce qui veut aussi dire que, pour les éviter, il faut en ce monde marcher avec prudence : *Suspenso pede.*

Onzieme, la Force vient au secours de la Prudence, & terrasse le Lion, qui a toujours été le symbole de la terre inculte & sauvage.

Dixieme, la Roue de Fortune, au haut de laquelle est un Singe couronné, nous apprend qu'après la chûte de l'homme, ce ne fut déjà plus la

---

(1) La naissance de Bacchus & de Minerve font le Tableau Mythologique des deux générations.

(2) Peut-être son attitude a-t-elle trait à la culture de la Vigne.

vertu qui donna les 'dignités : le Lapin qui monte & l'homme qui est précipité, expriment les injustices de l'inconstante Déesse : cette roue en même-tems est l'emblême de la roue de Pythagore, de la façon de tirer les sorts par les nombres : cette Divination est appellée ARITHMOMANCIE.

Neuvieme, l'HERMITE OU LE SAGE, la lanterne à la main, cherchant la Justice sur la Terre.

Huitieme, la JUSTICE.

TROISIEME SÉRIE.

SIECLE DE FER.

Septieme, le CHARIOT DE GUERRE dans lequel est un Roi cuirassé, armé d'un javelot, exprime les dissensions, les meurtres, les combats du siècle d'airain, & annonce les crimes du siècle de fer.

Sixieme, l'HOMME peint FLOTTANT entre le vice & la vertu, n'est plus conduit par la raison: l'AMOUR ou le désir (1), les yeux bandés, prêt à lâcher un trait, le fera pencher à droite ou à gauche, suivant qu'il sera guidé par le hasard.

Cinquieme, Jupiter ou l'Eternel monté sur son Aigle, la foudre à la main, menace la Terre, & va lui donner des Rois dans sa colere.

Quatrieme, le Roi armé d'une massue (2), dont l'ignorance a fait par la suite une Boule Impériale : son casque est garni par-derriere de dents de scie, pour faire connoître que rien ne pouvoit assouvir son insatiabilité (3).

Troisieme, la REINE, la massue à la main ; sa couronne a les mêmes ornemens que le casque du Roi.

Deuxieme, l'ORGUEIL des Puissans, représenté par les Paons, sur lesquels JUNON montrant le Ciel de la main droite, & la Terre de la gauche, annonce une Religion terrestre ou l'Idolâtrie.

Premiere, le BATELEUR tenant la verge des Mages, fait des miracles & trompe la crédulité des Peuples.

---

(1) La concupiscence.
(2) Osiris est souvent représenté un fouet à la main, avec un globe & un T: tout cela réuni, peut avoir produit dans la tête d'un Cartier Allemand une Boule Impériale.
(3) Ou sa vengeance, si c'est Osiris irrité.

Il est suivi d'une carte unique représentant LA FOLIE qui porte son sac ou ses défauts par derriere, tandis qu'un tigre ou les remords, lui dévorant les jarrets, retarde sa marche vers le crime (1).

Ces vingt-deux premieres Cartes sont non-seulement autant d'hiéroglyphes, qui placés dans leur ordre naturel retracent l'Histoire des premiers tems, mais elles sont encore autant de lettres (2) qui différemment combinées, peuvent former autant de phrases; aussi leur nom (A-tout) n'est que la traduction littérale de leur emploi & propriété générale.

I I.

Le Jeu appliqué à la Divination.

Lorsque les Egyptiens eurent oublié la premiere interprétation de ces Tableaux, & qu'ils s'en furent servis comme de simples lettres pour leur Ecriture sacrée, il étoit naturel qu'un peuple aussi superstitieux attachât une vertu occulte (3) à des caractères respectables par leur antiquité, & que les Prêtres, qui seuls en avoient l'intelligence, n'employoient que pour les choses religieuses.

On inventa même de nouveaux caractères, & nous voyons dans l'Ecriture-Sainte que les Mages ainsi que ceux qui étoient initiés dans leurs secrets, avoient une divination par la coupe (4).

Qu'ils opéroient des merveilles avec leur BÂTON (5).

Qu'ils consultoient les TALISMANTS (6) ou des pierres gravées.

Qu'ils devinoient les choses futures par des EPÉES (7), des FLÈCHES, des HACHES, enfin par les armes en général. Ces quatre Signes furent introduits parmi

---

(1) Cette Carte n'a point de rang : elle complette l'Alphabet sacré, & répond au Tau qui veut dire complément, perfection : peut-être a-t-on voulu représenter dans son sens le plus naturel le résultat des actions des hommes.

(2) L'Alphabet Hébreu est composé de 22 Lettres.

(3) Aussi la science des Nombres & la valeur des Lettres a-t-elle été fort célèbre autrefois.

(4) La Coupe de Joseph.

(5) La Verge de Moyse & Mages de Pharaon.

(6) Les Dieux de Laban & les Théraphim, l'Urim & le Thummim.

(7) Ils faisoient plus : ils fixoient le sort des combats ; & si le Roi Joas avoit frappé la terre sept fois, au lieu de trois, il auroit détruit la Syrie, *II. Rois*, XIII, 19.

les Tableaux religieux auſſi-tôt que l'établiſſement des Rois eut amené la différence des états dans la Société.

L'Epée marqua la Royauté & les Puiſſans de la Terre.

Les Prêtres faiſoient uſage de Canopes pour les Sacrifices, & la Coupe déſigna le Sacerdoce.

La Monnoie, le Commerce.

Le Bâton, la Houlette, l'Aiguillon repréſenterent l'Agriculture.

Ces quatre Caractères déjà myſtérieux, une fois réunis aux Tableaux Sacrés, durent faire eſpérer les plus grandes lumieres; & la combinaiſon fortuite qu'on obtenoit en mêlant ces Tableaux, formoit des phraſes que les Mages liſoient ou interprétoient comme des Arrêts du Deſtin; ce qui leur étoit d'autant plus facile qu'une conſtruction due au haſard devoit produire naturellement une obſcurité conſacrée au ſtyle des Oracles.

Chaque Etat eut donc ſon ſymbole qui le caractériſa; & parmi les différens Tableaux qui porterent cette image, il y en eut d'heureux & de malheureux, ſuivant que la poſition, le nombre des ſymboles & leurs ornemens, les rendirent propres à annoncer le bonheur ou l'infortune.

III.

Noms de diverſes CARTES, *conſervés par les Eſpagnols.*

Les noms de pluſieurs de ces Tableaux conſervés par les Eſpagnols, nous en font connoître la propriété. Ces noms ſont au nombre de ſept.

Le trois de denier, nombre myſtérieux, appellé le Seigneur, le Maître, conſacré au Dieu ſuprême, au Grand Iou.

Le trois de coupe, appellé la Dame, conſacré à la Reine des Cieux.

Le Borgne ou l'As de denier, *Phœbeæ lampadis inſtar.*, conſacré à Apollon.

La Vache ou les deux coupes, conſacrée à Apis ou Iſis.

Le grand Neuf, les neuf coupes; conſacré au Deſtin.

Le petit Neuf de denier, conſacré à Mercure.

Le Serpent ou l'As de bâton (Ophion) ſymbole fameux & ſacré chez les Egyptiens.

IV.

ATTRIBUTS Mythologiques de plusieurs autres.

Plusieurs autres Tableaux sont accompagnés d'attributs Mythologiques qui paroissent destinés à leur imprimer une vertu particuliere & secrette.

Tels que les deux deniers entourés de la Ceinture mystique d'Isis.

Le quatre de denier, consacré à la bonne Fortune, peinte au milieu du Tableau, le pied sur sa boule & le voile déployé.

La Dame de bâton consacrée à Cérès ; cette Dame est couronnée d'épis, porte la peau du lion, de même qu'Hercule le cultivateur par excellence.

Le Valet de coupe ayant le bonnet à la main, & portant respectueusement une coupe mystérieuse, couverte d'un voile ; il semble en allongeant le bras, éloigner de lui cette coupe, pour nous apprendre qu'on ne doit approcher des choses sacrées qu'avec crainte, & ne chercher à connoître celles qui sont cachées qu'avec discrétion.

L'As d'Epée consacré à Mars. L'Epée est ornée d'une couronne, d'une palme & d'une branche d'olivier avec ses bayes, pour signifier la Victoire & ses fruits : il ne paroît y avoir aucune Carte heureuse dans cette couleur que celle-ci. Elle est unique, parce qu'il n'y a qu'une façon de bien faire la guerre ; celle de vaincre pour avoir la paix. Cette épée est soutenue par un bras gauche sortant d'un nuage.

Le Tableau du bâton du Serpent, dont nous avons parlé plus haut, est orné de fleurs & de fruits de même que celui de l'Epée victorieuse ; ce bâton mystérieux est soutenu par un bras droit sortant aussi d'une nuée, mais éclatante de rayons. Ces deux caractères semblent dire que l'Agriculture & l'Epée sont les deux bras de l'Empire & le soutien de la Société.

Les Coupes en général annonçoient le bonheur, & les deniers la richesse.

Les Bâtons destinés à l'Agriculture en pronostiquoient les récoltes plus ou moins abondantes, les choses qui devoient arriver à la campagne ou qui la regardoient.

Ils paroissent mélangés de bien & de mal : les quatre figures ont le bâton verd, semblable en cela au bâton fortuné ; mais les autres Cartes paroissent, par des ornemens qui se compensent, indiquer l'indifférence : le deux seul, dont les bâtons sont couleur de sang, semble consacré à la mauvaise fortune.

Toutes les Epées ne présagent que des malheurs, sur-tout celles qui marquées d'un nombre impair, portent encore une épée sanglante. Le seul signe de la victoire, l'épée couronnée, est dans cette couleur le signe d'un heureux événement.

V.

COMPARAISON de ces Attributs avec les valeurs qu'on assigne aux Cartes modernes pour la Divination.

Nos Diseurs de bonne-fortune ne sachant pas lire les Hiéroglyphes, en ont soustrait tous les Tableaux & changé jusqu'aux noms de coupe, de bâton, de denier & d'épée, dont ils ne connoissoient ni l'étymologie, ni l'expression ; ils ont substitué ceux de cœur, de carreau, de trefle & de pique.

Mais ils ont retenu certaines tournures & plusieurs expressions consacrées par l'usage qui laissent entrevoir l'origine de leur divination. Selon eux,

Les Cœurs, (les Coupes), annoncent le bonheur.

Les Trefles, (les Deniers), la fortune.

Les Piques, (les Epées), le malheur.

Les Carreaux (1), (les Bâtons), l'indifférence & la campagne.

Le neuf de pique est une carte funeste.

Celui de cœur, la carte du Soleil ; il est aisé d'y reconnoître le grand neuf, celui des coupes : de même que le petit neuf dans le neuf de trefle, qu'ils regardent aussi comme une carte heureuse.

Les as annoncent des Lettres, des Nouvelles : en effet qui est plus à même d'apporter des nouvelles que le BORGNE, (le Soleil) qui parcourt, voit & éclaire tout l'Univers ?

L'as de pique & le huit de cœur présagent la victoire ; l'as couronné la pronostique de même, & d'autant plus heureuse qu'il est accompagné des coupes ou des signes fortunés.

Les cœurs & plus particulierement le dix, dévoilent les événemens qui doivent arriver à la ville. La coupe, symbole du Sacerdoce, semble destinée à exprimer Memphis & le séjour des Pontifes.

L'as de cœur & la dame de carreau annoncent une tendresse heureuse & fidelle. L'as de coupe exprime un bonheur unique, qu'on possède seul ; la

---

(1) Il est à remarquer que dans l'Ecriture symbolique les Egyptiens traçoient des carreaux pour exprimer la campagne.

dame de carreau indique une femme qui vit à la campagne, ou comme à la campagne : & dans quels lieux peut-on espérer plus de vérité, d'innocence, qu'au village ?

Le neuf de trefle & la dame de cœur, marquent la jalousie. Quoique le neuf de denier soit une carte fortunée, cependant une grande passion, même heureuse, pour une Dame vivant dans le grand monde, ne laisse pas toujours son amant sans inquiétude, &c. &c. On trouveroit encore une infinité de similitudes qu'il est inutile de chercher, n'en voilà déjà que trop.

VI.

MANIERE dont on s'en servoit pour consulter les Sorts.

Supposons actuellement que deux hommes qui veulent consulter les Sorts, ont, l'un les vingt-deux lettres, l'autre les quatre couleurs, & qu'après avoir chacun mêlé les caractères, & s'être donné réciproquement à couper, ils commencent à compter ensemble jusqu'au nombre quatorze, tenant les tableaux & les cartes à l'envers pour n'en appercevoir que le dos ; alors s'il arrive une carte à son rang naturel, c'est-à-dire, qui porte le numéro appelé, elle doit être mise à part avec le nombre de la lettre sortie en même tems, qui sera placé au-dessus : celui qui tiendra les tableaux y remettra cette même lettre, pour que le livre du Destin soit toujours en son entier, & qu'il ne puisse y avoir, dans aucun cas, des phrases incomplettes ; puis il remêlera & redonnera à couper. Enfin on coulera trois fois les cartes à fond avec les mêmes attentions ; & lorsque cette opération sera achevée, il ne s'agira plus que de lire les numéros qui expriment les lettres sorties. Le bonheur ou le malheur que présage chacune d'elles, doit être combiné avec celui qu'annonce la carte qui leur correspond, de même que leur puissance en plus ou en moins est déterminée par le nombre de cette même carte, multiplié par celui qui caractérise la lettre. Et voilà pourquoi la Folie qui ne produit rien, est sans numéro ; c'est, comme nous l'avons dit, le zéro de ce calcul.

VII.

C'étoit une grande portion de la Sagesse ancienne.

Mais si les Sages de l'Egypte se servoient de tableaux sacrés pour prédire l'avenir, lors même qu'ils n'avoient aucune indication qui pût leur faire présumer les événemens futurs, avec quelles espérances ne devoient-ils pas se flatter de les connoître lorsque leurs recherches étoient précédées par des songes qui pouvoient aider à développer la phrase produite par les tableaux des forts !

Les Prêtres chez cet ancien Peuple formerent de bonne-heure une Société savante, chargée de conserver & d'étendre les connoissances humaines. Le Sacerdoce avoit ses Chefs, & les noms de JANNÈS & MAMBRÈS, que Saint PAUL nous a conservés dans sa seconde Epître à Timothée, sont des titres qui caractérisent les fonctions augustes des Pontifes. JANNÈS (1) signifie *l'Explicateur*, & MAMBRÈS le *Permutateur*, celui qui fait des prodiges.

Le Jannès & le Mambrès écrivoient leurs interprétations, leurs découvertes, leurs miracles. La suite non-interrompue de ces Mémoires (2) formoit un corps de Science & de Doctrine, où les Prêtres puisoient leurs connoissances physiques & morales : ils observoient, sous l'inspection de leurs Chefs, le cours des Astres, les inondations du Nil, les Phénomènes, &c. Les Rois les assembloient quelquefois pour s'aider de leurs conseils. Nous voyons que du tems du Patriarche Joseph ils furent appellés par Pharaon pour interpréter un songe ; & si Joseph seul eut la gloire d'en découvrir le sens, il n'en reste pas moins prouvé qu'une des fonctions des Mages étoit d'expliquer les songes.

Les Egyptiens (3) n'avoient point encore donné dans les erreurs de l'idolâtrie ; mais Dieu dans ces tems reculés manifestant souvent aux hommes sa volonté, si quelqu'un avoit pû regarder comme téméraire de l'interroger sur ses décrets éternels, il auroit au moins dû paroître pardonnable de chercher à les pénétrer, lorsque la Divinité sembloit, non-seulement approuver, mais même provoquer, par des songes, cette curiosité : aussi leur interprétation fut-elle un Art sublime, une science sacrée dont on faisoit une étude particuliere, réservée aux Ministres des Autels : & lorsque les Officiers de Pharaon, prisonniers avec Joseph, s'affligeoient de n'avoir personne pour expliquer leurs songes, ce n'est pas qu'ils n'eussent des compagnons de leur infortune ; mais c'est qu'enfermés dans la prison du Chef de la Milice, il n'y avoit personne parmi les soldats qui pût faire les cérémonies religieuses, qui eût les tableaux sacrés, bien loin d'en avoir l'intelligence. La réponse même du

---

(1) De même que Pharaon signifie le Souverain sans être le nom particulier d'aucun Prince qui ait gouverné l'Egypte.

(2) Le Pape GELASE I. mit en 491 quelques Livres de Jannès & Mambrès au nombre des apocryphes.

(3) Long-tems encore après cette époque les Mages reconnurent le doigt de Dieu dans les Miracles de Moyse.

Patriarche paroît expliquer leur pensée : est-ce que l'interprétation, leur dit-il, ne dépend pas du Seigneur ? racontez-moi ce que vous avez vu.

Mais pour revenir aux fonctions des Prêtres, ils commençoient par écrire en lettres vulgaires le songe dont il s'agissoit, comme dans toute divination où il y avoit une demande positive dont il falloit chercher la réponse dans le Livre des Sorts, & après avoir mêlé les lettres sacrées on en tiroit les tableaux, avec l'attention de les placer scrupuleusement sous les mots dont on cherchoit l'explication ; & la phrase formée par ces tableaux, étoit déchiffrée par le Jannès.

Supposons, par exemple, qu'un Mage eût voulu interpréter le songe de Pharaon dont nous parlions tout-à-l'heure, ainsi qu'ils avoient essayé d'imiter les miracles de Moyse, & qu'il eût amené le bâton fortuné, symbole par excellence de l'Agriculture, suivi du Cavalier & du Roi (1) ; qu'il sortît en même tems du Livre du Destin la Carte du Soleil, la Fortune & le Fol, on aura le premier membre de la phrase qu'on cherche. S'il sort ensuite le deux & le cinq de bâton dont le symbole est marqué de sang, & que des tableaux sacrés on tire un Typhon & la Mort, il auroit obtenu une espèce d'interprétation du songe du Roi, qui pourroit avoir été écrit ainsi en lettres ordinaires :

Sept vaches grasses & sept maigres qui les dévorent.

Bâton. 1	Le Roi. 4	Le Cavalier. 2	2 de Bâ-ton.	5 de Bâ-ton.
Le Soleil.	La Fortune.	Le Fol.	Typhon.	La Mort.

---

(1) Le Valet vaut . . . . 1.
Le Cavalier . . . . . 2.
La Dame . . . . 3.
Le Roi . . . . 4.

DU JEU DES TAROTS. 407

Calcul naturel qui résulte de cet arrangement.

Le Bâton vaut . . . . 1.		Le Soleil annonce le bonheur.
Le Roi . . . . 4.		La Fortune (1) de même.
Le Cavalier . . . . 2.		Le Fol ou zéro met le Soleil aux cen-
Total . . . . 7.		taines.

Le Signe de l'Agriculture donne sept.

On lira donc, sept années d'une agriculture fortunée donneront une abondance cent fois plus grande qu'on ne l'aura jamais éprouvée.

Le second membre de cette phrase, fermé par le deux & le cinq de bâton, donne aussi le nombre de sept qui, combiné avec le Typhon & la Mort, annonce sept années de disette, la famine & les maux qu'elle entraîne.

Cette explication paroîtra encore plus naturelle si l'on fait attention au sens & à la valeur des lettres que les tableaux représentent.

Le Soleil répondant au Gimel, veut dire, dans ce sens, rétribution, bonheur.

La Fortune ou le Lamed signifie Règle, Loi, Science.

Le Fol n'exprime rien par lui-même, il répond au Tau, c'est simplement un signe, une marque.

Le Typhon ou le Zaïn annonce l'inconstance, l'erreur, la foi violée, le crime.

La Mort ou le Thet indique l'action de balayer : en effet, la Mort est une terrible balayeuse.

Teleuté en Grec qui veut dire la fin, pourroit être, en ce sens, un dérivé de Thet.

Il ne seroit pas difficile de trouver dans les mœurs Egyptiennes l'origine de la plûpart de nos superstitions : par exemple, il paroît que celle de faire tourner le tamis pour connoître un voleur, doit sa naissance à la coutume que ce Peuple avoit de marquer les voleurs avec un fer chaud, d'un ת T, & d'un ס Samech (2), en mettant ces deux caractères, l'un sur l'autre, pour en faire un chiffre, *Signum adherens*, qui servît à annoncer qu'on se méfiât de celui qui le portoit, on produit une figure qui ressemble assez à une paire de ciseaux

---

(1) Précédée d'une Carte heureuse.
(2) *Tau*, signe : *Samech*, adhésion.

piqués dans un cercle, dans un crible, lequel doit se détacher lorsqu'on prononcera le nom du voleur & le fera connoître.

La Divination par la Bible, l'Evangile & nos Livres Canoniques, qu'on appelloit le sort des Saints, dont il est parlé dans la cent neuviéme Lettre de Saint Augustin & dans plusieurs Conciles, entr'autres celui d'Orléans ; les sorts de Saint-Martin de Tours qui étoient si fameux, paroissent avoir été envisagés comme un contre-poison de la Divination Egyptienne par le Livre du Destin. Il en est de même des présages qu'on tiroit de l'Evangile, *ad apperturam libri*, lorsqu'après l'élection d'un Evêque on vouloit connoître quelle seroit sa conduite dans l'Episcopat.

Mais tel est le sort des choses humaines : d'une Science aussi sublime, qui a occupé les plus Grands Hommes, les plus savans Philosophes, les Saints les plus respectables, il ne nous reste que l'usage des enfans de tirer à la belle lettre.

VIII.

Cartes auxquelles les Diseurs de bonne-aventure attachent des pronostics.

On se sert d'un Jeu de Piquet qu'on mêle, & on fait couper par la personne intéressée.

On tire une Carte qu'on nomme As, la seconde Sept, & ainsi en remontant jusqu'au Roi : on met à part toutes les Cartes qui arrivent dans l'ordre du calcul qu'on vient d'établir : c'est-à-dire que si en nommant As, Sept, ou tel autre, il arrive un As, un Sept, ou celle qui a été nommée, c'est celle qu'il faut mettre à part. On recommence toujours jusqu'à ce qu'on ait épuisé le Jeu ; & si sur la fin il ne reste pas assez de Cartes pour aller jusqu'au Roi inclusivement, on reprend des Cartes, sans les mêler ni couper, pour achever le calcul jusqu'au Roi.

Cette opération du Jeu entier se fait trois fois de la même maniere. Il faut avoir le plus grand soin d'arranger les Cartes qui sortent du Jeu, dans l'ordre qu'elles arrivent, & sur la même ligne, ce qui produit une phrase hiéroglyphique ; & voici le moyen de la lire.

Toutes les peintures représentent les Personnages dont il peut être question : la premiere qui arrive est toujours celle dont il s'agit.

Les Rois sont l'image des Souverains, des Parens, des Généraux, des Magistrats, des Vieillards.

Les

Les Dames ont les mêmes caractères dans leur genre relativement aux circonstances, soit dans l'Ordre politique, grave ou joyeux : tantôt elles sont puissantes, adroites, intriguantes, fidelles ou légeres, passionnées ou indifférentes, quelquefois rivales, complaisantes, confidentes, perfides, &c. S'il arrive deux Cartes du même genre, ce sont les secondes qui jouent les seconds rôles.

Les Valets sont des jeunes Gens, des Guerriers, des Amoureux, des Petits-Maîtres, des Rivaux, &c.

Les Sept & les Huit sont des Demoiselles de tous les genres. Le Neuf de cœur se nomme, par excellence, la Carte du Soleil, parce qu'il annonce toujours des choses brillantes, agréables, des succès, sur-tout s'il est réuni avec le Neuf de trefle, qui est aussi une Carte de merveilleux augure. Le Neuf de carreau désigne le retard en bien ou en mal.

Le Neuf de pique est la plus mauvaise Carte : il ne présage que des ruines, des maladies, la mort.

Le Dix de cœur désigne la Ville ; celui de carreau, la campagne ; le Dix de trefle, fortune, argent ; celui de pique, des peines & des chagrins.

Les As annoncent des lettres, des nouvelles.

Si les quatre Dames arrivent ensemble, cela signifie babil, querelles.

Plusieurs Valets ensemble annoncent rivalité, dispute & combats.

Les trefles en général, sur-tout s'ils sortent ensemble, annoncent succès, avantage, fortune, argent.

Les carreaux, la campagne, indifférence.

Les cœurs, contentement, bonheur.

Les piques, pénurie, soucis, chagrins, la mort.

Il faut avoir soin d'arranger les Cartes dans le même ordre qu'elles sortent, & sur la même ligne, pour ne pas déranger la phrase, & la lire plus facilement.

Les événemens prédits, en bien ou en mal, peuvent être plus ou moins avantageux ou malheureux, suivant que la Carte principale qui les annonce est accompagnée : les piques, par exemple, accompagnés de trefles, sur-tout s'ils arrivent entre deux trefles, sont moins dangereux ; comme le trefle entre deux piques ou accolé d'un pique, est moins fortuné.

Quelquefois le commencement annonce des accidens funestes ; mais la fin des Cartes est favorable, s'il y a beaucoup de trefles ; on les regarde comme amoindris, plus ou moins, suivant la quantité : s'ils sont suivis du Neuf, de l'As ou du Dix, cela prouve qu'on a couru de grands dangers, mais qu'ils sont passés, & que la Fortune change de face.

Les As	1 de carreau, 8 de cœur,	bonne Nouvelle.
	1 de cœur, Dame de pique,	Visite de femme.
	1 de cœur, Valet de cœur,	Victoire.
	1, 9 & Valet de cœur,	l'Amant heureux.
	1, 10 & 8 de pique,	Malheur
	1 de pique, 8 de cœur,	Victoire.
	1 de trefle, Valet de pique,	Amitié.
Les 7	7 & 10 de cœur,	Amitié de Demoiselle.
	7 de cœur, Dame de careau,	Amitié de femme.
	7 de carreau, Roi de cœur,	Retard.
Les 9	Trois Neufs ou trois Dix,	Réussite.
Les 10	10 de trefle, Roi de pique,	Présent.
	10 de trefle & Valet de trefle,	un Amoureux.
	10 de pique, Valet de careau,	quelqu'un d'inquiet.
	10 de cœur, Roi de trefle,	Amitié sincère.

DES SEPT ROIS
ADMINISTRATEURS.

Empire des Modes.

Tout est soumis à la domination impérieuse des Modes : elles subjuguent l'Homme depuis sa naissance jusques à sa mort. Ce n'est pas seulement dans la maniere de se mettre, qu'il éprouve ces changemens, changemens tels, qu'une personne qui hier nous paroissoit grande, a perdu aujourd'hui jusqu'à deux pieds de sa taille : que telle autre qui entrant dans une voiture pouvoit y avoir la tête droite, est forcée de la pencher jusques sur ses genoux, & telles autres métamorphoses merveilleuses dignes d'un Ovide moderne : mais cet Empire s'est étendu jusques sur les Sciences, sur ces Sciences qui devroient être inébranlables si elles étoient fondées sur la Nature toujours vraie, toujours la même. Le Savant est alternativement sectateur de Platon, d'Aristote, de Descartes, de Newton. Hier tout Paris s'occupoit d'une Science, elle étoit merveilleuse : aujourd'hui, elle est dans l'oubli le plus complet, une autre a pris sa place. Est-il donc étonnant que ce qui fait l'objet de nos recherches, soit hors de mode, qu'il paroisse surprenant, extraordinaire, venu de l'autre Monde ? Certainement le Monde ancien & le Monde actuel sont bien différens, quoique nous ne cessions d'en montrer les rapports.

A la tête de ces objets, qui ont tout-à-fait passé de mode, que l'Antiquité exaltoit & dont nous ne faisons nul cas, nous pouvons placer hardiment la Formule du nombre Sept, cette Formule dont nous avons déjà eu tant de fois occasion de parler, sur laquelle fut fondée le jeu des Tarots dont nous venons de nous occuper, & qui revient sans cesse dès qu'on parle antiquité

Il est vrai que nos Savans modernes l'ont abjurée, parce qu'ils ont cru d'abord que les Anciens ne l'avoient admise que dans des idées superstitieuses, ce qui n'est pas, du moins dans son origine ; & ensuite, parce qu'ils ont sans doute trouvé des formules plus vraies.

Cependant, celle-là nous assujettit encore aujourd'hui dans les sept Planettes, les sept jours de la semaine, les sept métaux, les sept couleurs, les septante Interprètes, les sept, &c. &c. Nous avons beau vouloir être à la nouvelle mode, le Vulgaire s'obstine à conserver l'ancienne.

On sait d'ailleurs que les Egyptiens ramenoient à cette formule les élé-

Fff ij

mens de toutes les Sciences : qu'ils l'appliquoient à la Grammaire, à cause des sept esprits ou voyelles ; à la Musique, à cause des sept tons ; à l'Astronomie, à cause des sept Planettes, &c. à la Chymie, à cause des sept métaux ; au Calendrier, à cause des sept jours : aux Cartes même, comme nous venons de le voir, afin que tout ramenât à l'unité, vraie harmonie de l'Univers.

Formule de Sept appliquée à la Législation.

C'est par la même raison que ces Anciens eurent les sept Merveilles du Monde, les sept embouchures du Nil, les sept Sages, les sept Poëtes, &c. &c.

Mais ce qu'on n'a pas vu, c'est que cette Formule fut également appliquée à la politique, à l'art de gouverner : c'est que les Anciens représenterent toutes les parties de l'administration sous une suite de sept Rois, dont chacun avoit réglé une portion particuliere du Gouvernement, en sorte qu'il n'avoit été complet & parfait que lorsque le septieme Roi avoit paru ; & qu'ayant terminé la tâche totale, la Royauté avoit été suprimée.

Rien n'étoit plus ingénieux : d'un côté, la science de la législation s'avançoit de front avec toutes les autres : d'un autre coté, sept Personnages représentés avec des attributs divers, relatifs à une législation complette, suppléoient merveilleusement à l'art d'écrire si difficile dans les anciens tems.

Ces galeries de tableaux parloient bien plus à l'imagination, que nos froids Ouvrages Elémentaires. Un Commençant avoit bien plus d'idées dans l'esprit, après avoir vu la galerie des XII grands Dieux, celle des XII Travaux d'Hercule ou de l'Année, celle des XII Rois, ou telle autre, qu'il n'en a après avoir lu ses tristes & abstraits Elémens qui ne disent rien à son imagination.

Cependant où trouverons-nous ces sept Rois inconnus jusques ici ? Sera-ce dans les Ouvrages primitifs des Anciens ? mais ils ne composoient que des tableaux. Sera-ce dans ces tableaux ? mais ils n'existent plus, à moins qu'ils ne soient sur quelques-uns des anciens murs des Temples de l'Egypte, de ces Temples dont toutes les peintures étoient autant de leçons intéressantes.

Nous ne pouvons les trouver qu'à la tête de l'Histoire de chaque Nation : les Nations primitives avoient représenté l'administration entiere comme une suite de sept Princes distingués chacun par des attributs & par des actions différentes. Les Historiens qui ne vinrent que long-tems après que l'esprit de toutes ces choses se fut perdu, & qui recueillirent les traditions primitives avec d'autant plus de soin qu'ils n'y comprenoient rien, ces Historiens, dis-je, prirent nécessairement ces sept Personnages pour autant de Rois qui avoient tenu avec éclat les rênes des Empires : jusqu'à ce que le septieme & dernier se fût fait chasser par sa mauvaise conduite, ou eût été privé de ses Etats par une guerre malheureuse qui détruisît le Royaume.

DES SEPT ROIS ADMINISTRATEURS.

C'est ainsi que l'Agriculteur ou Hercule représenté avec ses XII Travaux, fut regardé comme un personnage réel : & que les XII mois de l'année représentés sous l'emblême de XII Personnages, devinrent autant d'êtres réels.

Ici, je vois l'esprit du Lecteur nous devancer de vitesse, être saisi de frayeur pour les VII Rois de Rome, & se soulever contre nous, comme si nous nous faisions un jeu de détrôner les anciens Rois, ainsi qu'un Docteur célèbre étoit accusé de dénicher les Saints : mais qu'on se rassure ; les Rois de Rome sont appuyés sur des Monumens trop inébranlables sans doute, pour que nous ne voyions en eux que des personnages allégoriques. Nos vues ne furent jamais d'ébranler la Foi Historique ; elles tendent toutes au contraire à l'affermir en l'épurant, en la débarrassant de cette multitude d'allégories ou d'emblêmes que des Ecrivains mal-adroits confondirent avec les traditions historiques. Ces objets ne se contredisant plus, ou n'étant plus confondus l'un avec l'autre, la lumiere & la vérité y auront tout à gagner ; la sagesse des Anciens sera infiniment mieux connue, & elle en deviendra plus agréable : & les faits antiques seront débarrassés d'une multitude d'objets hétérogenes, qui en affoiblissoient nécessairement la créance.

D'ailleurs, si nous nous trompons, on nous redressera, & ce sera un gain manifeste pour tout le monde.

Variétés qu'éprouva cette Peinture.

Avant que nous montrions ces sept Rois chez divers Peuples de l'Antiquité, nous devons observer que plus les Ecrivains d'une Nation auront été habiles, nombreux & bavards, ou *loquaces*, Rhéteurs pour mieux dire, & plus l'Histoire de ces sept Personnages aura été chargée de faits, sera devenue volumineuse, aura presqu'atteint la certitude de la Foi Historique : tandis que chez d'autres Peuples qui n'auront pas eu les mêmes avantages, ces sept Rois seront restés un simple tableau, qu'on n'aura conservé que par respect pour sa vétusté, sans savoir d'ailleurs qu'en faire. Telle une pelotte de neige qui tombe du haut des Alpes, devient une masse énorme qui sous le nom d'avalanche, finit par couvrir une vaste étendue de terrain avec tous ses habitans : telle une riviere grossie de cent autres, parvient à l'Océan avec une masse d'eaux qui en fait reculer les ondes.

Ces sept Rois Allégoriques, ces sept Esprits Administrateurs, nous les avons déjà trouvés sans nous donner beaucoup de peine chez quatre Nations très-connues : avec des recherches plus suivies, les trouverions-nous peut-être ailleurs : mais elles n'ajouteroient rien à la force des conséquences qui résultept de cet accord, d'autant plus fenfible qu'il confifte non-feulement dans le même nombre de perfonnages, mais fur-tout dans leurs noms, dans leurs attributs, dans l'ordre conftant qu'ils obfervent entr'eux, & jufques dans la deftruction qui fuit le feptieme.

I.

Les SEPT ROIS *Adminiftrateurs du* JAPON.

Ces fept Rois, nous commençons à les trouver au Japon ; chez ces Infulaires fitués aux extrémités Orientales de l'ancien Monde, qui n'eurent jamais rien de commun avec les Egyptiens, avec les Grecs, avec les Romains ; qui par conféquent n'eurent aucun motif de renchérir à cet égard fur leurs voifins : tels l'Antiquité leur a donné ces fept Rois, tels ils nous les ont tranfmis fans en ôter, fans y ajouter, avec une bonne foi digne de ces tems primitifs.

Les Japonois placent donc à la tête de leur Hiftoire fept Efprits Adminiftrateurs, fept Perfonnages Divins, par lefquels ils prétendent avoir été gouvernés avant tout. Ces Perfonnages font défignés par l'épithète commune de No Mik-Otto. Le célèbre Voyageur KEMPFER dit que ce nom eft relatif à la félicité de ces premiers Monarques : l'étymologie de ces deux mots primitifs répond affez à cette idée. No fignifie Efprit, Intelligence; Mik, grand; Ott, figne. Il fignifieroit donc *fignes des grandes Intelligences, portrait des grands Adminiftrateurs* : or ces Adminiftrateurs étoient l'enfemble des objets néceffaires pour la félicité des Peuples.

Faut-il ajouter que No, Mik, Or, font des mots primitifs exprimant les mêmes idées que nous leur affignons ici, & dont nous avons eu occafion d'inférer les familles dans nos Origines Françoifes & dans nos Origines Latines.

Outre ces noms communs à tous les fept, les trois premiers en ont un autre en commun, celui de KUN : nom encore primitif qui fignifie Prince Souverain ; & qui exifte dans le KING des Anglois, dans le KOENig des Allemands, dans le Co-EN des Orientaux ; chez tous, Prince Souverain.

KEMPFER à qui feul nous devons ces lumieres Japonnoifes, convient que les noms de ces fept Dieux-Souverains font purement métaphoriques, & qu'on ne trouve autre chofe que ces noms dans leurs Livres Hiftoriques : qu'ils n'y joignent aucune particularité relative à leur vie, à leurs actions, à leur Gouvernement : qu'ils croyent religieufement que ces Etres fpirituels ont réellement regné au Japon pendant un tems ; mais qu'il ne leur eft pas poffible

DES SEPT ROIS ADMINISTRATEURS.

ni de concevoir comment cela a pu arriver, ni de déterminer combien leur Gouvernement a duré (1).

On voit donc ici un tableau allégorique antérieur aux Japonois, qu'ils ont reçu de leurs Ancêtres, & auquel ils ne connoissent plus rien ; mais qu'ils ont la bonne foi de donner pour ce qu'il est, & de laisser tel qu'il est.

Les Asiatiques, les Grecs sur-tout, n'ont pas été si flegmatiques : ils avoient également ce tableau allégorique ; ils voulurent le chanter, l'embellir de toute leur imagination : ils en firent des Rois successifs ; ils leur assignerent un Empire ; ils attribuerent à chacun des fonctions particulieres ; sur-tout ils brillerent dans les événemens dont ils chargerent la destruction de leur Empire : ce fut pour leur génie allégorique & romanesque une source féconde de tableaux dans tous les genres.

Ainsi, ce que les Japonois ne conçoivent pas, quoiqu'ils l'admettent, deviendra très-lumineux par les principes que nous avons déja posés, & par la comparaison que nous allons faire de leurs sept Rois avec ceux de quelques autres Nations ; en sorte qu'il restera démontré que l'ensemble de ces sept Princes donnés du Ciel, & qui n'occupent aucun tems, est le Tableau des sept Portions qui composent un Gouvernement bien constitué & harmonique.

Je ne doute pas qu'avec un Dictionnaire Japonois, ou même avec un peu d'application, nous ne pussions établir les mêmes vérités par le nom particulier donné à chacun de ces Esprits Administrateurs. Par exemple, le cinquieme a le titre particulier de Tsi, céleste ou divin, par excellence. TONO TSI, le Grand Dieu.

Le quatrieme est appellé, à la vérité, OU-TSIN, le céleste, mais sans l'addition de TON, grand, très-grand.

Cette remarque est essentielle, le cinquieme ayant toujours été distingué des autres d'une maniere très-particuliere, & toujours relative aux mêmes objets.

II.

Les SEPT ROIS Administrateurs de l'EGYPTE.

L'EGYPTE, ce Royaume de Sages où tout étoit fait avec nombre, poids & mesure, & où les plus hautes Sciences étoient ramenées à des formules

---

(1) Hist. du Japon, par Kempfer. Tom. I. 154.

simples & communes à toutes; l'Egypte, difons-nous, ne laiſſa pas échapper les avantages qu'elle pouvoit retirer de cette formule, relativement à la politique & à l'adminiſtration. Elle eut donc également les ſept Rois ſpirituels du Japon, & elle leur donna des noms & des emplois relatifs à leur nature; ainſi ſon Hiſtoire devient pour nous un ſupplément de ce que nous venons de voir chez ces Inſulaires.

Ces ſept Dieux, ou Eſprits Adminiſtrateurs de l'Egypte, avant qu'elle eût des Rois véritables, ſont ceux-ci:

PHTA, le Vulcain des Grecs, le Feu-Lumiere.

CHOM, le Soleil, ou l'Apollon des Grecs.

CNEPH, ou Agatho-Démon, la Bonne Fortune invincible.

SERAPIS, le Pluton des Grecs.

MENDÈS, le Pan de ceux-ci.

OSIRIS & ISIS, Bienfaiteurs de l'Egypte.

TYPHON, le ſuperbe, le méchant, qui fait périr ſon Prédéceſſeur, & qui eſt lui-même exterminé par les Dieux.

Ici les Noms & les Attributs de ces Perſonnages commencent à développer le ſyſtême d'après lequel fut inventé le Tableau des ſept Eſprits Adminiſtrateurs.

Dans tout Empire, dans toute Société bien policée, il faut un Fondateur, & ce Fondateur ne peut être ſéparé de la lumiere: les Egyptiens l'appellerent donc VULCAIN.

Il faut enſuite un Légiſlateur, qui en compoſe habilement toutes les parties; ce Légiſlateur fut donc CHOM ou Apollon, regardé comme la ſource de toute harmonie, comme le Légiſlateur univerſel.

Il ne ſuffit pas d'établir un Empire ſur la lumiere & ſur de bonnes Loix, il faut le mettre à l'abri de toute invaſion étrangere; il faut le mettre ſur un pied de défenſe invincible : ici eſt donc placée la Bonne Fortune invincible, CNEPH le victorieux.

En vain tout eſt réglé de maniere à réſiſter aux invaſions étrangeres, ſi la diſcorde & les diſſenſions régnent au-dedans. Il faut donc établir une Police exacte & ſévere; auſſi s'avance au quatrieme rang SERAPIS ou le Juſticier, le PLUTON des Grecs, qui punit juſques dans l'Enfer les fautes des mauvais Citoyens.

Le Culte public, les Cérémonies de la Religion, les Jeux qui compoſoient eſſentiellement ce Culte & ces Cérémonies, faiſoient une partie eſſentielle de l'adminiſtration. On la mit ſous la protection de la Divinité Suprême.

On voit donc ici au cinquieme rang MENDÈS, le PAN des Grecs, ou la NATURE Universelle, qui, avec son Orgue à sept tuyaux, répand la joie & la sérénité par-tout, & apprend aux Mortels à danser & à se réjouir à la vue des bienfaits dont les comble le Maître de la Nature Universelle.

Nulle Société ne peut devenir florissante que par l'établissement des Arts de toute espèce, & par les diverses classes des Citoyens qui concourent toutes à la perfection & à la plénitude de la République. Ces grandes idées sont supérieurement indiquées par OSIRIS & par ISIS, représentés sans cesse comme les Bienfaiteurs du Genre Humain, à cause des Arts qu'ils inventerent : *Osiris*, pour les Arts laborieux des hommes : *Isis*, pour les Arts industrieux & aisés exécutés par les femmes, & par la maniere dont ils distribuerent en diverses Classes tous les Habitans de l'Egypte.

Enfin TYPHON, ou le mauvais Principe, ferme la marche. On vouloit enseigner par-là aux Humains que la Superbe, ou l'Orgueil, marche toujours avant l'écrasement ; & que si on ne maintient ces sages établissemens, le mal survient comme un torrent qui entraîne tout.

Les SEPT ROIS *de* TROIE.

Les Orientaux Allégoristes ne négligerent pas une aussi belle source de Récits historiques en apparence. Ils transporterent donc à TROIE, Capitale de la Phrygie, le Siége des sept Rois, & la scène de leurs faits mémorables. Les Grecs, à la vérité, nous ont conservé ces Récits ; mais ils n'en furent pas les inventeurs, puisque les noms de ces Rois Troyens sont Orientaux, & choisis de la maniere la mieux assortie à leurs fonctions, comme nous l'allons voir.

Le nom même de la Ville de Troie prêtoit parfaitement à l'allusion, puisqu'il se confondoit dans l'Orient avec le mot T-ROI-E, la Royauté, l'Empire, l'Aministration. En parlant du Tableau de la Royauté, de l'Administration en général, on avoit l'air de ne parler que de la Ville de Troie ; & telle étoit la marche constante de l'Allégorie de paroître parler de toute autre chose que ce dont il s'agissoit, & qu'on avoit le plus d'envie de faire connoître.

Ajoutons qu'on trouvera sans doute très-surprenant qu'il ne se soit conservé jusqu'à nous que ce Tableau fictif de Troie ; soit qu'il n'ait jamais existé d'Histoire de Troie, soit que l'Allégorie, plus brillante, ait étouffé tout ce qui regardoit réellement cette Ville: c'étoit courir après l'ombre ; mais cette ombre valoit sans doute plus que la réalité.

L'Histoire de Troie est, en effet, plus connue par ses Récits allégoriques, que par ses Monumens historiques. L'Abbé BANIER, qui voulut tout prouver par l'Histoire, est forcé d'en convenir lui-même ; car son Histoire de Troie est, comme historique, un morceau absolument décharné & sans vie, où la Fable est beaucoup plus étendue que le peu de faits qu'on pourroit y trouver : il sera fort aisé d'en juger, car nous allons la rapporter en entier.

Cet Abbé commence par avouer que l'origine des Troyens & de leur Ville est comme celle de tous les autres Peuples, environnée de ténèbres & de fictions, & qu'on trouve divers sentimens parmi les Auteurs qui en ont parlé. Les uns les font venir de Crète, les autres d'Italie, ou de Samothrace, ou d'Athènes, ou d'Arcadie : n'est-ce pas un Histoire bien claire ?

» Quoi qu'il en soit, dit-il, en prenant leur Histoire vers le tems de Darda-
» nus, pourvu qu'on le croye avec Diodore de Sicile & Apollodore, Thrace ou
» Samothrace d'origine, & non d'Italie, comme a fait Virgile qui a voulu par-
» là flatter les Romains, cette Histoire, dis-je, commence alors à devenir moins
» obscure ».

Nous respirons donc : cependant voyons quelle est cette Histoire un peu moins obscure qu'on nous promet.

DARDANUS abandonne la Samothrace, après que son frere Jasion a été tué d'un coup de foudre pour avoir offensé Cérès : nous voilà donc encore dans la Fable (1).

Il vient en Phrygie, épouse la fille du Roi Scamandre; mais c'est un fleuve : nous voilà donc dans les Allégories. Il succede à son Beau-Pere, & il passe pour le Fondateur du Royaume de Troie. Scamandre n'étoit donc pas Roi ; ou cette prétendue Fondation n'en est pas une.

ERICHTONIUS lui succede ; mais on ne sait que son nom : ne voilà-t-il pas une Histoire bien appuyée ? Erichtonius cependant est un nom allégorique, & nous le retrouvons au nombre des Rois allégoriques d'Athènes.

TROS est le troisieme ; il donne son nom à Troie, appellée auparavant Dardanie.

ILUS est le quatrieme, il bâtit la Citadelle d'ILION, ce qu'il ne faut pas omettre.

───────────────────────────

(1) *Voyez* Histoire du Calendrier, page 573, où nous avons expliqué cette Histoire de Jasion.

DES SEPT ROIS ADMINISTRATEURS.

GANYMEDE enlevé par l'Aigle d'Iou, se trouve ici à côté d'Ilus son frere ; circonstance essentielle : il est Pere du suivant.

LAOMEDON est un sixieme Personnage : il se sert de Neptune pour renfermer Troie par de hautes murailles : mais il lui manque de parole. Le Dieu irrité renverse les murs qu'il a élevés ; & exige qu'une Fille du Sang Royal soit exposée à un de ses Monstres marins : le sort tombe sur sa fille HESIONE. Hercule offre de la délivrer, à condition que LAOMEDON lui fera présent d'un attelage de chevaux : ce malheureux Roi ne tient pas plus parole à Hercule qu'à Neptune : Hercule saccage donc sa Capitale, lui enleve sa fille qu'il donne à Telamon, ôte la vie au Roi même, & met sur le Trône son fils Podarce racheté par Hésione, & qui en fut appellé PRIAM : appellera-t on cela de l'Histoire ?

PRIAM est le septieme Personnage : enfin arrive ce septieme Roi ou Prince dont l'Histoire n'est pas moins chargée d'évenemens allégoriques que celle de ses Prédécesseurs. Il s'appelle PODARCE; on change son nom en celui de PRIAM; il est Pere de cinquante Enfans : il perd le Royaume & la vie à cause de son fils PARIS, & celui-ci est un Prince adultere qui a enlevé la femme de Ménélas, & cette belle s'appelle HÉLENE ; toutes circonstances allégoriques.

Qu'est-ce donc qui reste d'historique ? où est cette prétendue Histoire de Troie ? Cependant, voilà tout ce que nous apprend l'Historien BANIER : je n'ai pas omis un trait.

Certainement rien ne ressemble moins à de l'Histoire : nous y retrouvons avec une exactitude très-remarquable, nos sept grands Personnages allégoriques, premiers Rois de chaque Peuple, modèle de toute Législation.

DARDANUS est le Fondateur, celui qui donne à son établissement une durée inébranlable. Son nom vient de DAR ou DUR, ferme, qui dure, durée ; & TAN, pays : il signifie donc, celui qui établit un Empire ferme & durable. Ce Prince épouse en même tems la fille du fleuve Scamandre, Roi du Pays : mais la Terre, la Terre ferme, le sec, fut toujours regardé comme la production des Eaux, comme en étant la fille : ceci est donc encore vrai au sens allégorique.

ERICH-TON lui succède ; mais TON signifie puissant ; ERS, la Terre ; c'est celui qui règne sur la Terre par une excellente Législation, puisque sans loi, nulle propriété, nul Etat, nul Empire.

TROS donne son nom à la Ville : il a donc mérité les honneurs par ses faits glorieux : c'est qu'il peint, comme nous l'avons vu dans l'Essai sur le Blason, l'Agriculture pépiniere d'une vaillante Milice, qui seule peut élever la gloire d'un Empire : ce n'est qu'alors qu'il peut exister des Villes, de grandes Capitales : elles ne peuvent arriver qu'à la suite de plusieurs générations.

Ilus est le quatrieme, & il construit Ilium ou la Citadelle de Troie. En effet, lorsque l'Empire est élevé, que les Loix sont faites, que les Défenseurs de l'Etat sont en pied, il faut régler la Police intérieure qui exige des Forteresses pour la maintenir contre les entreprises des factieux & des méchans. Le nom d'Ilus, l'Elevé, le Fort, le Puissant, est parfaitement assujetti à ces fonctions.

Ganymede paroît ici sur l'Aigle qui désigne le Souverain des Dieux : & dans la suite des tems on en a fait un jeune homme que Jupiter avoit fait enlever par son Aigle pour lui servir d'Echanson. C'étoit une brillante allégorie que l'ignorance a malheureusement travestie en un Conte ridicule ou impie.

Nous l'avons vu : dans un Etat bien ordonné, il ne suffit pas de régler la Justice, la Guerre & la Police ; il faut encore régler tout ce qui se rapporte à la Religion, au Culte des Dieux, aux Assemblées solemnelles de chaque mois, de chaque saison, de chaque révolution. C'est l'objet constant du cinquieme Personnage : il est donc désigné ici par l'Aigle, symbole de Jupiter, du Dieu suprême, & symbole du Printems, des révolutions renouvellées, comme nous avons déjà eu occasion de le prouver.

Et c'est précisément ce que signifie le nom de Gany Mede : composé manifestement de deux mots, il est formé de l'Oriental מד, Med, mesure, & עַן, Gan, Gon, tems solemnel, fête ; dont on a fait, comme nous avons dit ailleurs (1), les Agonales, jeux Romains qui se célébroient au renouvellement de l'année.

C'est ainsi que ce cinquieme Personnage correspond parfaitement au même Personnage des Japonois & des Egyptiens.

Lao-Medon est le sixieme : il doit régler les travaux publics, les Arts, les diverses Classes de la Société, pour correspondre à Isis & aux soins du ménage : & tout cela se rencontre à point nommé. 1°. Le nom du Roi est composé du même primitif *Med*, qui mesure, qui regle, & du primitif לָהָ, *Lae*, travaux, Arts : 2°. travailler, prendre de la peine : c'est donc le Directeur, l'Instituteur des travaux.

2°. A son nom est joint celui d'*Hésione* ; celle-ci est sa Fille, & elle épouse *Telamon* ; tout cela est juste. Hésione représente les Arts du ménage, ceux qui mettent l'abondance dans l'intérieur de la maison, & c'est ce que signifie Hési-One, la Pourvoyeuse, de עָשָׂה, *Hese*, faire, & הוֹן, *Eon* ou *hon*, biens,

---

(1) Histoire du Calendrier.

DES SEPT ROIS ADMINISTRATEURS. 421

subsistances, &c. Or les Arts du ménage sont Fils des grands travaux de la Campagne : ils en naissent; ils en sont le fruit.

L'Histoire de ce Prince qu'on fait manquer successivement de parole à deux Divinités qui l'en punissent cruellement, ne peut être vraie au pied de la lettre. Ce Prince n'eût été qu'un imbécille, qu'un extravagant : Neptune ne vint point bâtir ses murs, Hercule ne vint point délivrer Hésione : on a certainement voulu représenter par-là les effets des Arts; par ses travaux, une Ville maritime fait servir Neptune ou la Mer à sa force, à son agrandissement, à sa sûreté : par leurs succès, les Arts sédentaires naissent & se perfectionnent : ils sont délivrés des monstres marins ou des Corsaires qui viendroient en ravir les fruits, ou enlever celles qui s'en occupent; & celles-ci ont pour Mari des TEL-AMON; mot-à-mot, *la sûreté la plus grande*; d'אמן, *Aman*, sûreté, & תל, *Tal*, élevé.

Enfin Hercule ou le Tems amene la fin de ces travaux, & alors arrive le regne de PRI-AM, qui signifie, mot-à-mot, עם, *Ham*, récolte, cachette, פרי, *PRI*, des fruits; tems où l'on recueille les fruits : tems où tout est achevé, où on reçoit la récompense de ses soins : où il n'y a plus rien à faire.

Aussi le Royaume est détruit, il n'y a plus de Rois; Priam est le dernier.

A ce Tableau allégorique, on en a joint un second, pour rendre raison de la destruction du premier.

PRIAM, Pere de cinquante Fils, & qui regne au tems de la récolte, a été considéré comme le Roi de l'Automne, comme le Soleil qui finit l'année, qui est accablé sous l'âge, & qui a produit cinquante Enfans, les cinquante Semaines, toujours désignées ainsi dans le style allégorique, comme nous l'avons vu si souvent : son premier nom étoit POD-ARKES, ou aux pieds légers, car sa marche fut toujours rapide.

Il perd la vie lorsque PÀRIS, le beau & brillant Pàris, en qui on ne voit point la force de l'âge mûr, mais l'aménité de la jeunesse à la fleur de l'âge, enleve HÉLENE au vieux Ménélas.

Et cela est exactement vrai dans le sens allégorique. Le brillant Pâris est le symbole du Printems : quand il arrive, la vieille année, le regne du vieux Priam n'est plus. Cependant Pâris a enlevé Hélène, femme de Ménélas : & il ne peut en être autrement, puisqu'HÉLENE n'est autre que la Lune; MENELAS, un des noms du Soleil, le Soleil d'Hiver; & PÀRIS, le Soleil du Printems. Celui-ci enleve la brillante Hélène au vieux mari avec lequel elle étoit auparavant unie. Auſſi Hélène étoit-elle adorée à Lacédémone (1). Auſſi cette eſpèce de leçon Aſtronomique fut-elle toujours repréſentée comme un enlèvement, même chez les Babyloniens, qui imaginerent là-deſſus l'Hiſtoire de Sémiramis aux deux Maris également, l'un vieux, l'autre jeune, qui débuſque le premier en date; Allégorie que nous avons déjà expliquée dans l'Hiſtoire du Calendrier (2).

L'Hiſtoire de Troie ne contient donc aucun fait, aucun trait qui ne ſoit manifeſtement allégorique; & l'enſemble de ces faits, de ces allégories, n'eſt maniſeſtement autre choſe que l'Hiſtoire des Sept Rois allégoriques, qu'un emblême de tout ce qui conſtitue un bon Gouvernement, une ſage adminiſtration.

Voilà donc dans l'Orient trois Peuples qui ſe ſont accordés dans les mêmes idées, qui ont peint les mêmes vues combinées préciſément dans le même ordre; la même Série ſous les mêmes ſymboles, ſous la forme de Sept Princes, dont l'arrangement, les noms, l'Hiſtoire, ſont parfaitement d'accord & à l'uniſſon. Combinaiſon, Hiſtoire cependant qui ſe développent davantage à meſure qu'elles ſe rapprochent. Les Egyptiens nous ont plus appris que les Japonois; & les Troyens, ou les Grecs pour eux, ſont deſcendus dans des détails bien plus conſidérables.

Car, une choſe très remarquable, ce ne ſont point les Troyens qui ont imaginé ces allégories: ce ſont les Orientaux qui ont appliqué toutes ces idées à Troie: jamais ils n'ont cité le moindre Hiſtorien, le moindre Poëte de Troie. Ils ont fabriqué des allégories ſur cette Ville, comme ils en ont fabriqué ſur tout ce qui exiſtoit. Nous pouvons même dire qu'ils n'ont fait que ſuivre à cet égard le génie du ſiècle, celui qui étoit à la mode, puiſque les noms des ſept Princes Troyens ſont abſolument Orientaux, & qu'ils ne peuvent être mieux aſſortis au rôle qu'ils étoient deſtinés à remplir. Ce qui nous ramene à des tems d'une antiquité plus reculée que les Grecs eux-mêmes.

Voilà cependant déjà vingt-un prétendus Rois réduits à une même formule allégorique très-brillante de ſept Princes, répétée chez trois Peuples différens. J'ai perdu ſi de ces vingt-un Princes on peut tirer un ſeul fait hiſtorique qui leur ſoit propre.

Nous poſons en fait que le Lecteur même y auroit tout à perdre, rien à gagner. Eſt-il plus avancé, lorſqu'il croira qu'à Troie il y a eu ſept Princes ſucceſſifs dont l'Hiſtoire eſt abſolument inconnue, & ſur le compte deſquels on

---

(1) Hiſtoire du Calendrier, page 489.
(2) Page 493.

DES SEPT ROIS ADMINISTRATEURS.

ne met que des fables ; ou lorsqu'il saura que leurs noms sont significatifs & fondés sur des fonctions qu'on leur a attribuées, pour représenter tout ce qui compose un Etat bien constitué.

Que Dardanus représente les bases constantes d'un Empire.

Erich-Ton, sa législation.

Tros, sa gloire Militaire.

Ilus, la sage Police.

Gany-Mede, le Culte public & l'Etablissement des Jeux & des Fêtes.

Lao-Médon, la régle des divers travaux de la Société, tandis qu'Hesione dirige ceux des femmes.

Pri-Am, la confection entiere de tout, & la pleine jouissance des heureux effets d'une sage administration.

Je ne sais si je me trompe, mais il me paroît que ceci dit toute autre chose, & est infiniment plus satisfaisant qu'une vaine Nomenclature, qui n'est unie qu'à des Fables extravagantes.

Que sera-ce si nous rapprochons de tout ceci les Traditions Romaines, & si nous prouvons, par le propre témoignage de leurs Historiens, qu'ils ont été jaloux de transmettre toutes ces idées ; & de le faire précisément dans le même ordre que ceux que nous venons de remarquer chez les Egyptiens & chez les Troyens ; en même tems, qu'ils le firent d'une maniere à persuader que ces idées leur étoient absolument propres, & n'avoient rien d'allégorique ?

N'en faut-il pas conclure que ces idées d'une sage administration étoient si profondément enracinées alors dans tous les Esprits, que les Romains ne purent se dispenser de les adopter ?

Observons en même tems que ces idées ne nous ont pas été transmises par tous ces Peuples de la même maniere : les Japonois & les Egyptiens les représentent comme un Tableau de Divinités qui ont regné sur la Terre : les Grecs, comme sept Princes mortels qui ont régné à Troie.

A Rome, il en est autrement ; l'Histoire allégorique de ces sept Princes a été incorporée dans celle de ses Rois : les deux n'en ont fait qu'une ; il n'est question que de les séparer : ce qui ne sera pas difficile, vu la lumière qui nous précède. La Galerie de ces sept Princes n'a rien d'étonnant quand on connoît le Génie allégorique de l'Antiquité : ce qui seroit vraiment étonnant, c'est qu'on ne l'eût confondu nulle part avec une suite de Rois historiques.

L'Histoire allégorique de ces sept Princes confondue à Rome avec celle de ses Rois.

1°. *ROMULUS.*

Le premier des sept Rois de Rome fonda la Monarchie : son nom même tient à celui de Rome : il peut signifier *Roi* ou *Soleil de Rome*, étant composé de *Rom* & de *El*, *Dieu*, *Soleil*.

2°. *NUMA.*

NUMA fut toujours représenté comme le Législateur de Rome : son nom même paroît en venir : il tient à NOM*os*, Loi ; NUM*en*, Divinité ; NEM*us*, forêt : c'étoit un Sage qui étudioit la Nature dans l'ombre des forêts, & qui sortant de-là pour gouverner les hommes, leur donna des Loix dignes d'un Dieu. Son surnom de POMP-ILIUS ne tiendroit-il pas également à la pompe qu'il établit dans le Culte Religieux & dans les cérémonies publiques & sacrées ?

3°. *TULLUS HOSTILIUS.*

Ce troisieme Roi de Rome offre des caractères & des noms d'un tout autre genre. Il nous est représenté comme un grand Guerrier, qui eut toujours les armes à la main, qui étendit considérablement les frontieres de l'Empire, qui détruisit même Albe, cette Rivale de Rome.

Ses noms sont parfaitement assortis à ses qualités. TULLUS signifie élever ; & HOSTILIUS est formé de HOSTIS, Armée : ils désignent donc un grand Personnage qui créa l'Art Militaire, qui forma un Corps de Guerriers redoutables, un Prince qui repoussa les hostilités.

4°. *ANCUS MARTIUS.*

ANCUS MARTIUS nous est représenté comme l'Inventeur de la Police, & comme le Constructeur des Prisons publiques, nécessaires pour renfermer ceux qui violent les régles de la Police, & qui manquent à ce qu'exige la sûreté publique.

C'est Tite-Live qui nous l'apprend : » *Ingenti incremento rebus auctis, quum in tantâ multitudine hominum, discrimine rectè an perperam facti confuso, facinora clandestina fierent, Carcer ad terrorem increscentis audaciæ, mediâ Urbe, imminens foro, ædificatur.* » La Ville & le Peuple s'étant extrêmement accrus,

» accrus, il en résultoit une si grande confusion, qu'on n'étoit plus en sûreté
» contre les crimes qui se commettoient dans le plus grand secret : ce qui
» engagea ce Prince à faire construire dans le centre de la Ville, & pour ef-
» frayer l'audace toujours croissante, une Prison qui dominoit sur la place
» publique ». N'est-il pas remarquable que jusques-là il n'y ait point eu de
Prison à Rome ? il s'étoit écoulé cependant plus d'un siècle depuis sa fondation.
Une chose non moins remarquable, c'est que Denys d'Halycarnasse ait omis
un fait aussi important. Il n'aura pu concevoir qu'il pût être vrai, & il n'aura
pu se résoudre à le rapporter : c'est ainsi qu'on gâte tout, lorsqu'on veut rapporter tout à sa maniere de voir.

Cette Forteresse qui domine la place de Rome ne figure-t-elle pas d'ailleurs
très-bien avec la Forteresse bâtie à Troie par son IVe. Roi, ainsi que Martius est le IVe Roi de Rome ?

Les noms de ce Prince peuvent désigner les mêmes idées ; puisque le
premier peut venir *d'angere*, presser, resserrer, & que le second peut signifier le redoutable, le sévère, le justicier. DENYS d'Halycarnasse dit lui-même
qu'il faisoit bonne justice de ceux qui négligeoient leurs Terres, & qui se
conduisoient mal.

5°. TARQUIN l'Ancien.

Ce cinquieme Roi fit construire le Cirque : il institua les grands Jeux,
les Jeux publics : il est peint également avec un Aigle, qui lui présagea, dit-
on, sa grandeur future. On l'a donc mis en comparaison sous ces divers points
de vue avec le cinquieme de ces sept Rois allégoriques désignés également par
un Aigle, par le Cirque, & par les Jeux publics.

Sa Généalogie & ses noms paroissent fondés aussi sur les mêmes rapports :
il est Etrusque, de Tarquinie ; il se nomme Lucius Tarquin ; il est surnommé
l'Ancien ; Tanaquil est sa femme ; & la quenouille de celle-ci est déposée dans
le Temple d'Hercule : tous faits très-intéressans.

TAR-QUINIE est la Ville de TAR-QUIN : mais QUEN signifie en Etrusque
Roi ; c'est le King des Anglois, d'où QUEN, Reine : TAR, même que TOR,
signifie la lumiere, le jour, Jupiter ; *Tar-Quin* est donc, mot-à-mot, le Roi
du jour, *Dies-Piter*, le seul auquel l'Aigle soit consacré.

Il est aussi nommé Lucius ; mais ce mot tient également à LUX, LUC,
lumiere : auparavant il s'appelloit *Lucu-MON* ; mais MON signifie flambeau,
mot-à-mot, le flambeau lumineux & rayonnant.

Il est appellé l'Ancien, l'ancien des jours, puisqu'il n'y a rien d'antérieur à la Divinité suprême, au Pere des tems & des jours.

Sa femme ne pouvoit être mieux nommée. On sait que TANA en Etrusque signifie Dame, Souveraine : nous avons déjà eu occasion de le voir souvent dans ce Volume. QUIL est le mot Latin CŒL, QUEL, le Ciel : *Cœlia*, la Céleste ; & quelle autre est l'Epouse de *Tar-Quin*, du Roi des Cieux ?

Sa quenouille déposée dans le Temple d'Hercule ou du Soleil, nous ramene également à la quenouille de JUNON Argienne, ou Reine du Ciel, peinte avec la quenouille ; elle nous ramene à celle d'Omphale, & à Hercule qui filoit à la place de cette Reine, & pour lui plaire ; allégories sublimes dont le développement nous meneroit trop loin.

Enfin, quel autre Prince que le Roi du Ciel fonda le Cirque céleste & ces grands Jeux qu'on imita à Tyr, dans la Grèce, à Rome même, & dont on attribuoit également l'Institution à Hercule, puisqu'il étoit le Soleil, le Roi du Monde. Ce Cirque & ces Jeux représentoient d'ailleurs les tems & l'harmonie qui règlent toutes choses.

6°. *SERVIUS TULLIUS.*

A mesure que nous avançons, les rapports augmentent & deviennent plus lumineux. Le sixieme de ces Princes ne pouvoit avoir un nom plus consolant : il signifie également *l'Esclave élevé*, ou *celui qui éleve les Esclaves* : son Histoire s'accorde avec ces deux significations. Il étoit né, disoit-on, dans l'esclavage : des prodiges annoncèrent sa gloire future : il fut élevé dans le Palais du Roi & de la Reine, qui le prirent en amitié, lui firent épouser leur fille TARQUINIE, & le destinerent à être leur Successeur.

Dès qu'il fut Roi, se souvenant de son état primitif, il ne négligea rien pour adoucir le sort des Esclaves, auxquels jusqu'alors, disent les Historiens, on n'avoit fait aucune attention. On comprehoit donc parfaitement que dans un Gouvernement bien réglé, il falloit des Loix relatives aux Esclaves: & on les attribua au sixieme Roi ; à celui qui correspondoit au sixieme Roi de Troie, sous le regne de qui Apollon lui-même s'étoit fait l'Esclave d'Admete, & gardoit ses Troupeaux.

Servius fit en même tems construire des Chapelles en l'honneur des Dieux des Carrefours, & il ordonna que les Esclaves en seroient les seuls Prêtres : il fit plus, il incorpora le premier, dit-on, les Affranchis dans les Tribus des Citoyens.

Il nous eſt d'ailleurs repréſenté comme ayant réglé les diverſes Claſſes des Citoyens.

Enfin, comme Oſiris, le ſixieme de la Série Egyptienne, il eſt mis à mort par ſon Succeſſeur ; & comme *Lao-Medon*, le ſixieme de la Série Troyenne, il perd la vie à l'occaſion de ſa propre fille. Tullie, qui fait paſſer ſa voiture ſur le propre corps de ſon Pere ; trait odieux d'une ſcène d'horreur qui ne me paroît vraie que dans le ſens allégorique. Comment une fille, une Princeſſe, auroit-elle jamais pu ſe rendre coupable d'une action auſſi déteſtable ? Comment les Romains euſſent-ils-pu obéir à une Souveraine auſſi infâme, auſſi ſcélérate ?

7°. *TARQUIN le Superbe.*

Enfin Tarquin le Superbe vient terminer cette liſte ſinguliere.

S'il ne devient Roi comme Typhon & comme Priam qu'après le meurtre de ſon prédéceſſeur, il poſe en même tems la derniere main à l'édifice par la fondation du Capitole, qui eſt comme le centre de l'Etat, ſon Chef-lieu, ce lieu haut qui doit élever la gloire de l'Empire juſques aux Cieux, & qui doit prévenir à jamais ſa diviſion.

Ayant ainſi terminé ce qui a rapport au Gouvernement, il n'a point de ſucceſſeur, mais il eſt chaſſé à cauſe de ſes fureurs, de ſa tyrannie, & parce que ſon fils Sextus avoit ravi l'honneur de Lucrece.

Tarquin perd donc ſon Royaume comme Priam pour une faute commiſe par ſon fils, & préciſément de la même nature : l'accord ne peut donc être plus parfait.

Les noms de Lucrece & de Sextus ne peuvent être également plus convenables : on retrouve la lumiere dans le nom de Lucrece ; & dans Sextus, qui ſignifie ſix ; le Soleil du Printems qui enléve ſon épouſe au vieux Soleil d'hiver & qui domine ſur ſix mois. On me demande, & de Collatinus le vieux mari, qu'en faites-vous ? Cela eſt juſte, je ne dois pas l'omettre. Lat ſignifie contrée, nous l'avons prouvé : *COL-LATinus*, celui qui regne ſur la même contrée : en effet ces deux maris, l'un jeune, l'autre vieux, régnoient conſtamment ſur les mêmes Etats.

L'accord entre toutes ces ſuites de ſept Rois ne peut donc être plus ſenſible & plus complet ?

DES SEPT ROIS ADMINISTRATEURS.

Sept Rois de chaque côté.

ROME.	EGYPTE.	TROIE.
Rom*ulus*, Fondateur.	Vulcain,	Dardanus, Fondateurs.
Numa, Législateur.	Apollon,	Erichton, Législateurs.
Hostilius, Guerrier.	La bonne Fortune,	Tros, Guerriers.
Martius, la Police, Forteresse.	Serapis,	Il*us*, Justiciers & Forteresses.
Tarquin, l'Aigle, les jeux.	Pan,	Ganymede, règlent les jeux.
Servius & Tullie, rangs des Citoyens.	Osiris & Isis,	Laomédon & Hésione, } les Arts.
Tarquin le Superbe, perd le Royaume pour le rapt de Sex*tus*.	Typhon le Superbe, foudroyé par les Dieux.	Priam perd le Royaume pour le rapt de Pâris.

Le rapport est d'autant plus grand qu'il n'est aucun des Noms des Rois de Rome qui ne soit parfaitement assorti au rang qu'il occupe dans cette Série, au point que lors même que nous n'aurions eu aucun détail sur leur administration & sur leurs régnes, nous aurions pu dire par la seule force de leurs noms & sans être taxé de nous abandonner à des étymologies arbitraires, obscures, forcées, où l'on voit tout ce qu'on veut, que *Numa Pompilius* étoit un Législateur, *Tullus Hostilius* un Guerrier, *Ancus Martius* un Constructeur de forteresses, un Juge sévere; *Tarquin* un fondateur de jeux, &c. précisément de la même maniere que les noms des sept Rois d'Egypte & ceux des sept Rois de Troie sont assortis à ces mêmes idées; même avec plus de facilité & d'évidence, au moyen, ce qui n'est pas moins étonnant, de leur double nom toujours assortis aux mêmes combinaisons : ce qui ne peut avoir été l'effet du hasard; mais celui d'une réflexion profonde.

Durée de ces sept Rois.

Ce ne sont pas les seuls objets de réflexion qu'offre cet ensemble de sept Rois : il en est de même de la durée qu'on leur assigne à Rome : on sait qu'elle est de 245 ans, durée monstrueuse, double de ce qu'elle devroit être, & contre laquelle se sont élevés tous les Chronologistes raisonnables.

Mais ils n'ont pas vu qu'elle avoit été calculée d'après coup, par des nombres allégoriques qui donnent exactement cette suite d'années ni plus ni moins, sans qu'on en doive ôter la plus petite portion possible.

DES SEPT ROIS ADMINISTRATEURS.

Pour cet effet, il faut se rappeller que les Romains comptoient les années par lustres, & que ceux-ci étoient un espace de cinq ans.

Or, si on multiplie le nombre de sept, sacré chez toutes les Nations, & qui forme la Série des Rois, par cinq, nombre sacré des Romains, on aura 35 ans pour la durée de chaque régne; ce qui multiplié par sept, donne exactement 245 ans pour la durée des sept Rois. $5 \times 7 = 35 \times 7 = 245$.

C'est de la plus grande exactitude, comme on voit, rien n'y manque; & ceux qui ont élevé des contestations sur ces calculs, n'y entendoient rien, du tout rien. Les Historiens Romains avoient très-certainement raison: c'est 245 ans.

Harangues inventées après coup.

Une autre remarque qui n'est point de nous seuls, mais que de Savans hommes ont faite avant nous, c'est l'étonnement où l'on est en comparant cette Histoire telle qu'elle est dans Denys d'Halycarnasse, avec le peu que nous en dit Tite-Live. Ce premier, bavard comme les Grecs, entre dans des détails inconnus jusques à lui : sur-tout grand faiseur de Harangues, il n'en épargne aucune : c'est la quintessence de toute la Rhétorique Grecque transportée chez les sauvages & farouches habitans du Latium ; toute l'élégance & l'urbanité des Peuples amollis de la Grèce, attribuée à des hommes de fer. Est-ce là ce qu'on doit appeller écrire l'Histoire ? N'est-ce pas plutôt vouloir faire de l'esprit à quelque prix que ce soit ; &, comme un Traducteur de Démosthène, vouloir que ses Héros ayent absolument de l'esprit (1)?

Ce qui résulte de fâcheux d'une pareille méthode, c'est qu'en voyant manifestement que ces prétendues harangues sont faites pour les faits historiques qu'on rapporte, on est fort tenté d'avoir peur que les faits historiques n'ayent été amenés là pour faire briller Messieurs les Harangueurs ; que ceux-là n'ayent été un beau champ inventé tout exprès afin qu'on admirât l'imagination de ceux-ci à nulle autre semblable.

SOLUTIONS.

Rassurons cependant nos Lecteurs : ils craignent peut-être que nous ne leur ôtions d'un coup de filet tous ces Rois de Rome, ainsi que nous avons cherché à prouver que Romulus étoit un Roi allégorique. Mais nous ne sommes

---

(1) Chacun connoit ce bon mot de RACINE au sujet de la Traduction de Démosthène, par TOURKIL : » Le bourreau ! il fera tant qu'il donnera de l'esprit à Démosthène ».

pas à ce point ennemis de l'Histoire. Voici donc ce que nous croyons qui est arrivé.

Il aura existé en effet six Rois à Rome, à commencer par Numa : les Historiens en auront fait un septiéme en prenant Romulus pour un Roi historique.

Ce Romulus d'ailleurs se trouvoit dans les Livres Liturgiques composés pour l'instruction du Peuple ; il s'y trouvoit à la tête d'une Série de sept Rois relatifs à une bonne administration, communs à toute Nation civilisée, & qui se terminoit par le septiéme, puisqu'alors tout étoit accompli : & à cette Série, on avoit joint comme chez tous les Peuples l'Histoire du renouvellement de l'année sous l'emblême du fils du dernier Roi ravisseur d'une belle femme.

Dans la suite des tems, les Historiens qui avoient perdu de vue tout ce qui avoit rapport aux Allégories, crurent faire merveille en confondant les sept Rois allégoriques avec les six Rois historiques devenus sept par l'addition de Romulus : des deux Séries ils n'en firent qu'une : dès-lors cette Histoire fut un mélange de vérités & d'allégories qui a toujours fait de la peine aux meilleurs esprits, sans qu'on pût en trouver la raison.

Par notre méthode, tous ces embarras disparoissent : en ôtant de l'Histoire des Rois de Rome ce qui n'est pas historique, ce qui est relatif au tableau des sept Rois allégoriques & à leurs fonctions, de même que cette durée de 245 ans qui n'est qu'une formule, une combinaison de deux nombres sacrés, cinq & sept, ce qui restera sera l'Histoire réelle des six Rois de Rome, non compris Romulus ; de Romulus lui-même si on veut, ou si on lui trouve quelque caractère historique : cependant il vaudroit mieux qu'on nous l'abandonnât entierement ; car ce rapport de sept des deux côtés, deviendroit furieusement suspect : il rendroit bien difficile tout accommodement, joint au rapport étonnant des noms.

Quant à nous, nous n'avons nul intérêt à la chose : qu'il y ait eu à Rome des Rois ou qu'il n'y en ait point eu : qu'ils ayent été au nombre de six ou de sept, cela nous est en soi-même très-indifférent ; & nous avons assez de brillantes allégories à expliquer sans en faire naître de forcées, qui loin de servir à nos vues, gâteroient tout. Ce que nous en avons fait, est la suite de notre respect même pour l'Histoire & pour ceux qui n'y cherchent que la vérité. Nous n'avons pu qu'être frappés du rapport étonnant qu'offroit celle des sept Rois de Rome avec ceux de tant d'autres Nations : notre amour pour la vérité a donc dû nous porter à chercher jusques à quel point s'étendoient ces rapports & quelle en avoir pû être la cause : nous avons démontré les uns, autant que des choses de cette nature peuvent l'être : nous en avons indiqué les causes : nous en avons même donné une solution qu'on n'attendoit certainement pas de nous & qui concilie tout : notre tâche est donc remplie : ce sera au Public à décider de la maniere dont nous l'avons fait : mais quelle que soit sa décision, nous le prions d'être bien persuadé, que ce n'est point l'amour du paradoxe ni du merveilleux qui nous a jeté dans cette discussion : que nous avons même été tenté de la supprimer, quoique nous l'eussions annoncée, pour ne pas encourir ce reproche : & que ce qui nous a déterminé enfin à donner cours à ces rapprochemens, ce sont les avantages qui en résultent pour la vraie connoissance de l'Antiquité. On y voit jusques à quel point l'allégorie étendit ses influences, comment on la confondit avec l'Histoire, & avec quelle simplicité on peut rétablir l'état primitif des choses & séparer au profit de la vérité, des objets qui sembloient inséparables & dont l'union monstrueuse l'offusquoit étrangement.

Réponse à une Objection qui a été faite.

Ceci ne satisfait pas entiérement : on voudroit que nous abandonnassions les explications que nous avons données des noms des Rois ; car si ces noms sont allégoriques eux-mêmes, que sont devenus les noms des vrais Rois Historiques ? Ce qu'ils sont devenus ? mais seroit-ce à nous à le chercher ? d'autant plus qu'en abandonnant le rapport de ces noms avec leurs objets, nous les privons d'un de leurs plus grands avantages. Cependant pour n'avoir pas l'air d'éluder la question, ce qui ne seroit nullement dans nos principes, voici ce qui sera arrivé : dans la réunion violente des six Rois historiques avec les sept Rois allégoriques, les noms de ceux-là auront subi nécessairement quelque secousse, quelqu'altération au moyen de laquelle les deux suites n'en auront formé qu'une seule : ceci est d'autant plus vraisemblable, que nous en trouvons des traces manifestes dans cette Histoire même. On nous dit, par exemple, que Tarquin l'Ancien s'appelloit auparavant Lucumon ; & que Servius Tullius n'eut ce premier nom qu'à cause qu'il étoit né dans l'esclavage : voilà donc des noms pris ou donnés par allusion.

Une autre observation importante, c'est que, selon OVIDE, (Fast. liv. VI.) Servius étoit le septieme Roi de Rome ; on comptoit donc TATIUS avant Numa. Mais celui-ci fut sacrifié au nombre *sept*.

Il ne seroit donc pas étonnant qu'on eût sacrifié également quelques noms : ceci étoit bien autrement aisé. Nous pourrions indiquer d'autres listes où en faveur de ce même nombre sept on a sacrifié & noms & personnages, quel qu'en ait pû être le motif.

L'essentiel pour nous, est que les sept noms conservés peignent sans effort ce à quoi ils furent destinés : & c'est tout ce qu'on peut nous demander.

Il se pourroit même qu'on eût donné un double nom aux Rois de Rome, relativement à la double liste dont nous parlons.

SEPT CONSEILLERS.

Les Anciens étoient tellement persuadés que toute administration devoit procéder par sept, qu'ils avoient établi sept places de Conseillers pour chaque Roi, & ils les appelloient leurs Amis, leurs Fidelles.

Cet usage étoit en vigueur à la Cour des Rois de Perse. Ce sont ces sept Conseillers qui massacrerent le faux Smerdys, usurpateur de la Perse, & dont l'un eut ce Royaume en partage, le célèbre Darius fils d'Hystaspe.

C'est par le même esprit que l'Election des Empereurs d'Allemagne fut remise à sept Seigneurs, aux sept Electeurs choisis entre les Princes les plus puissans de l'Allemagne.

C'est là-dessus qu'a été arrangé le vieux Roman des sept Sages de Rome, dont on a donné une notice dans la premiere année de la Bibliotheque des Romans.

ROMAN DES SEPT SAGES.

Ce nombre sept qui avoit fourni un jeu aux Egyptiens, une galerie de Rois aux anciens Peuples, une formule générale pour les Sciences, ne parut pas moins propre en effet pour un Roman ; & ce Roman fut très-ancien : imaginé, dit-on, aux Indes par SANDABER, il passa chez les Latins sous le nom de *Dolopatos* : il fut traduit en vieux François par HEBERT sous le regne de Louis VIII. Les Italiens en ont fait *Eraste* ou les sept Sages de Rome. Ce fut une source inépuisable de contes adaptés aux mœurs & aux usages de chaque Nation, ou même au génie de chaque Conteur.

On suppose un jeune Prince qui est confié aux soins de sept Philosophes : il n'est question que de sa beauté, de son génie, de ses connoissances. Sa belle-mere en est enivrée, elle lui fait des avances mal reçues : elle irrite donc contre lui l'Empereur son Pere : cependant le jeune Prince a lu dans les Astres qu'il devoit être sept jours sans parler pour éviter les plus grands malheurs. Ce Prince si éloquent est donc un muet stupide : c'est un nouveau
crime

crime pour lequel on l'enferme dans une noire prison : & pendant ce tems-là, l'Impératrice & chacun des sept Philosophes, font tour à tour à l'Empereur des récits de toute espèce ; l'une pour le porter à se venger ; les autres, pour l'engager à suspendre la punition de son fils : enfin les sept jours de silence s'étant écoulés, le prétendu coupable se fait entendre, le crime de la marâtre est reconnu, & tout rentre dans l'ordre. Dans ce Roman, on suppose aussi que le Consistoire de Rome ou Sénat Romain au quatrieme siècle, étoit composé de sept Sages, qui faisoient battre de verges dans la Ville quiconque avoit été arrêté dans les rues après qu'on avoit sonné la retraite ou le couvre-feu.

SEPT dans l'EGLISE Primitive.

C'est dans le même esprit également, que l'Eglise Primitive nous offre le nombre de SEPT dans les sept Anciens ou Diacres établis par les Apôtres : & dans les sept Eglises auxquelles écrivit S. Jean. Ce nombre sept domine également dans l'Apocalypse.

L'Eglise l'a conservé dans les VII Sacremens, les VII Pseaumes Pénitentiaux, les VII Vertus, les VII Péchés mortels, &c.

Les Chronologistes eux-mêmes n'ont-ils pas divisé le Monde en VII Ages?

Les Prêtres Albigeois, entr'autres cérémonies, récitoient SEPT *Pater* sur un mourant avec le commencement de l'Evangile selon S. Jean.

Cette SÉRIE venue des Tems PRIMITIFS.

Un respect aussi étendu, une formule aussi universellement reçue, prit sa naissance dans le Monde Primitif, dans celui dont nous retracerons l'Histoire, & qui précéda tous les Peuples connus. Ce furent ses Législateurs qui ouvrirent cette carriere à tous les autres ; ceux-ci n'eurent qu'à conserver & à imiter.

Ces Législateurs eux-mêmes, où avoient ils puisé ces belles & intéressantes idées ? certainement dans tout ce qu'ils voyoient, dans la contemplation de l'Univers, appuyée de l'harmonie de ce nombre simple, mais divisible en tierces, quartes, quintes, sources de toute harmonie. Peut-être, dans des connoissances plus profondes sur la nature des nombres, qui ont chacun leur district séparé. Peut-être, dans un Tradition sublime, qui avoit tracé un accord merveilleux entre le Monde Physique & le Monde Intellectuel ; surtout dans les sept Dieux ou Esprits Modérateurs de l'Univers, qui, sous la protection du Dieu Suprême, dirigeoient les sept Planettes.

Les sept Dieux Protecteurs des jours, distribués dans le même ordre.

Un rapport bien digne d'attention, & qui acheve de démontrer avec quelle harmonie les Anciens procédoient dans toutes sortes de choses, c'est que les jours de la semaine sont arrangés de maniere que leurs Divinités Patrones forment exactement la même série des sept Esprits Administrateurs, & précisément dans le même ordre.

Les deux grandes Planettes ouvrent la marche ; le Soleil, la Lune ensuite.

Le Soleil, premier jour, est mot-à-mot, QUIR-INUS, le Roi du Cirque, l'œil de la Ville, ou ROM-ULUS, le Prince de la lumière élevée : c'est le Fondateur de l'Empire ; car sans Soleil, que deviendroit le Monde physique ?

La Lune, second jour, la même qu'Isis, ou Cérès, Législatrices. Elles répondent parfaitement à cette Nymphe EGERIE qui enseigna à Numa tout ce qu'il devoit faire pour établir une sage Législation.

Mars s'avance à leur suite : il peint donc cette Milice redoutable qui fait la sûreté de l'Empire : peut-il mieux répondre à Tullus-Hostilius ?

MERCURE préside au quatrieme jour : c'est le Dieu de l'éloquence ; c'est lui qui par son art enchanteur termine les dissensions, & qui, le caducée en main, établit une bonne Police, maintient la paix.

Au cinquieme jour, est Jupiter avec son Aigle ; ici l'accord ne peut être plus frappant : on diroit que chaque Peuple a eu peur de s'en trop écarter : chez les Japonois c'est *Tono-Tsi*, le Puissant des Dieux, le *Maximus*, l'*Omnipotens* de tous : chez les Egyptiens, le Maître de la Nature universelle : chez les Troyens, Gany-Méde avec son Aigle : chez les Romains ; Tar-Quin ou le Roi du jour, avec un Aigle qui lui annonce sa grandeur future.

Au sixieme jour, une Femme, comme en Egypte, comme à Troie, comme à Rome ; Vénus symbole de la fécondité des Citoyens dont la naissance régle les Rangs.

Au septieme, SATURNE, qui, ainsi que Typhon, que Priam, que Tarquin, s'éleve sur les ruines de son Prédécesseur ; qui, aussi coupable qu'eux, puisque Typhon avoit fait périr son Frere, Tarquin son Beau-Pere, mutile lui-même le Ciel son auguste Pere ; & qui semblable à eux, perd également son Empire.

Ainsi tandis que les Anciens disposoient les jours sur les Planettes arrangées de quatre en quatre, leurs Divinités Patrones se trouvoient également disposées sur le modéle des sept parties constitutives de tout Gouvernement : ils offroient également le Tableau des sept Esprits Administrateurs.

Cette Série fondée sur les VII. Esprits Chefs des Chœurs Célestes.

Ceux qui étoient persuadés que le Monde physique n'étoit qu'une allégorie, qu'un emblême du Monde intellectuel, donnoient de leur côté à la série des sept Rois Administrateurs, l'origine la plus auguste, une origine toute Divine. La Divinité qui a imprimé par-tout l'harmonie septenaire, voyoit déjà autour de son Thrône les sept Esprits Célestes, les sept Archanges qui président sous elle à toutes les nombreuses bandes des Intelligences Angéliques : tel fut, selon eux, le type harmonieux d'après lequel fut disposé tout ce qui est matériel : telle fut la source des couleurs admirables qui font la gloire de la Nature, de ces globes qui volent sur nos têtes, de cette marche singuliere de la Lune qui trace, en caractères de feu, les jours, les semaines & les mois sur la voûte Céleste ; de cette harmonie qui régle tout avec une simplicité & une fécondité étonnantes : tel le Créateur peignit à nos yeux étonnés l'harmonie Divine : tel fut le télescope à travers lequel ces Sages apperçurent les rapports étonnans & l'origine nécessaire de tous ces objets merveilleux.

Ces Idées perdues de vue aujourd'hui.

Quoi qu'il en soit, il est incontestable que les Modernes, pour s'éloigner des abus qu'on voit chez les Anciens à l'égard des nombres, se sont jettés dans une extrémité opposée, & ont trop négligé l'usage qu'en fit l'Antiquité, & les avantages que nous pourrions en retirer. Peut-être ces objets se rétabliront-ils dans leur état primitif avec un plus grand succès, à mesure que nous nous rapprocherons nous-mêmes des tems primitifs, & de leur belle & noble simplicité.

AVERTISSEMENT
SUR LES TROIS PIECES QUI SUIVENT.

AU commencement de l'année derniere, M. de la Br. inséra dans le Mercure de France une Critique très-ingénieuse contre les Explications de l'Antiquité qui consistent dans les étymologies des Noms propres : explications en général trop vagues, & nullement utiles quand elles ne portent que sur des étymologies. Mais comme cette Critique sembloit relative aux grands Principes du Monde Primitif, deux Savans s'empresserent à parer le coup.

M. Pr. fit paroître le premier sa Réponse dans le Journal de-Paris.

Celle de M. de la D. fut insérée bientôt après dans le Mercure de France.

Nous avons cru devoir réunir ces trois Pièces sous un même point de vue: elles sont d'ailleurs écrites de maniere à se faire lire avec intérêt.

Nous rappellerons en même tems ici à nos Lecteurs qu'ils auront vu dans le Discours préliminaire de notre Tome VII. qui parut alors, les détails dans lesquels nous entrâmes, afin qu'on pût distinguer toujours les vraies explications de l'Antiquité de celles qui ne reposent que sur de simples étymologies, ou plutôt sur de seuls rapports de noms ; & pour empêcher qu'on confondît avec notre marche ordinaire, celle des personnes qui se livreroient trop à celle-ci.

LETTRE
DU F. PAUL, HERMITE,

Insérée dans le Mercure de France, mois de Janvier, Samedi 29, 1780.

Monsieur,

M. Court de Gébelin & M. Dupuis sont deux Savans distingués par leur sagacité & leur savoir immense ; j'estime leur érudition, j'honore leurs personnes, & je respecte infiniment les mœurs pures qu'exige une vie consacrée à des Etudes aussi constantes que laborieuses : ainsi ce n'est point d'eux dont il est question dans la Lettre suivante ; mais d'un de leurs Disciples. Il m'a dit des choses si étonnantes, que j'en suis encore tout pénétré, & que depuis l'entretien que j'ai eu avec lui, je suis resté sous le charme de l'enthousiasme.

Il m'a fait connoître l'origine de tous les Peuples & de tous les usages ; il m'a démontré qu'aucun des Personnages de l'Antiquité n'avoit existé ; qu'aucun des faits transmis par l'Histoire n'étoit arrivé ; que tous les Livres des anciens n'étoient que des recueils d'Enigmes ; que tous les évenemens qu'ils ont rapportés n'étoient que des allégories ; que *Cecrops* signifie œil rond de la Terre ; ce qui prouve que ce Roi Athénien n'a jamais existé ; que ce n'est qu'un emblême du Soleil : que le Roi *Menès* en Egypte, le Roi *Minos* en Crète, le Roi *Mon* en Phrygie, le Roi *Mannus* en Germanie, sont tous des Personnages allégoriques, parce que dans une Langue qu'on n'a jamais parlée dans aucun de ces Pays-là, le mot de *Man* veut dire flambeau : ce qui démontre que tous ces Rois ne sont autres que le Soleil même. J'ai voulu d'abord alléguer qu'en Germanie, en Angleterre & dans tout le Nord, *Man* signifie homme, & non flambeau : que de-là, Nor-Man, Norman, homme du Nord : il m'a répondu que *Janus* étoit le Soleil ; qu'il avoit épousé

Carmenta, mot dérivé, non de *Carmen*, comme on l'avoit cru, mais de *Carne*, qui vient de *Car*, cornu, & de *Men*, flambeau; qu'il étoit clair que le mariage de *Janus* avec Flambeau Cornu, n'étoit autre chose que le mariage du Soleil avec la Lune.

Je lui dis que je trouvois l'étymologie aussi vraie que le mariage: frappé de ma conception, il ajouta qu'*Enée* étoit encore le Soleil, tout aussi bien qu'Hercule; que ses douze Travaux étoient les douze Signes du Zodiaque. En vain, Monsieur, j'ai voulu faire quelques objections; l'étendue de son savoir m'a fait taire, & la profondeur de son jugement a confondu le mien.

Plein de ces grandes idées, admirant ce travail prodigieux, méditant sans relâche sur ce Système, j'en ai senti toute l'importance; j'ai même fait quelques réflexions qui viennent à l'appui de ces grandes découvertes, & qui achevent d'en démontrer la vérité, au point de ne pas laisser le moindre doute à l'incrédule le plus décidé.

Permettez-moi de vous en faire part; je ne remonterai pas bien haut.

Toute l'Histoire du dix-huitième siècle est évidemment une allégorie; l'Antiquité même n'en fournit point de plus sublime.

Pour la pénétrer, attachons-nous à la véritable signification des mots; & nous connoîtrons bientôt la finesse du génie des Savans qui ont composé cette allégorie sous le nom d'Histoire, & qui ont désigné tous les Phénomènes de la Nature sous des emblêmes héroïques: car les Savans de ce tems-là vouloient cacher aux Peuples la sublimité de leur Doctrine, afin de les mieux éclairer, & de se rendre plus utiles.

Ils nous disent que la plûpart des Rois de l'Europe descendoient de la Maison de Bourbon, de celle d'Autriche ou de celle de Holstein. Pour peu qu'on soit instruit des Langues de ce siècle, on est frappé de la ressemblance de ces noms avec des objets terrestres; & l'on voit bientôt ce qu'ils signifient.

La plus célèbre des Maisons, celle dont la domination est la plus étendue en Europe & dans tout le Globe, est, disent-ils, celle de Bourbon: mais ce n'est point là un nom d'homme, un nom de Famille; c'est un nom allégorique qui enseigne que les plus grands Rois de la Terre, comme le reste des humains, sont formés de limon, de fange, d'argille détrempée avec un peu d'eau: car dans l'ancienne Langue des Francs, c'est ce que signifie ce vieux mot dont on a fait depuis Bourbon. Je ne crois pas qu'il soit possible de trouver une allégorie plus morale & plus conforme à la Nature de l'homme. Aussi les Savans de ce tems-là avoient-ils eu le bon sens d'affirmer que tel étoit le nom de la Famille la plus ancienne & la plus nombreuse des Rois de l'Eu-

LETTRE DU F. PAUL, HERMITE.

rope, du Méxique, du Pérou, d'une partie de l'Afrique, des Indes, & des Isles de l'Asie.

C'est avec la même évidence que je vous démontrerai que les Rois des Isles de l'Ouest, vulgairement nommées Isles Britanniques, ne sont point issus originairement de la Maison d'Est. Ce n'est qu'une allégorie qu'on a imaginée pour montrer à ces fiers Insulaires, sans blesser leur orgueil, qu'ils tirent leur origine de l'Est, du continent qui est à l'Est de leurs Isles ; & cette allégorie étoit d'autant plus nécessaire que ces Insulaires, Enfans très-ingrats, n'ont jamais pu souffrir les Peuples dont ils descendent.

La Maison qu'on appelloit Autriche, ou plutôt *Austria*, s'étendoit, disent-ils, de la Mer Noire à l'Océan ; mais elle avoit régné en Espagne, en Italie, en Sicile ; elle avoit pensé anéantir la Maison de Bourbon. Voilà encore une allégorie bien frappante : *au* n'est qu'un article, une préposition, qui marque le lieu ou le tems, *à* telle époque, *à* tel endroit, *au* jour, *au* Pays. *Stria* vient plus évidemment encore du mot Latin *striare*, *strier*, faire des raies, fendre, séparer, éparpiller. *Austria*, *Autriche*, signifie donc au tems de l'éparpillage, de la séparation. Toute la rivalité de cette Maison, toutes ses guerres avec la Maison de Bourbon, ne signifient rien, si ce n'est qu'après que les hommes furent sortis de la fange dont ils étoient formés, ils se répandirent, ils s'éparpillerent dans toute l'Europe, & qu'ils foulerent aux pieds ce limon dont ils étoient formés.

Les Railleurs ont beau contester ; quand on trouve tant de faits qui viennent à l'appui les uns des autres, sur-tout lorsqu'ils se suivent ainsi, & que l'allégorie est juste dans toutes ses parties, il faut finir par se rendre à l'évidence, & par céder à la foule de preuves dont on se sent accabler.

Ce qui acheve de porter ce que j'avance jusqu'à la démonstration, c'est la place que les Savans ont assignée à la Maison de Holstein.

Il ne faut pas être bien instruit pour savoir que Hol vient de Houle, & que stein dérive ou de *star*, en Latin, ou de *stad* en Anglois, qui se traduisent par arrêter, demeurer : ou qu'il vient de *stand*, rivage, ou même de *stein*, pierre, en Allemand. Holstein signifie donc, Houles de la Mer, arrêtez-vous ; comme *solstice* signifie, Soleil, arrête-toi. Aussi les Savans nous disent-ils que cette Maison régnoit vers le Nord, dans cet endroit où une invasion de l'Océan avoit formé la Mer Baltique, les Golphes de Finlande & de Bothnie, & peut-être les Lacs d'Onéga & de Ladoga. Vous voyez bien que dans le dix-huitieme siècle les Savans cachoient sous les emblémes historiques tous les Phénomènes de la Nature.

Ils avoient aussi l'usage de désigner les talens & les révolutions par des emblêmes. Veulent-ils faire entendre que la Terre fleurit par une bonne administration ? ils disent que le Ministre de la Maison de Bourbon s'appelloit Fleuri. Veulent-ils désigner l'attention qu'on doit apporter à choisir un Ministre dans des tems difficiles ? ils disent que ce Ministre se nommoit Choiseul.

Les Fables se répandent comme l'eau sur la Terre : ils ont appellé leur Fabuliste *la Fontaine* : le Génie du Théâtre tragique a été représenté sous l'emblême d'un oiseau qui parle lentement ; il l'ont nommé *Corneille*. Le goût ne vole point, il germe, il fleurit quand on le cultive ; ils ont marqué ces qualités sous le nom de *Racine*. Le mot de *Liesse* ou de *Lierre* indique la joie : le Génie de la Comédie sera donc Molière. Une grande révolution s'opère-t'elle dans les idées ? ils l'attribuent à Newton ; c'est-à-dire, nouveau ton, nouvelle manjere de s'énoncer. C'est ainsi que le tems où les idées étoient brouillées, où on les développoit mal, où les erreurs philosophiques combattoient les erreurs populaires, avoit été désigné par un emblême très-juste, & s'étoit appellé *Descartes*.

Pour montrer qu'un Général doit être le Boulevard de sa Nation, ils vous assurent que leur plus grand Général s'appelloit *Rocher, Saxum, Saxe*. Voilà comme l'Histoire du dix-huitieme siècle n'est évidemment qu'une allégorie pour tout homme qui connoît les Langues, & qui pénétre la véritable signification des mots.

Ce ne sont pas quelques faits isolés, c'est l'Histoire entière qui le prouve. Plus on approfondira cette matiere, plus on en sera convaincu. La Religion, la Prédication réforment les cœurs & ouvrent le Ciel : c'est le Pere *Neuville* & le Pere *Elisée* qui prêchent ; vous voyez bien que ces gens-là n'ont jamais existé. C'est ainsi que l'on nous prouve que *Romulus*, en Italie, dérive du mot Grec Ρωμη, robur, force, & que *Numa* vient de Νομος, Lex, Loi ; qu'ils ne sont que des mots allégoriques, & qu'ils ont trop de rapport avec les vertus qu'on attribue à ces deux Rois, pour qu'ils soient effectivement leurs noms. C'est avec un tel argument que je vous démontre qu'*Aristote*, qui vient du Grec Αριςος, *optimus*, très-bon, n'est qu'un Personnage idéal ; car quel homme s'est jamais appellé *Très-bon* ?

Une preuve encore plus frappante que toutes celles que je vous ai données, c'est la sublime allégorie du Roi & des douze Pairs de France. Ils représentent plus évidemment le Soleil & les douze signes du Zodiaque, que la Fable d'*Hercule* accomplissant ses douze Travaux, ou que celle d'*Enée* passant de Phrygie à Carthage, en Sicile, au bord du Tybre. On trouve les six caractères

tères du Soleil dans Enée: on nous prouve que la syllabe *Her* veut dire Soleil; mais dans le nom de *Louis*, je trouve à la fois le nom & le caractère de cet Astre. Lisez ce nom à rebours; en supprimant la troisieme & la quatrieme lettre, vous trouverez *Sol*: c'est bien le nom Latin dont nous avons fait Soleil.

Non-seulement, Monsieur, dans ce nom de *Louis*, il y a ce grand caractère, mais on y trouve aussi le mot de *Lois*, parce que le Soleil qui dispense au Monde les jours & les Saisons, semble être le Législateur de l'Univers. Ce n'est donc point le hasard qui a rassemblé toutes ces grandes idées dans un mot qu'on nous donne pour un nom d'homme, & qui est l'emblême du Pere de la Nature.

Les douze Pairs sont les douze signes du Zodiaque: la preuve en est qu'il y en a six Laïques & Militaires, représentant les signes d'Eté, pendant lesquels les hommes font la guerre & cultivent les champs; & six Ecclésiastiques & Célibataires, représentant les signes d'Hiver, pendant lesquels la Nature cesse d'être productive & animée. Peut-on voir rien de plus juste? Et que sont auprès de ces allégories, celles *d'œil rond* & de *flambeau cornu*?

Vous savez, Monsieur, qu'un Savant du siècle passé avoit donné aux douze signes du Zodiaque le nom des douze Apôtres, à la Constellation d'Andromède, le nom de la Vierge Marie. Tout son planisphère étoit tiré de la Légende. Cette idée pieuse a été rejettée par toutes les Académies de l'Europe, & n'en est pas moins bonne.

Ce mot de douze a toujours désigné les signes du Zodiaque: les Francs ont toujours été fort attachés à cette idée. Ils ont dit aussi que leur Louis, leur Soleil, avoit toujours eu ses douze *Parlemens*, où il faisoit inscrire tout ce qui émanoit de lui: mais vous sentez bien l'allégorie: la lumiere qui émane du Soleil se répand dans les douze signes du Zodiaque.

Cela est si vrai, cet emblême est si juste, qu'après avoir désigné le Soleil & les douze mois de l'année par le Roi & les douze Pairs ou Parlemens, on a désigné les jours du mois par trente & un grands Gouvernemens Militaires, & les sept jours de la semaine par sept petits Gouvernemens. Il est vrai qu'on a fait, depuis quelque tems, un trente-deuxieme Gouvernement de la Lorraine, comme on ajoûte un jour à une année bissextile; mais cela ne prouve que mieux la justesse de l'allégorie: le hasard ne rassemble point tant de choses.

Que seroit-ce, Monsieur, si au lieu de me borner à ces allégories frappantes, je voulois m'armer de toutes les ressources de la Grammaire; décomposer les mots, les réduire à la valeur des syllabes primitives? je vous démontrerois que *Paris* n'a jamais existé; que ce n'est que l'emblême de ce que doit être la Capitale d'un Empire.

Paris vient évidemment du Latin *Par* & du Grec πυρ, qui n'ont point du tout la même signification; mais c'est en cela que l'allegorie est admirable! Le premier signifie égal; & le second veut dire feu : ce qui fait entendre clairement qu'une Capitale doit être comme un feu toujours égal, qui, situé au centre de l'Etat, en éclaire & en échauffe toutes les parties. C'est ainsi, Monsieur, que Bordeaux ne signifie que le bord des eaux, comme *Rochefort*, la *Rochelle*, le *Havre*, *Calais*, caler, couler bas, sont des noms allégoriques. Ici, Monsieur, il s'offre à ma vue un horison si vaste, une foule de preuves si prodigieuses, qu'il m'est impossible de les indiquer dans une seule Lettre.

Je vous prie, Monsieur, d'insérer la mienne dans votre Journal, parce que je suis bien aise d'apprendre à l'Univers que c'est moi qui ai découvert toutes ces belles choses, après avoir étudié profondément les Ecrits des Savans ci-dessus nommés, & leurs admirables Disciples.

Je ne doute pas que si ces Messieurs eussent poussé leurs recherches jusqu'au dix-huitieme siècle, ils n'eussent trouvé tout ce que j'ai découvert, & beaucoup d'autres choses encore : mais enfin, comme c'est moi qui, le premier, en ai conçu l'idée, je suis bien-aise que votre Journal atteste la date du jour où m'est venue une pensée si lumineuse & si incontestablement vraie.

Je suis bien-aise encore, Monsieur, que la Postérité apprenne, pour l'intérêt de notre gloire, que le même Siècle qui a produit l'*Esprit des Loix*, l'*Histoire Générale*, l'*Histoire Naturelle*, l'*Emile* & l'*Encylopédie*, a produit l'interprétation de toutes les énigmes de l'Antiquité.

Je ne dois pas non plus laisser ignorer à l'Univers que j'ai pénétré dans une matinée toutes les allégories que renferme cette Lettre, & même un grand nombre d'autres, afin qu'on soit bien convaincu que quand j'aurai médité cette idée féconde pendant vingt ou trente années ; que j'aurai dépouillé toutes les Grammaires des Langues du Nord, & les mots Celtiques ou Bas-Bretons, arrachés par Bullet, en 1754, à l'oubli total où cette Langue étoit tombée depuis vingt Siècles ; que j'aurai épuisé ce que M. Anquetil & quelques Savans Anglois nous ont appris du *Hanscrit* & du *Pelhvi*, & que j'aurai comparé ce que j'en sais avec ce que je sais de la Langue Chinoise & de la Langue Tartare, & avec les figures hiéroglyphiques des pyramides d'Egypte, & avec les lettres de l'Alphabet Palmyrenien, que nous devons aux travaux de M. Barthelemi, je serai en état de jetter du jour sur cet important sujet, de composer douze ou quinze volumes *in-folio*, & surtout que je serai parvenu à croire moi-même tout ce que j'aurai imaginé.

J'ai l'honneur d'être, Monsieur, avec un très-profond respect,
Votre très-humble, &c.

Le Frere PAUL, Hermite de Paris.

P. S. N'allez pas croire, Monsieur, que ce nom n'est qu'une allégorie, & que je n'ai jamais existé, parce que le Grec παυλα est plus convenable à la tranquillité d'un Hermite qu'à l'activité d'un Apôtre : je puis vous certifier que j'existe très-réellement.

O rêves des Savans! ô chimères profondes!

comme dit notre grand & immortel Voltaire, homme véritablement docte, dont la vaste imagination n'égara jamais le jugement. Les Erudits se trompent quelquefois; il n'est pas trop bien de s'en moquer : il n'est pas donné à tout le monde de s'égarer comme eux; & moi, moi qui parle ici, je serois bien fier si j'avois la science des Hommes dont j'ai amplifié le système.

RÉPONSE

A LA LETTRE DU FRERE PAUL,

Insérée dans le Journal de Paris, N°. 40, le Mercredi 9 Février 1780,
(*par M.* P R.)

SOUFFREZ, Monsieur, qu'en admirant la rare fécondité de votre génie, qui d'une seule plaisanterie fait la matiere de douze pages, je vous propose avec modestie deux réflexions qui m'ont frappé à la lecture de votre Lettre. Vous attaquez le système de M. C. de Gébelin avec l'arme du ridicule ; ce système est exposé dans un grand & savant Ouvrage, que peu de personnes sont en état de bien lire & de bien juger; Ouvrage rempli de recherches, le fruit d'une étude immense & d'un travail sur l'Antiquité utile & précieux, lors même que cette hypothèse seroit une pure chimere: mais est-elle une chimere? c'est là, Monsieur, ce que vous croyez pouvoir décider par une plaisanterie, un peu longue à la vérité, mais qui n'en est pas plus concluante.

Au dix-huitieme Siècle, dites-vous, l'on ne parloit que par allégorie: Bourbon n'est point un nom de Famille : c'est un nom allégorique; la Fontaine, Corneille, Racine, Louis, &c. sont aussi des noms allégoriques.

Permettez moi de vous dire que vous confondez des choses très-distinctes, l'Histoire & la Mythologie. Quand on nous parle du vieux Saturne qui mange ses propres enfans, & qui avale une pierre au lieu de son fils Jupiter; quand on nous dit qu'Atrée, entr'autres prodiges, fit rétrograder le Soleil ; il est permis, je crois, quelque respect qu'on doive à l'Histoire, de quelque fonds de crédulité que l'on puisse être pourvu, il est permis, dis-je, de douter de la vérité de ces faits là. Sont-ils faux ou allégoriques ? Qui a pu les imaginer ? ils choquent la vraisemblance. Qui a pu les persuader aux hommes ? Si toute la Mythologie n'est que le fruit d'une imagination déréglée, d'où vient l'accord entre celles des différens Peuples ? S'il est prouvé que les Egyptiens ont exprimé par des signes emblêmatiques, les vertus & les qualités morales, la force & la puissance de la Nature; si le Calendrier des anciens Peuples est chargé de figures symboliques, dont nous voyons encore subsister les traces dans l'Astronomie moderne, n'est-il pas naturel de penser que l'allégorie, ce voile élégant de la vérité, a pu s'étendre aux objets de la Religion & de la Mythologie Payenne ? Je ne vois là rien qui puisse justifier le ridicule que vous voulez jetter sur un systême vaste & brillant.

Si l'on me donnoit Gulliver pour l'Histoire véritable d'un Voyageur du dix-huitieme Siècle, me défendriez-vous de douter de son existence, & d'envoyer à Liliput ses Commentateurs historiques ?

J'ai l'honneur d'être, &c.

P. S. Quelqu'heureuse que soit à vos yeux l'idée qui vous a mis la plume à la main, je crois, Monsieur, devoir vous prévenir qu'elle n'a pas le mérite de la nouveauté, & que M. de Gébelin a eu occasion d'y répondre (1).

---

(1) Voyez Monde Primitif, Tome III, Réponse à un Anonyme, page 41.

LETTRE
DE FRERE PACOME,
Hermite de la Forêt de Sénars,
A FRERE PAUL, HERMITE DE PARIS;

En réponse à celle qu'il a fait insérer relativement à l'Ouvrage intitulé : le Monde Primitif. (Par M. de la D. tirée du Mercure de France, 26 Février 1780.)

FRERE PAUL,

Je n'aime pas trop les malices, mais j'approuve la gaîté. On peut être tout à la fois Censeur, Hermite & jovial. Je suis Hermite comme un autre, & je sais me dérider à propos. Il n'en est pas ainsi de ces hommes tristement laborieux, qui osent fouiller la mine de nos connoissances, remonter jusqu'à leur source, déblaïer les ruines de l'Antiquité, interroger des monumens presque toujours muets, exprimer leur vrai langage, interpréter jusqu'à leur silence, juger de ce qui n'est plus par ce qui est, en un mot contraindre en quelque sorte, la main du Tems de rétablir ce qu'elle avoit pris soin d'effacer; ces gens-là, dis-je, ne sont pas plus enclins à rire que le Sigismond de la Vie est un Songe. Hé bien ! direz-vous, rions pour eux, & même à leurs dépens : soit. Diogene s'amusoit à rouler son tonneau, tandis que d'autres Citoyens poussoient péniblement la brouette pour relever les murs d'Athènes.

Mais, à travers tant de gaîté, je cherche aussi quelque lueur de raison. Il ne suffit pas de fronder un Livre uniquement parce qu'il est du format *in-4°.* ou même *in-folio*, il faut encore démontrer qu'il n'est pas utile; & s'il a réussi, (comme le Monde Primitif par exemple) malgré l'étendue qu'il a déjà, & celle qu'il promet d'avoir encore, c'est une preuve nouvelle de ce qu'il vaut : c'étoit une épreuve de plus à subir, un obstacle de plus à surmonter. Croyez-vous, Frere Paul, qu'une Diatribe de douze pages puisse ébranler ce vaste Edifice Littéraire? Seroit-il bien vrai que vous préférassiez la lettre à l'esprit de la Fable? Croyez-vous que Saturne ait mangé ses Enfans, & que la bonne Rhéa soit parvenue à lui faire croire que des pierres, bien ou mal assaisonnées, étoient encore un mets de la même espece? Croyez-vous que Jupiter se soit fait Taureau pour enlever Europe, Cygne pour tromper Léda, Monnoie pour séduire Danaé? Croyez-vous que pour repeupler le Monde, Deucalion & Pyrrha n'eussent pu imaginer d'autres moyens que de jetter des cailloux par-dessus leurs épaules? Croyez-vous que Persée ait emprunté les talonieres de Mercure pour délivrer Andromède? que Bellérophon ait usé du même expédient, ou d'un autre d'égale force, pour combattre la Chimère? Croyez-vous à la Chimère? Croyez-vous qu'Hercule se soit montré si obéissant envers Euristhée, qu'il pouvoit traiter comme Cacus? Croyez-vous qu'il ait nétoyé les étables d'Augias, réuni l'Océan à la Méditerranée, attaqué une Nation entiere pour conquérir une ceinture ?... Et les cinquante Filles de Thestius rendues meres en une même nuit ?... Ah! Frere Paul!.. Frere Paul!.. croiriez-vous donc à ces prodiges-là? Ce n'est pas tout: voyez de combien d'horreurs, aussi incroyables que dégoûtantes, l'Ouvrage de M. Court de Gébelin débarrasse l'Histoire Primitive! Voyez disparoître la ridicule & monstrueuse aventure de Pasiphaé; le hideux Minotaure; le tribut scandaleux que Minos exigeoit en faveur de ce monstre. Ne soyez plus étonné si l'on vous parle d'un Cécrops à deux têtes, d'un Cerbere à trois, d'un Janus à deux faces, d'un Romulus fils de Mars, allaité par une louve, & qui tue son frere pour une plaisanterie d'Ecolier, après quoi rien ne lui manque pour devenir un Dieu, &c, &c. Le mot est placé au bout de l'Enigme, & M. Court de Gébelin est l'Œdipe qui a trouvé ce mot. Tout s'éclaircit, tout se simplifie par sa méthode; elle ramene tout à l'ordre naturel; & il y auroit, sans doute, un peu d'humeur à trouver mauvais qu'on nous y ramenât. Après tout, je vois d'où vient votre erreur: vous avouez ne connoître le systême de l'Auteur du Monde Primitif que sur le rapport d'un de ses Disciples; c'est dans l'Ouvrage même qu'il faut l'étudier. Vous y verrez que l'étymologie n'est point la base de ce systême: elle n'y figure qu'à titre d'accessoire & par surabondance, comme les hors-d'œuvres dans un festin.

De plus, l'Auteur du Monde Primitif n'employe aucune de celles que vous lui attribuez dans votre Lettre. Il ne dit nulle part que Janus, ou le Soleil, épou-

LETTRE DE FRERE PACOME.

la *Flambeau cornu*,&c. Vous gliſſez ſur les étymologies dont l'identité eſt palpable, & dont la découverte n'eſt due qu'à lui; vous lui en prêtez de ridicules : cette rubrique n'eſt pas neuve, & paroîtra toujours commode à la critique. Mais qu'en peut-il réſulter ? Que ne trouvant point dans l'Ouvrage cenſuré le ridicule que le Cenſeur a cru y voir, on le cherche & on le trouve ailleurs.

J'avouerai pourtant que j'aime votre Parodie; elle eſt plaiſante; mais ce n'eſt pas la premiere fois qu'on a parodié plaiſamment un bon Ouvrage. On ne révoquera jamais en doute l'exiſtence de la Maiſon de Bourbon ; ſes Faſtes n'offrent rien qui paſſe les limites de toute vraiſemblance. On y verroit plus d'un Héros de cette Race illuſtre commander à la Victoire ; un autre obligé de conquérir ſon Royaume, pardonner à tous ceux qu'il a ſoumis; un Louis XIV faiſant prendre à la Nation qu'il gouverne un eſſor envié, admiré de toutes les autres, ſans pouvoir être imité par aucune; enfin Louis XVI, à peine dans ſon cinquieme luſtre, réparant les fautes, les malheurs, les abus de deux longs Regnes, & préparant avec autant de fermeté que de ſageſſe la gloire & le bonheur du ſien. Tout cela eſt grand, tout cela eſt ſublime, je l'avoue; mais aucun de ces faits ne ſort de la claſſe des poſſibilités. Si, au contraire, on attribuoit au Connétable de Bourbon, qui eut l'ame & le génie de Céſar, ou au grand Condé, qui eut l'audace & l'impétuoſité d'Alexandre, les impraticables travaux dont la Fable gratifie Hercule; ſi l'on ajoûtoit qu'Henri IV, à l'exemple de Théſée, deſcendit aux Enfers pour en arracher Sully & careſſer Proſerpine; ſi l'on diſoit enfin que Louis XIV, nouveau Lycaon, dévoroit ceux à qui il donnoit l'hoſpitalité, & payoit mal Apollon & Neptune, qui travailloient aux murs de ſon Parc pour gagner de quoi vivre; avouez-le, Frere Paul, il faudroit chercher un autre ſens à ce récit, ou riſquer en l'adoptant de n'avoir pas ſoi-même le ſens commun.

Je vois que vous regrettez la Fable : je la regrette quelquefois auſſi; mais nous ſommes nés ſous le regne tardif de la raiſon; il faut écrire & parler ſon langage. Vous le parlez ſi bien quand vous frondez nos travers ! Peut-être vaut-il encore mieux, en bon Hermite, cultiver & manger ſes racines. Laiſſons M. Court de Gébelin défricher les Déſerts de l'Empire Savant ; les fruits utiles que ſon travail fait éclore, ſe trouvaſſent-ils mêlés de quelques plantes hétérogènes, peu nous importe; c'eſt toujours autant de conquis ſur la nature brute. Je n'ai point l'honneur d'être Diſciple de ce profond Ecrivain ; mais je reſpecte fes lumieres, fon courage, fa conftance & fon extrême fagacité. Je ne fuis qu'un fimple Hermite comme vous, encore moins favant que vous, encore moins curieux de le paroître, & je vous quitte pour reprendre ma bêche & mon râteau.

Je fuis, avec toute la cordialité qu'infpire le renoncement aux vanités humaines, très-cher Frere & Confrère PAUL,

Votre &c. Frere PACÔME, Hermite de la Forêt de Sénars.

LETTRE
SUR LE MOT *WAR*,

A l'Auteur du Journal Littéraire de Luxembourg.

Monsieur,

En annonçant dans un de vos Journaux les Origines Françoises qui forment le cinquieme Volume du Monde Primitif, vous vous êtes arrêté sur ce passage du Discours Préliminaire où je dis « que du mot primitif Ver, qui désignoit » l'eau, nom resté dans les fleuves appellés aujourd'hui *Var*, *Varmo*, *Varna*, » *Veresis*, *Vero*, *Vir*, *Vire*, que de ce mot dériva celui de Vérité, parce que » l'eau étant, par sa clarté & par sa limpidité, le miroir des corps ou des êtres » physiques, la Vérité est également le miroir des idées ou des êtres intellec- » tuels, & leur représentation d'une maniere aussi fidelle, aussi nette, aussi claire » que la représentation des corps par l'eau; & que c'est par cette raison que le » Latin Ver*us* signifioit sincere, net, réel ».

Non-seulement vous avez douté du rapport annoncé entre Var, eau, & la Vérité, mais vous semblez avancer que Var n'a jamais signifié eau, & que vous l'avez inutilement cherché dans la Langue Hongroise, où Var signifie *ville* & non *eau*.

Sensible à la bonne foi avec laquelle vous dites que vous avez cherché ce mot dans la Langue Hongroise, & sans m'arrêter à ce que pourroit présenter de louche cette espece d'affectation de citer cette Langue, comme si dans le Monde Primitif on s'en étoit appuyé nommément, ou comme si un mot devroit être exclus des primitifs, parce qu'il ne se trouveroit pas dans une Langue quelconque, je vais reprendre les diverses significations qu'offre cette idée, & prouver:

1°. Que Var est le nom d'un grand nombre de fleuves, rivieres, fontaines.

2°. Que c'est un des noms primitifs de l'eau, existant encore en diverses Langues, & même dans cette Langue Hongroise où vous n'avez pu le trouver.

3°. Qu'il est la racine physique dont on s'est servi pour peindre l'idée métaphysique de la Vérité, & qu'il étoit peut être impossible d'en choisir une plus convenable, plus juste.

Aimant la vérité, comme vous faites, vous ne refuserez pas de me suivre dans cette discussion, & de l'inférer dans votre Journal, afin de dissiper les doutes que pourroit avoir causé innocemment votre Extrait au sujet des Principes sur lesquels est élevé le Monde Primitif, & dont votre propre expérience vous aura fait voir la simplicité, la certitude & l'utilité dont ils sont pour l'étude des Langues, & leur supériorité sur tous les autres principes relatifs à cette étude, & sur toutes les méthodes qu'on avoit employées jusques ici.

ARTICLE I.

Le mot de VAR, ou WAR, nom d'un grand nombre de Rivieres.

Une des preuves qui démontrent, selon le Monde Primitif, que le mot VAR signifie *eau*, c'est le grand nombre de rivieres qui portent ce nom. Peu touché de cette preuve, vous avez préféré d'ouvrir le Dictionnaire Hongrois où vous avez trouvé que WAR signifioit *Ville*, *Citadelle* : mais de ce que le mot WAR ne signifieroit pas *eau* dans la Langue Hongroise, s'en suivroit-il qu'il n'auroit pas cette signification dans les Langues Celtiques, infiniment plus anciennes en Europe que celle des Hongrois ? Est ce dans le Dictionnaire de cette derniere Langue que tout homme sensé ira chercher l'origine des anciens noms de l'Europe ? Et a-t-on jamais pû penser à faire dépendre la masse des mots primitifs, même un seul d'entr'eux, d'une seule Langue ?

Il y a plus ; les noms de lieux forment un Dictionnaire très juste & très net, indépendant de tout Dictionnaire écrit ; ceux-ci sont souvent relatifs à des Langues fort postérieures à celles de ces noms ; souvent ils ont laissé échapper des masses entieres de mots primitifs : on ne peut donc juger l'un par l'autre.

Tout ce qu'on en peut conclure en faveur des Dictionnaires écrits, c'est que plus ils fourniront de mots relatifs aux noms des lieux d'une contrée, plus ils auront conservé des traces de la Langue qu'on y parla primitivement.

Tout ceci est fondé sur ce principe certain, que dans l'origine les noms de lieux furent toujours imposés d'une maniere pittoresque & analogue à la nature de l'objet qu'on avoit à nommer, ou que les noms ne furent jamais que des épithetes qui peignoient les qualités des objets.

En voyant le grand nombre de Rivieres qui portent le nom de VAR, on ne pourra douter qu'il ne fût un mot existant dans la Langue des anciens

LETTRE SUR LE MOT *WAR*. 491

habitans de l'Europe, & qu'il ne fût relatif à l'eau, puisqu'on l'appliquoit à tant de Rivieres.

Mais pour reconnoître ce mot, il faut convenir auparavant que la voyelle forte s'est souvent affoiblie en E ou en I, comme cela est arrivé à tout mot primitif, & qu'il s'est uni avec d'autres noms de Rivieres tels que AM, VAN, ACH, NEISS, ON, lorsqu'on l'a pris pour un nom propre.

Voici le nom de plusieurs de ces Rivieres:

Le VAR, riviere qui sépare la Provence de l'Italie, *mot-à-mot*, le fleuve.

VAR-*amus*, fleuve d'Italie chez les Venetes,

VAR-*anus*, lac de la Capitanate.

VAR-*vane*, fontaine de la Brie.

VAR-*vane*, ou BAR-BANe, aujourd'hui VER-BANo, riviere de l'Illyrie.

WAR-WACZ, } rivieres voisines de celle-là.
VIORZA, }

VAR-*Dari*, ou BAR-*darus*, aujourd'hui VAR-*dar*, riv. de la Turquie. Elle vient de la Bulgarie.

WAR-*de*, riviere du Dannemarck dans le Jutland.

Le WARF, riviere d'Angleterre.

WAR-*nicus*, WIRM, ou WORMs, riv. du Duché de Juliers.

WAR-*na*, riv. de la Romanie en Turquie.

WAR-*ne*, riv. du Northumberland en Angleterre.

WAR-*ne*, riv. du Duché de Mecklimbourg.

BAR-*dalach*, riv. de Moldavie.

HI-BAR, lac, riviere, vallée & ville dans la Servie.

WAn-*ta*, riv. de Pologne.

VER, riv. de Calabre.

VERe, riv. de Bulgarie.

WERe, riv. d'Angleterre dans la Province de Durham.

VERo, riv. d'Espagne.

WERo, lac & ville de la Carinthie.

VER-*don*, riv. de Provence.

VERa, } riv. de la Lombardie, & qui se jettent dans le Pô.
VERia, }

VER-BANus, le lac Majeur: *mot-à-mot*, la grande eau, le grand lac. Lac majeur en est la traduction littérale.

VER-*esis*, riv. du Latium.

VER-*gellus*, riv. d'Italie près de Cannes.

LII ij

VER-*onis*, riv. du Duché de Rezan en Russie.

WER-*nitz*, riv. de Franconie.

WER-*tach*, riv. de Souabe.

WERR*a*, nom du Weser en Westphalie, dans la plus grande partie de son cours.

WERR*e*, riv. de Lorraine

WERR*a*, riv. de la Thuringe.

VER-*na*-DUR*um*, riv. de la Gaule Narbonnoise.

VER-*Soy*, riv. & ville du Pays de Gex.

A-VEIR-*ou*, riv. du Languedoc.

A-BER, lac d'Ecosse.

Le VEYRON, en Suisse.

VIR, riv. de l'Espagne Tarraconoise.

WIR*e*, riv. d'Angleterre.

VIR*e*, riv. de Normandie.

VIR*one*, riv. du même Pays dans le Cotentin.

VIR*bius*, riv. de Laconie.

WIR*m*, riv. & lac de Baviére.

Et un grand nombre d'autres en WAR, en BAR, ou moins aisés à reconnoître.

Mais n'omettons pas celles qui furent appellées BI-EVRE, ou BI-BER, BI-VER, parce qu'elles étoient habitées par des Castors dont le nom Celtique étoit BI-BER, mot que les Latins altérerent en FI-BER; telles,

La BIE-VR*e* ou la riviere des Gobelins à Paris.

La BIE-VR*e*, riv. du Dauphiné.

BI-BER
BI-BER*en* Bach, ou le ruisseau des Bibers. } En Suisse.

BEVERS & l'eau de la vallée des BIEVR*es* dans l'Engaddine en Suisse.

BE-VER, quatre riv. de ce nom en Westphalie.

BIE-BER, une riv. de ce nom dans chacun de ces Pays, Franconie, Palatinat, Souabe, Wetteravie, Darmstad.

Et si le Castor fut appellé BI-BER par les Celtes, FI-BER par les Latins, ce fut avec raison, puisque ce nom formé de VI, vivre, & de VAR, eau, signifioit *animal qui vit dans l'eau*, & peignoit parfaitement ce quadrupede amphibie.

Pour vous ôter tout doute d'ailleurs, Mr. sur le changement continuel de V en F, & d'A en E, permettez que je vous en donne un exemple frappant que

LETTRE SUR LE MOT *WAR*.

vous pourrez d'autant moins récuser qu'il est pris à votre porte : il se rapporte au mot *VAN* qui, associé à celui de VAR, a fait les noms de VARVANe.

Vous savez qu'entre les Duchés de Luxembourg & de Limbourg & dans l'Evêché de Liége, il existe des restes de ces anciens marais si célébres dans les Gaules, & qui servoient, au besoin, d'asyle aux Nations qui les habitoient.

Les uns sont appellés en Flamand *Das Hoghe VEEN*, & en François les *Hauts VAGNES*, Marais.

Les autres, ceux de l'Evêché de Liége ou du Marquisat de Franchimont, *le grand FAIGNE*.

Vous voyez donc ici dans le même Canton le même nom écrit F & V, les *Vagnes*, le *Faigne*.

Vous y voyez également la voyelle A changée en AI & en EE.

Et de plus la finale primitive N devenue GN dans le patois Vallon.

Exemple d'autant plus intéressant qu'il vous fait voir en même tems la vérité de ce principe, que tout nom Celtique ou Antique fut toujours significatif. Si j'avois besoin de le prouver ici, le nom même de la ville de Luxembourg d'où vous publiez votre Journal en seroit une preuve incontestable. Vous voyez qu'il est composé de deux mots, dont l'un très-connu, BOURG, qui signifie *habitation élevée*, & dont l'autre très-inconnu, *Luxem*, rentre dans la classe de ceux dont s'occupe le Monde Primitif: mais il est lui-même un nom Celtique commun à un grand nombre de lieux, très-significatif & très bien assorti à la situation de ces lieux.

Toute la portion antique de la ville de Luxembourg est bâtie sur une hauteur & presqu'environnée de rochers; c'est précisément ce que désigne son nom, *LUX-EM*, habitation sur des rochers, au bord d'une riviere. Lux, Lug, signifie en Langue Celtique élévation, rocher; il se forma du primitif Lo, Loh, Law (Origin. Fr. 634) qui signifie grand, tout ce qui s'apperçoit de loin, & qui appartient à toute Langue.

De-là, *LUG DUNum*, ancien nom de Lyon, qu'on a toujours traduit ridiculement, parce qu'on ignoroit la vraie valeur de ce mot Celte.

De-là, *Lussan*, village du Languedoc, & *LUCens* en Suisse, perchés sur des hauteurs considérables.

C'est de-là que se forma le Latin *LUXus*, qui signifie *mot-à-mot*, grande dépense, prodigalité, action de s'élever au-dessus des autres par sa dépense.

Il en est de même du nom de *LIM-BOURG*; il tient au Celtique LAM, LEM, LIM, bois, forêt, (*voy.* Orig. Franç. p. 626). Cette ville encore aujourd'hui environnée de forêts, fut bâtie à une des extrémités de la vaste forêt des Ardennes.

J'aime à prendre ainsi mes exemples de près. Ils en font plus sensibles. Ceux-ci vous prouvent qu'il n'est aucune Contrée en Europe qui ne puisse concourir à démontrer la certitude des Principes du Monde Primitif.

Il n'est pas jusqu'au nom de la forêt des ARDENNES qui ne soit Celtique. Ce mot signifie *Forêt*; j'en ai parlé dans le *Disc. Prélim. des Orig. Franç.* p. XXI. Il forma le nom de cette vaste forêt qui traversoit la Germanie, & qu'on appelloit HARTZ-CYN ou HER-CYN*ia*, nom dont personne n'a connu l'origine, pas même le *Savant* WACHTER, & qui vient manifestement de ARD, HARD, forêt, & de KUN, vaste, puissant.

C'est également de ce mot que s'est formé le nom que la *Transylvanie* porte dans la Langue Hongroise, où elle s'appelle *ERD-eli*, ou la forêt ERD, ayant cette signification en Hongrois; ce qui est le même nom que celui des ARDENNES: avec cette différence, que ARD s'est adouci en ERD.

Ceci nous ramene à la Langue Hongroise où vous n'avez pas trouvé le mot WAR, eau, ni dans aucune autre Langue, & c'est le second Article que j'ai à prouver.

I I.

WAR, Eau, dans toute Langue, même dans la Hongroise.

Ne soyez pas surpris, Mr. que j'aye vu dans la Langue Hongroise un mot que vous n'avez pu y trouver, & n'en concluez pas que j'ai les yeux fascinés par le merveilleux de l'Etymologie, ou que j'imagine des rapports là où il n'y a rien de pareil : concluez plutôt qu'il existe une science étymologique dont on n'avoit pu reconnoître les principes; infiniment intéressante en ce qu'elle rétablit le rapport de tous les Peuples, de toutes les Langues, & qu'elle anime tous les mots; qu'elle y met une vie, une expression dont ils étoient totalement privés; qui seule peut les rendre précieux & infiniment utiles, en ce qu'elle abrége prodigieusement l'étude des Langues. C'est de cette science dont je veux vous rendre le défenseur, vous, fait pour la connoître, & qui êtes à la tête d'un de ces Ouvrages destinés à répandre les grandes vérités & à les faire germer dans la tête de quiconque aime à s'instruire.

Afin que vous puissiez appercevoir comme moi dans la Langue Hongroise le radical WAR signifiant *Eau*, ayez la complaisance de remarquer, 1°. que la lettre V se confond sans cesse dans la prononciation avec les lettres F & B: le F Allemand se prononce comme le V François, & leur V comme le F François.

B, chez les Grecs modernes ainsi que chez les Gascons, en V : & V devient B pour eux.

LETTRE SUR LE MOT *WAR.*

Tous les mots radicaux en V sont écrits chez les Hébreux en B, parce qu'ils ne savent ce que c'est que V à la tête d'un mot : mais aussi ce B prend chez eux la prononciation tantôt d'un B, tantôt d'un V. J'ai fait voir dans les Origines du Langage & de l'Ecriture, une multitude d'exemples pareils & incontestables, dans notre propre langue où nous avons changé une foule de B & de P Latins en V & en F, disant, par exemple, *Gouverner* au lieu de *Gubernare*; chef, de *Caput*; *Cheval*, de *Cabalus*, &c. 2°. Souvenez-vous encore, que la voyelle A se change sans cesse en E.

D'après ces principes, ouvrez avec moi ces mêmes Dictionnaires Hongrois qui ne vous disoient rien, & vous y trouverez ces familles dérivées de VAR, eau.

FER*idem*, je lave.

FER*do*, FOR*do*, bain, chef d'une famille nombreuse.

FOR*to*, lac; 2°. marais; 3°. fange; 4°. lac de Hongrie.

VER*em*, VER*om*, fosse, fossé, lagune.

F & V changés continuellement en M, ont produit également ces mots Hongrois :

ME*Rules*, immersion.

ME*Rulni*, être plongé, être submergé ; mots qui tiennent au Latin,

MER*go*, plonger.

MER*gus*, plongeon.

IM-MER*sio*, immersion, *mot-à-mot*, action de plonger.

Je serois même fort tenté de croire que ce changement de V en M a dénaturé les noms de quelques Rivieres, & que c'est à cette même famille qu'il faut rapporter le MA*rock*, riviere de Hongrie, & le MA*roz* & ME*ira*, riv. du pays de Chiavenne en Suisse.

Cette Famille existe en nature dans la Langue Illyrienne, Mere de l'Esclavonne. Là,

BAR*a* signifie fossé, marais, lagunes.

BAR*aizl*, marécageux, où il y a des fossés, des lagunes.

Elle a formé le mot Polonois.

WAR*t*, le fil de l'eau, le fort d'un fleuve.

Et le Flamand, VAAR*t*, le fil de l'eau, le courant, 2°. navigation.

Tous ces mots tiennent à l'Oriental ;

BAR, *VAR*, BER ; 1°. puits ; 2°. source d'eau ; 3°. clair, limpide, lumineux.

BUR, BOR, *VOR*, fosse, citerne, réservoir.

B*a*R, V*a*R, 1°. pur, net ; 2°. favon, qui lave & nettoye.

En Phrygien B*è*R, qui, felon E*tienne* de Byfance, fignifioit un puits.

C'eft l'Arabe *BIR*, puits.

L'Irlandois, *BIR*, puits, eau.

En Indien, B*a*R*a*, eau, mer, qui fe prononçant enfuite en deux fyllabes, eft devenu,

P*o*h*a*R*a*, fontaine, fource, puits ; de même que l'Hébreu B*a*R s'eft prononcé avec le tems,

B*ae*R, B*e*H*e*R, &c.

En Ecoffois, V*a*R*a*, fleuve.

Il en eft de même dans les autres Dialectes Celtiques & Theutons.

B*e*R, B*o*R, , B*ro*, B*ru*, fignifient dans tous, eau, fontaine, fource, &c.

Angl. *BOURN*, fontaine, fource.	Franç. P*runna*.
Flam. *BORN*, *BRON*.	Allem. B*runn*.
Suéd. *BRUNN*.	Valdois, Borné.
Crimée, B*runna*.	Grec, B*ruein*, fourdre, jaillir.

B*o*R, B*o*R*o*, limon, boue, qui tient à nos mots *Bourbe*, *Bourbier*, lefquels appartiennent à la Famille B*a*R, B*e*R, B*o*R, eau, (Orig. Franç. col. 148.

En voilà, je penfe, plus qu'il ne faut pour conftater l'exiftence du mot V*a*R, eau, fa qualité de Primitif, & qu'il a donné des dérivés à une multitude de Langues. Il eft ainfi une preuve que les Langues de toutes les Nations ne font que les débris d'une feule, prife dans la Nature & clef de tous les mots.

Je conviens avec vous, Mr. que ce mot W*a*R, dans fa prononciation forte, fignifie *ville* dans la Langue Hongroife, tandis qu'il n'y fignifie *eau* qu'avec fa prononciation foible F*e*R & V*e*R.

Mais puifque vous me mettez fur cet article, permettez que je vous faffe voir, 1°. que le mot V*a*R ne fignifia *ville* que parce qu'il fignifioit déjà *eau*; 2°. que tous les noms de villes de la Hongrie, dans lefquels entre le mot W*a*R, font tous fitués dans des lacs ou fur des rivieres.

Vous conviendrez fans peine, Mr. que les hommes eurent l'idée de l'eau long-tems avant que d'avoir celle des villes, & que par conféquent ces deux mots V*a*R fignifiant eau & ville, celui-ci fut très-certainement poftérieur à l'autre.

Mais l'eau eft de premier befoin pour l'homme ; on commença donc toujours par s'établir le long des eaux : ainfi les noms des premieres habitations durent toujours être relatives aux eaux : & elles le furent effectivement, comme il ne feroit pas difficile de le prouver.

Ces eaux servirent encore de défense aux premiers hommes pour se mettre à couvert eux & leurs possessions des animaux sauvages ou des peuples coureurs : car ou ils se réfugierent dans les cantons appellés *Isles* parce qu'elles sont environnées d'eaux de toutes parts, ou ils s'en formerent d'artificielles en creusant autour d'eux de grands fossés où ils faisoient couler les eaux.

Ainsi l'eau qui étoit déjà pour eux un objet de subsistance, leur devint un objet de défense, de sûreté, de rempart : dès-lors toute habitation devint un War, un fort, où l'eau les mettoit à couvert de tout danger.

Et une multitude d'habitations pareilles furent également appellées War, ville.

Cette marche conforme à la nature des choses, est confirmée par la Langue Persane, où le mot Bar signifie tout à la fois, eau, eau de pluie, réservoir d'eau & ville.

Or, ce mot Bar est précisément le même que Var, de l'aveu des Savans Hongrois eux-mêmes, nommément du Savant Georges Mollnar dans ses Vues sur la Langue Hongroise.

Jettons maintenant les yeux sur la Carte de la Hongrie, nous y verrons cette double signification de Var, réunie en une seule, par la situation sur les eaux de tous les lieux dans les noms desquels entre ce mot.

War-*asdin*, est situé dans un lac, de même que Vi-War & *Sala*-War.
Le grand Var*adin* est situé sur une riviere.
Le petit Var-*adin*, dans des marais.
Ung-War est dans le lac d'Ung.
Temes-War, sur le petit Temes.
Aba-vi-War, sur une riviere.
Ja-War-*in*, ou Raab, au confluent du Raab & d'un bras du Danube.
Walko-War, sur une riviere.
S. Georges-War*a*, sur la Drave.
Colos-War, sur le petit Samos.
Sas-Var*os*, sur le Maroch.

Il en est de même dans la Transylvanie.

Seges-War,
Ud-Var-*Hey*, } sont sur des rivieres.

De simples Villages situés sur des rivieres, y prennent aussi le nom de Var : tels Feld-*Var*, Miklos-*Var*, *Var*-Gios, Miko-*War*, &c.

Diss. Tom. I.

On trouve également ces noms en Var sur les côtes & au Nord de la Mer-Noire.

La Ville & la riviere de Var-*na*, au Midi des bouches du Danube.

Tomis-Var, entre Varra & ces bouches; Var-*Nitza*, sur le Dneftr aux portes de Bender: tandis que de l'autre côté, près des bords de la Mer Adriatique, on voit des rivieres appellées Var-*Vanes*, War-*Wacz*, Viorza, &c.

On trouve encore d'autres noms qui se reffemblent dans ces deux extrémités des vaftes Pays qu'arrose le Danube.

Près des sources du Rhône est le lac *Leman*, m. à. m. *grande eau*; & sur les bords de la Mer-Noire, aux bouches du Dneftr, on voit un golfe, espece de lac appellé *Ovidi Liman*, le lac d'Ovide, de ce Poëte aimable qu'Auguste rélégua dans les déferts de la Sarmatie.

Près de là, un autre lac appellé *Murtaza Liman*; & plus au Midi, pas loin de Conftantinople, un grand golfe, appellé *Limani-Foros*.

Tout ceci prouve que dans l'origine, depuis l'Helvétie ou le Nord de la Mer Adriatique jufques à la Mer-Noire, & depuis la Sarmatie jufques à la Grèce, on ne parla qu'une feule & même langue, Dialecte Celtique, fort approchante de la Phrygienne, & conservée en grande partie dans les Langues Efclavonne & Hongroise, parlées aujourd'hui dans ces mêmes contrées qu'on appella autrefois Pannonie, Thrace & Illyrie. Il est vrai que dans le cœur de cette vafte région, cette Langue s'est confondue avec celles des Peuples qui en dépoffédèrent les anciens Hibitans; mais les noms femblables confervés aux deux extrémités, atteftent hautement, comme nous venons de le dire, que là, on parla dans l'origine une langue unique.

Quant à la Ville de *Tomis-Var*, si peu éloignée des lieux habités par Ovide, je ne doute pas que ce ne foit la Ville même de *Tomis*, dans laquelle ce Poëte fut relégué, & qu'il dit avoir été bâtie par les Grecs: il en exifte encore des Médailles intéreffantes.

LETTRE SUR LE MOT WAR.

III.

Var, eau, source du mot Var, vérité.

Nous venons de voir comment du mot VAR naquit le mot VAR, Ville ; sera-t-il plus difficile de faire voir qu'on en forma le mot VAR, vérité ?

Dans tous les tems on n'a pas eu des miroirs artificiels pour se regarder : mais dans tous les tems on s'est miré dans les eaux ; elles étoient donc un miroir donné aux hommes par la Nature ? C'est ce miroir toujours vrai, jamais menteur, qui donna lieu à la Fable du vieux Nérée qui ne mentit jamais, qui dit toujours vrai, chantée autrefois par Hésiode, & qui avoit intrigué tous les Interprètes, tous les Critiques, jusqu'à ce que le Monde Primitif fît voir que c'étoit une allusion au miroir naturel que fournissent les eaux, & que Phédre lui-même appella *speculum lympharum*.

Ainsi dans tous les tems les idées d'eaux, de miroir & de vérité, furent incorporées ensemble & conduisirent de l'une à l'autre : il fut donc très-naturel que le nom de l'une devînt le nom des autres.

De VAR, eau, on fit donc en Celte-Theuton, WAR, vrai, vérité : les Latins l'adoucirent en VER*us*, vrai ; VER*itas*, vérité.

Les Latins pour peindre la troisiéme idée associée à celles-là, changerent encore V en M, d'où MEIR, MIR, voir, regarder, d'où nos mots MI*rer*, MI*roir* ; tandis que les Theutons, les Hongrois, &c. conservant la racine primitive, en firent WAR*en*, voir.

WART, guérite, lieu d'observation, &c. source immense de dérivés.
Tandis que,

BAR, BER, signifioit en Hébreu clair, manifeste, certain.

BAR en Theuton, clair, certain, incontestable.

BAR*en*, manifester, mettre au jour.

BAIR*h* chez les Goths, clair, brillant, manifeste.

Aussi peignit-on sans cesse la VÉR*ité* comme un miroir qui peint les choses telles qu'elles sont, qui les représente au naturel & très-fidellement ; aussi est-elle sans cesse armée d'un miroir.

Tout se réunit donc pour démontrer que ceux qui assignèrent le mot VER à la peinture exacte & fidelle des idées, n'en pouvoient choisir un plus animé, plus sensible, plus pittoresque, plus philosophique, en même tems qu'étroitement lié au physique, & à la langue primitive parlée dans le tems où on en fit une aussi brillante application.

Ainsi, Mr. ne vous en prenez pas à moi, si les idées de VÉRITÉ, de miroir & d'eau, ont été étroitement liées entr'elles & désignées par le même mot : je ne fais qu'être l'interprète de la Nature & des Langues : la tâche est belle autant que longue & difficile : mais avec de la constance de quoi ne vient-on pas à bout ? & quoique j'aye encore à la vérité bien du chemin à parcourir, j'éspere que dans le centre où je suis placé & d'où j'apperçois une si grande masse de vérités utiles & intéressantes, je ne pourrai jamais m'égarer sensiblement, je ne rencontrerai jamais de difficultés qui m'obligent à m'arrêter en chemin.

Vous-même, Mr. je vous invite à examiner de près ces grandes vérités ; à considérer les avantages inestimables qui en peuvent résulter ; & à inviter les hommes à les adopter, non comme l'ouvrage d'une belle & ingénieuse imagination, mais comme le miroir fidele & vrai des opérations de la Nature & du génie des humains.

POT,

Famille primitive qui signifie ÉLEVÉ, PUISSANT.

Nous avons souvent eu occasion de parler de cette Famille ; mais toujours par parcelles : nous croyons donc faire plaisir à nos Lecteurs en rassemblant ici ces membres dispersés : par leur réunion, ils en acquerront une toute autre force, on en aura une idée beaucoup plus avantageuse. On sera étonné de la fécondité de cette Famille ; on admirera qu'elle ait pu fournir tant de mots à tant de Peuples éclairés & savans ; qu'elle ait formé tant de noms de lieux ; qu'elle ait figuré dans tant de noms allégoriques : & de même que les Langues ne font cultivées qu'à proportion des lumieres qu'on peut y puiser, cette famille de mots deviendra recommandable entre toutes par ses influences & par les lumieres qui en résulteront sur nombre d'objets intéressans.

Mais afin qu'on puisse nous suivre sans peine dans le labyrinthe de ses mots, on doit observer qu'afin de pouvoir l'appliquer à un plus grand nombre d'objets, on lui a fait subir les diverses modifications qu'éprouve en pareil cas toute racine primitive.

1°. On en a varié sans cesse la voyelle, en le prononçant PAT, PET, PIT, POT, PUT, suivant l'exigence du cas.

2°. On a changé sa consonne T en D, S, SS, Tch.

3°. On l'a fait précéder de la sifflante, SPAT, SPES, SPISS.

4°. On l'a nasalée en PONT, ainsi que cela arrive à tous les mots radicaux. Par exemple,

Had, *main*, devient Hand, } en Allemand.
Lat, *pays*, Land, }

Tag, *toucher*, Tango, } en Latin.
Pag, *affermir*, Pango, }

Lab, prendre, Lambano, } en Grec.
Math, enseigner, Manthano, }

En François même nous disons mesure, & incom-mensurable.

Rompre & Rupture : Trape & Tromper.

Principes que nous avons developpés dans un très-grand détail dans nos Origines du Langage & de l'Ecriture, & sans lesquels il est impossible de répandre quelque lumiere sur les rapports des mots : ces principes faisant une partie fondamentale des élémens du langage & de l'étude des Langues.

I.

NOMS ALLÉGORIQUES.

Si quelqu'objet fut digne d'être appellé d'un nom formé de la racine dont nous nous occupons ici, c'est certainement la masse immense des eaux. Aussi les Grecs ne s'oublierent pas à cet égard; & afin de rendre ce mot plus sonore, plus rapproché du mugissement des eaux qu'ils vouloient nommer, ils le nasalerent ; de-là :

1. PONT-os, la Mer, les grosses eaux, les eaux bruyantes.

2. Dans leur style allégorique, ils en firent PONTus, le Dieu de la Mer; ils le firent fils de Nérée, ou des Eaux, & pere de Poseidon ou Neptune. C'est ce que nous avons vu dans nos Allégories Orientales.

3. POSEIDON, nom de Neptune, est lui-même formé de la même racine POT. Ce mot doit s'écrire POT-SEIDON. Ce dernier mot signifie *Pêcherie*; le premier, *grand* : c'est donc le Dieu des grandes eaux poissonneuses, le Dieu des grands poissons.

NÉRÉE, PONTUS & POSEIDON ou NEPTUNE, ces trois Dieux Marins de Sanchoniaton, ajoutent donc tous quelque chose à l'idée des eaux. *Nérée*, peint l'eau mobile. *Pontus*, l'eau mugissante. *Poseidon*, l'eau demeure des énormes baleines & autres monstres marins.

4. Ce mot changeant *o* en *e*, entra dans le nom de JA-PET ou Japhet, un des VI fils d'Uranus & de Ghé; il le désignoit comme un grand Propriétaire, comme ayant une grande étendue de domination, idée constante qu'offre le nom de Japet.

Cet Uranus & sa femine Ghé, eurent donc VI fils & VI filles. Mais l'un est le Ciel, l'autre la Terre : ils représentent donc le Monde avec ses révolutions, composées de XII Mois, ou de VI Soleils & de VI Lunes, gouvernés par six Grands-Dieux & par six Grandes-Déesses, ces XII Grands-Dieux des Romains, dont l'origine intrigua toujours si fort les hommes.

II.

NOMS SACRÉS.

Cette Famille dut fournir des noms à la Religion ou au culte public; de-là le mot Grec:

POT, PUISSANT.

Pot*nios*, vénérable, pour Pot-*en-ios*, celui qui est élevé en majesté, en sublimité.

Ce mot en se nasalant, forma également

Ponti-fex, Pontife, celui qui dirige les choses sacrées, les choses dignes de la plus grande vénération. Aussi fut-il bien nommé de *Fex*, qui fait, & Pot ou Pont, choses élevées. On voit par-là combien étoit ridicule l'étymologie qui en faisoit des Constructeurs de ponts, parce, disoit-on, qu'ils étoient obligés d'entretenir à Rome le Pont-Sublicius.

III.

NOM DES FLEUVES.

1°.

Pot, associé en Grec au mot Am, eau, forma le mot

Pot-Amos, riviere, fleuve : d'où Meso-Potamie, au milieu des eaux.

Pont*us*, fleuve de Macédoine.

Pot*entia*, riviere d'Italie.

Prononcé Bod en Celte, il forma,

Bod*incus*, le Pô, le plus grand fleuve de l'Italie.

Bod*incus* Lac*us*, le lac de Constance en Suisse.

2°.

Ce nom devint ensuite celui des Villes situées sur des fleuves.

Pot*entia*, Ville d'Italie sur la riviere du même nom.

Pat-Av*ium*, Padoue, mot-à-mot, Ville sur une grande eau.

IV.

Noms de Montagnes, & de Villes sur des montagnes ou dans des abîmes.

Pod désigna chez les Celtes des montagnes élevées en forme de pic, & des lieux placés sur ces sortes de montagnes : les Latins ajoutant une terminaison à ce mot, en firent Pod*ium* : de-là,

Pod*ium*, le Puy en Velay.

Pod*ium* -Cel*sum*, Puyceley en Albigeois.

Pod*ium*-Laur*entii*, Puylaurens en Albigeois.

Pod*ium*-Naut*erium*, Penautier, Diocèse de Carcassonne.

Podium-Sori-Guer, Puy-Salquier, près de Beziers.

Podium-Ferrandi, Puy-Ferrand en Auvergne.

Pod-Eacia, la Puysaye, pays de montagnes dans l'Auxerrois.

La Roche-Pot, mot-à-mot, la grande Roche, la plus haute montagne sur le chemin de Lyon à Fontainebleau.

Potentia, Ville sur de hautes montagnes de la Basilicate au Royaume de Naples.

Potes, Ville des Asturies en Espagne.

Podius-Cere-Tanus, Puy-Cerda en Espagne, au pied des montagnes dans la Ser-Dagne, m. à m. Pays de montagnes.

Ce mot s'altéra en Poet, Pui ; de-là :

Poet-Laval, en Dauphiné.

Puides, en Bourgogne sur une montagne.

Pougues, dans le Nivernois, au pied d'une montagne avec des eaux minérales.

Puy-de-Dome, la plus haute montagne de l'Auvergne.

Puy-Beliard, sur une montagne du Poitou.

Puech-d'Usselou, montagne entre le Quercy & le Limousin.

Les Grecs prononçant ce mot Pud ou Pyd, en firent :

Pydius, Fleuve de Troade.

Pydes, Ville & Fleuve de Pisidie.

Pydna, Montagne de Crete, ou Pitna.

Pydna, Ville & Colline de Phrygie.

Pythia, lieu de Bithynie rempli de sources d'eaux chaudes.

Pythicus, Fleuve de l'Asie Mineure.

Pythos, Fleuve de Carie.

Pytho-Polis, Ville sur ce Fleuve.

&c. &c.

Le Pontihieu, District le plus occidental de la Picardie, est appuyé sur la Mer, & se rapporte essentiellement à cette Famille, soit, comme on l'a cru, qu'il ait dû son nom à la quantité de Ponts qu'on y voyoit, ce qui a l'air d'une Fable ; soit plutôt qu'il le doive à sa situation sur le Pont ou la Mer.

V.

CHATEAU.

Les Italiens ayant changé ce mot en Poggio, pour désigner les lieux élevés, les Montagnes, il s'est transmis à divers Châteaux, entr'autres au suivant.

Le Poggio, Bourg de Toscane, remarquable par un Palais du Grand-Duc bâti fur une Colline, eſt digne de la curioſité des Etrangers. Il fut commencé par Laurent de Médicis le Magnifique, Pere de Léon X. On y voit de ſuperbes Peintures, peut-être encore une belle Ménagerie, de magnifiques allées, &c. Voici ce qu'en dit M. Guys (1).

» Le Poggio, qui eſt ſur la hauteur, jouit de la vue de la plus belle Cam-
» pagne du Monde, & de Montagnes toutes vertes, parſemées de maiſons
» juſqu'à l'Apennin. Ce Palais eſt vaſte, & il eſt encore meublé des Tableaux
» des meilleurs Maîtres, de buſtes & de Statues Grecques, & d'une quan-
» tité d'Idoles en bronze, qui ſont dans un Cabinet. On y admire la Vénus
» du Titien... un Adonis... de Michel Ange... les anciens Portraits de Laure
» & de Pétrarque... je ne finirois point... On deſcend avec plaiſir pour ſe
» repoſer dans un très-beau Jardin rempli d'orangers.

VI.

PONT, PUITS, POT, &c.

De cette Famille ſe formerent pluſieurs dérivés intéreſſans.

1. Pot, vaſe creux & profond : d'où le Grec

   Pi*thos*, Tonneau.

   Pi*takné* & Phidaknê, petit Tonneau.

   Pu*tiné*, vaſe revêtu d'oſier.

   Pithus & Pith*eus*, nom d'un Bourg de l'Attique, parce que ſes Habitans étoient ouvriers en Tonneaux.

2. Puits, en Latin Pu*teus*, eau profonde : d'où pluſieurs noms de lieux,
   tel que

   Puteo*li*, ou Pouzzols, en Italie, lieu abondant en ſources.

3. Pa*tella*, en Latin, coupe, vaſe ; d'où poëlle à frire.

   Pa*tena*, coupe, d'où patène.

Un nom mythologique ſe rapporte à cette branche, c'eſt celui de Lapithes, les Ennemis des Centaures : nous avons vu dans ce Volume qu'ils
déſignent les Vendangeurs, les Vignerons, ceux qui boivent le jus des
Tonneaux, & qu'il eſt compoſé des deux mots Lap & Pi*th*.

4. Pont, en Latin Pons, Pont*e* ; les Ponts ſont élevés ſur les eaux, & par

---

(1) Voyag. d'Italie, Lett. XVII.

leur moyen on passe par-dessus les eaux.

Nombre de noms de lieux en font dérivés: tels que

Pons, en Saintonge, avec plusieurs Ponts sur la *Seigne*.

Pont-Audemer, en Normandie.

Pont-a-Mousson, en Lorraine.

Pont-Saint-Esprit sur le Rhône.

Pont-Saint-Nicolas bâti par les Romains, sur le Gardon près d'Usez.

Pont-Arl*ier*, sur le Doux, en Franche-Comté.

Pont-Oise, à cause de son Pont sur l'Oise.

En Italie plusieurs lieux en sont appellés Ponte.

Pont-Eba, sur la Fella, aux frontiéres d'Autriche & d'Italie. D'un côté du Pont, la Ville est absolument Italienne; de l'autre, toute Allemande.

VII.

P O T, Puissant.

Ici se rapporte une nombreuse Famille Latine, Françoise, &c. désignant le pouvoir, la puissance.

1. Pot-*est*, en Latin, il peut.

    Poss*um*, au lieu de Pot-Sum, je suis puissant, je peux.

    Pot*entia*, la qualité d'être puissant: la P*uissance*.

    Pot*is*, haut, élevé, qui a du pouvoir.

2. Pot*ior*, je suis jouissant : je suis Maître d'un bien.

3. Poss-Ibil*is*, doué de la propriété de pouvoir, être possible.

4. Possid*eo*, avoir la puissance, posséder.

On voit que les François ont changé cette syllabe Pot, en *peut*, *puis*, *pofs*, *pouv*, il peut, je puis, po*s*sible, pouvoir.

Ils en firent anciennement *poste*, *poëste*, puissance.

De-là encore Pot*entat*; & en Italien, Pod-esta, le Chef dans diverses Villes.

De-là, une Famille Grecque célèbre :

Des-Pote, le Maître, le Seigneur.

Des-Pot*isme*, l'autorité du Maître absolu.

Ce mot est formé en effet de Pot ou Spot, puissant, précédé de l'article *The:* ou de Pot, puissant, & *Thès*, Esclave, celui qui ne voit que des Esclaves à ses pieds: idée qui répond au mieux au mot Despote.

Et le François, Ap-Puy, en Italien Ap-Poggio, ce qui sert pour le soutien.

VIII.

Dérivés Moraux.

Les Grecs appliquant ce mot à la force morale, en firent,
1. Pothos, désir, amour extrême; ce qui nous entraîne avec une force presqu'irrésistible.
2. Les Latins, de leur côté, nasalant cette syllabe, & la faisant précéder de la sifflante, en firent un mot dont l'origine étoit absolument inconnue.

   Spontis, puissance propre, liberté pleine & entiere.

   Homo Spontis *suæ*, homme de sa propre puissance, qui ne dépend que de soi.

   Spontaneus, qui se fait par sa propre puissance, d'où notre mot Spontané.
3. De Pot, vase, les Grecs formerent,

   Spondeion, en Latin Spondeum, vase pour les Sacrifices.

   Spondé, libation, engagement à la face des Dieux au pied des Autels.
4. D'où le Latin,

   Sponsio, engagement, promesse, sur-tout celle de deux Epoux.

   Sponso, fiancer; Sponsus, Epoux.
5. Re-Spondeo, se lier à son tour, répondre aux promesses par une pareille.
6. Spondée, pied de deux syllabes longues; soit que ce nom vienne de Pot, long, pesant; soit qu'il vienne de Spondeé, libation, pour indiquer un vers usité dans les grandes Cérémonies.
7. Passio, passion, souffrance.

   Patior, souffrir, pâtir.

   Patientia, patience, action de souffrir.

   Gr. Patheo, souffrir: Pathé, souffrance: d'où,

   Pathétique, qui émeut les passions.

IX.

Chapeau de Mercure.

Mercure étoit représenté avec un Chapeau à larges bords rabattus; les Grecs l'appellerent par cette raison Petasos, en Latin Petasus, d'où le François Petase.

X.

ETENDUE.

Ce mot tient à une branche très-nombreuse relative à l'étendue.

En Hébreu, Pathe ; en Grec, Petao ; en Latin, Pateo, avoir de l'étendue, étendre, s'étendre, &c: de-là :

En Grec, 1. Petaomai, déployer ses ailes, voler.

Petalos, étendu.

Petauros, perche pour les poules.

2. Spathés, Tissu, & toute sa nombreuse Famille.

3. Pitys, sapin, arbre élevé, d'où,

Pityuses, deux Isles voisines de Minorque, qui durent leur nom aux pins dont elles étoient couvertes : on les appelle aujourd'hui *Yviça* & *Frumentaria*.

Pytis, *m-à-m*. le Pin, Ville de Carie.

Pyteia, Ville de la Troade au pied d'une montagne couverte de pins, au rapport de Strabon.

Pytio-Nese ou l'Isle des pins, vis-à-vis Epidaure sur la côte du Péloponése.

Pitta, planche, ais.

Pittaca, cohorte, bande nombreuse, étendue.

En Latin, 1. Pateo, être étendu, être ouvert, clair, découvert, &c.

Patulus, large, étendu.

Petasites, la grande bardane aux feuilles étendues.

2. Passus, étendu.

Pando, étendre, déployer, ouvrir.

Pansa, qui a de larges pieds.

Pantex, ventre, partie du corps qui se distend.

3 Peto, tendre la main, demander, rechercher ; d'où en François o-pter, ap-petit, Petition, &c.

A cette Famille se rapportent en François,

Patente, *mot-à-mot*, ce qui doit se développer, se montrer à tous.

Pallier, étendue entre les marches ; de Patulus.

XI.

FAMILLES LATINES ET FRANÇOISES.

1. Spatium, espace ; l'étendue.
2. Spatula, spatule.

XII.
FAMILLES GRECQUE, LATINE ET FRANÇOISE.

1. PETR*a*, en Grec & en Latin, Rocher, Pierre : en François, Pierre.
2. SPID*és*, en Grec, SPISS*us*, en Latin prononcé SPEISSUS ; EP*ais* en François.
3. SPASM*a*, en Grec & en Latin, SPASME, contraction, arrachement.

XIII.
FAMILLE CELTIQUE.

PAD, en Celte, gras ; en Oriental, FAD, gras, abondant ; en Anglois, FAT ; en Allemand, FETT, graisse : d'où,
AF-FAT*im*, en abondance.

XIV.
FAMILLES GRECQUES.

S PHONDR*os*, fort, roide, véhément.
S-PHOND*ylos*, & S-POND*ylos*, épine du dos.
PHEID*omai*, ménager, entasser, n'user pas.
PHU*Ton*, Plante, & sa Famille immense.

XV.
FAMILLES LATINES.

PED*um*, houlette ; 2°. échalas ; du même P*AT*, plante ; PED*o*, échalasser.
PUL-PIT*um*, pupitre, m.-à-m. élevé sur un pied.
PU*Tare*, approfondir, creuser, caver un objet, un sujet ; d'où, Dis-PUT*er*, Im-PUT*er*, Ré-PUT*er*, &c.
PU*Tare*, élaguer, tailler, rogner, ôter le superflu.

XVI.
Enfin, à ces Familles nombreuses tient celle de
POD*os*, en Grec, les pieds ; en Latin, PED*es* ; en François, PIEDS ; en Anglois, FOOT ; &c, &c.
Ils sont la base étendue, large, sur laquelle s'éleve le corps entier.
PATT*e*, en François, est une branche du même mot.

XVII.
FAMILLE DÉGRADÉE.

Ce mot s'est également pris dans un sens moral, pour désigner une femme insatiable dans ses désirs effrénés : il existe en Italien, dans le vieux François, &c ; mais cette famille s'est tellement dégradée qu'on s'abstient même de la prononcer en aucune maniere.

XVIII.
MOTS AMÉRICAINS.

Ce mot traversant les Mers se retrouve dans diverses Langues d'Amérique, avec les idées de grandeur, contenance, élévation; même avec celle de pensée ou de profondeur dans l'esprit.

1º. P0UT*aome*, en Algonquin, faire chaudière.

BU*ta*, dans le Chily, grand.

PU*tz*, en Méxicain, offre la même idée avec la terminaison méxicaine *li* ; & joint au primitif HID, WIT, le tems, il est devenu le mot WIT*zli*-PU*tzli*, nom de la Divinité Suprême : *m-à-m.* le Seigneur des tems.

APOTO, en Caraïbe, grand, gros, enflé.

A-BOU-POU*ton*, pied.

2º. POUTO, en Taïtien, blesser, couper : EPOUTO, blessure, coupure.

Na-PUI*tagoni*, incision, PUI*tacoua-banna*, fais-moi une incision.

Toutes ces idées se trouvent dans ces mots Péruviens.

1. PA*ta*, banc de pierre : PA*ta*-PA*ta*, escalier.

PAT-PA, grosse plume, aile : le F*eder* des Allemands.

PA*tarani*, doubler une chose ; PA*tmani*, la couper en deux.

PA*tarasca*, chose doublée : PA*tmasca*, chose coupée en deux.

PU*ti*, coffre ; c'est un grand contenant.

2. PU*ticoc*, homme qui pense, qui approfondit, qui sonde.

PU*ticoni*, être pensif, être enseveli profondément dans ses pensées.

On retrouve donc ici le PU*tare* des Latins qui signifie également couper & penser ; se replier dans la profondeur de l'esprit : ainsi les deux hémisphères réunissent aux mêmes sons les mêmes idées, & les mêmes manieres de les modifier.

OBSERVATIONS

Sur l'Interprétation des Fables Allégoriques de l'Antiquité, relativement au MONDE-PRIMITIF *de* M. DE GÉBELIN. Par M. B***.

LES Observations que nous avons faites sur la disposition & sur la nature des couches de la terre, nous ont fait voir de la maniere la plus évidente & la plus sensible les preuves des terribles & nombreuses révolutions qu'a essuyé la malheureuse Planette que nous habitons. Si les Historiens de l'Antiquité paroissent avoir gardé le silence sur ces anciennes catastrophes, nous ne devons pas en être surpris. Les hommes qui ont échappé à tant d'horribles désastres, ont dû être bien plus occupés pendant les premiers siècles qui les ont suivis, à chercher une subsistance dure & laborieuse, & à pourvoir à leur extrême misere, qu'à tenir des journaux de ces tristes années, pour en faire passer les dates & les détails à leur postérité. Joignons à ces motifs la négligence des anciens monumens, & l'oubli où l'on étoit tombé sur les Caracteres & sur l'Ecriture symbolique des premieres générations du monde réparé; telles sont les raisons du silence des Historiens sur ces actes les plus intéressans de l'Histoire ancienne de la Nature.

Le souvenir de ces malheurs n'a pu cependant s'effacer totalement de la mémoire des hommes; ces événemens ont été trop universels & trop terribles, pour n'avoir pas affecté le Genre-humain d'une maniere singuliere & profonde. En effet, lorsque les Nations ont commencé à respirer & à se reconnoître sur la terre, & lorsque la Nature a cessé de les effrayer & de les persécuter, elles ont dressé des monumens, établi des usages, perpétué des traditions, conservé des fables & des symboles, institué des cérémonies religieuses & commémoratives qui en auroient dû entretenir perpétuellement les hommes, si elles ne s'étoient pas corrompues ou altérées par la succession des tems, & par les révolutions auxquelles les institutions humaines sont aussi sujettes que celles de la Nature. En examinant avec une attention suivie l'enchaînement, l'accord & les rapports de tous ces monumens physiques & moraux, on ne peut voir sans étonnement & sans admiration que les lumieres qui en réfultent conduifent au plus vafte champ de connoiffance qui fe foit encore préfenté à l'efprit humain. Le favant Auteur du Monde-Primitif vient d'entrer avec le plus grand fuccès dans cette immenfe carriere. Il feroit à défirer que dans le cours de cet admirable Ouvrage, il voulût joindre aux preuves que lui a fourni l'Etymologie des mots, celles que lui fourniroient encore les traditions & ufages des Peuples, & les révolutions phyfiques du Globe terreftre. Il femble qu'il donneroit par-là une nouvelle force à la vérité des explications déjà fi lumineufes qu'il donne des Symboles, des Allégories, des Hiéroglyphes & des Fables de l'Antiquité.

Quelques exemples pourront faire reconnoître aifément les rapports frappans qui fe trouvent entre les Etymologies des mots employés dans tous ces fymboles, non-feulement avec l'invention & les opérations de l'Agriculture & de l'Aftronomie, comme l'a fi bien démontré notre Auteur; mais encore avec les révolutions affreufes & diverfes qu'a effuyé notre Globe, & dont le fouvenir s'eft perdu dans l'éloignement des fiècles; mais dont les preuves les plus évidentes font & feront pour jamais confervées dans la ftructure même de la terre. Perfonne ne peut mieux que cet eftimable Auteur réunir tous ces rapports, les préfenter dans tout leur jour, & leur donner la même force & la même clarté qui régne dans le premier Volume de fon excellent Ouvrage qui en fait attendre la fuite avec le plus grand empreffement.

L'exil du premier homme de la Genèfe hors d'un lieu de délices, & le Chérubin armé d'une épée de feu qui lui en défendit l'entrée, a été regardé par plufieurs Interprètes comme l'emblême & le fymbole d'un embrâfement opéré par l'ordre de la Divinité, & qui contraignit l'homme de fortir de fon féjour, pour aller vivre dans une terre maudite, d'une façon pénible & laborieufe. On voit par-là un rapport évident entre les traditions intéreffantes & auguftes des Hébreux & les monumens de la Nature.

On ne peut méconnoître dans la Création turbulente de Sanchoniaton, l'analogie avec ces mêmes monumens: il en eft de même de cette autre tradition du même Auteur; que les Enfans de Protogonus, brûlés dans la Phénicie par les ardeurs du Soleil, leverent les mains vers le Ciel pour en être délivrés. Anecdote qui fe concilie avec la tradition de l'Hiftorien Jofephe qui rapporte que les Enfans de Seth ayant prévu que le monde périroit par l'eau & par le feu, érigerent des colonnes pour en inftruire les races futures, & leur faire paffer les obfervations aftronomiques qu'ils avoient faites.

La correfpondance de ces traditions fur les événemens des premiers âges connus du Monde, ne peut avoir d'autre fource que les maux réels de la

Nature

Nature, dont l'ordre & le genre de tant de monumens nous inftruifent.

Il paroît que c'eft du reffentiment obfcur & confus qui eft refté des malheurs du Monde, qu'eft fortie cette attente univerfelle de tous les Peuples, que le Monde finiroit par le feu; dogme confacré par toutes les Religions.

Ajoutons à ces traditions ce que les Annales Egyptiennes nous difent de ces longs régnes de Vulcain & de Vefta avant Menès leur premier Roi, ce qui ne peut fignifier que le régne du feu, dont ces deux fauffes Divinités n'étoient originairement que les fymboles, & l'embrâfement du Monde après lequel les hommes commencerent à fe réunir & à former des Sociétés tranquilles & réglées; le régne de Menès ne fignifiant en effet que le régne des réglemens & de la police. (*Voyez* Menès dans les Allégories Orientales, pag. 143 & 144.)

C'étoit vraifemblablement pour la même raifon commémorative que le Temple de Vulcain en Egypte étoit le plus ancien de tous les Temples des autres Dieux.

Vers les premiers tems connus de l'Hiftoire de la Chine, fous le régne d'Yao, qui, felon les Hiftoriens de cette Contrée, régnoit vers l'an 2357, avant l'Ere vulgaire, ce qui eft à peu près l'époque du déluge de Moyfe felon le Texte Hébreu, les Chinois placent une anecdote qui a encore un rapport vifible aux anciennes révolutions caufées par le feu. Le Soleil y fut, dit-on, dix jours fans fe coucher, d'où réfulta une fi prodigieufe chaleur que toutes les Nations appréhenderent l'embrâfement du monde.

Les Péruviens qui avoient affez bien conservé quelques détails du déluge, parlent encore d'une révolution toute contraire & d'une autre nature, arrivée long-tems avant le régne de leur Dieu *Pachacamac. Choun* qui conduifoit l'Univers avant lui, s'étant un jour mis en colere, convertit toute la Contrée du Pérou, qui étoit alors très-fertile, en un fable aride. Il arrêta les pluies, & ferma les fources & les fontaines, fufpendit le cours des rivieres, & deffécha les plantes; ce qui rendit les Péruviens miférables. Ce Dieu *Choun*, difent-ils, étoit un homme extraordinaire, fans os & fans mufcles, qui abaiffoit les montagnes, combloit les vallées, & fe faifoit des chemins par des lieux inacceffibles. Par où il eft aifé de conjecturer que ce prétendu Dieu n'a été que le vent, la tempête & l'orage perfonifiés en Amérique, comme M. Pluche & M. Court de Gébelin ont démontré que tous les anciens Symboles ont été perfonifiés en Afie.

Les Pyrénées n'ont reçu leur nom que pour conferver à la poftérité le fouvenir du feu dont elles furent embrâfées. C'eft fans doute d'après quelques événemens semblables, qu'a été formée la fable des Muses qui demanderent des ailes à Jupiter pour se sauver de chez le Tyran *Pyrénée* qui les persécutoit, quoiqu'elles ne se fussent retirées chez lui que pour y trouver un asyle. En faisant attention que le mot *Muse* signifie *sauvé des eaux*, (Hist. du Ciel, Tom. I. p. 282) on verra que cette Histoire allégorique ne peut signifier autre chose que les habitans de la terre échappés aux inondations en se sauvant sur les montagnes, & qui ensuite furent obligés d'y implorer le secours du Ciel, parce que ces montagnes les persécuterent à leur tour par les volcans qui s'y ouvrirent, & les feux dont elles furent embrâsées. Telle étoit sans doute la malheureuse destinée des hommes dans ces siècles de désolation, d'être poursuivis par le feu dans les lieux élevés, & d'être chassés des lieux bas par les inondations.

Le Physicien attentif trouvera dans tous les lieux de la terre des preuves incontestables de ces différentes révolutions.

Si les neuf Muses, représentées par neuf Isis chez les Egyptiens, étoient chez ce peuple les symboles des neuf mois pendant lesquels l'Egypte étoit délivrée des inondations du Nil, suivant M. Pluche ; ou que, suivant M. Court de Gébelin, elles fussent les symboles des neuf mois pendant lesquels on peut travailler à la terre, comme les trois Graces représentoient les trois mois de repos & de divertissement du laboureur ; leur Histoire allégorique n'en sera pas moins relative à ces grandes révolutions physiques de la terre, pendant lesquelles les travaux de la campagne étoient nécessairement & alternativement abandonnés, tantôt dans les pays de montagnes par les embrâsemens, tantôt dans les plaines par les inondations.

Plusieurs Contrées de la terre ne tiennent leurs noms que des anciens événemens de la Nature ; ainsi la Géographie physique ne doit point négliger d'approfondir les étymologies & les racines des dénominations des anciennes Régions & des anciennes Villes ; M. de Gébelin en prouve bien les avantages.

Privé des connoissances nécessaires sur les anciennes Langues, je rapporterai d'après de bons Auteurs les Etymologies des noms de quelques Contrées, par lesquelles nous verrons les rapports de ces noms avec les événemens qui y ont donné lieu, & la nature du sol de ces Contrées.

L'Angleterre, suivant le Dictionnaire de la Langue Bretonne, a été autrefois appellée *Tanet* par ses habitans, nom qui dans l'ancienne Langue de ces Insulaires, & dans la Langue actuelle de la Bretagne, signifie encore *feu* ; nom qui a dû autrefois convenir parfaitement à cette Isle si remplie de vestiges du feu, comme le prouvent ses abondantes & nombreuses mines de Charbon.

SUR L'INTERPRÉTATION DES FABLES. 475

Le Mont Ararat, sur lequel les traditions portent que les hommes se sauverent hors du Déluge, signifie *malédiction du tremblement*, ou *terre maudite du tremblement*. Cette affreuse montagne est encore par ses débris un des grands monumens naturels des désastres de l'Arménie.

C'est sur-tout dans la Phénicie que l'on trouve de ces noms commémoratifs. *Philista*, & plus rudement *Palestina*, signifie *conspersa cinere*, Contrée couverte de cendres. Damas, en Hébreu Damesec, *similitudo incendii*, l'image de l'incendie. Gomorrhe, de *Gomar*, consumer, & de *Gumera*, charbon; nom bien analogue à la constitution de cette Région, & à la position de cette ancienne Ville.

On pourroit peut-être penser à l'égard de cette ville, qu'elle ne tire ce nom commémoratif que de l'embrâsement qu'elle a souffert du tems d'Abraham; mais on doit remarquer que cette ville est connue sous ce nom dans l'Ecriture avant qu'il soit question de sa destruction, & qu'il y est même dit avant qu'elle arrivât, que cette ville & ses environs avoient dans leur voisinage un grand nombre de puits de bitume : or, ces bitumes étoient dès-lors les monumens des anciens incendies, & ils constatent qu'elle mériteroit le nom de *Ville de charbon* avant Abraham, & que lors de sa destruction finale, les instrumens de son supplice étoient depuis long-tems sous ses pieds, où ils avoient été déposés par les anciennes catastrophes de ces contrées.

Je ne m'étendrai pas davantage sur ces objets qui pourroient faire la matiere d'un très-grand ouvrage; c'est une carriere que notre savant Auteur du Monde Primitif peut seul parcourir avec succès. Ce qu'il nous a donné commence à dissiper les sombres nuages répandus sur l'Histoire ancienne du Genre-Humain, & nous fait espérer de pouvoir parvenir à la connoissance de toutes les Enigmes de l'Antiquité.

Le Dictionnaire de la Langue Primitive que nous attendons avec impatience, ne manquera pas de nous donner de grandes lumieres pour l'intelligence de l'Histoire de l'Homme & celle de la Nature, qui étant si étroitement liées doivent être inséparables. Il est fort à souhaiter qu'à la suite de ce précieux ouvrage, il nous donne, suivant ses principes, un Dictionnaire raisonné de toutes les Fables des Peuples connus de la terre. Il semble que dans un tel Ouvrage il ne faudroit point s'embarrasser d'y suivre l'Histoire des Héros suivant des Généalogies & des Chronologies qui ne sont que de l'invention des Poëtes; mais s'en tenir simplement à l'ordre alphabétique. Il faudroit n'omettre aucune Divinité, aucun Héros, aucun Roi, aucune Nymphe, aucun des Etres tant animés qu'inanimés, & aucune des choses soit physiques, soit morales, soit religieuses, sur lesquelles les Fables se sont exercées.

On y expliqueroit à chaque article la signification de tous les noms & de tous les mots en Langue Grecque & en Langues Orientales; & lorsqu'on auroit comparé tous ces personnages fabuleux & leurs exploits les uns avec les autres, & qu'on auroit rapproché les Fables d'une Nation de celles des autres, on découvriroit enfin que cette multitude d'anecdotes fabuleuses, & même que beaucoup d'Histoires qui passent pour constantes, peuvent se réunir à un petit nombre de faits naturels; que les premieres Fables ont été la source de toutes les autres; que parmi les vérités qu'elles renferment, il y a des erreurs entées sur d'autres erreurs & diversement circonstanciées suivant le genre des événemens naturels arrivés en chaque Contrée, suivant le génie des Peuples, suivant la différence des Langues & le goût des siècles où elles ont été produites. Enfin, il en résulteroit cette connoissance fondamentale que toutes les erreurs de l'Antiquité n'ont pas eu d'autre origine que l'abus & l'oubli des mémoriaux du passé; il en résulteroit une multitude d'autres connoissances & d'autres vérités que nous avons ignorées jusqu'à présent, & que le premier volume du Monde-Primitif commence à nous dévoiler.

PLAN D'HISTOIRE PHYSIQUE DE LA TERRE.

Création.— Révolutions.— Tranquillité.

1°. LA CRÉATION, suivant les Cosmogonies,
　　des Anciens Peuples;
　　des Juifs & des Chrétiens, d'après la Genèse;
　　des Peuples modernes, d'après leurs traditions;
　　des Physiciens & Naturalistes de nos jours.

La Création, suivant toutes ces Cosmogonies, a pu être confondue avec un renouvellement operé par des révolutions.

2°. LES RÉVOLUTIONS de la Terre démontrées,
　　par la disposition extérieure & intérieure des Terres & des Mers;
　　par les pétrifications & les corps étrangers renfermés dans les couches de la terre;
　　par les traditions communes à tous les peuples, particulieres à plusieurs;

SUR L'INTERPRÉTATION DES FABLES.

par les changemens & les diversités dans les Langues, dans les Signes, Symboles & Caractères des différens peuples;

par les Cérémonies religieuses, Usages commémoratifs, diversité des Religions chez les Peuples anciens & chez les modernes;

par la crainte qu'inspirerent à tous les Peuples les Eclipses, les Cometes, les Météores, les Phénomenes extraordinaires, &c.

3°. LA TRANQUILLITÉ de la Terre a donné lieu,

à l'Agriculture;
à la formation des Sociétés,
à la population;
aux Arts de premiere nécessité;
aux Défrichemens;
aux Ecoulemens des Eaux;
à l'établissement des Nations, la fondation des villes, l'institution des Loix Civiles, Politiques, Religieuses;
aux Colonies, émigrations;
aux Guerres;
à la communication entre les Peuples par les rivieres, par la construction des chemins, des canaux, &c.
aux Arts de commodité & de luxe;
aux Sciences;
au Commerce;
à la Navigation;
aux Découvertes de nouvelles terres.

VUES
SUR LES RAPPORTS DE LA LANGUE SUÉDOISE
Avec les autres Langues & sur-tout avec la PRIMITIVE;
ADRESSÉES A M. LE C. DE SCH. EN SUEDE.

AVERTISSEMENT.

M. IHRE, Savant diſtingué de Suède, connu par divers Ouvrages très-précieux ſur les Langues & ſur la Littérature du Nord, de même que par ſon Gloſſaire Etymologique des Langues Sveo-Gothiques, craignoit que nos Recherches Etymologiques ne fuſſent auſſi fauſſes & auſſi erronées que celles de tant d'autres, ſur-tout que nous ne fuſſions trop tranchans ſur le rapport des Langues & ſur les cauſes de ces rapports. Renvoyer ce Savant à nos développemens, étoit une route trop longue : nous en prîmes une qui nous parut plus ſimple, plus déciſive, & qui devoit être beaucoup plus agréable à ce célèbre Auteur. Ce fut de réunir ſous un ſeul point de vue nombre d'obſervations étymologiques ſur les Langues dont il s'étoit occupé avec tant de ſuccès, & de montrer que ſon propre Gloſſaire fourniſſoit une multitude de preuves démonſtratives en faveur de notre Méthode ; & que cette Méthode donnoit en même tems une ſolution auſſi claire que ſimple de diverſes difficultés étymologiques qu'il avoit fort bien ſenti & qui étoient ſans réponſe par toute autre méthode. Cet eſſai produiſit la Diſſertation que nous mettons ici ſous les yeux du Public & que nous eumes l'honneur d'adreſſer dans le tems avec nos hommages à un Seigneur Suédois diſtingué par ſon rang, par ſes vertus, par ſes rares connoiſſances, par la bienveillance dont il nous honore, & bien propre à nous concilier M. IHRE.

Nous nous ſommes décidés d'autant plus volontiers à rendre ces remarques publiques, qu'on y verra que la Langue Suédoiſe ſe concilie de la façon la plus ſatisfaiſante avec notre méthode, même dans les objets qui paroiſſoient aux Savans de cette Nation les plus impoſſibles à réſoudre.

Si le Public agréoit cette maniere de traiter les Langues, nous pourrions lui préſenter ſucceſſivement divers Eſſais de la même nature, ſur nombre de Langues plus ou moins connues.

VUES SUR LA LANGUE SUÉDOISE.

I.

Du Glossaire de M. IHRE, *& de ses craintes sur les erreurs où l'on est entraîné par le goût pour l'Etymologie.*

M. IHRE a très-bien vu dans son Glossaire Sveo - Gothique qu'on nous a communiqué, les rapports étroits de la Langue Hébraïque avec les Langues du Nord, sur-tout avec celle de Suede. L'article de sa Préface intitulé LANGUE HÉBRAÏQUE, (*Lingua Ebræa*) contient des rapprochemens très - bien faits ; tels que ceux de

HORN & קרן , *Kærn*, corne.
TISSE & דד , *Dad*, mammelle.
KALLA & קל , *Kal*, voix : appeller.
Le vieux GÆDAS & חדה , *Chadé*, s'égayer.
Les vieux mots SA, SU, THAT, ce ; & זה, *Zé* ou *Sé*, ce, &c.

On trouve nombre de rapports semblables dans le corps du Dictionnaire.

Mais souvent M. IHRE n'ose franchir le peu de différence qui regne entre un grand nombre de mots Hébreux & de mots Suédois. Il craint que ces rapports ne soient l'effet du hazard : il craint d'être comme THOMASSIN, & tant d'autres Etymologues qui ont vu dans les mots tout ce qu'ils ont voulu ; semblables, pour me servir de la comparaison qu'il employe, semblables à ceux qui frappés de la jaunisse, voyent tout jaune.

M. IHRE, en nous voyant affirmer avec tant d'assurance les rapports des Langues d'Asie & d'Europe, doit craindre par-là même que nous n'ayons été nous-mêmes frappés de la même maladie ; que nous ne nous soyons livrés témérairement à l'attrait des étymologies, que nous n'ayons pas été assez sévères dans leur choix.

Nous ne serions nullement surpris de cette défiance, n'ayant pas l'avantage d'en être connus : elle feroit d'ailleurs honneur à son amour pour la vérité : mais ce même amour du vrai lui fera sans doute voir avec plaisir les soins que nous avons pris pour n'être pas surpris ; & que nos procédés à cet égard sont conformes aux siens & dignes qu'il les approuve.

OBSERVATION.

Observons avant tout, qu'il ne faut pas regarder la Langue Hébraïque, telle qu'elle est dans les Livres Hébreux, comme la Langue Primitive, mais seulement comme une de ses filles : qu'elle n'est donc pas la mere des Langues d'Europe & d'Asie, mais seulement une de leurs sœurs, leur sœur aînée si l'on veut. Cette observation anéantit au moins la moitié des prétendues origines données par ces Etymologues que notre Savant Auteur peint trop bien, malheureusement pour eux : & ce principe seul doit déjà nous concilier la bienveillance de M. IRHE ; mais entrons dans quelque détail.

II.

REMARQUES PARTICULIERES.

A.

Nous avons dit dans notre Plan Général & Raisonné, que A étoit un mot primitif qui désigne propriété, possession : qu'envisagé comme Verbe, il signifie IL A ; comme Article, UN ; comme Préposition inséparable à la tête d'un mot, c'est la négation, ou NON, en ce qu'il désignoit par cette place la propriété comme étant derriere l'objet dont on parle, c'est-à-dire, comme étant nulle pour cet objet.

Avec quelle satisfaction n'avons-nous donc pas vu que tout ce que ce Savant a dit sur cet lettre A, confirme en plein nos observations.

M. IHRE nous apprend donc, qu'A est une particule inséparable qui emporte *privation* !

Que dans plusieurs districts de la Suède, dans la Dalécarlie, dans le Gothland, &c. il signifie UN, comme en Anglois.

Qu'A est la premiere & la troisieme personne du verbe AGA, signifiant *avoir, posséder, avoir droit*.

Nous voyons donc ici de très-beaux rapports de la Langue Suédoise avec la Primitive.

A, signifie SUR, ajoute ce Savant : ceci s'accorde parfaitement aussi avec nos Principes Grammaticaux : car *posséder, avoir propriété*, emportent l'idée de dominer, d'être *sur*.

Quant au mot A qui signifie eau, c'est une altération du mot *au*, ou *eau* : aussi sa vraie orthographe en Suédois est un *a* surmonté d'un *o*, c'est-à-dire, le son *au*.

M. IHRE & moi, nous nous accordons ainsi parfaitement sur un article qui sembloit être de la discussion la plus pénible : par notre méthode, les diverses significations de ce mot sont en même tems liées & ramenées à une seule ; ce

SUÉDOISE.

qui, en fait de Langues, eſt d'un avantage eſſentiel, on pourroit dire inappréciable.

En voyant les étymologies qu'il rapporte dans ce même Article, du mot AMAZONES, & les comparant avec celles que nous en avons données dans nos Allégories Orientales, on s'aſſure de la lumiere qui réſulte pour les étymologies anciennes, lorſqu'on conſidere les mots dans leur enſemble & non ſéparés.

Auſſi, ſans la comparaiſon ou ſans le rapprochement des Langues, il eſt telle étymologie qu'on n'oſeroit donner, & qui acquiert la plus grande évidence par cette harmonie : & ſans harmonie, que peut-on expliquer ?

C'eſt encore par la comparaiſon des Langues qu'on voit les dérivés de ce même mot A, prendre des formes auxquelles il ſemble qu'on ne ſe feroit jamais attendu. D'A ſe formerent HAF, HAB, ou HAV avoir, & AGA qui ſignifia la même choſe chez les anciens Peuples du Nord.

AGA forma chez les Anglo-Saxons l'infinitif AG-an : & cet infinitif devint AIGan chez les Mœſo-Gothiques : mais d'ici vint,

ÆGA des Suédois qui ſignifie *poſſéder*, & dans lequel on ne peut méconnoître le Grec

ΕΧΩ, *Ekhó*, poſſéder, mot qui n'a plus de rapport à *habeo* & à *avoir*, mais qui en vient cependant manifeſtement au moyen de tous ces intermédiaires, qui prouvent ce que nous avons déjà tant de fois avancé, que le Grec *Ekhó*, avoir, deſcendoit du verbe A.

Ajoutons, que dans notre troiſiéme Volume, nous avons conſacré une dixaine de pages, (*pag.* 290 & *ſuiv.*) aux développemens de cette importante Famille, qui juſques à nous avoit été cependant, comme tant d'autres, entiérement inconnue.

Autres Mots en A.

A-DEL, Nobleſſe ; ADEL, le plus grand, &c. Ce ſont des mots communs à toutes les Langues du Nord. M. IHRE a raſſemblé une foule d'étymologies de ce mot, dont aucune n'eſt en effet ſatisfaiſante. Son origine eſt cependant très-ſimple, très-facile à conſtater. Ce mot s'eſt chargé de l'initiale A, comme tant d'autres en toute Langue : ſa vraie racine eſt DAL, élevé, haut, grand ; racine commune à une foule de Langues.

En Anglois, TALL, grand.
En Hébreu, דלה, *dalé*, élever.

En Grec, THALLÓ, germer, fleurir. AN-TLAÓ, puiſer.

En Valdois, DAILE, un pin; c'eſt le Suédois TALL: les pins & les ſapins ſont en effet très-élevés.

De même, les Nobles, ADEL, ſont les Grands d'une Nation.

Æ.

Après avoir avancé qu'A déſignoit la poſſeſſion, nous ſoutînmes qu'E déſignoit l'exiſtence, & qu'il devint le nom de ce qui ne ceſſe d'être, de ce qui eſt perpétuel. Nous en trouvons des preuves dans la Langue Suédoiſe. A, Æ, E, EE, y ſignifient *toujours*: ils y ſignifient également la *perpétuité*. De-là réſultent naturellement ces mots Suédois :

Æ, marque de l'univerſalité, tout ce qui eſt.

Æ, marque de l'affirmation, de ce qui eſt.

ÆFVE ou ÆFE, vie, cours de la vie; 1°. mœurs, maniere de vivre, eſt donc un autre mot qui appartient à la même Famille. M. IHRE y reconnoît le Goth ÆFE, dans lequel on ne peut méconnoître l'Hébreu EVE, à l'Allemande EFE, la mere des Humains ; 2°. la vie.

AEGG, *Acies*, pointe, tranchant : ce mot vient de la même Racine qu'*Acies*, *Acus*; *Occa*: que le Grec ακη, ακαζω, &c. de la racine Ac, qui déſigne tout ce qui eſt tranchant, aigu; famille immenſe en toute Langue.

ÆLF, Génie : M. IHRE rejette avec raiſon les diverſes étymologies de ce nom : il paroît avoir la plus grande analogie avec l'Oriental אלף *alf*, ou *ælf*, dans l'orthographe Maſſorethique, & qui ſignifie *élevé*; tels ſont les Génies, au-deſſus de l'homme.

ALSKA, aimer; en Danois *elske*. M. IHRE tire avec raiſon ce verbe du mot ELD, feu; c'eſt un de nos grands Principes que les Verbes viennent des noms. De-là *ælta*, déſirer avec ardeur; & le Grec *Eldomai* qui ſignifie auſſi déſirer. Ce mot *eld* lui-même, en Danois *ild*, en Iſlandois *eldur*, eſt l'ancien Perſan *ala*, feu; d'où le Goth *ala*, allumer, nourrir.

ÆMBAR, cruche. Anglo-Sax. *Ambar*; c'eſt le même ſans doute qu'AMPHORA, cruche. Ajoutons qu'ils viennent l'un & l'autre de *bar*, *phar*, *fer*, *bæra*, porter, voiturer; & d'*amb*, deux; vaſe à deux mains.

ÆMBETE, office, emploi; c'eſt un mot très-ancien, de l'aveu de M. IHRE, commun à toutes les Langues, & d'origine Scythique. Il rejette avec raiſon toutes les étymologies qu'on en a données, & a très-bien vu qu'il devoit venir du mot BATH, parce qu'il eſt écrit *and-baths* dans Ulphilas; ajoutons *ambacht* dans nombre de Langues. Ainſi au lieu de la racine *bath*, qui n'a nulle signification, on a la racine BACH, BACZ, &c. qui signifie Officier, Servant, Employé; & d'où se formerent *Bacca-laureus*, &c.

ÆNDA, jusques. M. IHRE a très-bien vu que c'est le même mot que l'Islandois *Ath-ur*, l'Hébreu עד, *ad* ou *od*, l'Anglo-Sax. *oth*; & qui se nazalant est devenu *ænda*, & en Mœso-Gothique *und*. Ce Savant ne sera donc pas étonné lorsqu'il verra dans notre Ouvrage tant d'autres mots dont les rapports étoient perdus, parce qu'une partie de leur Famille étoit nazalée; c'est ainsi que *hand*, main, d'où *præ-hendo*, est le même que l'Oriental AD & ID, main.

ÆNNE, le front; en Alamannique, *endi*, *andi*. M. IHRE a fort raison de lier ce mot avec AND qui signifie contre; mais *and* vient d'*ænne*, au lieu d'en être la racine. PRINCIPE CONSTANT: toute préposition vient d'un nom. La vraie racine d'*ænne* est le primitif *ain*, œil; d'où, *ænne*, le front; *ante*, devant; *anti* (Grec) contre, &c.

ÆRIA, labourer; *Ar*, moisson, récolte; ÆRA, moissonner; ARF, terre, viennent tous de la même racine que l'Hébreu ארץ *Artz* ou *Erez*, la terre: l'Hébreu cependant n'est pas la vraie racine: il faut la chercher dans le primitif *ar*, devenu *ear* en Anglois, d'où *aro* en Latin. Ce primitif AR subsiste dans le Gallois, où il désigne également la terre.

M. IHRE a très-bien vu que *Ara*, remus; Isl. *ar*; Finon. *airo*; Anglo-Sax. *ar*, Angl. *oar*, rame, venoient du verbe *ar*, labourer, sillonner; la rame sillonne, *sulcat*.

AGÆTR, bon, excellent. M. IHRE a très-bien vu qu'il se lie avec le Grec A-GATHOS, bon; mais le Grec vient lui-même de l'Orient. *Gad*, *God*, bon.

B.

BAR, nud: 2°. clair, évident: BARA, illustrer, éclaircir; c'est de l'Hébreu tout pur; באר *bar*, clair; 2°. éclaircir.

BARBAR: M. IHRE a très-bien vu que ce mot avoit été inventé pour désigner un langage inconnu plutôt que des mœurs étrangeres & féroces: l'étymologie de ce mot le démontre. C'est la répétition du primitif BAR, qui signifie *parole*, & dont nous avons inséré la Famille dans notre IIIe. Volume: elle est des plus intéressantes: elle a produit

L'ancien Suédois VARA, parler, dont M. IHRE a fait mention dans l'article *Swara*: de-là sont venus encore:

L'Anglo-Saxon AND-WAR-*an*, répondre; mot-à-mot, parler à son tour, parler à l'encontre: l'ancien AND-WAR, réponse.

Le Suédois S-Wara, répondre; Swar, réponse. De-là encore,

WORD, en Theuton *parole*, qui a produit le Suédois ORD, qui signifie également parole.

VAR signifie aussi lèvre en Islandois. On sait que lèvre & langue ont toujours été deux mots synonymes.

F.

FEM, cinq. M IHRE convient dans sa Préface page III. que ce mot vient de la même source que le Grec *pente*, que le Latin *quinque*, que l'Hébreu שמח *KaMesH*, qui tous signifient cinq. » Mais ce seroit, ajoute-t-il, » perdre son tems, *operam ludere*, que de chercher comment ces mots sont » venus d'une même origine; & cette origine même a été inconnue jusqu'ici». Cependant quelle certitude étymologique & quelle satisfaction peuvent donner les étymologies, si l'on n'a aucun moyen de suivre les mots à travers toutes leurs altérations? si l'on ne peut tenir compte de toutes ces altérations, si l'on ne peut même les deviner? Essayons donc de suivre le fil de celles-ci relativement au mot *Fem*.

Il existe une racine inconnue jusqu'ici, qui est cependant la source d'une multitude de dérivés en toutes Langues: c'est HAM, HEM, qui signifie *liaison*, *union*; de-là l'Ethiopien ሐመ, *Hamu*, qui signifie *lier*, *unir*; le Grec AMA, ensemble; le François *amas*, &c. Mais c'est de là que vient le primitif HEM, pour dire cinq, désignant ainsi les cinq doigts qui ne font qu'un tout, & que l'on prit tous ensemble pour désigner cinq. Ce mot *Hem*, cinq, devint en Hébreu, en Syriaque, en Arabe, en Ethiopien, &c. le mot חמש *Hemsh*; ou *Kemsh*, *Kamsh*, &c. cinq.

En Suédois, *Fem*, l'aspiration se changeant sans cesse en F.

En Grec, *Pem*, *Pemp*, *Pempe*, *Pente*.

De *Pempe*, les Latins changeant P en Q, à leur maniere, firent *Quinque*, dont nous avons fait CINQ.

H.

HOG, HUG, esprit, intelligence: 2°. désir.

HOGA, HUGA, HYGGA, méditer.

Ces mots sont l'Hébreu הגה *HaGé*, méditer: le Grec *HEGheomai*, penser. M. IHRE a très-bien vu que H se change quelquefois en C: qu'ainsi KID est de la même Famille que *Hædus*, chevreau, bouc: d'où il conclut que *Cogito*, penser, pourroit bien venir de ce HOG primitif joint à la terminaison ITO, qui marque la fréquente réitération. Mais c'est à tort qu'il blâme VARRON d'avoir dérivé Co-go de Co-ago, puisque ce verbe fait au supin Co-actum, au participe Co-actus, au prétérit Co-egi, & dans les noms Co-actio, &c

K.

Kull, enfans nés d'un même pere & d'une même mere. M. Ihre a très-bien vu que ce mot est de la même Famille que l'Hébreu כול *Kul, Kil*, enfanter: en Islandois Kylla, mettre au Monde: d'où l'Anglois Child, l'Espagnol Chula, le Suédois Kullt, qui tous signifient enfans; & le Suédois Kulla, jeune Fille, Vierge.

Kall, froid, gelé; Kœle, glace; Kyla, froid; Kulen, glacial.

Ces mots appartenant à la même Famille, & tous distingués par la voyelle, prouvent notre grand Principe, que chez un même Peuple, le même mot prend successivement toutes les voyelles pour former des dérivés: ainsi qu'il les prend toutes par altération chez divers Peuples. Aussi l'Anglois dit Cold, l'Allemand Kalt, & le Flamand Coud, pour Kall, froid.

Tous ces mots rentrent dans la célèbre Famille Kald, froid, dont nous avons dérivé autrefois le nom de Celtes, (Plan général & raisonné).

D'un autre côté, Kol signifie feu: Kylla, chez les Westrogoths, allumer le feu. Kaleos, en Grec, chaud; en Latin Calor, Caleo, &c. En Hébreu קלה *Qalh*, torrifier; גחל, *Ghel, Gæl*, charbon allumé.

Cette même Famille fournissant ainsi des mots pour désigner les idées opposées, confirme en plein notre grand Principe, que les Extrêmes furent exprimés par le plus léger changement fait à un même mot. Ce sont d'ailleurs des exemples à ajouter à ce que nous avons dit de la Famille Kal dans notre Plan général & raisonné.

Kerfwe, Gerbe; en Allemand Garwe; en Flamand Garwe; en François Gerbe.

M. Ihre a rejetté avec raison toutes les étymologies qu'on a données de ce nom; & il voit fort bien que ce mot tient au Latin A-Cervus.

Mais quand il regarde *Acervus* comme la racine de ces mots *Garwe, gerbe*, &c. il ne le fait certainement que faute de mieux. Il verra donc sans doute avec plaisir qu'*Acervus* n'est lui-même, ainsi que tous ces mots, qu'un dérivé de Gar, Ger, Gur, qui signifie amas, assemblage: 2°. rassembler.

En Hébreu גור Gur, recueillir, rassembler, mettre en gerbe.

גורן, *Gurn*, grenier. אגר, *A-Gar*, récolter, rassembler.

En Gr. A-Gheiró, rassembler, amasser. Agora, Marché, Assemblée, place où l'on se réunit, &c.

En Lat. AGGER, digue, amas. AG-GERO, raſſembler, entaſſer. A-CERVus, monceau.

L.

LAND, Pays. Ce mot commun à toutes les Langues du Nord, & qui a produit notre mot François LANDES, a été la croix de tous les Etymologues. M. IHRE a rejetté avec raiſon toutes leurs frivoles conjectures : il ſe ſeroit ouvert lui-même une belle perſpective, s'il avoit appliqué ici ſon principe des voyelles naſalées qu'il a ſi bien développé au mot ÆNDA. *Land* eſt dans le même cas, ainſi que *hand.* En dénazalant le premier, on a LAT qui ſignifie Pays, Contrée, non-ſeulement dans l'Orient, mais auſſi en vieux Allemand, comme on voit dans WACHTER : de-là, le nom ſi célebre du LAT*ium*, la Contrée par excellence, (& comme nous avons déjà dit dans ce VIII.e Volume, celui de LAT-CINIA, *Dame du Pays*, donné à Junon).

P.

PLOG, charrue, mot de tous les Dialectes Theutons ; mot Eſclavon auſſi, comme l'a fort bien vu M. IHRE. Mais ce mot vient également de l'Orient, en faiſant attention que le G tient la place de Y, S, W, &c. Ainſi,

En Angl. PLOW, en Bohêm. PLUH, ſignifient charrue.

PLO-*Ja*, en Suéd. labourer.

Le Perſan Pelhvi, A-FLOUN-*Atan*, labourer, creuſer, tient à la même famille : ainſi que ces mots Hébr.

פלא PHL*a*, פלג PHL*e*G, פלה PHL*e*H, פלח PHL*e*K, qui tous emportent l'idée de ſéparer, de partager, couper, diviſer.

R.

RAFN, corbeau, autrefois *Ramn.* Il s'eſt écrit *Ræfen*, *rauen*, en Anglo-Saxon.

En Anglois *Rauen,* en Allem. *Raab.*

C'eſt le primitif רב *Rau*, onomatopée, imitation du cri de cet oiſeau.

Les Orientaux en firent ערב Ho*R*b, *c'horv*, d'où le Latin CO*R*V*us*, *ablat.* CO*R*VO, dont nous avons fait CO*RB*eau qui n'a plus de rapport à *Rafn.*

RAD, Conſeil. RADA, commander, en Suédois, en Anglo-Saxon, en Irlandois, en Allemand, en Goth.

C'eſt exactement l'Hébreu, le Chaldéen, le Syriaque, l'Ethiopien, &c. רדה, רדא, *Rada, Radh*; l'Hébreu רוד R*v*D, régner, commander.

SUÉDOISE.

M. IHRE croit cependant que c'est par hazard que le Suédois *Rada* ressemble au RADA des Hébreux, des Chaldéens, &c.

Mais sera-ce par hazard que tant de Peuples d'Asie & d'Europe ont le même mot, tandis qu'on voit qu'ils en ont un si grand nombre de communs, & qu'on sait que tout est venu de l'Asie ? Loin de nous le hazard qui ne put jamais rien produire ; bien moins encore des rapports aussi vastes, aussi lumineux & sensibles, aussi multipliés.

C'est de ce même mot joint à celui de MATH, mort, nazalé en *Manth*, que les Grecs formerent le nom de

RHADA-MANT*he*, un des Juges des Enfers, dont l'étymologie étoit absolument inconnue, mais qui signifie manifestement le JUGE DES MORTS.

Ce n'est pas le seul rapport que nous trouverons entre les Grecs & les Peuples du Nord, en fait de Langues, en fait de Mythologies, & relativement à d'autres objets; rapports qui supposent de très-grandes communications dès l'origine, peut-être même une source commune.

RIK, puissant, riche, considéré : d'où *RIKe*, Royaume, & nos mots Riche, Richesses. Cette Famille est également Orientale. רכוש , *REKUS* signifie en Hébreu richesses, biens, possessions, facultés. רכש *RaKsa*, avoir amassé des richesses, être riche & puissant.

RIM, nombre; 2°. mesure, rime. M. IHRE ne voit pas comment ce mot pourroit venir du Grec *Rythmos*, & il a raison : mais ce mot n'en appartient pas moins à une racine qui a formé divers mots en Grec, en Hébreu, &c.

Les Gallois disent RHIF, pour nombre : RHIF*a*, nombrer.

L'Anglo-Saxon, RYF*e*, nombreux : RYM, nombre.

En Hébreu, RIB, multitude, grand nombre.

En Arabe, RIB*h*, multitude.

M. IHRE convient que F se change chez les Grecs en Th. *Rif* sera donc devenu RITH chez eux : & de-là ,

ARITH-*Mos*, qui signifie nombre, & dont nous avons fait, d'après les Grecs,

ARITH-MÉ*tique*, mesure ou science des Nombres.

Voilà donc un nouveau rapport entre les Orientaux & les Occidentaux, que ne niera pas M. IHRE, ou il doit renoncer à tous ses principes.

RIK, fumée, nom commun à tous les Dialectes Theutons, Anglo-Saxons, &c. Notre Savant ne peut se résoudre à admettre que ce mot soit dérivé de la même famille que l'Oriental רוך, *RUK*, *RYK*, commun aux Hébreux, aux Syriens, &c, &c. & qui signifie Esprit.

Mais les mots qui signifient Esprit, signifient également souffle, vapeur,

exhalaifon : or la fumée, qu'eſt-elle? qu'une vapeur, qu'un ſoufle. Notre reſ-
piration même en hiver n'eſt-elle pas comme une fumée?

W.

WED, forêt, arbre, &c. En Angl. WOOD; en Anglo-Sax. WUDU.

Ce mot, dit notre illuſtre Auteur, eſt de la plus haute antiquité, *in vetuſ-tioribus Dialectis* : il en dérive fort bien WEDA, chaſſer.

Mais peut-on méconnoître dans ces mots l'Oriental עץ, WODS, forêt, bois.

CONCLUSION.

En voilà ſans doute plus qu'il ne faut pour établir les rapports étroits de la Langue Suédoiſe avec la Grecque, l'Hébraïque, & les autres Langues Orientales; pour démontrer que ces rapports ne ſont point l'effet du hazard, encore moins un ſimple jeu étymologique : que la Langue Svéo-Gothique rentre ainſi avec ſes nombreux Dialectes dans la claſſe de toutes les autres qui ſont analyſées dans le Monde Primitif, & ramenées à des principes communs : que ces principes ſatisfont à tous les phénomènes, & qu'eux ſeuls peuvent y ſatisfaire.

Ces rapports de la Langue Suédoiſe tiennent en même tems à d'autres non moins vaſtes & non moins intéreſſans de la Langue de l'Edda avec celles de l'Orient; de la Mythologie qui y eſt contenue avec celle des autres Peuples; d'une multitude de noms tels que ceux de la Semaine avec les idées Orientales.

Ces divers objets, nous nous propoſons de les développer quelque jour; ils doivent intéreſſer eſſentiellement MM. les SAVANS du Nord : nous avons donc, nous oſons le dire, quelque droit à leur bienveillance à cet égard, & c'eſt pour mériter leur confiance que nous ſommes entrés dans ces détails ſur leur Langue. Ils trouveront ſans doute qu'une Perſonne qui en connoît ſi bien les origines, ne doit pas leur être étrangere : nous ſerons très-flattés ſi en conſéquence ils veulent bien prendre plus d'intérêt encore à notre Ouvrage, & nous mettre à même par leurs propres lumieres de le perfectionner de plus en plus, ſur-tout ſur les origines du Nord, relativement auxquelles ils ont une multitude de ſecours inconnus dans les Pays plus Méridionaux : le Public, qui ſeroit inſtruit des obligations que nous leur aurions à cet égard, ſeroit de moitié dans notre reconnoiſſance.

ESSAI

ESSAI
SUR LES RAPPORTS DES MOTS,
ENTRE LES LANGUES DU NOUVEAU MONDE,
ET CELLES DE L'ANCIEN.

INTRODUCTION.

Problêmes auxquels donna lieu la découverte de l'Amérique.

LA Découverte de l'Amérique, d'un Monde entier dont on n'avoit point d'idée, fut sans doute un des plus beaux spectacles qu'on pût offrir à la curiosité humaine; spectacle bien plus touchant s'il ne s'étoit changé presque partout en une affreuse Tragédie, où toutes les passions humaines se développant avec une explosion qui ne connoissoit ni bornes ni pudeur, devinrent les vengeresses de la violation de toutes les vertus par l'extermination de ceux même qui les avoient si odieusement foulées aux pieds.

Cette augmentation pour l'Européen d'un si vaste Domaine, dut donner lieu à toutes sortes de problêmes; d'où venoient les nombreux Habitans de ces vastes Contrées? quels étoient leurs Arts, leur Religion, leurs Coutumes? si jamais ils avoient eu quelque commerce avec l'ancien Monde? si c'étoit des races d'hommes absolument différentes de toutes celles qui étoient répandues sur cet Ancien Monde? sur-tout quelles étoient leurs Langues?

Jusques à ces derniers tems, on n'a rien dit de satisfaisant sur tous ces objets; on a affirmé, on a nié, presque toujours sur parole: on appercevoit quelque sombre lueur, mais elle n'étoit pas assez forte pour faire distinguer les objets. Ceux même qui croyoient que les Américains étoient venus de l'Ancien Monde, manquoient des moyens nécessaires pour expliquer la route qu'ils avoient tenue. Ils disoient fort bien comment ceux de l'Amérique Septentrionale avoient pu venir des vastes Contrées de la Tartarie: mais ils étoient sans réponse pour expliquer l'origine des Américains Méridionaux, & de ceux qui font répandus dans les Isles à des distances énormes du Continent Américain.

Celui de l'Origine des Langues d'Amérique, inexplicable jusques à présent.

Lors même qu'ils auroient pu retrouver ces diverses routes, comment auroient-ils satisfait à la grande question de l'origine de leurs Langues? C'étoit ici la grande pierre de touche de ces systêmes; c'étoit le nœud Gordien qui sembloit insoluble. Si les Langues de cette vaste Contrée n'ont aucun rapport aux Langues de l'Ancien Monde, comment prétendre que ces Nations avoient la même origine? ou comment une Langue commune aura-t-elle pu se changer en Langues si prodigieusement différentes qu'elles ne laissent soupçonner aucune communication en aucun tems?

Aussi personne jusques à présent n'avoit pu développer d'une maniere satisfaisante l'origine de cette moitié du Monde : aussi avoit-on gardé un silence profond sur celle des Langues qu'on parle dans ce vaste Hémisphere : ou plutôt on semble s'être accordé à les envisager comme des idiômes informes, indignes d'attention, qui ne peuvent avoir aucun rapport avec les Langues anciennes ou modernes de l'Europe, de l'Asie ou de l'Afrique; qui furent les Enfans du hazard, ou du sol bourbeux & sauvage dans lequel végeterent les Peuplades qui les parlent. Et si quelque Faiseur de systême croyoit appercevoir des rapports entre quelqu'une de ces Langues & nos Langues mortes, il étoit regardé comme un Visionnaire qui ne méritoit aucune créance.

Variété prodigieuse des Langues de l'Amérique.

Ceux qui jugeoient ainsi des Langues de l'Amérique, sembloient avoir tout pour eux. En effet, de quelque maniere qu'on comparât ces Langues, soit entr'elles, soit avec les nôtres, on n'appercevoit nul rapport, nulle ressemblance. Dans le Nord de l'Amérique chaque Nation a sa Langue. Les Illinois, les Hurons, les Iroquois, les Esquimaux, les Acadiens, les Virginiens, les Habitans des Apalaches, les Caraïbes, &c. parlent autant de Langues différentes. Dans l'Empire du Méxique on en compte autant que de Provinces. Si les Habitans du Pérou en avoient une entendue de tous, c'étoit l'effet du bon esprit de leurs premiers Incas, qui n'avoient voulu, disoit-on, qu'une Langue dans leurs États : cependant chaque Canton avoit la sienne propre. Le Chili, le Brésil, la Guiane ont chacun la leur : il en existe une multitude dans cette vaste étendue de Terres qu'arrose le Fleuve des Amazones; & entre celles-ci se distingue la Langue des Moxes. Enfin, les Habitans des Isles dispersées dans l'immensité des eaux de la Mer du Sud, ont chacun une Langue qui leur paroît propre; & souvent on en parle plusieurs dans une même Isle, dès qu'elle est un peu étendue. Le nombre des Langues en usage dans l'Amérique ne paroît donc céder en rien à celui des Langues de notre hémisphère.

On n'a d'ailleurs sur celles-ci, généralement parlant, que des Vocabulaires informes, & qui, lors même qu'ils seroient aussi complets qu'ils le sont peu, ne nous donneroient que l'état actuel de ces Langues, & nous laisseroient dans une ignorance entiere sur leur état primitif, & sur les changemens successifs qu'elles ont nécessairement éprouvés; changemens dont la connoissance seroit cependant si utile pour remonter à leur origine.

Quelles conséquences pouvoit-on tirer de connoissances aussi foibles ? aucune sans doute ni pour ni contre. De l'état actuel des Langues de l'Amérique on ne pouvoit conclure qu'elles avoient toujours été dans le même cas. On en pouvoit bien moins tirer quelque lumiere sur les routes qu'avoient suivi les Peuplades qu'on y rencontre.

Ces Langues cependant ont éprouvé & éprouvent des changemens continuels: elles en éprouveront d'aussi grands jusqu'à ce qu'elles s'éteignent entierement avec les Hordes qui les parlent, & dont le nombre diminue de la maniere la plus frappante, soit par le peu d'espace qui leur reste depuis l'arrivée des Européens qui les resserrent, les investissent de toutes parts; soit à cause des eaux-de-vie qu'on leur fournit en abondance, qui abrégent les jours des Générations actuelles, & réduisent au plus petit nombre possible celles qui arrivent.

Nécessité de s'en occuper dans l'ensemble du Monde Primitif.

Nous ne pouvions ne pas nous occuper de ces Langues. Elles sont trop liées avec l'ensemble du Monde Primitif pour que nous négligeassions les résultats que pouvoit fournir leur examen: nous nous empressons de les mettre sous les yeux du Public: nous osons nous flatter que cet Essai en sera favorablement reçu: un Tableau de ces Langues, si étrangeres en apparence à nôtre Monde, ne pourra que lui être agréable: on sera frappé des nombreux rapports qui régnent entr'elles; plus frappé encore des masses de mots que ces Peuples ont en commun avec ceux de notre hémisphère, sur-tout avec les Langues Orientales ; rapports non-feulement de mots , mais même jufques dans les pronoms, jufques dans des fignes Grammaticaux fujets à l'arbitraire, & par lefquels ces Langues fe rapprochent plus des Orientales que nos Langues même d'Europe. Phénomène bien étonnant , & qui attefte hautement une origine commune ; d'autant plus que ce Phénomène eft de la plus grande facilité à vérifier ; que l'Art trompeur de l'Etymologue n'y entre pour rien : que ce n'eft pas nous qui montrons ce rapport ; qu'il fe démontre de lui-même.

Avantages uniques que nous avons eus à cet égard.

Nous avons eu même à cet égard des avantages uniques. Nous devons travailler fur les Langues de l'Univers , & voilà que des Héros Marins fe portent avec des travaux admirables jufques aux extrémités de la Terre, & ils nous en rapportent des Vocabulaires de Langues parlées dans des Terres inconnues jufques alors , & ces Vocabulaires font remplis d'une immenfité de mots communs à toutes : on diroit que c'eft pour nous que ces Grands Hommes ont voyagé : ils étoient bien fûrs que leur travail ne feroit pas inutile ; que leurs diamans ne tarderoient pas à être enchâffés.

La Langue Virginienne avoit été négligée par les Léxicographes. Le Secrétaire d'une République illuftre nous envoye une Bible entiere dans cette Langue, & elle nous met à même d'en développer le génie & d'en reconnoître les mots primitifs.

Les Savans de l'Amérique Angloife nous honorent en même tems de leur correfpondance : ils nous envoyent des Mots, des Grammaires, un Monument unique.

En même tems on fait des Découvertes aux extrémités des deux Mondes, qui conftatent la maniere dont ils ont été unis , dont on a pu paffer de l'un à l'autre : ainfi les réfultats géographiques viennent confirmer les grands réfultats donnés par l'Analyfe des Langues ; ainfi tout s'accorde , tout fe concilie ; & de tous les points de l'Univers, les preuves les plus intéreffantes, les plus inattendues, viennent s'unir à notre travail, le rendre plus frappant, plus complet, plus inftructif.

On fentira de plus en plus la beauté de ce principe que TOUT eft UN dans l'Univers ; grande & fublime vérité ; fi confolante pour les hommes, dont rien n'a pu anéantir les traces ou nous arracher les preuves ; ni la vafte étendue des Mers, ni l'entassement des siècles, ni la différence des mœurs, des usages, des couleurs; ni les variétés apparentes des Langues diversifiées à l'infini, & qui sembloient se refuser à toute Analyse. Ainsi, la Nature se laissant en quelque façon dérober son secret, en brillera d'un tout autre éclat, en acquerra une toute autre énergie.

C'est ce beau Tableau que nous exposons ici aux yeux de nos Lecteurs : ils seront étonnés de la multitude des grands rapports qui le composent: les Voyageurs & les Savans en seront plus empressés à rassembler les mots de ces Langues trop peu connues ; & les grands objets dont on s'occupoit dans le Monde Primitif, en deviendront plus fermes & plus intéressans, étant appuyés sur les trois Mondes, l'ancien, l'actuel & le nouveau: ce sera le faisceau que rien ne peut rompre.

I.

LANGUE DES ESQUIMAUX ET DES GROENLANDOIS.

La LANGUE des ESQUIMAUX, Peuple le plus Septentrional de l'Amérique, est exactement la même que celle des GROENLANDOIS, Peuple le plus Septentrional de l'Europe. C'est une vérité si reconnue, que l'Auteur des Recherches Philosophiques sur l'Amérique n'a point fait de difficulté d'en convenir. » Les Esquimaux, dit-il (Tom. I. 253.) ne different en rien des Groen- » landois. Ils constituent un même Peuple, une même race d'Hommes dont » l'IDIOME, les mœurs, l'instinct & la figure sont parfaitement semblables ».

Les Esquimaux se donnent comme les Groenlandois les noms d'INNUIT & de KARALIT: le premier de ces mots signifie Homme.

La Langue Groenlandoise ne commence aucun mot par les lettres B, C, D, F, G, L, R & Z, de la plupart desquelles même elle est privée. Ainsi, elle a fait disparoître ces lettres des mots à la tête desquels elles se trouvoient, ou elle les a changées en d'autres. C'est une observation indispensable sans laquelle on ne sauroit parvenir à trouver les rapports du Groenlandois avec les autres Langues.

En voici quelques-uns qui paroîtront sans doute dignes de quelqu'attention. Les mots qui en font la base, sont tirés, à l'exception du seul que nous citons sous la lettre R, du Dictionnaire Groenlandois, Danois-Latin, de PAUL EGEDE, imprimé à Coppenhague en 1750.

A.

ABBA, Pere, dans l'ancien Groenlandois : mot Oriental & Occidental.

AIUM, Soleil : en Or. יום EIUM, jour.

ALLA, autre : comme le Latin ALius, & le Grec ALLos, autre.

AL-LUK-pok, il lèche, il lape : du prim. Lac, Lech. Pok est une terminaison verbale.

AMA-mak, mammelle : formé par la répétition du prim. MA.

ATA-Tack, Pere. ATTA, Pere, en Grec, en Esclavon, &c. & dans nombre d'autres Langues d'Amérique.

E.

ESYOK, il mange, il mâche : c'est le primitif Es, ED, manger.

Plusieurs autres mots sont dérivés de primitifs en E, mais précédés ou changés dans la voyelle I : on les trouvera sous cette lettre qui suit.

I.

IGLO, maison. Primitif CEL, demeure, case : on aura dit Ikelo, Iclo. Hongrois, Kal-Iba, maison, cabane.

IMEK, eau, Mer. Oriental, Im, Mer, vaste.

IMER-Pok, boire : Imuk, lait.

INGN-Ek, feu, & nombre de dérivés. Latin, Ignis. Oriental, In, Soleil, feu.

INNE, lieu : Innello, intestins. Latin & Grec, In, dans.

INNak-Pok, il chante. Gr. Hymne, chant.

IPEK, ordure, saleté.

IPEK-POK, être souillé, taché, sale. En Valdois, Pacot, boue, ordure.

ISOR-Pok, il est obscur. Oriental, Ser, obscurité. François, soir.

INNuk, Homme. Groenland. Innusatok, jeune.

INNuvok, il vit ; du primitif EN, qui existe, un.

ITSOR-Pok, regarder par la porte ; du primitif DOR, TSOR, porte.

De ET, tems :

ITUet, ayeul ; vieillard.

IT-Sak, il y a plusieurs années.

ITU-Mak, la paume de la main ; de l'Or. יד id, la main.

ITIVok, profond. En Danois DIB.

IVEIT, œuf. En Oriental ביץ beits, œuf.

K.

KALLek, portion supérieure ; Kelluvok, élevé. Primitif *Cel*, élevé ; Hongrois *Kel*.

KILLak, Ciel, du même *Cel*, élevé ; ou de *Kæl*, creux.

KALL-Ek, tonnerre. *Kaller-Pok*, tonner. Oriental KOLL.

KALLA-Pok, bouillir, fermenter, être fervent. Primitif, *Kal*, chaleur.

KALE, parle. Oriental *Cal*. parler. Latin & Grec, *Calo*, appeller.

KABlo, sourcil : *Kabb-arpok*, monter ; de CAP, sommet, sur, ce qui couvre.

KEPik, couverture, habillement ; du même.

KAU, jour ; KAU-MET, Lune. En primitif, GE, KE, Soleil.

KAT, assemblée, d'où KAT-*Ipok*, se rendre au même lieu.

KAT-*Ibik*, Place Publique ; c'est le prim. גד GaD, d'où le Lat. CATerva, bande, troupe.

KAMmik, bottes : *Kammook*, voyage. Primitif *Cam*, d'où chemin.

KANgak, tête ; KANGO, mont ; *Kang-attarpok*, monter, s'élever ; primitif *Can*, d'où le Latin *scando*, monter, s'élever.

KANNig, neige ; KANNerpok, il neige : de CAN, blanc.

KILL-Ek, ulcere, pus : Hongrois, *Kelis*, Island. *Kyle*.

KI Ek, chaleur : Gr. *Kaiō*, chauffer, brûler.

KIPut, faulx ; *Kipa-Ko*, morceau ; *Kip-Uvok*, il a été coupé. Primitif, *Kop*, couper.

KIMmag, chien : Gr. &c. *Kyn*.

KONa, femme. Gr. & Nord, *Gyn*, *Kun*.

KONGE, Roi : dans le Nord, *King*. Danois, *Kongen*.

KAR-*Isak*, cerveau : primitif *Kar*, qui a donné des dérivés au Grec, au Latin, &c.

KOLLeck, lampe. Norwégien, *Kolle*.

KULLEg, dos. Gr. *Kol*, qui suit, qui est derriere.

KUTTE, goutte : c'est le mot même Latin, François, &c.

KUT-*Kiug*, petit. Hongrois, *Küs-ig* & *Kitsi*.

M.

MAKI-Pok, il leve, il éleve. Pr. *Mag*, grand.

MANAto-Pok, il mange. Latin, *Mando*. François, *manger*.

MAM-MAT, nourriture. Hongrois, *Madar*. Primitif *Ma*, *Mad*.

MAIT*sek*, Latin *Madidus*, mouillé. Hongrois, *Nedves*.

N.

NISE, poisson. Norwégien, *Nisa*: dans les Langues du Midi, P-*Ish*, F-*Ish*.

NUTEI*siah*, neuf. Oriental, *Nu*, *Now*.

NUI*a*, nuée, commun à une foule de Langues.

NAPPUA, se brûler, échauder. En Arabe, NAPP*a*, manger un ragoût chaud.

NOUK, fin, *extrémité*. *Naua-Pok*, dans Anderson, finir, terminer. Or. *Nau*, fin, repos.

NUT-*Ak*, nouveau, neuf. Primitif, *Nov*, *No*.

NUTA-*Vok*, il est nouveau.

NU-NA, terre, sol, mot commun aux Groënlandois avec les Caraïbes & les Galibis, chez qui il signifie *Terre & Lune*. Il a beaucoup de rapport à l'Oriental *Nuh*, habitation, demeure ; d'où Nef, Navire, &c. *Naos* en Grec, *Navis* en Latin.

O.

OK-*Ak*, langue, parole. Hongrois, *Ige*, parole, mot, diction.

OKALL-*upok*, parler : *Ok-Allutuak*, Histoire.

OKALL-*ubik*, Temple, lieu consacré à la parole. Du primitif קהל.

OKI*or*, hiver : 2°. année, qu'ils comptent par hiver : c'est le Celte KIR, froid.

ORN-*Ga*, aile ; 2°. aisselle.

ORN-*Ikpok*, il vole, s'envoler. Gr. *Ornis*, oiseau.

OMA, lui ; mot commun aux Langues du Nord & d'Orient.

P.

PANN*ig*, fille. Oriental, *Bane*.

PAUN*a*, le plus haut : BAN, PEN, en Celte, élevé.

PEK-*Ipok*, courbé. Nord, *Bog*, arc.

PENN*a*-*Mich*, lame d'épée, pointe ; primitif, *Penn*, pointe ; & *Mag*, *Mic*, grand.

PIG-*Ak*, veille ; *Pig-Arpok*, il veille ; primitif *Vig*, veiller.

PIKK*a*, là-dessus ; *Pikkunga*, sur ; primitif, *Pic*, pointe, sommet.

Pec, pointe, sommet; *Pinga*, qui est sur; *Pingasaut*, trois, le nombre supérieur, pluriel.

Pinner*sok*, beau; *Pinnereau*, il plaît; *Pinnersaut*, ornement: primitif *Wen*, beau.

Pill*aut*, petite faulx; *Pillek*, scie: primitif *Fal*, faulx, action de couper.

Pissuc, agilité; *Pissukpok*, il va. Algonquin, *Pitchi-Bac*, courir.

Piss-*Kek*, ancien, pour *Vit-Kek*. Latin, *Vetus*, ancien, formé du primitif Oed, tems.

Puill-*Asok*, fontaine. Anglois, *Wel*, puits.

Pupik, lèpre. Hébreu, *Beq*.

Pook, sac, poche; c'est le même mot Pook-Sac, un sac.

Q.

Quan, racine d'Angélique : en Norwégien *Quanne*.

R.

Rypar, perdrix : en Island. *Ryper*. Danois *Rype*.

S.

Sane, sein : 2°. devant, avant : en Latin Si*nus* : en François *sein*; mot également Oriental.

Sek*kia*; Latin, So*crus*, belle-mere.

Sekko, pique, arme, pieu : c'est la Zag*aie* des Africains, le Sag*itta* des anciens Celtes.

Sor-*Ojupok*, il est barbouillé, crasseux. Latin *Sordeo*.

Sort-*Lak*, racine. Hébreu, Shrsh, *Sorsh*, racine.

Sill*it*, pierre à aiguiser : ici se rapporte le Latin Sil*ex*, mot également Oriental.

Silla, air, Monde, Ciel. Grec *Selas*', lumiere. Oriental *Hell*.

Sik-*Akpok*, il est sec. Latin *Siccus*, François *Sec*.

Sekki*ner-Pok*, le Soleil brille, luit. Danois *Skinner*. Anglois *Shine*.

T.

Tarr-*Ak*, ombres, ténèbres; *Tarsoak*, grandes ténèbres. Anglois, *Dark-Ness*.

Diss. Tom. I.

Toko, mort. Dan. *Doer*, mourir.
Le R Danois se change ici en K, ce qui est commun en Groenlandois.

U.

Uge, semaine. Anglois *Week*.
Uirok, il leve les yeux. Primitif *Up*, élévation, sur.
Un-Nuk, soir, peut-être de la même famille que *Nox*, nuit.
Upernak, printems; de la même famille que *Ver* des Latins, printems.
Ulle, flots de la Mer. François *Houle*.
Ullok, jour, année; *Ullor-Iak*, étoile. Ces mots paroissent tenir à l'Oriental *Hell*, lumiere, splendeur.
Ursok, cuit; d'où *Urso-Pok*, brûler. Oriental *Ur*, feu. Latin *Uro*, *Ustus*.

La Langue Groënlandoise d'ailleurs fait usage d'Affixes, à la maniere des Langues Orientales, Hongroise & Américaines - Septentrionales ; mais elle les place, à la maniere des Orientales, à la fin des mots. Ainsi on dit, *Nuna-Ga*, ma terre; *Nunet*, la terre; *Nunà*, sa terre (de lui pour qui on agit); *Nunane*, sa terre (de lui qui agit); *Nunangoak*, une petite terre; *Nunar-Soak*, une grande terre.

Les Verbes se désignent, comme dans les Langues Orientales, par la troisieme Personne du Présent, qui est en même tems un Prétérit; & elle marche, par conséquent, la premiere, de même que dans ces Langues : *Ermik-Pok*, il se lave; *Ermik-Potit*, tu te laves; *Ermik-Ponga*, je me lave.

Ajoutons, que les rapports que nous avons cités ici de la Langue Groënlandoise avec la Hongroise, sont d'autant plus remarquables, que cette derniere Langue est la même que celle des Vogules, habitans de la Tartarie, comme M^r. Scherer l'a fait voir dans son Ouvrage sur la Population de l'Amérique, & la même que celle des Lapons, les plus près voisins des Groënlandois, comme l'a reconnu le P. Hell dans son Voyage en Laponie.

SUR LES LANGUES D'AMÉRIQUE.

II.

LANGUES DU CANADA.

Defcendent de l'Algonquin.

Les Nations Sauvages du CANADA parlent diverfes Langues qui paroiffent être des dialectes de celle des ALGONQUINS. Voici les principales, felon le P. *Lafiteau*.

La Langue des HURONS, qu'on peint noble & majeftueufe, mais d'une prononciation rude & gutturale.

Celle des AGNIES. Elle eft plus douce & moins gutturale.

Celle des ONONTAGUES. Elle approche le plus de celle des Hurons.

Celle des ONNOIOUTS. Elle paroît s'être formée de l'Agnies. Ce Peuple affecte de la délicateffe dans fa prononciation. Il change R en L, comme les Chinois, la Langue Zend, &c. & il ne fait pas fentir les finales.

Celle des TSONNONTOUANS. Elle eft très-rude : les Iroquois s'en moquent : cependant, felon le P. CARHEIL, elle eft la plus énergique & la plus abondante.

Celle des IROQUOIS, moins régulière que celle des Hurons.

Voilà donc fix Dictionnaires qu'il faudroit avoir pour analyfer ces Langues, & arriver à une fource commune qui pût nous conduire à des objets de comparaifon affurés entre ces Langues & les nôtres. Or, je ne connois à cet égard, en fait de Livres imprimés, que le *Vocabulaire de la Langue Huronne* du P. *Sagard* THEODAT, imprimé à Paris en 1632, & *celui de la Langue Algonquine* du Baron de LA HONTAN, qu'il a accompagné de quelques mots Hurons.

Ce dernier Voyageur dit que toutes les Langues du Canada « ne diffèrent » pas tant de l'Algonquine, que l'Italien de l'Efpagnol, ce qui fait que tous les » Guerriers & les Anciens de tant de Peuples différens, fe piquent de la par- » ler avec toute forte de délicateffe. Elle eft tellement néceffaire pour voyager » en ce pays-là, qu'en quelque lieu où l'on puiffe aller, on eft affuré de fe » faire entendre à toutes fortes de Sauvages, foit à l'Acadie, à la Baie d'Hud- » fon, dans les Lacs, & même chez les Iroquois ».

Lettres ou fons qui leur manquent.

LA HONTAN affure que les Hurons & même les Iroquois n'ont point de lettres labiales, c'eft-à-dire point de B, F, M, P ; que pour prononcer *bon* ils difent *ouon* : *rils* pour *fils* : *Coanfieur* pour *Monfieur* ; & qu'aucune Nation du Canada en-deçà du Miffiffipi n'a la lettre F.

Le P. *Lafiteau* voulant donner quelque idée de ces Langues Canadiennes, affuroit (*Mœurs des Américains*, Tom. IV. 194.) « qu'elles n'ont » proprement que des Verbes ; que tout fe conjugue, & que rien ne fe dé- » cline ; que chez ces Peuples tout eft Verbe ; qu'il n'y a point de Subftan- » tif, d'Adjectif & d'Article ». Le P. *Lafiteau* croyoit dire quelque chofe, & il ne peignoit qu'une chimere.

Si les Onnoiouts changent R en L, les Iroquois au contraire changent L en R, & P & F en K. Ils difent *rux* au lieu de *lux* ; *Roufikouer* au lieu de *Lucifer*.

Ils prononcent *ou* au lieu de *B* & de *M*.

Comme les Celtes, il font précéder R de C ou de G, & tandis que les Hurons difent *Areskoui* (Dieu, 2°. Soleil), les Iroquois difent *Agriskoué*.

Obfervations Grammaticales.

T eft pour eux une efpece d'Article, comme dans la plûpart de nos anciennes Langues. Ainfi *T-arr-ha* fignifie *il y a là une forêt*.

Leurs VERBES fe terminent à l'Infinitif en IN, EIN, terminaifon commune aux Verbes Grecs, Theutons, Celtes, &c. ce qui eft déjà un rapport fingulier.

Leurs Affixes.

En voici un autre auffi frappant. *N* eft le Pronom de la premiere Perfonne, *K* celui de la feconde, *Ou* celui de la troifieme.

NI-*Sakia*, j'aime.
KI-*Sakia*, tu aimes.
OU-*Sakia*, il aime.

Or, dans les Langues Orientales *N* défigne la premiere Perfonne, *K* la feconde, *Hou* la troifieme.

MIN eft ici, comme en Grec *Men*, la marque finale de la premiere Perfonne du pluriel. *Nifakia-Min*, nous aimons.

Ils ont, comme les Péruviens, deux premieres Perfonnes plurielles, celle que nous venons de voir, & une autre formée de celle-là & de la terminaifon de la feconde Perfonne plurielle.

Kifakia-Min-Aoua, nous & vous, aimons.

SUR LES LANGUES D'AMÉRIQUE.

Les Langues Latine & Grecque emploient également *N* pour désigner la premiere Personne, du moins au pluriel, & *ou*, *hou* pour la troisieme.

Entrant dans le détail de leurs mots, plusieurs paroissent avoir un grand rapport avec nos anciennes Langues.

RAPPORTS DE MOTS.

1°. *Tirés du Dictionnaire du P.* THÉODAT.

HAR, WAR, GAR est un mot primitif qui signifie sur, au-dessus, & qui désigne l'élévation : nous avons eu sans cesse occasion de le voir ; il se prononce également HOR, WOR, GOR. Ces Peuples en ont fait

GAR-AK*oua*, & IK*A*R*e*, le Soleil.

Le comparatif AR, plus, comme en Latin OR.

Hou-EN, âgé; AR-OUANNE, plus âgé. Ce HEN, âgé, est un mot Celte dont les Latins firent SEN*ex*, vieux ; SENI-OR, plus âgé.

HARR & GAR, une Forêt ; en Hébreu יער I-HOR, IKAR : de-là le mot T-*arr-ha* que nous avons cité il y a un instant.

AOUEN, eau : E-AUOY, je nage, je vais à l'eau. C'est le primitif AU, AV, AOU, EAU, en toutes Langues.

AIHTAA, AYSTAN, pere, c'est l'AITA, pere, d'un grand nombre de Langues : l'ATTA d'Homère, du Groenland, des Sabins. Voyez ce que nous avons dit dans ce Volume sur APPIUS.

ACH*ia*, Enfans : primitif *Ac'h*, Tribu, Famille.

AIN, voir : YE-EIN, & EGA YEIN, je vois. Peut-on méconnoître ici le primitif עין Œ*en*, *Ain*, œil : 2°. Soleil?

CARH*ata*, Village : en Prim. KAR, Kair, K*art*h, Ville : il tient à GER, GAR, enceinte.

SCON, TSCON, cabane : mais c'est un mot Oriental pur, d'où le Grec SKENé, tente, cabane, qui a formé notre mot SCENE.

OURH*enka*, jour. En Oriental OR, OUR, jour, lumiere, Soleil, feu : Famille immense en toute Langue.

TA*N*ONT*e*, donne. Dans nos anciennes Langues, DA, TA, DONNE.

GAGNÉN*ou*, chien. C'est une Onomatopée : les Latins en firent GAN*is*, chien, prononciation que nous avons conservée dans faim CAN*ine*, la CAN*icule*, &c.

HOU*o*YSE, aimer, a beaucoup de rapport avec le primitif *Aoue*, chérir, d'où le Latin AV*eo*.

YOURY, il est cuit ; du primitif OR, OUR ; d'où le Latin UR*o*, brûler ; chauffer. Nous venons de le voir également chez les Groenlandois.

2°. *Tirés d'un Vocabulaire manuscrit.*

Un jeune Huron de naissance, M. Louis Vincent, Etudiant au Collége de Darmouth dans l'Amérique Angloise, né d'une Tribu Huronne établie à Lorette, petit bourg à neuf milles Nord-Ouest de Québec, sur la riviere Saint-Charles, nous a envoyé un Abrégé de Grammaire Huronne de sa façon, accompagnée d'un petit Vocabulaire.

Nous y retrouvons quelques uns des mots que nous avions extraits du P. Théodat, & nous y appercevons que L & T se placent, chez ce Peuple, à la tête des mots en qualité d'articles. Ainsi :

Ticheon signifie Etoiles, &

La-Dicha, la Lune; mots formés de Ti, Di, lumiere.

Kiorati signifie ténèbres, obscurité. Mais c'est le Groelandois Kior qui désigne l'hiver, leur tems de ténèbres & d'obscurité.

Te Orhathche, lumiere; mot formé manifestement de l'article Oriental Te, & du mot primitif Or, lumiere.

La-Rakoua, Soleil, formé de l'article L, & du primitif Ray, Rag, Soleil, Roi, rayon.

La-Ronhia, le Ciel, formé du même article L, & du primitif Rom, Ronh, élevé : delà encore

Ronhia-Ronon, Ange ; *mot-à-mot,* les Très-Elevés.

Ondesha, la Terre. Ondeshon, colline. C'est le Bendes ou Bendis des Thraces, des Phrygiens, par lequel ils désignent la Terre. En Siamois Bendis, encore de nos jours. Ces rapports prouvent le chemin immense qu'a fait ce mot, & que le centre commun du point de départ est à de grandes distances. Ajoutons qu'il n'est pas étonnant que ce mot ait perdu sa lettre B chez les Hurons, puisque cette lettre labiale leur manque : d'ailleurs elle peut avoir été ajoutée par les Phrygiens pour adoucir l'aspiration.

Haisten, Pere ; c'est le Aistan du P. Theodat.

An-In-En, Mere ; c'est le primitif Am, mere, répeté : ce Peuple n'ayant point de labiale, changea nécessairement M en N.

Hat-Ishaiaha, Enfans, Race, postérité : oserons-nous entrevoir que ce mot est composé de Hat, semence, postérité, & de Isha, femme ?

NOMS DE JOURS.

Nous n'avons pas assez d'Elémens pour analyser les noms de leurs jours, d'autant plus que nous n'avons que les noms de six : le septieme ou le Dimanche ayant un nom Européen, Diode, jour de Dieu.

SUR LES LANGUES D'AMÉRIQUE.

Cependant ceux des Jeudi & Vendredi font très-remarquables.

Okar*iſtia*, Jeudi, tient à Okar, Suprême.

Honouaata Runta-ti, le Vendredi, est un nom manifestement composé. Run désigne le Ciel; Hon, Won, signifie beau, brillant : c'est donc *le jour de la* brillante *Etoile* du Ciel : nous dirions Vénus Céleste.

Ouatatotenti est une terminaison qui signifie *Saint*. Par ces T redoublés ils ont donc voulu peindre la vénération, le respect; idées qu'emporte le primitif Ti.

3°. Tirés du Vocabulaire de LAHONTAN.

A*bou*, suc; de *Av*, *Ab*, eau, liqueur.

Arim*ac*, de grand prix; important. Prim. *Rym*, élevé, grand.

A*lanck*, Etoile. En Prim. *Hal*, *Hel*, briller.

Hem*iſca*, aller par eau. *P-imiſca*, naviger, se lient avec nos primitifs *Im* & *Iſc*, eau.

Kiss, gelée, mot Celte. Dans l'Edda, *Ghez* signifie *gelée*.

Mag*at*, fortement, beaucoup. Prim. & Groenl. *Mag*, tout ce qui est grand, étendu.

Mack*ate*, noir; Celte *Macha*, meurtrir : François *machuré*, &c.

Mal*atat*, mal; *Malatiſſi*, mauvais.

Nip, dormir. En Angl. *Nap*. En Celte *Lap*; d'où *Sleep* dans le Nord.

Ok*ima*, Chef. Prim. *og*, grand, supérieur.

O*uagan*, Esclave. *Gan* est une Terminaison Algonquine commune aux Substantifs. Reste *oua* pour le radical, qui correspond au Celte *Was*, *Gouas*, Esclave, Domestique.

Ou-De*nane*, village. Prim. *Den*, habitation, Ville.

Ouack-Aygan, un Fort; *Ouack-Aik*, faire un Fort. Remettez *ou* en *b*, & vous avez *Bak* des Egyptiens, *Pag* des Celtes, *Pacha* des Péruviens, désignant une habitation, un Canton, une Contrée.

Ouats-Gaam*ink-Dack-Irini*, les Anglois; *mot-à-mot*, les hommes d'au-delà de la grande Mer. *Ouats*, au-delà; en Anglois *Weath*. *Dach*, derriere; en Angl. Danois, &c. *Back*, dos, derriere : ici *d* pour *b*, à la Grecque, & sur-tout chez un Peuple qui n'a point de *b*.

Irini, homme; en Péruvien *Runa*; en Egyptien *Romi* ou *Pi-Romi*; en Ceyland. *Pi-Rimyaa*.

Ockola, robe; Hébr. גלם *Glom*, manteau. Angl. *Cloke*. Franç. *Cloche*, ancien habillement d'homme, & ensuite de femme.

Ou-Ton, Langue. Dans le Nord, *Tong*, *Zung*, Langue. On voit par ce mot & par celui de Ou-Denane que les Hurons employent *ou* comme article ainſi que les Caraïbes, les anciens Egyptiens, les Grecs, &c.

Piou*el*, poil des animaux, mot primitif.

Pou*taome*, faire chaudiere ; mot qui tient au primitif *Pot*, *Pout*, &c. chaudiere, pot.

Sc*oute*, feu ; primitif *ASH*, *Eſch*, feu, prononcé *Sc*.

Sak*ia*, aimer ; Angl. *Sake*, amour, égard, conſidération.

Talam*ia*, ſaluer ; en Oriental *Talam* & *Salam*.

Tit, dire ; prim. *Di*, jour, dire.

Vend*ao*, lumiere ; prim. *Ven* ; en Pehlvi, *Venadan*, lumiere.

Yao, corps, ſubſtance. *Iao*, en Héb. en Chinois, en Egypt. l'*Etre*.

I I I.

Langue des CARAIBES *&* des GALIBIS.

Les Caraïbes étoient les Habitans des Iſles qui ſont entre l'Amérique Septentrionale & l'Amérique Méridionale, lorſque les Européens en firent la découverte. Leur Langue a un ſi grand rapport avec celle des Galibis, Peuples de la Terre-Ferme du côté de Cayenne, qu'on voit manifeſtement qu'ils eurent une origine commune, lors même que ces Peuples n'en conviendroient pas ; car les Caraïbes diſoient, ſelon quelques Auteurs, qu'ils étoient ſortis du Pays des Galibis, & qu'ayant fait la Conquête des Iſles, ils en avoient exterminé les Habitans mâles, & avoient épouſé leurs filles & leurs femmes. C'eſt ainſi qu'ils rendent raiſon d'une multitude de mots dont le ſexe féminin ſe ſert ſeul chez eux, comme étant les reſtes de leur Langue maternelle, tranſmiſe avec ſoin à leurs filles par les Deſcendans de la Nation exterminée. Mais dans l'Hiſtoire des Antilles, par Rochefort, Tome II, on dit poſitivement que les Caraïbes ſont originaires de l'Amérique Septentrionale, de la Contrée qu'on appelle aujourd'hui la Floride, qu'ils demeurerent long-tems dans le voiſinage des Apalachites, où quelques-uns de leurs Deſcendans s'appellent encore Caraïbes ; & qu'ils partirent de chez les Apalachites pour la Conquête des Iſles.

Les Rapports de la Langue des Caraïbes avec celle des Galibis ſont d'autant plus intéreſſans, qu'ils ne s'étendent pas à tous les mots qui compoſent ces Langues, qu'ils n'en embraſſent pas même la moitié ; enſorte qu'ils ſont une

SUR LES LANGUES D'AMÉRIQUE.

preuve sans réplique des altérations prodigieuses qu'ont éprouvé les Langues de l'Amérique, & qu'à cet égard on doit se contenter de quelques rapports, étant peut-être impossible de restituer ces Langues dans leur état primitif. Ils sont tirés du Vocabulaire Caraïbe de ROCHEFORT, dans son Histoire des Antilles, *in*-4°. 1658; du Dictionnaire Galibi, *in*-8°. imprimé à Paris depuis quelques années, & du Dictionnaire de la Langue Caraïbe du P. RAYMOND BRETON, un des premiers Missionnaires de la Guadeloupe & de quelques autres Isles, imprimé à Auxerre en 1665, *in*-12.

On peut donc rapporter les mots de ces Peuples à quatre Classes différentes: 1°. mots communs aux Caraïbes & aux Galibis; 2°. mots particuliers à chacun; 3°. mots qu'ils peuvent avoir pris des autres Nations Américaines; 4°. mots qu'ils ont empruntés des Européens. La maniere dont ils ont altéré ces derniers, & les différences qu'on remarque entre les mots qui leur sont communs, donnent une idée de leur prononciation ainsi que des changemens qu'ils peuvent avoir faits à leurs mots primitifs.

Exemple de Mots GALIBIS empruntés d'Europe.

Rakabouchou,	Arquebuse.	*Choukre*,	Sucre.
Canabire,	Navire.	*Mouche*,	Beaucoup. C'est l'Espagnol *Mucho*, Beaucoup.
Pisket,	Poisson.		
Couloubera,	Couleuvre.		
Carattoni,	Rat.	*Baina*,	Peigne.
Pipa,	Futaille, Tonneau, Pipe.	*Bouiroucou*,	Porc.
		Barou,	Balle de fusil.
Kaniche,	Canne à sucre.	*Chamboura*,	Tambour.

Cependant *Choukre* étant Indien, *Mouche* primitif de même que *Kan* pour canne, ces mots pourroient bien avoir été connus des Caraïbes longtems avant que les Européens découvrissent l'Amérique au tems de Christophle Colomb.

Diss. Tom. I.

Exemples de Mots communs aux GALIBIS & *aux* CARAIBES.

GALIBI.	CARAÏBE.	FRANÇOIS.
Ouato.	Onattou.	*Feu.*
Veyou.	Huyeyou.	*Soleil.*
Nouna.	Nonum.	*Lune.*
Bebeito & Pepeite.	Bebeité.	*Vent.*
Oukili.	Ouckelli.	*Homme.*
Ouheli.	Ouelli.	*Femme.*
Touna.	Tona.	*Eau.*
Tobou.	Tebou.	*Pierre.*
Ourepa.	Oullaba.	*Arc.*
Iromou.	Liromouli.	*Eté.*
Bulana.	Balanna.	*Mer.*
Penna, Pena.	Bena.	*Porte.*
Eitoto.	Etoutou.	*Ennemi.*
Iroupa.	Iroponti.	*Bon.*

Rapports des Mots CARAIBES *avec ceux de notre Hémisphere.*

NA marque la premiere Personne, de même que chez les Algonquins : ainsi d'*Ayoubaka*, marcher, ils font *N-ayoubaka-yem*, je marche.

LA, LI, LOU, est l'article *le*.

T est chez eux un autre article, que nous avons déjà vu en usage dans les Langues du Canada, qui répond à l'article *The* des Anglois, & qui est venu de l'Orient.

OU est aussi une initiale comme chez les Egyptiens & chez les Grecs.

Famille A C.

Du Prim. Ac, pointu, aigu, piquant, pointe, ils ont dérivé

AKoucha, aiguille.
HAGue, fourmi.
AKourou, scorpion.
AKourelou, gros chardon.

2°. Du même mot désignant l'éclat de l'œil, l'œil perçant, ils ont fait,
Axou, œil; en Primit. AK, OX, AUG, œil.

3°. Ils en ont fait la famille Ac, veiller, d'où,
Ac-Acotoni, réveil. Ac-Acoutoa, réveiller. Ac-Acochoui, résurrection

SUR LES LANGUES D'AMÉRIQUE.

C'est notre racine Occidentale WAG, WIG, veiller : vigilance.

Famille A U.

Du Primitif Au, Av, eau, ils ont dérivé,
Authe, poisson, habitant des eaux : mot également Arabe.
Ovi, baigner, laver.

Famille ASH, feu.

Du Prim. Ash, Ath, feu, ils ont dérivé

Assimbei, chaud.	Ou-Ete, bois du Brésil ; en Oriental Ets, עץ, bois : d'ailleurs ce bois est rouge.
Ou-Atou, feu.	A-Othe, Auto, hute, case : mot de toutes nos Langues.

Les cases ou hutes sont en bois, & le bois sert au feu ; de-là tous ces rapports de mots, non-seulement chez les Caraïbes, mais chez les Orientaux & en Europe. Ainsi les mêmes idées, les mêmes combinaisons ont lieu dans tout l'Univers, & l'intelligence des Américains en fait de Langues, ne cede en rien à la nôtre. Moins éloignés de la Nature, leurs Langues mieux connues seront une anse au moyen de laquelle nous la saisirons mieux; nous retrouverons mieux les traces primitives du langage qui sembloient perdues pour toujours.

A s'est sans cesse ajoûté à la tête des mots chez eux, comme chez nous.

A-Cayouman, un caïman, espece de crocodile,

Acou-Rabame, quatre : Orient. Raby, & en Massor. Rabang.

A-Mognegak, il est beau : en Lat. Amoenus. Ces mots viennent de Moen, Voen, Ven, beau, mot Celtique, d'où Vénus, &c.

Cette famille est très-remarquable. Les mots suivans ne le sont pas moins.

Abou-Poutou, pied : en Prim. Pou, Pod, pied.

A-Poto, grand, gros, enflé : c'est le Prim. Pot, grand, dont nous avons rassemblé la Famille dans ce Volume.

A-Bihera, sanglier ; en Orient. Bher, d'où le Lat. A-Per.

A-Riabou, nuit ; en Orient. Arab, l'Erebe des Grecs.

Arou, bord, lisiere ; en Lat. Ora : en Grec Oros, bord, frontiere, borne.

Aouembo, fin, fini, terminé. C'est le Zend Apemo, fin, achevé, qui se prononçant Aouemo, se trouve le même que le Caraïbe.

C'est donc à ce mot qu'il faut rapporter le Vaudois,

Apamoz, nom du repas qui termine les funérailles : il étoit donc très-bien désigné par ce mot, *la fin de tout.*

AGANeuke, tems, saison ; c'est le primit. עון, ON, GON, GAN, tems ; formé de OEN, Soleil, devenu les AGONales chez les Latins, & qui est entré dans le nom de GANy-Mede, chez les Troyens

De la même famille, A-GUENani, lueur, lumiere :

ARaali, tems chaud & sec où on rôtit.

ARaogane, sueur. Ces mots tiennent au primitif AUR, UR, brûler.

ARianga, parler, haranguer. } On ne peut méconnoître ici le pri-
ARiangone, Langue, idiôme. } mitif AR, HAR, parler.

ATARa, potage, pitance, viande cuite. Ce mot tient donc au Grec & au Latin ATARa, potage, bouillie, &c.

AHAN, respiration forcée, & qui a fourni des mots à notre Hémisphere, surtout aux Celtes.

B.

Famille BAL, élevé, fort.

De la famille primitive & si connue BAL, élevé, fort, vigoureux, &c. les Caraïbes ont dérivé,

BAL-Oue, la grand-terre.

BALaoua, & BALana, la grand-eau, la mer.

Mouchi-PEELi, très-grand.

BALipe, vigoureusement, fortement.

OuALimé, guerre : en Algonq. Nant-OuALi. C'est le primitif BAL, BELLum.

2° De cette même famille ils ont fait

BouLeoua, grand roseau, dont ils font des flèches. C'est le Malais BouLou ; & à Madagascar VouLou. De-là

BouLebae, écris : on se sert en effet de roseaux pour écrire ; c'est mot-à-mot, prends le boulou, le roseau.

Na-BouLetacayem, j'écris, je peins.

A-BouLetouti, Peintre, Ecrivain.

A-BouLetoni, peinture, écriture.

A-BouLitagle, pinceau, roseau à peindre.

Voilà donc un nom assigné chez ces Peuples à la peinture, ou écriture, & ce nom leur est commun avec les Orientaux. Ils ont donc connu la peinture ou écriture par l'Orient ; mais en quel tems ? O Européens qui avez exterminé ces Peuples, que de connoissances vous avez ensevelies ! Ainsi notre monument des rives du Jonston s'accorde avec cette connoissance de l'écriture, qui nous ramene ainsi que ce monument, à l'Orient.

SUR LES LANGUES D'AMÉRIQUE.

Famille BOU, *petit, jeune.*

Le primitif Bou, Boy a toujours désigné les idées de petit, jeune, enfant, domestique : de-là chez les Caraïbes,

Bouto, Poito, jeune, petit.

A-Bouyou, esclave, domestique : en Vald. *Boybe*, un petit goujat.

N-Abouyou, mon esclave. Abouyou-Keili, il sert encore.

A-Bouyou Matobou, ouvrage commandé.

Famille BA, BO, *je vas.*

Aboa, venir. O-Boui, je suis venu. M-Oboui, tu es venu.

Sete-Boui, venir, être arrivé.

No-Boui, venu.

B.

Baba, Pere : 2°. Oncle paternel ; mot prim.

Bouli, sourdre. Aboulicani, source ; du prim. Boul, Bullio, &c. bouillonner.

Biama, deux : en Lat. Bis, deux.

Be-Beite, vent : en Zend Vad, prononcé Veid, Beit : nazalé, Vend.

Bambou, roseau : mot Indien.

Bath, lit, en Angl. Bed, mots venus de l'Orient.

Batia, melon ; en Oriental א-בטיה, A-Batih, melon ; en Chald. A-Batsikim, melons. Le Caraïbe est plus simple que l'Oriental.

Bara, porter, faire : c'est un mot de toute Langue.

Bare-*Banum*, porte-le.

Bacachou, vache ; en Galibi, Paca : en Lat. Vacca, vache.

Famille CAL, *appeller, parler, voix.*

Ini-Caleteli, parler.

Chi-Caleteba-Lone, parle-lui.

Ini-Calestebou, Livre qui parle, d'où l'on tire ses paroles.

Famille CAM.

Le mot primitif C'ham signifie lumiere, chaleur, Soleil, &c. ; de-là

Chemun, le Bon-Dieu, le bon Esprit. Il tient au Japonois

Camina, Dieu : à l'Or. Sam, le Ciel.

Cambounnè, rôtir la viande, boucanner.

K*e*merei, brouillard : Or. K*a*mar, obscur, nuit, absence de lumière.
Les extrêmes s'expriment toujours par la même racine.

De-là, les ténèbres Cimmériennes, pour dire les ténèbres les plus épaisses, les plus profondes.

Famille CAR.

Le mot primitif C*a*r, G*a*r, élevé, que nous avons déjà vu chez les Hurons, a donné aux Caraïbes ces mots :

I-C*heiri*, Dieu : ce mot correspond à l'Algonquin I*kare*, Soleil.

I-C*ou*r*ita*, le midi : le moment où le Soleil est le plus élevé.

2°. A cette Famille C*a*r tient celle de C*a*r, rouge, Famille répandue dans tout l'ancien Monde, & qui doit ce nom à sa qualité d'être la plus élevée, la dominante, la plus sensible entre les couleurs. De-là en Caraïbe :

K*a*r*ionarou*, Liane dont les feuilles donnent, en teinture, un très-beau cramoisi, le plus beau rouge.

Nous trouvons donc ici la premiere étymologie qu'on se soit avisé de donner d'un nom de Peuple Américain, celui de C*a*r*aïbes* : il vient de cette Famille C*a*r, soit qu'il ait désigné la couleur rouge ; & il étoit très-bien nommé, puisque nous les appellons nous-mêmes les hommes rouges : soit qu'il ait désigné les habitans des Montagnes, puisqu'ils sont descendus des Apalaches.

Pendant que nous sommes en train de conjecturer, de rêver si on veut, le nom de ces Montagnes se présente lui-même à merveille. On voit sans peine qu'il tient au radical B*al*, V*al*, P*al*, élevé, escarpé ; Famille qui leur a donné nombre de mots comme nous venons de voir.

2°.

Il est une autre Famille en K*har*, très-connue, qui signifie faire une incision, labourer, tracer des sillons, des caractères : elle se trouve chez les Caraïbes avec cette derniere signification.

C*har ou-Rouali*, il est gravé.

Ka-C*har*ougouty, Graveur.

Ta-C*hera-Ketaioni*, division, séparation.

Na-C*harak*etiem, je plante, je pointe.

Famille CAP.

De la famille primitive C*ap*, tête, sur, &c. vinrent

A-C*a*bouchi, sourcil. A-C*a*bo, vieux.

SUR LES LANGUES D'AMÉRIQUE. 511

C.

CAN*aoua*, grand vaisseau: c'est le primitif CAN, qui désigne la contenance.

COU*liela*, canot; du primitif CAL, CŒL, creux: de-là encore ces dérivés KAL-*oun*, en Galibi, canot.

CHA*licae*, creuser; CHA*lounaïm-lo arou*, je l'ai creusé: en Or. חלל *c'hall*, creuser.

COCI, aller vîte: COCHI, vîte, promptement. Or. חוש *c'hus, c'hys*, courir, se hâter, marcher nuit & jour. En Abenaq. KISOUS, le Soleil.

CHIR*iriti*, rond. | CHIR*iali*-NOM*um*, la Lune est
CHIR*iboula*, faire virer, tourner. | ronde, pour dire pleine.

CHIRIC, l'année; c'est un cercle: 2°. la Poussiniere: cette constellation est rassemblée en rond.

Tous ces mots tiennent au primitif GYR, cercle, dont nous avons rassemblé une foule de mots en toute Langue dans notre Grammaire universelle & comparative, en particulier.

CHIC*atai*, CHI*queté*, couper: du prim. CHIC, morceau, dont nous avons fait CHIQU*et*, & DÉ-CHIQU*etter*.

CHEU, brûler: LI-CHEU *Hueyou-Kai*, le Soleil brûle: en Grec *Kai*, brûler.

E.

ENE, voilà. EN*ourou*, œil. Latin EN, voilà: du primitif EN, ŒN, œil; voir.

E-PERI, fruit: c'est l'Oriental PERI, que nous prononçons PRI, qui signifie fruit, & qui a donné à l'ancien Monde une masse prodigieuse de mots.

H.

AN-HIN, mon aîné; plus vieux que moi: c'est le prim. Celte HEN, vieux.

HUERA, *Ne-huera*, nudité; T-ORA, la peau.

Ces mots tiennent à l'Or. עור HUR, HOR, peau, nudité: qui se prononçant également GOR, COR, a produit le COR*ium* des Latins, nos mots cuir, courroie, &c.

I.

ICHE, vouloir: en Algonq. *D-uish*, avec l'article T. Dans tout le Nord, WISH, souhait, désir.

IMM*er*, mere : Oriental AMM, EM.

L.

Du primitif LOU, LU, lumiere, blanc, font venus :
AL-LOU*tacaoni*, blancheur.
AL-LOU*TI*, il eſt blanc.
L-AL-LOU*NI*, le blanc.

M.

MAL*ia*, MAR*ia*, couteau : c'eſt le primitif MAL.
MAN*ati*, mamelle : c'eſt le primitif MA.
MON*a*, la Lune, dans la langue des femmes. C'eſt donc le prim. MON, MEN que nous avons eu tant de fois occaſion de voir, & que nous trouvons au-delà des Mers, chez les Caraïbes ainſi que chez les Virginiens, comme nous le verrons tout-à-l'heure.

MOUCHIN-*agouti*, long : du primitif MAG, MOUG, MUG, grand ; le même que nous avons vu dans *Mouchi-peeli*, très-grand.

A-MACHI, Capitaine, doit tenir à la même famille.

N.

NISSAN, aller, partir ; en Or. נסע N*ſy*, N*aſſo* ; en Maſſoreth NIS*an*, aller, partir.

NUCE, haut ; en Or. נסה N*aſé*, élever.

NUCH-U*cu*, derriere de la tête ; ce mot reſſemble bien à nuque.

O.

OUA eſt une négation comme Ou en Grec : en terminaiſon, elle ſe change en *Pa*. ICE, vouloir ; ICE-*Pa*, ne vouloir pas.

OUIMBO, entrailles, ventre : c'eſt le primitif OB naſalé en *Oimb*, ventre.

OUIP*i*, haut ; OUIP*oui*, montagne, chez les Galibis ; en Caraïbe, OUEBO : c'eſt le primitif UP, HOUP, haut.

OUIN, AU*nique*, AHUI*nique*, TE-OUIN, ſeul, UN, unique : c'eſt le primitif EN, UN, un.

OU, eſt une initiale ajoutée à la tête de pluſieurs mots comme article.
OU-CABO, la main ; de l'Or. C*aph*, main.

OU-AROUE, le ſec, la terre. Orient. AR, la terre, le ſec ; d'où AR*ide*. Ces mots appartiennent à la famille AR, ſueur, que nous avons déjà vue ci-deſſus ; en Latin AR*eſco*.

O-CUNA,

SUR LES LANGUES D'AMÉRIQUE.

O-Cuna, & Ie-coñori, genou : c'est le primitif Cen ; Genu en Latin ; Gonu en Grec.

Du primitif Hol, creux, trou, les Caraïbes firent :

Oullouco, fenêtre : T-Oullepen, trou, ouverture.

Oullepeti, il est percé, troué.

P.

Phoubae, souffle. En Grec *Phusé*, souffle.

Poul, mot primitif qui signifie eau, étang : en Oriental Poul, lac, marais : en Anglois *Pool* : nous l'avons vu dans le Discours Préliminaire de nos Origines Latines. De-là,

Na-Poulou-Kaiem, je nage : en Algonq. *Ta-poue*, nager.

I-Poliri, riviere, fleuve.

Pouronne, fille : en primitif Por, enfant ; d'où *Puer* : en Zend A-Pærenaeoko, fille, jeune fille.

Pon, rouge ; en Or. Pun ; d'où Pœni, & le Latin Pun*iceus*, Ponceau.

Pitani, jeune enfant. Primitif Peth : d'où le François Pet*it*.

Plia, flèche. En Celte *Fly*, voler ; flèche, &c.

Puit, couper, est le primitif Put ; d'où le Latin Pu*tare* couper, qui a formé le François Am-Pu*ter*.

Puitacoua-banne, fais-moi une incision.

Na-Puitagoni, incision.

T.

Ti-Ti, grand, élevé, en terminaison.

Tobou, lieu, en terminaison.

Tou-Bana, maison : ils disent aussi Banna. En Or. *Bana*.

Tona, eau, riviere. En Celte Don, Ton, eau profonde.

Ajoutons que l'orthographe du même mot change beaucoup dans toutes ces Langues, suivant les personnes qui nous les transmettent. Ainsi dans le même Dictionnaire Galibi, on voit sept manieres différentes d'écrire le mot qui correspond à pesant, épais, massif : *Amotchimbé, Maucimbé, Maucipé, Mochimbé, Mosimbé, Mossimbé, Naucipé* ; en sorte qu'on le prendroit pour sept mots différens.

On y voit :

Acoropo, Acolopo, Coropo, Colobo, pour *demain*.

Diss. Tom. I.

Coyare, Coignaro, hier.
Noene, Nonna, Nouna, Lune & terre.
Oly, ouali, ouary, fille, femme.
Payra, pira, oule-mary, bois qui fert à écrire, &c.

I V.

LANGUE DES ABENAQUIS.

Les Abenaquis, anciennement Canibas, font une Nation du Canada unie aux Souriquois ou Micmas habitans de l'Acadie, & aux Etechemens leurs Voifins. Ces trois Nations parlent à peu-près la même Langue, & on l'appelle Langue Abenaquife. Je ne connois aucun Ouvrage, aucun Vocabulaire imprimé fur cette Langue; mais quelques mots que j'en poffède font voir qu'elle a un très-grand rapport avec la Langue des Sauvages de la Virginie & avec nos anciennes Langues. On affure d'ailleurs qu'elle n'eft qu'un dialecte de la Langue Algonquine & de l'Outaouaife; & qu'elle eft riche & énergique.

Ne marque la premiere perfonne, *Ke* la feconde, *Ou* la troifieme, de même que chez les Algonquins & ceux de Virginie: *Ni-ouka*, nous; ANMINE, nous en terminaifon verbale.

Nis fignifie deux, de même qu'en Virginien & en Thibétan.

Yeou, quatre: & en Virg. *Yeou*.

Nizinfke, vingt: en Virg. *Nifnikha*.

Nanninfke, cinquante: en Virg. *Nanannatahshinchag*.

RAOUE, *Méreouangan*, cœur: c'eft l'Or. RIE, *Rhoé*, affection de cœur, amitié, cœur.

On voit ici la terminaifon *Gan* commune à ces divers Peuples du Nord de l'Amérique.

Effe, dans les compofés, A-OUASON, bois à brûler; c'eft l'Or. YTZ, *hets*, *keff*, bois; & le Caraïbe OU-ETE, nom du bois de Bréfil; il eft rouge.

Me, De, comme l'Hébreu *mi, min*.

TEBAÏ, mefurer; חוֹת TEVE en Hébr. mefurer, borner, limiter.

KIZOUS, Soleil, tems: en Hébr. שׁוּח *c'hus, c'hys*, courir, fe hâter.

ABANNEMENA, pain: Orient. *ab, aban*, fruit, nourriture.

Obfervons que les Abenaquis font les mêmes Peuples que les Anglois appellent OWENAGUNGAS: c'eft le même mot exactement avec une prononciation & une terminaifon différentes.

Les Algonquins portent également un nom différent chez les Anglois: ils les appellent ADIRONDAKS.

Demandera-t-on enfuite pourquoi on a tant de peine à reconnoître chez les Anciens les mêmes Peuples, les mêmes perfonnages à travers les noms différens que chaque Hiftorien leur donne ?

V.

LANGUE des VIRGINIENS.

Cette Langue eft à peu-près inconnue : il n'en exifte qu'une Grammaire imprimée à Londres en 1666, fi rare que je n'ai encore pu la découvrir nulle part : on n'a pu me la procurer ni à Paris, ni à Londres, ni en Amérique : on m'a écrit du nouveau Monde qu'il en exiftoit un ou deux exemplaires dans une Ifle ; qu'on y avoit écrit pour m'en procurer un, & que les malheurs de la guerre avoient empêché toute réponfe. Qu'eft-ce donc que cette guerre qui m'empêche d'avoir un femblable Livre ? Que font donc mes Recherches qui exigent des correfpondances dans tout l'Univers, qui me rendent tout néceffaire, à moi qui n'ai pas même deux pouces de terrein ; qui ai été obligé de lutter contre tous les obftacles pour m'enfoncer dans ces Recherches ; qui efpérois que la gloire, l'amour de la lumiere, le zèle pour les Sciences engageroient les Puiffans de la terre à venir au fecours d'une perfonne qui en arrangeant les matériaux des Origines du Monde, en facilitoit fi prodigieufement la connoiffance ?

Heureufement une perfonne dont le nom feul eft un éloge, M. ISELIN, Secrétaire de la République de BÂLE, eut la générofité de fe défaire en notre faveur d'une Bible en Langue Virginienne, traduite de l'Anglois au fiècle dernier : ce préfent ne pouvoit être plus précieux : il nous a valu ces Dictionnaires, ces Grammaires que nous n'avions pu nous procurer malgré nos foins.

D'après cette Bible, nous n'avons pas eu de peine à ébaucher une Grammaire de cette Langue ; un Tableau de fes terminaifons & de fes initiales ; un commencement de Dictionnaire.

Nous y avons reconnu nombre de grandes Familles communes aux habitans de l'ancien & du nouveau Monde : des mots communs aux Peuples du Canada, & qui prouvent qu'une feule Langue fut parlée dans tout le Nord de l'Amérique.

Ici, comme chez les autres Peuples de l'Amérique dont nous avons déjà parlé, & comme dans l'Orient, les préfixes ou les pronoms qu'on met à la tête des mots font les mêmes.

NE marque la premiere perfonne,	How la troifieme,
KE la feconde,	How-*an*, qui.

On trouve chez eux également les terminaisons Orientales des noms Pluriels; IM pour les noms masculins : OTh pour les noms féminins.

Ils ont une autre terminaison plurielle très-remarquable, celle de *ouaongash*, & *ouongash* : elle répond à l'*antes*, à l'*ontes* des participes pluriels Latins & Grecs, prononcés *anghes*, *angas*.

Ils ont la terminaison Grecque KONT pour marquer la multitude : mais dans les dixaines, ils ne la nasalent pas; c'est le primitif pur KAT, KUT, multitude, dont les Latins firent CAT-*erva*, troupe armée.

RAPPORTS DE MOTS.

Les Rapports des mots entre cette Langue & les autres, sont très-remarquables.

GÉ, ou GHÉ, la Terre.

On sait que la Terre s'appelloit *Ghé* en Grec : & que ce Peuple ingénieux en fit la Fille célébre d'Elion, la Femme d'Uranus ou du Ciel, & la Mere non moins célébre de Saturne ou de Cronus. Ce mot existe chez les Peuples du Canada, ainsi que chez les anciens Perses, mais ici précédé de l'article O, ou A.

En Algonquin AHKE, en Virginien OHKE; en ancien Persan ou Pelhvi AKhé, chez tous, la Terre, le Monde. Ils en ont dérivé Ohkeitt, Terre, Pays; Ohke-konit, des champs; Ta-Ohket-eonganith, Jardin; Ohke-kontu, du pays, de loin; Mutta-Ohket, le Monde.

On a déja dû remarquer dans cette Dissertation divers autres Rapports des Langues du Canada avec celles de la Perse. Ces Rapports particuliers sont très-frappans : ils mériteroient d'être suivis avec soin : non qu'il en faille conclure que les Canadiens sont Persans; ce seroit le casse-cou ordinaire des Etymologues : mais ils supposeroient un foyer commun à rechercher & à approfondir.

ATTA, Pere.

Nous avons déjà eu occasion de voir que chez tous les anciens Peuples ATTA signifioit Pere : dans ce Volume actuel nous l'avons trouvé chez les Sabins : nous venons de le voir chez les Peuples du Canada; il est également chez les Virginiens; mais adouci.

Les Peuples du Tangut le prononcent ATShhe.

Les Czeremisses, vrais Tartares, ATsa.

Les Esclavons, OTSE.

Chez tous, le T changé en sifflante Tch. Les Virginiens ont suivi ce Dialecte; de même que les Algonquins.

Ou*sh*, chez ces deux Peuples, signifie Pere.
N-Ou*sh*, mon Pere. K-ou*sh*, ton Pere. H-ou*sh*, son Pere.

Von, Bon, Bun, *Intelligence.*

Du Primitif Bun, Von, intelligence, prudence, sagesse, les Virginiens ont fait Wantam, sage ; Wantammonk, sagesse.

V e n, beau.

Le Primitif O e n, V e n, signifie Œil, Soleil ; 2°. éclat ; 3°. beauté, perfection : nous avons déjà vu qu'il a donné des mots à diverses Nations Américaines : nous le retrouvons en Virginie.

Wunn, voir ; Wunnaumun, il vit ; Wunnegan, bon, parfait ; Wunne-Towonk, bonté, intégrité ; Wunnanum, bénis.

Les Pensylvaniens le prononcent Winni*s*, bon.

N e p, Nip, Eau.

Nep, dans notre hémisphère signifie étendue d'eau ; de-là notre expression, une belle Nappe d'eau. Les Grecs ne négligerent pas cette Famille : ils en firent Nip*ó*, je laverai ; Niph*ó* & Nipto, je lave ; Niphas, neige. De-là les Monts Niphates, les Monts blancs ou neigeux ; le Naphte, bitume liquide ; Nep-tune ou la grande Eau, &c. &c.

En Virginien, Nippe-Kontu, eau : ici Kontu répond au Konta des Grecs pour marquer multitude.

Dans le Dialecte de Noridgewalk, Tribu Indienne qui habite les bords de la Riviere de Kennebec, ce mot se prononce simplement Nippy.

N a m, prendre.

Nam est une Famille antique très-étendue, dont nous avons eu occasion de parler plus d'une fois, qui signifie prendre, & qui a produit des mots Orientaux, Theutons, &c. même Espagnols, comme nous avons vu dans l'Essai sur les Tarots. Il a formé,

Le Virg. Neomunau, il prit.

K a l, parler.

Kal est un mot primitif qui signifie voix, parole ; 2°. parler : en Hébr. Qul, voix : en Tangut & en Mongale, Kel, parler. C'est le Calo des Latins & des Grecs, d'où sont venus chez nous une foule de mots, tel que CAlendrier.

En Virg. KeNos, parle? Ici L changé en N, comme cela arrive continuellement, même à Paris où on prononce sans cesse *Nantille* pour *Lentille*.

M A T, mauvais, funeste.

MAT, MATch, signifie en toute Langue, mauvais, funeste, ruine, mal, mort. En Hébr. מות *Mat*, *Mut*, mort, ruine, destruction.

Virg. MATchèe, prononcé *Matchi*, en Algonq. MATchi; en Abenaquis, MATs*ighek*, mauvais. De-là, ces dérivés: Matchèe-To*wehtu*, le méchant: Matches-eaen*uut*, les pécheurs: Num-matches-oongan*ash*, mes péchés.

MATTa, privation.

Autres Mots Orientaux.

SQUITT*er*, signifie feu chez les Indiens Noridgewalk. C'est l'Algonquin Scoute feu, formé du primitif אש, *Esch*, feu.

Ou-TCHIPP-*Anoouonganit*, Tribu: Héb. שבט, SHIB*et*, Tribu, sceptre. GANIT est un terminatif de Collection.

Nou-SITumm-Ouong*ash*, mes jugemens. Orient. סוד, *Sud*, *Syd*, conseil, avis, Seigneurie: joint à *Nou*, mes.

Nuk-Khuk-Ouwaongash, mes commandemens; mot composé également de la terminaison *Ouwaongash*, du préfixe Nou, écrit *Nu*, & de K*uhk*, mot Oriental חוק, *Huq*, *Khuq*, qui signifie statut, décret, commandement, & dérivé de חק, H*AQ*, peindre, graver, tracer, décerner, où l'on ne peut méconnoître la racine primitive Ac.

Nou ou Nu est ici suivi d'un K, ce n'est qu'un redoublement de la consonne K qui commence le radical K*uhk*.

K*Ah* est la conjonction *et*. On ne peut y méconnoître la même racine qui forme le *Kai*, &, des Grecs, & le *que* des Latins.

MANITT*ou*, la Divinité, le Dieu bon. C'est un nom très-connu par toutes les Relations de l'Amérique. C'est le même nom que MAN, donné au Soleil & à la Lune.

AYNN*eat*, habitation, mot primitif, en Oriental עין, *Hun*, *Oyn'*, habiter, d'où le Flamand WONN*en*, habiter: de-là peut-être WUNN*aumun*, il vit; vivre en un lieu, l'habiter, sont termes synonymes.

PuN, mot primitif qui signifie peine, punir, &c. Les Virginiens en ont fait *Ootameh*-PUNNA-*Onganouash*, ses troubles, ses peines, ses inquiétudes.

SUR LES LANGUES D'AMÉRIQUE.

AK, mot primitif, en Orient. אח, *Ach*, frere; les Virginiens le faisant précéder de l'article P, en ont fait,

PEY-AOG, freres.

WE-QUAI, lumiere; c'est l'article ou, & le primitif *Ghé*, גה, lumiere.

WE-QUAnanteganash, luminaires. WE-QUoh-Sumwog, pour éclairer. Ce mot doit être entré dans la formation de celui-ci, KES-UK, Ciel; 2°. lumiere, jour; 3°. face, visage, le siége de la lumiere de l'homme.

NASHAUanith, esprit, ame; du prim. נשב, *Nashav* soufle, souffler, respirer : & נשם, *Nasham*, ame, esprit, respiration : c'est une vraie Onomatopée.

CHAD est un primitif qui signifie tailler, couper, rogner; les Orientaux en firent כחד, *Ched*, & les Latins *Cædo*, couper, trancher, tailler. Delà le Virg. CHAD-CHAP, division, partage; d'où,

CHAD-Chape-mooudj, qu'il divise : Chadcha-penumo-admog, ils partagent : Wutchadchabe-ponumun-nap, il partagea, il divisa : il mit en partage : de *Pono*, mettre.

SEPAK doit signifier élévation : c'est l'Oriental שפה, *Shaphe*, élever, hausser : de-là,

SEPAKehta-Mounk, le Firmament, la Voûte céleste : (ce qu'on prononce & écrit ici *Mounk*, est écrit dans d'autres mots par *Wonk*).

MASS, est un mot primitif qui signifie grand; il est devenu MESS, & en Virginien MISS : de-là,

MISSI-Yeuash, les grands : MISSugken, grand.

MISHum-Muchnmegk, croissez.

AIHE signifie chez les Virginiens, est, être.

WUTT-AIHE, est : PISH-NUTT-aïh, je serai,

PIsh est chez ce Peuple la marque du futur.

DTAN, produire, donner : le *Ta, Tan, Dan*, primitif, donner, produire.

NOMS DE NOMBRES.

	Deux.		Quatre.	Vingt.
En Noridgewalk,	Nees, prononcé	Nis	You,	Nees-inscut.
Virginien,	Neesuna, prononcé	Nisuna.	Yaou	Nis-nikha.
Algonquin,	Nis.		Yeou,	Niz-inske.
Abenaquis,	Nis, & Ninch.		Yeou.	
Tangut,	Nis.			

Cut, Cot, comme nous avons déjà observé qui sert ici pour marquer les dixaines, est le primitif Cot qui désigne multitude, & qui se nasalant fit le Konta des Grecs & le Ginta des Latins qui marquent également les dixaines.

Seul, il fit Kat, qui signifioit cent, que les Grecs changerent en Ekaton, & dont les Latins en le nasalant firent Centum, cent, qui est si différent du Cut des Indiens, quoiqu'ils ayent tous puisé dans une même source.

Ne-Qoutta, est six en Virg. Nekoutans en Algonquin.

VI & VII.

Langues des Chipéways & des Naudowessies.

M. Carver, Capitaine Anglois qui fit dans les années 1766, 1767 & 1768, un voyage dans l'intérieur de l'Amérique Septentrionale, en a donné une Relation très-intéressante à en juger par les Extraits que m'en a fournis M. Ramond versé dans les Langues du Nord, & qui les étudie d'après les vrais principes.

M. Carver distribue toutes les Langues de l'Amérique Septentrionale en quatre classes, suivant les quatre Points Cardinaux. Dans la premiere sont les Nations Iroquoises qui habitent l'Orient : la seconde renferme les Dialectes des Chipéwais ou Algonquins, dont le séjour est la partie Septentrionale en tirant vers l'Ouest. La Langue des Naudowessies qui habitent l'Ouest, forme la troisiéme classe. La quatriéme est composée des Langues que parlent les Cherokis, les Chikasaws, &c. habitans des Régions plus méridionales. On trouve, ajoute-t-il, l'une ou l'autre de ces quatre Langues constamment en usage dans toutes les parties de cette immense étendue comprise entre les Eskimaux, la Floride, l'Océan, & sans doute la grande mer Pacifique, ou le Nord de la mer du Sud.

La Langue des Chipéways, comme on le savoit déjà, paroît la plus étendue : c'est la seule que parlent dans leurs Conseils les Chefs des Tribus qui habitent les environs des grands lacs jusqu'aux rives du Mississipi, de l'Ohio, & de la baie de Hudson : elle est aussi la Langue du Commerce.

Elle est devenue naturelle aux Ottowaws, aux Saukies, aux Ottagaumies, peuples dont les terres sont comprises entre le lac *Michigan*, l'*Ouiscousin*, le *Mississipi*, & la riviere *Chipéway*. Enfin aux Killistonoes, aux Nipegons & aux Bandes du *Lac de la Pluie*.

Si la Langue des Chipéwais est la plus riche, celle des Naudowessies est la plus douce, & sa prononciation n'a rien de guttural. Presqu'aussi répandue

SUR LES LANGUES D'AMÉRIQUE.

que l'autre, elle prévaut à l'Ouest du Mississipi : & même, suivant le rapport des Naudowessies qui campent à la fourche de la Riviere *Saint-Pierre*, elle domine chez tous les Peuples qui s'étendent depuis le Nord du Missouri jusqu'à la mer Pacifique.

Un Vocabulaire de cette Langue devenoit ainsi un complément précieux de tout ce qu'on a sur les Langues du Nord : M. Carver l'a publié dans son Voyage, en l'accompagnant d'un Vocabulaire des Chipéwais : & M. Ramond nous a donné une Copie comparée de l'un & de l'autre.

Il y a joint quelques remarques de sa façon, qui nous ont paru trop intéressantes pour les omettre : d'autant plus qu'on aura occasion de voir par-là que les Principes du Monde Primitif sont déjà employés dans l'étude des Langues, & quelles lumieres ils répandent sur leur analyse.

Les Naudowessies ont le mot WAHKON dont il s'agit de déterminer le sens propre. Il entre dans un grand nombre de mots :

Wahkon-Shejah, l'Ours.
Muzah-Wahkon, le fusil.
Shanuapaw-Wahkon, le Calumet.
Meneh-Wakon, liqueurs fortes.

Mais *Meneh* signifie eau, liqueur ; c'est le primitif *Mi*, *Mei*, *Mein*.

Wahkon signifie donc, *fort*, *puissant*. C'est donc le primitif AK, OUAK, MAG, grand, fort, puissant.

Le mot qui désigne le *Calumet*, signifiera donc *la pipe forte, puissante*.

Le mot qui désigne le *Fusil*, signifiera *le fer fort & redoutable*.

Le mot qui désigne l'Ours étant composé de leur mot *Shejah*, méchant, signifiera *la mauvaise bête, forte & puissante*.

Enfin dans le mot TONGo-Wakon, qu'on applique au Maître de l'Univers, il signifiera le *Fort Elevé*.

Ici *Tongo* est formé du prim. TON, DON, élevé.

Dans les mots *Capotiwian*, habit ; *Shaw-Bonkin*, aiguille ; & *Maw-Signaugon*, une lettre, M. Ramond reconnoit les altérations du mot François *Capote*, ou du mot Anglois *Coat*, habit : de l'Anglois *Bodkin*, épingle, & du mot Européen, *signe*.

Il trouve d'ailleurs des rapports très-sensibles entre ces Langues & celle que nous appellons GALLIQUE, parlée dans l'Ecosse, dans les Isles ORCADES, & Dialecte des Langues Erse & Bas-Breton, &c.

I, IN, INNIS existe dans les Dialectes Galliques, Erses, Armoriques, soit seuls, soit en composition, pour signifier une Isle, ou les objets relatifs à l'eau. Les Chipéways l'ont fait précéder simplement de la lettre M ; MINNis, Isle : MINISS-in, Presqu'Isle.

Diss. Tom. I.

Mini*kw*ah, boire : Kitchi-gaw-Mink, grande eau, lac ; & chez les Naudowessies Men*ch*, eau.

Ty, maison, dans tous les Dialectes Celtes : les Naudow : apppellent une maison Ti-Bi. Or *Bi, Ky*, sont pour eux des terminaisons favorites.

Tad, dans ces Dialectes, signifie pere ; nombre de Peuples en ont fait Atta : & les Naudow : disent Ot*ah*, dans ce même sens.

Bou, signifie petit jeune : les Bas-Bretons en ont faits *Bu-Ghel*, enfant mâle, où *Ghel* signifie garçon : chez les Chipéways, *Bo-BElosh-in*, enfant mâle. Ici In est une terminaison diminutive comme dans *Miniss-in*.

Mahon, Mat*hon* en Gallique un Ours ; en Chipéways Makon & Mak*wah*.

Er, homme en Gallique ; chez les Chip. Ir*ine*, Nation.

Oi, Io, Nion, Moi, sont autant de radicaux Celtes relatifs aux idées de femme, fille, vierge. De-là en Chip. *Ichwi*, & en Naudow : *Winna-Kejah*, femme : *Wi-Win*, épouser.

Jeck-Wassin, jeune fille. Mais on peut reconnoître dans ces mots *I-Kvi*, *I-kwassin*, le primitif *Gu, Gun*, femme, également Celtique.

O'-Sh*ean*, en Gallique vieux. Chez les Chipeways :

Shaw-Shia, vieux, arrivé il y a long-tems.

Shia, fait, passé : Sh*ean*, passé, écoulé.

Ta*lamh*, en Ecossois, la terre natale. En Chipeways, *Awkeen*, qui signifie terre, est joint à *Endala* : *Fndal-Aukeen*, pour désigner Patrie, Contrée. (Et dans ce mot *Aukeen*, on reconnoit également le *Ghe*, primitif, Terre).

Sinni, en Naudow : neige. C'est le *Sne*, neige, des Septentrionaux, le *Snow* Angl. & *Schnee* Allem.

Meoh, moi ; Mew*ah*, mien, des Naudow : nous ramene au *Me* de tous les peuples.

Ajoutons quelques observations.

Un javelot, un dard est appellé *She-Shikwi*, en Chip. c'est le *Zagaye*, le *Sek* de tous les Peuples.

K-issin, gelée : *Kissin-magat*, forte gelée, 'est le Nord *Iss*, glace, d'où *Is-lande*, pays de glace.

Pa-aht*ah* des Naudow. Feu, Soleil, est le שׂא, *Esh*, *Et*, Oriental.

Les Indiens s'appellent chez les Chipéways, Ishi-Nawbats ; & un homme, *Al*-Issi-*nape*. Ce sont donc deux mots de la même nature, composés du primitif *Ish*, homme, & du Chipeways *Nape*, mâle, au pluriel *Nawbats*. C'est de ce mot que les François auront fait Assinipoels, nom d'une Tribu Indienne dans le Canada Occidental.

SUR LES LANGUES D'AMÉRIQUE.

Ma-Skimot, signifie en Chip. un sac: il est donc formé du primitif SAC, devenu *sec*, Sc.

NEBBI, eau; de *Ev*, eau.

L-OU*tin*, vent : du primitif OUT, vent.

M-ITTI, bois ; du primitif IT, ETS, bois.

N-AP*e*, mâle ; du primitif AP, *ab*, Père.

On voit qu'ils aiment à commencer les mots par des consonnes, plutôt que par des voyelles ; qu'ils les font précéder des lettres liquides, *l*, *m*, *n*.

Ce qui peut former un caractère particulier de ces Langues de l'Amérique Septentrionale & propre à les faire reconnoître.

N'omettons pas que le Vocabulaire Chipewais du Capitaine Carver a de très-grands rapports avec celui du Baron de LA-HONTAN, contre la véracité duquel on avoit élevé de grands doutes : le travail intéressant du Capitaine Anglois venge donc le Voyageur François.

VIII.

LANGUE DE PENSYLVANIE.

Dans le Journal des Sçavans in-4°. 1710, pag. 49 & suiv. on trouve quelques mots de la Langue de PENSYLVANIE, voisine de celle de Virginie. On voit par-là que ces deux Langues ont un très-grand rapport entr'elles & avec les nôtres.

MAT*ta*, dans les deux Langues signifie *sans*, non.

WINN*it*, bon; & en Virginien, *Wunne-gan*.

ANN*a*, mere. | PON*e*, pain. En Oriental *Pan*, *Pam*, fruit.

HATT*a*, avoir. | PAY*a*, venir, primitif BA.

METS*e*, manger. Celtique *Mad*, *Mets*, mets.

IX.

LANGUE MEXICAINE.

Je ne connois de cette Langue que quelques mots, que JEAN DE LAET dit avoir tirés d'un Vocabulaire que les Espagnols avoient publié à la Ville de Mexique dans cette Langue, & qui sont rapportés en partie par RELAND, dans la dissertation dont j'ai déjà parlé, & dans le 48e. Volume de l'Histoire des Voyages *in*-12. Malgré cette disette de mots, on ne laisse pas que d'appercevoir divers rapports de cette Langue avec d'autres.

La premiere Personne y est également désignée par *Ne*, comme dans toutes celles que nous venons de parcourir, & *lui* par *yeu*; la seconde Personne par *te*, K étant devenu ici *t* par un changement très-commun. Mais ce en quoi la Langue Mexicaine se distingue de toutes les autres, c'est par la terminaison HUATL qu'elle a ajoutée à chacun de ces mots, disant,

NE-*Huatl*, moi; TE-*Huatl*, toi; YEU-*Huatl*, lui, il. Quant à la valeur de l'addition, c'est ce que je ne saurois déterminer avec si peu d'élémens. Ce doit être un mot expressif, & qui désigne quelque idée relative à une existence élevée: c'est ainsi que l'Espagnol ajoute *autres* à ces Pronoms pluriels,

Nos-*Otros*, &c.

Ils ont le Verbe E pour désigner l'existence: ce Verbe qui marque la même idée dans toutes les Langues de l'ancien Monde, comme nous l'avons vu: ils disent,

Ma Ni E, que je sois.	Ni Ez, je serai.	Ma Ni Ez, que je serai.
Ma Xi É, sois.	Ti Ez, que tu seras.	Ma Ti Ez, que tu seras.
Ma Y É, qu'il soit.	Y Ez, qu'il sera.	Ma Y Ez, qu'il sera.

Ys, signifie lui, celui qui est: c'est comme en Latin Is, & en Hébreu I*sh*.

Su-E, signifie homme: mot-à-mot, celui qui est.

Tli, *Tl*, abréviation de *Tel*, est une terminaison très-fréquente dans cette Langue: elle paroît répondre à notre terminaison *ter* des Latins, & *tre* en François.

TAHT*li*, pere. Primitif, *Tat*.

NANT*li*, mere. Primitif, *Na-na*.

TEUCH-*Poch*, fille. En Oriental *Tuch*, *Doch*, &c. fille.

TEUT-CAT*li*, nom du Temple de *Vitzliputzli*; mot-à-mot, dit-on, maison de Dieu; mais *Catli* signifie *maison* en Mexicain. *Teut* est donc Dieu; & c'est ainsi un mot primitif.

CA-*Tli*, maison. Primitif, & Or. *Ca*, *Cas*, maison.

VITZ*li*-PUTZ*li*, Dieu Souverain du Méxique. C'est un mot manifestement composé. *Id* signifie le tems; PUT, POD, la puissance: racine dont nous venons de donner les diverses branches & ramifications, & que nous avons déjà rencontrée dans les Langues d'Amérique. Ce mot désigne donc *le Dieu des Tems*.

LAN, pays, région, lieu. En Celtique *Land*, pays; *La*, lieu, qui, en se nasalant, fait *Lan*.

A-Tl, eau; *A*, *Av*, eau, en Primitif.

Il-Hui-Catl, le ciel. Ce mot est donc composé de Catl, maison, & de *Ilhui*, qui signifiera lumiere, astres. En Primitif *Hell*, *Ill*, briller, éclat, splendeur, Soleil, &c.

Tepec, montagne. Primitif *Top*, *Tup*, sommet, élévation, toupet.

Ameyatli, fontaine. Primitif *Mey*, eaux.

Te-Colli, charbon. Primitif *Col*, charbon. *Te* seroit un préfixe, cet article que nous avons rencontré dans toutes les Langues d'Amérique.

Zahza-Catla, lac. Primitif *Ze*, *Za*, mouvement, agitation des eaux. *Ze*, *sçe*, mer, lac.

Puisqu'avec si peu d'élémens, nous avons reconnu tant de mots primitifs, que ne pourrions-nous pas espérer avec des Vocabulaires bien faits & étendus !

X.

LANGUE DU PÉROU.

Dans un Mémoire de M. Pelloutier, sur le rapport des Américains avec les Celtes (Mém. de Berlin, 1749), on voit que le Docteur Heinius trouvoit une *grande conformité* entre la Langue Hébraïque & celle des habitans du Pérou, qu'il croyoit descendus des Carthaginois. Il est fâcheux que ce Savant n'ait point spécifié la nature de ces rapports : nous en aurions profité avec empressement, & nos Lecteurs y auroient sûrement gagné. A ce défaut, voici quelques comparaisons qui nous ont frappés.

M. de la Condamine, dans son Mémoire sur les anciens Monumens du Pérou au tems des Incas (Mém de Berl. 1746), rapporte ces six mots Péruviens, dans lesquels nous n'avons pu méconnoître autant de mots Orientaux.

Inca, fils du Soleil: In-Ti, Soleil: c'est l'Oriental In, Soleil, & Ti, élevé.

Inca-Pirca, Palais des Incas; en Oriental *BIR*, Palais : d'où *La-Bir-Int*, le Palais du Soleil ou le Labyrinthe.

Ichu, jonc délié, dont les Péruviens font la brique en la pétrissant avec de la terre grasse. En Oriental אחו, *Ac'hu*, jonc.

Tica, brique faite avec l'Ichu. } En Oriental דוך, pétrir, broyer.
Ticani, faire la brique.

Hoco, une niche; 2°. une fenêtre : Primitif Og, œil, ouverture.

C'est une chose digne de remarque, que ce Savant Académicien n'ayant cité que six mots Péruviens, ils offrent tous des rapports aussi frappans. En voici quelques autres non moins sensibles, & plus nombreux qu'on ne pourroit croire, relativement à une Langue aussi peu connue & dont les Vocabulaires sont si informes.

A.

A, exclamation.

Acay, exclamation de celui qui se brûle.

A-CARcana, membrane qui enveloppe les visieres; du primitif CAR cercle.

A-CHURa, morceau de chair.

A-CHURacuni, couper un morceau de chair : { Du primitif QAR, couper, 2°. distribuer des morceaux de viande, { ou de CAR, chair, découper.

ACHCA, en quantité, beaucoup, extrêmement : du primitif,
    Ax, Ox, Ochs, grand, nombreux : il s'est aussi prononcé & écrit
    ANCHA, d'où un grand nombre de dérivés.

ANCHA-*Allin*, chose très-bonne. | ANCHA-*Chanioc*, d'un grand prix.
ANCHA-*Coc*, libéral.

ANCHA-*Yanigui*, exagérer, se glorifier, se vanter.

A-CULLini, manger des herbes, brouter : primitif CAL, ACAL, manger.

ALa, malheureux : c'est l'exclamation hélas! en Péruvien, *ala, alau, alalay*, &c.

ALLI, chose bonne : ALLIcay, profit.

ALLIachin, donner la santé, guérir, sauver.

ALLIapuni, recouvrer la santé, guérir.

On ne peut méconnoître dans ces mots le primitif HAL, salut, santé, bonheur, qui a fait SALut, FELicité, &c. On peut voir cette immense Famille dans nos Origines Latines.

A-MARac, méchant, mauvais, amer : qui vaut peu : c'est le primitif MAR ; en Latin A-MARus, amer.

A-MACHac, Protecteur ; c'est le primitif MAG, grand ; Famille immense qu'on peut voir développée dans nos Origines Françoises & Latines.

A-MU, muet. AMUyani, devenir muet : c'est le primitif MU, muet, silence : source de nos mots *muet, mystere*, &c.

La Famille ANC, serré, crochu, angoissé, &c. leur a fourni nombre de mots.

ANCA, aigle, ou l'oiseau au bec crochu.

ANCHI*ni*, être dans l'angoisse, gémir, soupirer.

ANCHUY*cuni*, se faire en dedans, dans l'intérieur.

ANCHU*rini*, être séparé.

ANTI, les Andes, hautes montagnes du Chili ; du primitif AND, élevé.
   Ce nom est devenu celui d'une des IV parties de l'Empire des Incas ANTI-SUYU.

A-PACHI*ta*, colline, montagne de pierre ; de PAC, PIC, montagne pic.

A-PACHI*muni*, faire apporter.
   A-PACHI*cuni*, envoyer.   } De *Bach.*, porter ; servir.
   A-PAYCH*acuni*, apprêter.
   A-PAC, celui qui conduit.

API, biscuit ; API*ni*, faire du biscuit : du primitif APH, OP, cuire.

Du primitif AB, pere, élevé, excellent, vinrent,

APU, APPO, APPO*cac*, Chef, Maître, Seigneur. En Brésilien, APO ; en Galibi, YOUPO-PO.
   APPO-Suyo*chac*, Capitaine ; mot-à-mot, le Seigneur, Chef d'une Division.
   APPO*tucuni-gui*, devenir riche : grand Seigneur.
   APPO*squine*, ayeul, bisayeul, précisément les AVI des Latins, ablat. AVO.
   APPO*scachac*, présomptueux : APPO*scachane*, présomption.
   APU-Rucu, grands chiens.

AYÇA*na*, balance ; AYÇA*ni*, peser avec une balance : AYÇA*sca*, chose bien pesée. Cette Famille relative aux Arts est très-remarquable. Elle tient à une Famille Orientale très-fortement caractérisée : AZEN, à la Massoréthique AUZEN, signifie en Arabe, poids : en Hébreu, balances & oreille. Nous avons vu dans nos Origines que notre mot ANSE vient de la même racine.

Voilà donc des rapports d'Arts bien constatés, entre le Pérou & l'Orient.

A-TUN, grand, chose très-grande : c'est donc le primitif DUN, TUN, élevé.

ATUN*yani-gui*, devenir grand.

AUCA*ni*, combattre en bataille. AUCAC, combattant, ennemi : AUCA-Conap, cris des combattans. AUCA*cuc*, Tyran : AUCAC, Corsaire, Soldat, &c.

Du primitif & Hébreu אבך, AUK, pointe d'une épée : 2°. combat, tuerie, carnage.

Ajoutons que le nom de leur dernier Roi, le trop célèbre ATAPALIBA, que ses vainqueurs firent mourir avec une férocité qui a peu d'exemple, avoit un nom significatif en Péruvien : dans mes Vocabulaires ce mot signifie *Poule*.

C.

ÇACHA & HACHA, arbre, plante : du primitif עץ, *Gats*, arbre.

CACHA-CACHA, forêt : c'est un nom formé à la maniere primitive en redoublant le mot.

CACHA-PICAC, arbre de montagne, de pic.

HACHA-*Runa*, homme sauvage, mot-à-mot homme des bois.

CAY & CHAY, celui-ci, celle-ci, ce. C'est le primitif זי, ZE, *sai*, ce.

CAYPI, CAY*me*, le voici, les voici. CHAY-CHAY, ces choses-là.

CAY*ssina*, ainsi : CAY*ta*, pour ceci.

CALLO, Langue : en Oriental CALL, signifie appeller, parler.

CAM*a*, ame, esprit : en Galibi, A-CAPO, ame : de-là encore

CAMAC, Souverain, qui commande, qui gouverne : Dieu.

CAMA*chicoc*, pourvoyeur, qui commande.

CAMA*chicuni*, commander.

Du primitif CAP, chef, tête, sont venus :

CAPAC, Roi, Empereur. CAP*aquey*, Mon-Seigneur.

CAP*acchani*, faire le Seigneur, le riche.

CAP*ac*-MAM*a*, matrone, grande Dame.

CAP*ac-Apalla*, très-gracieux.

CAP*as-Raymi*, fête des Indiens qui se célebre en Décembre. C'est donc la fête des *Saturnales* où l'on faisoit un Roi.

Du primitif CAR, cher, rare, de grand prix ;

CAR*u*, excès.

CAR*upim*, qui excede de beaucoup.

CAR*u*, dédaigneux.

CAR*u-Runa*, homme qui vient de loin, étranger.

CAPA, main étendue : CAP*ayac*, palme, empan : c'est l'Oriental CAP*h*, main, d'où le Latin CAP*ere*, prendre, dont la famille est immense.

CHALL*a*, paille du maïs : tient au primitif CAL, tuyau, d'où le Latin CAL*amus*.

CHIR*i*, froid. CHIR*iyani*, avoir froid, se réfroidir.

CHIR*iss*-IT*a*,

SUR LES LANGUES D'AMÉRIQUE.

Chiriſſi-Ita, hiver: Chiringa Pac, lieu à rafraîchir les liqueurs: ce mot tient au primitif *Kar, Keir*, froid.

Choun, Conducteur de l'Univers chez les Péruviens; il abaiſſoit les montagnes, combloit les vallées, &c. C'eſt le Chom des Egyptiens, l'Hercule Céleſte.

Circa, veine; Circaſca, ſaigner; Chircana, lancette: ces mots tiennent au primitif *Ker*, rouge, ſang.

Colloc, homme qui perfectionne, qui acheve la deſcendance; en Oriental Coll, achever, finir, parfaire.

Cumu & Como, courbe, tortu, boſſu.

Comoyani, Comoni-gui, ſe courber, baiſſer la tête.

Comoyachini, courber quelque choſe. Ces mots tiennent au primitif Cam, courbe, dont on peut voir les dérivés dans nos Orig. Lat. & Franç.

Conac, Conſeiller. Conani, conſeiller, avertir: du primitif Con, Ken, Chef, Maître, Seigneur.

Congouy, les genoux; Grec, Gonu; Latin, Genu; François, Genoux.

Cunan, à cette heure; Conan-guata, cette année; Conanm Ita, cette fois; de l'Oriental גון Gon, révolution, d'où les Agonales.

Copa, balayeure, tient au primitif qui a formé le Latin Scopæ, en Languedocien Eſcoube, balay, balayeures.

Cori, or, avec nombre de dérivés. Il s'eſt donc formé de l'Oriental Hor, or. Ici l'aſpiration s'eſt changée en C, comme cela eſt arrivé ſans ceſſe en Orient & dans toute l'Europe: nos Origines en fourmillent d'exemples. Nous en trouverons d'autres en Péruvien même.

Coto-Cotco, Cotontin, à tas, par monceaux. C'eſt donc le primitif Cot, amas, que nous avons déjà cité dans l'article des Virginiens, &c.

Cozni, fumée; Coznuni, fumer. Cozni-Plluſſina, tuyau de cheminée; c'eſt l'Oriental pur עשׁן, Goshn, ċHoshn, fumer, faire de la fumée.

Corini, recueillir; Coriſca, choſe raſſemblée: c'eſt le primitif Cor, Car, aſſembler, mot Hébreu, Grec, &c.

Coriquenque, oiſeau de proie, qui tournoie.

Cormani, rouler; Cormaycachac, aller en roulant.

Curur, peloton; Cururani, faire un peloton: du primitif Gyr, Gor, rouler; cercle.

Coyllu, brillant, étincellant: Coyllur & Cuyllor, étoile. Ces mots tiennent à Cuilla, Lune, que nous verrons tout-à-l'heure.

Cuçuni, rôtir à la braiſe: Cuçaſca, rôti: c'eſt le primitif Coq, Houq, cuire, rôtir.

Diſſ. Tom. I.   Xxx

Cuchi, cochon ; ce font les mêmes mots.

Cuchi-Vita, Sain-doux.

Cuchin-Huacan, grogner.

Cuchi, diligent, empreffé, actif. Cuchicuni, être diligent. Nous avons vu p. 514, au mot Kizous, la famille à laquelle ces mots répondent.

Cullu, tronc : c'eft le primitif Col, tige, que nous avons cité il y a un moment.

Curaca, Seigneur, aîné ; de l'Oriental חור Khur, Prince.

Chillchini, danfer avec des fonnettes ; du primit. Quel, Squill, fonnette.

Churani, former, faire.

Churai, Dieu, le Conftructeur de l'Univers : ces mots viennent du primitif Ker, faire ; on peut le voir dans nos Origines Latines & Françoifes.

Churi, fils ; Churi-Chacuni, adopter un fils : en Grec Koros, fils : mot Oriental auffi. Il tient certainement à la famille précédente.

G.

Guayna & Huayna, jeune ; c'eft le Celte Yuen, d'où le Latin Juvenis.

Guayra, air ; ici le G ajoûté comme dans Huayna : c'eft donc le primitif Hair, Aer, l'air : ce mot eft ainfi employé fur tout le Globe.

Guayroni, jouer au jeu de la Fortune : ce mot a bien l'air d'être une altération du nom des Taro.

Guara, culotte : c'eft donc un dérivé du primitif עך Gor, Guar, nudité.

H.

Nous avons déjà vu que H fe change en G & en C chez les Péruviens, ainfi que chez tous les Peuples du Monde.

Ac, Hac, pointu, eft un primitif qui fe retrouve chez ce Peuple.

Hachuna, croc, crochet, hameçon.

Açua, acide, d'où Mama-Açua, vinaigre ; mot-à-mot, mere-acide.

Hapini, faifir, empoigner. Hapifca, ce qu'on a cueilli ; Hapicuni, faifir ; Haptay, poignée, &c. C'eft le primitif Haper.

Hanan, Supérieur : du primitif An, On, élevé.

Hanan-Pacha, le Ciel : mot-à-mot, le Monde fupérieur.

Haruini, rôtir ; tient au primitif Ar, chaleur, rôtir.

Hatun, le même qu'A-Tun, grand ; fa famille eft confidérable.

Ha-Tunyani, croître.

Ha Tun Pocoy, le mois de Février : c'étoit le dernier de l'année ; elle avoit fait fon cru, & c'étoit le mois des Ancêtres.

Hayllini, chanter, chanter victoire ; 2°. triompher ; c'eft l'Oriental הלל,

SUR LES LANGUES D'AMERIQUE.

chanter, danfer, jouer de la flûte : H*ayllifca-Runa*, captif, prifonnier de guerre : *mot-à mot*, homme acquis par la victoire, homme dont on a triomphé.

H*om*a, tête : 2°. fommet de montagne.

Hu*a*-Hu*a*, fils : ce mot tient au Grec *Uios*, fils, & au primitif Hou, Voa, fruit.

  Cette famille eft très-étendue en Péruvien.

Hu*a-Hua* Coto, femme féconde, où revient le primitif Cot.

Hu*achani*, accoucher, mettre au monde : 2°. produire.

Hu*achachic*, Sage-Femme.

Hu*achay*, accouchement.

Hu*a-Choc*, adultere, avec une grande famille.

Hu*achi*, flèche, javelot, zagaie : 2°. rayon du Soleil.

Hu*achifca*, archer, tireur d'arc.

Hu*achi-Chacuni*, tirer des flèches.

Ces mots tiennent à la famille Ac, pointe, dard.

Hu*aci*, maifon ; fa famille eft très-nombreufe en Péruvien : c'eft un mot primitif : d'où le Grec Oικos, maifon : d'où le Vicus des Latins.

Mais on fe laffe peut-être de tant de rapports, comme je me laffe moi-même de les tranfcrire.

Cependant en voici encore quelques-uns, & je finis cet Article.

I, L, M, &c.

Y*scay*, deux, nous rappelle le N-Is des Peuples de l'Amérique Septentrionale & du Thibet : pour douze, ils ont ajoûté *Pachac*, qui fignifie grand, quantité, la dixaine ; Y*scai-Pachac*, douze.

Y*ura*, blanc, ou Ioura ; c'eft le primitif חור, Hur, blanc.

Lliqu*ini*, déchirer, lacérer ; c'eft un dérivé de la même famille que ce dernier.

Llocll*ay*, déluge : ce mot tient au Celte Loc, eau, qu'on peut voir dans le Difcours Préliminaire de nos Origines Latines, en Irl. Loug.

M*acho*, grand, vieux, âgé.   } Du primitif M*ag*, grand.
 M*ac*-M*a*, grande tine.   }

M*ayo*, fleuve : primitif M*ai*, M*i*, eaux.

M*a-Ma*, Mere : 2°. Belle-Mere : 3°. Tante. Peut-on méconnoître ici le primitif commun à tous les Peuples ?

M*icuy*, manger, dîner : c'eft du primitif M*ac*, mâcher. On trouve ce mot affocié avec le primitif M*anta*, ou M*ath*, mort.

Micui-*Manta*, mourir de faim : à moins qu'on ne dérive ce *Manta* du négatif *Man*, non, qui n'a rien à manger.

Millua, toifon, laine. C'est un primitif, d'où le Grec Melon, & le Latin Vel*ius*, toifon, laine.

Oyani, entendre, écouter.

Oyac, Auditeur, qui entend. C'est le primitif Ou, oreille, Ouir, entendre.

P, Q, T.

Pacari, la matinée, le matin : c'est le mot Oriental בקר *Bakar*, le matin.

Paccha, fontaine, fource : 2°. conduite d'eaux. C'est le primitif פכה, *Pache*, couler : le Grec *Pagâ*, & puis *Pêghé*, fontaine, fource : mot qui entre dans celui d'Aréo-Page.

Les Péruviens difent auffi Pucyo, fontaine.

Pucyu, citerne.

Pucyo Pucyu, lieu rempli de fources, de fontaines.

Pay est un Article Péruvien : mais il est également Oriental, & fur-tout Egyptien.

Quilla, lune : 2°. mois : 3°. argent.

Quilla-Pura, pleine lune : *Quillantin*, à chaque mois.

A-quilla, plat d'argent.

Ces mots tiennent aux précédens, Coylla, blanc, & viennent tous du primitif Hel, Oel, fplendeur.

Quillinca, charbon, est l'Oriental גהל *Goel*, charbon.

De Ti, primit. maifon, font venus,

Tyana, demeure : 2°. affiette : 3°. fiége, chaife.

| Tiac, habitant. | Tya-Pococ, étranger. |
| Tiani, demeure. | Tia-Ponacoo, nouvelle Mariée. |

Ticno, borne, limite : du primitif Tae, תאה, figne, borne, limite : d'où l'Occidental Tag.

Tome, couteau, rafoir, tient à la famille A-Tome, Tome, En-*Tamer*, &c.

U.

Uichay, efcalader : monter fur une montagne : c'est le primitif Uch, *Uich*.

Vicque, pleurs ; Vicqueyani, verfer des larmes.

Vicqui, gomme, elle diftille des arbres. C'est l'Oriental בכה *Uakhe*, pleurer.

SUR LES LANGUES D'AMÉRIQUE.

Vicro, manchot, estropié; c'est l'Oriental ברקע, Vakho, estropier, blesser, déchirer.

Vira, graisse; Virayani, engraisser: Virpacapa, qui a de grosses lèvres; c'est l'Oriental ברי Biria, gras, graisse.

Upiani, boire; Upiac-Capa, buveur, & toute sa famille; c'est le primitif Pi, boire, en Grec Pino, en Latin Bi-Bi, j'ai bu.

Uriani, travailler: Uriac, travailleur.

Uro-Paccha; araignée, mot-à-mot, grande travailleuse.

C'est donc un dérivé du primitif Or, Wor, travail, d'où notre mot Forge & toute sa Famille qu'on peut voir dans nos Origines Françoises. Aranea, araignée, en Oriental Argan, tient à la même Famille, d'où le Grec Ergon, ouvrage.

En voilà plus qu'il ne faut pour montrer les rapports nombreux & sensibles qui regnent entre le Péruvien ou la Langue générale du Pérou appellée Quichua, & toutes celles de l'ancien Monde: en particulier avec l'Hébreu & par conséquent avec la Langue des Phéniciens qui étoit la même.

Ces résultats mettront les Savans beaucoup mieux en état de juger de la Langue Péruvienne en elle-même & de l'origine de ce Peuple, & sur-tout d'où put venir ce Législateur habile qui fonda sur de très-belles connoissances le vaste Empire du Pérou.

TERMINAISONS PÉRUVIENNES.

On voit en particulier par les exemples que nous avons rapportés, que ce Peuple employoit un certain nombre de terminaisons, entre lesquelles on en reconnoît une qui leur est commune avec la plupart des Langues d'Europe: c'est celle d'An pour désigner l'Infinitif. Ce rapport est très-remarquable.

Si M. Godin qui a demeuré un si grand nombre d'années dans le Pérou, & qui en sait si bien la Langue, ainsi que son épouse, connue sur-tout par son Voyage infortuné & attendrissant à travers toute l'Amérique Méridionale, si M. Godin, dis-je, avoit exécuté son projet de donner un Dictionnaire complet & raisonné de cette Langue, nous aurions été en état de rassembler des rapports plus nombreux.

Il faut espérer qu'il viendra un tems où l'on sera plus heureux & où les Savans de toutes les Nations sentant vivement l'utilité d'un pareil travail, s'empresseront à publier des Vocabulaires bien faits de toutes les Langues qui en sont privées.

ESSAI

DES QUIPOS.

Les Quipos, ce mot si célèbre & par lequel les Péruviens désignent les nœuds qui semblables aux grains des chapelets, leur servoient d'écriture, est un de ces mots que nous n'osons analyser par le défaut d'élémens. Il est certainement composé de Qui & de Pos : mais que signifient ces deux mots séparés ?

Il est très-remarquable qu'une pareille écriture s'appelle dans la Chine Coué. Mais ce mot signifie en Oriental *Elément*.

Po en Oriental signifie la bouche, & par-là même 2°. la parole.

Qui-Pos devroit donc signifier élémens du discours, caractères qui peignent la parole ? mais nous n'osons affirmer.

Vues de Don Antoine de ULLOA sur la Langue du PÉROU.

Le Savant Don Antoine de Ulloa fit imprimer à Madrid en 1773 un Ouvrage aussi intéressant que rare, puisqu'il n'en existe, à ce qu'on dit, que quelques exemplaires en Europe, où il expose avec une grande sagacité l'Histoire Naturelle de l'Amérique Méridionale, ainsi que les mœurs & les antiquités du Pérou, de même que ses réflexions sur l'origine des Péruviens & sur celle de leur Langue.

D'après les grands rapports qu'on trouve, selon lui, entre le Péruvien & l'Hébreu, & d'après quelques rapports de mœurs, il ne doute pas que le Pérou n'ait eu pour ses premiers Habitans quelque peuplade Orientale voisine des Hébreux : il avoit sans doute en vue les Phéniciens, mais il n'aura osé franchir le mot.

L'espace immense qui est entre les Canaries & l'Amérique Orientale, ou entre l'Asie & l'Amérique Occidentale, ne l'étonne point : les Péruviens nagent comme des poissons. En 1738 ou en 1739, quelques Indiens qu'on occupoit à la pêche aux Isles de Juan Fernandez, ennuyés de ce genre de vie, abandonnerent ces Isles furtivement, & avec un simple canot, sans provisions & sans agrêts, ils s'en furent à travers une vaste étendue de Mer à Valparaiso, où la Flotille qui les croyoit ensevelis dans les flots, fut fort surprise de les retrouver. Ce voyage, selon Don Ulloa, est plus étonnant que celui des Canaries aux Isles Américaines.

Les hardis Navigateurs qui vinrent dans le Pérou n'eurent besoin ni de

SUR LES LANGUES D'AMÉRIQUE.

cartes ni de bouſſole ; les vents & les courants ſuffiſoient pour les faire avancer : & cependant Don d'Ulloa eſt un bon Juge en ces matieres : il a fait ſes preuves en fait de navigation & il a long-tems habité le Pérou. Nous devons la connoiſſance de cet Ouvrage qui mériteroit d'être traduit en notre Langue, à M. Le Fevre de Villebrune, connu lui-même avantageuſement dans la République des Lettres.

N'omettons pas, d'après les remarques du Savant Eſpagnol, que la Langue Quichua ſe parle dans toute l'étendue du Pérou ; mais que dans le haut Pérou, la prononciation diffère de celle du bas & qu'elle y eſt plus gutturale. Cette obſervation s'accorde parfaitement avec les Principes du Monde Primitif, & démontre que les goſiers Américains ſubiſſent les mêmes loix que ceux de l'ancien Monde.

Ce Savant ajoute que cette Langue eſt conciſe & agréable.

XI.

LANGUE DU CHILI.

Nous n'avons du Chili, Pays plus enfoncé dans les terres, que quelques mots recueillis par Reland dans ſa Diſſertation ſur les Langues de l'Amérique. Cependant nous en avons trouvé un grand nombre de communs aux autres Langues : ce qui nous perſuade que ſi nous avions eu un Vocabulaire complet, nous aurions pu beaucoup mieux prononcer ſur l'origine de cette Langue & du Peuple qui la parle.

Bid*a*, palais de la bouche : en Oriental *Beth*, palais.

But*a*, grand : n'eſt-ce pas le Bot, Pot de tous les Peuples ?

Bemgn*e*, bâtir : en primitif & Oriental Ben ; ici, il ſe mouille en *gn*.

Char*a*willa, caleçons. Ce mot très-remarquable tient au Perſan.

Cur*a*ca, Seigneur, eſt le mot Péruvien.

Cur*a*m, œuf, tient au primitif חור, *Cur*, blanc.

Cur*i*, ortie, tient au primitif Hur, cuire, brûler.

Cu*chi*, cochon, eſt primitif & Américain.

    Lemo-Cuchi, ſanglier.

Gue*t*al, feu, tient au primitif Et, Wed, feu.

Ien, manger, eſt le primitif naſalé E, Ie, manger.

L.

LAME, Phocas, même Famille que LAMentin, vient de l'Américain LEM, LAM, main, formé du primitif AM, réunion.

LEVO, fleuve; tient à EV, eau.

LIQUanque, lumiere : c'est un dérivé de *Lix*, *Lux*.

LYE, blanc, tient au même mot LUX.

LY-CURam, blanc de l'œuf, est donc un composé Chilien de *Curam*, œuf, & de *Ly*, lumiere, blancheur.

M & suivantes.

MACane, massue ferrée : du primitif MAC, assommer, meurtrier.

MA-MA, mere; mot de toute Langue.

MAPPa, terrain, sol : n'est-ce pas notre mot *Mappe*, étendue, champ ?

MEDDa, bouillie ; l'Oriental *Med*, manger : formé de ET.

PICHi, petit, mot primitif.

De la racine primitive TAL, élevé, ils ont fait;

TOL, front : la portion la plus élevée de l'homme.

UTALenen, élever, dresser, se lever.

UMatum, dormir : en Taïtien, EMoe.

WEDDO, nombril : en Taïtien, PITO.

WEI, celui-ci; c'est le primitif *Hou*, *Hou-e*.

ZEVO, sein : en Javan, Sou-Sou : en Taïtien, Eou &c. c'est le ZE, SHE, primitif, en Oriental *sein*.

XII.

LANGUES SUDÉENNES ou des ISLES répandues dans la MER du SUD.

Jusques dans ces derniers tems, les Isles de la vaste Mer du Sud étoient inconnues à l'Europe. En vain avoient-elles été découvertes il y a environ deux siècles par le célèbre LE MAIRE, après qu'il eût trouvé le passage du Sud de l'Amérique qui porte son nom : en vain avoit-il tracé la route de son voyage & donné des noms à ces Isles; personne depuis lui n'avoit été assez heureux pour les retrouver : il sembloit qu'elles eussent disparu du milieu des Mers. Leur découverte étoit donc restée sans utilité : on ne pouvoit même tirer aucun parti pour les Langues, de quelques mots que ce célèbre Navigateur avoit rapportés de ce voyage.

Mais

SUR LES LANGUES D'AMÉRIQUE.

Mais depuis que nous nous sommes livrés aux recherches immenses du Monde Primitif, la découverte de ces Isles a été faite de nouveau, à trois mois de distance, par d'illustres Navigateurs de deux Nations rivales : MM. BANKS, SOLANDER & Capitaine COOK pour les Anglois : M. de BOUGAINVILLE pour la France. Les uns & les autres, entr'autres richesses, en ont rapporté de nombreux Vocabulaires plus précieux pour nous que l'or, & qui viennent arrondir & perfectionner nos recherches sur le rapport des Langues, confirmer surtout nos grands Principes que tout est un.

M. BANKS nous mit lui-même à cet égard à une épreuve unique jusques alors, & qui a fait trop de bruit pour que nous n'en fassions pas mention ici, d'autant plus que la renommée qui l'a répandue en divers lieux, l'a souvent défigurée comme c'est l'ordinaire en pareil cas.

A peine cet illustre Anglois étoit-il de retour à Londres avec les richesses nombreuses & variées qu'il avoit apportées de ces Isles, qu'il entendit parler de nos recherches sur les Langues : la renommée mensongere y avoit ajouté un tel merveilleux, que ne pouvant y croire, il se décida à nous envoyer une soixantaine de mots Taïtiens, numérotés & sans explication, afin que nous en devinassions la valeur si nous pouvions : notre excellent ami M. HUTTON dont il se servit pour nous les faire parvenir, nous dit que si nous pouvions les déchiffrer, nous serions pour lui *Magnus Apollo*, le devin par excellence.

En témoignant aux célèbres Auteurs de ce défi, notre vive reconnoissance de leur attention, nous répondîmes que nous ne nous étions jamais donnés pour devineurs de Langues, mais pour une personne qui se contentoit de les rapprocher : que dans leur comparaison, nous étions toujours dirigés par deux principes, par le son du mot & par sa valeur : qu'ici nous n'avions qu'un de ces deux objets à comparer ; & qu'ainsi le défi ne nous regardoit point : que cependant pour ne pas laisser sans réponse l'espece d'énigme qu'ils nous proposoient & pour leur donner une idée de notre maniere d'opérer & de son utilité, nous avions essayé de comparer tels & tels de ces mots inconnus avec tels ou tels mots Orientaux & primitifs entre lesquels nous appercevions de très-grands rapports : ensorte que si ces mots inconnus que nous citions, avoient un rapport effectif de sens avec les mots que nous leur assimilions, ils devoient offrir en Taïtien telles & telles idées générales ; sans que néanmoins nous pussions déterminer leur objet particulier : & pour faire mieux saisir cette idée, nous ajoutions, qu'une personne, par exemple, qui ne sauroit pas l'Anglois & qui voudroit l'analyser d'après nos Principes, pourroit sans se tromper rapporter à une même Famille & à l'idée générale de *pointe* & de *piquant*, une trentaine de mots Anglois que nous citions en *pek*, *speck*, &c. quoiqu'elle ne pût déterminer la valeur propre de chacun. Cet essai parut plaire, & on nous écrivit que nous avions passé ce qu'on attendoit de nous.

L'analyse des Langues parlées dans les Mers du Sud & dont Mr de Bougainville, Mrs Banks, Solander, Cook & le Maire, ont publié divers Vocabulaires, cette analyse, dis-je, prouve que ces Langues tiennent étroitement à la Langue Malaye, la plus méridionale de l'Asie & parlée dans les Isles du Midi de l'Asie & de l'Afrique ou dans toute la Mer des Indes : ensorte que le Midi entier de notre globe paroît uni par une Langue commune aux peuplades qu'on y a rencontrées.

Mais comme la Langue Malaye elle-même a les plus grands rapports avec les autres Langues de l'Asie, sur-tout avec la Langue Arabe qui en a elle-même de très-grands avec la Celtique, on ne sera pas étonné de voir que les Langues de la Mer du Sud, ou Sudéennes, ont de si grands rapports avec toutes nos anciennes Langues.

I.

Isles d'Otahitée ou de Taïti.

Les Habitans des Isles de Taïti, en Anglois Otahitée, qu'on prononce Otaïti, sont riches en voyelles & en diphtongues : ils le sont moins en consonnes. Leurs voyelles sont A, E long, E bref, I, O long, O bref, U prononcé Ou ; ce qui donne sept voyelles.

Ils ont pour diphtongues Aɪ, aou, ei & eou.

Leurs consonnes sont L, M, N, P, R, T, V, au nombre de sept aussi, ou deux linguales, L, R : deux labiales, M, P, même V : une nasale N, & une dentale T. Ils font donc usage de quatre touches de l'instrument vocal ; & même de ces quatre, ils n'en tirent en quelque façon que l'intonation forte.

On voit par-là que leur Langue n'est pas assez riche pour qu'ils ayent eu besoin de faire usage d'un plus grand nombre d'intonations naturelles. Aussi, lorsqu'ils ont eu occasion de prononcer eux-mêmes des mots Européens composés d'intonations nouvelles pour eux, ils ont été obligés d'y substituer des intonations analogues : ainsi ils changent B en P : G & C en T, à la Picarde, à la Grecque, &c. & deux L en R. Il n'est donc pas étonnant que le Taïtien Atourou, celui que M. de Bougainville avoit amené à Paris, changeât le nom de ce Capitaine de Vaisseau en celui de Pouta-Veri : on y reconnoît toutes les intonations correspondantes assorties à un instrument moins étendu, moins parfait: & d'une maniere exactement conforme aux loix générales posées dans le Monde Primitif.

Nous croyons même pouvoir assurer, d'après la comparaison des Vocabulaires modernes avec celui de LE MAIRE, que les Isles de Taïti sont les mêmes que celles que ce Voyageur désigna sous le nom d'Isles de SALOMON : elles sont sous les mêmes Méridiens, & la Langue est la même ; mais celles de Salomon étoient marquées trop au Nord. Il ne seroit pas étonnant qu'il se fût glissé une erreur relativement à leur latitude, dans l'impression du Journal de Le Maire. Sinon il faut supposer qu'au Nord des Isles de Taïti étoient alors d'autres Isles où on parloit la même Langue, & que d'affreux tremblemens de terre ont anéanties. Une erreur de chiffre est bien plus aisée à admettre qu'une catastrophe aussi terrible.

On peut donc dire que l'Archipel des Isles de Taïti est au centre d'une chaîne ou d'un cercle qui se confondant avec le Tropique méridional, embrasse toutes les Isles de l'Ancien & du Nouveau Monde placées sous ce parallèle, qui renferme d'un côté les Isles Molucques, celles de la Sonde, & s'étend jusqu'à l'Isle même de Madagascar; & qui de l'autre côté embrasse la nouvelle Zélande, puisque le Taïtien TOBIA s'y faisoit fort bien entendre, la nouvelle Guinée, l'Isle des Princes, l'Isle Amsterdam, &c. & celles que le Maire appelloit Isles de Cocos, de Moyse & de Moo.

Afin qu'on en soit mieux assuré, nous allons entrer dans quelque détail sur les Rapports des Langues qu'on parle dans ces diverses Isles, & en particulier sur la conformité de leurs Noms de NOMBRES.

NOMS DES CINQ PREMIERS NOMBRES;
EN XIV LANGUES DE LA MER DU SUD.

	UN.	DEUX.	TROIS.	QUATRE.	CINQ.
Taïtien Franç.	Ataï.	Aroua.	Atorou.	Aheha.	Erima.
Taïtien Angl.	Atahay.	Eroua.	Torou.	Ahaa.	Erima.
Le Maire,	Taki.	Loua.	Tolou.	Fa.	Lima.
Isle de Pâques,	Kattahaï.	Roua.	Torou.	Haa, Faa.	Rima.
...des Marquises,	Attahaï.	Aoua.	Atorou.	Afaa.	Aïma.
...d'Amsterdam,	Tahaï.	Eoua.	Torou.	A-faa.	Nima.
...du Prince,	*Hegie.*	Dua.	Tollu.	O-pat.	Limah.
Nouv. Guinée,	Tika.	Roa.	Tola.	Fatta.	Lima.
Javan,	......	Lo-Rou.	Tullu.	Pappat.	Limo.
Malais,	S-atou.	Dua.	*Tiga.*	Ampat.	Lima.
Isle de Madagas.	......	Rua.	Tellou.	Effats.	Limi.
...de Malicolo,	Tsikaï.	E-Ry.	*Erei..*	Ebats.	Erim.
...de Tanna,	*Ridi.*	Ka-Rou.	*Ka-HAR.*	Kai-phar.	Kri-rum.
Nouv. Calédo.	*Wagi aing.*	Wa-Rou.	Watin.	Wam-baïk.	Wan-nim.
Nouv. Zélande,	Tahaï.	Rua.	Torou.	Ha.	Rama.

Nome des cinq derniers Nombres.

	VI.	VII.	VIII.	IX.	X.
Taïtien Franç.	Aouno.	Ahitou.	Awarou.	Ahiwa.	Aourou.
Taïtien Angl.	Aono.	Ahitou.	Awarou.	Aïva.	Ahourou.
Le Maire,	Houw.	Fitou.	Walou.	Ywou.	Ongefoula.
Isle de Pâques,	Honou.	Hidou.	Varou.	Hiva.	Attahorou.
...des Marquises,	Aono.	Awhitou.	Awaou.	Aiva.	Wann-ahou.
...du Prince,	G-unnap.	Tudiu.	Delapan.	Salapan.	Sapoulou.
Nouv. Guinée,	Wamma.	Fita.	Wala.	Siwa.	Sanga-foula.
Javan,	Nunnam.	Petu.	Wolo.	*Songo.*	Sapoulou.
Malais,	Annam.	Tudju.	Delapan.	Sambilan.	Sapoulou.
Madagascar,	Ene, Enny.	Titou.	Wallon.	Sivi.	Poulo.
Malicolo,	'sokaï.	Gouy.	Hourey.	Goodbats.	Sone-arn.
Tanna,	Ma-ridi.	Ma-Karou.	Ma-kahar.	Ma-kaiphar.	Ma-krirum.
Nouv. Calédonie.	Wannim-gick.	Wannim-noo.	Wannim-gain.	Wannim-baïk.	Wannim-naiuk.
Nouv. Zélande,	Ono.	Etu.	Warou.	Wa.	Angahourou

SUR LES LANGUES D'AMÉRIQUE.

Tel eſt le Tableau des Nombres en uſage dans les Iſles de Taïti, de Pâques, des Marquiſes, d'Amſterdam, de Malicolo, de Tanna, de la Nouvelle Calédonie & de la Nouvelle Zélande, toutes dans la Mer du Sud en Amérique: dans la nouvelle Guinée entre la mer du Sud & la mer des Indes: chez les Malais, dans l'Iſle de Java & dans celle du Prince & de Madagaſcar, ces quatre derniers Peuples dans la mer des Indes.

Leur rapport frappant prouve de la maniere la plus ſenſible que tous les Peuples épars dans ces vaſtes mers tiennent tous ces Noms de Nombres d'une même origine, & que peut-être ils ne formoient eux-mêmes dans le principe qu'une ſeule & même Nation, qui de proche en proche ſe répandit dans toutes ces Iſles, faiſant ainſi le tour du Globe.

Du Nombre Cinq.

Le Nombre Cinq eſt parfaitement le même dans les XV Iſles que contient ce Tableau. Compoſé du ſon IM, précédé de la touche linguale, il n'offre d'autre variété que celles qui réſultent de cette touche elle-même, qui fait entendre R ſi on la frappe fortement, L ſi elle eſt frappée légerement, & N ſi le ſon eſt plus ſourd: auſſi ce mot ſe prononce-t-il en Lim ; Rim & Nim.

Lim chez ſix Peuples, *Rim* chez ſix auſſi, *Nim* chez deux. Un ſeul a fait diſparoître la linguale ; c'eſt celui de l'Iſle des Marquiſes qui dit *Aïma*.

Ce mot ſignifie en même tems chez tous la MAIN. C'étoit très-bien vu, puiſque la main ſe diviſe en cinq.

Ici la linguale L n'eſt qu'un article : le mot primitif eſt HAM, HEM, qui ſignifie réunion : les Orientaux en formerent HEMS pour déſigner le même nombre. Les Grecs & les Theutons le firent précéder de l'article P, d'où PEMPe en Grec, alteré en *Fif* chez les Theutons : les Latins changerent le P. en Q à leur maniere, d'où *Quinque* : ce qui a formé notre Cinq. Ainſi chez tous les Peuples la même racine primitive HEM, réunion, a produit le nombre cinq : HEMS en Oriental, P-EM dans l'Occident, L-EM au Midi.

Nous inſiſtons ſur cet Objet, parce que ce rapport ſoutenu & conſtant ne peut être que l'effet d'un accord univerſel & non celui du haſard ou de l'arbitraire.

N'omettons pas qu'à l'Iſle de Tana, on a fait précéder *Rim* & tous les autres nombres, de la ſyllabe *Kri*, & dans la nouvelle Calédonie de la ſyllabe *Wa*, *Wan*, &c. Sans cette obſervation, on ſeroit tenté de croire que ces deux Iſles font bande à part.

Du nombre Trois.

Ce nombre est exprimé par un mot composé de la Dentale T suivie de la Linguale R chez ceux qui prononcent fortement, & L chez ceux qui prononcent légerement.

Six prononcent Tor*ou*, ou *A*tor*ou*; ce sont les mêmes qui disent Rim. Cinq disent Tol*ou*, Tol*iu*, &c. ce sont ceux qui disent Lim. La nouvelle Calédonie qui aime les sons sourds, & qui a fait *nim* de *lim*, observe ici la même chose & dit *Wa-tin* pour *Wa-til*. Le Malais en a fait *Tiga*, non moins sourd : deux ont supprimé T, Malicolo qui dit *Erei*, & Tanna qui dit *Kahar*.

On ne peut méconnoître dans ce mot le primitif Tal, trois, devenu *Talti* en Chaldéen, *Shels* en Hébreu par le changement si commun de T en S & Z : & qui changeant L en R, comme dans l'Isle de Taiti, est devenu Ter en Grec, en Latin, en François, &c.

Ainsi *Trois* est exprimé par les mêmes élémens, depuis le Nord jusqu'au Midi, dans toute l'étendue du Globe.

Quant à l'Origine de ce nom, elle est due à la valeur de la dentale T, qui marque la supériorité ; le Peuple primitif qui vit que l'harmonie n'étoit complette qu'à la tierce, qu'une Famille n'étoit complette qu'à trois, &c. exprima ce nombre par le son T, qui désigne l'excellence, la perfection, & il le fit suivre de la linguale *al* qui marque toujours l'élévation, & qui étoit par conséquent très-propre à figurer à côté du son T.

Ces idées ne sont point bisarres, elles ne sont point arbitraires : elles sont une suite nécessaire des Principes du Monde Primitif : elles n'en sont qu'un développement : elles prouvent qu'avec eux, on n'est étranger nulle part ; qu'avec eux, on voit la Nature donner une seule Langue aux hommes, ainsi qu'elle leur a donné le même gosier, la même figure, les mêmes Loix.

Malheur à celui qui, plein de sots & vains préjugés, aime mieux en être la victime & rester dans les ténèbres que de se pénétrer de principes lumineux !

Du Nombre Deux.

Nous ne pouvons résister aux rapports que fournit le Nom de ce nombre dans ces divers pays. Il est formé chez les Malais & à l'Isle du Prince, du mot Du*a*. Peut-on y méconnoître le *Duo*, le Deux des Grecs, des Orientaux, de l'Europe entiere ?

SUR LES LANGUES D'AMÉRIQUE.

Mais D se change sans cesse en L & en R, même en Europe; ainsi d'Odysse les Latins firent Ulysse: un de ces Vocabulaires dit donc ici *Loua*, tandis que dix prononcent *Rou* & *Roua*.

Nous pourrions parcourir de la même maniere tous les autres Nombres, si nous n'avions peur d'excéder nos Lecteurs.

Observons seulement que plusieurs de ces Peuples se servent de la syllabe FOUL ou POUL pour désigner le nombre DIX. Ce qui est très-bien vu, ce mot primitif signifiant multitude; n'existe-t-il pas dans nos mots FOULE, PLUS, &c?

Observons encore que chez les trois derniers Peuples on a repris les noms des cinq premiers Nombres pour désigner les cinq derniers, en les faisant précéder d'une même syllabe: ainsi l'Isle de Tanna chez qui *Ka-rou* signifie deux, en a fait *Ma-ka-rouk*, pour désigner sept, *mot-à-mot*, cinq & deux.

Les Calédoniens qui font précéder les cinq premiers Nombres de la syllabe *Wan*, se contentent de l'accompagner de la terminaison plurielle *im*, pour désigner les cinq derniers Nombres.

Wam-baïk, quatre; *Wannim-baïk*, quatre & cinq, ou neuf.

ISLE DE SAVU.

Nous retrouvons les mêmes Noms de nombres dans l'Isle de Savu, voisine de celle de Java, & dont le Capitaine Cook a publié un Vocabulaire très-court.

Une,	un.	Unna,	six.
Lhua,	deux.	Pedu,	sept.
Tullu,	trois.	Arru,	huit.
Atpah,	quatre.	Saou,	neuf.
Lumme,	cinq.	Singourou,	dix.

NOMS DES PARTIES DU CORPS, à TAÏTI.

EUPO, tête: c'est le primitif HUP, élévation, hupe.

MATA, les yeux. MATari, œil du taureau ou les Pleyades. Ce mot est Malayen: chez eux, *Matta*, œil: de même dans l'Isle des Cocos. Moyse le prolonge, & en fait *Matt-Anga*. En Javanois MOTO: à l'Isle de Savu, *Matta*. Dans la même Isle & aux Cocos *Matta-Mai* signifie que je voye. On ne peut méconnoître ici *me, moi, je*: avec la négation *Po*, les Taïtiens en font *Mata-Po*, borgne, louche.

ARRero, la Langue: ce mot est formé par la Linguale même: ce qui est conforme aux Principes du Monde Primitif; il vient de la radicale AR, d'où les mots *Bar*, *Dvar*, *Par*, &c. qui sont tous noms de la parole dans notre ancien Monde.

TAR*ia*, les oreilles. Tous les autres Peuples voisins changent ici R en L. De-là TA*Linga* en Malais & aux Cocos: TA*Lingan* dans la nouvelle Guinée; qui tous signifient oreilles.

LA*Molou*, les lèvres: aux Cocos LA*Motou*: ici M est une labiale de la même nature que B. Ce mot tient donc à *Lab*, lèvre, dont les Latins firent LA*Bium*.

OU*Rou*, les cheveux: ce mot tient donc à HOR, HURE, dont vient notre mot *haire*, en parlant d'une peau avec son poil.

RIM*a*, le bras: E-RIM*a*, la main: APOU-RIM*a*, la paume de la main. Ces mots tiennent à *Rom*, *Rim*, élévation, force: la force est dans le bras: le *bras*, dans l'ancien Monde, fut toujours le symbole de la puissance.

A-HOU*Tou*, le cœur: en Egyptien H*it*, le cœur: en Grec H*etor*.

Eou, les mamelles. Tous les autres ont changé l'aspiration en sifflante.

CHOU, aux Cocos: SOUS, en Malayen: ZEUO, au Chili.

ZOU-SOU en Javanois: SOU-SOU dans la nouvelle Guinée, &c. chez tous, mamelle, sein, poitrine. C'est l'Oriental שׁו *Sv*, qui a la même signification.

TIN*aï*, le ventre, tient à notre radical TEN, qui contient; & d'où l'Oriental *be*-TEN, ventre; d'où notre mot *be-daine*: à l'Isle du Prince, *Bétung*; à Java, *Wuttong*.

OB*ou*, les intestins: dans l'Orient, OB le ventre, les entrailles.

A.

AIBOU, venez: de l'Or. *ba*, *bo*, venir.

AOU-AOU, fi; c'est l'Onomatopée *aou*, *oué* des Anciens; les Taïtiens en ont formé divers dérivés: *evui*, roter; *eouao*, dérober, &c.

Du prim. OR, lumiere, feu, chaleur, rouge, &c. vinrent,

A-OUIR*a*, éclair: EOUR*amai*, lumiere.

OUR*a*, rouge: OUER*a* & IVER*a*, rouge.

EAI, feu: à la nouvelle Guinée, E*ef ou If*: c'est l'Orient. *aish*, feu.

AIN*ou*, boire, tient à l'Or. יין EIN, vin.

EEUU, ou IU*u*, le matin: c'est l'Or. *Eó*, l'aurore.

EIT*e*, ou IT*i*, connoître; mais c'est le primitif ID, main, connoissance,

comme

SUR LES LANGUES D'AMÉRIQUE.

comme nous avons vu au sujet de l'IDÉE dans la Grammaire universelle & comparative.

E*a*-Toua, Supérieur; Dieu; Génie.

 Chez les Cocos,   La-Tou, un Chef.
 Chez le Maire,   La-Tou, un Prince.
 Nouv. Guinée,   La-Teuw, un Roi.
 Malayen,   Ra-Tou, un Chef.

C'est le *Tho* des Orientaux ; le *Theos* des Grecs : de-là sans doute, Me-Toua, parent.

Eure, le fer; Aouri, les métaux : du primitif Ar, fer.

Evai, l'eau : Evais, humide : dans l'Isle des Cocos, *Waii*. C'est un mot de toute Langue : d'où l'Eve, mot usité sur l'Océan pour désigner le flux.

Evaine, femme : c'est l'Or. Beine, femme : en Celte, Ban.

Evero, lance : c'est le prim. Ber ; d'où le *Veru* des Latins, & le *Sper* du Nord, lance.

Evuvo, flûte : c'est le Avuv ou *Abub* Oriental, flûte : d'où le Latin nasalé Ambubaiæ, joueuses de flûte.

Hwetou, étoile ; du prim. Esh, Et, feu, lumiere.

Huero, fruit : du prim. Hua, fruit.

Huru-Huru, poil, haire : il tient au mot Ourou, cheveux, que nous venons de voir.

M.

Maï, de plus.
Mala, plus.
Malou, grand.
 } Ces mots appartiennent à une Famille immense de mots Orientaux, Celtes, Grecs, Latins, &c.

Malama, Lune, flambeau de la nuit : en Malais, *Malam*, nuit : en Javanois, soir.

Ma-Doa, Mere. Ce mot est formé du prim. Ma, grand : 2°. Mere.

 De la même Famille Ma, viennent :

Mam-Ma, bouillie.	Mae, gras.
Maa, manger : 2°. aliment.	E-Mao, requin.
Maeo, démanger.	

Ma-Gili, froid, doit venir de *Ma*, grand, & du prim. Gel, qui en toutes Langues signifie gelée, froidure.

Manoa, bon jour, a le plus grand rapport au prim. Man, bon ; d'où le

Diss. Tom. I.   Z z z

Latin MANe, le matin; le moment où on dit, qu'il foit bon pour vous ce our-ci.

MANou, maint, en nombre. C'eſt le prim. Man, nombreux.

MARa-MARa-ma, jour; grande lumiere: du prim. MAR, jour, lumiere.

MAT, vent: c'eſt le VAT des Orientaux, des Perſans, &c. qui ſe naſalant eſt devenu Vent. Les Caraïbes en ont fait BE-BEITe. De-là Mataï-Malac, vent d'Orient. Mataï-Aouerai, vent d'Occident. Ce dernier mot AOUERai, eſt une altération du Malais BARet, ou OuARet, Occident.

MALac vient également du Malais, MAL, MOUL, origine. L'Orient eſt en effet l'origine du jour.

Tous ces mots font donc venus de l'Orient ou de l'Aſie.

MATe, tuer: en Malayen Matte: en Javanois Patte. C'eſt un mot Or. d'où Echec-Mat pour Shah-Mat, le Roi eſt mort. En Héb. Mat, mourir. De-là ſans doute,

MATTera, baguette à pêcher. MATao, hameçon: chez le MAIRE, Matau; en Malais, Mata.

MA-TEINa, diſtrict; mot qui appartient au prim. TAN, diſtrict, pays, contrée.

MI, moi.

MoNa, eau profonde: ce mot tient à bon, von, fon, eau, ſource.

MOUA, MAOU, montagne: mot formé du prim. MA, grand.

MOReou, calme; mot Orient. Il tient au Latin MORa, retard; d'où notre mot Remore.

O.

OU-MARa, puiſſant, fort: c'eſt le prim. MAR grand, fort; un des dé-rivés de MA, grand.

OUANao, accoucher. Ou, ou u, eſt ici le même que B: ce mot tient au Javanois Biang, Sage-Femme; & à l'Or. Ban, Ben, enfant.

OUENeo, qui ne ſent pas bon: Onomatopée, comme nos mots VENé, VENaiſon.

OU-PANI, fenêtre: TOU-PANoa, ouvrir la fenêtre, la porte, &c.

PA-PANI, non-ouvrir, fermer, boucher. Du prim. PAN, qui a fait le Malayen PENT, porte.

OUPia, épaiſſeur; du prim. ob, épais, gros.

OUTI, bleſſure; de l'Or. OT: en Gr. OUTao, bleſſer; qui en ſe naſa-lant a fait le Theut. Wund, Wound, bleſſure, plaie.

Ou*rah*, piece d'étoffe dont on s'enveloppe. C'est le prim. Hour, en Héb. עוּר *Hur*, habit de peau : 2°. toute espéce d'habillement.

P.

P*arabou*, langage, parler. Ce mot tient au prim. *Par*, parole.

Pouaa & Boua, cochon, sanglier; aux Cocos, *Pouacca*; chez le Maire, *Wacka*. Ce mot a bien du rapport à *Pouacre* : ils tiennent au même prim. & à la même idée.

Poua, fleur des plantes : il tient à l'Or. Voa, plante, production, fleur.

Pou-Poui, à la voile.
E-Pouma, souffler.   } Onomatopée, comme *Bucca* des Latins.
E-Pou-*Poni*, souffler le feu.

Pou*re*, le verd : de la même Famille que Pour*eau*.

Pou*to*, blesser : E-Pou*ta*, blessure. Voyez la Famille Pot.

Po*ta*, grand, large.

Po*to*, petit ; mot de toutes Langues. C'est l'opposé de P*o*t, grand : ce qui confirme notre principe que les extrêmes ont toujours été désignés par la même racine.

R.

De la Famille Ra, Roi, Soleil, les Taïtiens ont dérivé,

E-Ra, le Soleil.	Eri*e*, Royal.
E-Rai, le Ciel.	E*roi*, rendre blanc, laver.
E-Ri, Roi.	Ere-P*u*, non blanc, sale.

Les Cocos disent Ariki, Roi.

T.

De la Famille Tan, pays, mot de tout l'ancien hémisphere; 2°. possession ; 3°. propriétaire, maître, qui tient, qui possede, vinrent :

Tane, homme, mari.

Ta*ra*-Tane, femme mariée : de Tar, qui en Taïtien signifie, uni, associé, assorti.

Cette Famille tient donc à l'Etrusque Tana, dame, le Féminin de Tan. Tane, possession, terre, est un mot également Malais.

Ma-TEINI, district, que nous avons vu plus haut, appartient ainsi à une Famille de l'ancien & du nouveau Monde.

TAMou, le Tems; c'est encore un mot de Famille ancienne; en Angl. TIME.

TARRa, rudesse, âpreté, aspérité: TERo, noir. Ces mots appartiennent au primitif TAR, rude, escarpé, noir; & au Latin A-TER, noir.

TEou-TEou, esclave, valet, est un ancien mot qui forma le Grec *Thés*, esclave, serf.

TOMaiti, enfant; dans l'Isle de Cocos *Tama*: c'est le diminutif de *Dom*, grand.

TONi, cri d'appel ou d'invitation, paroît venir du Malais *Tan*, prier, inviter.

TOPa, précipiter; de *Top*, *Deep*, bas, profond.

Ajoûtons qu'à l'Isle des Cocos

FATTou signifie Pierre; mot qui est le VATou du Madagascar; BATou en Malais.

Du Nom de TAÏTI.

Chez ces Peuples, TAÏ signifie Mer: dans la nouvelle Guinée, *Taa*: mais TI signifie pays; c'est donc pays de Mer. Les Siamois appellent également leur Contrée TAÏ, & c'est une Contrée Maritime, une Presqu'Isle.

ENOUA, signifie *Pays* chez les Taïtiens: mais EN, dans les Langues anciennes, signifie Isle.

Rapports apperçus par le Capitaine COOK.

Le Capitaine COOK, & ceux qui ont voyagé avec lui, ont remarqué eux-mêmes divers rapports entre ces Langues; leur témoignage est trop favorable à nos Principes pour que nous l'omettions: voici donc leur tableau de comparaison.

François.	Mer du Sud.	Malais.	Javanois.
Œil,	Matta.	Mata.	Moto.
Manger,	Maa.	Macan.	Mangan.
Boire,	Einu.	Menum.	Gnumbe.
Tuer,	Matte.	Matte.	Matte.
Pluie,	Euwva.	Udian.	Udan.
Bambou,	Owhe.		Awe *dans l'Isle du Prince*.
Poitrine,	Eu.	Sousou.	Sousou.

SUR LES LANGUES D'AMÉRIQUE.   549

Français.	Mer du Sud.	Malais.	Javanois.
Oiseau,	Mannu.		Mannu.
Poisson,	Eyca.	Ican.	Iwa.
Pied,	Tapaa.		Tapaan.
Ecrevisse de Mer,	Tooura.	Udang.	Urang.
Igname,	Ifwhe.	Ubi.	Urve.
Enterrer,	Etannou.	Tannam.	Tandour.
Mosquite,	Enammou.	Gnammuck.	
Se gratter,	Hearu.	Garru.	Garu.
Racines de cocos,	Taro.	Tallas.	Tallas.
Intérieur des Terres,	Uta.	Utan.	

Ils ont très-bien vu encore que les Noms de Nombre, dans l'Isle de Madagascar, ont quelque rapport à ceux en usage dans ces Isles : mais si de ce Tableau précédent, ils ont conclu que ces différens Peuples ont une origine commune, ils avouent que ce rapport avec l'Isle de Madagascar les déroute ; c'est un problême qu'ils regardent comme trop difficile à résoudre.

XIII.

Nouvelle ZÉLANDE.

La nouvelle Zélande placée entre les deux hémisphères, & composée réellement de deux Isles, l'une au Nord, l'autre au Midi, séparées par un Détroit peu large, & qui sont à 400 lieues des Isles de Taïti, offre la même Langue que celle de ces Isles. C'est ce dont conviennent tous les Voyageurs : voici quelques-uns des mots comparés par le Cap. Cook.

	Taïti.	Nouvelle Zélande.
Homme,	Taata.	Taata.
Femme,	Whahine.	Whahine.
La tête,	Eupo.	Eupo.
L'oreille,	Terrea.	Terringa.
Le front,	Erai.	Erai.
Les yeux,	Mata.	Mata.
Les joues,	Paparea.	Paparinga.
La bouche,	Outou.	Hang-Outou.
Venez ici,	Harromai.	Haromai.
Poisson,	Eyca.	Heica.

	Taïti.	Nouvelle Zélande.
Oiseau,	Mannu.	Mannu.
Dent,	Nihio.	Hen Nihew.
Non,	Oure.	K-Aoura.
Mauvais,	Eno.	K-Eno.
Arbres,	Eraou.	Eratou.
Grand-Pere,	Toubouna.	Toubouna.
Comment appellez-vous ceci, cela,	Owyterra.	Owyterra.

Le *He* & le *K* ajoutés dans ces derniers mots Zélandois, sont des articles, de l'aveu du Capitaine Cook.

Rapports entre quelques autres Idiômes.

1°.

Ils ont encore apperçu ces rapports entre l'Isle du Prince, le Malais & Java.

	Isle du Prince.	Malais.	Java.	Madagascar.
Nez,	Erung.	Edung.	Erung.	Ourou.
Ventre,	Beatung.		Wuttong.	
Clou,	Cucu.	Cucu.	Cucu.	
Main,	Langan.	Tangan.	Tangan.	Tang.

Ajoutons que le troisieme de ces mots est attribué par Le Maire aux Isles de Salomon, & qu'il l'écrivoit *Ha-Kou-Bea*.

2°.

Les Voyageurs Anglois ont également apperçu divers rapports entre les Isles de Taïti & celles de Pâques, des Marquises, d'Amsterdam, de la nouvelle Zélande, de Malicolo, de Tanna & de la nouvelle Calédonie ; & ils en ont fait un rapprochement dans le deuxieme Voyage du Capitaine Cook.

Ainsi *Manou* signifie un oiseau, à Taïti, Pâques, Amsterdam, Tanna, & nouvelle Calédonie.

Un arc est *Efanna* à Taïti; *Fanna* à Amsterdam; *Na-Fanga* à Tanna.

Evaa, un canot à Taïti & aux Marquises; *Wagga* à Pâques; *Wang* à Calédonie; *Ta Wagga* à la nouvelle Zélande.

SUR LES LANGUES D'AMÉRIQUE.

Matta, œil, presque par-tout ; *Muitang* à Malicolo.

Eooa, pluie à Taïti ; *Ooa* à Pâques, *Nam-Awar* à Tanna ; *Ooe* à Calédonie, où il signifie aussi eau.

Oui se dit presque par-tout *Ai*, *oe*, *eeo*, ou *io*.

En général les cinq premieres de ces Nations ont beaucoup mieux conservé les rapports de leurs Langues, que les trois dernieres. Cependant les Anglois observent que dans la nouvelle Calédonie, on semble parler deux Langues, dont l'une a le plus grand rapport à celle de Taïti : ainsi, par exemple, ils appellent une étoile *Pijou*, & *Iy-Fatou*, dont le dernier approche beaucoup de *Efaitou*, *Whettou*, nom des étoiles à Taïti.

Ces mêmes Observateurs nous apprennent qu'à Malicolo la prononciation est chargée de labiales très-rudes ; à Tanna de gutturales, & à la nouvelle Calédonie de nasales, quoique ces Isles soient peu éloignées les unes des autres.

OBSERVATIONS.

Il résulte donc de ces rapports qu'une seule Langue est parlée dans toutes ces Isles qui sont au Midi de notre Globe, & que cette Langue a le plus grand rapport au Malais & à celle de Madagascar.

Par conséquent que ces Peuples Méridionaux ont eu, en fait de navigation, des connoissances qu'on ne leur avoit jamais soupçonnées, & d'autant moins que ces Peuples eux-mêmes étoient absolument inconnus.

Il y a donc eu très anciennement une communication étroite entre tous ces Peuples du Midi, soit que ces Isles soient les débris d'un très-ancien Continent, soit que la hardiesse & la curiosité d'anciens Peuples les aient porté à aller de découvertes en découvertes à travers mille périls.

Mais d'où seroient venus ceux qui ont peuplé ces Isles, ou qui y ont porté la Langue ? On ne peut s'y méprendre dès que l'on considere les Langues de Madagascar. Ici nous sommes obligés d'anticiper sur notre plan : nous ne parlions que des Isles de l'Amérique, & nous voilà obligés de parler de l'Asie & de l'Afrique, ou de la Mer des Indes.

DE LA LANGUE DE MADAGASCAR.

L'Isle de Madagascar est remplie de mots Phéniciens ; nous pourrions en rapporter une longue nomenclature ; contentons-nous de quelques-uns d'autant plus intéressans qu'on les retrouve dans les Langues Theutonnes ou Germaniques, ce qui est très-remarquable.

Ainsi, ils ont la Famille TAN, pays.

TANE, terre, pays : TANE-TI, pays haut, montagne.

O*n*-TAGNÉ, la Nation qui occupe le pays, la Caste.

TAN*ou*, tenir, occuper, posséder.

Ils ont le mot WAZAA, blanc ; c'est le Theuton WEISS, blanc ; l'Oriental בוץ *Byts*, *Wyts*, blanc, d'où *Byssus*, coton & Bazin, &c.

RA, sang ; de R, couler : en y ajoûtant l'article D, le Malais en a fait *Da*-*Ra*, sang, & le Theuton A-DER.

SOL*ph*, Renard ; c'est l'Oriental עלף HOL*ph*, que le Latin adoucit en VOL*pes*, & le vieux François en GOU*pil*.

VOUA, fruit ; le HUA du Pérou ; le POA des Grecs : le TE-BOUA ou TI-VOUA, fruit en Hébreu.

HOU*rou*, brûlé ; de OUR, Oriental, feu.

O-MAL*le*, hier ; en Hébreu *Ta*-MOUL, hier : de *Mall*, devant, &c, &c.

Mais puisque cette Langue est remplie de mots Phéniciens, qu'elle en a sur-tout les noms de nombre, nul doute qu'elle ne soit l'effet des Voyages Phéniciens sur les Côtes de l'Afrique : nul doute qu'ils n'eussent des Comptoirs très-considérables dans cette Isle, & de très-grands Entrepôts pour leur commerce dans toute la Mer des Indes, & dans les deux Continens : des Navigateurs aussi distingués, aussi entendus, aussi savans, aussi habiles, n'auroient-ils pas fait ce qu'ont exécuté ces Peuplades Méridionales ; ce que les Indiens exécutoient avant que les Européens eussent été dans tous ces parages ? Tout ceci n'ajoûte-t-il pas infiniment de force à ce que nous avons déjà dit sur les Voyages des Phéniciens, non-seulement autour de l'Afrique, mais aussi dans le Continent de l'Amérique ?

Rien n'étoit plus aisé pour eux que de se transporter à Madagascar ; d'aller de-là aux Indes Orientales : mais d'ici on est allé dans toutes les Isles de la Mer du Sud : pourquoi donc n'en auroient-ils pas fait autant ?

Des Géographes modernes ont cru qu'ils n'avoient navigué que le long des Côtes Orientales de l'Afrique : ils placent Ophir à Sophala, sur cette Côte, au Nord même de Madagascar : en vérité, c'est se moquer de ses Lecteurs : c'est abuser de leur crédulité, ou vouloir se tromper cruellement soi-même. Des Marins qui franchissoient la Méditerranée entiere, qui avoient des établissemens à Cadix, à l'entrée de l'Océan, auroient-ils mis trois ans à aller à mi-chemin de la Mer Rouge à Madagascar, & à revenir sur leurs pas ? Ces
Voyageurs

SUR LES LANGUES D'AMÉRIQUE.

Voyageurs hardis, on les travestit en enfans qui savent à peine marcher. Non, ce n'est point là où est Ophir: ou ce n'est point là où on le place, que se terminoit ce long voyage.

Quoi qu'il en soit, tout dépose la communication la plus étroite entre toutes les Isles du Midi de notre Globe dans les deux Hémisphères, & tout nous ramene à cet égard aux Phéniciens.

XIV.
LANGUE DE CALIFORNIE.

Pour achever le tour de l'Amérique, n'omettons pas la Langue des CALIFORNIENS, ce Peuple qui est à l'extrémité Occidentale de l'Amérique & dont on n'a presque aucune idée.

Ce que nous en savons, nous le devons sur-tout à M. le Baron de COLEMBACH qui nous envoya dans le tems, entr'autres Notices, l'Extrait d'un Ouvrage Allemand intitulé *Relation de la Presqu'Isle Américaine de Californie*, publiée à Manheim en 1772.

L'Auteur de cette Relation, après avoir dit qu'on parle dans cette Contrée six Langues différentes, entre dans divers détails sur la Langue WAICURIENNE, la seule qu'il ait apprise: il en dit tout le mal possible: selon lui, elle est sauvage & barbare au suprême dégré; elle est absolument physique, & bornée aux sens les plus grossiers, les plus imparfaits, n'ayant pas même les mots de vie, mort, froid, chaleur, monde, pluie; étant à plus forte raison privée de ceux d'intelligence, mémoire, volonté, amour, haine, beauté, figure, jeune, vieux, vice, rond, profond, &c. &c. &c. car il en cite une légende. De mots métaphoriques, il en faut bien moins encore chercher chez eux la moindre trace: quant aux couleurs, ils n'ont que quatre mots pour les désigner toutes.

Voilà donc un Peuple bien grossier, bien inférieur à tous les Sauvages les plus stupides de ce vaste continent? Voilà.... Non, vous vous tromperiez en tirant cette conséquence: elle est tout au moins prématurée; car on trouve ensuite dans cet Ecrivain qu'ils savent fort bien dire, il est chaud, il pleut, il est vivant, &c. qu'ils savent imposer pour nom à chaque objet une épithete qui la peint parfaitement par métaphore: qu'ils appellent une porte, *bouche*: le fer, *pesant*: le vin, *eau méchante*: un Supérieur, *Porte-bâton*: l'Espagnol, le *Farouche*, le *Cruel*.

Que conclure de là? que l'Auteur de cette Relation s'est trompé du tout au tout dans les idées qu'il s'eſt formées de cette Langue : parce qu'il ne l'a pas trouvée ſemblable à celles d'Europe, il n'a pu ſe reconnoître & la Langue Waïcurienne en a été la victime.

Nos Principes deviendront ſans doute un moyen propre à analyſer les Langues avec plus de vérité & de juſteſſe ; & celles-ci deviendront ainſi à leur tour une confirmation pleine & entiere de nos Principes.

Dans cette Langue, ainſi que dans toutes celles de l'Amérique Septentrionale, les Pronoms ſe confondent dans les noms & les précédent. La labiale Me, & quelquefois Be qui la remplace, marque la premiere Perſonne au ſingulier : M-apa, mon front ; Et-apa, ton front ; T-apa, ſon front : ici T eſt l'Article commun à tant de Langues Orientales & Occidentales.

A.

Apa, front, tient au primitif Ap, Up, élevé.

Are, ſignifie *Pere* pour les hommes : c'eſt le primitif Ar, Her, maître.

Cue, ſignifie *Pere* pour les femmes, ſi j'entends bien mon Auteur : c'eſt le prim. Cuh, produire, mettre au monde.

Atemba, & D-atemba, terre ; du primitif Adam, la terre : joint à l'Art. T.

Atukiara, mal ; en Oriental עוך, *Tok*, *Coc'h*, faire mal, faillir.

Apanne, grand ; du primitif Pan, grand.

B, D, E, I.

Barrak, obéir : en Oriental *Barak*, être à genoux, ſervir.

D-ai, tu es : on retrouve donc ici le primitif E.

Ete, homme : ils diſent auſſi Ti ; le premier peut tenir à Is, homme en Oriental, prononcé Ess, Et. Le ſecond au primitif Ti, élevé.

Ie-Bitschene, qui commande : en Oriental *Bash*, *Bach*.

K, N, P.

Keritsheu, deſcendu ; il paroît tenir à l'Oriental קרק, *QaRaX*, s'incliner, ſe baiſſer.

Kuitscherraka, pardonner : on ne peut méconnoître ici le כוס *Kux* des Orientaux qui ſignifie également pardonner.

Namu, nez. C'eſt donc une onomatopée comme chez nous, où le nom du nez dérive du ſon même naſal que rend cette touche de l'inſtrument vocal.

SUR LES LANGUES D'AMÉRIQUE.

Pu**duenne**, pouvant. C'est la grande Famille Pud, Pod, puissant, de tous les Peuples.

Pe, en: 2°. par, &c. C'est le *be* des Orientaux, en, par : & le *by* des Septentrionaux.

R, S, T, U.

Riman, croire: I-Ri-Man-*Jure*, je crois: de *Ri*, regarder, & Man, *Mun*, assuré, certain.

Schan*u*, fils: ce mot tient au Theut. Son, San, fils.

Tau, ce ; *Tau-pe*, celui-ci : mots qui tiennent au primitif Te, ce ; Tau, cela, ce signe.

Te-Kerek*a-Datemba*, terre courbée, c'est-à-dire le Ciel, la voute céleste: de *Datemba*, terre, & Ker, Kerk, cercle.

T-Ip*é*, vivant ; du primitif Ip, Iv, Ev, vie : & avec la négation T-Ibi-Kin, mort.

Tschakarr, louer : c'est l'Oriental שׁכר, Schakar, évaluer, mettre un prix à une chose, la louer.

Tschuk*eta*, la droite : Tschuk*eti*, monté. Ces mots tiennent à l'Oriental שׁוק, Shuq, l'épaule : la cuisse.

Un-Tair*i*, jour : ce mot pourroit tenir à *Day*, jour, prononcé *Dair*: le R se joint sans cesse en terminaison : aussi disent-ils :

Dêi, toujours.

Ces mots sont presque tous tirés du *Pater* & du *Credo* : il est fâcheux que l'Auteur n'ait pas joint à son Ouvrage quelque Vocabulaire : on en auroit pu tirer plus de lumiere. Il n'est pas moins à désirer qu'on recueille les mots non-seulement de cette Langue, mais aussi de tous les autres idiomes qu'on parle dans cette Contrée, la moins connue de toutes. Les Russes qui font de si grandes découvertes de ce côté-là, suppléeront sans doute quelque jour à tout ce qui nous manque à cet égard.

ESSAI

OBSERVATIONS GÉNÉRALES

Sur la Population de l'Amérique Septentrionale.

Quant aux Langues de l'Amérique Septentrionale, elles portent un caractère abſolument différent de celles du Midi; elles ſe rapprochent beaucoup plus de celles du Nord de l'Europe & de l'Aſie, même du Zend. Ces Contrées ſe ſont donc peuplées par le Nord, ſoit par la Mer d'Europe, ſoit par la Mer d'Aſie. Premierement, les découvertes modernes des Ruſſes entre le Kamſatka & l'Amérique, prouvent que l'Amérique eſt très-peu éloignée de l'Aſie : & comme l'entre-deux eſt rempli d'Iſles & de Volcans, c'eſt preſqu'une vérité inconteſtable que dans l'origine ces deux Continens ou n'étoient point ſéparés, ou ne l'étoient que par des détroits preſqu'auſſi peu larges que celui qui eſt entre Conſtantinople & l'Aſie : & qu'ils ont été ſans ceſſe augmentés par d'affreux Volcans qui font tomber tout à la fois dans la Mer des lieues entieres de pays : auſſi les Côtes d'Amérique de ce côté ſont coupées à pic, & portent les preuves les plus frappantes des bouleverſemens les plus épouvantables.

D'un autre côté, le Paſſage du Nord de l'Europe au Nord de l'Amérique, a été connu dans tous les tems, à ce qu'il paroît. Les Eskimaux d'Amérique & les Groenlandois de notre Hémiſphere, ne ſont qu'un ſeul & même Peuple.

Amérique connue anciennement de pluſieurs Peuples.

On ſait que dans le XIe Siècle les Norvégiens Navigateurs & Conquérans, ces Norvégiens auparavant ſi redoutables à l'Europe, à la France en particulier, ne pouvant plus faire de courſes en Europe, ſe jetterent ſur l'Amérique Septentrionale, & qu'ils y découvrirent des Provinces qu'ils appellerent *Helle-Land, Marck Land* & *Wein-Land*, qu'on prend pour les Côtes des Eskimaux, de Terre-Neuve, du Canada, &c.

Scheidius, à la tête des Origines Germaniques, par Eccard, dit, d'après André Hesselius, que les Norvégiens & les Suédois avoient découvert l'Amérique, & y étoient deſcendus ſous les regnes d'Olaüs Trygguin & de Charles II, & qu'ils donnerent le nom de Nouvelle-Suede à la Contrée qu'on appelle aujourd'hui Penſylvanie : que Thormod Torfée, dans ſon Hiſtoire de l'ancien Wein Land, dit qu'il eſt preſque ſûr que les Iſlandois ont fait, dans des tems reculés, nombre de Voyages en Amérique. Que dans le XIe Siècle l'Evêque Saxon, Jonas, ſouffrit le Martyre dans ce pays de Wein-Land : & que dans

SUR LES LANGUES D'AMÉRIQUE.

le XIIe, MANDOC, fils d'Ouen Guilneth, & Prince de Cornouaille, conduisit des Colonies dans l'Amérique, soit dans la Virginie, soit dans le Mexique, & qu'il y construisit des forteresses.

Charles LUNDIUS, dans sa Dissertation sur Zamolxis, premier Législateur des Getes, assûre également que le Nord de l'Amérique a été connu anciennement par les Norvégiens, les Danois, les Suédois & les Bretons.

On annonça il y a peu d'années un Voyage Anglois à la Baye de Hudson, où l'on assuroit avoir rencontré dans les terres adjacentes à cette Baye, une Peuplade qui avoit le plus grand rapport à un Peuple Tartare voisin de la Sibérie, qu'on y nomme, & qui entendant très-bien ce qu'on leur disoit dans cette Langue Tartare, ont répondu exactement dans cette même Langue.

J'ai lu aussi quelque part que des PP. Jésuites se trouvant dans un Bourg peu éloigné de cette Baye, furent fort étonnés d'y rencontrer une femme qu'ils avoient vue dans la Chine, & qui leur dit y avoir été amenée à travers l'Amérique par des Tartares qui l'avoient faite prisonniere.

Les Naudowessies racontoient à M. Carver qu'ils étoient souvent en guerre avec une Nation qui habite plus à l'Ouest vers la Mer Pacifique, & qui combat à cheval. C'est donc comme les Tartares. Ils ont pour armes une pierre médiocre attachée à une corde de quatre ou cinq pieds de long, fixée à leur bras.

Une autre preuve de communication entre l'Amérique & l'Asie, c'est qu'au Nord du Kamsatka on présenta aux Capitaines Russes BERING & TSHIRIKOW le calumet ou la pipe de paix, usage que jusqu'à présent on n'avoit trouvé établi que dans l'Amérique Septentrionale (1).

Il est donc à présumer que plus on s'occuperoit de ces objets, plus on feroit des recherches à cet égard, & plus on découvriroit des traces nombreuses & frappantes d'une communication soutenue entre le Nord de l'Ancien Monde & le Nord du Nouveau.

Quant à l'Amérique Occidentale, il paroît que si M. de Guignes, dont nous avons cité le Mémoire ci-dessus, a raison, les Chinois l'ont connue long-tems avant nous & qu'ils y ont fait un grand commerce.

« Les Chinois, dit-il en se résumant (2), ont pénétré dans des Pays
» très-éloignés du côté de l'Orient: j'ai examiné leurs mesures, & elles m'ont

---

(1) Nouv. Découv. des Russes entre l'Asie & l'Amérique, Paris in-4°. 1781. p. 202.
(2) Mém. des Inscript. T. XXVIII, p. 520.

» conduit vers les Côtes de la Californie ; j'ai conclu de là qu'ils avoient » connu l'Amérique l'an 458 de J. C. Dans les Contrées voisines de l'endroit » où ils abordoient, on trouve les Nations les plus policées de l'Amérique : » j'ai pensé qu'elles étoient redevables de leur politesse au commerce qu'elles » ont avec les Chinois ».

Selon lui, plusieurs Colonies ont passé en Amérique par le Nord de l'Asie : les Peuples de la Baye d'Hudson, du Mississipi, de la Louisiane, ont pû venir de Tartarie.

Les Isles Britanniques, la Norvége, l'Islande, &c. peuvent avoir contribué à cette population.

Il ne trouve pas moins naturel, que les Chinois & les Indiens, après avoir peuplé toutes les Isles de la Mer des Indes, ayent passé de-là successivement dans toutes celles de la Mer du Sud : les Peuples les plus barbares ayant toujours été assez habiles dans l'art de la Navigation pour aller dans des Isles très-éloignées ; & par une suite nécessaire se rendre jusqu'en Amérique.

Cet amas d'Isles Européennes qui sont dans le Golphe du Mexique & que nous appellons Antilles & Isles du Vent, ont pu se peupler par l'Afrique & par l'Europe. On remarque des usages bien singuliers communs aux Caraïbes, aux Cantabres des Pyrénées & à d'autres Peuples, tel que celui pour les maris dont les femmes sont en couche, de se mettre au lit en expiation pendant six semaines.

Les anciens Historiens citent divers traits qui semblent se rapporter à l'Amérique.

DIODORE de SICILE (Liv. V.) dit que les Phéniciens ayant passé le Détroit de Gibraltar & voguant le long de l'Afrique, furent repoussés par les vents au milieu de l'Océan, & qu'après une tempête qui dura plusieurs jours, ils furent jettés dans une Isle très-considérable, très-peuplée & très-fertile. Que les Toscans voulurent y envoyer des Colonies ; mais que les Carthaginois les en empêcherent, craignant que les charmes de ce Pays ne fissent dépeupler le leur, & le regardant comme un asyle assuré en cas d'accident.

PAUSANIAS raconte un fait pareil (Desc. de l'Attique), & il y ajoute la Description des Habitans. Faisant des recherches pour savoir s'il existoit des Satyres, EUPHEMUS, Carien de nation, lui dit que voyageant fort au-delà de l'Italie, il fut poussé par une tempête des plus violentes, aux extrémités de l'Océan ; qu'ils y trouverent des Isles appellées, par les Marins, SATYRIDES, & qu'habitent des hommes Sauvages dont la chair est fort ROUGEÂTRE & qui ont de grandes queues comme celles des chevaux. On ne peut méconnoître

SUR LES LANGUES D'AMÉRIQUE.

ici, dit P. LAFITEAU, les Habitans des Isles de l'Amérique, ou les Caraïbes, hommes rouges & qui s'ornent, ainsi que les autres Nations Sauvages, de *queues postiches*, sur-tout lorsqu'ils vont en guerre, ainsi que dans l'occasion dont parle *Euphème* & où ils attaquerent ces Etrangers, qui, ajoute-t'il, ne purent se dégager qu'en leur abandonnant une femme de l'équipage.

Aussi le célèbre Jean LE CLERC avec qui nous nous accordons si rarement, étoit persuadé (1) que les Phéniciens ou des Peuples de l'Europe avoient peuplé l'Amérique, & c'est par-là qu'il expliquoit comment les Ibériens d'Espagne, les Tibareniens d'Asie & les Caraïbes étoient en usage de *faire la Couvade*, cet usage dont nous venons de parler.

Mais si nous voulions prouver le rapport des Américains avec l'Ancien Monde par les usages communs, nous serions obligés d'aller fort au-delà de l'objet de cette Dissertation : peut-être pourrons-nous nous en occuper quelque jour, d'après tous les Ouvrages & toutes les Descriptions de ces derniers tems, sans négliger ce qu'ont recueilli à cet égard le P. LAFITEAU (2) & notre ami M. SCHERER (3).

Origine des GROENLANDOIS & des ESKIMAUX.

Ce dernier rapporte un fait propre à répandre un grand jour sur l'origine des Eskimaux & des Groenlandois, & qui tient étroitement à l'objet dont nous nous occupons ici : il est tiré de l'Histoire des Mongous, par le P. GAUBIL.

En 1203, un Prince nommé *Toli* ou *Taugrul*, Seigneur des Keraïts ou de la Corée, ayant abandonné le parti de Gengiskan, fut battu & massacré par ce Monarque : son fils *Ilaho* fit de vains efforts pour se relever de l'état de foiblesse où il se trouvoit réduit ; dès-lors il n'est plus question de cette Tribu dans l'Hist. des Mongous : c'est qu'elle abandonna une Patrie où elle étoit trop malheureuse, & qu'elle alla chercher dans les glaces du Nord un asyle contre ses nouveaux Tyrans : & c'est elle que nous retrouvons chez les Groenlandois & chez les Eskimaux, qui s'appellent encore aujourd'hui Kalalit & Karaït. Comme cette Tribu ne connoissoit point le labourage, il lui fut plus aisé de

---

(1) Bibliot. Anc. & Mod. T. XXII. p. 206.

(2) Vie & mœurs des Sauvages Américains, comparées aux mœurs des premiers tems, 4 Vol. *in-12* Amst. 1732.

(3) Recherches Historiques & Géographiques sur le Nouveau-Monde, Paris. in-8º 1777.

fuir loin de ſes nouveaux Maîtres ; par-tout où elle pouvoit pêcher, elle trouvoit une Patrie.

C'eſt un de ces exemples ſi fréquens dans l'Hiſtoire, de Nations jettées à des diſtances immenſes de leur Pays natal : celle des Peuples actuels de l'Europe eſt-elle autre choſe dans ſon origine que le tableau de leurs déplacemens & de leurs tranſmigrations à des diſtances bien plus conſidérables que celle des Groenlandois au Pays des Karaïts ?

Sur le Monument qui fait l'objet de la Diſſertation ſuivante.

Si juſques à préſent, nous avons été réduits, ſur l'origine des Américains, à des rapports de mœurs, d'uſages, de Langues, la ſcene change ; nous allons voir les faits mêmes parler en notre faveur : un Monument gravé en Amérique dans des tems très-anciens par des Phéniciens, peut-être par ceux-là même dont nous avons vu que parle Diodore, va nous apprendre de la maniere la plus évidente que l'Amérique fut connue de l'ancien Monde.

OBSERVATIONS
SUR LE MONUMENT AMÉRICAIN

De la Planche I. cité Pages 58, 59.

Lorsqu'au sujet des Navigations Phéniciennes, nous avons parlé de ce Monument unique, nous promîmes quelques observations relatives à son origine que nous regardâmes comme Phénicienne. Nous ferons plus:

Nous prouverons, 1°. que ce Monument n'est point l'ouvrage d'une Nation Américaine.

2°. Mais celui d'une Nation Phénicienne, qui divisant ce Tableau en trois Actes ou en trois Scènes, l'une passée, l'autre présente, la troisième future, nous a tracé de la maniere la plus sensible le souvenir de son arrivée en Amérique, celui de son alliance avec les Naturels du pays, ses vœux pour son retour.

3°. Enfin, qu'on ne peut méconnoître sur ce Tableau diverses Divinités Phéniciennes fortement caractérisées, & des lettres de la même Nation, tracées avec beaucoup de goût & d'élégance.

I.

Ce Monument n'est pas un Ouvrage Américain.

Ce Monument n'est point l'ouvrage d'une Nation Américaine. 1°. Les Savans du Nouveau Monde qui nous en ont envoyé une copie, sont persuadés que c'est celui d'une Nation étrangere, telle peut-être que les Chinois, les Japonois; ou même les Phéniciens: il faut donc que l'Amérique ne leur ait rien offert d'analogue dans les diverses peintures que gravent ces Nations Indiennes sur les arbres & sur les rochers. On ne va pas chercher au loin ce dont on a des modèles sous les yeux. Ce jugement de leur part seroit donc seul suffisant pour trancher la question. Voici quelques autres considérations dont on peut appuyer cette preuve.

Les Peintures Indiennes connues jusques-ici, soit du Mexique, publiées par THEVENOT, soit des Nations du Canada dont le Baron de LA HONTAN nous a donné des exemples, n'ont rien qui approche des caractères alphabétiques.

C'est d'ailleurs une vérité généralement reconnue, que les Américains n'ont point de caractères pareils.

Enfin, & ceci est décisif, on voit sur ce Monument des objets inconnus à l'Amérique.

2.

Il est divisé en trois Scènes.

Ce Monument offre trois Scènes différentes auxquelles on ne peut se méprendre; & qui présentent, l'une un événement passé, l'autre un événement présent; la troisième un événement futur : c'est ce que prouve la position des figures relatives à chacune de ces Scènes.

Premiere Scène, Evénement passé.

A la droite sont quatre figures dont les regards se portent hors du Tableau, tournant le dos aux figures principales qui représentent l'événement présent au moment où on fit le Tableau : elles sont donc manifestement relatives à un événement passé : & comme elles sont groupées avec beaucoup d'intelligence & de gradation, elles n'indiquent pas moins manifestement les divers événemens de cette Scène passée : la nature même des figures qui composent ce groupe, indique hautement que ceux qui les graverent furent des Phéniciens, soit de Tyr, soit de Carthage, & ne purent être que des Navigateurs de cette Nation, comme nous allons en assurer.

1. FIG. On voit d'abord le Dieu de la fécondité, PRI-APE, m. à m. Pere des fruits : on ne peut le méconnoître : il indique le Pays d'où venoient ces hardis Navigateurs : d'un Pays prospere, abondant en toutes choses.

2. FIG. Vient ensuite un HIBOU; c'étoit le Symbole de MINERVE, ISIS ou ASTARTÉ, Déesse de la Sagesse & des Arts : il désigne donc la grande supériorité dans les Arts, de la Nation dont étoient les nouveaux débarqués, & leur habileté dans la navigation, à laquelle ils devoient leur découverte.

3. FIG. La tête d'EPERVIER qu'on voit un peu plus bas avec une espèce de manteau sur les épaules, marque, à ne pas s'y méprendre, des personnes arrivées par mer. Chez les Egyptiens & les Phéniciens, l'Epervier

étoit l'emblême des vents, fur-tout du vent du Nord, néceſſaire pour ſe rendre d'Europe en Amérique.

4. Fig. La Figure qui termine ce groupe, & qui par conſéquent eſt la plus baſſe, eſt ſi fortement caractériſée qu'on ne peut s'y tromper : c'eſt le petit Télesphore ou la Divinité de l'heureux Evénement : (*Telos*, la fin, le ſuccès : & *Phore*, qui apporte.) On le voit enveloppé de ſon manteau ſans manche & couvert de ſon capuchon : il démontre que cette Navigation avoit eu le plus grand ſuccès. Pour des perſonnes qui avoient traverſé tant de mers inconnues, & qui avoient tout à craindre, la vue de la terre dut être un ſujet de joie inexprimable ; & dont ils durent remercier les Dieux de tout leur cœur. Qu'on ſe rappelle tout ce qu'eut à ſouffrir en pareil cas Chriſtophle Colomb, & on n'aura point de peine à convenir de notre obſervation.

Seconde Scène, Événement préſent.

La Scène change enſuite : ce n'eſt plus un événement paſſé qu'elle indique : c'eſt un événement préſent, & dont on cherchoit à conſerver le ſouvenir, non moins que des objets précédens. Auſſi eſt-il placé ſur le devant du Tableau.

Deux Animaux en regard compoſent l'objet eſſentiel de cette Scène : ils ſont armés de bannieres ou de banderolles qui flottent au gré du vent. On ne peut douter qu'ils ne repréſentent deux Nations, l'une étrangere, l'autre Américaine.

L'Etrangere, repréſentée par un Cheval qui ſe repoſe, en s'agenouillant ; la Nationale, par un Caſtor qu'on ne peut méconnoître ſur-tout à ſa queue longue & applatie.

Le bon accord de ces deux animaux, prouve l'intelligence des deux Nations, & l'accueil favorable qu'on fit aux Etrangers, ſoit à titre d'hoſpitalité vertu connue dans toutes les Nations, ſoit à titre des merveilles qu'offroient ces Etrangers aux yeux des Sauvages de l'Amérique : ainſi lorſque les Eſpagnols y arriverent à leur tour, ces mêmes Peuples les regarderent comme des Dieux : mais que ces Eſpagnols ſont au-deſſous de ceux qui nous ont laiſſé ce rare Monument !

Le Cheval, & ſur-tout la tête de ce fier animal, étoit d'ailleurs le ſymbole de Carthage, comme ville maritime. La Colonie de la ſœur infortunée de Pygmalion avoit choiſi, diſoit-on, ce ſymbole, parce qu'en jettant les fondemens de leur nouvelle ville, ils avoient trouvé une tête de cheval après en avoir trouvé une de bœuf. Et cela étoit vrai, non une tête de cheval réel, mais de cheval fymbolique, un excellent port de mer, tel qu'il en falloit pour établir une Reine des mers; & précédée d'une tête de bœuf, fymbole également d'un pays des plus fertiles en tout genre, d'un pays chéri du Dieu des jardins & de la fécondité.

Perfonne n'ignore que fi le bœuf fut le fymbole de l'Agriculture, le cheval fut celui de la Navigation, l'animal favori de Neptune, fon œuvre merveilleufe dans fa difpute contre Minerve à qui auroit la gloire de donner fon nom à la Capitale de l'Attique. Neptune, d'un coup de pied, fit fortir de terre un fuperbe Courfier : Minerve, l'Olivier ; & elle l'emporta : c'eft que les productions de la terre font fupérieures à l'art de les voiturer : & fans elles, qu'auroit-on à voiturer ?

Il n'eft pas étonnant qu'un vaiffeau fût comparé à un cheval dans le ftyle allégorique : ils fervent tous les deux à tranfporter les richeffes nourricieres des hommes ; le vaiffeau parcourt la plaine liquide avec cette vîteffe qu'un cheval met à fendre les airs fur les plaines terreftres.

Ce cheval d'ailleurs a l'air d'un Souverain, tandis que le caftor a prefque celui de fuppliant : peinture bien vive de la différence qui regne entre le noble orgueil de la Science & des Arts, & la timide foibleffe de l'ignorance : ainfi, alors, comme aujourd'hui, l'Européen dominoit par-tout où il étoit, par cette fupériorité prodigieufe que donne la connoiffance des Arts & des Sciences, la fcience de s'élever au-deffus des befoins, de commander à la Nature entiere, d'être véritablement homme, ou le maître & le bienfaiteur de la terre, dont les autres ne font que les inutiles fpoliateurs. Heureux ces Peuples, s'ils avoient fu joindre bienfaifance à fcience; fi leur joug n'étoit pas devenu trop fouvent une tyrannie affreufe, un fléau épouvantable, plus fu- ... que ces déluges & ces embrâfemens qui accablerent tant de fois les Nations confternées !

Partie fupérieure de cette Scène.

La partie fupérieure de cette Scène, ou du milieu du Tableau, offre un grand TERREIN enfermé tout autour avec trois entrées enfoncées, comme trois portes, une au Nord, une à l'Orient, la troifiéme au Midi : il fe termine à l'Occident par un triangle avec une croix plantée ou deffinée dans

SUR UN MONUMENT AMÉRICAIN.

le milieu : on voit enfuite au n°. 8. une BARQUE ou Vaiſſeau ; on en diſtingue la poupe, la proue, le mât, le gouvernail.

Ici, on ne peut méconnoître une habitation diviſée en deux portions : la plus grande où ſont les Naturels du Pays : la plus petite, où ſe ſont logés les Etrangers, & où ils ont placé la croix. On ſçait que la croix étoit en uſage dès la plus haute antiquité chez les Egyptiens ; on doit la retrouver chez les Phéniciens ; d'ailleurs elle étoit connue des Carthaginois, puiſqu'elle étoit un de leurs inſtrumens de ſupplice.

Ceux-ci ont derriere eux la Barque ou le Vaiſſeau qui les a amenés, & avec lequel ils s'en retourneront.

Entre cette Partie Topographique & les deux Animaux, eſt une bande de Caractères alphabétiques qui vont de droite à gauche : ils commencent au n°. 11. & ſe terminent au n°. 9. vers la figure n°. 6.

La lettre n°. 11. peut être un H ou un A fermé, ce qui ſeroit unique en fait de caractère Phénicien, & qui pourroit déſigner un alphabet un peu différent ; car en ſupprimant la portion à droite du trait coupé en deux qui ferme l'A, on a l'A Phénicien de la maniere la plus exacte.

La lettre 12. peut être un B ou un R ; ces deux lettres ayant ſouvent cette forme ſur divers monumens.

Cette bande Alphabétique dont on ne peut déchiffrer la ſuite, ſe termine par trois X, qui peuvent être ou trois T alphabétiques, ou plutôt trois X indiquant ſans doute le nombre des Etrangers.

Entre le n°. 8. & le n°. 9. eſt le n°. 7. qui reſſemble à des Caph Phéniciens reconnus pour tels par les Savans.

Troiſiéme Scène.

Nous voici arrivés à la derniere Scène de ce Tableau : c'eſt celle qui eſt à gauche : elle eſt très-peu remplie ; elle eſt preſqu'auſſi nue, que celle de la droite eſt abondante en objets variés : c'eſt la ſolitude de l'avenir : n'en ſoyons pas étonnés ; cette ſcène déſigne en effet un avenir, des vœux pour un heureux retour.

Elle eſt compoſée d'abord d'un Buſte coloſſal n°. 3. Une petite Statue ou Perſonnage eſt au-deſſous ; un Perſonnage n°. 6. s'avance avec empreſſement. Ce Buſte eſt l'Oracle ; le voile n°. 2. qui l'enveloppoit eſt déjà tiré : on vient le conſulter, ſon Prêtre eſt déjà prêt.

Ce qu'on lui demande, c'eſt le tems du départ pour retourner d'où on étoit venu ; c'eſt qu'il accorde un tems favorable.

Auffi voit-on fur le bras droit de l'Oracle un papillon, emblême du retour, de la réfurrection.

Sur la poitrine du Dieu eft un caractère qui, s'il eft hiéroglyphique, peint le Trident de Neptune : n'eft-ce pas ce Dieu qu'il falloit fe rendre favorable pour avoir une heureufe navigation ?

Si ce caractère eft alphabétique, c'eft un M Phénicien. Comme cette lettre commence en Phénicien le nom des eaux, elle pourroit fort bien être devenue le fymbole de ce Dieu : & comme fa figure eft celle du Trident, il fe pourroit très-bien que ce fût par cette raifon que le Trident eft devenu le Sceptre de Neptune.

Au-deffous du n°. 5. eft une lettre qui reffemble parfaitement à la lettre Q des Syracufains, Corinthiens, Carthaginois, &c. & qui étant un des caractères de Carthage & la premiere lettre de fon nom, nous ramene encore à ce Peuple navigateur, & qui étoit bien dans le cas d'avoir été pouffé par les vents du Nord fur les côtes Orientales de l'Amérique. On pourroit même foupçonner que ce vaiffeau étoit fort avancé dans l'Océan, allant ou revenant des Ifles Caffiterides, nom ancien de l'Angleterre, lorfqu'il fut pouffé par quelqu'orage fur cette côte devenue dans ces derniers tems l'Angleterre Américaine.

A l'extrémité du Tableau n°. 1. font trois Monogrammes, formés par des caractères inconteftablement Phéniciens. Celui d'en haut offre les deux lettres Sh & N, ou le mot *Sh-Na*, année ; fans doute l'année de cet événement mémorable : ceux de deffous doivent indiquer le quantieme & vraifemblablement le mois auffi.

De l'Art des Caractères.

Ces lettres font tracées avec plus de goût & de dextérité que les figures à perfonnages, qui font d'une forme groffière : & cela eft dans l'ordre. L'Ecrivain du vaiffeau devoit être plus habile, que leur Peintre chez un Peuple tel que les Phéniciens & les Carthaginois : nos vaiffeaux François feroient fréquemment auffi mal habiles en pareil cas : ils ont des Ecrivains que feroient-ils d'un Peintre ?

Cependant la diftribution du Tableau eft faite avec beaucoup d'intelligence ; elle offre un hiftorique parfaitement lié dans toutes fes parties, réfultantes chacune en particulier des traits qu'elles offrent ; & tellement déterminées qu'on ne fauroit fe tromper à leur enfemble.

SUR UN MONUMENT AMÉRICAIN.

Et n'est-ce pas sur cet Art qu'est fondée la Peinture ? n'est-elle pas un récit ? & ne faut-il pas que chacune de ses parties réponde parfaitement à son objet, & que l'ensemble soit tel qu'on ne puisse se méprendre dans l'application qu'on en doit faire à l'objet représenté, & que cette peinture doit faire connoître ?

Notre explication est donc aussi honorable pour l'Artiste qui dirigea ce Monument, que le Monument lui-même est intéressant dans son objet, rare dans son espèce, & propre à confirmer ce que nous avons déjà écrit sur la connoissance de l'Amérique, très-antérieure à nos découvertes modernes.

Il est heureux pour nous que ce Monument unique nous ait été envoyé à point nommé par des Savans distingués, dans le tems que l'ensemble de notre Ouvrage nous obligeoit de développer nos idées à ce sujet : si nous avons bien vû, le fait vient confirmer ainsi de la maniere la plus agréable tout ce que la vérité nous faisoit dire à cet égard.

CONCLUSION.

Le bon usage que nous tâchons de faire de tout ce qu'on a la complaisance de nous communiquer, la vive lumiere qui résulte de la comparaison & de la réunion de tous les Monumens, les grands avantages qu'on en retire pour les Sciences & pour la décision finale de tout ce qui a rapport aux grandes origines de l'Univers, deviendront sans doute autant de puissans motifs pour tous les Savans & pour les Voyageurs à rassembler avec soin tous les monumens de quelqu'espéce que ce soit qui leur tomberont sous la main, lors même qu'ils ne leur offriroient en apparence rien d'essentiel. Que peuvent dire en effet des Monumens isolés & dont on n'apperçoit pas le rapport ? en les rassemblant, en les mettant en regard, ils s'expliquent d'eux-mêmes : ce qui étoit mort & sans énergie, se ranime : il devient une source abondante de vérités sublimes ou de démonstrations merveilleuses.

Nous avons tout à espérer désormais à l'égard de Monumens pareils qui existeroient encore aujourd'hui en Amérique. Des Savans célèbres viennent de former dans les Colonies Angloises une Société des Sciences & des Arts, dont un des objets est de rassembler tout ce qui a quelque rapport à l'origine & aux antiquités de ce vaste continent : que ne doit-on pas attendre d'un Corps aussi nombreux & aussi bien composé ? Nous serons très-flattés s'ils goûtent l'explication du Monument dont nous leur sommes redevables; si elle nous en mérite d'autres de leur part ; & si nos Principes & nos Essais dans ce genre peuvent être de quelqu'utilité pour réveiller l'attention sur ces objets intéressans.

N'omettons pas d'observer que les bords de la riviere du Jaunston se sont déjà élevés au point que ce Monument est couvert dans les grandes eaux, ensorte que si on n'y remédie, il sera ou rongé ou enseveli par ces eaux mêmes; il seroit donc digne de cette Société qu'elle prît les mesures les plus propres pour la conservation d'une Antiquité aussi illustre.

Peut-être pourront-ils aussi découvrir quelle fut cette Nation qui avoit pour symbole le Castor, & qui reçut avec tant de cordialité sur ce beau fleuve ceux qui en conserverent le souvenir par ce précieux Tableau.

ANALYSE
D'UN OUVRAGE INTITULÉ
LES DEVOIRS.

A Milan, au Monastere Impérial de S. Ambroise, in-8°. 1780. pp. 343.

UN de nos Amis, frappé de ce que nous disons des Droits & des Devoirs de l'Homme, dans le compte que nous venons de rendre du Monde Primitif, & de leur rapport avec l'objet d'un Ouvrage qui paroissoit dans le moment, intitulé les DEVOIRS, nous prêta cet Ouvrage destiné à développer l'ordre simple, éternel & immuable au moyen duquel se formerent les Sociétés, les Empires, & par lequel seul ils peuvent prospérer : cet ordre simple, qu'ont toujours supposé les anciens Législateurs, de même qu'ils ont toujours supposé l'amour de soi-même, & sur lequel ils ont sans cesse fondé leurs Loix & leur morale. Mais, ordre qu'il faut rappeller aujourd'hui, d'un côté, afin de pouvoir juger par quels moyens les hommes s'éleverent à ce haut dégré de gloire & de prospérité ; d'un autre, afin de pouvoir les y ramener relativement aux objets sur lesquels ils s'en seroient écartés. Une analyse de cet Ouvrage si conforme d'ailleurs à tous les principes & à la base même sur lesquelles est élevé le nôtre, nous a donc paru convenable dans le Monde Primitif, en montrant les beaux développemens du principe sur lequel il est établi, que dès les premiers momens, les hommes firent tout ce qu'ils durent faire pour survenir à leurs besoins ; & en exposant en même tems les vraies ressources qu'ont les Etats pour se perfectionner & pour se maintenir. Il rentre ainsi dans les vues du Monde Primitif, destiné, moins à montrer ce qui s'est fait, qu'à faciliter ce qu'on doit faire par la connoissance de ce qui s'est fait, par celle des motifs qui le dirigerent & par celle des moyens qui en faciliterent l'xécution.

Dans un tems où on cherche à détruire tous les liens de la Société, à persuader que les Enfans ne doivent rien à leurs Parens, comme s'ils n'avoient été dirigés que par un vil instinct ; les Sujets, rien aux Souverains, comme si la force seule les avoit établis ; les hommes, rien à la Religion, comme si elle n'étoit que l'effet de la terreur, de la foiblesse, de la superstition ; dans ce tems l'Auteur entreprend de faire voir qu'il existe un ordre donné par la Nature, fondé sur la terre ou sur la culture, qui regle les droits & les devoirs de l'homme comme homme, comme membre d'une Société, comme dépendant de Dieu : qui les regle invariablement de la maniere la plus calculable, la plus salutaire pour le bonheur de tous, pour l'affermissement de la Société, pour son avantage physique & moral, & qui devient la regle de toute morale, de toute Religion, de tout Culte. Ainsi s'explique la grande promesse du bonheur, & de la longue vie promise aux hommes s'ils respectent leurs devoirs filiaux : & ce grand devoir de l'homme, analyse de toute la Religion, d'aimer son prochain comme soi-même & Dieu de tout son cœur.

La déduction des objets que l'Auteur veut établir, nous a paru rigoureuse, serrée, ramenée sans cesse aux principes qu'il a posés ; les conséquences en sont claires, nombreuses, intéressantes : & par-tout l'INSTRUCTION y est présentée comme le seul moyen d'amener les Sociétés à l'état parfait auquel elles sont appellées par l'Ordre. On peut dire de cet Ouvrage qu'il donne beaucoup à penser, que la marche en est rapide, sure, lumineuse sur les questions les plus délicates.

Il est précédé d'un Discours Préliminaire qui fait un septieme du tout & qui amene très-bien l'Ouvrage entier.

L'Auteur commence par établir une de ces vérités dont on sera quelque jour très-surpris qu'il ait fallu démontrer l'existence, que les Rois & leurs Ministres ne peuvent être éclairés, qu'autant que les Nations elles-mêmes seront éclairées & instruites : & que celles-ci ne peuvent l'être si quelqu'un ne se consacre aux vrais objets de leur instruction & ne s'occupe des moyens de rendre cette instruction sensible dans ses preuves, sure dans sa marche, immuable dans ses effets : & d'élever sur sa vraie base cette instruction capitale & primitive.

Cette base est la Nature ; toute Politique, toute Morale doivent être assorties à ses plans, à ses leçons : ainsi de la Nature, bien ou mal observée, résultent nécessairement le bien & le mal physique, source & principes du bien & du mal moral.

En effet, nos devoirs sont relatifs à nos droits ; & nos droits partent tous d'un point physique, nos BESOINS. Notre premier droit est de les satisfaire ; notre premier devoir est le TRAVAIL qu'exige la satisfaction de nos besoins.

Tel est en nous le principe de l'ACTION, animale d'abord, sociale aussi-tôt ; car la création physique & les ressorts devant être le moyen de la perfectibilité de l'homme, Dieu voulut que l'instinct primitif dont fut douée cette créature privilégiée étant mis en œuvre par les nécessités physiques, devint industrie d'abord ; que par les rapports indispensables avec ses pareils, il parvint à l'intelligence ; & par le bien-être, à la spiritualité. L'Homme isolé, dépourvu de tout, en proie à ses besoins, ne pouvoit être que brute craintive & farouche: l'homme social par son intérêt présent & journalier, devient le compagnon & l'ami de ses semblables : & par obéissance, amour & résignation, l'ami de Dieu.

Nos droits se trouvent ainsi dans la Société, tous nos devoirs se rapportent à elle. C'est dans la maniere d'y rechercher nos droits & d'y accomplir nos devoirs, que consiste le bien ou le mal moral, puisque tout le bien & le mal physique en résulte. Cette grande regle embrasse tous les individus, grands & petits, la généralité entiere. Le bien de l'un est le bien de tous, le mal de l'un est le mal de tous : telle est la loi de Société qui tient à la Nature humaine.

§. L'intelligence de ces principes est la véritable introduction aux pensées qui nous initient à la vraie MAGNANIMITÉ ; ainsi que l'habitude des calculs qui assurent ces mêmes principes, est l'initiation aux mœurs qui en facilitent les effets : puisque la magnanimité n'est que le dégagement des petits intérêts pour s'attacher à de plus grands & de plus essentiels : or, plus on aura de lumieres, plus on aura le choix à cet égard.

Ici, les passions ne sont que ce qu'on les fait être : l'amour, par exemple, l'amour est pur, ardent, passionné, tournant en estime & en amitié dans les sociétés simples : il fut noble, élevé, romanesque & brillant dans les sociétés jactancieuses : il est corruption, débauche, crapule dans les sociétés oisives & dépravées.

Tout dépend de l'EXEMPLE, véritable agent de l'éducation, & l'exemple à la fin dépendra de l'instruction. Il n'est point d'homme, en effet, qui ne puisse aisément être instruit de son origine, de sa destination, de sa fin : il n'en est point que cette instruction, qui se proportionne aisément à tous les organes, à tous les genres d'esprit & d'emploi, aidée par l'impulsion que lui donneront les mœurs publiques résultantes d'une instruction pareille, ne puisse préserver de tout vice d'ignorance, de toute erreur du défaut d'entendement. Refuser cette instruction à l'homme, est un crime : la lui accorder, est l'unique moyen de le rendre instructeur lui même par l'exemple, seule maniere de le gouverner.

§. L'ignorance a amené la brutalité ; & la fausse science a réduit l'oppression en système : tous ont abandonné la Nature, regle infaillible & nécessaire des devoirs. Dès-lors, la loi, l'enseignement n'ont annoncé que les résultats ; l'ignorance a jetté le voile le plus épais sur les principes liés à notre intérêt visible & palpable, & sur les conséquences qui font dépendre notre honheur de l'acquit de nos devoirs & de l'exactitude de nos travaux : dès-lors, l'homme n'a plus vu de vrai intérêt à être équitable & bon : les notions du juste & de l'injuste n'ont plus été qu'arbitraires & variables.

L'objet de la Science législative & politique est donc d'éclairer les hommes sur la nature de leur intérêt, sur les principes qui l'établissent, sur les conséquences qui lient l'intérêt particulier aux divers intérêts qui l'environnent & qui le croisent en apparence, & tous ensemble à l'intérêt commun : sur les résultats enfin qui assurent & perpétuent ce grand & unique intérêt, en vertu de la Toute-Puissance Divine, qui seule fait les fraix de cet ordre bienfaisant & admirable.

La démonstration en appartient à la Science Économique : jusqu'à elle, l'instruction *religieuse* avoit civilisé les Peuples, banni les vices brutaux, fondé les hautes espérances : l'instruction *civile* avoit accoutumé les hommes au frein des Loix : l'instruction *sociale* avoit domicilié les Citoyens, établi des annales, excité l'émulation : l'instruction *domestique* avoit perfectionné les Arts, guidé l'imitation, dirigé l'industrie : mais ces objets étoient demeurés sujets aux variations, aux abus ; & livroient tôt ou tard les Sociétés à des catastrophes déplorables, & souvent à l'absolue destruction. La raison en est que l'homme charnel ou physique ne fut jamais dans ces instructions vraiment associé à l'homme moral : le perfectionnement à cet égard est le point où se réunissent toutes les instructions possibles : c'est-à-dire, la connoissance de notre véritable intérêt physique perpétuel & momentané; celle des liens qui unissent cet intérêt à celui d'autrui ; l'intérêt commun à l'intérêt général : la connoissance en un mot du point de réunion auquel aboutissent tous les intérêts.

La connoissance de cette grande Unité ne peut être que le fruit d'une étude simple, mais régulière, qui prend l'homme à son aurore & le voit naitre avec le besoin de vivre & par conséquent de dépenser : qui prend les dépenses à leur source, reconnoit leurs avances, voit marcher leur distribution, remarque leurs effets & trouve enfin leur reproduction mesurée.

C'est pour préparer ces heureux effets, que notre Auteur entreprend d'embrasser & de déduire la masse entiere des devoirs de l'homme : une circonstance particuliere en amena le commencement : des chagrins & des malheurs en firent achever l'exécution : il est beau, il est consolant de savoir faire de pareilles diversions : de s'acquitter si bien de ce qu'on doit à la Société.

SUR LES DEVOIRS.

1.

Devoirs de l'Homme.

Les droits de l'homme font de jouir de ses *organes* ou de ses attributs corporels : & de ses *facultés* ou attributs intellectuels.

Ceux-là servent à sa conservation, ceux-ci à son bonheur.

Les devoirs de l'homme sont donc de maintenir sa vie & d'être heureux.

2.

Devoirs du Citoyen, ou de l'Homme en Société.

Mais l'homme seul, ne sauroit vivre & être heureux, parce que seul il ne pourroit pourvoir à sa subsistance & à sa conservation : dès-lors résulte la société fondée sur des droits & sur des devoirs.

De même que les droits de l'homme sont de se conserver & de tendre à son bonheur ; ainsi ceux de la société sont de se conserver & de tendre à son bonheur.

Le premier de ses devoirs est donc de travailler à sa conservation, à sa subsistance, à sa vie : effets qu'opere l'AGRICULTURE. Le second, de rendre cette Agriculture aussi prospere qu'il soit possible : ce qui exige des *avances* annuelles, primitives & foncieres au moyen desquelles on se procure un *produit net*, source unique de la prospérité des Sociétés : & qui supposent pour le Cultivateur une *propriété* personnelle, mobiliaire & fonciere : car s'il n'est pas libre, & s'il ne peut faire un libre usage des fruits de son travail, il seroit hors d'état de s'y livrer, ou il le seroit sans succès.

Tout ce qui trouble cet arrangement & son accroissement progressif, est *désordre* : de-là résultent donc des conséquences nécessaires & immédiates, tous les devoirs sociaux : rendre à chacun selon ses avances, & ne rien prétendre dans ce qu'on n'a pas acquis par des avances, en un mot respecter la *propriété* d'autrui. C'est par ces principes que se démontrent les devoirs de fils, de frere, d'époux, de pere.

3.

Devoirs du Propriétaire.

C'est sur-tout des devoirs des Propriétaires que résulte la bonne constitution & la durée des Sociétés. Ces devoirs sont fondés sur le principe que, qui plus reçut, plus doit rendre : que qui plus entreprend, doit une mise d'autant plus forte d'activité & de travail.

Le devoir de cette Classe est de faire valoir sa propriété, c'est-à-dire d'en tirer le plus de produit-net possible : ce qui s'opére en économisant le plus qu'il est possible sur les fraix, à production égale.

Par ce moyen, le Propriétaire a du *disponible*, objet dont la mesure est celle de la vraie Société, & dont la constante égalité est le seul *garant* de la *stabilité sociale*.

De-là, le *revenu constant*, fruit de la meilleure culture, garant premier & principal de l'ordre & de la durée des Empires, par la richesse des Entrepreneurs de culture qui répondent à l'Etat d'un revenu fixe & toujours égal, malgré les cas majeurs & fortuits qui attaquent la subsistance dans sa racine.

Ces cas majeurs sont dans la Nature & dans les vues de son sage Auteur, qui ordonnent le travail, & permettent les épreuves & les contradictions pour redoubler ce travail : mais l'ordre lui donne les moyens de résistance, & le rend capable de prodiges en ce genre : l'humanité combinée a des forces presque divines, tandis que l'homme seul ne peut rien.

Il faut de plus que le Propriétaire sache faire la part de tous : celle des Cultivateurs & Journaliers qu'il employe : la sienne ; & celle du Souverain, qui, à raison de ses devoirs envers le Propriétaire, a des droits sur sa propriété. Il faut encore qu'il aime sa terre ; en un mot, son devoir est d'accroître sans cesse les avances foncieres, & de le faire d'une maniere raisonnable & utile.

4.

Devoirs du Notable dans la Société.

La NOTABILITÉ est un droit qui suppose & qui entraîne un devoir pour acquitter, étendre & perpétuer ce droit. Il fut acquis par des avances ; il faut donc qu'elles soient entretenues, & que le produit-net qui en résulte tourne le plus qu'il soit possible en accroissement des mêmes avances ; ensorte que l'Agriculture parvienne au point vraiment désirable de n'acheter que des services, & de ne vendre que des denrées.

En effet, une Société agricole est, entre les Sociétés humaines, ce que la Classe productive est entre les Classes d'industrie : elle est censée tirer tout de la Nature en premiere main, & peut n'acheter que des services, & ne vendre que des produits : or, que vendent tous les Propriétaires, si ce n'est des denrées ; & qu'achetent-ils, si ce n'est des services ?

SUR LES DEVOIRS.

Cet esprit est le même nécessairement pour tous les Etats agricoles : ils n'ont que des denrées à vendre & des services à acheter : de-là, CONCURRENCE, qui n'est que propriété ; ainsi, l'esprit de COMMERCE est subordonné à l'esprit agricole.

Jusqu'ici, tout est physique dans la Notabilité : voici le moral. Un NOM CONNU est un droit qui entraîne le devoir de le soutenir par les mêmes services qui l'ont fait connoître ; ou du moins par une Vertu qui montre que si les circonstances étoient les mêmes, les services ou la volonté feroient pareils.

Ainsi, le devoir prête des forces à l'ambition louable, & la Religion des devoirs peut seule la rendre telle : ainsi du cercle des droits & des devoirs se forme le *juste-milieu* où se trouve la sagesse & le mérite devant Dieu & devant les hommes.

Quant à l'intérêt commun, dont se forme la chose commune, il consiste dans le repos & la concorde publique, afin que chacun fasse librement ses affaires, qui, par cohérence, sont celles de tous : ainsi se forme le devoir du CHEF, de pourvoir à ce que chacun fasse ses affaires librement & facilement.

Ce devoir ne peut être que celui d'un SEUL, en vertu de ses droits qui sont ceux d'un seul, résultant des avances de la Souveraineté, sans lesquelles les avances foncieres ne purent exister, & ne sauroient s'augmenter.

Aussi, tous les Peuples ont-ils, dans le fait, reconnu le titre de propriété Souveraine, seule base du bonheur des Sociétés ; tandis que l'usage des Souverains Electifs y est toujours contraire : ce titre est en effet la seule barriere contre les usurpations civiles, & la base des devoirs de la Souveraineté, qui se rapportent aux trois parties des besoins généraux de la Société.

1°. Instruction générale & perpétuelle. 2°. Paix & protection au-dedans & au dehors. 3°. Travaux publics relatifs au maintien général du territoire & à la facilité des débouchés.

Dans cette heureuse constitution d'un Etat agricole, les Propriétaires notables sont les vrais Consultans & Coadjudans de la Souveraineté : ils aident l'autorité, sans jamais la partager.

Ainsi, leurs devoirs sont de servir la Société, de l'instruire, de la protéger, de la gratifier, de l'édifier, & de lui rendre ce qu'ils en ont reçu.

5.
Devoirs du Prince dans la Société.

Sans Société, point de Souverain : le Prince est donc dans la Société, & comme son Chef : de-là résultent ses devoirs, puisqu'il n'y a point de droits sans devoirs : ainsi, il est obligé de travailler, comme tout autre, à son avantage personnel ; c'est-à-dire, de connoître, d'étendre & de maintenir ses droits, qui ne peuvent subsister & se développer que par le succès, l'ordre, le perfectionnement humain ; & par lui, l'extension des propriétés publiques & privées.

D'ailleurs, un Souverain n'a à GOUVERNER que sa Cour, ses Conseils, ses Préposés : tout le reste va de soi-même : il doit à ses Préposés, de la vigilance : à ses Conseils, de l'équité : à sa Cour, de bons exemples.

Son devoir est, 1°. de servir le Public, en empêchant tout ce qui troubleroit le devoir de chacun.

2°. D'instruire son Peuple avec soin, personnellement, c'est-à-dire, de l'instruire de la vérité, s'il ne veut que l'erreur toujours divergente ne l'entraîne : & si aujourd'hui on se dispense des formalités dans les guerres, c'est qu'on se bat avec de l'argent, & qu'on compte plus là-dessus que sur les hommes. Ici, le droit d'écrire en toute matiere résulte du droit de parler : c'est une propriété acquise par les avances du tems & du travail pour apprendre à écrire : l'opposition à ce droit est un délit ; le bien de la Société peut seul le modifier.

Un troisieme devoir du Prince, est de protéger : ce qui embrasse Justice, Police, Finance, Défense & Politique extérieure.

A tous ces égards, l'art de gouverner ne consiste pas à ordonner, puisque tous les droits, tous les devoirs, tous les intérêts sont donnés & prescrits par la Nature ; mais il consiste à veiller à ce que l'ordre ancien soit maintenu & subsiste à perpétuité ; car en cette perpétuité consiste la Loi de l'ordre, le vœu de la Nature, le vrai objet de la Société. Aux yeux du Sage, & dans le fait, les changemens, les évenemens frappans, sont la critique de l'administration plutôt que son éloge, attendu qu'il n'y a que la maladie qui avertisse & non la santé. D'ailleurs, sur les changemens essentiels la voie d'instruction est ouverte au Prince envers ses Sujets.

Le Prince est absolu dans sa *Justice*, pourvu qu'il se conforme à la Loi de l'ordre, dans laquelle seule elle existe.

La *Police* est l'exécution sommaire des ordres relatifs à la protection & à l'accélération : elle a pour objet sur-tout les villes, les rendez-vous d'une population

lation entassée. Elle seroit despotique, si elle étoit arbitraire : mais il faut qu'elle soit éclairée ; car *l'autorité* doit être absolue : ce qui n'est pas despotisme, toujours arbitraire. Quant aux campagnes, la paix publique & le bonheur y maintiendront l'ordre, y feront elles-mêmes la police la plus vigilante, la plus sûre.

La *Finance* est le revenu de la propriété du Prince : c'est par les Propriétaires seulement qu'il en peut faire la récolte ; & quant à la dépense, c'est l'objet que l'ordre facilitera le plus : elle est ainsi un objet *d'administration* & non de gouvernement, car c'est le bien propre du Souverain.

Relativement à la *défense*, le Prince est Chef de la Milice, hommes d'élite, toujours disponibles, prêts à se porter au premier ordre par-tout où la défense l'exigera : d'ailleurs, *équité & gestes de concorde* sont les vrais Plénipotentiaires d'un bon Prince.

Enfin, le Prince doit édifier la Société par ses mœurs & par sa Religion, seule maniere dont il doive la gratifier.

La définition des *mœurs* ne sera plus vague, lorsque l'instruction aura appris à discerner le bien & le mal physique, base du bien & du mal moral : par-là s'établira cette grande vérité, base de toute bonne conduite, que la vraie liberté ne se trouve que dans l'acquit des devoirs ; vérité qui tient à une racine indispensable, la connoissance des devoirs, leur nature, les droits qui en résultent, leur identité avec la *vie* & le *bonheur* ; ces droits de tout homme, & de toute Société.

Quant aux *mœurs sociales*, elles sont relatives à toute l'action sociale, qui consiste dans les rapports mutuels des hommes entr'eux. Le *rapprochement* est l'*œuvre sociale* par excellence. Les bonnes mœurs sont donc celles du rapprochement.

La Religion, de son côté, n'est pas soumise à la Politique : la véritable épreuve de la Politique, au contraire, est son accord avec la Religion : la nôtre ne nous ordonne pas de réprouver notre frere : elle nous défend, au contraire, de le condamner : & toute excommunication religieuse ne s'étend pas au-delà de l'exclusion de la communauté des prieres, des Sacrifices, des graces surnaturelles.

D'ailleurs, tout est pour nous, à nos pieds, sur nos têtes, un ensemble de Mystères aussi inconcevables que l'Incarnation, l'Eucharistie, la Trinité ; *puissance, amour, intelligence* séparées & reunies pour créer, sauver, éclairer les hommes ; & pour les ramener à jamais dans le sein de l'éternelle Puissance, amour & intelligence.

On voit ensuite que la Religion est l'étendard nécessaire de toute réunion sociale; que le Prince ne doit vouloir que ce qu'il peut, & comme il le peut; que la recette du juste milieu est la seule régle de sa conduite, & le seul moyen par lequel il puisse rendre à la Société ce qu'il en a reçu : qu'en un mot son devoir, dans la Société, est celui du Pere dans la Famille.

6.

Devoirs de l'Homme envers son Auteur.

L'homme doit tout à Dieu, la vie, d'abord, puis tout ce qui la compose & qui la perpétue. Ce sont autant d'avances faites par la Nature; avances que Dieu veut que nous fassions valoir, bien loin de les enfouir; que nous les fassions servir à notre profit bien entendu, tel qu'on vient de le développer.

En effet, l'homme est né pour la Société; elle ne consiste qu'en rapports; ces rapports sont des échanges; & ces échanges ne sauroient être que des produits de son travail : il a acquis le langage, reçu par l'exemple quelque teinture de mœurs, conçu quelqu'ébauche d'opinions admises par l'étonnement & par la crédulité : il a ressenti quelques sentimens attisés par la Nature; il a tout cela, & ce n'est rien encore; si la Société ne l'éclaire, il sera toujours très-éloigné de toute idée fixe de la Religion raisonnable & sensible.

A cet égard, l'instruction est encore le chemin qui conduit à la piété véritable, piété des simples, qui ont reçu le germe de la véritable instruction, fécondée par une ame douce & sage; & qui sont eux-mêmes bornés à l'acquit de leurs devoirs, à l'exactitude de leur travail dans le succès duquel ils concentrent leurs intérêts, & à l'attention de ne pas léser ceux des autres.

La Religion d'ailleurs est dans le cœur, non dans la tête : mais pour ramener celle-ci au cœur, il faut nécessairement l'instruction.

Cette instruction doit être générale, & renfermer en même tems les droits de chaque Classe d'une Société agricole complette, composée de Propriétaires, de Cultivateurs ou Productifs, & de Salariés.

Ceux de la Classe productive, sur-tout, qui ont de gros fonds sur la Terre & sous le Ciel, sans cesse flottant entre la crainte & l'espérance, ont absolument besoin d'un Patron & d'une croyance qui leur offrent un appui supérieur. Si on leur ôte leur Religion épurée, cette Religion qui rend modeste dans les succès & qui console dans les revers, ils rameneront bientôt celle du bon

& du mauvais principe : les oisifs se feroient celle de leurs passions : les Philosophes, celle de leur Métaphysique.

Heureusement, le Créateur veut l'extension de nos ressorts moraux, comme il veut la progression de nos richesses physiques : il veut qu'on éclaire l'homme, que le tems nous apprenne à vivre ; que le vivre nous apprenne à vieillir ; vieillir à mourir ; & mourir, à revivre dans le sein de notre Puissant Bienfaiteur : il veut que nous tenions à la vie comme à un présent du Ciel ; que nous sachions comment il en faut user pour nous rendre le Ciel favorable ; & que nous le sachions non-seulement dans le langage qui interroge la Foi, qui réveille, étend & éleve nos espérances ; mais en même tems dans l'idiôme qu'entendent les organes de notre cupidité, dans la Langue du calcul qui assure chacun de nos pas, fixe chacune de nos idées ; & nous montre clairement que l'obéissance à la voix du Ciel est la voie assurée de nos succès sur la Terre.

La Religion est un avantage réel pour la Société en ce qu'elle n'est autre chose que l'aveu, la connoissance, le sentiment d'une autorité suprême, du Code de ses Loix, de la Sanction qui en assure l'exécution.

Toujours sainte dans son principe, c'est la barbarie, l'ignorance, le vice, la foiblesse qui en défigurent les ornemens extérieurs. La Religion présente toujours un Pere bienfaisant, Protecteur, Rémunérateur, qui montre une multitude d'Associés liés par le vœu de la fraternité : qui n'exige de nous que la recherche de nos propres avantages ; le travail pour nous les procurer, la bonne-foi pour nous les assurer, la soumission à l'ordre propice, la reconnoissance envers son Auteur, la résignation à sa volonté toujours la plus sage, & qui pour récompense promet une nouvelle vie sans fin ; car ce qu'on voit, assure de l'immensité de ce qu'on ne voit pas.

Cette Religion qui n'est point disputante, mais fondée sur la fraternité, consiste, 1°. à distinguer le droit du prochain, du sien : 2°. à le chérir comme inséparable du nôtre, d'où résulte l'*équité*. Elle doit donc être enseignée, prêchée, sentie, respectée & jamais livrée à la dispute essentiellement irreligieuse.

Etablie sur l'Ordre, elle est la régle des devoirs sociaux de tous les genres, ensorte que l'homme juste ou qui désire de l'être, n'a plus d'offrande à faire à Dieu que celle de son cœur, qui n'est autre chose que la soumission à l'Ordre.

Le Culte enfin est le point de ralliement physique, comme la Religion est le ralliement moral : c'est le seul acte de fraternité qui demeure entre les membres d'une Société complette & riche, distinguée par les rangs & par les fortunes. Celui qui s'y refuse par dédain ou par mollesse se donne un vernis de faux frere & d'apostat qui nuit à ses vrais avantages. C'est une profession de foi extérieure des vertus que la Religion exige; on y fait des échanges d'édification respective; on y traite de la probité mutuelle; on y apprend ensemble la langue de la justice, l'alphabet des vertus.

Le devoir de l'homme envers Dieu, est donc de le connoître par ses bienfaits, dans soi-même, dans tout ce dont on jouit, dans tout ce qu'on espere: de l'aimer dans son ordre: de le servir par son obéissance, par son travail, par sa résignation.

7.

Telle est la science du bonheur de l'homme considéré comme un individu destiné à faire corps avec ses semblables pendant le cours de ce qu'on appelle la *vie*, carriere d'épreuve, d'obéissance & de travail toujours récompensé par ses fruits; passage pour arriver à la vie universelle & à la réintégration dans le sein du grand Auteur source de tout ordre & de toute rémunération: telle est la science du bonheur de l'Humanité considéré en masse, comme douée exclusivement d'intelligence & d'amour entre les Œuvres du Créateur.

Tous les travaux physiques & moraux des hommes doivent se rapporter à l'objet de parvenir à cette voie unique du bonheur, de s'y maintenir, & de concourir constamment au bien public, général & particulier: chacun doit être assuré de travailler en cela à son propre avantage. Là tout amour-propre qui n'est pas fou & passionné trouvera sa place marquée, & des succès assurés: l'universalité de l'instruction contre-balancera les effets contagieux du délire, & donnera une direction sage, c'est-à-dire utile, aux efforts de tout amour-propre constant & à tous les talens diversement répartis par la Nature qui ne donne rien en vain; l'*estime publique* en montrera la voie, en applanira le trajet, en récompensera les efforts.

SUR LES DEVOIRS.

Conclusion par l'Auteur du Monde Primitif.

Quant à nous, nous n'avons pas attendu cet encouragement qui ne pouvoit nous venir chercher dans notre retraite, pour faire le premier pas dans une carriere devenue immense par notre maniere de l'embrasser, & par le terrein que nous avons entrepris de parcourir. Mais à peine eûmes-nous débuté, que l'Humanité entiere sembla jetter sur nous un regard secourable, parut avoir deviné nos intentions.

Si quelque chose en nous a pu paroître mériter cette bonté, c'est le zèle & la bonne-foi, son caractère inséparable, qui garantit de toute erreur volontaire, de tout projet de décevoir. On ne sauroit donc nous soupçonner d'avoir fait tant d'études & tant d'observations éparses & relatives à un grand tout, pour en faire un usage forcé à l'appui d'un système dont la base ne fut jettée que vingt ans après l'époque de nos plus opiniâtres travaux.

Si donc nous nous sommes rencontrés depuis, c'est à la fontaine de vérité : j'avoue que la rencontre de tels Compagnons de voyage, me donna beaucoup d'assurance & de courage ; qu'il me fut aisé d'appercevoir qu'ils arrivoient par un chemin plus court ; mais ma mission étoit & sera d'éclairer la vie humaine en la prenant depuis son aurore jusqu'à nous, à travers les brouillards des Annales, des Traditions, des Fictions, des Allégories, des Opinions, des Conjectures, &c. &c. De préserver les hommes de l'enflure des visions généalogiques ; de les relever du matérialisme, de les retirer du vague ténébreux du scepticisme historique ; de les ramener au simple enfin, aux voies de la Nature, hors desquelles ils tenterent toujours de marcher, & toujours à leur dommage.

Mais quelque succès que puisse avoir mon travail, quelque crédit qu'il puisse me procurer sur l'esprit public, le terme de mon voyage seroit d'arriver aux préceptes & au plan de conduite tracé ici pour le bonheur général des Sociétés : c'est ce qui m'a fait un plaisir de cette Analyse & qui me donne droit à l'insérer dans le Monde Primitif.

Fin du Tome I. des Dissertations.

FAUTES A CORRIGER.

Page 74, ligne 16, Jehojakim, *lisez* Jechonias.
Page 361, ligne 10, *en remont.* antérieur à Hercule, *lis.* à Homere.
Page 412, ligne 22, des XII Rois, *lis.* des VII Rois.
Page 435, lign. 12, Globes qui volent, *lis.* qui roulent.

TABLE DES MATIERES,

PAR ORDRE ALPHABÉTIQUE.

A.

A, ſes ſignifications en Suédois, 480
A, Aw, eau, 108, 480
ABRAHAM, connut la monnoie, 234
ADAM, ce que ſignifioit ce mot en Blaſon, 215
AFRICAINS Orientaux, leur habileté dans la Navigation, 53
AFRIQUE, (Voyages autour de l') 49
 Noms de ſes Caps Orientaux, 50
AGÉSILAS ; bon mot de ce Prince, 238
AGNEAU, Monnoie du tems de Jacob, 242
 Monnoie de France 236
AGRICULTURE, ſource du Blaſon; ſon Symbole, 379
 Symboles qui y furent relatifs, 168
 Source des Noms & Prénoms Romains, 290
 Du Royaume de Juida, 116
AIMAN, ſon nom chez les Anciens, 55
ALRUNUS, nom d'un Druide, & ce qu'il ſignifie, 195
ALCMÉONIDES, Nom de Famille, & ce qu'il ſignifie, 286
ALEXANDRE I. ſes Symboles, 251
ALGARVES, ancienne étendue de ce nom, 43
ALLÉGORIES Orientales, analyſées, xxvij
 Anciennes ; de leur interprétation, 471
AMALEKITES, 27
AMALES, Famille, 288
AMÉRIQUE ; ſi les Phéniciens l'ont connue, 57
 Rapports de ſes Langues avec celles d'Orient, 58
 Monument qu'on y a trouvé, ib.

Vues ſur ce Monument, 561
AMI des hommes, IX
AMMONITES, Deſcription de leur Pays, 21
 Leur ruine, 39
AMORRHÉENS, Deſcription de leur Pays, 21
ANGES, veſtige des Anges Tutélaires dans les Prophètes, 106
 De Perſe & de Babylone, 89
ANIMAUX d'Égypte, fauſſes idées qu'on s'en formoit, 172
 Cauſes de leur prétendu Culte, 174
 Entretenus dans les Républiques modernes, 277
ANTENOR ; ſauve-garde que les Grecs mirent à ſa porte, 228
ANTIPATER de Theſſalonique; Epigramme de ſa façon, 252
ANTIQUITÉ ; néceſſité de connoître ſes Symboles, 115
APOLLON, pourquoi blond, 201
APOTHÉOSE des Empereurs, ſon origine, 259, 267
APPIUS, valeur de ce nom, 292, 293
APPIUS CLAUDIUS ; origine & Hiſtoire de cette Famille, 292
AR, eau, en Oriental; mots qui en ſont venus, 108
AR, OR, montagne ; noms Orientaux qui en ſont venus, 110
ARABES, en Méſopotamie & très-anciennement, IX
ARABIE d'Occident ; quelle, 42
 Connue de Pline, 49
ARCHE, bannière ſacrée des Hébreux, 207
ARCHER, Monnoie Orientale, 238

Argos, pourquoi un loup dans ses Armoiries, 164
Armées anciennes; comment on y reconnoissoit la Noblesse, 139
Armes héréditaires, exemples, 147
Armes Parlantes, aussi anciennes que les autres, selon Spelman, 338
    Leur rapport avec les Langues, 157
    Ce qu'on en a dit, ib. 132
    En Égypte, 187
    A Rome, 159
    En Grèce, 160
    En Orient, 162
    Familles modernes qui en portent, 151, 157
    En Angleterre, 335
    Relatives au Soleil, 162, 167
Armoiries, leur origine, 159
    Héréditaires, 144
    Imprimées avec un fer chaud, 212
    Placées devant les maisons, ib.
    Relatives à l'Agriculture, 167
    Et à ses Divinités, 175
    Aux Vignobles, 170
    A la Mer, 171
    Des Druides, 130
    Des Villes de Sicile, 182
    Des Villes d'Égypte, 185
    Des Villes Sacrées, 188
    Des Colonies, 178
    Communes à diverses Familles, & pourquoi, 180
Armorialistes, n'ont jamais pu prouver l'antiquité du Blason, 127
Arphaxad, Chef des Philosophes Chaldéens, 8
    Est le Caïnan d'après le Déluge, 9
Arnaud, sens de ce nom, 307
Arrêter le Soleil, le Croissant, &c. sens de cette expression, 145
Arts, combien parfaits à Babylone, 6
    A Egine
As, son origine, 236
Asie Occidentale, décrite, 2
    Son sort décidé à la Bataille de Thymbrée, 78
Asyle, source de ce droit, 191
Assyrie, décrite, 10
Astarté, voyez Europe.
Até la Phrygienne; son tombeau & ce qu'il signifie, 166
Athènes, Ville Sacrée, 190
    Ses Symboles, 160

Comparés à ceux de l'Égypte, 175
Sa Monnoie, 234
Ses Médailles nulles pour l'Histoire, 261
Pourquoi ne mit jamais sur les Monnoies l'effigie d'aucun Prince, 263
Atta, nom des Sénateurs ou Pere, 258
Atyades, Famille, 287
Aventin; ses Armoiries, 144
    Leur cause, 211
Augure, de ce droit, 137
Azur, son étymologie, 199

B.

B... (Mr.) Observations sur les Fables Allégoriques, 471
Baalis, Roi des Ammonites; son portrait, 32
Babylone, son Histoire conciliée avec la Sacrée, 83
    Fin de son Empire, 82
    Son dernier Roi n'a pas été tué dans la prise de cette Ville, 90
Babylonie, décrite, 5
Bacchus, pourquoi peint jeune & gras, 101
    En Armoiries, 170
Baïs, nom Oriental du palmier, 174
Bald, sa signification, 305
Bannieres sacrées, 107
Barbarie, ses funestes effets, 4, 21
Baton, ce qu'il peignoit, 379
Beger, publie une Médaille de Phidon, 250
Belsasar, Roi de Babylone; quel il est dans Ptolomée, 84
    Explication de sa vision, 88
Bernard, Duc de Septimanie; son Histoire, 331
Berne, ses Armoiries, 276
Bert, ce que signifie ce nom & ses dérivés, 304
Bitaubé, (M.) ce qu'il pense du Bouclier d'Achille, 355
    Comment traduit un passage de ce Bouclier, 356
Blanc, ce qu'il peignoit, 206
Blason, son étymologie, 198
    Son origine remonte à la plus haute Antiquité, 125
    Armorialistes n'ont jamais pu la prouver, 126

Légereté

Légereté avec laquelle on s'en est occupé, 127
Monumens blasonés antérieurs aux Croisades, 129
Pris dans la Nature, 133
Moderne; ses couleurs mi-parties, d'Origine Ancienne. 204

BLEU, ce qu'il désignoit, 201
BŒUF en Armoiries, sa signification, 169
  Ancienne Monnoie, 234, 235
  Formoit l'attelage des Dieux, 193
BOIVIN, venge le Bouclier d'Homere, 350
BOUCLIER, droit de Bouclier, 143
  Droit de le colorer, 204
  Chargé d'Armoiries, 144
  Sonnettes & grelots qu'on y suspendoit, ib.
  Sacré, servoit de palladium, 145
  Son nom chez les Peuples du Nord & son origine, 222
  Des sept devant Thèbes, 148
ANCILE, Symbole de Junon Sospita, 250
  D'ACHILLE, chanté par Homere, 339
  Attaqué, ib. 360
  Vengé, ib. ib.
  Son motif, 341
  Sa Description, 342
  Son objet, 352
  Point de vue sous lequel on l'envisageoit, 355
  D'HERCULE, par Hésiode, 362
  D'ÉNÉE dans Virgile, 363
BOUGAINVILLE, (M. de) ses Découvertes dans la Mer du Sud. 537
BOURGOGNE, sa Noblesse porte presque toute de gueule & pourquoi, 187
BOURSE, ce qu'elle peignoit, 208
  Pourquoi ce nom aux rendez-vous des Marchands, ib.
BOUSSOLE, voyages sans elle, 53
  Si les Phéniciens l'ont connue, 54
  Existoit dans l'Afrique Orientale avant les Portugais, 56
BREBIS, nom primitif de la Monnoie, 234, 235
BRETONS, Origine de ce nom, 105
BR*** (M. de la) sa Critique sous le nom de F. Paul, 437

C.

CADMUS, pourquoi appellé serpent, 211
CADUCÉE, emblême nécessaire des Hérauts d'armes, 221

Son Origine & celle de son nom, ib.
CAINAN d'après le Déluge, nom d'Arphaxad, 9
CAÏUS, ce qui signifie ce nom, 290
CALENDRIER, (Histoire du) analysée, XXXIV
  Grec, peint sur le Bouclier d'Achille, 356
CAMPAGNES, ne duroient que trois mois chez les Anciens, 351
CANAAN, (Pays de) décrit 10
CAP de Bonne Espérance, peut-être plus dangereux aujourd'hui, 52
CAPITALES, funestes aux Empires, IX
  De Crésus, lui est funeste, 87
  De Nitocris, lui est funeste, 77
  Désignées par le mot Rabbah, 11. 14
CARACTERES que vit Belsasar & sa Cour; dans quelle écriture furent tracés, 88
CARTE des Conquêtes de Nabuchodonosor, ses noms expliqués; 108
CARTES à jouer, d'origine Egyptienne, 365
  Espagnoles, leur Origine, 389
  Françoises, leur Origine, 390
  Quelles bonnes, quelles mauvaises, 408
CAUSIF, ce qu'on entendoit par-là, &c. 152
CAYLUS, (M. le Comte de) avoit apperçu que les Armoiries étoient antérieures aux Croisades, 131
  Monument dont il n'a pas apperçu le vrai objet, ib.
  Son sentiment sur le tems où vivoit Hésiode, 361
CELTES, leur Noblesse; 141
  Pourquoi un lion leur servoit d'Armoiries, 181
CÉRÈS, pourquoi blonde; 201
  Pourquoi son char tiré par des Dragons 210
  En Armoiries, 169
CÉRÉTHIENS, Hérauts d'Armes chez les Hébreux, 220
  Ce que signifioit leur nom, 221
CÉRYCES, Hérauts d'Armes chez les Grecs, & leurs Fonctions, 219
  Origine de leur nom, ib.
CHALDÉENS, Philosophes, 7
CHANSON de LINUS, 356
  Relative aux récoltes, 357
CHAPEAU, Symbole des premiers Rois de Macédoine, 252

Diss. Tom. I. E 4

De roses, 252
CHARIOTS, privilége de la Noblesse, 139
Leur utilité dans les batailles, 79. 81
CHENIER, (Madame) son explication de la Danse Grecque, 359
CHÉRUBIN armé d'une épée de feu, ce qu'il désigne 472
CHESEAUX, (Loys de) anecdotes, IX
Ses Ouvrages Asttronomiques, 99
CHEVAL, Monnoies; 236
En Armoiries, ce qu'il peignoit, 172
CHEVALERIE, (Ordres de) très-anciens, 126
CHEVALIERS anciens, blasonnés dans les Tournois, 254
Du BAIN, Tableaux de leur réception; 338
CHIENS, ce qu'ils peignoient en Egypte, 374
CHIFFLET, son Système sur l'origine de la monnoie, 244
CHINOIS, au tems de Nabuchodonosor, 71
Leurs Grands Hommes à cette époque, 72
Monument ancien, 387
CIEL, ses droits sur l'homme, XVIJ
CLAIR, (Saint) pourquoi Patron des yeux foibles, 108
CLAN, mot Irlandois & Etrusque, 297
CLERGÉ, son Symbole en Egypte, 379
CLISTHENE, magnificence de ses Tournois pour se choisir un Gendre, 253
COCHON, Symbole de Troye, 147
CŒLÉ-SYRIE, décrite, 14
COLLIERS d'or: ce qu'ils désignoient, 227
COLONIES, leurs Armoiries, 178
COLONNES de Tyr, 18
COMMERCE, son Symbole, 379
COOK, (le Cap.) ses Découvertes dans la Mer du Sud, 537
Rapports qu'il apperçoit entre diverses Langues, 548
CORDONNIERS; pourquoi Saint Crépin est leur Patron, 208
CORPS, droit de le colorer, 204
Quand défendu, 205
CORIONE, ses Symboles, 260
COTTES d'armes, d'origine Orientale, 215
COULEURS en Blason, 196
Leur Origine, ib.
Leur Nom Oriental, 198
Mi Parties, 203
Des Boucliers, 204
Leur rapport avec les Planettes & les Saisons; 190

COUPE: ce qu'elle peignoit, 379
COURONNE de Jotham, 22
COURT de GÉBELIN, Génie & Vertus de son Pere, V. IX
Privé de tout par des évenemens barbares, LXVIII
Avantages qu'il en a retirés, ib.
Ses premieres études, V
Combien redevable à son Pere, V. IX
Et à sa Mere; X
Ses Liaisons, IX
Refond ses études, X
Résultats auxquels il parvint, XII
Comment parvenu à l'analyse des Langues, XL
Philosophie qu'il trouve en son chemin, LX
N'embrasse aucun système exclusif, LXII
Ses vœux pour une PATRIE qui le méconnut toujours, LXIX
Excellens Amis qu'il y trouve, LXVIIJ
Monument qu'il a reçu d'Amérique, 58
Que lui a prêté M. BERTIN, 387
COURTAUT, origine de ce nom, 106
CRÉSUS commande l'Armée combinée contre les Médes & les Perses, 75
Battu à Thymbrée, 78
Perd ses Etats, 81
CRI de Guerre, divers, 225
Des Hébreux, 207
CRITIQUES superbes & exclusifs, presque toujours ignorans, 48
CROCODILE, Symbole de l'Egypte, 187
CUPER, écrit contre la médaille de Phidon, 250
CURIES, avoient des Armoiries relatives à leur nom, 212
CYAXARE, I. Roi des Médes, son éloge, 31
II. Prince apocryphe, 93
CYCLE parfait donné par les nombres de Daniel, 99
CYRUS, ses Campagnes contre Crésus & contre Nabonid, 78. 80
Soumet la Lydie, 81
Prend Babylone, 82
Successeur immédiat de Nabonid, 92
Soumet la Médie les armes à la main. 123

D.

DAMES Orientales qui ont des sonnettes au bas de leurs robes, 145
Avec leur rouge, comme des furies, 103
DANCO, fille de Pythagore, avoit expliqué le Bouclier d'Achille, 356
DANIEL, trace la durée de la guerre entre les Perses & les Babyloniens, 93. 95
Sa Chronologie rétablie, 95
Son Histoire & son éloge, 96
Ses connoissances en Astronomie, 93
Ce qui le distingue des autres Prophètes, ib.
De ses Ouvrages, 100
Leur authenticité, 106
Son Tombeau, 115
Faute glissée dans son 1. Chap. 37
DANSE de Gnosse, décrite, 358
DAPHNÉ, son Temple en Syrie, 17
Explication de sa Fable, ib.
DARIQUES, Monnoie, 247
DARIUS le Mède, Roi de Babylone ; quel il est des Rois de Ptolomée, 89
DAVID, ses Conquêtes, 13. 14. 25
DECIUS ; signification de ce nom, 290
DÉCOUVERTES sur l'Océan, 44
DÉDALE, invente la Danse de Gnosse, 358
DELPHES, Ville sacrée, 190
Pourquoi fut appellée Delphes ou nombril, 191
DEMODICE établit la monnoie en Phrygie, 246
DENIER : ce qu'il peignoit, 379
DEVOIRS ; analyse d'un Ouvrage sur cet objet, 569
DIANE, en Armoiries, ce qu'elle peint, 177
Chasseresse, symbole de Ségeste, 182
Description de sa statue, 183
DICTIONNAIRE des Langues de Madagascar, 52
DIEU, son vrai nom mystérieux, & pourquoi, 299
Comment peint en Egypte, 302
DIEUX, quand peints en rouge, ib.
Cause des formes sous lesquelles on les peignoit, 201
D*** (M. de la) sa réponse à F. Paul, 445
DIOSCURES en Armoiries, leur signification, 174

DISSERTATIONS qui entreront dans le Monde Primitif, LXIX
DIVINATION, par les Flèches, 38
DIVINITÉS Protectrices de l'Agriculture, leurs Symboles, 175
DRACME, son étymologie, 231
DRAGON, Symbole commun,
Servoit d'étendard, 210
Ce qu'il peignoit, 211
En Cavalerie, origine de ce nom, 210
DROIT de colorer le corps, 204
Sa cause, ib.
Quand défendu, 205
De monnoie, 229
D'effigie sur les monnoies, usurpé, & quand, 259
D'Enseigne, 207
DRUIDES, leurs Armoiries ; 130
DUR ; ce que signifie ce nom, 306
DURÉE des Empires, calculable, LVIII

E.

EAU, pourquoi désignée par les noms de Nérée, Pontus & Poséidon, 462
Voyez A & WAR.
ECHARPES d'or, ce qu'elles désignoient, 216
ECRIVAINS sacrés conciliés avec les profanes sur les derniers Rois de Babylone, 83
ECUYERS, leur origine, 227
EGINE, habileté de ses habitans, 250
EGYPTE ; tout y étoit symbolique, 190
Armoiries de ses villes, 185
Leur source, ib.
Etoient parlantes, 187
Avoit trois villes sacrées, & pourquoi, 189
Ses animaux sacrés, & pourquoi, 187
Ses Symboles, ib.
Ravagée par Nabuchodonosor, 40
Source de nos superstitions, 407
EGYPTIENS, ne pouvoient naviguer sur la Mer-Rouge avec plus d'un vaisseau, 27
Leur valeur à Thymbrée, 80
Ne mirent jamais d'effigie humaine sur leurs monnoies, 268
Pourquoi leurs monnoies inconnues, b

Rapportoient tout aux Dieux & au public, 269
Monnoies de ce Peuple encore exiſtantes, ib.
Comparées avec les médailles de leurs Empereurs, 270
Chacune de leurs villes avoit un animal pour Symbole, 272
Vues nouvelles ſur leur culte des animaux, ib.
Livre de ce Peuple tranſmis juſqu'à nous, 365

ÉLOGES des Princes ; combien placés à contre-ſens, LVII
ÉMAUX, leur origine, 199
EMPEREURS Romains ; liberté qu'ils laiſſoient à la plupart des villes, 263
Pourquoi mirent leur effigie ſur les monnoies, 259
Villes qui s'y refuſerent, ib.
Pourquoi, 263
De Conſtantinople ; tout étoit rouge chez eux, 202
EMPIRES ; leur durée peut ſe calculer, LVIII
ENSEIGNE, droit de Nobleſſe, 207
Militaires, honneurs qu'on leur rendoit, 209
De ſauve-garde, 228
ÉPÉE ; ce qu'elle peignoit, 379
ÉPIS en Armoiries, 170
EREMBES d'Homère, où habitoient, 46
Strabon n'y a rien compris, 48
ERICHTONIUS établit la monnoie, 246
Roi de Troye, ce qu'il déſigne, 418
ÉSOPE, 72
ESPAGNE ; expédition de Nabuchodonoſor dans ce Pays, 40
Preuves, 44
Warb, ſon nom primitif, 41
ÉTATS, ne doivent pas s'iſoler, LIX
De quelles claſſes étoient compoſés, 135
ETRUSQUES, avoient des noms & des prénoms, 294
Prononçoient à l'Allemande, 296
Noms qui étoient Orientaux, 297
Leurs femmes avoient les cheveux treſſés à l'Allemande, ib.
ÉTYMOLOGIES des noms de lieux, fleuves, &c. contenus ſur la Carte des Conquêtes de Nabuchodonoſor, 108

Leur connoiſſance indiſpenſable, 122
Les mauvaiſes ne doivent pas faire rejetter les bonnes, ib.
Des noms de pluſieurs villes de Sicile, 182

PARTICULIERES,
Adiabéne, 10
Aradus, 19
Aram Naharim, 4
Balbec, 15
Bélus, (Mont) 17
Caſius, 17
CASPIENNE, (mer) 111
CAUCASE, ib.
Cap Praſſum, 50
Cap Raphum, ib.
CURD-ISTAN, 4
Diarbec, 5
Kuth, 7
Mambyce, 16
Thapſaque, 15
Zaïtha, 11
Pluſieurs autres, 12 & 108

ÉTYMOLOGIES de Noms propres.
Dardanus, 419
Erichton, ib.
Ganymede, 420
HESIONE, ib.
Laomédon, ib.
PRIAM, 421
RHADAMANTHE, 487
Rois de Rome, 424
Tanaquille, 426

Autres.
DESPOTE, 466
Lapithes, 354
Lacinia, 160
Le Poggio, 464
Petaſe, 467
Répondre, ib.
Spontis, ib.
SUÉDOISES, 480 &c.
Grecques, 481 & ſuiv.

ÉTYMOLOGIQUE, (Science) nulle ſans l'harmonie des Langues, des mots & des idées, 481
Et ſi on ne peut remonter à l'origine des mots, 484

EUDOXE, ſon voyage autour de l'Afrique, 50

EUMOLPIDES, Famille & étymologie, 286

EUROPE en Armoiries, ce qu'elle peint, 176
EVILMERODACH, Roi de Babylone; sa vie, 73
EXPLICATION des noms de lieux sur la Carte des Conquêtes de Nabuchodonosor, 108
ÉZÉCHIEL, & de sa Poësie, 101
   Authenticité de ses Ouvrages, 106
   Un de ses Passages expliqué, 41
   Son Tombeau, 115

F.

FABIUS, innove à Rome en fait de monnoie, 265
   Orgueil de cette Famille, 266
FAITS, souvent difficiles à se procurer, 258
FAMILLE; toute Famille eut un nom, 283
   Rois doivent veiller au lustre des grandes Familles de leurs Etats, 284
FAMILLES NOBLES, leur origine dans la Nature, 135
   Comment formerent un Etat, ib.
   Leurs prérogatives dans la Nature, 136
   Leurs Armoiries, ib.
   Leurs droits d'Images & de Généalogie, 137
     De feu sacré, 135
     D'augure, 137
     D'onction, 140
     De Bouclier, 143
   Existoient en Orient, 138
   En Grèce, 139
   Chez les Celtes, 141
   Chez les Lombards, 142
   Illustres des Gaules, 300. 301
   Qui portent des Armes parlantes, 151. 157. 333
FÉCIAUX, Hérauts d'armes des Romains; leurs fonctions; 218
FESTUS, Passage remarquable de cet Auteur; 245
FILS & FILLE, synonimes de domestiques, 288
FLÈCHES, servoient au fort, 38
FRÊNE, désigne les lances, 216

G.

GABALENE, contrée des Iduméens, 24
GARD; ce que signifie ce nom; 305
GAULOIS; marque de leur Noblesse; 227
GÉANS: ce qu'ils peignoient; 377
GÉANS des Philistins, 29
GÉNÉALOGIE; de ce droit, 137
GENÈVE, ses Armoiries, 276
GENEVIEVE (Sainte) remplace Isis, 108
GÉNIE allégorique brille dans le Blason, 125
   Symbolique & allégorique analysé, XXXIII
GENS; ce qu'on entendoit par-là; 133
   Famille qu'a produit ce mot, 134
   Leurs Priviléges, ib.
   Leur confédération, 135
GÉOGRAPHIE ancienne, fort obscure, & pourquoi, 40
GER, ce que signifie ce nom; ses dérivés, 305
GOD; ce que signifie ce nom; ses dérivés, 305
GOTHS, eurent des noms de Famille, 288
GRAMMAIRE universelle & comparative, analysée, XLI
   Succès de cet ouvrage, LXXII
GRECS, écrivirent trop tard l'Histoire, LVI
   Eurent des noms de Famille, 386
   De leur Noblesse, 139
   Armoiries de leurs Colonies, 179
GRIGNON, (M.) Monument antique blasonné qu'il a découvert, 130
GUEULE, en Blason, son étymologie, 199
GUYENNE; pourquoi un léopard dans ses Armoiries, 181
GUYS, (M.) ce qu'il dit sur la Danse de Gnosse, 358

H.

HABITS blasonnés, 206
HARANGUES des Anciens inventées après coup, 429
HART; ce que signifie ce nom & ses dérivés, 306
HAUSSE-COLS, leur origine, 227
HÉBREUX, ne mirent jamais d'effigie humaine sur leurs monnoies, 267
HÉLIOPOLIS d'Egypte, ville sacrée, 189
   De Syrie, ville sacrée, 392

HEN; ce que signifie ce nom, 306
HENRY I. établit des Tournois en Allemagne, 256
  Exige XII. Quartiers des Tenans, 257
HÉRACLIDES, nom de Famille, 286, 287
HÉRAUTS d'Armes, leurs noms chez chaque Peuple, 217
  Chez les Hébreux, 220
  Inconnus jusques ici, ib.
  Chez les Européens, 223
  Fonctions de ceux-ci, 224
  Origine de ce Nom, 225
HERCULE, en Armoiries, ce qu'il peignoit, 176
  Sur les Monnoies de Rome, 265
HERDONIUS, ou de la Forêt, 293
HERMÈS à Armoiries, 212
HERMUNTHIS, Ville Sacrée, 189
HÉROÏEN relevé, 205
HÉRODOTE relevé, 6
  —Sur Omphale, 287
  —Sur le fils de Phidon, 255
HÉSIODE, en quel tems vécut, 361
  Chante le Bouclier d'Hercule, 362
  Sa Description, ib.
  Imité par Homère, 363
HIERAPOLIS en Syrie, Ville Sacrée, 192
HISTOIRE, doit peser les actions avec courage, 69
  Ancienne, n'est qu'une énigme, LVI
  Du Calendrier analysée, XXXIV
HOMERE, expliqué au sujet des Érembes, 46
  Grand Géographe, 48
  Chante le Bouclier d'Achille, 339
  S'il est antérieur à Hésiode, 361
HUMANITÉ; nous publierons son Histoire, LVIII
  Profite de l'exil des gens éclairés, 28

I

JAMBES, Symbole à trois jambes, ce qu'il désignoit, 174
JANUS, sur les Monnoies de Rome, 264
  Remplacé par S. Pierre, 208
IDUMÉE, décrite, 14
IDUMÉENS, confondus mal à propos avec les Phéniciens, 61
  Empêchoient les Égyptiens de naviguer sur la Mer Rouge, 17
JÉCHONIAS, Roi de Jérusalem, fait prisonnier, 32

Délivré par Evilmerodach, 74
JÉHOJAKIM, Roi de Jérusalem, son portrait, 33
IERE, ce que signifie cette terminaison, 310
JÉRÉMIE, son Histoire, 104
  Sa Chronologie, ib.
  Ses Lamentations, leur beauté, 106
  Authenticité de ses Ouvrages, ib.
  Cité sur la Colombe d'Assyrie, 194
JÉROBOAM; pourquoi établit plusieurs Veaux sacrés, 190
JERUSALEM, Ville sacrée, 188
  Pourquoi appellée Salem, ib.
  Sa ruine, 39
JEU de Tarots expliqué, 365
JEUNES Mariées, ayoient un chapeau de roses, 252
IHRE, (M.) remarques à son occasion, 478
  Doit renoncer à tous ses Principes Etymologiques, ou adopter les nôtres, 487
ISLE sacrée en Germanie, 193
ILIADE, couverte en rouge, 202
ILUS, pourquoi regardé comme le fondateur d'Ilium, 166
IMAGES, droit de Noblesse, 137
IMPÔTS, sur le Commerce, très-anciens, 11
INITIATIONS sur la côte de Guinée, 118
INSIGNIA; origine de ce mot, 109
  Sa signification, 136
  Répondent à nos Armoiries, 146
  Synonyme d'Arma, ib.
INSTRUCTION; quelle utile à tous, LV
  Sa nécessité pour les Empires, 68
  Fautes de Nabuchodonosor à cet égard, ib.
  Efforts qu'on fait à ce sujet dans le VIe siècle avant J. C. 73
JOB, son tombeau en Chaldée, 115
JOUR prophétique; origine de cette expression, 90
ISIS, comment peinte, 202
  Patrone de l'Égypte, 188
  Remplacée à Paris par Ste Geneviève, 208
ITHOBAL, Roi de Tyr, son portrait, 32
JUIDA (Royaume de) décrit, 52
  D'une maniere plus étendue, 116
  Ses Initiations, 118
  Connu des anciens Phéniciens, 53

DES MATIERES.

JUNON en Armoiries, ce qu'elle peignoit, 178
  Armée du Bouclier Ancile, & pourquoi, 146
LACINIA; origine de ce nom, 260
MONETA, son origine, 232
PRONUBA ou Gamelia; mois auquel elle présidoit, 352
SOSPITA, 146

K

KAR, Ville; noms Orientaux qui en sont venus, 111
KEDARENIENS, 27

L

LABOROSOARCHOD, Roi de Babylone, 76
LACÉDÉMONIENS, (soldats) pourquoi en rouge, 203
LACINIA, origine de ce nom donné à Junon, 260
LAMENTATIONS de Jérémie, essai de traduction, 106
LA MOTHE, attaque Homère, 360
LANCES, leurs noms figurés, 216
LANGAGE, son origine & celle de l'Ecriture analysées, xxxvj
  Symbolique, dans la Nature, 208
LANGUE unique dans l'Orient, 3
LANGUES, comment l'Auteur du Monde Primitif est parvenu à leur analyse, XL
  D'Amérique, leurs rapports avec les Orientales, 58, 489
LAPITHES, signification de ce nom, 354
LAR, ce qu'il signifie, 195
LEGISLATEURS, ne réussissent qu'en se conformant à l'ordre, LIX
LEOCEDES, fils de Phidon, assiste à un Tournoi, 253
  Si Hérodote ne s'est pas trompé à son égard, 255
LETTRE de F. Paul, 437
  Réponses, 443
  Sur le mot WAR, 449
  Sur les Allégories anciennes, 471
LIBERTÉ, nécessaire pour les Empires, 30
LIMAN; étendue & signification de ce mot, 458
LINUS, chanté, 356
LION en Armoiries, ce qu'il peint, 169
LIPPE, (Comte de la) IX

LIVRES; Poëme sur les utilités du Palmier, 6
  Sur l'Agriculture, 8
  Ville des Livres, 12
  Prophétiques des Hébreux; Réflexions à leur sujet, 106
  Egyptien, 365
LOCMAN, lieu qui porte ce nom, 115
LOD, ce que signifie ce nom, 305
LOMBARDS; de leur Noblesse, 142
LOUP, Monnoie, 236
  Symbole du Soleil, & pourquoi, 162, 164
LOUVE, pourquoi nourrice de Rémus & Romulus, 165
LUMIERE, donnée par une Colonne, &c. 18
LUNE; Divinités qui la représentoient, 177
  Ses fêtes en Afrique, 121
  Temples qui lui sont élevés, 16
  Grande Déesse des Peuples, ib.
  Ses Symboles en Egypte, 186
LUNUS en Armoiries, ce qu'il peignoit, 178
LYCAONIENS; étymologie de ce nom, 163
LYCOS, nom du Soleil, & pourquoi, ib.
LYDIE, fin de ce Royaume, 81
LYDIENS, eurent des noms de Famille, 187

M

M*** (M. le C. de) sa Dissertation sur les Tarots, Livre de Divination, 395
MADAGASCAR, (Isle de) connue des Phéniciens, 52
MAILS, ou Parlemens des François; leur modele chez les Grecs, 350
MAIMBOURG, origine de ce nom, 332
MAIRAN, (M. de) ce qu'il pense du Cycle parfait de Daniel, 99
MAïS, son utilité en tisanne, 6
MAISONS, à plusieurs étages, 18, 19
MANDEBURGIQUE; sens de ce mot, 331
MARCHANDS, pourquoi leur rendez-vous appellé BOURSE, 208
MÉDAILLES, Macédoniennes, 251
  Les plus anciennes, avec têtes de Princes, 251
MEDES, subjugués par Cyrus, 92, 123
MEMPHIS, Ville sacrée, 189
MENELAS, son Voyage autour de l'Afrique, 50

MENINS, leur origine, 121
   Nécessité pour les Princes d'en avoir, 122
MER, Symboles qui y furent relatifs, 171
   ROUGE, donne son nom aux Phéniciens, 59
   Origine de son nom, 24
MERCURE, pourquoi peint avec un caducée, &c. 208
   Pourquoi appellé pere de Ceryx, &c. 219
   Sur les Monnoies Romaines, 264
MERMNADES, nom de Famille, 288
MEROVINGIENS, nom de Famille, ib.
MÉSOPOTAMIE, décrite, 11
MÉTAUX, servent de Monnoie, 230
   Leur différence à cet égard, dans la Nature, ib.
MINERVE, ses Symboles, 168
   Aux yeux bleus, & pourquoi, 201
   Armée d'une quenouille, & pourquoi, 167
   Son voile, banniere des Panathenées, 207
MINOTAURE en Armoiries, sa signification, 168
MOABITES, leur Pays décrit, 21
MODERNÉTÉ de la Monnoie est une erreur, 246
MONDE PRIMITIF.
   Vue Générale, 1
   Objets qui ont déjà paru, XXI
   Ses Volumes précédens analysés, xxvij
   Ouvrage de tout le Monde, LXII
   Attaqué comme n'étant qu'un système, LXX
     Par M. de la Br. 437
     Défendu par M. Pr. 443
     Par M. de la D. 445
   Le Public son vrai Juge, LXXII
   Objets qui restent à publier, LI
   Dissertations dont il sera composé, LXIIj
   Ses Principes confirmés par la Langue Suédoise, 485
   Appuyés sur les trois Mondes, 493
MONDE, ses diverses révolutions, 476
MONNOIE, opinions diverses sur son Antiquité, 232
   Si elle fut désignée d'abord par des noms d'Animaux, 234
   Si elle étoit dans l'origine sans empreinte, 237
   Si son établissement dans certains États prouve qu'elle étoit inconnue auparavant, 240
   Nature des Symboles placés sur les Monnoies, 247
   Dut naitre en Orient, 239
   Sans tete de Princes dans l'origine, 248
   Qui innova à cet égard, ib.
   Dans l'origine uniquement consacrée aux Dieux, 263, 264
   Sa nécessité, 229
   N'est qu'un signe, 231
   Ses Noms, ib.
   Pourquoi mise sous la protection des Dieux, 232
   Son Antiquité, ib
   Connues à Rome au tems de Romulus & de Numa, 245
   De l'Orient, 267
   Tableau des plus anciennes, 247
   Autre tableau, 277
   Romaine; quand on y vit les noms des Consuls, 265
MONUMENT trouvé en Amérique, 58, 561
   Envoyé de la Chine, 387
MOTS primitifs, conservés dans les noms de l'Orient, 108
MOVERE arma, sens de cette expression, 145
MOYSE, établit des Hérauts d'Armes, 220
MUND, ce que signifie ce nom, 306

N

NABONID, Roi de Babylone, 76
   Guerres qu'il est obligé de soutenir, 77
   Perd son Royaume, 82
   Devient Satrape de Caramanie, ib.
NABUCHODONOSOR, devient Roi, 1
   Princes ses Contemporains, 30
   Époque de son règne, 34
   Explication de son nom, 35
   Ses premiers exploits, 36
   Met Sédécias sur le trône de Juda, 38
   Ses 3e & 4e expéditions, ib.
   Son expédition d'Espagne, 40
   Preuves, 44
   Motifs, 46
   Ses dernieres années, 62
   Prédiction qu'en lui attribue 64
     Disparoît;

DES MATIERES.

Disparoît ; sens de cette expression, 65
Funestes effets de sa gloire pour ses Etats & sa Famille, 65, 70
Son Éloge, 66
Ce qu'il eût dû faire, 67
NAHUM, (passage de) expliqué, 212
NAVIRE en Armoiries ; ce qu'il représente, 171
NECHAO, Roi d'Égypte ; son portrait, 33
 Ses fautes, 34
 Perd Carkemis, 36
 Fait faire le tour de l'Afrique pour le Commerce, 49
NÉOMÉNIE, observée en Afrique, 121
NERIGLISSAR, Roi de Babylone ; sa vie, 74
NESOS, Isle, en Grec ; étymologie de ce nom, 114
NINIVE ; du nombre de ses Habitans, 10
 Son Empire, par qui détruit, 1
 Sa ruine annoncée par Nahum, 214
NISIBE, est l'ancienne Zoba, 15
NITOCRIS, Reine de Babylone, 76
 Sa mauvaise politique en fortifiant Babylone, 77
NOBLESSE Celtique, à quoi se reconnoissoit, 205
 Gauloise, ses marques, 227
 Héréditaire, antérieure au Xe siècle, 257
 Antérieure aux fiefs héréditaires, 258
 Ses preuves inséparables des Jeux & Tournois, ib.
NOIR, ce qu'il peignoit, 206
NOMBRIL, pourquoi ce nom donné à Delphes, 191
NOMS, excellence d'un nom illustre, 283
 Son utilité pour les Etats, 284
 De FAMILLES, 279
 Fausses idées qu'on s'en formoit, ib.
 Fondées sur la connoissance imparfaite du moyen âge, 281
 Leur Origine, 285
 De Fiefs, succèdent à ceux de Familles, 300
 Héréditaires, ne peuvent exister que chez les Nations agricoles, 285
 Des Princes de l'Orient, leur vrai point de vue, 35
 Grecs en Languedoc, 310

Significatifs en François, divisés en 22 Classes, 310
Significatifs en Allemagne, 329
 En Italie, ib.
 En Bretagne, 330
 En Languedoc, 331
 En Angleterre, 335
Dérivés de l'ancienne Langue Romance, 307
Des Romains, 289
Des Etrusques, 292
Perpétués dans les Familles au IXe. siècle, 332
De Famille, en usage aux VIIIe & IXe siècles, 302
 Au Xe. ib
 Au XIe. 301
Du moyen âge, 304
Métronymiques, 299
Mystérieux, ib.
Patronymiques, 287
NUMISMATIQUE, son étymologie, 231

O

ODYSSÉE, couverte en bleu, 202
OLBA, Ville sacrée, 192
OLIVIER en Armoiries, 168
ONCTION, origine de ce droit, 140
ORDRE, gouverne tout, XIX
 Fait seul prospérer les Peuples, LIX
 Ses heureux effets, LXVI
ORDRES de Chevalerie, très-anciens, 226
—Même en France, ib.
ORIENT, combien a changé de face, & pourquoi, 29
ORIENTAUX, eurent une Noblesse, 138
ORIGINES Françoises analysées, XLVI
ORIGINES Latines analysées, XLVIIJ
ORIGINES du Langage & de l'Ecriture, analysées, XXXVJ
ORLÉANS, (Duc d') Régent, V
OVIDE, Lac qui porte son nom, 458

P

PACÔME, (Fr.) sa Lettre en réponse à celle de Fr. Paul, 445
PALESTINE, décrite, 28
PALMIER en Armoiries, ce qu'il peignoit, 173
 Abondant en Palestine, ib.
 Son nom Oriental, 174
 Poëme sur ses utilités, 6

Diss. Tom. I.   F 4

PALUDAMENTUM, d'origine Orientale, 215
PANDROSE, pourquoi mere de Ceryx, 119
PARIS, (Abbé) fa Differtation fur les Voyages des Phéniciens autour de l'Afrique, 123
PATRICIENS donnés par la Nature, 133, 139
PAUL, (Fr.) fa Lettre fur le Monde Primit. 437
PECUNIA, fon origine, 236
PÉLOPONÈSE, fon Symbole, 174
PEREGRINUS, fon vrai fens, 133
PERUVIENS, mots de ce Peuple, 470
    Leur Dieu Choun, 473
PHÉLÉTIENS, Hérauts d'Armes chez les Hébreux, 220
    Origine de ce Nom, 221
PHÉNICIE, décrite, 17
PHÉNICIENS, leur origine, 59
    Leurs Voyages, 49
    S'ils ont connu la Bouffole, 54
    S'ils ont été en Amérique, 57
    Differtation de l'Abbé Paris à leur fujet, 123
    Armoiries de leurs Colonies, 178
PHIDON, innove dans les Monnoies, 248
    Portrait de ce Prince, 249
    Frere de Caranus, premier Roi de Macédoine, ib.
    Médaille qui porte fon nom, 250
    Son authenticité, 251
    Pere de Léocedes, 253
PHILIPPIQUES, Monnoie, 247
PHILISTINS, leur Pays décrit, 28
PHILOSOPHES Chaldéens, 7
    Étoient Sabéens, 8
    Leurs Chefs, ib.
PHILOSOPHIE analytique, fes avantages, VIIJ
    (Genre de) qui a été utile aux recherches du Monde Primitif, IX
PICTES, origine de ce nom, 105
PIERRE, (Saint) remplace Janus, 103
PISON, (Lucius) Horace lui adreffe fon Art Poëtique, 252
    Il pacifie la Macédoine, ib.
    Épigramme à fa louange, ib.
PLINE, a connu l'Arabie d'Occident, 49
    Paffage remarquable fur les Monnoies des Romains, 245
POIDS des Monnoies, n'eft pas incompatible avec leur marque, 237
PONCEAU, origine de ce mot, 174

POT, Familles que ce mot a produites, 461 & fuiv.
PRÉNOMS Etrufques, 298
—Romains, expliqués, 290
    Leur antiquité, 291
—Sabins, 292
PR** (M.) fa réponfe à Fr. Paul, 443
PRINCES, loués à contre-fens, LVIJ
PROPRIÉTAIRES, fource de la Nobleffe, 133, 138
PROSERPINE, en Armoiries, 169
PROTESTANS François, leur exil utile à l'Europe, 29
PUBLIC, vrai Juge du Monde Primitif, LXXII

Q

QUENOUILLE de Minerve, 167

R

RABBAH, Villes de ce nom, 114
RAGNEMOND, Syrien, Evêque de Paris, 13
RAHAB, Sauve-Garde mife à fa porte, 128
RAIMOND de Touloufe, fes Armoiries antérieures aux Croifades, 333
RAISINS, en Armoiries, 170
RELIGION, unique dans l'Orient, 3
    Une & néceffaire, XIX
RENARD en Armoiries, ce qu'il peignoit, 174
RÉPUBLIQUES d'Europe, fuivent fur leurs monnoies l'exemple d'Athènes & d'Egypte, 276
RIVE (M. l'Abbé) cité, 391
ROBERT I. Comte de Flandres; fes Armoiries antérieures aux Croifades, 119
ROIS, leur vraie éducation, 121
    Enfans gâtés de la fortune, 81
    Doivent être éclairés, 31
    Ne font grands que par leurs fujets, 30
    Coupables lorfqu'ils laiffent fe flétrir les Familles des plus illuftres de leurs Etats, 284
    De Babylone, leurs noms expliqués, 35
    Contemporains de Nabuchodonofor, combien foibles, 30

D'Europe, suivent sur leurs monnoies l'exemple des Empereurs Romains, 276
— De Rome, leur Chronologie allégorique, 428
Rok, ce que désignoit cet habillement, 215
Roman Égyptien, 376
— Des sept Sages, 432
Romains avoient plusieurs noms, 289
   Combien ignorans sur leurs premieres monnoies, 245
Rome, son ancienne monnoie, 235
   Ville sacrée, 191
   Son vrai nom Mystérieux, & pourquoi, 299
   Ses succès quand elle prit la Victoire pour Symbole, 265
   Met sur ses monnoies le nom de ses Consuls, 266
   S'éloigne ainsi de l'ordre, ib.
Roses, (Chapeau de) pour les nouvelles mariées, 252
Rouge, pourquoi peint les combats, 201
   Estimé chez tous les Peuples, 202

S.

Sabéens, leurs trois grandes Divinités, 177
   Adorées en Égypte, 186
Sabéisme, en Orient, 3
   Son Culte, 7
Sabi, Capitale de Juida; son étymologie, 116
Sabins, ont des prénoms, 292
Sable, en blason, son étymologie, 199
Sacées, Fête de Babylone, 81
Sages de l'Égypte, traces de leurs Institutions en Afrique, 111
Saisons, leurs Symboles, 378
Sapin, nom figuré des lances, 216
Sauve-Gardes, leur enseigne, 228
Schott, son Système sur la médaille de Phidon, 250
Sciences, n'aiment que liberté, 30
Scythes qui assujettirent l'Asie, d'où ils venoient, 70
Ségeste; ses Armoiries, 182
   Son étymologie, 183
Semaine, ce mot dans Daniel, 64
Sept, (nombre) au physique, 63
   Au hiéroglyphique, ib.
   Au civil, 64
   Couleurs dans le Blason, 199
   Devant Thèbes, Boucliers de ces Princes suivant Eschyle, 148

Suivant Euripide, 149
Base du Jeu des Tarots, 379
Usage de ce nombre dans les Monarchies, 432
   Dans l'Eglise, 433
   Joas devoit frapper sept fois, 400
   Sa formule appliquée à la Législation, 412
Rois au Japon, &c. 415
   Dans la semaine, 434
   Au Ciel, 435
Septante, relevés, ,
Serpent, pourquoi Symbole de la Terre, 211
— D'or, dans les Mystères, & pourquoi, ib.
Sewall, (M.) Professeur en Amérique, cité, 58
Siamois, nom de leurs Rois un Mystère, & pourquoi, 300
Sicile, Armoiries de ses villes, 182
Signa, origine de ce mot; 209
Sinople, son étymologie, 199
Solde des Troupes Ammonites, 22
Soleil, Symbole de plusieurs villes, 162. 165
   Appellé Lycien, & pourquoi, 163
   Ses Symboles en Égypte, 186
   Grande Divinité Sabéenne, 176. 177
Songes; leur explication exigeoit une grande science, 97
   Portion de la sagesse ancienne 405
— De Pharaon; comment auroit peut-être été expliqué par les cartes, 406
Sonnettes aux robes, 145
Spelman, son opinion sur les Armes parlantes, 338
Sperling, son Système sur l'origine de la monnoie, 243
Sphinx en Armoiries, 168
Spurius, ce que signifie ce nom, 290
Strabon, Géographe à système, 48
   Attaque mal à propos Eudoxe, 50
Suisse & Egypte, divers rapports entr'elles, 176, 177
Suédois, rapports de cette Langue, 478
Surnoms Étrusques, 198
   En usage au IXe. siècle en Italie 303.
   En Bretagne au Xe. ib.
Symbole relatif à la triple essence des choses, 88
Symboles. Voyez Armes & Armoiries.
   Imprimés avec un fer chaud, 212
   Substitués aux Noms 193
— Égyptiens, conservés dans les cartes

TABLE DES MATIERES.

à jouer, 394
SYRIE, décrite, ib.
Ses Marchands venoient jusqu'à Paris, ib.
SYSTÊMES (des), 122

T.

TAL, TEL, élevé ; noms Orientaux qui en sont venus, 112
TANA ; ce qu'il signifie, 295
TAROTS, Jeu Egyptien, 365
  Ses Allégories, 367
  Ses Atouts, 368
  Comment s'est conservé, 380
  Fondé sur le nombre sept, 379
  Comment on le joue, 381
  Considéré comme un jeu de Géographie, 384
  Son rapport avec un Monument Chinois, 387
    Avec nos Cartes, 388
  Sert à la Divination, 395
TARTARES, aiment la couleur rouge, 202
TEMPLES Sabéens, 7
  En Mésopotamie, 11
  De Vénus, 15
  A Héliopolis, ib.
  A Hiérapolis, 16
  A Daphné, 17
  A Tyr, ib.
TERRASSON (Abbé) attaque le Bouclier d'Homère, 360
TÊTES des Princes, quand ont commencé d'être sur les monnoies, 248
THÉSÉE, établit une monnoie, 246
  Oubli de changer de pavillon, 106
THYMBRÉE (bataille de), on y décide par les armes du sort de l'Asie, 79
TORTUE en Armoiries, 174
TOURNOIS, célèbre à Sicyone, 253
  Non inventés en France, 256
  Célébrés sous Louis le Germanique & Charles-le-Chauve ; ib.
  Etablis en Allemagne au Xe. siécle, ib.
  Origine des Cartes à jouer, 388
TOURS en Armoiries ; leur signification, 174
TREMULI ; ce que peint cette expression, 216
TRIPLE essence des choses, 88
TROIE, son Symbole, 147
  Cause de ce Symbole, 165
TAOTIIN, ses métamorphoses dans ses voyages, 10
TYR, ses révolutions, 17
  Son siége, 39
  Vraie époque de sa prise par les Babyloniens, 104

U.

URI, ses Armoiries, 276

V.

VACHE de différentes couleurs ; ce qu'elle représente, 167
— Symbole d'Egypte, 187
VEAU d'or des Juifs, servoit de bannière, 207
VERD, pourquoi Symbole de l'Espérance, 107
VÉRITÉ, source de son nom, 460
VÉSIAL ou Héraut d'Armes chez les Etrusques, 217. 219
  Statue à l'honneur d'un Fécial Etrusque, 296
VEXILLA, origine de ce mot, 208
  Ce qu'il désignoit, 209
VICTOIRE en Armoiries, ce qu'elle peignoit, 175
  Sur les monnoies de Rome, 265
VIGNOBLES, leurs Symboles, 170
VILLES sacrées, leurs Symboles, 188
  Royaumes qui eurent des Armes parlantes, 159. 167
VIRGILE chante le Bouclier d'Enée, 363
  Inférieur en cela à Homère, 364
VULCAIN, pourquoi enfumé, 201
  En Armoiries, ce qu'il peignoit, 172

W.

WACHTER, son Système sur la monnoie, 241
WAR, lettre sur ce mot, 449
WARB, quel étoit ce Pays inconnu avant nous, 41. 49
  Homère le connoissoit, 46
  De même que Pline & Hannon, 49
WARD, ce que signifie ce nom, 306
WARN, ce que signifie ce nom, 306

Z.

ZAGRUS, formé du même mot que *Dagh*, 115
ZIB, sur les Médailles de Ségeste ; ce qu'il signifie, 183
ZOBA, est Nisibe, 14
ZOROASTRE, 72

Fin de la Table des Matieres.

SUPPLÉMENT A LA LISTE
DE MM. LES SOUSCRIPTEURS.
Depuis Avril 1780.

A.

Madame la Duchesse d'Anville.
M. Assailly, Négociant à Marseille.

B.

Monseigneur de Beaumont, Archevêque de Paris.
La Bibliothèque Publique de Grenoble
— De la Maison de Sorbonne.

C.

M. le Prince de Caramonico, à Naples.
M. Carpentier, Négociant à Rouen.
Mad. Chesnier.
M. Contencin, Contrôleur-Général des Fermes à Marseille.
Mad. la M. de Courtomer.

D.

M. Donnadieu, Négociant à Marseille.
Dom Druon, Professeur de Théologie à l'Abbaye Royale de S. Germain des Prés.

E.

Madame des Essarts.

G.

M. Gondran, Négociant à Marseille.
M. Grenier, Négociant à Marseille.

J.

M. le Comte de Jaucourt, Maréchal des Camps & Armées du Roi.

M.

M. le Comte de Manteufel.
M. de Mazieres, Fermier Général.
M. Midy, aîné, Négociant à Rouen.

P.

M. l'Abbé Parent, Docteur de Sorbonne, Vicaire-Général d'Orléans.
M. de la Prévalaye, Secrétaire de l'Académie de Marine à Brest.

R.

M. le Prince Ferdinand de Rohan, Archevêque Duc de Cambray.

S.

M. le Marquis de Salza-Berio, Trésorier de l'Académie Royale des Sciences à Naples.
M. le Marquis de La Sambuca, Ministre des Affaires Etrangeres à Naples.
M. le Comte de Sarsfield.
M. Sibié, à Marseille.

T.

Mgr. de Talaru, Evêque de Coutance.
M. Thiébault, de l'Académie Royale de Berlin & Professeur à l'Académie des Nobles, à Berlin.
M. Tieman, de Léipsick.
M. le Prince de Torremuzza, à Palerme, Membre Honoraire de l'Académie Royale des Sciences de Naples.

V.

M. Vincent, Curé de Quincey près du Paraclet.

APPROBATION.

J'AI lu, par ordre de Monseigneur le Garde des Sceaux, le huitieme Volume du *Monde Primitif analysé*, &c. Je n'y ai rien trouvé qui puisse en empêcher l'impression. A Paris le 9 Mai 1781.

RIBALLIER, *Censeur Royal.*

PRIVILEGE GÉNÉRAL DU ROI.

LOUIS, par la grace de Dieu, Roi de France & de Navarre : A nos amés & féaux Conseillers les Gens tenans nos Cours de Parlement, Maitres des Requêtes ordinaires de notre Hôtel, Grand-Conseil, Prevôt de Paris, Baillifs, Sénéchaux, leurs Lieutenans Civils, & autres nos Justiciers qu'il appartiendra : SALUT. Notre amé le sieur COURT DE GEBELIN nous a fait exposer qu'il desireroit faire imprimer & donner au Public un Ouvrage de sa composition, intitulé *le Monde Primitif analysé & comparé avec le Monde Moderne* ; s'il nous plaisoit lui accorder nos Lettres de Privilége à ce nécessaires. A CES CAUSES, voulant favorablement traiter l'Exposant, Nous lui avons permis & permettons par ces Présentes, de faire imprimer ledit Ouvrage autant de fois que bon lui semblera, & de le vendre, faire vendre & débiter par-tout notre Royaume : Voulons qu'il jouisse de l'effet du présent Privilége pour lui & ses hoirs à perpétuité, pourvu qu'il ne le rétrocéde à personne : & si cependant il jugeoit à propos d'en faire une cession, l'Acte qui la contiendra sera enregistré en la Chambre Syndicale de Paris, à peine de nullité, tant du Privilége que de la Cession : & alors, par le fait seul de la Cession enregistrée, la durée du présent Privilége sera réduite à celle de la vie de l'Exposant ou à celle de *dix* années, à compter de ce jour, si l'Exposant décede avant l'expiration desdites *dix* années. Le tout conformément aux Articles IV & V de l'Arrêt du Conseil du 30 Août 1777, portant Réglement sur la durée des Priviléges en Librairie. Faisons défenses à tous Imprimeurs, Libraires & autres personnes, de quelque qualité & condition qu'elles soient, d'en introduire d'impression étrangère dans aucun lieu de notre obéissance. Comme aussi d'imprimer ou faire imprimer, vendre, faire vendre, débiter ni contrefaire lesdits Ouvrages, sous quelque prétexte que ce puisse être, sans la permission expresse & par écrit dudit Exposant, ou de celui qui le représentera, à peine de saisie & de confiscation des Exemplaires contrefaits, de six mille livres d'amende qui ne pourra être modérée pour la premiere fois, de pareille amende & de déchéance d'état en cas de récidive, & de tous dépens, dommages & intérêts, conformément à l'Arrêt du Conseil du 30 Août 1777, concernant les contrefaçons. A la charge que ces Présentes seront enregistrées tout au long sur le Regiftre de la Communauté des Imprimeurs & Libraires de Paris, dans trois mois de la date d'icelles; que l'impression dudit Ouvrage sera faite dans notre Royaume, & non ailleurs, en beau papier & beaux caractères, conformément aux Réglemens de la Librairie, à peine de déchéance du présent Privilége: qu'avant de l'exposer en vente, le manuscrit qui aura servi de copie à l'impression dudit Ouvrage, sera remis dans le même état où l'Approbation y aura été donnée, ès mains de notre très-cher & féal Chevalier Garde des Sceaux de France, le sieur HUE DE MIROMESNIL; qu'il en sera ensuite remis deux Exemplaires dans notre Bibliothéque publique, un dans celle de notre Château du Louvre, un dans celle de notre très-cher & féal Chevalier Chancelier de France, le sieur DE MAUPEOU, & un dans celle dudit sieur HUE DE MIROMESNIL. Le tout à peine de nullité des Présentes: du contenu desquelles vous mandons & enjoignons de faire jouir ledit Exposant & ses hoirs, pleinement & paisiblement, sans souffrir qu'il leur soit fait aucun trouble ou empêchement. Voulons que la copie des Présentes, qui sera imprimée tout au long, au commencement ou à la fin dudit Ouvrage, soit tenue pour duement signifiée, & qu'aux copies collationnées par l'un de nos amés & féaux Conseillers Secrétaires, foi soit ajoûtée comme à l'original. Commandons au premier notre Huissier ou Sergent sur ce requis, de faire pour l'exécution d'icelles, tous actes requis & nécessaires, sans demander autre permission, & nonobstant clameur de Haro, Charte Normande, & Lettres à ce contraires: CAR tel est notre plaisir. DONNE' à Paris, le premier jour de Juillet, l'an de grace mil sept cent soixante-dix-huit, & de notre Régne le cinquiéme. Par le Roi en son Conseil.

LE BEGUE.

Regiftré sur le Regiftre XX de la Chambre Royale & Syndicale des Libraires & Imprimeurs de Paris, N°. 1448, folio 581, conformément aux dispositions énoncées dans le présent Privilege, & à la charge de remettre à ladite Chambre les huit exemplaires prescrits par l'Article 108 du Réglement de 1723. A Paris, ce 19 Août 1778.

A. M. LOTTIN, l'aîné, Syndic.

De l'Imprimerie de VALLEYRE l'aîné.

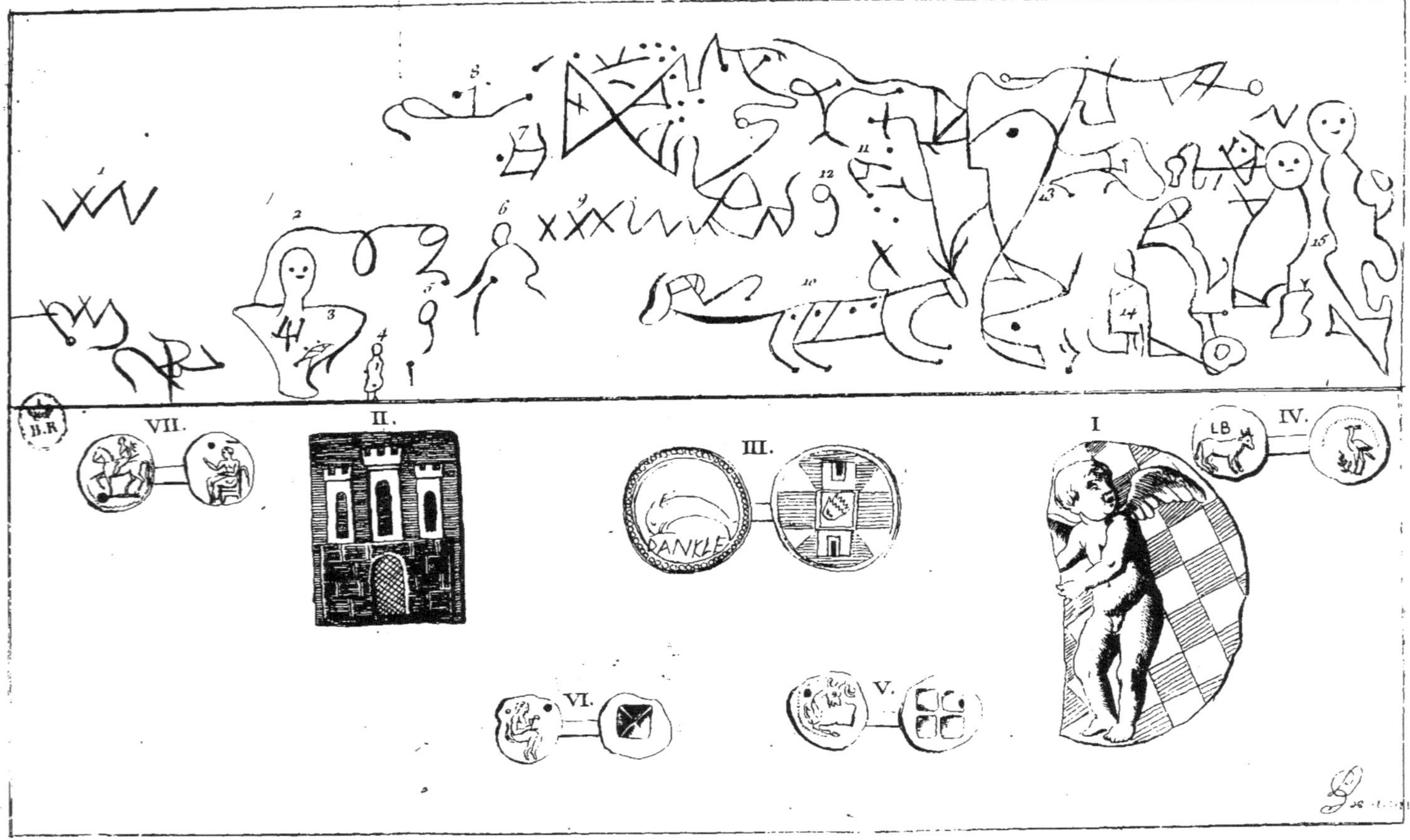

Pl. I. Dissert. T. I.

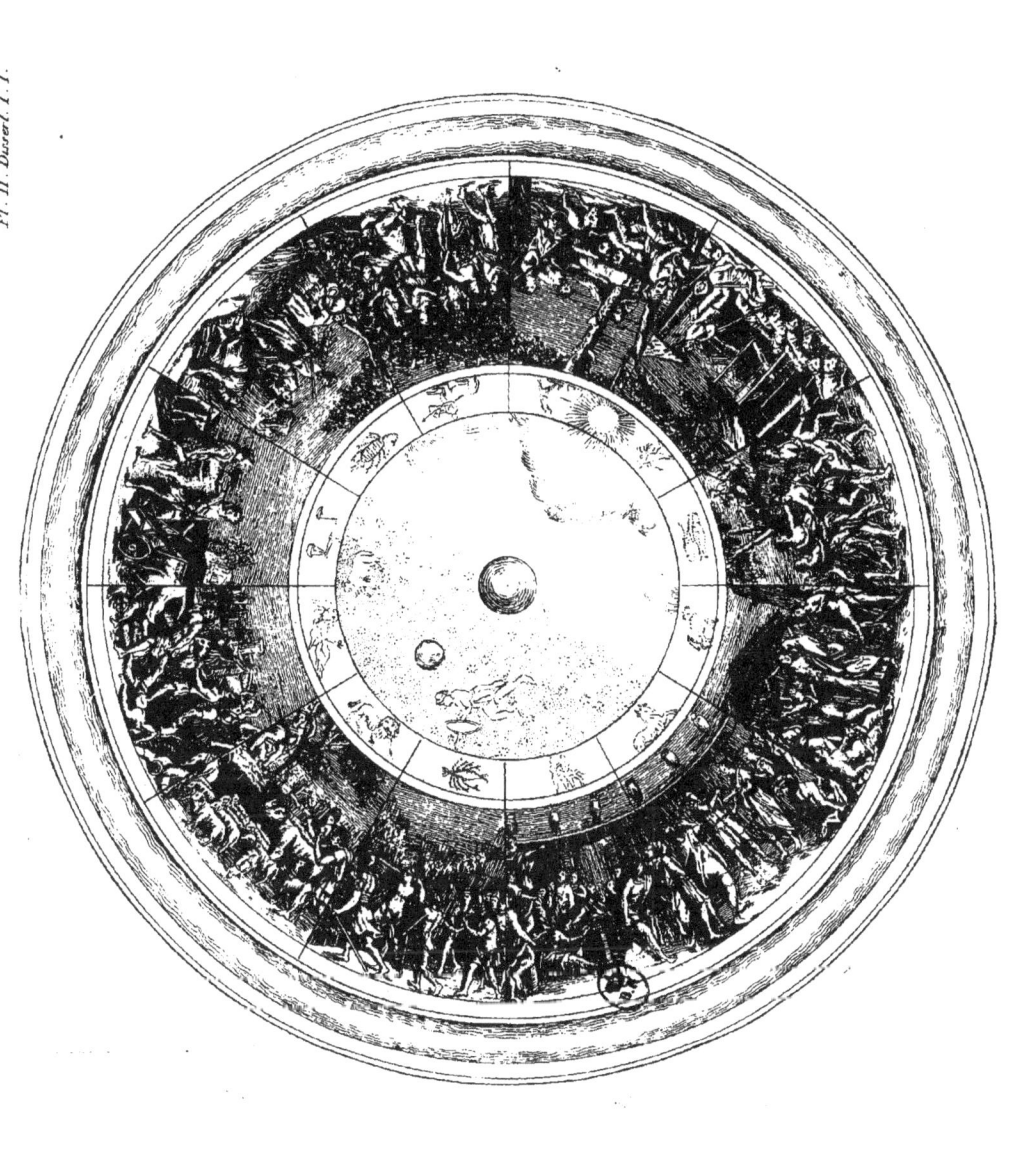

Pl. III. Dissert. T. I.

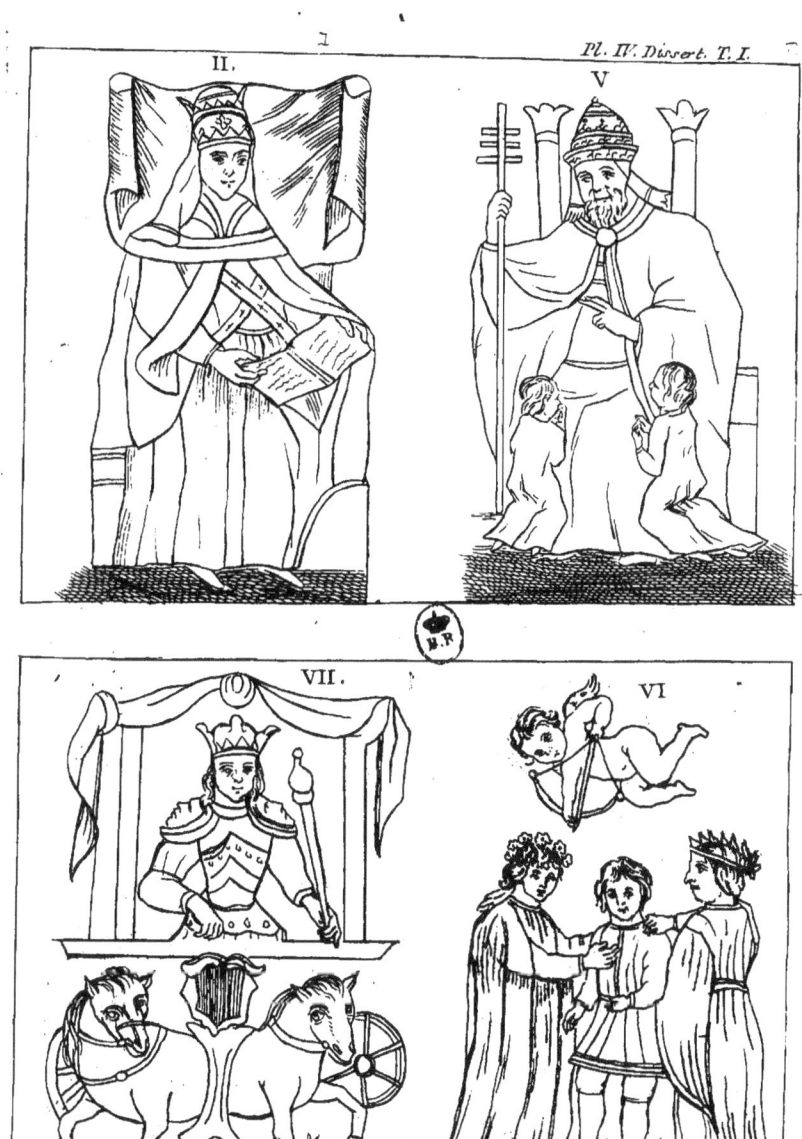

Pl. IV. Dissert. T. I.

Pl. V. Dissert. T. I.

Pl. VI. Dissert. T. I.

Pl. VII. Dissert. T. I.

www.ingramcontent.com/pod-product-compliance
Lightning Source LLC
Chambersburg PA
CBHW061956300426

44117CB00010B/1364